臺灣政經史系列第二輯10　陳天授主編

元華文創

A new vision of the paradigm of contemporary
Taiwanese Buddhist intellectuals

當代臺灣佛教知識群英
的典範新視野

從大陸到臺灣到東亞的精粹論集
An Essence of Essays from Mainland China to Taiwan to East Asia

| 第二卷 |

本書共分二卷，精選當代臺灣佛教知識群英，
其最新穎、最多元、最具代表性的各類高水準主題論文。
全書六十多萬字，共分四輯二十六章及二附錄，
堪稱是具有佛教新知傳遞大效應的精粹論集。

江燦騰　林朝成 —— 主編

致謝辭

　　本書的兩位編輯雖是長期都在學界第一線上，從事關於現代臺灣佛學研究與教學的專業學者，但是若單靠我們區區兩位編輯的各自論述精華，就想能順利編出類似本書的：四輯二十六章及附錄共六十多萬字的最新豐富主題內容論述，實則絕無可能。再者，本書改若由其他佛教學者，來編選本書的各類主題，則彼等也將必然會編出大不同於本書現在既成的另類風貌。

　　所以，本書目前的成果，說白了，也只是代表了我們兩位編輯的共同構想而已。他者與我們之間，既不必求同，也無須求同。亦即，多音交響，才是真正的學術王道，也才是當代佛教學術研究主流。

　　在此同時，我們也可以具體的說，在實際主編的編輯理念上，我們二位其實都具有強烈企圖心，想把本書所編輯的各類豐富的主題內容，與性質各異的多元呈現方式，都能夠十足地達到**既要呈現當代臺灣佛教知識群英的典範新視野**；同時，在豐富的各類最新主題中，也要能建構：**跨越從大陸到臺灣到東亞的精粹佛教學術成果**。

　　基於同樣的思考邏輯，也可說就是肇因於，我們先具有了上述強烈的編輯企圖心，最終才能使本書精英作者群名單中，除我們兩位主編之外，其中也包括了如下幾位重量級人物：廖肇亨博士、林鎮國博士、劉淑芬博士、陳玉女博士、張崑將博士與劉宇光博士，這些幾位雖是不同領域，但全屬當代臺灣學界的、著名佛教知識精英學者。

　　由於彼等都能秉持學術研究薪火，必須具有真能達到承先啟後與實際能夠代代相傳的無私精神。也因此，我們兩位主編，在此要特別感謝彼等能夠：無償提供各自篇數不一，但必然是彼等各自最具代表性的論述精華，好讓本書納入整體龐大內容。於是，頓使本書現有內容更增添各色各樣風貌，

以及更夠呈現出：多元交織而成的，最新佛學主題新視野。我們在此，特別對上述幾位佛學重鎮，致上最誠摯的敬意。

　　最後，我們兩位編輯，對於元華文創負責本叢書主編的陳添壽教授、以及實際負責編輯本書的陳欣欣小姐和實際主編本書的李欣芳小姐，也都致上最大的感謝之情。此因本書編輯，全都由於你們的高度專業素養，才能使本書編排效果如此精美與超一流水準，在此讓我們兩位主編致上：對你們的無盡感謝、再感謝。

本書兩位主編

江燦騰　林朝成

2022-12-01

本書編者與作者簡介

一、本書主編

江燦騰（兼作者）

桃園大溪人，1946 年生。臺大歷史研究所博士。臺北城市科技大學創校首位榮譽教授。

主要著作：《臺灣佛教百年史之研究（1895-1995）》（臺北：南天書局，1997 年）、《臺灣當代佛教》（臺北：南天書局，2000 年）、《日據時期臺灣佛教文化發展史》（臺北：南天書局，2001 年）、《新視野下的臺灣近現代佛教史》（北京：中國社會科學出版社，2006 年）、《臺灣佛教史》（臺北：五南出版社，2009 年）、《當代臺灣心靈的透視——從雙源匯流到逆中心互動傳播的開展歷程》（臺北：秀威資訊，2019 年）、《東亞現代禪學批判思想四百年》（臺北：元華文創，2021 年）等。

學術榮譽：第一屆宗教學術金典獎得主。第二屆臺灣省文獻傑出貢獻獎得主。中央研究院歷史與語言研究所傅斯年紀念獎學金臺大學生唯一得八次者。2006 年曾獲中華發展基金會大陸出版品甲等補助 10 萬元，作品為《新視野下的臺灣近現代佛教史》（北京：中國社會科學出版社）。

林朝成（兼作者）

宜蘭冬山人，1957 年生，臺灣大學哲學博士。現任成功大學中國文學系教授，擔任中國佛學專題、中國思想史專題、中國美學專題、群書治要專題、佛學概論、環境倫理學、生死學以及農業與社會等課程。

曾任：成功大學佛學研究中心主任、成功大學中國文學系主任、《成大中文學報》主編、《成大宗教與文化學報》主編、臺南市社區大學校長、社區大學全國促進會理事長。長期致力於大學社會責任之教學與實踐，曾於 97 年度、103 年度榮獲教育部社教公益獎、成功大學 108 學年度參與大學創新與大學社會責任優良獎。擔任社區大學校長期間，帶領臺南社大榮獲福特環保獎、國家環境教育獎。

主要著作：《佛學概論》、《護生與淨土》、《魏晉玄學的自然觀與自然美學研究》、《移民社會與儒家倫理》等書；編著有《曾文溪流域綜論》、《食農 X 實農：屬於臺灣人的食與農》，譯著有《佛教與生態學：佛教的環境倫理與環保實踐》、《食農社會學；從生命與地方的角度出發》等跨領域之專著。

二、本書作者

林鎮國

1951 年出生於臺灣草屯，1969 年臺中一中畢業，1973
年臺灣師範大學國文系畢業，1977 年獲同系碩士學位。
1977-1979 年服役，任岡山空軍機校少尉教官。1979-
1983 年，任高雄文藻外語專校講師。1983-1991 年，赴
美國費城天普大學攻讀宗教研究，獲博士學位。1991-
2018 年，任教國立政治大學哲學系（專任）與宗教研究所（合聘）。曾任
臺灣哲學學會理事長、科技部哲學學門召集人、荷蘭萊登大學、香港中文大
學和美國哈佛大學客座教授。退休後，擔任政治大學哲學系榮譽教授，主持
佛教哲學研究中心。著有《空性與現代性：從京都學派、新儒家到多音的佛
教詮釋學》（立緒，1999 年）、《空性與方法：跨文化佛教哲學十四講》
（政大出版社，2012 年），合編 *A Distant Mirror: Articulating Indic Ideas in
Sixth and Seventh Century Chinese Buddhism* (University of Hamburg Press,
2014)、《近世東亞〈觀所緣緣論〉珍稀注釋選輯》（佛光文化，2018 年）
等。

陳玉女（Chen, Yuh-Neu）

日本國立九州大學東洋史博士，現任國立成功大學歷史
系教授。主要從事明清佛教史、明清社會史、明清佛教
與東亞歷史研究，著有《明代佛教社會の地域的研究
──嘉靖・萬曆年間（1522-1620）を中心として－》
（博士論文）、《明代二十四衙門宦官與北京佛教》、
《明代佛門內外僧俗交涉的場域》、《明代的佛教與社會》、《海洋與觀

音：明代東南沿海的觀音信仰》等專書，及〈明末清初觀音與準提的信仰流布〉、〈明清閩南家族與佛教的社會救濟〉、〈流浪者之歌：明末遺民·移民的寺廟記憶〉、〈明末清初嘉興藏刊刻與江南士族〉、〈明清嘉興楞嚴寺《嘉興藏》之刊印與其海內外流通〉、〈明清時期東亞閩臺粵越地區的佛典流通——以釋弘贊的《沙彌律儀要略增註》重刊刻為主〉、〈藏經與東亞海貿：以明清《嘉興藏》的朝鮮王朝流通為例〉、〈晚明清初東南沿海港口佛寺的比丘尼身影〉等多篇與明清佛教相關之研究專論。

張崑將

歷史學者。國立臺灣大學歷史學博士，現任國立臺灣師範大學東亞學系教授。著有《日本德川時代古學派之王道政治論：以伊藤仁齋、荻生徂徠為中心》、《德川日本「忠」「孝」概念的形成與發展——以兵學與陽明學為中心》、《德川日本儒學思想的特質：神道、徂徠學與陽明學》、《陽明學在東亞：詮釋交流與行動》、《電光影裏斬春風：武士道分流與滲透的新詮釋》等專書，亦主編《東亞視域中的「中華」意識》、《東亞論語學：韓日篇》兩書。

廖肇亨

中央研究院中國文哲研究所研究員，日本東京大學博士。曾任日本東京大學客座教授。主要研究領域為明清文學、古典文學理論、東亞佛教文化史、東亞文化交流史。曾獲得中研院優秀年輕學者著作獎（2005）、日本中國學會報特約撰述等榮譽。研究融鑄思想史、文學史、佛教史、文化交流史為一體，著有《中邊‧詩禪‧夢戲：明清禪林文化論述的呈現與開展》、《忠義菩提：明清之際空門遺民及其節義論述探析》，編有《聖傳與詩禪：中國文學與宗教研究論集》、《東亞文化意象的形塑》、《沈淪、懺悔與救度：中國文化的懺悔書寫》、《共相與殊相：東亞文化意象的轉接與異變》，譯有日本荒木見悟《佛教與儒教》。

劉淑芬

臺灣大學歷史學博士，中央研究院史語所研究員，主要從事中國中古史研究，著有《六朝的城市與社會》、《中古的佛教與社會》、《滅罪與度亡：唐代佛頂尊勝陀羅尼經幢研究》、《慈悲清淨：佛教與中古社會生活》，近年來除了繼續經幢的研究之外，集中在玄奘和羅漢信仰的研究，前後發表論文十數篇。

劉宇光

香港科技大學博士，政治大學宗教研究所客座教授
（2023）、加拿大魁北克省麥基爾大學（McGill
University）宗教學院沼田客座教授（2022）、復旦大學
宗教學系副教授，專著有《僧侶與公僕：泰系上座部佛
教僧團教育的現代曲折》（2022）、《煩惱與表識：東
亞唯識哲學論集》（2020）、《僧黌與僧兵：佛教、社會及政治的互塑》
（2020）、《左翼佛教和公民社會：泰國和馬來西亞的佛教公共介入之研
究》（2019），及譯作安妮‧克萊因（Anne Klein）著《知識與解脫：促成
宗教轉化體驗的藏傳佛教知識論》（2012）和伊利莎伯‧納巴（Elizabeth
Napper）著《緣起與空性：強調空性與世俗法之間相融性的藏傳佛教中觀哲
學》（2003），另以中、英文撰有唯識佛學與現代佛教論文多篇刊臺、港及
北美學報或論集。

目 次

導 論
江燦騰、林朝成

一、本書的編纂緣起

本書（共二卷）兩位編者（江燦騰‧林朝成）歷經前後近十年之久，才終於順利建構出全書共四輯二十六篇及二附錄總計六十多萬字的煌煌巨著。

而之所以經歷編纂時間，必須耗費如此之長的相關原因有二：

其一是，本書的兩位編者，在民國建國百年紀念的科技部宗教學術回顧論述中，曾合作過一次有關民國現代佛學研究百年的論述部份。然而，當年的此一合作成果，迄今又已是十年之前的事了。

（本書讀者，若對此部份內容，萌有先睹為快之念，則可在本書「第二卷相關佛學研究的新詮釋史及其書評新檢討：〈海峽兩岸現代性佛學研究的百年薪火相傳〉」的論述中，得悉當年撰寫全貌）。

其二是，由於本書原先預定的宏大編輯目標，就是企圖嘗試攀登至目前國內現有各類佛學論集，都難以企及的高峰體系建構、以及真正能夠具有承先啟後學術性質的，一部「當代臺灣佛教知識群英的典範新視野，從大陸到臺灣到東亞的精粹論集」。

因而，多年來，我們兩位編者為了達成原先預定的宏大編輯目標，除不斷激勵我們本身持續進行各種主題的相關論述之外，也曾多方挑選當代學界第一流專業佛教學者（按論文出現順序為：廖肇亨、張崑將、江燦騰、劉淑芬、陳玉女、林朝成、林鎮國、劉宇光），其已出版或未出版的最新精華論文多篇，來據以建構出像本書現在這樣的巨幅磅礡體系，且其最後所呈現

的，全書嶄新多元的豐饒主題內容，宛如珍貴心智精華已被煌煌薈萃，且光
芒四射璀耀，足可據以表彰當代佛教知識群英各類主題論述的超高水平。此
即本書的編纂之緣起。

　　以下一節，我們將轉為向本書廣大讀者簡介，有關此一新書的相關現代
性體系建構及其詮釋意涵，好讓讀者順利瞭解，其各卷不同主題的論述特
色，及其貫穿全書核心論述的邏輯思維之所在。

二、本書內容的現代體系建構及其詮釋意涵簡介

　　對於本書內容的現代體系建構，我們可從全書目錄上的四輯名稱，清楚
地看出來，此即：

　　　　第一輯　當代臺灣出發的東亞佛教思想新詮
　　　　第二輯　追蹤傳統佛教醫病學及其社會生活實踐風尚
　　　　第三輯　當代臺灣學界回應國際佛教哲學熱議的精粹集
　　　　第四輯　相關佛學研究的新詮釋史及其書評新檢討

　　至於為何最初編輯構想中，會決定以此四輯的詮釋主題，作為全書現代
體系建構的四大範疇？其相關理由如下：

　　**一、從當代臺灣學術論述的主體性出發，並將其探討視野擴及東亞區
域，原是當代臺灣各種學術論述的主流趨勢。**

　　所以，我們兩位主編，力邀擅長論述此類主題的廖肇亨博士，提供其精
華論文三篇，分別是：

第一章　從「清涼聖境」到「金陵懷古」——從尚詩風習側探晚明清初華嚴學南方系之精神圖景

第二章　博奧渺深　奧義迴環——荒木見悟教授學問世界管窺

第三章　荒木見悟明代佛教研究再省思

　　其實，我們當代臺灣佛學界知識群英皆知，早期曾留日的東京大學博士學位的新銳佛教學者廖肇亨，其擅長對於明代新禪宗文化，持續進行多重視野的大量探討與多篇現代書寫，主題涵蓋：從情慾、戲曲、詩文、傳記和相關思想等，都能十足呈現其新佛教社會文化史的鮮明獨特論述風貌，因而享譽當代，赫赫有名。

　　而其與日本已過世的，專研明代陽明學與禪學思想交涉的大漢學家荒木見悟教授，曾有過從甚密的深層學術交流，所以本書在構想之初，便根據上述學術背景，請其特別提供與此相關的三篇精華論文，全部納入第一卷的內容之中，並可讓本書讀者搶先大飽眼福。

　　至於第一卷的作者之二，則是目前任教於臺灣師大東亞學系的張崑將教授，其本人的學術專長，是精通東亞陽明學的歷史傳播及其變革、日本武士道文化史、日本思想史等，同時也是我們國內學界少壯派的當代學術重鎮之一，因此請其提供兩篇力作：

第四章　電光影裡斬春風——武士道與禪學

第五章　江戶中期富永仲基《出定後語》引起的思想論諍及其影響

　　而此兩文性質，我們若從當代臺灣佛學思想研究史來看，則其第一篇應是關於日本武士道與禪學的最新探討，也堪稱是過去臺灣佛教學者很少涉及的領域，同時也是屬於有關東亞禪學思想中的日本獨特產物之一。所以，我們特將此文納入本書第一卷，實具有極大的先驅性開創意義。

再者，張崑將教授的第二篇，是其新近所探討的，有關日本江戶中期富永仲基《出定後語》一書，曾在日本學界引起長期的重大思想論諍及影響之主題論述，目前尚未正式發表。

但就其論文主題本身來說，則是屬於有關在東亞佛學批判史上最具原創性的前現代性經典著作之一《出定後語》一書的最新深層探討之作。因而其在國內學界的出現，應可說是屬於重要的開創性論述之一。因而本書此次有幸，能將其納入第一卷內容，以增相關論述份量，實屬難得之大收穫。

至於本書編者之一江燦騰教授，其所精選納入本卷之一的相關論文如下：

第六章　近代臺灣佛教藝術與東亞視野的交涉現象——重估黃土水的本土化佛教藝術創作問題

至於為何會此文之論述？其相關原因是：有關臺灣本土佛教藝術的發展與變革之學術認知，雖歷經明清、日治時期、以迄戰後至今，已有三百多年的演進史，但是我們如果不僅僅只是將探索眼光，一昧投射在傳統師匠層次的佛像雕刻、或只作樑面與牆上的神佛彩繪之瀏覽，而是聚焦於近現代佛教藝術的創作和作為本土新佛典範確立的精華作品，則雖為數不多，卻成就非凡。

其中尤以日治中期，臺灣本土留日藝術家黃土水的「釋迦出山像」，更是聳立在同類作品的高峰地位，足堪作為後代效法的偉大範例，也足以象徵其時代的最佳佛教藝術特徵。

不過，黃土水（1895-1930），這位在日本殖民地治時期已享譽全臺的天才雕刻家，作為大正、昭和之際臺灣佛教藝術新風格的建立者這一非凡的成就，一般臺灣佛教史的著述，很少深入介紹。

所以在本文，擬以黃土水創作艋舺龍山寺所委託的「釋迦出山像」為中

心，來探討臺灣日治時期新佛教藝術的風格建立問題，相信不會沒有意義
的。

　　二、本書的第一卷第二輯各文，主要追蹤傳統佛教醫病學及其社會生
活實踐風尚，這也是當代宗教歷史社會學日趨重視的現代學術潮流之一。
因此將其構成本書的四大組成部份之一，實有其必要。第二輯有六篇分別
由四個作者撰寫。

　　最先一篇是，從長期任職於中央研究院歷史語言研究所研究員，現已退
休的劉淑芬博士的《中古的佛教與社會》（上海：古籍出版社，2008）一
書，[1] 挑選出來的：

第七章　戒律與養生之間──唐宋寺院中的丸藥、乳藥和藥酒

　　雖然在劉淑芬博士之前，曾長期任教清大歷史所的黃敏枝教授所著《宋
代佛教社會經濟史論集》（臺北：學生書局，1989）一書，堪稱是戰後臺灣
史學首開宋代佛教社會經濟史系列研究的重要專書；[2] 此外，她的著作也是
繼早期大陸學者何茲全（1911-2011）、陶希聖（1899-1988）等人提倡研究
中國社會經濟史以來的戰後在臺新發展。

　　不過，由於黃敏枝教授的《宋代佛教社會經濟史論集》的議題論述如今
已稍嫌過時，所以此處有關中國唐宋寺院中的有關使用丸藥、乳藥和藥酒的
時尚問題，主要涉及佛教戒律規定與當時僧俗養生健身的實際社會現實處

---

[1]　劉淑芬，臺灣大學歷史學博士，中央研究院史語所退休研究員，主要從事中國中古史研究，著
　　　有《六朝的城市與社會》、《中古的佛教與社會》、《滅罪與度亡：唐代佛頂尊勝陀羅尼經幢
　　　研究》、《慈悲清淨：佛教與中古社會生活》，近年來除了繼續經幢的研究之外，集中在玄奘
　　　和羅漢信仰的研究，前後發表論文十數篇。

[2]　黃敏枝還另撰有《唐代寺院經濟的研究》（臺北：臺灣大學文學院，1974）一書。

境，究竟要如何恰當面對的疑難，所以本卷改從劉淑芬博士的《中古的佛教與社會》一書，挑選此篇作為其論述代表。

　　再者，劉淑芬博士的《中古的佛教與社會》一書，也堪稱是戰後臺灣佛學論述率先利用大量碑刻史料與從事中古佛教各類社會史主題的新探索的少數學者之最。而這類研究的新形態之所以能夠出現，主要是二十世紀後期歷史學研究朝向歷史社會學發展的轉型反映所逐漸形成的。

　　所以在其之後的陳玉女博士，現任成功大學副校長，由於其是留日博士的專業背景，又能長期深研明代佛教政治社會史課題，並著有：《明代佛門內外僧俗交涉的場域》（臺北：稻鄉，2010）和《明代二十四衙門宦官與北京佛教》（臺北：如聞，2001）、《明代的佛教與社會》（北京：北大出版社，2010）各書，都是由明代佛教社會史的豐富史料和相關宗教人物活動層面的多篇詳細探討專文，所組構而成的堅實研究成果。

　　其中，有關明代佛醫的新主題研究，以及提出大量相關的日文佛教研究成果評介，都是歷來有關明代佛教社會史研究中，並不多見的優秀學術成就。因此，本卷特別挑選其三篇各具特色的論述精華：

第八章　明代寺產的經營與寺僧坐食形象的扭轉
第九章　明代佛門醫藥的社會服務與教化
第十章　明代佛教醫學與僧尼疾病

　　此三篇論述，可以說是延續之前劉淑芬博士的相關議題探討，同時也是作為其後同樣任教於成功大學中文系的資深教授，臺灣佛教生態史著名學者，以及作為本書主編之一的林朝成教授，所納入本輯的一篇：

第十一章　佛教護生、放生與功德的傳統思維及其面向當代社會
　　　　　的相關考察

　　林朝成教授在其論文中，嘗試從佛教護生的動機與作為考察人與動物的關係，即護生即是慈悲護念一切眾生的論述邏輯出發，不斷深入追問：那麼動物本身既然也是慈悲護念一切眾生的對象之一，則其是否具有與人類一樣的存有生命價值？或者當代環境倫理學關切動物的權利時，則佛教的護生行又提供怎樣的詮釋視野？尤其回顧我們當代社會，我們會發現：要將上述護生理念落實到放生的具體行為時，每每都因不當的作法產生種種流弊，而受到注目與批評。於是，我們又必須追問：這類困境與流弊又有何解決之道？換言之，我們必須去探索在佛教的經典的護生脈絡中，其種種詮釋方式又如何被運用與理解？尤其放在綠色佛教生態論述下對宗教放生行為的評價以及立法規範放生行為，更是 21 世紀宗教放生所面對的社會處境。

　　所以，林朝成教授就是基於以上的問題意識，於是嘗試分析佛教相關經典的脈絡相關性，據以說明傳統佛教護生行的種種面向，他尤其著重在：

　　（1）護生觀的根源；

　　（2）戒殺與不食肉及其衍生的種種問題；

　　（3）不殺生的業報功德觀及其對護生實踐策略的影響；

　　（4）放生的戒律、儀式習俗及其實踐中衍生的流弊；

　　（5）在當代社會批評放生的語境下，省察護生放生的效用及其面對當代社會的放生行動；

　　（6）當代的論述與制度化實踐的開展。

　　由此可見，林朝成教授在本文中，主要是以這六個面向建構佛教護生的多元面向，來回應上述的問題，並從教義本身發展佛教的動物保護與保育倫理的論述，塑建了佛教護生的願景與行動方案。

　　本卷的最後一篇，是由本書編輯之一的江燦騰教授原創性論述主題，有關：

第十二章　二十世紀臺灣現代尼眾教育的發展與兩性平權意識覺

醒的歷史觀察──從傳統齋姑到現代比丘尼的轉型與開展

本書讀者須知，有關現代臺灣比丘尼的教育發展和兩性平權的意識覺醒的議題，雖是近三十幾年來的顯著歷史現象，並屢屢成為國際佛教女性學術議題的討論焦點，但是，它的歷史發展卻是由來已久，它可以上溯到清代的傳統齋姑、歷經日治時期的近代化比丘尼的轉型、以及戰後的現代化兩性平權覺醒的急遽開展，共三種不同階段的變革歷程。

為了使此一「二十世紀臺灣現代尼眾教育發展與兩性平權意識覺醒」的歷史現象，能具有階段區隔的各別特色的呈現，同時又想屆時還能兼具逐漸朝向到我們當代為止的「現代化發展」的清楚連貫軌跡，所以在研究取樣的方法學上，江燦騰教授在本文中，所選擇的論述邏輯思維之進路，是先以日治時期（1895-1945）臺灣本土四大法脈中的高雄臨濟宗大崗山派的龍湖庵尼眾教育變革、苗栗曹洞宗大湖法雲寺派林覺力禪師門下的毗盧禪寺等尼眾教育，作為觀察的主要線索，再兼論其他方面的臺灣近代尼眾教育狀況與現代兩性平權意識覺醒的初期發展歷程。

至於戰後（1945-）以來的發展，江燦騰教授將延續先前的討論，繼續探索其中出現的新變化和轉型的問題。可是，限於篇幅和時間，江燦騰教授並非全面性的探討戰後各時期為數頗眾的尼眾機構及其具體的教學內容，而是集中觀察戰後大崗山派的龍湖庵尼眾教育和傳戒變革及影響，並以戰後來自外在社會環境的巨大衝擊，來呈現戰後臺灣現代比丘尼有關兩性平權意識覺醒的清楚發展軌跡。

三、本書第二卷第三輯的建構，主要是意圖迅速反映當代臺灣佛教知識群英，如何針對國際佛教哲學新潮議題的提出相對回應？因此構成本書的必要性相關主題論述，就是第三輯挑選相關作者與相關議題的重要依

據。

　　首先，政大哲研所退休名教授林鎮國博士，特為本輯提供其所參與的四篇最新國際議題回應，其主題是：

　　　第十三章　理性、空性與歷史意識——新儒家與京都學派的哲學
　　　　　　　　對話
　　　第十四章　《起信論》與現代東亞主體性哲學——以內學院與新
　　　　　　　　儒家的爭論為中心的考察
　　　第十五章　神會與空的行動主體
　　　第十六章　空性與暴力——龍樹、德里達與列維納斯不期而遇的
　　　　　　　　交談

　　有關林鎮國博士的學術專長及其學術影響，學界皆知，他是已故著名佛教哲學新詮釋家與生死學在臺灣開創者傅偉勳教授（1933-1996）的得意高徒，可是兩者的論述方式大不相同，其影響也歧義甚大。

　　此因在引進國際現代佛學研究的新趨勢方面，雖然傅偉勳教授曾大力提倡「詮釋學」的多層次研究進路，也撰寫關於日本禪師《道元》（臺北：三民書局，1996）的精彩研究。

　　但是，傅偉勳教授的論述，[3] 大多是奠基於二手研究資料的歸納性主題論述，所以能有鼓吹學界的新嘗試作用，但並未真正形成有效的典範性研究傳承。

　　反之，其門下高徒林鎮國教授的《空性與現代性》（臺北：立緒，1999）一書的出版，真在當代海峽兩岸都引起相應的學術共鳴和一定程度的

---

[3]　傅偉勳主要的相關著作，計有：《從西方哲學到禪佛教》（臺北：東大圖書，1986）、《批判的繼承與創造的發展》（臺北：東大圖書，1986）、《從創造佛教詮釋學到大乘佛學》（臺北：東大圖書，1990）。

後續效應。日本當代的「批判佛教」問題和歐美多角度的現代性佛教詮釋學，可以說，都是由《空性與現代性》一書的多篇主題，所提供給當代臺灣佛教學者的重要資訊來源。

1999 年時，由本書編者之一的江燦騰教授，親自主持《空性與現代性》一書的集體學界評論活動，也在臺北清大的月涵堂公開舉行：當天評論者則由林安梧、賴賢宗、曹志成等當代少壯派佛教學者共同參與相關主題的哲學辯駁。

此後，賴賢宗開始撰寫有關佛教詮釋學的多種著作；[4] 而大陸的新銳佛教學者龔雋，更是延續林鎮國教授在其《空性與現代性》一書的相關探討課題，並以更大規模的方式，繼續推動有關歐美學者對於「批判佛教」的探討和新禪宗史研究的相關課題。此外，呂凱文、釋恆清、吳汝鈞等，也相繼探討有關「批判佛教」的問題。所以，這是有實質擴展性的現代佛學研究發展。

所以，有關林鎮國教授本書提供其所參與的四篇最新國際議題回應模式，就是放在上述提及的相關著作上，來再次觀察，同樣也可以在此學術背景下來進行理解。

接續林鎮國教授的三篇論文之後，專為本書提供兩篇精彩論述的劉宇光教授，雖是來自香港並在大陸上海復旦大學哲學系任教多年，但這幾年來他主要的學術活躍地點是在臺灣。再者，儘管他在本書作者學術履歷介紹上，只是簡要至極的提及：

　　劉宇光，香港科技大學博士，政治大學宗教研究所客座教授

4　賴賢宗的相關著作有：《佛教詮釋學》（臺北：新文豐，2003）、《當代佛學與傳統佛學》（臺北：新文豐，2006）、《如來藏說與唯識思想的交涉》（臺北：新文豐，2006）、《海德格爾與禪道的跨文化溝通》（北京：宗教文化，2007）、《道家禪宗與海德格的交涉》（臺北：新文豐，2008）等書。

（2023）、加拿大魁北克省麥基爾大學（McGill University）宗教學院沼田客座教授（2022）、復旦大學宗教學系副教授，專著有《僧侶與公僕：泰系上座部佛教僧團教育的現代曲折》（2022）、《煩惱與表識：東亞唯識哲學論集》（2020）、《僧瞽與僧兵：佛教、社會及政治的互塑》（2020）、《左翼佛教和公民社會：泰國和馬來西亞的佛教公共介入之研究》（2019），及譯作安妮·克萊因（Anne Klein）著《知識與解脫：促成宗教轉化體驗的藏傳佛教知識論》（2012）和伊利莎伯·納巴（Elizabeth Napper）著《緣起與空性：強調空性與世俗法之間相融性的藏傳佛教中觀哲學》（2003），另以中、英文撰有唯識佛學與現代佛教論文多篇刊臺、港及北美學報或論集。

　　但，他其實是當代非常罕見的佛教方位大學問家，值得在此花一些較長篇幅對其介紹：

　　第一，他有豐富的跨境教學經驗。他曾在大陸上海復旦大學哲學系任教十五年，期間曾建立復旦佛教研究團隊。

　　第二，他能跨語教學。劉宇光教授於 2010 年在美國加州柏克萊大學、2014 年於德國萊比錫大學、2016 年與 2019 年於泰國摩訶朱拉隆功的四次客座，皆有參與正式教學。而他在復旦大學，從 2007-2019 年間，1/3，都是以國際研究生為對象的全英語課程，是復旦哲學學院英語哲學碩士班（EMA, Philosophy）的專責教師之一，而該課程多度獲上海市教育主管部門頒授優良教學獎。

　　此外，劉宇光教授指導的研究生前後十人中，過半是以英文撰寫其研究的國際研究生，因此他非常樂於維持英語教學的習慣，開講大學部與碩士生程度的常設英文佛教課程。

　　第三，在學術著作方面，由於他年輕時從事其他行業，所以學術生涯

較進入學術行業的平均歲數年長一些。

　　但其勤於研究與書寫，過去十幾年撰有超過 60 篇論文，篇幅總量接近 170 萬字，以中文撰寫的絕大部份都在臺、港期刊、學報或論集首刊。迄今已在 2019-2022 年付梓成冊的四書約為當中 1/2，即 80 萬字，其餘已刊文字正整編為另外 4-5 部專著，在 2023 年底前陸續出版。

　　此外，他已出版有兩部藏傳佛教哲學現代學界研究的譯作，篇幅合共 42 萬字。他的英文論著之一包括近百頁的論文，探討漢傳唯識新、舊二譯的學理分歧，兼對華文學界研究的分題回顧，該文代表中文學界參與德國著名唯識學者舒密特候遜（Lambert Schmithausen）教授的七十歲賀壽論集，該論刊行於有 130 年以上歷史的《哈佛大學東方研究叢書》（Harvard Oriental Series）。

　　其次，兼顧古典佛學與現代佛教，他是華人佛教學者當中少數雙線並行的研究者，同時兼顧：一，佛教哲學一類古典題材；二，現代佛教與政治、社會之間關係。這考之於其論文、翻譯主題分佈即知清楚知之，皆各佔約一半。

　　佛教哲學方面，他除了已出版的《煩惱與表識》和二部藏傳譯作共三種，行將發表的尚有《唯識所知障研究》、《佛教量論與識論學術回顧》二書。現代佛教與政治的研究，除已出版的《左翼佛教和公民社會：泰國和馬來西亞的佛教公共介入之研究》、《僧饗與僧兵：佛教、社會及政治的互塑》及《僧侶與公僕：泰系上座部佛教僧團教育的現代曲折》三書。接下來，則是探討戰後泰國僧團三代左翼僧侶與農民維權和林地保育運動之間的關係，及以中國佛教為起步探討戰後亞洲諸國佛教在宗教公共外交上的複雜關係的另外三部書。

　　而其相關研究，無論是哪個系列，都不只是概論或入門介紹性質，卻是傾向對問題的深入探討，義理議題如對唯識佛學的煩惱、所知障、心識及禪觀學說的哲學討論如是，對泰國與大馬現代佛教的入世佛教、宗教衝突等議

題之研究時更是如是，帶有明顯的問題意識展開探討。

　　尤其後者，劉教授強調取局外研究者的視野更能妥善理解佛教與社會、政治的關係。

　　第四，他特能兼顧佛教內的跨傳統對照。劉宇光教授在義理研究上重視華梵或印藏對照，在現代佛教上重視上座部案例，所以無論印度、漢傳、藏傳及上座部，皆有不同程度的涉及。

　　他曾解釋這看似龐雜背後的理由，他首先傾向視不同佛教傳統之間，皆為佛教整體的一環，頗有佛教大公思想（Buddhist Ecumenicalism）之意，尤其在佛教哲學的研究和現代佛教如何面對公共世界二事上，皆是以議題為導向，來探索不同佛教傳統之間，在哲學與公共實踐上的最大公約數。

　　在此基礎上，佛教傳統之間無論是學理或實踐的歧異才可能構成豐富對彼此理解之養份，從而華文研究需要逐漸建立對非漢傳佛教現代案例的認識，乃至「亞洲佛教」的問題意識，以豐富對漢傳與臺灣佛教的理解與視野。

　　第五，他也能兼顧學理與田野。劉宇光教授雖然是哲學系訓練出身，但從博士階段開始，他從未放緩過田野工作，包括多次前赴藏區，包括研習藏文半年，隨蒙、藏學人數度深入寺僧社區。

　　而近年則經常在泰國僧團大學客座，並借此與當地泰、緬、越等上座部僧、俗學人師生作頻密的深度交流，亦與馬來西亞佛教的教、學二界來往密切，在馬來西亞國慶日獲邀向當地佛教知識界發表專題演講。凡此皆說明其兼顧學理與田野的意識與能力。所以本書邀請他提供的二篇精心之作：

　　　第十七章　唯識學「所知障」概念——譯詞評議、研究檢討、部
　　　　　　　　派溯源及東亞展望
　　　第十八章　佛教的宗教衝突與暴力——國際學界研究現況回顧

　　可以用來對照他與林鎮國教授上述三篇的相關主題論述，當能有極大的
新知佛學的獲取。

　　在林朝成教授的最新佛教生態論文論述中，他在本書第三輯所提供的主
題論述是：

第十九章　人間佛教的環境關懷與深層生態學的銜接與對話

　　但就此議題中的兩大核心分析概念來說，其一是當代臺灣人間佛教視野
下的環境關懷，其二是有關當代世界深層生態學的佛教觀點解讀與相互對
話。

　　可是，對於前者，其實有其發生學的形成史歷程。在此略為向本書讀者
說明。

　　自解嚴以來，有關當代臺灣本土人間佛教思想的形成及其社會實踐的不
同路線之爭，卻又特別激烈和壁壘分明。此因臺灣傳統佛教的信仰意識形
態，在解嚴之前的仍是相當牢固和保守的。可是就佛學論述來說，則有關印
順導師的現代性大量佛學著作，已如綜合佛教思想大水庫般地，在當代華人
的佛教學界間廣為流傳和被研究，因此有「印順學」的研究顯學現象，正在
當代佛學界開展。[5]

　　此外，他對「人間佛教思想」的倡導與推廣，也有大量的追隨者出現。
尤其是到 1989 年時，已在當代臺灣佛學界歷時三年多的關於印順人間佛教
思想的爭辯問題，立刻在印順本人當年出版《契理契機的人間佛教》（新
竹：正聞出版社）的有力學術背書之下，成為代表其一生佛教著作的正式且
唯一的思想標籤。

---

[5]　參見邱敏捷，《「印順學派的成立、分流發展」訪談錄》（臺南：妙心寺，2011，初版）。

不過，也就在此同時，來自不同立場的教界批判者，也相繼出現。[6]所以以此作為分水嶺，從此臺灣佛教界所爭論的人間淨土思想問題，已被化約成為贊成或反對兩者立場，以及印順和星雲兩者的人間佛教理念，何者更具有社會的實踐性問題。

本書編者兼本作者之一的江燦騰教授，是當代首先將印順視為是對太虛思想的「批判性繼承」者，而認為依星雲所走的佛教路線，他應該算是太虛思想的「無批判繼承」者，並公開指出：印順曾對星雲人間佛教思想中的融和顯密思想，有所貶抑的情形。[7]

可是，作為印順思想的忠實追隨者的邱敏捷博士，在其博士論文中，則一反江燦騰教授的並列方式，而是以印順的人間佛教思想，作為其評判他人佛教思想是否正確的最後依據。所以她因此一舉將包括佛光山、慈濟功德會和法鼓山等，當代臺灣各大佛教事業場的人間佛教思想，一概判定為屬於「非了義」等級的「世俗化」人間佛教思想。[8]

事實上，邱敏捷博士的各項論點，並非屬於她獨創的新見解，而是延續其博士論文指導教授楊惠南，對慈濟功德會和法鼓山，這兩大佛教事業道場的人間佛教思想之批判觀點而來。

因為楊氏認為，不論是慈濟功德會所主張的「預約人間淨土」或法鼓山所創導的「心靈環保」，都是屬於過於「枝末性」的社會關懷和過於「唯心傾向」的淨土認知。他認為此兩大佛教事業道場，不敢根源性地針對官方和

---

6 參見釋禪林，《心淨與國土淨的辯證──印順導師與人間佛教思想大辯論》（臺北：南天書局，2006）。

7 印順導師曾指出，臺灣推行人間佛教傾向，以目前：「現代的臺灣，『人生佛教』、『人間佛教』、『人乘佛教』，似乎漸漸興起，但適應時代方便多，契合佛法如實，本質還是『天佛一如』。『人間』、『人生』、『人乘』的宣揚者，不也有人提倡『顯密圓融』嗎？」釋印順，〈契理契機之人間佛教〉，頁 65。

8 邱敏捷〈印順導師人間佛教思想：臺灣當今其他人間佛教之比較〉，此篇文章早期發表於《人間佛教薪火相傳：印順導師思想理論實踐學術研討會》，之後，作者又略事修改，已收入邱敏捷，《印順導師的佛教思想》一書（臺北：法界，2000 年 1 月），頁 133-160。

資本家的汙染源，提出徹底的批判和強力要求其改善，[9] 反而要求一般的佛教信眾以《維摩詰經》中所謂「心淨則國土淨」的唯心觀點來逃避問題，[10] 所以他指責這是「別度」的作法，而非「普度」的作法。[11]

所以，邱敏捷博士的持論立場，其實是將其師楊惠南教授的此一論點，再擴大為，包括對佛光山星雲的人間佛教思想的理念和做法在內的，全面性強力批判。[12]

其後，在佛光山方面，雖然立刻遭到由星雲女徒慈容尼師的撰文反駁，[13] 但如純就佛教義理的思維來說，慈容的反駁觀點，是無效的陳述，所以

9　楊惠南於 1994 年 12 月，以〈當代臺灣佛教環保理念的省思以「預約人間淨土」和「心靈環保」為例〉，提出社會關懷解決方案。直接針對慈濟功德會所發起「預約人間淨土」，和法鼓山「心靈環保」，認為當代佛教推動環保最具成效兩大團體，這方面的成就是有目共睹，就事論事，這兩大團體只在「『量』上限定於幾個環保面相」，更值得注意的是，工業污染（化學污染）、核能污染，這些都是「來自於資本家和政府」。見《當代》，第 104 期（1994 年 12 月 1 日），頁 40-41。

10　楊惠南的批評是：檢視當代臺灣佛教環保運動，之所以侷限在「浪漫路線」的「易行道環保運動」的範圍之內，原因固然在於主導法師保守的政治理念態度，……把環境保護和保育，視為「內心」重於「外境」這件事，如果不是錯誤，至少是本末倒置的作法。見楊惠南，〈當代臺灣佛教環保理念的省思以「預約人間淨土」和「心靈環保」為例〉，《當代》，第 104 期，頁 40-41。

11　楊惠南認為，「大乘佛教所發展出來的『（半途型）世俗型』的普渡眾生」，「還是同樣強調物質的救渡」，相反的，「大乘佛教的普渡眾生，有出世的意義．『目的型』的救渡」。並指出：「世俗」型的物質救渡，又可細分為二種：其一是一個一個、一小群一小群，或一個區域的……筆者（楊惠南）稱之為「別渡」……以致成為「頭痛醫頭，腳痛醫腳」的「治標」救渡法。……他們寧可假日到郊外撿垃圾，然後回到廟裏說「唯心淨土」，宣說「心靈環保」，卻不敢向製造污染的資本家的政府抗議。另外一種「世俗」型的救渡，乃是透過政治、經濟、社會制度，全民……這樣的救渡，筆者才願意稱之為「普渡」。楊惠南，〈臺灣佛教現代化的省思〉《臺灣佛教的歷史與文化》，頁 288-289。

12　邱敏捷，〈印順導師人間佛教思想：與當今臺灣其他人間佛教之比較〉，曾發表於 1999 年弘誓文教基金會主辦，【第二屆「人間佛教薪火相傳」學術研討會】（臺北：南港中研院國際會議室），其後收入邱敏捷，《印順導師的佛教思想》（臺北：法界出版社，2000），頁 133-160。

13　慈容，〈人間佛教的真義——駁斥邱敏捷女仕的謬論〉，《普門》第 243 期（1999 年 12 月），頁 2-3。

同樣遭到來自邱敏捷博士針鋒相對地論述強力回擊。[14] 因此，其最後的發展是，雙方既沒有交集，也各自仍然堅持原有的觀點，[15] 不曾有任何改變。

如此一來，便導致當代最多元和最歧異的「人間佛教思想」，便宛如一股混濁地滾滾洪流，開始橫溢於各道場的文宣或口語傳播上，其來勢之洶湧和強勁，甚至連大陸對岸的許多佛教學者，都深受衝擊和影響。[16]

然而，最新的人間思想詮釋轉折點，是出現在印順導師於 2005 年 6 月 4 日過世之後。其原因不難推知，此即彼等過去所不易對抗的佛教思想巨人[17]——印順導師——既已消失於人間，則彼等當時除了在寫悼念文之時，仍會礙於情面，而不得不對印順導師的佛學巨人成就，表示一點欽慕和讚佩之外，事實上，彼等在私底下，則是快速進行其「去印順化」的反向作為。

例如，聖嚴法師於宣佈成立「中華禪法鼓宗」的同時，在其法鼓山的道場內，一律只准許講說其著作內容或思想；以及自即日起，開始禁講「印順導師的人間思想」，已成為其徒眾們必須奉行的「共識」了。換言之，當時聖嚴法師「去印順化」的反向作為，其實是和其於 2005 年 10 月，正式宣佈成立「中華禪法鼓宗」之時間點，是密切關聯且相互辯證發展的。

至於曾被楊、邱兩人猛批、但仍長期尷尬地保持沉默的慈濟方面，則是在太虛和印順的思想之外，當其剃度師——印順導師於 2005 年 6 月 4 日過

---

[14] 邱敏捷，〈答《普門》發行人之評論：「人間佛教的真義」〉，《普門》第 245 期（2000 年 2 月），頁 16-19。

[15] 見邱敏捷，〈當代「人間佛教」的諍辯——記數年前的一場大風暴始末〉，《當代》復刊 97 期（2005 年 7 月號），頁 54-61。

[16] 見釋禪林，《心淨與國土淨的辯證：印順導師與人間佛教大辯論》（臺北：南天書局，2006），頁 1-14。

[17] 印順本人曾直接指出，臺灣推行人間佛教傾向，以目前：「現代的臺灣，『人生佛教』、『人間佛教』、『人乘佛教』，似乎漸漸興起，但適應時代方便多，契合佛法如實，本質還是『天佛一如』。『人間』、『人生』、『人乘』的宣揚者，不也有人提倡『顯密圓融』嗎？」釋印順，〈契理契機之人間佛教〉，頁 65。這是對星雲當時作為的非指名批判，讓星雲相當為難。

世後不久，便更加強調其早期所宗奉的《無量義經》思想之深刻影響和其長久相關之思想淵源的說明；[18] 其後她甚至於 2006 年 12 月，據此，而正式宣佈成立了「慈濟宗」。

所以，江燦騰教授在其主編《戰後臺灣漢傳佛教史：從雙源匯流到逆中心互動傳播的開展歷程》一書的第 11 章〈追憶漫漫來時路（1895-2011）〉的主要內容，就是要透過對慈濟宗成立背景的溯源性回顧、和針對證嚴尼師自早期以來其獨特的臺灣本土佛教實踐哲學與其師印順導師人間佛教思想的根本差異及其所衍生的互相衝突狀況，來說明當代臺灣人間佛教思想的相互衝突、各大佛教事業團體發展的資源爭取（如慈濟與法鼓山之間）和「去印順化」新趨勢的反向發展，才是 2006 年新的「慈濟宗」，之所以會建立的真正原因。

然而，林朝成教授並不介入上述的相關人間佛教思想不同立場的任何爭辯，而是另闢探討新視野，並將以印順導師人間思想的論述根據的詮釋角度，去觸及所謂現代環境關懷學術思潮下的深層生態學內含並與其進行兩者的思想對話。

林朝成教授在此論述中，認為我們當代人如何面對生態危機？他發現西方學者懷特教授，先是瞭解當時比克族（beatnik）對於禪佛教曾有的強烈認同，換言之或許轉向禪宗，視東方宗教是個可行的解方。[19] 但因基於其本身基督教文化屬性的考量，懷特教授最後仍選擇聖方濟（St. Francis of

---

[18]　鄭凱文，《從證嚴法師對〈無量義經〉之詮釋探究其「人間菩薩」思想意涵》，慈濟大學宗教與文化研究所碩士論文，頁 41-42、

[19]　當時西方流行的禪宗大多受鈴木大拙的影響。鈴木認為禪宗視我們的自然和客體的自然為一體，人類和自然相互依存，反對人和自然的二分，更反對主宰自然，而是尊重自然、珍愛自然，生活於自然之中。參見史帝夫・歐定（Steve Odin）：〈日本的自然概念與環境倫理學和李奧波保育美學的關涉〉，收入瑪莉・塔克（Mary Evelyn Tucker）、鄧肯・威廉斯（Duncan Ryūken Williams）編，林朝成、黃國清、謝美霜譯：《佛教與生態學──佛教的環境倫理與環保實踐（Buddhism and Ecology: The Interconnection of Dharma and Deeds）》（臺北：法鼓文化，2010 年），頁 141-162

Assisi, 1181-1226）的典範主張作為其基督宗教與自然和諧的另類觀點，並建議主流基督宗教支持聖方濟視所有創造物平等的思想，以便重建基督宗教的世界觀，建構一套西方的環境哲學。

此因聖方濟曾將日、月、星辰，以及風、水、大地、生物，這些非人類的存在物稱為兄弟，以此打破人與自然二元論的疏離和支配的關係，懷特認為聖方濟的思想可以建立基督教的認同，「一種關於人與其他創造物之間的友誼的、審美的、自我節制的關係」為基礎的認同，這個認同將有助於面對生態危機。[20]

其次，在此一轉向東方宗教，轉向佛教，既然也是當時西方世界面對生態危機的選項之一，林朝成教授因而又將其觀察眼光，投向西方著名詩人史耐德（Cary Snyder）會通東方佛教思想和西方生態學，推動了環境運動的思潮。所以林朝成教授藉此瞭解到：在佛教是對環境友善的宗教認知下，佛教「綠化」，佛教可以提供生態危機解方的思想資源，這樣的想法頗受肯定。

尤其是西方學者納許（Roderick Nash）這個人，在其讚許佛教思想與生態學的說法不謀而合，佛教物物相關有機全體的觀點，人和自然終究融為一體的教義，為佛教和生態學的整合，真能開出一條智性的康莊大道。[21]

因此，從林朝成教授對此相關思想的發展來考察之後的新發現來看，他終於確定上述這條康莊大道並不是筆直的，而是九彎十八拐，曲折而行：

一者，佛教國家或擁有多數佛教徒的國家，其環保的表現或生態保育的

---

[20] 基督宗教界對於懷特的回應，發展出重新詮釋《聖經》的宗旨，確認人類扮演的是上帝的「管家職分」（Stewardship），而不是來主宰自然。神學則重新詮釋《聖經》，轉化《聖經》，而有生態公義神學和生態神學等環境關懷的神學。

[21] Robert Frazier Nash, *The Rights of Nature: A History of Environmental Ethics* (Madison: The University of Wisconsin Press, 1989).

認知，多落後於西方國家；

　　二者，佛教的終極關懷乃是解脫成佛、出離世間，和基督宗教關心靈魂得救以及死後升上天堂和耶和華同在的終極關懷相近，眼前迫切的環境危機並非其關切的核心課題。

　　因此，說佛教是綠色佛教，這可能是片面的宗教思想詮釋，而非佛教順當的發展。或者只是意涵將只是回到佛教本身的教義和經論的觀點，也同樣不無疑義。換言之，林朝成教授認為：歷史中的佛教，並不是單一的佛教，而是有著各種宗派發展和跨文化傳播、轉化的複數佛教。故而有關佛教經典的選擇、偏重和詮釋，若是只注重修行工夫的實修和途徑，並始終在其特定時空脈絡中的相關時代課題內，持續進行其回應和行動，則無疑會深刻影響我們對佛教在現世中的角色和定位的看法，同時也會反映我們在佛教對環境、生態的態度和行動的不同評價。

　　由此可知，各類相關領域的佛教生態學者們，彼此在其各自不同的研究方法和不同的視角下，各自分途去探討有關佛教和環境生態的各類問題，則其結果的呈現樣貌，也將是各自具有非常不同類型的佛教環境思想的認知和取向。因此，他認為有必要先行回顧學者研究佛教環境思想的類型，釐清佛教環境哲學的脈絡和問題意識。

　　於是，他便因而借鏡另一相關佛教生態學者哈里斯（Ian Harris，1952-2014）教授，在其最早將佛教環境思想研究加以分類時，所提出四種類型學（typology）：[22]（1）生態靈性論（eco-spirituality）（2）生態公義論（eco-justice）（3）生態傳統論（eco-traditionalist）（4）生態護教論（eco-apologetics）。[23] 來作為他自己論述時的參考依據之一。

---

[22]　Ian Harris, "Getting to Grips with Buddhist Environmentalism: A Provisional Typology", *Journal of Buddhist Ethics* V.2(1995), pp.173-190.

[23]　哈里斯（Ian Harris）的類型，接近宗教學者 Beyer 對基督教環境主義者的分類，Beyer 大致區分為三大類：（1）生態公義型（2）生態靈性型（3）生態傳統型。詳見 Peter Btyer, *Religion and*

　　此外，林朝成教授也同時對照美國哈佛大學世界研究中心主任史威若（Donald Swear）教授，從研究方法和佛教的環境立場，所據以提出生態哲學的另一五種類型，此即：（1）生態護教論（2）生態批判論（eco-critics）（3）生態建構論（eco-constructivist）（4）生態德行論（eco-ethicists）（5）生態脈絡論（eco-contextualists）。[24]

　　以及他還注意到史威若教授，最後終能結合最新研究的趨勢，以增列其生態德行論，並將人類學和社會學的兩者交涉進路的研究，也因此列入其生態脈絡論的類型。

　　根據以上的探討總結，於是林朝成教授在其中的論述特別指出：

　　其一、有關各種類型的論述，著重點不同，但互有關涉。生態建構論者會肯定生態德行論，對佛教環境倫理的重要貢獻；反之，生態批評論者會肯定生態建構論者的方法，卻對生態護教論嚴厲批評；至於堅持生態脈絡論者，則會走進公共領域，並在佛教處身的社會文化中論述佛教的環境保護行動。

　　由此可見在其彼此之間，常會出現各自對佛教經典的詮釋，出現寬嚴不一的標準，以及彼此各自認定的佛教教派類型和義理取捨，也會有歧異現象，並會對其有關當代生態危機的回應和行動的理據判斷標準，亦會有所不同。所以究竟佛教要如何回應當代環境保護的課題，自然便會依據不同類型論述的進行各自反思，並因而有了其相應的理論建構和其各自的行動策略及其詮釋空間。

　　其二、除了上述學者的各自所持不同生態環境主張之外，還有一些生態護教論者則認為：佛教環境關懷源自於佛教教義和文化傳統；佛教教義「本

　　Globalization (London: Sage Publications, 1994). 哈里斯則將生態傳統型再細分為生態護教型和生態傳統型二類。

[24]　Donald K. Swearer, "An Assessment of Buddhist Eco-Philosophy", *The Harvard Theological Review* 99.2 (Apr.2006), pp.123-137.

具」環境關懷的思想，把「本具」的理念曲通地「開出」或「發用」，足以
因應當代環境生態危機。

然而，剋實從佛教文獻和佛教的思想義理來說，現代所謂的生態環境議
題其實並不是佛教原有的核心關懷。這其實是直到上世紀，即二十世紀六十
年代，方才出現的宗教與環境課題，因此我們無法期待傳統佛教典籍對當代
性的相關環境倫理、環境關懷的相關問題有著顯明的論述，更無法論斷其能
先天帶有佛教「本具」環境思想。

因此，林朝成教授在其全文中的相關詮釋，最終是採取了「生態轉向
說」，也就是將關注的焦點，轉向自然生態的面向，由此建立起其有關環境
關懷的論說和環境哲學之最新詮釋內涵。

亦即，在林朝成教授的新知中，其所謂「生態轉向」的論述的詮釋理
據，並不是教義「本具」式的自在自為方式，同時也不是教義完全不涉及的
彼此完全疏離存在，而是兩者轉向關係的彼此聯繫和相互共同體的認同。

四、在本書內容建構體系之一的第四輯，共有六篇長短不一的論述，
主要是關涉當代所謂現代佛學研究的新詮釋史及其書評新檢討，包括附錄
兩篇也都具有類似的論述性質。

這是由本書編者之一江燦騰教授精選其歷來有關這方面具有學術批評性
或學術史探討的主題論文，薈萃在此第四輯而成。其篇名如下：

第二十章　臺灣本土佛教研究百年經驗的專題報告
第二十一章　對話楊儒賓——反思 1949 以來雙源匯流下的新臺灣
　　　　　　佛教詮釋學
第二十二章　現代臺灣新女性主義佛教小說透視——導讀陳若曦的
　　　　　　《慧心蓮》
第二十三章　關於佛牙舍利真偽之辯——內幕、證據與方法學

　　由於此類論文，常有冒犯當代臺灣佛教僧侶持論觀點或相關佛教學者詮釋主張之處，所以有關本書此第四輯的各篇論文題旨和相關內容，此處就不再詳論。至於讀者本身是否有意願閱讀，本書編者完全尊重個人的選擇與任何對其反批評主張。

第十三章　理性、空性與歷史意識
——新儒家與京都學派的哲學對話

林鎮國

政治大學哲學系榮譽教授

　　作為中國與日本現代哲學的代表性學派，新儒家與京都學派不約而同地在二十世紀中期進行深刻的歷史反思。他們共同經歷了撕裂雙方的戰爭，站在截然對峙卻從未彼此相知的歷史情境。對於他們來說，哲學絕非純粹思辨的產物，而是在嚴峻的歷史危機中淬煉出的命運出路。京都學派的學者們在戰後政治禁錮中繼續其哲學沈思，終於受到國際學界的矚目；新儒家的第二代則在緊接而起的國共內戰中，跟隨潰敗南走的國民政府流亡港臺，開枝散葉，蔚為大宗。新儒家與京都學派同經東亞戰亂，立足傳統，面對現代，卻未嘗有過對面交談的機會。本文彌補此憾，以新儒家的牟宗三（1909-1995）與京都學派的西谷啟治（1900-1990）為核心，考察他們如何分別從儒家「理性」的立場和佛教「空性」的立場，形構他們不同的歷史意識。考察的重點將分別擺在西谷啟治從戰時的「近代的超克」到戰後「空的歷史意識」，以及牟宗三在國共內戰後所撰寫的《歷史哲學》，並在結論部分從雙方的角度，相互詮解，彼此攻錯，讓吾人在其半世紀後的迴響中，反思歷史與哲學之間的張力關係。

一、戰爭、現代性與歷史意識

　　牟宗三的《歷史哲學》始撰於 1949 年。是年共軍渡江，牟氏從南京經杭州、上海、廣州，隻身來臺。1950 年，任教臺灣師範學院（後改名為臺灣師範大學）。1952 年，《歷史哲學》完稿。在《五十自述》裡，牟氏敘寫那時期的心境：「從成都到共黨渡江，這五、六年間，是我的『情感』（客觀的悲情）時期。來臺後，則根據客觀悲情所感而轉為『具體的解悟』，疏導華族文化生命之本性，發展，缺點，以及今日『所當是』之型態，以決定民族生命之途徑，簡言之，由情感轉而為理解。」[1]其結果就是《歷史哲學》的寫成。從當時的歷史背景來看，中國經歷八年抗戰，危而幾亡，緊接著國共內戰，國民政府一路敗退，終至於流亡海隅，其結局是共黨政權的成立，馬列唯物主義的勝利。對於牟氏來說，唯物主義的勝利表徵著中國文化精神的歧出與魔難。當時牟氏的悲憤心情，可說是相應於耶穌基督「向上昂揚而下與魔鬥」的精神，不是肯定那「天上的父」，而是肯定「華族歷聖相承所表現的文化生命」，也因此反對共黨唯物論與唯物史觀「窒息人間而為一物化機器的殘暴」，其反共的激烈達到「天下無道，以身殉道」的程度。[2]從正面說，牟氏認為他所面對的歷史危機在於中國聖賢相傳的精神傳統無法順利開展出現代化，以致於無法盡民族之性，以建立現代的國家。他認為由於當時國人對於「現代」的內容缺乏正確的理解，才有以「超近代」、「反近代」為旗幟的共產黨的出現，將「現代」等同於資本主義的歷史階段，而不能瞭解到「現代」不是「時式」的概念，而是具有「價值內容」的概念。[3]值得注意的是，牟氏當時對於「現代（性）」的瞭解深受黑

---

[1]　牟宗三，《五十自述》（臺北：鵝湖出版社，1989），頁 129。又參考蔡仁厚，《牟宗三先生學思年譜》（臺北：學生書局，1996），頁 16-18。

[2]　牟宗三，《五十自述》，頁 121-22。

[3]　牟宗三，〈關於歷史哲學──酬答唐君毅先生〉，附錄於《歷史哲學》（九龍：人生出版社，

格爾的《歷史哲學》與《權限哲學》的影響，希望藉此反省，返歸中國內聖
之學，以開出以科學與民主為內容的新外王，作為對現代性的正面回應。

　　牟氏自述《歷史哲學》的寫成可溯自抗戰前讀黑格爾的《歷史哲學》，
見其謂東方（中國）民族只有「在其自己」的「實體的自由」、「潛存的自
由」、「理上的自由」，而沒有「對其自己」的「主觀自由」，深為困惑。
直到抗戰勝利之後，國共內戰續起，牟氏才正視到這關於政治與文化的客觀
實踐問題，也才有來臺後《歷史哲學》的寫成。[4]黑格爾是瞭解新儒家歷史
意識的入徑。

　　反觀京都學派——特別是西谷啟治——的歷史意識，大概可以分為戰爭
時期和戰後時期二階段。京都學派的歷史哲學時代，除了三木清的《歷史哲
學》出版於 1932 年外，全都出現於中日戰爭時期——高坂正顯的《歷史的
世界》（1937）、高橋里美的《歷史與辯證法》（1939）、田邊元的《歷史
的現實》（1940）、鈴木成高的《歷史主義和國家理念》（1941）和西谷啟
治的《世界觀和國家觀》（1941）。這在時期，同時要求回歸日本傳統文化
和藉由「近代的超克」以走向世界史，不僅不互相矛盾，而且十分可以理
解。1941 年 10 月，日本偷襲珍珠港，太平洋戰爭爆發，京都學派的世界史
哲學終於貼合著歷史現實的脈動，給開赴前線的青年學生實存上的支持與慰
藉。[5]

　　京都學派的世界史哲學一方面是對當時極端的國家主義與皇道哲學的抵

1970 再版），頁 24-25。

[4]　牟宗三，《五十自述》，頁 113-14。牟氏新外王學三書，除了《歷史哲學》之外，還有《政道
　　與治道》（1961）和《道德理想主義》（1959）。

[5]　近代日本思想史研究會著，那庚辰譯，《近代日本思想史》第三卷（北京：商務印書館，
　　1992），頁 132-136。底下關於《中央公論》和《文學界》二場座談會的敘述，見拙著，《空性
　　與現代性》（臺北：立緒，1999），頁 139-143。亦可參考 James Heisig 關於該二場座談的摘
　　譯，見 James W. Heisig, Thomas P. Kasulis, John C. Maraldo, eds., *Japanese Philosophy: A
　　Sourcebook* (Honolulu: University of Hawai'i Press, 2011), pp. 1059-1084。

制，另一方面是對日本當局提出的「大東亞新秩序」從世界史和主體性的立場予以合理的解釋。其世界史的觀點在於指出以歐美為中心的世界觀（特別是帝國主義）已經顯現了其局限與末路，而以日本為領導的東亞協同體則是力圖實現多元的世界新秩序。太平洋戰爭與大東亞戰爭正是出自於新世界史的必然性。處於此歷史時刻，京都學派呼籲從主體性的立場去承擔此歷史性的任務。他們顯然將戰爭合理化為反抗歐美帝國主義的解放戰爭。在此脈絡下，才能瞭解西谷啟治當時所言的：「世界史正在召喚日本。」[6]

從 1941 年 11 月到 1942 年 11 月，京都學派四位成員（高坂正顯、高山岩男、鈴木成高、西谷啟治）分別以「世界史的立場與日本」、「東亞共榮圈的倫理性和歷史性」和「總力戰的哲學」為題在《中央公論》舉行三場座談，並將記錄發表。翌年集結出版，初版即售完一萬五千冊，可見其深受歡迎的程度。

以「世界史的立場與日本」為題的第一場座談，首先指出歐洲文明在二十世紀所陷入的危機在於以歐洲為中心之歷史觀的破滅，而這正是日本爭取世界史主體性地位的契機。近代歐洲在世界史的主宰性地位源自其科學實證主義，然而帶來了殖民主義與帝國主義，此為矛盾之一。其次，近代西方的啟蒙主義與人文主義，也帶來了科學與宗教之間的對立，此為矛盾之二。為瞭解決近代西方的矛盾，京都學派提出以歷史主義的進路超越歐洲的歷史主義。於此，京都學派提出以東方的「絕對無」觀念作為統一多元的世界新秩序的最高原理。[7]

為了使「絕對無」概念成為實踐性原理，京都學派乃引進蘭克（Leopold

6　同上揭，頁 138。

7　《中央公論》（1942 年 1 月號），頁 181。Horio Tsutomu, "The *Chuokoron* Discussions, Their Background and Meaning," in James W. Heisig & John C. Maraldo, eds., *Rude Awakening: Zen, the Kyoto School, & the Question of Nationalism* (Honolulu: University of Hawai'i Press, 1994), pp. 304-305。

von Ranke, 1795-1886）的「道義的生命力」（*moralische Energie*）概念，企圖將戰爭從「力」的層次提升到「道德」的層次，並以「道德」作為「力」的指導原則，終而使實然（力）和應然（道德）的矛盾獲得統一。在這裡，京都學派顯然道德化了戰爭。[8]將戰爭道德化的言論，繼續出現在以「東亞共榮圈的倫理性與歷史性」為題的第二次座談上，並進一步明言，支那事變即是道德之爭，而大東亞戰爭即是東洋道德與西洋道德之爭。**世界史的未來，即決定於道德的問題**。[9]

　　1942 年 6 月，日本海軍受挫於中途島，戰爭形勢逆轉。11 月舉行的第三次座談，京都學派討論「總力戰的哲學」，將戰爭再度從軍事層面提升到意識形態的層面。在這場戰爭中，鈴木成高指出，「市民的，資本主義的秩序所構造的國家正在崩壞中，現代的世界觀也在崩壞中。……**總力戰進行於現代之陷於窮途末路。換言之，總力戰即是現代的超克。**」[10]京都學派在這裡已經很清楚地將戰爭視為超克現代性的歷史任務。

　　超克現代性的東洋倫理，高山岩男在座談會中指出，就在於超乎善惡相對的大乘立場，而非持善惡相對的小乘立場。落於倫理層面上，此大乘精神表現為「無我」或「絕對無」的責任感。此「絕對無」或「無我」就是絕對的自發性，也是絕對的服從。[11]佛教的「無我」觀成為京都學派應和戰時動員的意識形態。

　　關於現代性的超克，西谷啟治和鈴木成高亦於 1942 年 7 月參加由《文學界》雜誌舉辦的「近代的超克」座談會。會中大家都同意太平洋戰爭是擺脫近代西歐的戰爭，但是就如何克服文明開化的「日本式的近代」此一問

---

[8]　《近代日本思想史》第三卷，頁 138-139；Horio Tsutomu, "The *Chuokoron* Discussions, Their Background and Meaning," p. 306。

[9]　高坂正顯的發言，見《中央公論》（1942 年 4 月），頁 121。

[10]　《中央公論》（1943 年 1 月），頁 57。

[11]　《中央公論》（1943 年 1 月），頁 104。

題，京都學派不同意國粹主義的路線，認為應向世界史的立場前進。[12]

　　值得注意的是，西谷啟治指出西方現代性是由宗教改革、文藝復興和自然科學三股潮流湊合而成，彼此相激，造成科學、文化和宗教之間的矛盾衝突。超克之道，西谷指出，則應該從宗教著手，深入主體性，直證主體的無的立場。此無的主體性又謂之「無我」、「無心」、「真我」。惟有立足於此「無的主體性」才能成就真正的科學與文化，消解現代性的內在分裂，建立新的世界秩序。[13]

二、黑格爾的歷史幽靈[14]

　　反觀四十年代的中國，不論在政治現實上或意識型態上，馬克思的唯物史觀成為主導的力量。對於傳統主義的新儒家來說，唯物史觀和五四運動的反傳統立場一脈相傳，其導致共產黨政權的崛起，為禍之烈，更甚於日本侵華，原因乃在於唯物史觀與唯物辯證法「對於中國文化與往聖前賢作過激刻薄之抹殺」。[15]牟宗三即認為，共黨的唯物論是現代版「華夷之辨」的夷狄文化，也是華族文化的毀滅者。牟氏當時訴諸黑格爾的精神哲學，極力批判唯物史觀，只有從其文化民族主義的立場才能瞭解。

　　黑格爾將歷史視為精神展現的歷程，此觀點正合於儒家將歷史看做天道流行的過程。[16]然而在黑格爾的世界史觀裡，東方的中國卻僅代表精神發展

---

[12]　《近代日本思想史》第三卷，頁 140。

[13]　Minamoto Ryoen, "The Symposium on "Overcoming Modernity"," in *Rude Awakening*, pp. 217-220.

[14]　這裡取 "spirit" 的雙關義：精神與幽靈，謂在黑格爾逝世近二世紀來其觀念的影響仍盤旋遊蕩於世界各角落。

[15]　牟宗三，〈關於歷史哲學——酬答唐君毅先生〉，頁 23。

[16]　「世界史是使未加陶冶的自然意志臣服於普遍原理，以獲得主體自由的教化。」("The History of the World is the discipline of the uncontrolled natural will, bringing it into obedience to a Universal

的起點，這從其政治體制可以看出：東方的專制主義只有皇帝「一人」是自由的，希臘與羅馬的民主制與貴族制「有些人」是自由的，而日耳曼的君主共和制則「所有人」是自由的。[17]不論黑格爾關於歷史事實的判斷是否偏差，中國文明被認為並未發展出主體性，特別是法律的主體和政治的主體，這點關係到中國能否成為現代的國家。歷史上，中國很早就發展為「大一統」的國家，皇帝是大一統的中心，百姓卻全被吸入此中心而缺乏獨立性與主體自由。個體缺乏獨立性與主體自由，乃由於作為整體的帝國內部無法形成「差異」以制衡那無所不在的「大一統」。「每一合理的國家都有足以表現自身的區分。個體必須獲得主體自由，並因而能夠給這些分殊提供客觀的形式。」[18]衡之於中國文明，則未出現過具有客觀性的差異與分殊，以保障個體的獨立與自由。這是黑格爾對於中國歷史文明的批評要點。

　　對於上述黑格爾的批評，牟宗三認為無法全盤否認，但也無法全然同意。牟氏所不能全然同意之處在於，中國歷史中的個體固然沒有在政治與法律層面上獲得獨立與主體自由，但是這並不表示在其他層面上也沒有獲得獨立與主體自由。牟氏強調，精神實體在中國歷史上的發展，表現出高度的道德的主體自由和藝術性的主體自由。牟氏認為，精神在歷史的發展可以透過三種形式：分解的盡理之精神、綜合的盡理之精神和綜合的盡氣之精神。以此觀之，西方歷史的精彩是「分解的盡理之精神」的表現，中國歷史的精彩則是「綜合的盡理之精神」和「綜合的盡氣之精神」的表現。分解的盡理精神表現在政治、法律、數理、科學上，綜合的盡理精神表現在道德上，而綜合的盡氣精神則表現在藝術創造上。在西方的分解精神表現中，普遍性和個體性是分裂的，故有對立性和鬥爭性，而在中國的綜合精神的表現中，個體

---

　　principle and conferring subjective freedom.") See G. W. F. Hegel, *The Philosophy of History*, translated by J. Sibree (New York: Dover Publications, 1956), p. 104.

[17]　同上注。

[18]　同上注，頁114。這一部分的討論又見牟宗三，《歷史哲學》，頁56-63。

所實現的普遍性（普遍的理和普遍的美）必然是「具體的普遍」，而非僅由知性所對的「抽象的普遍」。[19]從比較上來看，西方文化的發展缺乏「綜合的盡理之精神」，而中國文化則欠缺「分解的盡理之精神」，各有擅場，也各有所偏，互補則兩全，相抗則兩傷，牟氏便是於此見中西文化會通的可能。

　　什麼是「綜合的盡理之精神」？牟宗三認為，凡是從道德到政治，從內聖到外王的**連續性**建立在同一理性上，皆是綜合的盡理精神之表現。他說：

> 這裡「綜合」一詞是剋就上面「上下通徹，內外貫通」一義而說的。「盡理」一詞，則是根據荀子所說的「聖人盡倫者也，王者盡制者也」，以及孟子所說的「盡其心者知其性也」，中庸所說的盡己之性，盡人之性，盡物之性，等而綜攝以成的。盡心、盡性、盡倫、盡制，統概之以盡理。盡心盡性是從仁義內在之心性一面說，盡倫盡制則是從社會禮制一面說。其實是一事。盡心盡性就要在禮樂的禮制中盡，而盡倫盡制亦就算盡了仁義內在之心性。而無論心、性、倫、制，皆是理性生命，道德生命之所發，故皆可曰「理」。而這種「是一事」的盡理就是「綜合的盡理」。[20]

　　同一的理性可以同時有理論的（知性的）作用以開出科學與民主，也可以同時有實踐的作用以開出道德。在同一理性的實現裡，真正的道德必然涵蘊科學與民主的開出，而真正的民主與科學也必須不違道德。私人領域的道德和公共領域的政治之間，無法截然分離，而是視為具有連續性和整全性。

---

[19]　牟宗三，《歷史哲學》，頁 80-82。

[20]　同上注，頁 167。

這是中國傳統的看法。不僅如此，道德界和自然界在近代西方分屬不同的領域，但是在古代中國「天人合一」的世界觀中卻是連續的。牟氏即就中國古代文化中私人領域和公共領域，道德界和自然界未加區分，而以整全視之的精神，稱之為「綜合的盡理之精神」。

　　邏輯地說，先有分解，才有綜合可言。然而歷史上，卻是往往先有綜合，後有分解。牟氏認為，中國的歷史只有綜合盡理的表現，政治上以聖君賢相為理想，未能出現民主政治，也沒有產生近代西方的科學，主要的原因便是缺乏「分解的盡理之精神」：

> 這裡「分解」一詞，是由「智之觀解」而規定。一、函有抽象義。一有抽象，便需將具體物打開而破裂之。二、函有偏至義。一有抽象，便有捨象。抽去那一面，捨去那一面，便須偏至那一面。三、函有使用「概念」，遵循概念之路以前進之義。……分解之進行是在概念之內容與外延之限定中層層以前進。由此三義，再引申而說，分解的精神是方方正正的，是層層限定的。……至於「分解的盡理」中之「盡理」，從內容方面說，自以邏輯數學科學為主。若籠罩言之，則其所盡之理大體是超越而外在之理，或以觀解之智所撲著之「是什麼」之對象為主而特別彰著「有」之理。[21]

　　牟氏曾特別說明，他所使用的「綜合」與「分解」不能限定於邏輯上的用法，也不能限定於歷史的範圍，而是指不同文化系統之形成所根據的精神表現。[22]換言之，這是精神哲學的用法。就「分解的盡理之精神」而言，牟氏分析儒道釋三家哲學，指出三家皆未能具備分解的「概念的心靈」，也未

---

[21] 同上注，頁170。

[22] 同上注，頁174。

能正視知性的積極價值。由於缺乏此分解的盡理精神，中國不僅無法開出邏輯、數理、科學，也無法從法律制度上建立現代化的國家。中國近代歷史上的困頓和苦難全在於此。[23]

值得注意的是，牟氏對於中西歷史文化的比較抉擇，帶有濃厚的「判教」意味：主導中國的歷史發展是「綜合的盡理之精神」，故可謂「圓而神」；主導西方的歷史是「分解的盡理之精神」，故可謂「方以智」；前者的文化是「圓盈的型態」，故可稱為「盈教」，後者的文化是「隔離的型態」，故可稱為「離教」。[24]這種比較文化的判教，後期的牟氏便多採用佛家「圓教」和「別教」的區分，其歷史意識的形成也多來自其判教的立場，我們可以稱其歷史哲學為「判教的歷史哲學」。

至於「綜合的盡氣之精神」，牟氏以「盡情、盡才、盡氣」界定。如以相應於黑格爾哲學來說，此盡氣的精神就是表現「美的自由」的藝術精神。牟氏有一段話來說明此盡氣的精神，甚為鮮活貼切：

> 美的自由……常是才情之飛躍，氣機之鼓蕩。它只是一個表現之「整個」。故其內在主體與其所嚮往之形上理境，皆渾融於感觸狀態中；絕對尚未自「自然」中提煉出，內在主體必須撲著於具體中而為渾一之表現，不能至照體獨立之境地。才情氣皆為精神之氣質者。故盡才者必露才，盡情者必過情，盡氣者必使氣。攜其才以傲世，深於情以悲笑，揮其氣以排俗。要皆生命凸出，而推蕩物化之惰性者也。惟盡才者，必賴生命之充沛足以盡之。盡情盡氣者亦

23　同上注，頁 181：「中國的文化生命，在其發展中，只在向上方面撐開了，即：只在向上方面大開大合而彰著了本源一形態，而未在向下方面撐開，即未在下方再轉出一個大開大合而彰著出屬於末的『知性形態』與國家政治法律方面的『客觀實踐形態』。中國文化生命遞下來，一切毛病與苦難，都從這裡得其瞭解。」

24　同上注，頁 168，172。

然。生命之發皇，乃為強度者。可一而不可再。生命枯，則露才者
必物化於才而為不才，過情者必物化於情而為不情，使氣者必物化
於氣而為無氣。是故盡才盡情盡氣，皆有限度。[25]

　　基本上，牟氏當時採取理學家「理氣二分」的講法，認為理是普遍的，
氣是特殊的；理是形而上的，氣是形而下的。[26]理學家的主流，如朱熹，都
認為理具有優位，理之於氣，猶人之於馬；氣必須受到理的調節，猶如馬必
須受到人的控御。此牟氏所以說：「才情氣，若是在盡性盡倫中表現，則為
古典的人格型。忠臣孝子，節夫烈婦，乃至杜甫之為詩聖，皆是此型。」[27]
然而，才情氣若不受到理性的節制，在政治上則表現為「打天下」的局面，
中國歷史流於一治一亂的循環，只有革命而無變法，即是明證。若僅盡氣，
未能以分解的盡理精神建立客觀的法律制度，每遇到亂局，上焉者為氣節之
士，下焉者成風流清談，皆無助於一治一亂的惡性循環。在這裡，牟氏指出
超脫此惡性的歷史循環，唯有正視與肯定分解的盡理精神，一方面可以開出
科學，另一方面可以建立民主政體。[28]
　　牟氏對於「分解的盡理之精神」的肯定可以說是來自遭遇現代性的反
思。值得注意的是，牟氏對於現代性的瞭解來自黑格爾歷史哲學與權限哲學
的啟發。牟氏曾說：「唯康德黑格爾之建樹，足以接上東方『心性之學』，
亦足以補其不足。」[29]如何接上，如何補足，都是遭遇現代性的實踐問題。
此現代性的實踐問題，牟氏意象鮮明地描述為「『夫乾、天下之至健也，德

---

[25] 同上注，頁 79-80。

[26] 牟宗三批評伊川與朱子理氣二分說乃在於《歷史哲學》成書之後。

[27] 牟宗三，《歷史哲學》，頁 79。

[28] 同上注，頁 194-230。牟氏曾於〈世界有窮願無窮〉一文論說，「凡服從『以氣盡理』之原則者
皆可斷滅，而服從『以理生氣』之原則者，則生生無窮。」又見牟宗三，〈關於歷史哲學──
酬答唐君毅先生〉，頁 34。

[29] 牟宗三，《五十自述》，頁 111。

行恆易以知險』之『險』的問題，『夫坤、天下之至順也，德行恆簡以知阻』之『阻』的問題。險與阻需要克服而暢通之，但此暢通不是知解思辨的暢通，而是發展實現的暢通，予以說明亦是智慧之技巧，但不是形式邏輯之技巧，而是相應其發展實現而為辯證的技巧。這點最是黑格爾之精彩，亦可說是明心見性的事。」[30]牟氏這裡顯然將中國遭遇現代性的歷史情境以《易經》「險」與「阻」的概念隱喻之，十分警醒有力。其所謂「乾德」與「坤德」當是分別指「盡理的精神」和「盡氣的精神」、「綜合的精神」和「分解的精神」而言。

　　牟氏自述其在抗日戰爭開始之後，因國家與個人的艱困處境，逐漸從純粹思辨的哲學工作（《認識心之批判》）轉向實存的精神哲學。在此轉向過程中，一方面熏習儒學與佛學，浸潤在「德性主體」的體悟上，對於黑格爾所言的「主體精神」和「絕對精神」有親切的瞭解，瞭解到如何從「主體精神」逆覺「絕對精神」。然而，對於「客觀精神」（精神透過客觀形式而表現）則一直到了抗戰勝利後才有真切的瞭解。他說：「這是中國的出路問題，政治問題，廣泛言之，文化問題，縱貫的深度言之，是儒學發展的問題，這是必須要解答的問題。……這便是來臺後《歷史哲學》之寫成。」[31]抗日戰爭結束，緊接著國共內戰，在思想上面對共產黨與唯物論的實踐性課題，促使牟氏認真思考歷史文化的問題。

　　如何疏通中國政治與文化的出路，牟宗三在中國傳統裡以儒家為歸宿，認為這是儒學第三期發展的問題。[32]對於同屬中國文化傳統的佛教，這時期的牟氏有非常嚴厲的批判：「佛教徒根本無歷史文化意識，亦根本不能正視人文世界。萬念俱灰，唯求出離。」[33]這顯然是文化認同的問題，也是自宋

---

[30]　同上注，頁 112。

[31]　同上注，頁 114。

[32]　牟氏此時盛闡「儒學三期」之說。見《歷史哲學》，頁 193。

[33]　《五十自述》，頁 106。

明已降儒釋對諍的問題。牟氏在面對現代性的實踐問題時，認為佛教無法承擔「盡倫盡制」、「設制建國」的歷史性任務，也就是無法開出黑格爾所言的「客觀精神」。這一點和京都學派，特別是西谷啟治，有著強烈的不同。當然，這並不表示牟氏對於佛教完全不相應。正好相反，牟氏從存在的感受上深刻地相應於佛教的苦業意識。此可見於《五十自述》「文殊問疾」一章。若說牟氏能夠從佛教哲學的立場關連到歷史世界，那已經到後期來自天臺「不斷九法界而成佛」、「成佛不斷性惡」洞見的啟發，瞭解到歷史與宗教之間的弔詭關係。

三、近代的超克

　　反觀京都學派，西谷啟治的歷史意識則明顯地受到佛教的影響。我們先看他的〈「近代の超克」私論〉（1942）的論點。[34]在那篇短論裡，西谷從現代性的危機談起。 日本的現代性危機來自明治維新所輸入的近代歐洲文明，其各文化部門之間，如政治、經濟、宗教，缺乏有機的關連與統一，不像古代日本自聖德太子從中國傳入佛教與儒教時，文化和制度的輸入是整體的，沒有分裂的問題。西谷進一步指出，這種現代性危機其實早就出現於近世歐洲文化本身的內部分化。近世歐洲文化主要由宗教改革、文藝復興和自然科學三領域的獨立發展，彼此互不協調，導致和中世紀以基督教信仰為核心的統一性世界觀完全決裂。在統一的世界觀裡人容易獲得一致的自我認識，然而在分裂的世界觀裡，關於人之自我瞭解的主體性便成為問題所在。對於宗教改革來說，以絕對他者的神為中心，人與世界則完全被否定。人成

34　西谷啓治，〈「近代の超克」私論〉，《近代の超克》（東京：富山房，1979），頁 18-37。
　　該文不知何故並未收入《西谷啓治著作集》，參考 James Heisig, *Philosophers of Nothingness* (Honolulu: University of Hawai'i Press, 2001), p. 208。

為只有罪與死的存在，唯有仰賴神的恩典才能獲得救贖。自然科學則以自然法則取代神的地位，人性被理解為無善惡（無記）可言。就文藝復興及其人文主義而言，人性則獲得全盤的肯定，人性的實現成為最高的目標。簡單來說，宗教改革站在神的立場，自然科學站在（自然）世界的觀點，而文藝復興是站在人（魂）的立場。猶如東洋傳統的天、地、人三才，神、世界、魂三者是基督教世界的存在基礎。到了現代，三才失和，這便是西谷當時所瞭解的現代性危機。這種危機表現在政治上就是個人、國家和世界之間的分裂，造成個人主義、國家主義和世界主義之間的矛盾。面對此難題，西谷提出的解決之道還是回到宗教性的立場，企圖從宗教的立場進行倫理的建設。[35]

西谷認為，西方的宗教無法作為統一的基礎，主要在於欠缺從人性的否定到人性的肯定之間的辯證。基督教強調人神之間的矛盾，否定人性，以全盤歸依於神，造成了科學與信仰的衝突，世俗世界因而無法獲得恰當的安頓。如何從「人性的絕對否定即肯定」的辯證來建立真正的主體性，是重建宗教性的唯一方向。西谷從佛教的立場出發，認為真正的主體性既非物，亦非心，而是透過心物之否定，或是透過道元所云「身心脫落」之後所呈現的「無的主體性」，也就是「無我」、「無心」主體性。唯有經過這層否定之後才有宗教的自由，超越於世界之上的自由可言。一旦覺悟到真正的無的主體，便會發現此主體的自覺不離於身體及其自然世界，不離於心及其文化世界。此亦即是道元所云「脫落身心」（脫落即是身心）。主體的無和現實世界（自然世界與文化世界）之間具有內在的辯證關係。值得注意的是，西谷稱東方的宗教性為「主體的無」的立場，而非「無的主體」，乃強調「無」就是「主體」。實際上，就主體性來說，也可以說是「無的主體」，和「有的主體」相對，後者是現象界的超越根據。問題在於，「無的主體」和「有的主體」之間的辯證性結構，西谷雖然大略點出，但是當時並未詳細說明。

---

[35] 西谷啓治，〈「近代の超克」私論〉，《近代の超克》，頁 18-22。

西谷僅指出，作為文化創造和科學活動的主體必須立基於「主體的無」的立場。[36]

　　西谷進而從「主體的無」的立場出發以回應大東亞戰爭時期的政治和歷史處境。作為「知識協力會議」的參與者，西谷認為大東亞的建設和世界新秩序的建立這二項主要課題的執行需要強度的「道德力」作為支撐，也唯有從道德的高度才能談論在世界史中日本所能扮演的角色。日本若想超克以英美國家為代表的現代性，唯有提出具有東洋特色的道德觀。西谷此時一方面呼應「滅私奉公」的戰時宣傳，強化國家動員的總意志，另一方面也將作為國家倫理的「滅私奉公」提升到世界倫理的層面，主張國家本身也必須經歷自己否定的辯證，從個別國家利益的立場提升至世界大同的立場。換言之，個別的國家（包括日本）亦須服從「滅私」（否定國家的自利立場）以「奉公」（肯定世界的利他立場），這就是傳統「自利利他」、「自覺覺他」的精神表現。[37]如此，「主體的無」的倫理立場便可以從個人、國家貫徹到世界，不僅可以實現個人與國家的相即不二，也可以實現國家和世界的相即不二。

　　西谷在〈「近代的超克」私論〉的結論裡提到，以「主體的無」的立場超克西方的現代性，必須將「滅私奉公」的倫理原則從個人、國家貫徹到世界的層面，否定一國之私，使臻於各國各得其所的大同境地。這就是世界倫理的實現，也就是古人所謂「天道」的實現。「天道」就是世界史的實現原理。[38]西谷這裡提出的天道史觀暗合於儒家的立場，其強調「滅私奉公」的「道德力」更是充滿儒家的倫理色彩。不僅如此，西谷也訴諸神道的「清明

---

[36] 同上注，頁 22-26。

[37] 同上注，頁 32-34。

[38] 牟宗三論及世界史時，認為必須達到超越各民族國家上的「大同」，此「大同」以法律法庭的客觀形式實現，才是神聖理念的真正實現。見牟宗三，〈關於歷史哲學——酬答唐君毅先生〉，頁 33。

心」、「天照大神御心」，說明否定私心後所回歸的「心源」。[39]這種訴諸傳統儒釋道或儒釋神三家的詮釋策略和新儒家十分類似。然而，關鍵性的不同在於西谷提出歷史的世界和宗教的世界（超歷史的世界）的區分，在歷史的世界、倫理的世界之上肯定由主體的無的自覺所開啟的「永遠的生命」，「死亡的超克」的宗教世界。惟此宗教世界無法脫離歷史的、倫理的世界，而單獨獲得實現。這正是大乘佛教「生死即涅槃」、「涅槃即生死」、「色即是空」、「空即是色」的精神，也就是西谷一再強調「主體的無」的立場。

西谷在戰時以禪佛教的立場，融攝儒家和神道，倡導「主體的無」的哲學，以否定即肯定的辯證，確立日本在世界史上的指導地位，最終仍以超歷史的宗教理想的實現為目標，基本上仍不脫黑格爾的精神辯證史觀。這一點和牟宗三的歷史哲學時期的辯證法進路是一致的。值得注意的是，西谷在其世界史進程中並未賦予國家終極的地位，可以看作是對當時極端國家主義的批判，主張國家仍須遵行自我否定的原則，也必須受到更高的宗教原理的規範。然而，其「即」的辯證法強調「個人即國家，國家即個人」的整體性，國家主義仍然以辯證的方式得到保留。京都學派和戰爭、國家主義之間，就是維持在辯證法的關係裡，難以靜態地定位其立場。這種曖昧性始終是爭論的所在。

四、空性與歷史性

西谷的哲學及其歷史意識在戰後有新的轉折和發展。這裡我們要探討其代表作，《宗教とは何か》，特別是〈空與時〉和〈空與歷史〉末二章。該書的大部分（前四章與最後一章的部分）原刊於 1954-55 年，經補充末二

---

[39]　同上注，頁 29-31。

章，全書出版於 1961 年。[40]顧名思義，後二章顯示出此時期的西谷思想已經帶有濃厚的海德格哲學色彩。從黑格爾的精神辯證史觀到海德格的實存現象學，標誌著西谷的歷史意識的重要轉向。相較於戰時，此時的西谷更有意識地從佛教「空」的立場尋求和西方哲學與宗教的對話，尼采和海德格便成為其主要的對話者。西谷於 1937 年 3 月赴德國弗來堡大學，從學於海德格，直至 1939 年 7 月返國。[41]當時，適值海氏正開講尼采哲學，從「存有的歷史」來詮釋虛無主義的出現，歷史的問題被視為存有的問題。顯然受到海德格於三十年代後期的尼采詮釋的影響，對於西谷來說，歷史的問題以虛無主義的面貌出現於近代。[42]若想開顯歷史的意義，如海氏於《存有與時間》（§5）所言，必須從「此在」（Da-sein）的存有論分析開始，西谷的《宗教とは何か》也是如此。

　　歷史意義的開顯始於「此在」的存有論分析，這正是現象學的描述進路。如 David Carr 所說，現象學家不問「什麼是歷史」（"What *is* history?"）或「如何認識歷史」（"How do we *know* history?"），而是問「什麼是歷史的存在」（"What is it to be historical?"），或是探問海德格所言的「歷史性」（historicity）。[43]從方法論來說，描述歷史的經驗必須先於提出關於歷史的形上學問題（「什麼是歷史」）和知識論問題（「如何認識歷

---

[40] 參見西谷啓治，《宗教とは何か》（東京：創文社，1961 年），〈緒言〉。

[41] 大橋良介，《京都學派の思想》（京都：人文書院，2004），〈京都學派綜合年表與學系圖〉。

[42] 《宗教とは何か》，頁 189、192；*Religion and Nothingness* (Berkeley and Los Angels: University of California Press, 1982), 168, 171。Martin Heidegger, *Nietzsche, Volume IV: Nihilism*, trans. Frank A. Capuzzi (San Francisco: Harper & Row, 1982), Part Two: "Nihilism as Determined by the History of Being".

[43] 參見 David Carr, "Historical Experience, Historical Being", unpublished lecture at Department of Philosophy, The Chinese University of Hong Kong, Nov 7, 2005；我於 2005 年秋訪問香港，擔任中文大學哲學系客座教授，適逢 David Carr 教授也來同系訪問，講授「現象學與歷史」課程，也發表〈歷史的經驗，歷史性的存在〉（"Historical Experience, Historical Being"）和〈胡賽爾《危機》一書中的歷史：現象學與「歐洲之理念」〉（"History in Husserl's *Crisis*: Phenomenology and the 'Idea of Europe'"）二場演講，聆聽受益，甚受啟發。

史」），而這正是西谷在《宗教とは何か》〈空與時〉和〈空與歷史〉二章的進路。雖然如此，這並不表示西谷已經完全放棄戰時的黑格爾式世界史哲學的觀點。事實上，前後時期的發展，既有轉折，也有連續。

海德格在《存有與時間》如此說明「時間性」、「歷史性」和「此在」的關係：「時間性（temporality）是使得歷史性（historicity）作為『此在』擁有時間性存有模式為可能的條件，不論『此在』是否為『時間中』的事物。作為決定性格，歷史性先於所謂的『歷史』（世界史的成事）。『歷史性』意指那構成『此在』的成事的存有狀態；唯有基於此『成事』才有『世界史』的可能，或在歷史上屬於世界史的事物。」[44]作為「此在」的存有模式，「歷史性」先於「歷史」，是「世界史」所以可能的基礎。換言之，在談論世界史之前，吾人必須瞭解並展顯作為世界史基礎之「此在」的歷史性。若不先展顯作為世界史基礎的「此在」的歷史性和時間性，則世界史的談論，如黑格爾或戰時的京都學派，將無法碰觸到真實的存有，而終流於空談戲論。戰後的西谷，特別是在《宗教とは何か》，顯然充分瞭解到這一點。於是當他從東方傳統的視角出發，在回答歷史或世界史的問題之前，必須先回到「此在」的實存現象學的分析。

順著海氏的思路，西谷首先以佛教的「生死」來解釋「此在」。「生死」即是輪迴，指眾生於六道中如車輪般無止盡地存在於生死苦海中；也基於佛教對於苦的實存的自覺，才有以「一切皆苦」來詮釋「在世存有」的說法。西谷進一步從佛教業論的觀點，點明存在的**運命**乃決定於每個眾生無可免於造業受報。西谷將「此在」無止盡地流浪生死苦海的存在性格稱為「無限的有限性」，此無限為惡性的無限，此唯從實存的層面才可瞭解，而

---

[44] Martin Heidegger, *Being and Time*, translated by Joan Stambaugh (Albany: SUNY Press, 1996), p. 17; also cf. Martin Heidegger, *Being and Time*, translated by John Macquarrie & Edward Robinson (New York: Harper & Row, 1962), p. 41.

非觀想的、思辨的進路所可掌握。[45]如何實存地把捉到「此在」之為「無限
性的有限」，西谷順著佛教的進路指出，唯有從「脫自的」立場突破知性和
理性的限制，才能照明「此在」的有限性。西谷稱此「脫自的自覺」為「超
越」（超越知性和理性），對反於黑格爾仍停留於「內在」的思辨理性。西
谷批評黑格爾的絕對理性的自我展開過程仍然封閉於理性之內（因而說是
「內在」）；相反的，佛教從「脫自的」實踐體認到作為「在世存有」的
「此在」的有限性。西谷於此明白地站在齊克果、海德格的實存進路，批評
黑格爾的絕對觀念論。[46]

　　必須說明的是，西谷所言「脫自」一詞原為海德格使用神秘主義的
"ecstases" ("standing outside")來說明「時間性」（temporality）不具實體
性，而是自性空，脫出自身的時化過程（process of temporalizing）。[47]然
而，西谷的用法更多地連結到佛教禪定實踐中的三昧經驗或無我經驗，特別
是道元所言之「脫落身心，身心脫落」的經驗。唯有經歷這種「脫自的」實
存經驗所獲得的洞見，才能照見「此在」的時間性和歷史性。脫自的時間性
和歷史性必須從脫自的實踐和體驗來瞭解。

　　西谷批判西方從基督教、啟蒙運動、尼采的歷史意識，最後回歸禪佛
教，從「空」的立場重新為歷史意識提供實存的基礎。相對於西方文化的有
我論立場，佛教空的立場就是無我的立場。「如『無我』和『身心脫落』所
見，空的立場就是從自我中心性（self-centeredness）徹底地脫卻出來的立
場。」[48]在西方，此自我中心性清楚地見於基督教的神的意志，啟蒙運動俗

---

[45]　《宗教とは何か》，頁 189-191；*Religion and Nothingness*, 168-170。

[46]　《宗教とは何か》，頁 192-193；*Religion and Nothingness*, 171-172。

[47]　*"Temporality is the primordial 'outside-of-itself' in and for itself.* We therefore call the phenomena of the
　　future, the character of having been, and the Present, the *'ecstases'* of temporality. Temporality is not, prior to
　　this, an entity which first emerges from *itself*; its essence is a process of temporalizing in the unity of ecstases."
　　See Martin Heidegger, *Being and Time*, translated by John Macquarrie & Edward Robinson , p. 377.

[48]　《宗教とは何か》，頁 275；*Religion and Nothingness*, 250。

世主義的理性主體，甚至於尼采的權力意志。相對地，佛教的空的立場，也就是無我的立場，乃針對自我中心性、意志中心性而來的絕對否定。其為絕對的否定而非為相對的否定，西谷說道，在於不僅自己是無我，而且無我就是自己。「因為自己不是自己，所以才是自己。」[49]由此空的主體所開顯的歷史性，西谷便借用道元「空手還鄉」一語來表達生活世界的回歸。道元當時辭卻如淨和尚返國時，自言空手還鄉，無一毫佛法，任運且延時。並吟詩一首，表示證境：「朝朝日東出，夜夜月沈西；雲收山骨露，雨過四山低。」又曰：「三年逢一閏，雞向五更啼。」[50]這種空性呈顯，全然無分別的日常生活世界，才是真實的歷史的歷史性，時間的時間性。西谷至此清楚地點明真實的歷史性唯有在空性中開顯其意義，也唯有回歸日常生活世界歷史的意義才能開顯。若僅從表象的思維或理性思辨（如黑格爾）的進路來瞭解歷史，真正的歷史性必然隱覆不見。在空性中開顯歷史性，這是西谷轉向海德格實存現象學的進一步發展。

西谷也從禪佛教的立場，批判近代西方的歷史意識落入追求自律（自立 autonomy）的假象，以為人的理性主體就是自律的主體，實則未能看清所謂「自律」乃不免於「我執」或「自我意志」、「意欲意志」的拘縛。西方的歷史意識，不論是基督教或是啟蒙運動，都因我執（自我中心性、意志中心性）而為淪於虛妄，產生西谷所言之「視覺的錯覺」，也因此才有虛妄的「進步」的歷史觀。「進步」的概念原是來自啟蒙運動對於人類理性的信仰，猶如基督教「末世」的概念來自對於上帝意志的信仰。對於二者來說，歷史是有意義的，其意義或奠基於人類理性，或奠基於上帝意志。然而，西谷認為，不論是人類中心論或神中心論，都是我執的產物，因此也都有其虛妄性。這一點尤其可以從他對康德的批判看出。康德認為人一方面是自律

---

[49] 《宗教とは何か》，頁 276；*Religion and Nothingness*, 251。

[50] 《宗教とは何か》，頁 209；*Religion and Nothingness*, 188。可另參考傅偉勳，《道元》（臺北：東大，1996），頁 25-26。

的,一方面也是自為目的,二者皆指出人是自足的存在,並不需預設某種更根本的基礎。建立在這種人觀的倫理學固然也可以視人如己,然而那不同於宗教性的愛和慈悲,後者的立場將自己視為他人的工具,在他人身上發現自己的目的。這種自我否定的立場就是空的立場,無我的立場,也是完全相反於康德的道德哲學。西谷直言,康德哲學需要再度的哥白尼倒轉。[51]

西谷從空性的立場批判啟蒙主義的世界觀和歷史觀,和戰時「近代的超克論」相呼應,不僅立場不變,而且還更深入。在抖落戰時的意理牽葛之後,西谷更加洞悉「近代的超克」之道在於空性之開顯於生活世界,而歷史的意義只能在超歷史的、空性的生活世界中獲得安頓。

五、理性與空性在歷史中的迴響

當西谷啟治終於在生活世界為歷史尋得安頓處,牟宗三在抗戰到內戰的流離歲月裡,深切關懷的是國家民族的出路。他的《歷史哲學》原本題為《國史精神之新綜析》,旨在於疏通民族文化命脈,以為建立現代國家的精神基礎。牟氏此項工作明白地援引黑格爾的歷史哲學,掘發「精神實體」如何在歷史過程中展現科學、民主、宗教諸形態,以為中國歷史的發展原則。此精神實體必須透過主體才能在歷史過程中展現出來,牟氏借用康德哲學的架構指出,人的主體依其埋解活動的形態和實踐活動的形態而可分為「知性主體」和「道德主體」、「藝術性主體」。「知性主體」以「分解的盡理之精神」表現,「道德主體」以「綜合的盡理之精神」表現,而「藝術性主體」則以「綜合的盡氣之精神」表現。然而,主體三形態並非一體平鋪,而是以「道德主體」為首出,經過自我坎陷才能開出「知性主體」,後期的牟

---

[51] 《宗教とは何か》,頁 300-303;*Religion and Nothingness*, 272-275。

氏便常以《大乘起信論》「一心開二門」的形上學模型說明「道德主體」和「知性主體」的關係。不過，此階段的牟氏更多援用的是宋明儒家的理氣論。透過以上的精神哲學的歷史分析，牟氏結論指出，在中國歷史上可以看到「道德主體」和「藝術性主體」的積極性表現，唯獨欠缺「知性主體」，因而邏輯、數學、科學不發達，現代的國家、政治、法律亦未能順利建立。我們可以看出，牟氏的歷史哲學對於現代性採取積極回應的態度，期望現階段的中國在邏輯、數學、科學、國家、政治、法律諸領域能夠現代化。然而，新儒家堅持此現代化的方案仍然應以道德理想主義為指導原則，否則淪於物化，捨本逐末，泛濫而無歸矣！對於新儒家來說，國家追求現代化的原則必須是「返本開新」，其本源就是超越的精神實體，超越的理體。

　　反觀京都學派，雖然西谷也常談到「根源」或「もと」，例如在〈「近代的超克」私論〉提到「心源」（清明心、無心）的回歸，然而此「心源」指的是「無的主體」，明顯地和新儒家以道德實體作為本源不同。從「體用相即」的角度使用「實體」一詞，固然不可以和亞里斯多德的實體概念相混淆，然而可以肯定的是，新儒家所返之本是絕對的實在，完全不同於佛教從無自性空的角度所說的空性。京都學派以「絕對無」為核心概念，估且不論其雙重否定的性格，明顯地不同於新儒家的精神實體形上學。[52]在《宗教とは何か》裡，西谷則從實存的角度指出，吾人存在的根源是「虛無的深淵」、「死的永遠性」，唯有自覺到此「大死」（永恆的虛無），才有「大生」的可能。[53]對佛教來說，其實並無「根源」可言；若方便說存在的根

---

[52] James Heisig 說明西田幾多郎的「絕對無」如下：「主體與客體的否定，或是立足於主客二分之自我的否定，僅是相對的，因為這種否定仍然是從對反於主客的肯定而來。這種否定無法成為絕對無，除非其與[肯定之間]的對反能夠解消，或是除非這種否定僅被視為絕對的無的自我決定的第一步而已，使得原本被否定的有得以如其所是再獲得肯定。如西田所言，『真正的否定是否定的否定』。」參見 James Heisig, *Philosophers of Nothingness* (Honolulu: University of Hawai'i Press, 2001), 62-63。

[53] 《宗教とは何か》，頁 252-253；*Religion and Nothingness*, 230-231。

源，則只能從緣起性空來說無根源的根源。佛教和儒家的形上學，一虛一實，此項區別是關鍵，新儒家知之甚詳，緊守不放。新儒家持實體形上學的立場，而京都學派則持反實體形上學的立場。[54]

　　戰後的西谷啟治完全淡化了黑格爾的世界史哲學色彩，沈浸在實存的思惟和宗教的探索。對他來說，為了尋求指導歷史發展的最高原理而忽視平常心的生活世界，或許才是真正的虛妄。回歸生活世界，在法爾自然的生活世界裡體證空性的開顯，正是歷史的真正根源。他更在意的是「身心脫落」所開顯的「山花開似錦，澗水湛如藍」的世界，也是西田所說「歷史的身體」的意思。[55]對於牟宗三辯證地肯定「知性主體」，對於新儒家堅持文化民族主義，從戰後的京都學派看來，都摻雜了太多的執著。終究來說，國家民族認同的構作不也是一種執著嗎？若執著於家國天下的外王事業，忽略回歸近在身邊的生活世界，必然淪為非本真的、虛妄的存在。

　　對於新儒家來說，歷史則是剛健不已的理性實體（也就是天道）的流行和實現。西谷啟治及其京都學派在戰時提出的絕對無世界史觀終不免於幻滅，並不是偶然的，而是在根本上欠缺足以挺立存在的道德實體。新儒家或許會說，京都學派是陰虛的哲學，無法為天地萬物作主宰。作為真正的主宰唯有剛健不已的理性實體（道德理性和知解理性），而這是佛教和京都學派所未能正視的關鍵處。[56]整體來說，從理性的角度或從空性的角度出發，決定新儒家和京都學派不同的哲學路徑與性格，也決定他們不同的歷史意識，更重要的是決定他們不同的歷史實踐。他們在上世紀中期所遭遇不同的歷史處境，各自投入不同的歷史實踐，豈止僅是造化播弄？其中雙方理路，迥然

54　參見拙著，《空性與現代性》〈新儒家「返本開新」的佛學詮釋〉和〈佛教形上學的虛說形態〉二章。

55　《宗教とは何か》，頁 211-212；*Religion and Nothingness*, 190-191。

56　牟宗三批評海德格哲學為「無本之學」，因為海氏「並不肯認一無限的心體、性體或實體」。見牟宗三，《智的直覺與中國哲學》（臺北：臺灣商務印書館，1971），頁 4。又見拙著，《空性與現代性》，頁 151。

不同，各自留下現代東亞思想發展上彌足珍貴的樂章。今日合而奏之，或志在高山，或志在流水，豈無感乎？[57]

附論：閱讀西谷啟治的《宗教とは何か》

　　陳一標教授翻譯的《宗教とは何か》已經完稿，即將出版，囑我寫幾行字。由於這本堪為當代世界哲學名著的出版是華語學界的一件大事，我也就不揣疏淺，談一下我這些年來如何閱讀這部經典的經過。

　　先談我怎麼接觸到西谷的《宗教とは何か》。天普大學宗教系一向有日本禪學研究的學統，和鈴木大拙、西谷啟治和阿部正雄都有交流的淵源。西谷啟治於 1969 年出席在夏威夷大學舉辦的「東西哲學家會議」，同年應天普大學之邀，擔任客座教授。我在八十年代初到費城天普大學時，仍能感受到北美對於東方宗教的浪漫想像，那種氣氛除了混合著六十年代抗制文化的遺緒，新興的學術論述也正嘗試著將禪學、道家和歐陸的實存哲學（海德格、沙特、梅洛龐蒂）、後現代思潮擺在一起來看。當時的北美學風，一旦接觸到京都學派，特別是西谷啟治哲學，無不驚訝所謂「後尼采」思潮早見於戰前的京都哲學。這種時光倒錯的幻感，伴隨著映照在後現代的海德格語境中禪佛教傳統所發散的哲學魅力，吸引了我那年代的少數心靈。北美真正

---

[57] 本文的寫作緣起於去年（2005）萊頓大學的施耐德（Axel Schneider）教授邀請我參加他主辦的「佛教的歷史觀」（Is There a Dharma of History?）工作坊，當時我馬上想到西谷啟治的《宗教とは何か》，並以此為題撰寫〈西谷啟治論空性與歷史意識〉英文稿，發表於今年（2006）五月底在萊頓召開的工作坊。七月底，我以同一論文發表於藤田正勝教授在京都大學主辦的「日本哲學史論壇」，並承蒙林永強、張政遠、竹花洋佑三位青年學者提供日譯本。九月接著應佐藤貢悅教授之邀到竺波大學，以「空性、理性和現代性：京都學派和新儒家的哲學對話」為題，進行短期講學。這次撰寫本文，重回香港中文大學參加劉笑敢教授主辦的「東方文化與現代社會──儒、釋、道之哲學對話」學術會議，可以說是這一年來在這論題上的後續性成果。於此謹向以上相關諸友申致謝意。

發現西谷啟治則要到 1982 年《宗教とは何か》英譯本的出版之後。該書由日本南山宗教文化研究所的 Jan van Bragt 所英譯，而該機構的教會背景也讓我們瞭解到他們致力於推廣日本哲學（特別是京都學派哲學）以及基督教和佛教對話的用心所在。八十年代北美學界從海德格、基督教和佛教的對話來解讀西谷啟治，顯然有其脈絡可尋。

到了九十年代初，我回到臺北，在政治大學哲學系的研討班上和研究生一起研讀西谷的《宗教とは何か》和海德格的《尼采》，發表〈「空」的思想與虛無主義的超越——西谷啟治哲學初探〉（1994）一文，該文後來以〈西谷啟治和現代性的超克〉為題成為《空性與現代性》的一章。我在那篇文章指出，如何從空性的立場批判地回應西方現代性的問題，克服被視為現代危機的虛無主義處境，是西谷哲學的主要關懷。這種顯題化的入徑顯然是和哈柏瑪斯引發的「現代性的哲學談論」議題有關。不同的是，哈柏瑪斯的議題明顯地針對他所指認的和新保守主義合謀的後現代思潮，認為尼采的再度出現和反對啟蒙方案的哲學陣營脫不了互相呼應的關係。哈氏指出，所有的現代哲學都必須在現代性的議題上接受檢視。

在九十年代的臺北，當民主運動與社會運動尚處於萌芽的脆弱時期，哈氏要求建構不受扭曲的溝通系統，從啟蒙立場來審視哲學的現代性議題，他的觀點給當時的民主社會運動提供了哲學的支持，但也讓我在閱讀西谷啟治時陷入矛盾的處境。一方面，我的政治意識無法讓自己背離啟蒙的批判立場；另一方面，尼采、海德格、佛教和西谷啟治毫不留情地批判為啟蒙方案奠基的主體主義之虛妄性，也讓我看到基本存有論式的批判更為徹底。前者揭櫫的普世性價值，例如人權，必須建立在規範的合理性上；這合理性一定要體現在主體上，實踐才有可能。就後者而言，所謂理性的主體則不外乎是形上學的修辭，意欲權力的產物而已。以佛教的名相來說，主體和世界的關係就是能取和所取的關係，而分別就是意欲權力的表象活動。如何從現代性的虛妄解放出來，恢復如自在的實存，是西谷從禪宗、尼采和海德格印證到

的智慧。這時期的我將西谷啟治讀為尼采和海德格「超克虛無主義」方案的
東方版本，有其慧見。

　　在閱讀西谷的過程中，很快就遭遇到哲學與政治之間的糾葛。先是
Victor Farias 在 1987 年出版《海德格和納粹主義》，舊案重炒，除了造成歐
美學界從政治面針對跟隨海氏的後現代陣營進行追剿之外，也波及對於京都
學派哲學的重新評價。1994 年由 James W. Heisig 和 John C. Maraldo 主編的
《粗暴的覺悟：禪宗、京都學派和國家主義的問題》出版，將京都學派哲學
帶回太平洋戰爭末期，特別是二場以「近代的超克」和「世界史的立場與日
本」為題的座談，開啟了長期以來將京都學派作為宗教哲學之外的研究面
向。在時隔半世紀之後，審視「近代的超克」議題——西谷和海德格以
「虛無主義的超克」和「形上學的超克」切入該議題，不就印證了尼采「同
一的永劫回歸」洞見？閱讀不是重返過去，而是使被遮蔽卻依然存在的問題
再度浮現；如同業感緣起，面對歷史成為救贖的必要條件。

　　「近代的超克」，誠如竹內好在戰後指出，「作為事件已經成為過去，
但是作為思想還沒成為歷史」。竹內好進一步指出，作為象徵的「近代的超
克」還帶著濃烈的末世論色彩，他的洞見讓我想起，除了禪宗，京都學派哲
學還有來自淨土真宗的文化積澱。超克近代，不就為了實現末世論的淨土？
即此而言，西谷當然不會同意這種詮釋。2006 年 7 月，我在京都大學「日
本哲學史論壇」發表「西谷啟治論空性與歷史意識」（日文版論文發表在同
年的《日本哲學史研究》第 3 號），指出西谷在〈「近代的超克」私論〉
（1942）提出「歷史」與「超歷史」的區分，企圖從宗教的層次，也就是超
歷史的層面，從禪佛教「無」的立場解決近代西方自然、人文、宗教差異化
的困境。這時的西谷從宗教的層面俯視歷史的問題，並試圖提出解決的方
案，其中「超歷史」的說法似乎容易引發末世論的聯想。到了《宗教とは何
か》，西谷在後來補寫的〈空與時〉和〈空與歷史〉二章，明白地指出，唯
有透過從「有我」轉換為「無我」的立場，回歸禪宗所描述的無分別日常世

界，才是現代性的真正歸宿。我們可以從西谷所引的道元詩：「朝朝日東
出，夜夜月沉西；雲收山骨露，雨過四山低。」看出他的境界並沒有末世論
的意涵，有的只是富於禪意的生活美學。

　　在京都演講的結論時，我質疑戰時的西谷為何無法對當時的國家主義和
侵略戰爭保持清醒的批判？他即使不同意國家主義，明白國家也不例外於自
我否定的要求，但是這種以宗教解決歷史與政治問題的態度，卻消極地成為
國家主義的協力者。以佛教的語言來說，這如同企圖從勝義諦層面解決世俗
諦的問題，其可行性令人質疑。我演講後才獲知上田閑照先生也在會場，然
未能當面請益，頗懊惱這般的質問是否過於唐突。不過，這問題是我自己長
久以來閱讀西谷啟治所困藏的難題。也許，這矛盾不是詮釋的問題，也不僅
是思想的問題，而是客觀存在的問題──宗教與歷史，神聖與世俗，涅槃
與生死的矛盾問題。京都學派解決這矛盾的方法是訴諸「即」的論理，也就
是企圖在「有」與「無」的矛盾中獲致辯證的統一。我們知道，這種根源於
東亞傳統的思維方式，例如華嚴的「理事圓融」，禪宗的「即事而真」，或
天臺的「無明即法性」，都不外是觀法，而觀法所開顯出來的是現象學意義
的境界。我當初論西谷哲學時，即指出其可能流於美學化的危險，便是憂慮
這種哲學輕忽了現實世界的艱難，輕忽了啟蒙理性正面與反面的實質作用。
這種情況十分類似新儒家流於道德化危險的可能。問題不在於道德，而在於
道德化，一種觀法下的道德化。同樣的，問題不在於美學，而在於美學化，
以觀法美學化現實世界的艱難。

　　我讀西谷啟治，總是習慣於從東亞思想的脈絡來讀，從自身的視域延伸
出去，追索雙重以致於多重視域的交疊、孳衍與分歧。其中，現代性即是最
大的共業視域，雖然認知和詮釋容或彼此不同。追索是一種樂趣，因為追索
是一種思想的排演過程。排演可以重複，而重複衍生差異，這就是我屢讀西
谷啟治《宗教とは何か》的樂趣。

第十四章　《起信論》與現代東亞主體性哲學——以內學院與新儒家的爭論為中心的考察

林鎮國

政治大學哲學系榮譽教授

一、序言

　　當初將《大乘起信論》和東亞的主體性哲學關聯起來，作為此次研討會主題，主要的構想是試圖在東亞近代主體性哲學的形成過程中，找到曾經被共同關注並發揮過關鍵性影響的經典文本，藉由分疏該文本的不同詮釋與援用，以索解各種詮釋衝突背後的思想立場與走向。在這想法下，《起信論》於是成為最好的選擇，理由是該論典不僅形塑了東亞大乘佛教的基本性格，也在二十世紀初期成為中國和日本佛教界的論辯焦點。更重要的考慮是，這些爭論的影響溢出了經院教義學的範圍，滲入了現代東亞哲學的主流論述，分別為新儒家和京都學派或隱或顯的思想資源。從這一點來看，《起信論》在二十世紀初期的東亞思想史實佔有重要的位置。

　　當然，圍繞在《起信論》爭論周遭的近代東亞思想家不限於新儒家和京都學派，其他如原坦山、井上円了、鈴木大拙、章太炎、梁啓超等人，皆有所涉入。關於這部分，石井公成的〈近代アジア諸国における『大乘起信論』の研究動向〉（2005）和〈近代日本における『大乘起信論』の受容〉

（2012）二文已有詳盡而精彩的論述，可以參考。[1]其中，石井的一項觀察十分耐人尋味。他比較戰前中日學界對華嚴教學（包括《起信論》）的態度，指出當時日本學界常用華嚴思想來合理化東亞共榮圈的意識形態，和國家主義關係密切；相對地，以康有為、譚嗣同、章太炎為代表的近代中國思想家，則多用來作為革命理論的資源，甚至和激進的無政府主義相呼應。[2]《起信論》與國家主義的關係，是否真如他所說，在中國和日本有截然不同的表現，值得再考察。如下所見，近代東亞主體性哲學的發展和國家主義脫離不了關係，這涉及主體性哲學本身的限度，也值得探究。

　　關於主體性哲學在近代東亞的形成與爭辯，小林敏明的《〈主体〉のゆくえ：日本近代思想史への一視角》（2010）提供了系統性的歷史圖像，對本研究十分有幫助。至於近代中國「主體」概念的形成史，則尚未看到相關的研究。可以確定的是，歐洲哲學的「主體」或「主體性」概念是先於明治時期引入，再擴散到中國知識界。在《〈主体〉のゆくえ》一書，小林整理了明治時期「主體」一詞的翻譯過程，從西周（1829-1897）《百學連環》的「此觀」／「彼觀」到後來的「主觀」／「客觀」，可以看到黑格爾主客辯證法的痕跡。[3]小林也引用 Michael Burtscher 的研究，指出井上円了在1887 年出版的《哲學要領》可能首度使用「主體」一詞，用來指涉費希特哲學之「諸覺諸境的本源」，以區別於康德知識論意義的「主觀」概念。[4]Burtscher 的論文則從梁啓超的〈近世第一大哲康德之學說〉（1903-4）談

---

[1]　關於韓國的部分，參考金永晉，〈近代韓国仏教の形上學受容と真如緣起論の役割──日本明治期の仏教哲學の影響を中心として〉，《井上円了センター年報》22，2013: 3-35。

[2]　石井公成，〈近代日本における『大乘起信論』の受容〉，龍谷大學アジア仏教文化研究センター，2012 年 12 月 17 日，頁 81、86。

[3]　小林敏明，《〈主体〉のゆくえ：日本近代思想史への一視角》（講談社，2010 年），頁 47。

[4]　小林敏明，同上，頁 67；Michael Burtscher, "Facing "the West" on Philosophical Grounds: A View from the Pavilion of Subjectivity on Meiji Japan," *Comparative Studies of South Asia, Africa and the Middle East*, 26/3, 2006.

起，試圖追溯東亞引入西方「主體」概念的過程，結論是梁氏氏雖尚未認識到作為認知主體與法權主體的雙層意義，然卻高唱「自覺」以救亡圖存。自覺與主體，不論是在存有論或實踐論，都有內在的關聯。我們可以說，《起信論》適時地進入近代東亞思想的論域，其原因就在於闡發了主體與自覺的內在關係，以作為實踐的根據。如下所見，《起信論》和東亞近現代主體性哲學的建構與實踐有一定的關聯，特別是本文所擬處理新儒家哲學的部分。

二、《起信論》登場三部曲

《起信論》是在現代東亞各種宗教和哲學立場的競逐和爭辯中登上舞臺。在二十世紀之初，《起信論》不僅在東亞佛教內部爭議中成為焦點，也在東亞與西方的遭遇中作為宗教會通的重要媒介。從編年史來看，《起信論》進入東西方宗教交流的議程早於東亞佛教內部的考證爭論，其中的關鍵事件是 1893 年在芝加哥舉辦的世界宗教會議（World's Parliament of Religions）。亞洲宗教，包括佛教，當時被動地在西方學界建構的「世界宗教」框架中再現，該會議是重要的事件。鈴木大拙和李提摩太（Timothy Richard）分別英譯《起信論》就是如此脈絡下的產物。鈴木的英譯出版於 1900 年，而李提摩太的《起信論》英譯在正式出版（1907）之前，早在楊義會的協助下於 1894 年譯畢。[5] 二人的翻譯意圖完全不同，一是為大乘佛教爭正統，另是在亞洲尋找基督救贖的信心。《起信論》初登場便成為東亞

---

[5] Timothy Richard, "Translator's Introduction" to The Awakening of Faith, in Timothy Richard, The New Testament of Higher Buddhism (Edinburg: T. & T. Clark, 1910), pp. 43-47. 關於鈴木大拙和李提摩太的《起信論》英譯研究，可參考龔雋，〈譯經中的政治——李提摩太與《大乘起信論》〉，《新史學》第 2 輯，2007 年，頁 119-143；〈鈴木大拙與東亞大乘觀念的確立〉，《臺大佛學研究》第 23 期，2012: 75-118。孫知慧，〈近代仏教の東西交渉：ティモシー・リチャードの仏書翻訳と仏教理解〉，《関西大学東西学術研究所紀要》(48)，281-305，2015-04。

面向他者的最佳選擇，一定有其特別的理由。這問題到了新儒家牟宗三，答案會更清楚。從鈴木大拙、李提摩太到牟宗三，有其思想史理路的連續性，那就是都認識到《起信論》作為文化會通的橋樑角色。

但是真正在東亞內部引發爭論的事件則來自圍繞在有關《起信論》成書與作者的辯論。這場世紀大論辯始於 1902 年，望月信亨、前田慧雲、島地大等、村上專精、舟橋一哉等人皆涉入。1908 年，章太炎撰〈《大乘起信論》辨〉，首度將日本學界的爭論議題帶進中國。第二波的大辯論則於 1918 年續起，涉入者更多，有羽溪了諦、常盤大定、松本文三郎、林屋友次郎、境野黃洋、鈴木宗忠等人。經由梁啓超〈大乘起信論考證〉（1922）的介紹，這場大辯論很快地引發中國佛教界的回應，最後演變成為佛教性相之爭的現代版，影響深遠。

除了上述二大事件之外，環繞《起信論》所產生的思想爭辯更饒富興味，也是本文所擬處理的問題。在中國這邊，批評《起信論》的主要陣營是支那內學院，歐陽竟無的《唯識抉擇談》（1922）開其端，定其調，王恩洋、呂澂繼之，最後則演變為熊十力背離歐陽師門，因《新唯識論》的出版而引發儒佛之爭，其中歷經 1943 年的熊、呂之辯，下及六、七十年代牟宗三的隔代回應，並提出以《起信論》架構中西哲學會通的新判教。在日本，對《起信論》的批判則以八十年代後期由曹洞宗學者袴谷憲昭和松本史朗主導的「批判佛教」最具代表性，引發國際學界廣泛的反響。其中，袴谷區分二種佛教，「場所佛教」和「批判佛教」，將批判戰線延伸至京都學派。這便形成有趣的對比，環繞著《起信論》，在哲學上一方面中國有內學院和新儒家的爭辯，另一方面日本有「批判佛教」和京都學派的對立。這種現象絕非歷史的偶然，而是有其哲學上的理由。概括地說，一方面「批判佛教」從中觀學派緣起性空的觀點批判《起信論》的真常心形上學，而內學院的批判則是來自唯識學的立場；另一方面，京都學派以禪佛教的傳承為主，新儒家

則站在心學的立場，雙方並分別建立不同形態的主體性哲學。[6]

　　概言之，近代東亞思想史上《起信論》的出場有三場景：一、《起信論》成書考證的爭論；二、世界宗教脈絡下的《起信論》；三、作為現代東亞哲學資源的《起信論》。三場景看似各自獨立，其實有其內在關聯。《起信論》的偽書爭論，一方受到繼承十八、十九世紀東亞考證學傳統，另一方面也受到歐洲語言文獻學風的影響。不論是乾嘉或江戶考證學，或是歐洲的語言文獻學，基本的理路強調知識客觀性，而非主體性。在思想上，考證學則多站在心學的對立面。作為東亞的他者，當時歐洲的思想與宗教有其複雜性，在殖民佈教的新局勢下，東亞佛教不可避免地以追求新的方法和框架來重新界定自我。在迎拒之間，傳統受到重估，認同遭遇重整，脫離傳統或辯護傳統，形成拉鋸的二股力量。在這種情況下，原本富有普遍主義色彩的主體性哲學中也不免於文化民族主義的牽連。[7]

三、「本覺」的主體性

　　顧名思義，《大乘起信論》的造論旨趣在於引發眾生對大乘的信心。

---

[6] 關於西田哲學和日本傳統哲學的關聯，特別是《起信論》，見渡部清，〈東西兩哲學思想の総合としての「日本哲學」——「西田哲學」の独自性を檢証する試み——〉，《哲學科紀要》（上智大學哲學科），37 號，2011 年；〈仏教哲學としての西田哲學——『善の研究』を基礎として——〉，《哲學科紀要》（上智大學哲學科），32 號，2006 年。

[7] Michael Burtscher 在考察明治時期思想（井上円了，二宅雪嶺）之後，有如下的觀察："According to the logic of modern Japanese cultural nationalism, it was only through the agency of a specifically modern philosophy that the unity of world philosophy could be called forth. But the part of the world in which this ultimate synthesis of Eastern and Western thought (Kant was still thought to represent the latter) would be ultimately occur-and this was the point-was Japan." Michael Burtscher, "Facing "the West" on Philosophical Grounds: A View from the Pavilion of Subjectivity on Meiji Japan," *Comparative Studies of South Asia, Africa and the Middle East*, 26/3, 2006, 372. 如後所見，這觀察若用來指涉新儒家，如牟宗三，會令人驚訝於幾乎是量身定做的評論。

「大乘」不僅意指歷史上後起的佛教形式，更是指普世救度的宗教途徑。對於大乘有信心，就是對普世救度有信心。如何生起大乘的信心？大乘佛教的中觀與唯識即各有不同的途徑。中觀學派繼承般若經的進路，宣稱「一切法空」，如《金剛經》所言，所有眾生「我皆令入無餘涅槃而滅度之，如是滅度無量無數無邊眾生，實無眾生得滅度者」。不僅人我空，法也是空。證入空性，即可成佛。佛不外是空性的具現。唯識學派則宣稱「萬法唯識」，眾生的覺悟需要「正聞熏習」的外緣，也就是需要透過客觀真理的認識，以獲得認識的轉化（「轉依」），漸次修行，以至於解脫成佛。對於唯識學來說，認識論的進路在救度上有其優先性。

　　不同於中觀與唯識的立場，《起信論》的信心則來自一切眾生本具的超越性真常心，也就是自性清淨心。這裡，就「心」而言其「超越性」，乃有別於心的「經驗性」。以《起信論》的名相來說，心固然有其經驗性，也就是心生滅的特性，還另有超越性的面向，也就是具有作為「無為法」的心真如的面向。在心的超越性（心真如）與經驗性（心生滅）的區分上，真如（空理）是眾生心的超越性根據。眾生心不是生滅法而已，還是本具真如，自性覺悟（「本覺」），不待外求的真心。《起信論》的造論旨趣即在於宣示，大乘的實現來自眾生對於人人具有真常心的信心。在佛教的系統裡，《起信論》屬於主張眾生皆可成佛的佛性論／如來藏思想，這系統在整體東亞傳統，包括佛教和儒教，取得主流的地位，影響十分深遠。

　　整部《起信論》的宗旨，根據「唯一真心」的立場，建立二重世界的形上學系統。這二重世界結構區分為「世間」與「出世間」，前者是生滅心所開出，後者是真如心所開出。不論是生滅心或真如心，《起信論》皆視為「一心」的二重面向，所謂「一心開二門」：「云何為二？一者心真如門，二者心生滅門。是二種門皆各總攝一切法。此義云何？以是二門不相離

故。」[8]這「一心」即是上述具有超越論性格的主體性，以「真如門」和「生滅門」的二分說明世界的二重結構。

　　由於《起信論》著重於說明一切法的存有論根源「唯是一心」，此「一心」以「真如」為體。「真如」意指空去妄念分別所顯的真實（「如實空」），具有積極性作用的力量，「如實不空」，能夠內熏無明，成為覺悟的動力。因此，真如不僅是本體，也具作用力（dynamic power）。這從《起信論》不斷強調真如「恆常熏習，以有力故，能令眾生厭生死苦，樂求涅槃，自信己身有真如法，發心修行」，可以得知。這一點可以說是合於理想主義／觀念論所言，具有自發性（spontaneity）的「主體」概念，該自發性保證了主體自由的可能。對於《起信論》來說，真如／真理既是超越的客體，也是內在化為主體性的存有論底基，透過主體的作用力而得以實現。可以說，相對於唯識學強調真如作為所緣（ālambana）的認識論立場，《起信論》體現了真如既超越又內在的形上學原理，在佛教哲學上是重大的理論轉折，當然也造成了重大的理論爭辯。

　　其爭論的核心概念是「本覺」，該概念以另一方式說明「心體」本質上等同於「法身」：「言覺義者，謂心體離念。離念相者，等虛空界，無所不遍，法界一相，即是如來平等法身。依此法身，說名本覺。」本覺是相對於不覺、始覺、究竟覺而分屬於不同的層次：不覺、始覺和究竟覺屬於經驗層，而本覺屬於超驗層；前者可以用來描述心識在不同階段的狀態，而後者指從不覺到覺的可能條件。換言之，對《起信論》來說，若本覺不存在，從不覺、始覺到究竟覺的覺悟便不可能。即此，本覺是作為覺悟的超越性條件。

　　問題是，本覺是什麼？《起信論》將本覺和法界、法身等義，也就是和

8　本文所引《起信論》為署名為真諦譯的版本，見《大正藏》，不另注明。並參考柏木弘雄，
　　《大乘起信論の研究》（東京：春秋社，1981 年），第三章，〈真諦譯と實叉難陀譯との比較
　　研究〉。

實在等義。這等於說，覺的經驗的可能性來自實在本身；也可以說，覺的主體性奠基於純粹的客體性。即此而言，將「本覺」瞭解為經驗性的「本來覺悟」並不適當，因為覺悟仍是心識的經驗，然而本覺卻是等同於真如法身的超驗性底基，其謂之為「覺」，乃就真如與心合一，即心而言。如後所見，「本覺」成為《起信論》被批判的核心概念。但就東亞的理想主義者來說，本覺作為終極實在正可以用來作為現代主體性的根據。現代的主體性，以康德為代表，不再是早期經驗論的「心如白板」，或笛卡爾的「懷疑的主體」，而是具有立法性、規範性的主體。其所立的法或規範乃來自主體本身。立法乃是自我立法，規範乃是自我規範。以《起信論》來說，此法或規範本來具足，其呈顯與否的關鍵乃在於心是否清淨。心若清淨，真理自然呈顯。《起信論》主張，清淨心即是真如心，心與真如（理）同一。清淨心的呈現，也就是真如理的呈現。我們可以說，在結構上，《起信論》與現代主體性確有相似之處。當然，實質內容上是否真的相似，值得進一步考察。

最後，由於《起信論》強調「一切眾生悉有真如」，而真如「自有熏習之力」，一旦因緣具足，成熟善根，則能進趣涅槃，得大解脫。換言之，《起信論》強調「一切眾生悉有真如」的信念是啟動實踐的動力。所謂「起信」，不外就是發起「自信己身有真如法」的信念。因這信念，始有實踐可言。[9]

9　以「心」與「理」二範疇詮釋《起信論》，並明講《起信論》的立場主張「心即理」，始於淨影慧遠的《大乘起信論義疏》。宋明有理學與心學二分的發展。概要來說，理學主張心理二分，而心學主張心即理。朱熹雖然也講「心即理」，那多半是就實踐結果來講「心合於理」，就心合於理（如孔子自言七十從心所欲不逾矩）來說「心即理」。《起信論》的「本覺」所講的心即理則和朱熹不同。究竟要從心理二分或心理相即來解讀《起信論》，淨影慧遠的《大乘起信論義疏》首發其韌。他明白地從「心」與「理」的關係來解釋「真心」：「問曰：何故心是理乎？答：理非物造，故名為理。非為木石，神知之慮，故名為心。是心則攝一切世間、出世間者。如此理者，諸法中體。以用歸體，故言則攝。用雖眾多，莫出染淨。染則世間，淨則出世，依於此心。……上中具明淨染二用。釋中但明隨染之用。故《勝鬘》云：有二難可了知。自性清淨心難可了知。彼心為煩惱所染難可了知。彼言自性清淨。猶此心真如。本來無二。」（《大乘起信論義疏》卷1，CBETA, T44, no. 1843, p. 179, a12-b5）慧遠以「心是理」設

四、內學院的《起信論》批判

　　內學院的《起信論》批判始於歐陽竟無於 1922 年講《唯識抉擇談》時，「抉擇五法談正智」，批評真如緣起說。他依《瑜伽師地論》五法之義，指出真如只能作為所緣（認識對象），正智作為能緣（認識主體）。真如雖然在存有論上可視為本體，然<u>真正起作用的是正智</u>。歐陽竟無強調，從知識論的角度，真如僅能作所緣（認識對象），也就是認識得以發生的條件。他說，在認識上，主客二分，清清楚楚，不可相混。從唯識學學者的觀點說，正智有種子，可以說熏習，但是真如無所謂種子，也不能說熏習。《起信論》說「心真如」，混淆了真如與正智的區分，「益以真如受熏緣起萬法之說，遂至顛倒支離，莫辨所以，吁可哀也。」[10]這裡，歐陽竟無批評

問，可以看出他所持的真心立場。在他的回答裡，以體用二分來說明理與心的關係：理是體，心是用。心為理所攝，猶如用為體所攝。如此看來，心與理二分，似不合於「何故心是理乎」的設問意趣。該設問的語意，顯然要借此來說明慧遠所持「心是理」的主張。該主張首先要面對的是，心與理是否一向地二分，真如與真心是否斷然二分的問題。慧遠先提出「以用歸體」、「以心歸理」，或「以體攝用」、「以理攝心」的說法。然而這種回答不正是預設心與理二分，才能進一步說明二者的關係（歸、攝）嗎？在理論分析上，即使要講「同一」，也要先預設 A 與 B 的二分，才能進一步講 A 與 B 是否同一。這裡顯然不是講 A＝A 的同一性。慧遠的解決途徑，也是《起信論》的解決途徑，在於將「心」分為心真如與心生滅二側面：心真如相（如來藏）與心生滅相（阿賴耶識），前者是「心即理」，後者則是「心理二分」。前者心與真如為一，後者阿賴耶識與真如為二。慧遠以此方式說明了心與真如之間不一與不異的關係。在存有論位階上，前者為後者的超越性根據（transcendental ground）。

這也說明他為什麼說「心真如相者即是第九識，第九識是其諸法體故。」（《大乘起信論義疏》卷 1：CBETA, T44, no. 1843, p. 179, a21-22）「心真如相」即是「第九識」，而「於一心中絕言離緣為第九識」（《大乘起信論義疏》卷 1：CBETA, T44, no. 1843, p. 179, a26），第九識不就是真如理體？何以又名之為「識」？顯然這裡只能就「心即理」來瞭解「第九識」。阿賴耶識和真如的關係是二分，但是如來藏心（絕對真心）和真如的關係則是同一，心與理在究極層面上的同一。這一點由《起信論》首度明確地揭示出來，也是淨影慧遠「心是理」設問的意趣。從哲學史上看，淨影慧遠提出「心是理」說，值得特別提出來。關於此段文獻，因讀安怡碩士論文而發，雖然彼此見解各異，然殊可誌也。

[10]　歐陽竟無，《唯識講義》（臺北：佛教出版社，1978），頁 38-39。

《起信論》，主要是站在唯識學的立場，實質上延續了中國佛教的性相之爭。

歐陽隨楊文會學佛，楊氏原宗《起信論》，並曾協助李提摩太譯為英文出版。問題是，何以歐陽和內學院轉而批判《起信論》甚力？回答這問題的一項可能的線索是，歐陽曾在 1914 年於《佛學叢報》刊出《觀所緣緣論釋解》。這篇早期著作疏解護法的《觀所緣論釋》，而護法的《觀所緣論釋》是陳那《觀所緣緣論》的注釋。歐陽研習該論，應該是傳承自明末唯識學。在明代唯識學，陳那《觀所緣緣論》被歸類為相宗的著作。如果從陳那哲學整體來看，《觀所緣緣論》則是典型的知識論著作，討論認識的條件，也就是所緣。歐陽的唯識研究肇始於《觀所緣緣論》，其定向的意義十分明顯。這可從後來呂澂賡續《觀所緣緣論》研究，對照漢藏譯本，重新疏解護法的《觀所緣論釋》可以看出。不僅如此，呂澂在中國佛學史上首度翻譯陳那《集量論》，致力佛教邏輯與知識論的研究，進而批評禪宗顢頇不清，足以看出內學院排斥《起信論》的哲學傾向了。

呂澂批判《起信論》的文章，如〈起信與禪〉、〈試論中國佛學有關心性論的基本思想〉〈大乘起信論考證〉，都出版在 1950 年代以後。〈起信與楞伽〉應是內學院時期的講稿，年代最早。[11]呂澂於該文，條列七條證據，確證《起信論》根據菩提流支的誤譯，為中土人士所偽撰。他的考據旨在指出《起信論》思想上的錯誤：視真如與如來藏為一、析如來藏與阿賴耶識為二、真如正智不分、真如隨染、真如無明互熏，等等錯誤。[12]對於呂澂來說，考證是思想批判的手段。

呂澂在作於 50 年代的〈大乘起信論考證〉中更進一步提出他的批判：第一，印度佛學的本意著重於認識的改變，將虛妄錯誤的認識轉變為清淨正

---

[11] 樓宇烈等編校，《中國現代學術經典：楊文會‧歐陽漸‧呂澂卷》（石家莊：河北教育出版社，1996），頁 671。

[12] 呂澂，〈起信與楞伽〉，《呂澂佛學論著選集》，卷一（山東：齊魯書社，1991）。

確的認識，後者即是「諸法實相」的認識，也就是「心性本淨」的意思。《起信論》則講「心性本覺」，主張「真心本覺」說，在修習工夫上，訴諸真心本體的作用，要求「直顯心性」、「返本還源」，不必透過認識的改變。第二，要求認識的改變是「革新」的態度，而訴諸「返本還源」的入路則必然「保守」。呂澂指出，《起信論》的保守性格和北朝佛教政治有關。[13] 這種從意識形態的角度批評《起信論》唯心思想的保守性格，當然和當時中國的社會主義革命有關，但不能簡單地解釋為呂澂在政治壓力下的言論，而應視為二十世紀初期中國激烈反傳統主義在佛學內部的表現。

五、本覺思想的批判與辯論：呂澂、章太炎、熊十力

值得一提的是，有二事件和呂澂的《起信論》批判相關。其一是 1921-22 年間呂澂（26 歲）和章太炎（54 歲）持續長達一年的論辯，其二是 1943 年歐陽竟無去世引發呂澂和熊十力的辯論。[14]從姚彬彬最近整理的〈章太炎、呂澂等論學函札輯注〉可以看到[15]，章、呂論辯因緣起於當時學界對柏格森哲學和佛學的討論所引起。章太炎借佛學的現量與比量擬配柏格

---

[13] 呂澂，〈大乘起信論考證〉，《呂澂佛學論著選集》，卷一，頁 359-360：「從元魏以來，北朝佛教便緊密地結合著政治，依賴於政治所利用而滋長。寺院有了僧祇戶、浮屠戶等制度後，完全藉剝削為生，就更鞏固了與統治者利害與共的關係，再也不願稍微變動現狀。他們在理論上，尤其是對於『實相』的看法，都不自覺地走向消極保守的一面，將本來的樣子看做是美好無缺的。跟著有周武滅法的變故，教徒們熱望恢復原狀，這種傾向，益加顯著。像天臺智者經此一回刺激而組織他『性具』的實相觀，即其一例。在北方原來即偏於保守的底子上，發展為具體的『返本還原』思想，如《起信論》所表現的那樣，是極為自然的。」

[14] 關於早期熊十力如何受到章太炎的影響，見江燦騰，〈呂澂與熊十力論學函稿評議〉，《東方宗教研究》第一期，1990。

[15] 姚彬彬，〈章太炎、呂澂等論學函劄輯注〉，中國社會科學院近代史研究所近代史資料編輯部編，《近代史資料》（總 129 號），2014 年 06 月。又見姚彬彬，〈章太炎、呂澂、黎錦熙關於唯識之論辯考〉，發表於第三屆唯識學高峰論壇，2015 年 10 月 17-18 日。

森的實驗與理想，指出「伏斷意識，則藏識自現，而向之所謂不可知者，乃軒豁呈露於前，不煩卜度，無須推論」，並借此批評朱熹而推崇姚江門下，「雖未能捨去藏識，而於藏識頗能驗到」。章氏的意思是，「伏斷意識」，去除概念分別，不必像朱熹主張向外格物窮理，而要借由直覺，以自證心體。此心體即是藏識。章太炎這種主張正是禪宗與心學的路數。

　　呂澂則扣緊章氏「伏斷意識，則藏識自現」一語，提出以下的批評：一、「意識之用，不能斷滅，世間之身，除熟睡悶死外，固無間息，即入道以還，亦但簡別相應，轉成無漏。學者著力，正惟此是賴。」他的意思是，意識的思辨分別有其必要的功能，在修道次第上不能斷絕。若斷除意識，則認知活動便不可能。修道的重點在於斷除二障，而不是斷除意識。他說：「我國佛學自禪宗盛行後，謬說流傳，以為宜從斷除意識用功，誤人無限，不可不辯。」禪宗要求斷除意識，所以誤人，便在於落入反智主義。二、「心體」是真如，不是藏識。將藏識與真如混淆為一，始於《起信論》：「自來研求佛學者，於此辨別不清，混言體用，遂多隔膜，此在西方先哲，亦所不免，有如馬鳴者之著《起信》，初以體目真如，後復有真如、無明互相熏習之說，實為語病。」呂澂此時的說法，基本上仍依循歐陽竟無的體用範疇，認為後來中國佛學混淆真如與正智的體用關係，始於《起信》。呂澂總結：「故言心體，只有真如。親證真如，唯根本智，此亦必與五遍行心數相應。特以分別二執既亡，故得冥證。非獨恃受位而可至也。太炎先生謂凡諸辯論，必先之以自證，竊謂亦不盡爾。自證之先，必有正解，乃為切實，（即如辯論佛理，既未入道，一切境界何從親證？此但有依據，佛說而已。）否則即謂由自證來，亦但成其外道邪見耳。」他強調，真如作為心體，也只能是正智自證的對象（所緣）。雖然此正智親緣真如，仍不可如《起信論》一般，將真如與正智混淆為一，並說真如與無明可以互熏。也因為正智的重要，呂澂認為在自證（內在直觀）之外，不可捨棄正解（正確的認識），所謂「自證之先，必有正解」。這種以認識為優先的主智主義態

度，使他認定《起信論》和禪宗具反智的傾向，終其一生，都無法認同。

相對地，章太炎則一再強調，「真如心體，本在藏識之中」。章氏雖未明言此說得自《起信論》，但依該論而言，藏識與真如為一心體之二門，若「佛捨藏識，竟是捨其本體，成為斷空矣。」這顯然是真常唯心的立場，既通於禪宗，也通於陽明心學。有趣的是，這場辯論在二十年後呂澂、熊十力的書函論學竟然再度重演。

熊十力於 1920 年入歐陽竟無門下學習佛法，1922 年冬離開內學院，至北大任教。1932 年，《新唯識論》出版，棄唯識學，返歸儒宗，與內學院師門正式決裂。1943 年歐陽去世，熊十力與呂澂又展開一場具有高度代表性的書函論辯。熊十力的《新唯識論》的「新」表現於改造舊有唯識學的主體性概念。他放棄了內學院所宗奉的阿賴耶識主體論，而改採帶有宇宙論創生性意涵的真心論。[16]這可從熊氏《新唯識論》（文言本）的「明宗」看出：「今造此論為欲悟諸究玄學者，令知實體非是離自心外在境界，即非知識所行境界，唯是反求實證相應故。」（頁 1）此實證相應的主體，熊氏稱為「智」，不是「識」。此智自性本覺，「吾人反觀，炯然一念明覺，正是自性呈露，故曰自性覺。」（同上）依熊氏，這智的主體即是實體（終極的實在）本身；反過來說，實體不外是本心，本心與實體不二。這思路基本上同於陸王的心即理，也同於《起信論》心與真如為一。後來熊呂論辯時，呂澂區分「性寂」（自性本寂）和「性覺」（自性本覺）二種主體理論，指責熊氏主「本覺」，「與中土一切偽經、偽論同一鼻孔出氣，安得據以衡量佛法？」（1942 年 4 月 2 日函）其所言「偽論」之一即是《起信論》[1717]。

呂澂關於「性寂」與「性覺」的區分清楚地顯示二種形態的形上學的差異。呂澂認為，印度佛教的心性論（主體論）主張「心性本淨」，「本來寂

---

[16] 《新唯識論》文言本：「妄識亦依真心故有，而實乖真。」（頁3下）

[17] 熊十力、呂澂的書信往返，見《熊十力全集》第八卷，頁 420-467。

淨，自性涅槃」。其所以現出種種虛妄煩惱現象，乃由於「識轉變」所致。唯識學就是著重於說明這虛妄現象的產生源自二取（能取／所取）的對偶性結構。一旦對偶性斷除，心性即能自證其本來的寂淨相。呂澂認為這才是佛教的真正立場，稱為「性寂」（自性寂淨）。相反的，漢傳佛教受到《起信論》的影響，將「心性本淨」誤讀為「心性本覺」，認為心本具覺性，使成佛不僅是可能，其覺性更是保證成佛的現實性保障。「眾生皆可成佛」，一變而為「眾生原本是佛」（心、佛、眾生，三無差別）。這種性覺說之不可取，乃因其產生負面的實踐效應：「前函揭櫫性寂與性覺兩詞，乃直截指出西方佛說與中土偽說根本不同之辨。一在根據自性涅槃（即性寂），一在根據自性菩提（即性覺）。由前立論，乃重視所緣境界依；由後立論，乃重視因緣種子依。能所異位，功行全殊。一則革新，一則返本，故謂之相反也。」（1943 年 4 月 12 日函）呂澂認為，性覺說會導致實踐上「返本」，不能「革新」。「唯其革新，故鵠懸法界，窮際追求。而一轉捩間，無住生涯，無窮開展。庶幾位育，匪託空談。此中妙諦，未可拘本體俗見而失之也。唯其返本，故纔起具足於已之心，便已畢生委身情性，縱有安排，無非節文損益而已。等而下之，至於禪悅飄零，暗滋鄙吝，則其道亦既窮矣。」（1943 年 4 月 12 日函）革新的可能來自以真理為認識對象，而返本的進路則必然淪於冥證，沒有客觀的判準。

熊十力則認為《起信論》「綜其大旨，不必背佛法」（1943 年 4 月 17 日函）。不過，他說他的興趣不在於考證，而是在於義理。他不同意呂澂的性覺、性寂二分，而主張「吾以為性覺、性寂，實不可分。言性覺，而寂在其中矣。言性寂，而覺在其中矣。性體原是真寂真覺，易言之，即覺即寂，即寂即覺。二亡，則不見性也。主性覺，而惡言性寂，是以亂識為自性也。主性寂，而惡言性覺，是以無明為自性也。即曰非無明，亦是枯寂之寂，墮斷見也。何可曰性覺與性寂相反耶？」（1943 年 4 月 7 日函）熊十力主張性寂性覺不可分，所謂「即覺即寂，即寂即覺」。他既不反對性

覺,也不反對性寂。必須注意的是,在論辯中熊十力常在語意上進行創造性的轉化,「覺者,仁也。仁,生化也」(同上),以儒家的創生性形上學概念重新解釋「覺」,於是「本覺」便轉譯為在宇宙論和道德哲學上具有創生性格的主體性,下啓牟宗三以自由無限心為超越的主體性的進一步發展。[18]

六、《起信論》與牟宗三的新判教方案

如果由於師門的關係,熊十力不願在《起信論》議題上公開而強烈地和內學院決裂,作為熊氏哲學的繼承者,牟宗三則毫無顧忌,除了直面《起信論》議題,回批歐陽竟無與呂澂,還進而以《起信論》「一心開二門」的架構會通中西哲學,提出他的新判教。[19]在牟宗三的主體性哲學建構中,《起信論》再度回到中心的位置。

牟宗三回顧熊十力和內學院的爭論,特別關切從本體論的角度瞭解「真如」是否恰當。就這問題而言,他肯定了呂澂的觀點:「以前呂秋逸曾謂體用是儒家義,佛家之真如空性並非體用之體。其言是也。」[20]牟氏的意思

---

[18] Lin Chen-Kuo, 2002, "Hsiung Shih---li's Hermeneutics of Self: Making a Confucian Identity in Buddhist Words," NCCU Philosophical Journal, 8, 69-89.

[19] 牟宗三對內學院(歐陽竟無、呂澂)的不滿涉及許多層面,見牟宗三,《五十自述》(臺北:鵝湖出版社,1989),頁 106;《智的直覺與中國哲學》(臺北:臺灣商務印書館,1971),324。

《佛性與般若》(臺北:學生書局,1977),上冊,第二部,「前後期唯識學以及起信論與華嚴宗」,第五章,「楞伽經與起信論」。

[20] 牟宗三,〈佛家體用義之衡定〉,附錄於《心體與性體》第一冊(臺北:正中書局,1968),頁 573。相關討論亦見拙著,《空性與現代性》(臺北:立緒,1999),頁 106。關於漢傳佛教以體用論詮釋真如,呂澂於〈湯用彤《漢魏兩晉南北朝佛教史》審查書〉亦批評湯著「遂從體用漫為論斷,既謂佛說真如同於本體,又視大乘妙諦法性法相無往非體用一如,甚至推論眾生一見佛性煩惱即是菩提。實則佛教從無本體之說,法性法相所謂真如實相者,不過為其『轉依』工夫之所依據,而在工夫中染淨因果絲毫不可紊亂,安有即煩惱而為菩提者哉?」,見呂

是，以《起信論》為基礎的中國佛教各宗雖有貌似實體主義的嫌疑，例如《起信論》「豎立的真心既有實體性的實有的嫌疑，則真心即性，此性，以今語言之，便可有實體性的本體之嫌，以古語言之，便可有外道梵我之嫌」，然而牟氏接著又說，「但嫌疑畢竟是嫌疑，而不是真實」，理由是《起信論》以真如為體，緣生萬法的體用關係只是「虛說」、「權說」而已。牟宗三這裡的解釋其實別有其用心處，目的在於借由佛家**虛說**的體用義以突顯儒家**實說**的體用義，並強調唯有儒家實說的體用義才能作為建立道德世界和政治體制的基礎。對於儒家認同來說，體用論意義下的主體性才是真正有力地回應現代西方文化的主體性。[21]

牟宗三針對內學院批判《起信論》的回應，亦詳見於《佛性與般若》（1977）。[22]他的回應主要針對歐陽竟無的《楞伽疏決》（《內學》第二輯，1925）和呂澂的〈起信與禪──對於《大乘起信論》來歷的探討〉（1962）。牟氏就他們所引的材料一一提出他的評論，認為「如來藏名藏識」，「生滅與不生不滅和合」，其「不生不滅」指心識的「超越的本性」，也就是真諦所言之超越的「解性」[23]。呂澂批評《起信論》為偽論，理由是《起信論》根據魏譯《楞伽》的誤譯而來，如來藏與藏識本來指同一識，到了魏譯才將二者分開，視前者是不生不滅，後者是生滅，並說不生不滅的如來藏是真心、本覺，構成中國佛教「返本還原」的說法。牟氏就呂文逐段回應，

澂、柳詒徵，〈湯用彤《漢魏兩晉南北朝佛教史》審查書〉，《漢語佛學評論》第三輯，2013，頁 6。呂文寫於 1944 年 2 月 2 日。

[21]　見拙著《空性與現代性》的相關討論。

[22]　牟宗三在《起信論》議題上回應呂澂與歐陽竟無的批評，見《佛性與般若》（臺北：學生書局，1977），上冊，第二部，「前後期唯識學以及起信論與華嚴宗」，第五章，〈楞伽經與起信論〉。

[23]　同上，頁 438-439。

認為大乘本來就有賴耶緣起與如來藏緣起，不同意內學院非要排斥
真常心系統不可的心態。

　　牟宗三疏解《起信論》，指出其所開出的二層存有論：「一心開二門，
二門各總攝一切法即是存有論的具足也。依心滅門，言執的存有論；依心真
如門，言無執的存有論。」[24]後來牟宗三在《現象與物自身》講康德哲學
時，就是利用《起信論》「一心開二門」模型來會通，「以佛家『執』之觀
念來融攝康德所說的現象界，並以康德的《純理批判》之分解部來充實這個
『執』。」[25]無執的存有論奠基於自性清淨心或自由無限心，而執的存有論
則奠基於識心；前者是具有智的直覺的德性主體，後者是知性主體。雖說是
二種主體對應二層存有論，實際上只是同一主體開二門而已。我們可以說，
牟宗三的中期哲學借《起信論》的真常心系統以會通康德，宣稱開決了康德
哲學的不足，並在實踐上試圖以道德理想主義的立場來吸納近代西方的科學
與民主。

　　牟宗三對於康德哲學的補充，主要是借儒道釋三家傳統對智的直覺的肯
定，從而貞定物自身的意義，並由之證成「自由底因果性」（causality of
freedom）之可能，也在這裡解決自然（決定論）與自由（自由意志）的矛
盾問題。[26]問題是，超越意義的自由如何落實為現實上的自由？還是最後只
能繼續講詭辭意義的自由，即九法界而成佛的自由，不自由的自由？牟宗三
順著講作為「物自身」的「行動」，這是什麼意思？回答這些問題之前，我
們看到牟宗三「補充」康德的路數完全同於佛教以真常心論「補充」唯識
學，儒家以心學「補充」理學的做法，也就是肯定作為智的直覺的良知、自
性清淨心之為呈現原則，使物自身得以呈現。因此，人是否有智的直覺，對

24　同上，頁 456。

25　牟宗三，《現象與物自身》（臺北：學生書局，1975），〈序〉，頁 7。

26　牟宗三，《中國哲學十九講》（臺北：學生書局，1983），頁 300-301。

牟宗三哲學來說便是關鍵，也是在此關鍵處牟宗三將中國哲學的價值提到最
高，因為只有中國哲學，包括佛教，肯定人可以有智的直覺。

　　總言之，不同於上代的爭論脈絡，牟宗三解讀《起信論》有他自己的哲
學進程。他的哲學建構不同於其師熊十力，其一、在邏輯方面他不再像熊氏
一樣訴諸佛教因明，而是直接訴諸羅素與懷德海的數理邏輯；其二，在知識
論領域，他也不再訴諸佛教量論，而直接取徑於康德的批判哲學。雖然他的
興趣從來不在於真正的批判哲學，而是在於建立超絕的形上學。對他來說，
民國初年用來接引西方哲學的佛學已經失去作為媒介的價值。這些都可從牟
宗三早年的《邏輯典範》（1941）、《理則學》（1955）、《認識心之批
判》（1956-57）等著作看出。但是這不表示佛教哲學對他不重要，相反
的，佛教哲學作為牟宗三哲學系統中的核心資源，特別是天臺與華嚴的「判
教」，始終是作為會通中西哲學的基本方法。在牟宗三的哲學系統建構中扮
演關鍵性角色的是天臺判教，不再是二十世紀初期風靡一時的唯識學和因明
學。必須注意的是，判教的運用不可能脫離文化認同的因素，特別是其中所
隱含文化國族主義的關聯，在牟宗三哲學系統的判教中是不可忽略的問題。
[27]判教作為牟宗三哲學的方法，不論是面對佛教（小、始、終、頓、圓）、
中國哲學（儒、道、釋），或是西方哲學（柏拉圖、來布尼茲、羅素、康
德），判教是牟宗三用來建構涵蓋面更大、更足以面對現代議題的哲學方
法。這方法用來展示精神如何從實在論、唯識論、真常心論，直升到圓教的
辯證歷程。晚期牟宗三援用天臺判教的方法，建立他自己的圓教存有論，以
詭譎的說法表達了不捨世間法的宗教情懷。這種想法在中期已經時常出現，
不過就牟宗三中期哲學而言，特別是《智的直覺與中國哲學》（1971）、

---

[27] 例如，牟宗三曾說過，「說到對於中國哲學傳統底瞭解，儒家是主流，一因它是一個土生的骨
幹，即從民族底本根而生的智慧方向，二因它自道德入，獨為正大故。」牟宗三，《現象與物
自身》（臺北：學生書局，1975），〈序〉，頁 9。

《現象與物自身》（1975）的階段，會通中西哲學仍是它的主要關懷。[28]對牟宗三來說，如同歷史上中國人如何消化吸收來自印度的佛教一樣，當代中西哲學會通的工作不是出於比較哲學的興趣，而是出於消化吸收現代西方文化的時代使命。具體來說，如何使中國成為現代國家，批判地實現科學與民主的要求，是推動牟宗三哲學工作的主要動力。他是追求現代化的傳統主義者。在其現代化的方案中，《起信論》「一心開二門」被牟宗三借用來作為會通康德哲學的公共模型。[29]我們看到，這階段的《起信論》已經不再是佛教經院內部爭辯的對象，而是作為會通中西哲學的主要橋樑。

七、結論：超越主體性哲學的限度

　　回顧二十世紀這場縱跨二代的哲學論爭，內學院堅持從認知主體的立場批判《起信論》，主張真理（真如）只能作為認識的客體，不能等同於作為主體的心。作為主體的心只能是認知心。新儒家則認同《起信論》，站在超越主體性的立場，認為真如不能只是空如之理，也不能僅是作為所緣而已，也必須同時是心。理即是心，理與心為一，因而真如有「活動力」、「內熏力」，「成佛有一先天的超越根據，成佛有必然性」[30]。由於真如理是主體的超越性根據，真如（法性）的認識只需「逆覺體證」，不需經過艱苦漫長

28　牟宗三的中期哲學，特別是《智的直覺與中國哲學》與《現象與物自身》，主要表現在康德哲學的吸收與批判上，用來建立以儒、道、釋三家為骨幹的主體性形上學，肯定人可以有「智的直覺」，並貞定智思界（本體界）。他說，如果不承認人雖有限卻能有智的直覺（自由無限心），則「不但全部中國哲學不可能，即康德本人所講的全部道德哲學亦全成空話」。如何在哲學上證成這一點，這是牟宗三在這時期的主要工作。牟宗三，《智的直覺與中國哲學》（臺北：臺灣商務印書館，1971），〈序〉，頁 2。

29　牟宗三在許多地方強調《起信論》的「一心開二門」架構是普遍的公共模型。見牟宗三，《中國哲學十九講》（臺北：學生書局，1983），頁 293。

30　牟宗三，《佛性與般若》（臺北：學生書局，1977），上冊，頁 462。

以「真如」為「所緣」的「轉依」實踐；相反地，現象（法）的認識所需的
認知主體則需要透過真心的「自我坎陷」而作用。由於一心辯證地開二門，
在現象與物自身之間，透過逆覺體證和自我坎陷的機制，二層存有論得以開
顯無礙，現象界的知識得以成就，本體界（上帝、自由意志、靈魂）的認識
與行動也得以保住。這是新儒家在接受西方現代文化時所設想的主體性結
構，藉以保障現象界與本體界的存在。[31]

在新儒家和內學院針對《起信論》的爭論中，新儒家並不是沒有意識到
佛教的空理和儒家的實理在超越主體性的構成上有不同作用。牟宗三在《智
的直覺與中國哲學》和《現象與物自身》即隨處點明儒道釋三家的不同性
格。只是由於他過於強調三家皆肯定人能有智的直覺，使得三家應有的差異
無意間被抹除，也未能細緻展示「空的主體」如何在現代情境中起作用。換
言之，由於在其面對現代性所提出的新判教方案中，儒道釋三家根本的差異
因被置於和西方文明的對立面上而被抹除，最後留下的僅是具有儒家式道德
規範性格強烈的理的主體性。相對地，佛家空理的勝場正表現於規範性的解
構，開顯所有理性規範在究極層面上不例外於緣起性空，如幻似化。奠基於
空理的主體並不能成就現代性的民主與科學，而僅能映照現代性的業感與幻
化。即此來看牟宗三援引《起信論》「一心開二門」的架構來會通中西文
化，以「自由無限智心」保住物自身的積極性存有論地位，並不能正視現代
性的業感緣起性格，也就是不能正視現代性有待解脫／解放的面向。在現代
東亞哲學，體現空性主體性哲學反而是京都學派的西田幾多郎、西谷啟治等
人。

在這種儒家式超越的主體性構造中，規範性來自形上學所講的超越實
理，既不是來自溝通的共識，也不是來自辯證的承認。以哈伯瑪斯來看，這
仍是停留在形上學式的思考。從二層存有論來看，溝通的活動或辯證的承認

---

[31] 牟宗三，《中國哲學十九講》（臺北：學生書局，1983），頁 296-297。

必須藉由語言的媒介，只能屬於現象界，而理則存在於本體界。如何藉由現象界的語言活動讓本體界的理得以顯現，這是牟氏二層存有論首先必須考慮的問題。換言之，本體界和現象界，真如門和生滅門，如何溝通？依牟氏之說，以《起信論》「一心開二門」為模型的二層存有論而言，本體界（真如門）離言絕慮，只能逆覺體證，不可言傳。縱使真能在這層面逆覺體證，仍將無法避免獨我論的困境，因為離言絕慮，他人無法認識到其體證的內容。即使是在現象界（生滅門），由於《起信論》從識心的角度說明生滅現象的構成，並未正視語言在主體性構造的地位，也很難避免唯心論的獨我論困境，因為現象被視為是個別主體意識的構成或表象。[32] 在獨我論下，溝通既然不需要，自然就容易忽略差異的承認，這將在實踐上引發政治性的後效，不能不考慮。

　　反觀歐洲哲學在觀念論之後的發展，如何超越主體性哲學所難以避免的獨我論困境成為二十世紀哲學主要的關切。其中，二條發展路徑特別值得注意，一是海德格企圖翻轉柏拉圖主義與笛卡爾主義，解構西方形上學的宏大方案，一來解消理體的形上學優位，二來和笛卡爾的主體主義正面對決。這條繼承尼采的路數後來在上世紀後半葉蔚為後現代潮流，其特色就是主體的取消。從後現代的角度來看，「主體」或「主體性」成為現代哲學的標誌，意味著理性主體對他者的宰制、包括對肉體、欲望的宰制，也意味著對真理的壟斷。其二是維根斯坦引發的語言學轉向，促使奠基於意識的主體性哲學受到動搖。如上所述，特別是唯心論的意識哲學往往難以避免獨我論的困境，因此透過語言的溝通活動成為尋找出路的關鍵選

---

[32]　參考李明輝，〈獨白的倫理學抑或對話的倫理學？——論哈柏瑪斯對康德倫理學的重建〉。
　　　《科學發展月刊》第 18 卷第 1 期，頁 29-47，1990；亦收入《儒學與現代意識》，1991。

　　項。從佛教的觀點來看，這條出路就是回到世俗諦，在世俗諦中尋
找溝通共識，再從共識中尋求行動方案，解決世間不自由的問題。

　　在涉及《起信論》爭論的東亞哲學中只有新儒家和京都學派真正觸及上
述的西方哲學脈絡，其中牟宗三在其哲學發展過程中分別正視過西方哲學上
述這二條路徑，然不僅不為所動，還斷然拒絕，毫無允許辯證的空間。牟氏
早年在大學時代習羅素和懷德海的《數理邏輯》和維根斯坦的《名理論》，
並於八十年代中譯後者。然而，由於牟氏的關注始終是存有論，特別是維根
斯坦所宣稱為不具意義的形上學命題，他的哲學建構並未真正相應於語言的
轉向。即使牟氏在其佛教哲學詮釋上十分重視可說與不可說、分別說和非分
別說的區分，他的主體性哲學並沒特別著重「可說」的層面，因而常有流於
獨斷的嫌疑。[33]

　　至於海德格，牟宗三在《智的直覺和中國哲學》中，以海德格的《康德
與形上學問題》為討論對象，斷言海氏哲學為「無本之學」，因為海氏「十
分重視人的有限性。……對於人的有限本質，依現象學的方法，存在的進
路，作一存有論的分析，即成功其基本存有論。」海氏的基本存有論完全不
談「人是創造的，因而是無限的」，也「不肯認一個超越的實體（無限性的
心體、性體或誠體）已為人之所以為真實的人」[34]。因此，牟宗三自然未能
在其主體性哲學中吸取海德格在「此在」分析所展示的「時間性」與「歷史
性」，也未能欣賞其「在世存有」與「共在」（Mitsein）的想法。問體
是，若缺乏時間性、歷史性，現代的（笛卡爾以降）的主體將只會是抽象懸
空的主體，不是具體存在的主體，更不是在歷史傳統中的存在。這些對於時
間性和歷史性的「不見」，歸結到底，主要出於牟宗三對於「無限」的強烈

---

[33]　牟宗三譯，《名理論》，《牟宗三全集》第十七冊。

[34]　牟宗三，《智的直覺與中國哲學》，頁 355, 356, 360。

企望所致。

　　總言之，從二十世紀《起信論》的爭辯看到的現代東亞主體性哲學，不論是肯定本覺或強調轉依，雙方的差異其實不是很大，因為都以「理—心」為主體的結構。若衡之後來的語言轉向，在「理—心」之間應該安排語言的媒介，成為「理」、「言」、「心」三角結構，除了凸顯理解的語言性[35]，使獨我的主體成為溝通的主體，也將「理」轉化為「可說的理」，盡可能消弭「理」被獨我論的心所壟斷與宰制。[36]這種修正主義式的主體性理論（理—言—心）不僅可以作為爭論的選項，或許也可為東亞哲學帶出一條新路。

　　我在二十年前談及此爭論時，曾訴諸哈伯瑪斯的後形上學思維，肯定「整全的理性」的必要。[37]二十年後，我的想法沒有多大改變，但是否要全然揚棄形上學，包括否定性辯證的形上學，就不是那麼肯定。我總認為，形上學沒有必要全然揚棄，但應該引進更豐富的考察進路。除了上述修正式的主體理論，上世紀傅科的系譜學或考古學，拉岡的心理分析，呂格爾的「作為一個他者的自身」，都可以用來照明主體／際問題的下一步思考。[38]

---

[35]　Cf., Hans-Georg Gadamer, Truth and Method, translated by Joel Weinsheimer and Donald G. Marshall, Second Revised Edition (New York: Crossroad, 1989), Part III, "The Ontological Shift of Hermeneutics Guided by Language".

[36]　這想法來自佛教中觀派清辨「隨順勝義」的理論。

[37]　Lin Chen-Kuo, "Metaphysics, Suffering, and Liberation: The Debate Between Two Buddhisms," in Jamie Hubbard and Paul Swanson, eds., Pruning the Bodhi Tree: The Storm Over Critical Buddhism (Honolulu: University of Hawaii Press, 1997), 298-313.

[38]　在思考「主體性哲學的限度」這部分時，和林遠澤教授有幾次深入的交談，啟發良多。

第十五章　神會與空的行動主體

林鎮國

政治大學哲學系榮譽教授

一、從禪學書寫說起

　　禪學的論述型態長期以來受支配於以胡適的禪學史和鈴木大拙的禪體驗詮釋為代表的二種論述典範，這種情況一直到九十年代後才開始有人從知識系譜學進行批判性的反省，試圖從主流論述的支配掙脫出來，開發新的禪學論述[1]。這種知識系譜學的反省，特別是受到傅柯分析知識與權力內在關係影響的方法論反省，當然有其必要，它讓我們這些知識生產者察知到自己究竟是在什麼樣的知識生產脈絡裡進行有關禪學的知識活動。如果說，胡適禪學研究的貢獻在於將作為論述客體的禪學還原到它該有的歷史脈絡中，鈴木大拙藉由「去脈絡化」的策略以揭顯禪經驗的意義，最近知識系譜學的反省則是指向論述主體本身，將論述主體再脈絡化，透過言說分析（discourse analysis）的途徑以尋繹出現代論述活動所涉及的種種條件。將論述主體擺

---

[1] 佛爾（Bernard Faure）和夏爾夫（Robert H. Sharf）是那波批評鈴木禪的開路前鋒，有關他們的論點與著作，請參考拙著，《空性與現代性》（臺北：立緒，1999），頁 7-14。進一步的討論可參見龔雋，〈作為禪學的思想史寫作──以漢語語境禪學研究為中心的方法論考察〉，收於龔雋，《禪學發微》（臺北：新文豐，2002）。2000 年秋我在哈佛大學訪問進修時，正值史丹福大學的 Carl Bielefeldt 教授也在哈佛開設「禪學研究」討論課，每週一地帶讀十本晚近西方禪學學者，包括 Heinrich Dumoulin、John McRae、Robert Buswell、Peter Gregory、Griffith Foulk、Carl Bielefeldt、Kenneth Kraft、Bernard Faure、William Bodiford、Steven Heine、Dale Wright 等人的著作，檢討他們論述的預設與方法（assumptions and methods）。那門課反映了歐美學界亟思突破既有禪學論述的情境。

到考察的前沿，成為解剖的對象，其實就是「去主體化」的工作。「去脈絡化」和「去主體化」之間始終存在著方法論上的緊張。

「去主體化」的方法論仍帶有客觀主義的遺緒，認為獲得客觀知識的條件必須是將認知主體的「前見」懸擱起來，甚至於予以消除。認知主體的透明化或中性化意味著主體的存有論地位受到質疑。主體的存在除了關涉於客體，也關涉於其它的主體，主體性（subjectivity）也就是互為脈絡性（intercontextuality）和互為主體際性（intersubjectitvity），這種關於主體的看法實際上諳合於佛教「緣起性空」的立場。不論是胡適的禪學史或佛爾（Bernard Faure）傅柯式禪宗系譜學的考察，他們的「去主體化」方法並不見得就像鈴木大拙所批評的那樣，全然不相應於禪佛教的批判精神。

鈴木大拙將禪本身「去脈絡化」則認為禪的經驗超越邏輯與歷史。禪是否有其超越性乃見仁見智，可以開放討論[2]。在詮釋方法上，鈴木認為將禪學還原到歷史脈絡不等於也無法讓人真正認識到禪體驗本身，要認識禪惟有入乎其中，才能親嚐法味。鈴木所持的「圈內人」（insider）方法論立場顯然大異於胡適等人「圈外人」（outsider）的立場；後者承自啟蒙運動的實證理性精神，前者則可在海德格的「詮釋循環」找到哲學的理據[3]。

回到晚近漢語的禪學研究，我們發現禪思想史學者極力想要彌合「內在理路尋繹」和「外在走向描述」之間的捍格，找出一條更為恰當的書寫途徑。葛兆光指出禪思想的兩個基本詞語是「宗教」和「歷史」，不是「思想」和「歷史」，便是一種嘗試[4]。如何順藤摸瓜地從「宗教」梳理其在「歷史」過程中的演變軌跡，是禪思想史的主要任務。這是將禪宗作為一種

---

[2]　馮耀明指出鈴木大拙「超越邏輯」和「超越語言」的論旨都「注定失敗」，參見其〈佛理、禪悟與邏輯〉，收於香港科技大學人文學部主編，《邏輯思想與語言哲學》（臺北：學生書局，1997），頁 45-57。

[3]　Russell T. McCutcheon, The Insider/Outsider Problem in the Study of Religion: A Reader (London; New York: Cassell, 1999).

[4]　葛兆光，《中國禪思想史》（北京：北京大學出版社，1995），頁 31，39-40。

宗教擺回其歷史脈絡去的做法，稱之為「思想史」倒不如稱之為「宗教史」。不同於鈴木「圈內人」的詮釋立場，這裡所講的「宗教」將禪宗視為一種宗教系統，既不是哲學系統，也不是要「用宗教立場來闡釋禪」。和胡適不同的是，葛氏對於禪學表示了更多的敬意和同情，雖然和「禪者說禪」的鈴木仍有本質上的區別。這裡的內在理路，葛氏以三問題為論述架構：「人性與佛性之距離如何」、「從世俗之人到超越之佛的修行方式如何」、「成佛的終極境界如何」[5]。基本上，這不外是傳統用來科判經論的「境、行、果」三分，如此以「教」說「禪」是否恰當，固然值得商榷，不過不是這裡所要討論的問題，我們關心的毋寧是晚近禪學書寫是否有開出新局的可能性。

這種將禪學歸類到「宗教」而非「哲學」類別的做法，顯然修正了長期以來漢語學界面對宗教領域的偏見，不能不說是一項進步。當我們從宗教的角度審視禪宗的發展時，便會發現禪宗不只是有思想而已，還有寺院體制與規範、儀式與崇拜、政治與經濟等問題。思想僅是整體宗教系統的其中一環，也只有將思想置回其整體的脈絡才能獲得具體的瞭解，也才能克服「內在理路尋繹」（哲學）與「外在走向描述」（史學）長期以來在漢語學界裡相互排斥的現象。

雖然哲學和史學二種進路是否必然衝突，再度成為當前禪學書寫的主要關切，諷刺的是禪學史的寫作依舊佔據著主流的地位[6]。就這一點而言，胡適所建立的典範始終屹立不搖，不少的禪學史仍然「沿著胡適當年研究神會的理路走上一遭」[7]。選擇哪一種書寫方式，史學或哲學，宗教學或文獻

---

[5]　同上，頁 28-29。

[6]　龔雋，《禪學發微》，頁 18-29。

[7]　葛兆光，同上，頁 232。關於胡適禪學研究的影響，江燦騰有全面性的考察，見江燦騰，〈從大陸到臺灣胡適禪宗研究七十年來的爭辯與發展〉，《臺灣佛教百年史之研究》（臺北：南天書局，1996）。

學，原是出自作者的個人性好和訓練背景，本無所謂高下之分，真正應該檢
討的是這些學科分類的合法性與書寫策略所開顯的意義世界是否豐富。我們
在意的是，在知識系譜學的索隱下，既有學科分類的畛域界線隨之鬆動，而
重新組合的書寫策略能夠用來開顯前所未發的意義疆域。

　　關於既有現代學科分類及其引發焦慮的問題，讓我們暫時回顧一下哈伯
瑪斯（Jürgen Habermas）針對「文化現代性」的診斷，他指出文化上的現代
性原本表現於宗教與形上學的渾全理體（substantive reason）在十八世紀時
分裂為科學、道德與藝術等三種自主性的領域，這些領域進一步的分化與體
制化，才形成現代種種的知識分科，其專家化也造成了專業知識和生活世界
之間的疏離，整體的意義世界為之貧瘠單薄，這才造成現代性的危機[8]。如
何挽救此「道術為天下裂」的現代性危機，是現代／後現代各思潮——特
別是詮釋學——所面對的主要問題。我們從詮釋學獲得的啟示是，只有經
過詮釋的冒險，重劃既有學科分類的疆界，開發新的書寫策略，才有可能創
造新的意義世界。這種詮釋處境同樣適用於佛學研究，也是幾年前我引述佛
爾（Bernard Faure）的說法，主張「混用多種論述策略與語言」，讓那些在
傳統或現代論述中被消音的「異類」或「多音」重新浮現。書寫文類的「雜
種化」成為策略上因應現代論述僵化現象的必要[9]。

二、形上學、行動與敘事

　　本文以神會（688-762）禪學為探究的對象，乃有感於神會在現代禪學

---

[8]　Jürgen Habermas, "Modernity versus Postmodernity", New German Critique 22 (1981), 8-9.

[9]　參見拙著，《空性與現代性》（臺北：立緒，1999），頁 16、166-167；亦參見 Bernard Faure, Chan Insights and Oversights: An Epistemological Critique of the Chan Tradition (Princeton: Princeton University Press, 1992), pp. 10-12。

書寫上的傳奇性和爭論性。禪學作為一門現代知識不能不提胡適於 1926 年在巴黎和倫敦發現了相關的敦煌卷子，從而改寫了傳統燈錄僧傳的講法，讓神會這一位埋沒一千多年「南宗北伐的總司令」、「新禪學的建立者」、「壇經的作者」得以重見天日[10]。胡適的進路與寫法，不論贊不贊成他的結論，幾乎籠罩住後來包括日本和中國在內的禪學史研究，早期者如宇井伯壽和鈴木大拙，後出者如柳田聖山和印順，無一例外[11]。這些禪學史著作所呈現出的神會形象多少反映出作者的認同態度——胡適在神會身上看到五四文化革命者的影子，充滿戰鬥的氣息（「南宗的急先鋒，北宗的毀滅者」[12]），印順將神會描寫為「狂者，是富有英雄氣概的禪僧」，他「為天下學道者定宗旨，為天下學道者辨是非」，並不是為了爭法門正統，而是爭禪風見地[13]，葛兆光則站在中國思想史的高度上指出神會南宗是禪學士大夫化的先聲，這種講法在某個意義上來說也反映了當前的禪學走向[14]。這些都是禪學史的神會。

　　現代禪學研究的另一焦點則是教義上、哲學上的詮釋分歧，這詮釋分歧主要環繞在「禪宗是否落入實體主義」和「禪宗是否偏離真正的佛教立場」的問題上；前者屬於哲學詮釋的問題，後者則涉及佛教宗派內部的判教問題，二者彼此關聯。這些詮釋上的爭論在八十年代因日本「批判佛教」思潮

[10] 胡適，〈荷澤大師神會遺集‧自序〉，《神會和尚遺集》（臺北：胡適紀念館，1982 年三版）。

[11] 對於宇井在其《禪宗史研究》（1935）不肯接受他的看法，胡適曾表示失望，但這並不表示胡適的研究未被重視。見柳田聖山，〈胡適博士與中國初期禪宗史之研究〉，柳田聖山主編，《胡適禪學案》（臺北：正中書局，1975），頁 6-7。日本的神會研究，最近田中良昭做了完整的回顧，見其〈神會研究與敦煌遺書〉，《中國禪學》，第二卷，2003 年。同期還有伊吹敦的〈早期禪宗史研究之回顧與展望〉，程正的〈近十年日本學者的中國禪學研究成果〉和聖凱的〈1990 年以來日本學界中國禪宗研究熱點述評〉等三文值得參考。感謝何照清教授惠賜資料。

[12] 胡適，《神會和尚遺集》，頁 90。

[13] 印順，《中國禪宗史》（臺北：正聞出版社，1971），頁 294-295、299。

[14] 葛兆光，《中國禪思想史》，頁 285-286。

的出現而再度引爆，除了造成國際佛教學界的討論，也引起漢語學界回顧出現在中國佛教發展脈絡裡的長期爭論，特別是內學院（呂澂）和新儒家（熊十力、牟宗三）之間的爭論[15]。從判教的角度來看禪學，包括神會，重點是禪學和如來藏思想的關係，以及如來藏思想是否違背大乘佛教「空」的立場。從哲學上來說，這涉及禪宗是否肯定超越性的、實體性的「佛性」、「自性」、「本性」的問題，也就是實體型態形上學的問題。這種哲學問題不僅哲學家如牟宗三關心，佛教內部如呂澂、印順、袴谷憲召、松本史朗等人也十分關心，因為這不僅涉及佛教的正確認識，也涉及實踐途徑的問題。

　　本文則想嘗試另一種寫法，既不純粹是禪宗哲學的寫法，也不是禪思想史的寫法，而是企圖結合哲學分析和敘事分析，使得哲學論述在敘事語境中呈現出具體的意義。一般哲學詮釋的寫法往往不顧歷史和敘事的脈絡，僅從抽選出的理論性材料來整理其中的思想成分，這往往使得理出的思想結論抽象而缺乏現實感；思想史的寫法雖然試圖結合歷史和思想，也往往只是「歷史」和「思想」二者的結合，未能察知到歷史現實的世界和思想信仰的世界原來是經由「文本」所媒介，不論是同一的文本或不同的文本，也經由「詮釋」所建構。作為讀者和詮釋者，事實上我們面對的只有遺留下來的文本而已，也只能「重構」（refigure）文本所「形構」（configure）的世界，而其所以能夠被形構是因為現實世界中的行動本身就像文本一樣具有可被解讀的結構，像是目的、動機、行動者等，呂格爾（Paul Ricoeur）即稱之為「前

---

[15] 我於 1994 年首度在北京大學的一場研討會上宣讀〈佛教哲學可以是一種批判哲學嗎？──現代東亞「批判佛教」思潮的思想史省察〉，該文後來收在釋恆清主編，《佛教思想的繼承與發展──印順導師九秩華誕祝壽文集》（臺北：東大，1995），頁 599-619。在英語學界，「批判佛教」的完整呈現見 Jamie Hubbard and Paul Swanson, eds., Pruning the Bodhi Tree: The Storm Over Critical Buddhism (Honolulu: University of Hawaii Press, 1997)，拙文"Metaphysics, Suffering, and Liberation: The Debate Between Two Buddhisms"收錄其中。大陸學界的反應以龔雋主編的「東亞現代思想的困境──以日本『批判佛教』思想為聚焦中心的討論」專輯為代表，《學術思想評論》第七輯（長春：吉林人民出版社，2002）；釋恆清的〈「批判佛教」駁議〉（《國立臺灣大學哲學論評》，第 24 期，2001）則代表臺灣學界的反應。

構」（prefiguration）。「如果人們的行動能夠敘說，那是因為它早已為符號、法則和規範所表述。行動始終由象徵所中介。」[16]

根據呂格爾的講法，敘事是由「前構」（prefiguration）、「形構」（configuration）和「重構」（refiguration）三層模仿（mimesis）所組成。第一層模仿的「前構」指的是吾人對文本形成以前的行動世界有一定的「前理解」（preunderstanding），特別是對行動世界的結構的（structural）、象徵的（symbolic）、時間的（temporal）特徵的前理解。由於對於行動的前理解，才可能有第二層模仿的「形構」，以情節安排的敘說方式將行動表象出來，也才有可能使得敘事經由閱讀的過程產生再度誘發行動的作用，就是第三層模仿的「再構」。時間就是展現在這三層的連續中，而這三層模仿以文本的形構為中介[17]。

呂格爾的敘事詮釋學揭示了行動和文本的內在的、循環的關聯，文本的情節安排使行動得以表象，而行動之所以能夠被表象正因為行動是有意義的，也是有其象徵性和時間性[18]。呂格爾著重於指出符號、法則和規範內化於行動是行動得以解讀與敘述的理由，本文則關注禪學文獻中關於行動的敘事和某些哲學論題之間的內在關聯，這自是得之於呂格爾的敘事詮釋學洞見。

回到神會研究來說，有關神會的文獻通常分為二類，一類是神會禪法的紀錄，包括《南陽和上頓教解脫禪門直了性壇語》、《菩提達摩南宗定是非論》、《南陽和尚問答雜徵義》等，另一類則是載於高僧傳或塔銘的歷史性

---

[16] Paul Ricoeur, Time and Narrative, Vol. 1 (Chicago and London: The University of Chicago Press, 1984), p. 57.

[17] Ibid., p. 54: "We are following therefore the destiny of a prefigured time that becomes a refigured time through the mediation of a configurated time."

[18] See Henry Isaac Venema, Identifying Selfhood: Imagination, Narrative, and Hermeneutics in the Thought of Paul Ricoeur (Albany, N. Y.: SUNY Press, 2000), pp. 97-100.

文獻[19]。這二類文獻經常被分開處理，特別是處理禪法中的哲學性論題（心性論或形上學）時，原因是哲學和史學一般都被視為分屬不同的範疇——哲學屬於非時間性的範疇，而史學則屬於時間性的範疇。相對於這種實證史學的態度，敘事詮釋學則挑戰哲學和史學二分的教條，指出時間性才是二者的基本構成。作為理性活動的哲學當然是在時間中進行，也就是在歷史中進行。更重要的是，哲學除了論證以外也和史學一樣有其敘事性格，特別在禪學文獻裡，禪思想表現的不僅是對行動世界的概念性形構（conceptual configuration），也是一種敘事性形構（narrative configuration），一種關於自我實踐的敘事。禪宗語錄這種文類本身即饒具豐富的敘事性格是不能忽略的[20]。

三、作為形上學論述的禪學

為了論述上的方便，底下先採取「詮釋的繞道」途徑先考察當代對神會禪思想的代表性判釋，然後再添補其中遺落的敘事性脈絡，藉以重構神會禪原本該有的具體意義。首先，現代各種禪學詮釋中最值得注意的是持批判立場的呂澂、印順、松本史朗等人的看法[21]。在談到神會禪法時，呂澂特別順著宗密的講法，以「寂知指體、無念為宗」為神會禪法旨要。他舉出宗密的

---

[19]　主要的文獻見楊曾文編校，《神會和尚禪語錄》（北京：中華書局，1996），另參考鄧文寬、榮新江，《敦博本禪輯錄校》（江蘇古籍出版社，1998）。

[20]　Daniel K. Gardner 在其宋儒語錄的研究中僅指出語錄文類反映了從經學權威解放出來的思想自由，卻未能觸及語錄作為哲學性的自我書寫這一特色。Cf., Daniel K. Gardner, "Modes of Thinking and Modes of Discourse in the Sung: Some Thoughts on the Yü-lu ("Recorded Conversations") Texts", The Journal of Asian Studies 50.3 (August, 1991), 574-603.

[21]　本文不擬討論松本史朗的神會批判。松本認為神會的「不作意」、「無念」導致了思考的停止，而就停止思考違背佛教本義而言，松本得出「禪不是佛教」的結論。參見松本史朗，《禪思想の批判的研究》（東京：大藏出版社，1994），頁 36-56。

觀點：「疏有『寂知指體、無念為宗』者，即第七家也，是南宗第七祖荷澤大師所傳。謂萬法既空，心體本寂，寂即法身，即寂而知，知即真智，亦名菩提涅槃……此是一切眾生本源清淨心也，是自然本有之法。[22]」此「寂知心體」既是法身、真如、真智，也是一切眾生本有的自性清淨心，呂澂指出這種思想受到《起信論》「本覺」說的影響，該論倡言真如即心，心即真如，「常恆不變，淨法滿足」，為眾生所本具，在實踐上只要返本還源即可，十分簡易。由於本覺思想在實踐上要求頓悟見性，不必要求經過艱苦的轉依的歷程，因此造成哲學上只講本體論，不講知識論，社會實踐上肯定現狀，不思改革的保守性格[23]。

印順對禪宗的態度則必須從他判釋大乘佛教為「性空唯名」、「虛妄唯識」、「真常唯心」三系來看。他判定禪宗屬於真常唯心系，「不但是真心論，還是真我論」[24]。這是綱領式的判釋，並不等於他對禪宗的全盤否定，例如印順對慧能還是有所肯定[25]。但是整體來說，印順認為真常唯心系是不了義的，而歸於真常唯心的禪宗，「從達摩『理入』的體悟同一『真性』，到慧能的『自性』，南方宗旨的『性在作用』」，全都是「如來（藏）禪」；對於如來藏的體證，「淺些的類似外道的神我見，深徹的是無分別智證的『絕諸戲論』」，等到牛頭法融標舉「道本虛空」、「無心為道」之後，禪宗就徹底中國化了。「曹溪禪融攝了牛頭，也就融攝老莊而成為——絕對訶毀（分別）知識，不用造作，也就是專重自利，輕視利他事行

22　宗密，《圓覺經大疏鈔》，卷三之下，《卍續藏經》第一編第十五套第一冊。

23　呂澂論神會禪學思想的部分，見其《中國佛學源流略講》，《呂澂佛學論著選集》第三卷（齊魯書社，1991）第五卷，頁 2783-2794；批判禪學的部分，見其〈禪學述原〉（1943），刊於《中國哲學》第十三輯，1985；〈試論中國佛學有關心性的基本思想〉，《呂澂佛學論著選集》第三卷；又參見拙著，《空性與現代性》，頁 30-33。

24　印順，〈禪宗是否真常唯心論〉，《無諍之辯》（臺北：正聞，1972），頁 173-174。

25　參見邱敏捷，〈印順導師對中國禪宗發展的的研究與評論〉，《哲學與文化》，第 23 卷第 4 期，1996；邱敏捷，《印順佛教思想研究》（國立中山大學中國文學系博士論文，1998），頁 187-200。

的中國禪宗。[26]」

論及神會禪時，印順指出神會特別重視的「心」乃受到《起信論》的影響，「『本心』就是『真如』：『真如之體』，是『心真如』的如實空義；『真如之相』，是『心真如』的如實不空義。『識心見性』的心，也就是指這『本心』說的。[27]」

印順的解釋，這「本心」應是以「無住為本」，「無念為宗」，又稱為「無住心」、「自性空寂心」、「自本清淨心」，著重於心體空寂，空寂心的自證，不住一切法。這般解釋顯然刻意將神會和「性在身心存，性去身（心）滅」的「南方宗旨」區隔開來，並不認為神會的「心」有落入實體主義本體論的嫌疑，至少印順並未深入這問題的哲學底蘊。將這哲學問題進一步顯題化的是牟宗三。

牟宗三清楚地看出從中國傳統哲學的「體用」範疇來解釋佛學是否恰當的問題，特別是當具有實體意味的「體」概念出現在一向主張「無自性」、「空」的佛教時，這種疑慮更加難以祛除[28]。論及禪宗時，牟氏試圖判釋慧能和神會何者較為契合佛教究極的立場，也就是「圓教」的立場。這涉及禪教是否可以合說。一般多就禪宗發展的史實而言禪教合一，宗密就華嚴而言禪教合一，就是典型的例子；牟氏則一反舊說，順著宋法登的《圓頓宗眼》依天臺宗而言禪教合一，認為慧能禪可契合於天臺圓教，而神會禪則就其為華嚴禪教而屬別教[29]。根據牟氏自己的判釋，天臺宗才是徹底的圓教，主要的理據在於天臺宗非分別地說，詭譎地說「不斷九法界而成佛」，而華嚴則

---

[26] 印順，《中國禪宗史》，〈序〉，頁 8-10。就批判禪宗訶毀知識而言，松本史朗的批判佛教同於印順的立場，見注 21。

[27] 同上，頁 363。

[28] 參考拙文，〈中國佛教形上學的虛說形態：新儒家論佛家體用義〉，《儒家思想在現代東亞：中國大陸與臺灣篇》，中央研究院中國文哲研究所，2000。

[29] 牟宗三，《佛性與般若》（臺北：學生書局，1977），下冊，頁 1039-1041。牟氏論禪宗的地方不多，「法登論天臺宗之宗眼兼判禪宗」一章是重要的資料。

仍不免於分別說，超越分解地說。分別說或非分別說成為教之圓不圓的判準。準此而言，禪宗雖然說是「教外別傳」，然若要硬說其教相（實際上禪宗仍有教相可說），則慧能比神會更契合於《般若經》之非分解的精神，是圓教禪，神會則不免於超越分解地提出「靈知真性」的概念，因此只能是別教禪。圓教禪是祖師禪，別教禪則是如來禪[30]。

　　牟宗三認為整個禪宗，包括慧能和神會，都肯定如來藏自性清淨心，屬於真常唯心系，這一點和呂澂、印順的觀點沒有不同。不同的是，牟氏進一步抉擇如來藏三義：一、即真如理以言如來藏，此為阿賴耶系統（世親）所說的理佛性；二、如來藏即是自性清淨心，這是一般所說的真常唯心系所說的如來藏自性清淨心，此心性具有實體義，也即此實體義的心性說「直指本心，見性成佛」；三、如來藏原有的實體性格被打散，僅就實相而詭譎地使用「如來藏」概念，那就是天臺圓教的如來藏[31]。以這三義來看，神會禪屬於第二義，其心性有實體性格，慧能禪則近於第三義，其心性並不宜以實體視之。牟氏的判釋和當今通行的見解十分不同，值得細加吟味[32]。

　　牟宗三引《雜徵義》（亦即《神會語錄》）「荷澤和尚與拓拔開府書」中的一段話來證成他的論點[33]：

> 但莫作意，心自無物。即無物心，自性空寂。空寂體上，自有本智，謂知以為照用。故般若經云：「應無所住而生其心。」應無所住，本寂之體；而生其心，本智之用。

---

[30] 同上，頁 1056-57。

[31] 同上，頁 1043。

[32] 何照清在其博士論文中引述鈴木哲雄的論點，指出神會思想的發展可分為三期，從涅槃經思想進到金剛經思想，最後是二者的融合，然總結而言，神會禪法仍屬於般若系，而不近於如來藏系。見何照清，《在般若與如來藏之間》（輔仁大學中國文學研究所博士論文，2003），頁 75-80。

[33] 楊曾文編校，《神會和尚禪話錄》，頁 119。

牟氏的詮釋如下[34]：

> 此是將般若經語分為體用（無住心空寂之體與「知心無住」之靈知
> 之用），而所以如此分者，為的要將靈知之用（本智之用）收於實
> 體性的無住心上即如來藏自性清淨心上而為依體之用也。而般若經
> 語卻只是于無任何住著處生清淨心，此清淨心即般若心也。此並無
> 所謂體用。神會這一分體用，便把無住心套入如來藏自性清淨心系
> 統中，所謂「立如來禪」也。而亦因分體用，般若遂成實體性的般
> 若而曰自性智，以無住心為一有實體性意味的心故。有實體性意味
> 的無住心即是空寂之體，故即是性。「自性智」即是從這空寂之體
> 之自性上所發的智用也。由此言頓悟，即所謂「直顯心性」。此雖
> 未始不可說，然與般若經異矣。

牟氏抓住神會以「體用」這對形上學範疇來解釋《金剛經》「應無所住
而生其心」所引生的實體主義的詮釋效應，指出《般若經》本身並無體用的
思想。神會引述什譯《金剛經》，原文是：「諸菩薩摩訶薩應如是生清淨
心，不應住色生心，不應住聲香味觸法生心，應無所住而生其心。[35]」查諸
梵文原典，《金剛經》僅說應生起無住心（apratiṣṭhitaṃ cittam），此心不住
於色聲香味觸法等對象上，而不像什譯將「無所住」和「生其心」打成二
橛，以致於造成後世的體用詮釋空間[36]。神會「應無所住，本寂之體；而生
其心，本智之用」確實是中國佛教特有的創造性詮釋，牟氏指出「般若經語
卻只是於無任何住著處生清淨心，此清淨心即般若心也。此並無所謂體
用」，這是正確的。問題是，「本寂之體」是否一定是指「實體性的無住

---

34 牟宗三，《佛性與般若》，下冊，頁 1047。

35 大正藏 8・749・下。

36 Edward Conze, ed. and trans., Vajracchedikā Prajñāpāramitā (Roma: Is. M. E. O., 1957), pp. 35-36, 73.

心」？一說到「體用」之「體」是否必然要聯想到亞里斯多德式的「實
體」？這是複雜的問題，值得進一步考察。[37]

　　牟宗三順著宗密《圓覺經大疏鈔》的解釋來說「神會之頓悟禪，如來
禪，即同起信論華嚴宗之唯真心。（中略）此一系統必須預設一超越的分
解，分解以示一超越的真心（靈知真性）」[38]。即此而言，神會的禪哲學是
建立在具有實體性格的超越主體性（transcendental subjectivity）上。

　　神會禪學是否如牟宗三的判釋那般建立在具有實體性格的超越主體性
上，當然還會有不同的看法。有人就明白指出那是「不夠公允的」，因為神
會「不作意」真正要遣破的對象即是「心」體自身，不僅遣破心體，最後是
「我法二空，有無雙泯」，因此所謂的「主體說」或「實體說」無非都是神
會遣破的對象[39]。類似這種詮釋上的形上學爭論顯然不易獲得最後的仲裁，
本文也不擬進行仲裁的工作。不過，這不表示有關禪宗形上學的論述不重
要，重要的是如何處理禪文獻中擬似形上學的論述。

四、禪悟的修辭

　　從禪文獻中抽繹出形上學的論述，常常有意或無意地不見這些形上學論
述的敘事脈絡，其詮釋也就跟著喪失原有敘事的行事（performative）性

---

[37]　張東蓀曾就漢語的語法結構指出中國哲學並無亞里斯多德的「實體」概念。參見拙文，〈佛教
　　形上學的虛說型態〉，《空性與現代性》，頁 122-123。

[38]　牟宗三，《佛性與般若》，下冊，頁 1049。牟氏又說：「頓悟有兩方式：一是超脫了看心、看
　　淨、不動之類的方便，直下於語默動靜之間而平正地亦即詭譎地出之以無念無相無住之心，這
　　就是佛。另一亦是超脫了看心、看淨、不動之類的方便，直下超越地頓悟真心，見性成佛。
　　前一路大體是惠能以及惠能後的正宗禪法，後一路則大體是神會的精神。此後一路似猶有一超
　　越的分解在。」同上，頁 1044。

[39]　張國一，〈荷澤神會的心性思想〉，《圓光佛學學報》第七期，2002，頁 59-61。

格。以牟宗三上引的「荷澤和尚與拓拔開府書」中論及體用的一段話來看，該段話原是討論「身心修行」的問題。拓拔開府官至侍郎，以官場中人的身分來向神會學佛，神會教他以「無念」法門。「無念」就是「不作意」，神會這裡並未詳解「不作意」的意思，僅指出神會和拓拔開府與諸佛菩薩心無別，此眾生心無相無念，本性空寂，寂而有知，以為照用。神會因此教示拓拔開府不作意即可，不要作意於「取空取淨，乃至於起心求證菩提涅槃」。基本上，這是十分簡易的修行法門，對於官場中人沒有時間長期修行，自是十分受用。拓拔氏還特別問到：「今是凡夫為官，若為學得？」神會教他先自知解下手，知解薰習久後，攀緣妄想，自漸輕微，捨五欲樂心，便可證悟解脫[40]。這顯然是漸修路數，只是此漸修不同於北宗「凝心入定，住心看淨，起心外照，攝心內證」的法門。神會最後還勉勵「但莫作意，自當悟入，努力！努力！」，完全是有關「身心修行」的言說，不是形上學的言說。若混淆這二種不同的言說型態，將禪思想化約為形上學，則看不到語錄中飽滿的行事性格。

　　這裡說禪家語錄的行事性，自然是借用奧斯丁（J. L. Austin）「言說行為」（speech act）的理論，將那些並非描述事實，而僅是用來進行某種行為（doing things with words）的言說稱之為「行事性言語」（performative or "illocutionary" utterance），這種言說對於聽者而言往往有產生效用的力量[41]。宗教性的言說多半屬於「行事性言語」，前面所說的「但莫作意，自當悟入，努力努力」就是[42]。在行事性語境中出現擬似形上學的語句，如「應無所住，本寂之體；而生其心，本智之用」，如果視之為純粹的形上學命題

---

[40] 此所以宗寶本《壇經》慧能批評神會為「知解之徒」。大正藏 48・359・下。

[41] J. L. Austin, How to Do Things with Words (New York: Oxford University Press, 1965), Lecture 1. Also see William G. Lycan, Philosophy of Language: A Contemporary Introduction (London and New York: Routledge, 2000), pp. 173-181.

[42] Paul Ricoeur, Main Trends in Philosophy (New York: Holmes & Meier, 1979)；保羅・利科主編，李幼蒸、徐奕春譯，《哲學主要趨向》（北京：商務印書館，1988），頁 544-547。

而忽略其敘事脈絡，則在詮釋上容易產生語境的錯置。

　　神會語錄和相關的傳記資料都屬於宗教性的言說，除了行事性言語之外，還包括種種敘事情節，這些敘事不能單純地視為描述事實的歷史文獻。我們必須注意，事實性語言和虛構性語言的混合是宗教性言說的特色。神會極力建立的傳法世系，在今天看來，有很多的地方是虛構的，而正因為是虛構的才顯出禪學文獻中言說和行動、權力的關係。姑不論神會在滑臺大雲寺設無遮大會和崇遠法師對辯，是否純粹「為天下學道者定宗旨，為天下學道者辨是非」，或出諸於「意欲正統」（the will to orthodoxy）[43]，獨孤沛所輯的《菩提達摩南宗定是非論》本身就是經過情節安排的敘事性宗教文本，其中再現的場景顯然反映出神會陣營的觀點，並不盡然是客觀的敘述。

　　相對於神會之「動氣陵雲，發言驚眾」，崇遠屢次被獨孤沛描述為「當時無言，良久乃語」，「自知過甚，對眾茫然」[44]，相反地神會的雄辯則被描寫為充滿修辭性的機鋒和宣教的熱情，一方面豎立傳法世系，「內傳法契，以印證心，外傳袈裟，以定宗旨」，另一方面強批北宗「共爭名利，元無稟承，亂於正法，惑諸學道者」[45]。在無遮大會上，神會揭露禪門內赤裸裸的鬥爭，點明普寂於開元二年（714）指使荊州刺客張行昌取慧能頭（慧能卒於 713 年），又令門徒武平一磨碑偽刻，立神秀為第六代，而後在嵩山豎碑銘，立七祖堂，排七代數[46]。就是在這種激烈鬥爭的脈絡中神會提出他的「無念」法門：

　　　云何無念？所謂不念有無，不念善惡，不念有邊際、無邊際，不念

43　Bernard Faure, The Will to Orthodoxy: A Critical Genealogy of Northern Chan Buddhism (California, Stanford: Stanford University Press, 1997).

44　楊曾文編校，《神會和尚禪話錄》，頁 20，43。

45　同上，頁 28。

46　同上，頁 31。

有限量、無限量。不念菩提，不以菩提為念。不念涅槃，不以涅槃為念。是無念者，即是般若波羅蜜。般若波羅蜜者，即是一行三昧[47]。

值得注意的是，在充滿著法師／禪師、北宗／南宗、頓／漸、是／非等對偶性修辭的文脈中，神會卻提出超越所有對偶性範疇（有／無、善／惡、有邊際／無邊際、有限量／無限量）的無念法門。宗教性論述被置於政治性修辭的脈絡中，其在詮釋上隱而未顯的張力往往未獲得應有的注意，而這正是我們所要考察的地方。

除了《南宗定是非論》的記載外，神會的性格與行動傳奇在宗密的《圓覺經大疏鈔》有十分生動的描述[48]：

能大師滅後二十年中，曹溪頓旨沉廢於荊吳，嵩岳漸門熾盛於秦洛[49]。普寂禪師，秀弟子也，謬稱七祖。二京法王，三帝門師，朝臣歸崇，敕使監衛，雄雄若是，誰敢當衝。嶺南宗徒，甘從毀滅，法信衣服，數被潛謀。事如祖章。傳授碑文，兩遇磨換。據碑文所敘，荷澤親承付屬，詎敢因循？直入東都，面抗北祖，詰普寂也。龍麟虎尾，殉命忘軀。俠客沙灘五臺之事，縣官白馬；衛南盧鄭二令文事，三度幾死。商旅縗服，曾易服執秤負歸。百種艱難，具如祖傳。達摩懸絲之記，驗於此矣。因淮上祈瑞，感炭生芝草，士庶咸睹，遂建立無退屈心。又因南陽答公三車義，名漸聞於名賢。天寶四載，兵部侍郎宋鼎請入東都。然正道易伸，謬理難固。於是曹溪了義，大播於洛陽，荷澤頓門，派流於天下。然北宗門下，勢力連天。天寶十二年，被讒聚眾，敕黜弋陽郡，又移武當郡。至十三

---

47 同上，頁 39。

48 《續藏經》第一編第十五套第一冊，錄於楊曾文編校，《神會和尚禪話錄》，頁 135-36。

49 原作「嵩岳」，依《略鈔》改。

年，恩命量移襄州，至七月又敕移荊州開元寺，皆北宗門下之所
〔毀〕也。

　　宗密這段記載當然是十分重要的史料，特別是 1983 年〈神會塔銘〉出
土之後，更加印證宗密所傳史料的可靠。據吳其昱的整理，開元二十年
（732），神會年四十九歲，在河南滑臺大雲寺大張旗鼓，正面批判北宗。
當時北宗普寂貴為「二京法王，三帝門師」，勢力很大，神會則是採取攻堅
的行動，「直入東都，面抗北祖」，衝突的原因說是「法信衣服，數被潛
謀」，「傳授碑文，兩遇磨換」，顯然是為了捍衛法統。抗爭的過程與結
果，詳情雖不可得知，不過從宗密的描述來看，萬分驚險曲折，其中幾遭迫
害，下獄拘禁，易服逃亡，「百種艱難」，「三度幾死」。普寂卒於開元二
十七年（739），神會攻堅行動的挫敗當發生於在這時之前。
　　天寶四年（745），神會年六十二，因兵部侍郎宋鼎迎請，再度回到了
洛陽，「曹溪了義，大播於洛陽，荷澤頓門，派流於天下」，取得初次的勝
利。天寶十二年（753），年七十，北宗門下依舊「勢力連天」，這次因御
史盧奕的誣奏，神會以「聚眾」的罪名被貶逐到河南和湖北等地。就在這時
候發生了安史之亂，未及亂平，乾元元年（758）神會入滅於荊州開元寺，
享年七十五[50]。
　　宗密的《疏鈔》寫於 821-824 年間，上距神會六十多年。他對神會禪
法的瞭解，可以概括如下：

　　　諸法如夢，諸聖同說，故妄念本寂，塵境本空，空寂之心，靈知不
　　　昧，即此空寂之心，是汝真性。任迷任悟，心本自知，不藉緣生，
　　　不因境起。知之一字，眾妙之門。由無始迷之故，妄執身心為我，

50　吳其昱，〈荷澤神會傳〉，《歷史語言研究所集刊》，第 59 本第 4 分，1988，頁 906-909。

起貪瞋等念。若得善友開示，頓悟空寂之知，知且無念無形，誰為我相人相？覺諸相空，心自無念，念起即覺，覺之即無，修行妙門，為在此也。故雖備修萬行，唯以無念為宗。[51]

　　這段話講的是空寂的主體性，這主體性既是主觀的，也是客觀的；說是主觀的乃就其為「空寂之心」而言，而說是客觀的則是就其為「真性」而言。這主體性就為「心」而說其主觀性，就其為「性」說其客觀性，更重要的是，就其「不藉緣生，不因境起」而說其超越性。神會在其他地方多次說到同樣的意思：「本空寂體上，自有般若智能知，不假緣起」[52]；「佛性體常，故非是生滅法」[53]。問題是，這空寂心性除了作為超越的主體性之外，是否還如牟宗三所言具有超越性實體的性格？「佛性體常」這命題便容易令人產生「實體」的聯想。

　　不過，聯想歸於聯想，「體用」的「體」字是否可解釋為西方哲學意義下的「實體」，大有商榷的餘地。神會在《壇語》言及「定慧雙修」、「定慧等學」時，說道：「即定之時是慧體，即慧之時是定用」[54]，定是慧體，慧是定用。定不是如北宗所言之「凝心入定，住心看淨」，而是如《維摩詰經》所言，「不捨道法而現凡夫事」，於事上而無念，這就是定。定不離於事，而且是不離於凡夫事。神會在許多地方提到「凡夫」，也自稱「凡夫」[55]，說明神會所言之定慧不離於日常實踐行動，而神會一生對抗北宗的實踐行動，如上述宗密所傳，就是詮釋其定慧體用的具體行動脈絡。「種種運為

---

[51]　宗密，《禪源諸詮集都序》，大正藏 48・402-403。

[52]　楊曾文編校，《神會和尚禪話錄》，頁 67。

[53]　同上，頁 60。

[54]　同上，頁 11。此亦見於《雜徵義》：「念不起，空無所有，即名正定。以能見念不起，空無所有，即名正慧。若得如是，即定之時名為慧體，即慧之時即為定用。」同上，頁 79。

[55]　同上，頁 24。

世間，不於事上生念」，「備修萬行，無念為宗」，無念必須落在實踐行動
上來瞭解，就這一點而言，神會禪當然不是早期耶穌教士初次接觸佛教時所
言的「寂靜主義」（quietism），而是一種「行動主義」（activism）[56]。

定既是在行動中的定，「定體慧用」的「體」就不是「形上實體」的意
思，而是「身體踐履」之「體」的意思。「體」字本義為「身體」、「肢
體」，此早見於《說文》、《廣雅》，引申則有「躬行」、「踐行」的意思
[57]。這是中國本土固有的思維，不同於印度的「自性」、「本體」的思想。
「體」既是指於事上不起念的實踐，作為「用」的智慧（「知之一字，眾妙
之門」）就是無念實踐的效用。很清楚的，在這脈絡中的「體用」不同於亞
里斯多德形上學意義下的「實體」與「屬性」，而只能從日常實踐中的宗教
實踐來瞭解。若是一看到「體」字，便聯想到西方哲學的「實體」，那不僅
是過度詮釋，而是範疇誤置了。

在實踐活動上，也就是在「事」上，行動當然必須置於種種的對偶性範
疇，如是／非、善／惡、南／北、頓／漸、正／旁等，才有可能，神會為南
宗定的「是非」不就是對偶性的修辭？無念以及無念所得之慧只能在對偶性
的行動修辭中被理解。「見無念者，雖具見聞覺知而常空寂，即戒定慧等
學，一時齊等，萬行俱備，即同如來知見，廣大深遠。[58]」見聞覺知的行動
中，能善分別的是慧，而能不隨分別而起的是定。所謂「定慧等」，就是
「雖具見聞覺知而常空寂」，重點可以是「空寂」，也可以是見聞覺知的
「行動」。「空」與「行動」同是神會禪的重點。

[56] Bernard Faure, Chan Insights and Oversights: An Epistemological Critique of the Chan Tradition, pp. 31-32.

[57] 許慎，《說文解字》：「體，總十二屬也。從骨，豐聲。」段玉裁解「十二屬」為首、身、手、足之屬。見段玉裁，《說文解字注》，（臺北：藝文印書館，影經韻樓藏版，1970），四下，頁17。亦參見阮元，《經籍籑詁》（臺北：宏業書局，1972），頁 503-504。

[58] 楊曾文編校，《神會和尚禪話錄》，頁 10。

五、結語

　　以上我們從「行事性言說」和「形上學言說」，「敘事性言說」和「論證性言說」的區分開始，指出禪文獻中這些言說類型彼此不同，交疊互映。如果未能甄別這些言說類型的差異，則往往落入某種特定的現代論述型態窠臼——如禪學史或禪哲學——而不自知；如果無法撥見這些不同類型言說間的交疊互映，則難以重建活化文本的具體語境與意義。本文以神會禪文獻的解讀為案例，藉由言說分析和敘事分析的途徑，重新檢視一些代表性的思想史解讀（呂澂、印順）和哲學解讀（牟宗三），發現那些解讀都隱藏著判教的立場，致使解讀的對象（如神會）不得不屈從於解讀者的特定立場，也致使詮釋活動不能發揮解放的功能，解放「文本」，解放「作者」，解放「讀者」的功能（注意佛教特有的「文本」、「作者」、「讀者」概念），不能如實開顯文本的豐饒意義，反而將生動活潑的行動世界和意義世界化約為史學或形上學。化約式的解讀是現代性的產物，本文採取的廣義詮釋學解讀則試圖突破現代性的論述鐵籠（韋伯語），再度回到具體的生活世界。

　　就神會禪而言，本文發現許多擬似形上學的命題都有其行事性和敘事性的語境，不能單獨抽出予以演繹。禪的行事性和敘事性語境就是行動的語境。準此，最令人關心的神會「如來（藏）禪」性格問題，也就是神會禪是否屬於如來藏自性清淨心的系統，甚至於其如來藏自性清淨心的概念是否為超越性主體的問題，若重新置回其行事性和敘事性的語境，我們就會發現所謂「超越的主體性」就是空的主體，也就是行動的主體。對於禪來說，超越和經驗的截然區分是思辨形上學的教條。當神會以擬似的形上學範疇，如體／用或緣生／非緣生，來說此靈知真性，他關注的是寂照中的見聞覺知，寂照中的實踐行動，而不是寂照背後是否有所謂的「超越的主體性」。神會在《頓悟無生般若頌》說「如如不動，動用無窮」，「湛然常寂，應用無

方」，不外是說明空寂與動用，空與行動之間辯證性的相即關係[59]。基本上，這些說法作為行事指引的功能多過於作為形上學的思辨。

當然，我們注意到神會語錄以及後代文獻中記載神會肯定超越的、實體性的「佛性」、「本源」[60]，也注意到神會思想和《涅槃經》、《起信論》的繼承關係，如何消解其實體主義的嫌疑，似乎是個難解的詮釋問題。不過，如果將佛性論述抽離地僅做字面上的形上學解釋，不能將佛性論述和其他行動實踐的語境結合起來，不瞭解佛性論述也是奧斯丁所說的「行事性言說」，那麼身陷於錯置的問題中而脫身不得就不足為怪了。

[59] 同上，頁 50。

[60] 宗寶本，《六祖壇經》（T48.359c）：「一日，師告眾曰：吾有一物，無頭無尾，無名無字，無背無面，諸人還識否？神會出曰：是諸佛之本源，神會之佛性。師曰：向汝道無名無字，汝便喚作本源佛性。汝向去有把茆蓋頭，也只成箇知解宗徒。」此段未見於敦煌本《壇經》，然見錄於《曹溪大師別傳》、《景德傳燈錄》，資料參見楊曾文編校的《神會和尚禪話錄》，頁 142、149。

第十六章　空性與暴力
——龍樹、德里達與列維納斯不期而遇的交談[1]

林鎮國

政治大學哲學系榮譽教授

　　在一個面容能得到完全地尊重（如同作為不屬於現今世界那樣被尊重一樣）的世界中就不會再有戰爭。而在一個面容絕對得不到尊重的世界裡，一個不再有容貌的地方，不發生戰爭也難。[2]

雅克・德里達

　　藉由德里達（Jacques Derrida）在〈暴力與形上學〉一文裡閱讀列維納斯（Emmanual Levinas）時所得到的靈感，本文試圖將佛教中觀哲學家龍樹帶入與這兩位歐洲哲學家的對話中，以顯示出關於暴力的議題在雙方哲學傳統中如何近似地被看待。雖然也許有人會對於安排這兩種截然不同的哲學傳統相遇對話的可行性提出質疑，我倒寧願相信，讓這兩種彼此陌生的不同哲

---

[1]　本文原發表於 2005 年 3 月在日本東京舉辦的「國際宗教史學會」第 19 屆世界大會的英文論文，原題為"Emptiness and Violence: An Unexpected Encounter among Nāgārjuna, Derrida and Levinas"，同年 10 月再度公開發表於香港中文大學哲學系，張燦輝、王啟義、劉國英、鄭宗義、姚志華諸友提出評論，獲益匪淺。本文由臺灣大學哲學系博士生趙東明中譯，中文的徵引也是由譯者從現有的中譯本找出，再經筆者潤飾，修改處則不一一指出。

[2]　Jacques Derrida, "Violence and Metaphysics," Writing and Difference (Chicago: The University of Chicago Press, 1978), 107. 中譯本參見雅克・德里達，《書寫與差異》（上冊），張寧譯，北京：三聯書店，2001，頁 184。

學傳統面對面交談，會為我們帶來相當豐富驚奇的收穫。

在日常的用法裡，「暴力」一詞，意指使用武力破壞法律或規章、侵害異性、或者褻瀆神聖的事物等。這種意思下的暴力，從未停止在歷史的黑暗中角落哭泣發生。然而，在暴力發生的核心處，語言總會失去它應有的聲音。阿農・阿佩菲爾德（Aharon Appelfeld）在《紐約時報》中寫下於 1945年 1 月在波蘭的奧斯威茲（Auschwitz）集中營所發生的事：「僅存活著的少數人把遍處的寂靜描述為死寂。那些在戰爭之後隱匿起來的人——在森林和修道院中——將解放的憾動同樣描述為像冰凍般冷漠無聲的狀態，就像是嚴重損壞的寂靜一般。沒有人快樂！那些倖存者驚異地佇立在柵欄邊。人類語言，連同它所有細微的差異處，在這時全都變成了沈默的休止符。即使是像恐怖或惡魔這類的字詞，都變得蒼弱無力，更不用說像反猶太主義、嫉妒、憎恨這樣的字眼了。」[3]在這種沈默無聲的境遇下，暴力如何能帶入到語言之中，更不要提及哲學，當我們面對一個「從未在現場的過去」時[4]？這便是一個首先觸擊到我們的問題。

雖然如此，語言的界限並沒有完全阻止我們沈思這個問題。在下面的研究中，第一步就是要說明暴力是如何在中觀佛教傳統下的聖傳文學敘事中被訴說著。在這裡，呂格爾（Paul Ricoeur）的詮釋學洞見再度讓我受益，他告訴我們如何將抽象的哲學討論重新置回原本充滿象徵意涵的敘事語境中，藉以恢復已經喪失的實存感。接著，我將顯示出暴力在中觀哲學中是如何被隱默地對待，並且揭示龍樹的立場與分析；在這裡，列維納斯和德里達將被視為對話者，將空性論者一些隱而未明的洞見帶上表層。此處，我之所以將

---

[3]　"Always, Darkness Visible," New York Times, January 27, 2005.

[4]　「『從未在現場的過去』（A past that has never been present），是列維納斯所使用的特殊術語之一，當然可以確定的是，這是一個『非心理分析』的進路，用以說明那絕對它者（absolute alterity）之蹤跡和謎情：它者（the Other）。」參見 Jacques Derrida, Margins of Philosophy, translated by Alan Bass (Chicago: The University of Chicago Press, 1982) , 21。

龍樹和列維納斯、德里達放在同一場景，是因為他們都對同一性形上學持著
質疑的態度。他們都試著為暴力的處境找尋出路與開放的空間，以克服來自
同一性形上學的宰制與壓迫。

一、謀殺與死亡的敘事

　　關於龍樹的死亡，在漢傳和藏傳的文獻中，有不同的記載。[5]根據鳩摩
羅什翻譯《龍樹菩薩傳》的記載，龍樹的死亡歸因於小乘佛教徒的陰謀，因
為他們被龍樹徹底辯破所有其它宗教和哲學學派一事而深感屈辱。龍樹知道
這位小乘佛教徒的嫉恨，就問說：「你希望我在這世界上活得久一點嗎？」
那位小乘佛教徒回答說：「實在是不願意。」龍樹慈悲地思考著這一點，為
了滿足他的論敵之願望，有一天龍樹將自己鎖在房裡，幾天後就發現他已經
氣竭多時。[6]

　　在上面的漢傳文獻資料中，並沒有詳細的證據可以說龍樹的死亡是一個
謀殺事件。但是，根據西藏布頓（Bu-ston, 1290-1364）的記載，則清楚地指
出龍樹是被欲爭奪王位的沙克遜曼（Shaktiman）王子所謀殺。這是因為龍
樹在政治鬥爭激烈的王室中，站在老王的一邊。由於宮廷中的鬥爭，沙克遜
曼王子為了奪取王位，便用一種貴莎草葉作將龍樹的頭割下。[7]

　　相似的命運也發生在龍樹的弟子提婆（約三世紀頃）身上，提婆是被一

---

[5]　Max Walleser, "The Life of Nāgārjuna from Tibetan and Chinese Sources," Asia Major: Hirth Anniversary Volume (1922) , 421-455.

[6]　《龍樹菩薩傳》：「是時有一小乘法師，常懷忿疾。龍樹將去此世，而問之曰：『汝樂我久住
此世不？』答言：『實所不願也！』退入閑室，經日不出，弟子破戶看之，遂蟬蛻而去。去此
世已來至今，始過百歲。」（見鳩摩羅什譯，《龍樹菩薩傳》，T. 50.185.a-b）

[7]　Bu-ston, The History of Buddhism in India and Tibet, translated by E. Obermiller, Heidelberg, 1931, 127-128.

位婆羅門刺殺而死的。這是由於一位年輕的婆羅門，對於提婆在論辯上強烈地駁斥他的老師而感到極度的羞恥，便發誓報仇說道：「你用空刀屈辱我，我則用真刀來回敬你。」最後，當提婆於禪坐沈思之後的經行間，這年輕的婆羅門便從埋伏處跳出，將提婆刺死。[8]

另一次著名的謀殺，則發生在和中國禪僧摩訶衍論辯，倡導瑜伽行中觀自續派的蓮華戒（Kamalaśīla, 740-796）身上。這場辯論於西藏國王的宮廷中舉行，它讓人很合理地相信這次的辯論涉及政治上的鬥爭。西藏佛教徒在這論辯中分成兩派，一派站在中國禪僧這邊，另一派站在來自印度的蓮華戒這邊。就哲學的立場言，站在印度的這派持著中觀學派「空」的立場；中國禪僧這派則傳承佛性論的教義。根據西藏的記載，蓮華戒這邊贏得了這場辯論，中國禪僧被驅逐回中國，他們的學說也一併禁止流傳。可悲的是，根據布頓的記載，在論辯之後，蓮華戒被中國禪僧派來的四個殺手殘忍地捆腰殺死。[9]

上面說的這三位傑出的中觀學派哲學家皆死於宗教暴力下。如前所說，我們關心的問題是，就「空」的哲學立場而言，暴力的議題應該如何被說明？根據中觀學派的說法，所有的存在，包括自我和其它一切事物，就其自身而言，都是空的。相同的理論，也適用於謀殺事件，殺人的兇手自己本身是空的，被殺死的那個罹難者也是空的，甚至殺人這件事本身也是空的。這等於是說，謀殺這件事本身是空的！並沒有殺人者，也沒有被殺者。因此，

8　《提婆菩薩傳》：「有一邪道弟子凶頑無智，恥其師屈形，雖隨眾，心結怨念，囓刀自誓：『汝以口勝伏我，我當以刀勝伏汝；汝以空刀困我，我以實刀困汝！』作是誓已，挾一利刀伺求其便。諸方論士英傑都盡，提婆於是出就閑林，造《百論》二十品，又造《四百論》，以破邪見。其諸弟子各各散諸樹下，坐禪思惟，提婆從禪覺經行。婆羅門弟子來到其邊，執刀窮之曰：『汝以口破我師，何如我以刀破汝腹！』即以刀決之五臟。」（見鳩摩羅什譯，《提婆菩薩傳》；T.50.187.b-188.a。）

9　Bu-ston, The History of Buddhism in India and Tibet, 196. 關於這場辯論的簡要說明，見 Paul Williams, Mahāyāna Buddhism: The Doctrinal Foundations (London and New York: Routledge, 1989), 193-197。

有誰會悲痛呢？又有誰需要被哀悼呢？（這是本文稍後要處理的宗教倫理問題）。就像是提婆臨死前對他弟子說的：

> 諸法之實，誰冤？誰酷？誰割？誰截？諸法之實，實無受者，亦無
> 害者！誰親？誰怨？誰賊？誰害？汝為癡毒所欺，妄生著見，而大
> 號咷，種不善業。彼人所害，害諸業報，非害我也。[10]

　　有一種將「空」理解成虛無主義的立場，可能會說：根據上面中觀學派的說法，整個所有的謀殺事件，什麼也不是，僅僅是一場如小說般虛構出來的故事。假使接受這樣的觀點，那麼宗教在其虛無主義的後果下，將無可避免地自毀立場。

二、空性與虛無主義

　　很明顯地，龍樹完全清楚這種將「空」理解成虛無主義而引發的責難。在《中論》第二十四〈觀四諦品〉中，曾提到一位論敵指控龍樹，一切存在本身皆空的說法，將摧毀褻瀆了一切神聖的事物。這樣的批評可以概括如下：如果一切事物本身是空的，將不會有生成與毀滅。假使沒有生成與毀滅，就沒有因果關係可言。如果因果不存在，那麼也就沒有四聖諦，因為四聖諦成立是建立在因果法則上。第二聖諦「集」是作為第一聖諦「苦」的原因，第四聖諦「道」是作為第三聖諦「滅」的原因。假使沒有四聖諦的話，對苦的認識（見苦）、苦難之因的斷除（斷集）、證悟到涅槃（證滅）、以及邁向解脫之路的修行（修道），都是不可能的。因此，便沒有僧、法和佛

---

[10]　鳩摩羅什譯，《提婆菩薩傳》；T.50.187.c。

的存在。「如是說空者，是則破三寶。空法壞因果，亦壞於罪福；亦復悉毀壞，一切世俗法。」[11]（《中論》‧第二十四品 5-6 頌）。批評者總結說，空性論含蘊著因果法則也是空，這必然導致一切世俗法，包括倫理規範和宗教信念（惡有苦報，善有樂報），全都不復成立。

　　回應這樣的批評，龍樹指出，將「空」理解成什麼都不存在是錯誤的。對龍樹而言，「空」意指「無自性」（niḥsvabhāva），他否認的是「自性」（svabhāva，本質、在己）這種形上學概念的存在；但卻從未否認過存在（bhāva）本身。因此，龍樹聲稱他沒破壞任何事物，包括佛的教義、制度、宗教和倫理。龍樹更進一步說明，相反地，一切事物皆因「空」才得以建立。假如沒有「空」，一切事物將無法成立。[12]換句話說，一切存在皆因空性而得以成立。如果依據「無自性」來理解「空」，那麼將不難理解這樣的主張。當然我們必須注意，說是「以有空義故，一切法得成」，也等於說「緣起」的概念涵蘊著「空」的概念；從「空」的概念也可以逆推出「緣起」的概念。對龍樹來說，「緣起」這佛陀所揭櫫的根本存有論立場和「自性」概念全然無法相容。只有「自性」不存在，「緣起」才有可能。龍樹所

---

[11] David J. Kalupahana, The Philosophy of Middle Way (Albany: State University of New York Press, 1986), 330.「若一切皆空，無生亦無滅；如是則無有，四聖諦之法。以無四諦故，見苦與斷集；證滅及修道，如是事皆無。以是事無故，則無四道果；無有四果故，得向者亦無。若無八賢聖，則無有僧寶；以無四諦故，亦無有法寶。以無法僧寶，亦無有佛寶；如是說空者，是則破三寶。空法壞因果，亦壞於罪福；亦復悉毀壞，一切世俗法。」（見鳩摩羅什譯，《中論》卷四； T.30.32.b-33a。）

[12] 這裡我接受鳩摩羅什的漢譯：「以有空義故，一切法得成；若無空義者，一切則不成。」（見鳩摩羅什譯，《中論》卷四； T.30.33.a.）。這和梵文本有所不同，見 Brian Bocking, Nāgārjuna in China: A Translation of the Middle Treatise (Lewiston: The Edwin Mellen Press, 1995) , 344。 在許多從梵文翻譯成英文的著作中，我較支持南茜‧麥克凱克妮（Nancy McCagney）的英譯：「因為空的作用，一切事物才能作用；假使空不能作用，那麼任何事物皆無法作用。」（"Because openness works, therefore everything works. If openness does not work, then everything does not work."）見 Nancy McCagney, Nāgārjuna and the Philosophy of Openness (Lanham, Maryland: Rowman & Littlefield, 1997) , 201。

謂的「空」就是指「無自性」意義下的「空」，而非意指「不存在」。

　　另一方面，那些將所有存在進行範疇分類的阿毘達磨佛教哲學家們則是依據「自性」這樣的觀念來建立他們的實在論體系。雖然阿毘達磨佛教徒也堅決地否定自我的存在，但是他們卻在形上學上預設「自性」作為存在的本體。也就是，「自性」這個觀念被視為存有論的基礎，如此所有的存在和作用才能被理解。正是針對這種形上學的本質主義，龍樹才徹底批判持實在論觀點的阿毘達磨哲學家。

　　值得注意得是，在對「自性」這一觀念進行分析時（《中論》·第十五品），龍樹似乎並沒有明確地提出否定「自性」的命題，顯然是由於他不願落入由言說所構成的特定立場。[13]反之，龍樹接著質疑阿毘達磨關於「勝義有」（paramārtha-sat）和「世俗有」（saṃvṛti-sat）的存有論範疇的教說。根據阿毘達磨佛教徒的說法，「勝義有」指不能被更進一步分析的任何元素，亦即它有自己的「自性」；而「世俗有」則是指由基本元素組成的事物。例如，一個「人」是被視為「世俗有」，而組成一個「人」的「五蘊」（色、受、想、行、識）則被認為是「勝義有」。[14]「自性」的概念，對於阿毘達磨而言，是在於防止整體人格同一性瓦解的情況下，被引進為存有論的基礎。就龍樹而言，這種形而上的「自性」，除了自我安慰的幻覺外，其實什麼也沒有提供。[15]

---

[13] 在《迴諍論》（*Vigrahavyāvartanī*）中，龍樹曾批評正理（Nyāya）學派的否定理論（pratiṣedha）。參見 Kamaleswar Bhattacharya, trans., The Dialectical Method of Nāgārjuna (Delhi: Motilal Banarsidass, 1986)。

[14] Hirakawa Akira, A History of Indian Buddhism: From Śākyamuni to Early Mahāyāna, translated by Paul Groner (Honolulu: University of Hawaii Press, 1990), 143-144.

[15] 在《中論》·第十五品中，龍樹將「自性」定義為：不產生或依賴於除了自身之外的事物（「性名為無作，不待異法成。」鳩摩羅什譯，《中論》卷三； T.30.19.c.）。在月稱的註釋中，「自性」被解釋為依於它自己和為它自己（sva bhava）而存在的，獨一無二的任何事物自身的本質（ātmīya rūpa）。Cf. Mervyn Sprung, Lucid Exposition of the Middle Way: The Essential Chapters from the Prasannapadā of Candrakīrti (Boulder: Prajna Press, 1979), 154.

　　十分清楚的，龍樹確實否認「自性」這樣的形上預設。在《中論》·第十五品〈觀有無品〉中，龍樹聲稱，如加旃延（Kātyāyana）在經中所說，存在（有）意味著緊緊抓住本質主義（常見）；而不存在（無）意味著站在反本質主義（斷見）這邊。毫無例外地，這兩種極端觀點都受限於「自性」這樣的形上預設。他們的差別只在於肯定或否定在一個系統中預設的「自性」這個概念而已。然而對於龍樹來說，本質主義（常見）或反本質主義（斷見），都是不應接受的。[16]此外，本質主義和反本質主義，或「自性」和「無自性」之間的形上學區分，將會帶出另一層的問題來，因為即使是後者也是無法避免在哲學言談上被「自性」的概念所牢牢抓住。

　　龍樹反駁這種形上學的區分，他知道生死輪迴的生活世界乃是充滿由「業」而來的「煩惱」，而「煩惱」依次由「分別」和「戲論」（prapañca）所產生（《中論》·第十八品·第 5 頌）。[17]根據月稱（約七世紀頃）的註釋，「戲論」是指：

　　「無始以來的生死輪迴，乃由認識和認識對象、字詞和其意義、行動者和行動、手段和行為、瓶和衣、王冠和戰車、物體和感覺、男和女、增和減、幸福和苦難、美和醜、貶抑和讚揚等所組成的。」[18]這些對偶性的區分全是憑藉著言說系統而產生，而這些概念的區分交織著十分複雜的心理因素，如好憎或喜怒等。整個生死輪迴的世界，就是由概念分別和心理因素所交織而成的言說行動的世界，佛教稱為「戲論」。在戲論中，存有物在存有論上被實體化與範疇化為「男」、「女」，「主體」、「客體」等等，這些範疇取代了存有自身。**正是在這樣的戲論中，形上學的「暴力」因之而生。**

16　Cf. David J. Kalupahana, The Philosophy of Middle Way, 234.

17　參見 David J. Kalupahana, The Philosophy of Middle Way, 266-267.《中論》·第十八品·第 5
　　頌：「業煩惱滅故，名之為解脫；業煩惱非實，入空戲論滅。」（鳩摩羅什譯，《中論》卷
　　三：T.30.23.c.）。

18　Mervyn Sprung, Lucid Exposition of the Middle Way, 172.

三、銘刻於差異中的暴力

　　但是，什麼是暴力呢？德里達順著尼采和海德格的路數，將暴力視為試圖化約那無可化約的存在為某種更為本質的東西的形上學活動。原本是無可化約的存有在由對偶性和等級制的範疇所構成的形上學系統中才變得可理解。例如，在「經驗的」和「超驗的」這樣的存有論區分下，存有物常常從「經驗的」還原為「超驗的」而獲得解釋。典型的例子是柏拉圖哲學，它認為就真理和價值而言，「超驗的」比「經驗的」更為基礎和根本。然而，這樣的形上學區分與化約本身並無法證成自身的合法性。它自己就是合法性的來源。缺乏合法性的「來源」或「基礎」行使合法化的權力時，本身就是一種暴力。這種形上學的還原總是伴隨著壓抑和宰制而完成。就德里達而言，暴力總是已內在於所有形式的形上學之中，猶如邏格斯中心主義、種族中心主義、陽物中心主義等，將他者從同一性的系統中驅逐出去。

　　在德里達對「暴力」的相關討論之中，有兩篇在 1967 年出版的文章需要仔細地加以閱讀，那就是〈文字的暴力：從李維史陀到盧梭〉和〈暴力與形上學：論艾曼紐爾・列維納斯的思想〉。[19]在前一篇文章裡，德里達用三階段論闡明了暴力的系譜學。[20]首先，德里達將暴力置於書寫／命名的脈絡之下：

　　　　暴力的結構是複雜的，它的可能性——文字——也是如此。……事

---

[19]　Jacques Derrida, Of Grammatology, translated by Gayatri C. Spivak (Baltimore: The John Hopkins University Press, 1974), 101-140; Jacques Derrida, Writing and Difference (Chicago: The University of Chicago Press, 1978), 79-153. 中譯本可參見德里達著，汪堂家譯，《論文字學》（上海：上海譯文出版社，2005）：148-205，以及雅克・德里達著，張寧譯，《書寫與差異》（上冊）（北京：三聯書店，2001）： 128-276。

[20]　Richard Beardsworth, Derrida & the Political (London and New York: Routledge, 1996), 22-23.

> 實上存在尚需命名的最初暴力。**命名，取那些可能禁止說出的名
> 字，這便是語言的原始暴力，它在差異中進行銘記，它進行分門別
> 類，它將絕對呼格懸置起來**。把這個獨一無二的東西放在系統中加
> 以思考，把它銘刻在那裡，這就是原始書寫的存在方式：原始暴
> 力，專有的喪失，絕對貼近的喪失，自我現有的喪失。事實上它就
> 是從未產生過的東西的喪失，是自我現有的喪失，這種自我現有絕
> 不是給予的，而是想像出來的，並且始終被重複，被一分為二，它
> 只有在自身消失之時才向自我呈現出來。[21]

　　「原始暴力」在命名那無法命名時、命名那專有（the proper）、命名
那**從未發生過的**自我現有（self-presence）時出現。在使用「專有」這個觀
念時，德里達警告我們不要再度陷入「同一」、「自我現有」或「自性」的
形上學中，假使我們被允許在這裡將龍樹帶入討論中的話。對德里達來說，
這種「自我現有」「絕不是給予的，而是想像出來的，並且始終被重複，被
一分為二，它只有在自身消失之時才向自我呈現出來。」它僅僅出現在形上
學所渴望的原本不存在的地方。以龍樹的措辭來說，「自性」（「自我現
有」）其實什麼都不是，只是形上學的建構，就像空花水月一樣，不能說它
是「存在」或「非存在」。這種形上學的建構，始終伴隨著語言心理的建構
（「戲論」）而出現。很明顯地，龍樹和德里達都充分地覺察到再次陷到著
床於語言的正用／誤用裡的同一性形上學之中的危險。

　　就龍樹而言，語言本身是沒有自性，是空的。就如同其它事物一樣，語
言也是緣起的。正如二個沒有自性的人造人（化人）之間的互動一樣，發生
在日常生活世界中的語言交談也不須要假定任何自性概念的先行存在以作為

---

[21] Jacques Derrida, Of Grammatology, 112. 中譯見德里達，《論文字學》（上海：上海譯文出版
　　社，2005）：164。

形上學的基礎。[22]相對的，龍樹的論敵正理學派和說一切有部則論諍說，字詞的意義存在於「名」（nāma）與「事」（vastu）之間的符應／指涉關係。為了保證意義的確定性，「名」和「事」兩者在一定的意義上都必須是真實的，而且他們內在本具自性。換句話說，自性形上學又再度被引入到一個實在論者的存有論和語言理論之中，為它們的合法性背書。[23]然而，對龍樹來說，恰恰是由於語言和實體論形上學的共謀產生了無明，從而導致暴力的發生。

　　在「原始暴力」之後，德里達接著指出，暴力的第二階段出現在道德和司法體制中。換句話說，作為第二階段暴力的法律之可能性，以及通常稱作邪惡、戰爭、亂行、強暴等第三階段的暴力，也都同樣根植於語言和形上學的共謀中。這裡我們看到德里達嚴肅地面對這種最後階段的暴力。讓我再次引用德里達的話：

　　　　最後這種暴力在結構上更為複雜，因為它同時指向兩種較為底層的原始暴力和法律。事實上，它揭示了已經成為剝奪活動的優先提名權，但它也剝奪了從此所起的專有，所謂的專有，被延遲的專有的替代物，被社會和道德意識所認知的專有，所認作為自我同一性的令人放心的標誌，秘密。[24]

　　在上面這段「晦澀艱深，而且需要非常仔細地閱讀」[25]的文字中，德里

---

[22] Kamaleswar Bhattacharya, trans, The Dialectical Method of Nāgārjuna (Vigrahavyāvartanī) (Delhi: Motilal Banarsidass, 1978), 108.

[23] 關於龍樹和正理學派在否定理論上的爭辯，見 Kamaleswar Bhattacharya, trans,The Dialectical Method of Nāgārjuna (Vigrahavyāvartanī), 101-106。

[24] Jacques Derrida, Of Grammatology, 112; 中譯見德里達，《論文字學》（上海：上海譯文出版社，2005）：164-165。

[25] Richard Beardsworth, Derrida & the Political, 23.

達解釋經驗的暴力乃是作為先前階段暴力的結果，作為「已經成為剝奪活動的優先提名權」的結果，作為只是一個形上學建構的所謂「專名」的剝奪。暴力早已被播種於涉及心理因素的語言學建構（*prapañca*，「戲論」，中觀哲學的關鍵詞）之土壤中。它可以系譜地追溯到第一件事物的命名。替某些事物命名，也就如同把某些事物歸類為某類事物一樣，使某些事物能被擁有，因而得以支配某些事物。替某些事物命名，就像是給某些事物貼上標籤一樣，不是純為命名而命名而已。

在佛教哲學中，命名、分類、區別的過程稱為「分別」（vikalpa）。關於「分別」，保羅·威廉斯（Paul Williams）曾有過清楚的說明：「梵文'*vikalpa*'一詞的使用，如同由表達區分的前綴詞'*vi*'所示，在於強調一個指涉對象的創造，乃藉由語言分割的能力，建立對反，把一個領域分割為相互排除和矛盾的範疇。」[26]這「分別」一詞的使用，讓我們想起，正如德里達所說的：「語言的原始暴力在差異中進行銘記，在於分門別類，在於將絕對呼格懸置起來。」

四、作為「面貌」之「他者」的不可化約性

現在讓我們回到〈暴力與形上學〉一文。在下面的討論中，我將不會涉及德里達對列維納斯所添加的雙重閱讀：「那顯示出，一方面，無法逃離出邏格斯中心主義的概念化；另一方面，如此逃離的必要性乃由完全保持在（希臘）邏格斯中心主義傳統內的不可能性而引起的。」[27]在這裡，我所關

---

[26] Paul Willams, "Some Aspects of Language and Construction in the Madhyamaka," Journal of Indian Philosophy, 8/1, 1980, 27.

[27] Robert Bernasconi and Simon Critchley, eds., Re-Reading Levinas (Bloomington and Indianapolis: Indiana University Press, 1991), "Editors' Introduction," xii.

心的並不是德里達在解構上的策略，也並非要直接討論列維納斯，雖然在本
文之中他總是以一個不在場的「面貌」從上而下地審視著我們。

　　在〈暴力與形上學〉一文中，德里達將列維納斯解讀成一位「呼喚我們
從希臘的邏格斯中脫位，從我們自身的同一性中脫位，也或許從一般的同一
性中脫位。」[28]這樣的立場，看起來似乎類似龍樹企圖遠離的正理學派邏輯
以及說一切有部實在論（本質主義的存有論）。在其逃離計畫中，列維納斯
尋求的是一種「赤裸的經驗」，也就是「從『同一』與『一』（換言之，即
是存有與現象之光）這種希臘宰制中解放出來，這種宰制亦如一種壓迫，一
種與世上任何其它的壓迫不同，這是一種存有論的或先驗性的壓迫，也是現
世中所有壓迫的源頭或不在場證明。」[29]類似的解釋也可見於海德格對西方
形上學的批判，作為存有論或先驗性壓制的源頭，這「同一」、「一」或
「存有」，在西方哲學史上有不同的名稱，諸如：自然（*Physis*）、邏各斯
（*Logos*）、一（*En*）、理型（*Idea*）、現實（*Energeia*）、實體性
（Substantiality）、客體性（Objectivity）、主體性（Subjectivity）、意志
（the Will）、權力意志（the Will to Power）、意欲意志（the Will to Will）
等。[30]這些概念各自表徵不同的形上學系統，存有便藉此呈現出來。對所有
海德格的追隨者而言，包括列維納斯和德里達，最為迫切的問題是，在任何
形上學系統中的真理，其可能性必須以在「整體」內被隱覆和宰制作為代
價。

　　對於印度存有神學傳統的類似回應，亦可見於龍樹對「自性」形上學的

---

[28]　Jacques Derrida, "Violence and Metaphysics," in Writing and Difference, 82;　中譯見德里達，《書寫
　　　與差異》（上冊）（北京：三聯書店，2001）：135。

[29]　同上注，頁 83。中譯見德里達，《書寫與差異》（上冊）（北京：三聯書店，2001）： 135。

[30]　Martin Heidegger, Identity and Difference, translated by Joan Stambaugh (Chicago: The University of
　　　Chicago Press, 1969) , 66.

批判，企圖從植根於同一性形上學的無明和苦難中解放出來。對列維納斯、德里達和龍樹來說，縈繞在他們沈思默想之中最最嚴肅的問題，恰恰是根源於同一性／自性形上學而產生的存有論暴力。

對列維納斯來說，在希臘（希臘文化）以及希臘的他者（希伯來文化）之間的抉擇，顯示了一個在存有論和倫理學之間長久以來的衝突。在希臘傳統這邊是海德格的存有論，也就是列維納斯和德里達所提及的，總是局限在主體主義之中，一個和海德格自身意向相矛盾的立場，「存有總是無法和存有的理解分開」； 在存有者關於存有的理解中，存有顯示了它自身。這是非常重要的，就像列維納斯所指出的，在海德格關於「存有」與「存有者」的存有論區分中，存有擁有暴力的優先性。[31]以列維納斯自己的話來說：

> 肯定「存有」（Being）對於「存有者」（existent）的優先性，就已經對哲學的本質做出了表態，就是將與某人這種「存有者」的關係（倫理關係）服從於某種與「存有者的存有」（Being of the existent）的關係，而這種非位格的關係使得對「存有者」的把握和宰制（一種認知關係）成為可能，使得正義屈從於自由，這種關係就是一種在他者之中保持同一的方式。[32]

這是非常清楚的，對列維納斯來說，將活生生位格的「存有者」屈附於

---

[31] 大衛・奎爾（David F. Krell）提供了關於海德格存有論區分的清楚解釋：「『存有論的』（Ontological），意指『存有者的存有』（onta）或任何關於同一的言說（邏格斯，logos）；這裡它意指一個特定的學科（傳統上屬於形上學），或是這個學科的內容或方法。相對的，『存有物的』（ontic），意指處理『存有者』時不提起存有論問題的態度。大多數的學科和科學處理存有者時，都是『存有物的』（ontic）態度。」見 David F. Krell, ed., Martin Heidegger: Basic Writings (New York: Harper & Row, 1977) , 53-54。

[32] Emmanuel Levinas, Totality and Infinity (Pittsburgh: Duquesne University Press, 1969), 45; It is quoted by Jacques Derrida in "Violence and Metaphysics," Writing and Difference, 97; 中譯見德里達，《書寫與差異》（上冊）（北京：三聯書店，2001）：165。

非位格的「存有者的存有」之下就是一種暴力，一種存有論的暴力。同樣的
暴力也被描述成倫理學屈從於存有論、倫理學屈從於理論主義、「他者」屈
從於「同一」。在這種屈從裡，存有的中性的、非位格性的特徵，也將他者
中性化、非位格化。再次引用德里達和列維納斯的話，這種存有論是「一種
權力的哲學」、「一種中性的哲學，一種作為匿名的、非人性的普遍性之狀
態的暴政。」[33]這種帶有強烈政治含意的指控相當嚴重，提醒了我們關於海
德格和納粹關係的爭議。雖然我們在這裡的目的並非為此爭議作出裁決，但
上面的討論卻表達出他們關切存有論和暴力現象之間的共謀關係。[34]

　　逃離希臘傳統，回歸希伯來，意味著從存有論返向倫理學。就像列維納
斯所主張的，倫理學應該代替存有論成為第一哲學。在這種取代之中，非暴
力關係的復甦，「既非中介的，也非直接的」[35]關係，才是列維納斯的真正
關心。「他的這個思想要從形上學中喚回倫理關係，一種與作為無限性它者
的無限的關係，一種與他者的關係[36]，唯有這種非暴力關係方能夠打開通往
超越之域的空間，才能夠解放形上學。」[37]這裡我們所遭遇到的無限他者不
應被視為對象，特別是理論上的對象。關於後者，列維納斯批評理論主義的
帝國主義「將『存有』先決規定為『對象』」[38]。哲學的討論是否能從理論

---

[33]　同上注；中譯見德里達，《書寫與差異》（上冊）（北京：三聯書店，2001）：165。

[34]　關於海德格和納粹之間的爭議，眾所周知，德里達站在海德格這邊的立場。在〈暴力與形上
學〉一文的末尾討論到「民族主義」時，德里達引用海德格的批判來評論「民族主義」：「任
何民族主義在形上學層面看，都是一種人類學主義，因此是一種主觀主義。」（"On the
metaphysical plane, every nationalism is an anthropologism, and as such, a subjectivism."）Ibid., 319,
note 80。　中譯見德里達，《書寫與差異》（上冊）（北京：三聯書店，2001）：257。

[35]　同上注，頁 90；中譯見德里達，《書寫與差異》（上冊）（北京：三聯書店，2001）：151。

[36]　「他者」是法文"autrui"一詞 的中譯，而「它者」是法文"autrei"一詞的中譯。關於翻譯的問題，
參見譯者注，Writing and Difference, 312。

[37]　Jacques Derrida, "Violence and Metaphysics," Writing and Difference, 83；中譯見德里達，《書寫與
差異》（上冊）（北京：三聯書店，2001）：135-136。

[38]　同上注，頁 85；中譯見德里達，《書寫與差異》（上冊）（北京：三聯書店，2001）： 139。

主義之「光的暴力」中脫離，並不是我們這裡所關心的。對於這個問題，德
里達並未給予一個解構的答覆。我們所關心的毋寧是列維納斯的倫理學意
向，引領我們返回到由面對面的「赤裸的經驗」。對列維納斯來說，兼具存
有論意義和存有物意義的暴力只會發生在客體對象上，不會發生在作為「面
貌」的「他者」上。

　　但是，什麼是「面貌」呢？在許多地方，德里達以現象學的風格一再描
述什麼是「面貌」：

> 「面貌」，它不僅僅是可以看到的長相，如事物之表面或動物的外
> 觀，外表或種類。它不僅僅是如該詞原義所指的那種因裸露而被看
> 到的，它也是觀看者。不完全是那種在某種哲視／理論關係中的觀
> 看者，而且還是與對方相互對視的對視者。面孔只有在面對面中才
> 是「面貌」。
> 由於我們現在已熟知了的原因，面對面無法以任何範疇來說明，因
> 為「面貌」同時作為表達和言語被給予。它不只是相視，而且還是
> 相視和言語、眼睛和會說話並會喊餓的嘴巴的原始統一體。……
> 「它者」並不以他的「面貌」示意，它就是這種「面貌」。「他
> 者，在其面貌中絕對呈現——不需要任何隱喻——他面對著我」。
> 「他者」因而只在「面貌」中不需意寫地親自被給予。
> 「面貌」不表意，不將自身作為符號來呈現，而只是表達自己，親
> 自地在自身中給出自己，親自（*kath'auto*）：即「物自身自我表
> 達」。[39]

---

[39] 同上注，頁 98，100-101；中譯見德里達，《書寫與差異》（上冊）（北京：三聯書店，
　　 2001）：168、171-172。

　　總之，面貌是赤裸的，不被符號所遮蔽，不藉由寓言或隱喻表明。面貌是如莊子所說的「相視而笑，莫逆於心」。「面貌」就是面面相視。

　　十分有趣的是，注意到列維納斯的「面貌」很容易使人聯想到佛教禪宗的「本來面目」。「本來面目」這個詞彙可能第一次出現在宗寶（元代僧，生卒年不詳）　本的《六祖壇經》中，意指超越善與惡之外。[40]在中國佛教更晚的用法中，這個詞通常被當作「本心」、「本地風光」、「自性」（禪宗的用法，不是空宗的用法）的同義詞。這些詞彙指未經概念化和存有論污染的「赤裸」經驗。事實上，它們應該被認為其實什麼都不是，而只是空性更為實存的表達。

五、走出暴力

　　「本來面目」一詞是中國佛教用以具體地描述空性的實存意義。對龍樹來說，作為「面貌」的「他者」完全無法用言語說出，它只能依照否定神學的進路來理解。那就是，所有的存在皆不能被化約成其它具有「自性」的範疇，如「五蘊」、「有為法」、「無為法」等理論分類。真實的存在超越概念化和語言化的活動，在大乘佛教中，它們被稱為「勝義」、「法性」、「真如」或「空性」。就如同龍樹在《中論》第十八品第7頌中所闡明的：

> 諸法實相者，心行言語斷；無生亦無滅，寂滅如涅槃。

　　「本來面目」只有在「心所行境」以及言語活動之「所詮」停止運作

---

[40] 「惠明作禮云：『望行者為我說法！』惠能云：『汝既為法而來，可屏息諸緣，勿生一念，吾為汝說。』明良久。惠能云：『不思善，不思惡，正與麼時，那箇是明上座本來面目。』惠明言下大悟。」（見元・宗寶編，《六祖大師法寶壇經》；T.48.349.b）。

時，才能被見到。[41]相對地，針對作為「面貌」的「他者」而起的「暴力」恰恰就發生在將「他者」化約為對象時的「戲論」中。在這裡，「戲論」總被診斷為雜染和痛苦出現的主要原因。關於「戲論」的意義，作為中觀哲學中最為重要的關鍵詞，一向難以簡化界定。為瞭解說上的方便，下面我將再度引用威廉斯的冗長說明：

> 我認為中觀學派的「戲論」一詞，首先，似乎是指向言說本身；其次，指向任何表述活動所涉及的推論和揣想的過程；第三，乃由此過程而進一步產生的言說。因此，「戲論」指的是意識的動向和活動，它輕微地安立於一種（虛妄建構）的知覺情境，孳衍擴散概念化活動，使之超越其經驗基礎之外，因而便越來越遠離原本可經由無常觀而獲致正覺（正確的知覺）的基礎。諸種「戲論」是因語言而形成它們的「實體」這樣的語言，但是由於它們的內容負荷著太多的上下文脈聯想，它們起因於語言，總是因涉及其他的概念結構而超出它們自己的範圍。[42]

「戲論」，作為命名、言說、推論、揣想、欲求、想像、孳衍和建構的過程，令人聯想到德里達所說的「差異」（différance）一詞，它也被稱為「原始書寫」（arche-writing）[43]。德里達將「差異」解說成藉由時間化（temporization）和空間化（spacing），「指涉的運動才有可能，當每一個所謂的『在場』元素，每一個出現於現場時的元素，皆關涉到除了它自己以外的其他事物時，因而在自身裡保有過去元素的標記，並且已經讓它自己被

---

[41] David J. Kalupahana, The Philosophy of Middle Way, 268.

[42] Paul Willams, "Some Aspects of Language and Construction in the Madhyamika," 32.

[43] Jacques Derrida, "Différance," Margins of Philosophy, translated by Alan Bass (Chicago: The University of Chicago Press, 1982), 13.

和關涉到未來元素的標記所削弱……」[44]。恰恰由於這種作為「原始書寫」的「差異」，「原始暴力」才會發生。正是在這種意義上，德里達認為，「原始暴力」是無法消除抹去的，因為語言不可能沒有「差異」。暴力正恰恰是在語言之中！以佛教中觀學派的名相來說，暴力正恰恰座落於戲論之中。唯有在這樣的思維線索之下，我們才能理解為何龍樹將「涅槃」定義為：「戲論的止息」。[45]

　　最後一個有待進一步沈思的問題，當然不是唯一的問題，對龍樹和德里達來說，在從暴力尋求解放的過程當中，「戲論」／「差異」有可能消除嗎？假使「戲論」／「差異」永遠無法消除的話，那麼暴力也似乎永遠無法消除。對德里達來說，策略性的講法也許是，沒有出口，沒有一勞永逸的解決。然而，對於龍樹來說，他認為只有在生死輪迴中，在苦難和暴力中，才能有涅槃的實現。沒有「生死」，也就沒有「涅槃」。藉由同樣的表徵方式，我們也可以說，沒有「戲論」，也就沒有「暴力」的消除。

　　最後，我們回到列維納斯上，問他這個同樣的問題。在德里達看來，列維納斯似乎是抱持著彌賽亞末世論，因而仍對暴力的消除懷抱著希望：

> 說真的，彌賽亞末世論從未被直接說出，它僅是在赤裸經驗中描繪出可以讓這個末世論得以瞭解，得以回應的一個空間，一個空洞。這個空洞並非各種開口中的一個。它就是開口本身，是開口的開口，是那種不讓任何範疇和整體將之封閉起來的東西，也就是說所有那些來自經驗而不再任由傳統概念所描述，甚至抗拒一切哲學素（philosopheme）的東西。[46]

---

[44] 同上注。

[45] Sarvaprapañcopaśama. Mervyn Sprung, Lucid Exposition of the Middle Way, 33.

[46] Jacques Derrida, "Violence and Metaphysics," Writing and Difference, 83; 中譯見德里達，《書寫與差

　　我想於此結束這次龍樹、列維納斯和德里達他們之間不期而遇的對話，並藉由上面這段的引文，能啟發我們以「空洞」（hollow space）、「開口」（opening）、「開口的開口」（opening of opening）這樣的意象從新來理解佛教的「空性」，在此空性中，開口中，他者的面貌不再遭到羞辱，不再遭受暴力。

異》（上冊）（北京：三聯書店，2001）：136-137。

第十七章　唯識學「所知障」概念
　　　——譯詞評議、研究檢討、部派溯
　　　源及東亞展望

劉宇光

復旦大學宗教學系副教授

摘要

　　無論是專攻早期或大乘佛教的現代學界，都一致認為所知障（jñeyāvaraṇa）是大乘佛學的基本特有觀念。本文的目的一方面是回顧及評議學界所知障研究的現況與局限，另一方面試圖循部派佛學和東亞有相唯識，勾勒出所知障更為明朗的研究方向與輪廓，以期突破現階段的困局。本文由以下數節組成，「所知障：西方譯語考察」扼要回顧及評議時下的英文及德文學界，是如何翻譯「所知障」一詞，並考察當中所反映的疑難與歧義。「所知障：研究現況回顧與檢討」是對歐美、日文及華文學界對所知障現有研究的批判性回顧，並考察當中的相關論著、概念、議題及現有研究的局限等。「所知障：部派溯源」以部派佛學與所知障相關的多項概念，探討在大乘之前，所知障問題的雛型。「所知障：東亞有相唯識的展望」以奘譯《成唯識論》所代表的東亞有相唯識說明在什麼意義下，它能夠為時下的所知障研究困局，帶來突破的線索。

　　關鍵詞：所知障、法執、一切智、有相唯識學、《成唯識論》

Vijñānavādian Concept of Jñeyāvaraṇa: Review, Reframe and Prospection of the Modern Scholarship

Lawrence Y.K. LAU

Associate Professor,

School of Philosophy, Fudan University

English Abstract

In the modern Buddhist Studies, no matter for the circles of the Early or Mahayana Buddhism, the concept of Obstruction of Knowledge (jñeyāvaraṇa) is coherently perceived as an unique idea of the Mahayana tradition. The purpose of this article, on the one hand, is to review the present scholarship of jñeyāvaraṇa, while on the other hand, is to reframe the issue, and to search for new prospect in the studies of jñeyāvaraṇa, according to two Chinese traditions of Buddhist scholastic literature, namely East Asian Sakara-vijnanavada and Sarvastivada. The article is composed of four sections. Firstly, analyzing the ambiguity of jñeyāvaraṇa, through a review on the highly diverfied translations of jñeyāvaraṇa in various Western languages. Secondly, it is a critical analysis of the Western, Japanese and Chinese scholarship on jñcyāvaraṇa, regarding to the approach, research pattern and limition.　Thirdly, to reframe the perspective on jñeyāvaraṇa, through tracing a series of Chinese Sarvastivadian concepts suggested, which are the forerunners of jñeyāvaraṇa. Fourthly, provide a theoretical outline on the multi-folded structure of jñeyāvaraṇa, according to Xuanzang's *Cheng-wei-shih-lun*, the major text of East Asian Sakāra-vijñānavāda.

Key word: Jñeyāvaraṇa, dharmātmagrāha, sarvajña, Sakāra-vijñānavāda, *Cheng-wei-shih-lun*

一、前言

　　現代學界包括神林隆淨[1]、湯瑪斯・科克穆圖（Thomas Kochumuttom）[2]、悅家丹（Dan Lusthaus）[3]、保羅・史瓦森（Paul L. Swanson）[4]、克斯汀・貝瑟・基布林格（Kristin Beise Kiblinger）[5]、比胡・巴魯（Bibhuti Baruah）[6]、梨亞・格羅賓博克（Ria Kloppenborg）[7]、那林那卡・杜迪（Nalinaksha Dutt）[8] 及查爾斯・馬勒（Charles Muller）[9] 等學者都一致認為，所知障（jñeyāvaraṇa）是早期印度唯識學論書所首倡，稍後爲印度中期大乘階段的中觀學與如來藏思潮，乃至其漢傳和藏傳繼承者所充份接納與發展，從而在整體上，成為共通於全體大乘佛學的基本特有觀念。

　　同時專攻早期佛教的現代學者也大體認同，雖然並非全無例外，早期佛教的確罕有此議，亦更遑論有此詞彙或術語[10]。以現僅存漢本的說一切有部為例，若徹底搜索多屬玄奘執譯的漢文有部論書，則由玄奘一手訂譯的「所知障」中譯詞，雖廣泛見於奘譯的多部大乘唯識論書，但該詞在總篇幅是唯

---

[1]　神林隆淨 1984，頁 538, 546。

[2]　Kochumutton 1989, p.15.

[3]　Lusthaus 2002, p.52.

[4]　Swanson 1983, pp. 51-52.

[5]　Kiblinger 2005, p.45.

[6]　Baruah 2000, p. 461.

[7]　Kloppenborg 1974, p.9.

[8]　Dutt 1978, p.26.

[9]　查爾斯・馬勒（Charles Muller）在 2000-2004 年的三篇論文中再三提到這觀點：阿毗達磨論書中並沒有煩惱障及所知障二種劃分之線索，而大乘菩薩道出現的其中一個理論特性是劃分二障，特別提出一個新範疇──所知障，二障基本上是唯識首倡、獨有之義。三論文見 Muller 2000, p.325; Muller 2003. p.132；Muller 2004a, p.4。但是值得注意的是查爾斯・馬勒在 2006 年的會議論文修改他向來認為的觀點：二障概念雖然在西元第四世紀才爲大乘明確提出，但在更早階段，包括上座部在內已在思索有關問題。見 Muller 2006, pp. 2-3。

[10]　Jaini 2001, pp. 172, 178.

識論書二點四倍，同爲玄奘執譯的十多部阿毗達磨論書中，的確幾乎沒出現過[11]。在此意義下，也許還是可以理解，何以現代學界長期有所知障乃唯識或大乘佛教特有觀念之印象，雖然下文會指出，唯識學對所知障的真正理論說明，也是晚及東亞[12] 唯識學如《成唯識論》才形成較系統的陳述，早期印度唯識論書雖有此術語，但其實質意義仍然甚爲含糊不明。

因此，「所知障」是大、小乘的佛學對無明（avidyā）的理解，形成清楚明確的分水嶺。照理來說，此一據稱是大乘佛學主要義理標誌之一的重要觀念，理應擁有與其重要角色相應的清晰內容。然而，多位學者如史瓦森及馬勒等，雖然都同意所知障與大乘佛義之間的密切關係，但他們同時也多次表達困惑如下：所知障概念的實質內容充滿歧義、含糊及零碎，根本無法說清楚它到底是什麼[13]，由於連該概念基本意思都難有綜合輪廓，更遑論展開仔細的學術討論，所以現代學界也沒有出現規模與其重要性份量相若的研究。

本文的目的，一方面是回顧及評議學界迄今爲止所知障研究的現況與局限，另一方面試圖循唯識學前身的部派佛學，和以《成唯識論》爲代表的東亞有相唯識，勾勒出所知障更爲明朗的研究方向與輪廓，以期突破現階段的困局。除了前言與小結兩個部份外，本文的正文由以下數節組成，「所知障：西方譯語考察」，這是據筆者先前對「所知障」一詞的梵文詞源學與構詞異讀分析，扼要回顧及評議時下的英文及德文學界，是如何翻譯「所知

---

[11] 《大正藏》總計篇幅超過 2400 頁的奘譯部派論書中，「所知障」一詞只在《大毘婆沙論》卷一四一出現過一次（《正》冊 27，頁 724b）。

[12] 筆者在此用「東亞」一詞，而不是「漢語」或「漢傳」來稱謂玄奘一系的唯識學，乃是考慮到日本唯識全屬玄奘一脈所傳，而高麗與越南唯識，亦不同程度受中國唯識學影響，其論著既有以漢字所撰，亦有以其本國後出文字所撰，時下國際學界罕以「漢傳」一詞稱謂日本、韓國及越南的佛教，卻多以東亞（East Asian）一詞來謂述這些佛教傳統，以示日、韓、越及中國在文化與地理上的親緣關係。

[13] Swanson 1983, p. 52; Muller 2004b, p.207; Muller 2006, pp. 5-6; Muller 2004a, p.5。

障」一詞，並考察當中所反映的疑難與歧義。「所知障：研究現況回顧與檢討」是就歐美、日文及華文學界對所知障的現有研究所作的批判性回顧，並考察當中的相關論著、概念、議題及現有研究的局限等。「所知障：部派溯源」，本節以與所知障相關的多項概念為線索，探討所知障一觀念所指的問題，其部派前身實質上包括什麼問題。「所知障：東亞有相唯識的展望」據玄奘執譯《成唯識論》所代表的東亞有相唯識為例，說明在什麼意義下，它能夠為時下學界的所知障研究的困局，帶來具一定普遍意義的重要突破。

二、所知障（jñeyāvaraṇa）：西方譯語考察

　　探討東亞有相唯識學（Sakāra-vijñānavāda）所知障理論的其中一個討論的起步進路，是循梵文詞源學、複合名詞的構詞法（morphology）六離合釋（ṣaṭ-samāsa）[14]、概念的邏輯關係，與不同大乘哲學學派之間的關係等多個角度，就「所知障」一概念在梵文的語文層面，深入剖析從語言學角度來解讀 Jñeyāvaraṇa（所知障）一概念時的兩個主要模式，即依主釋（tat-puruṣa）及持業釋（karma-dhāraya）。筆者同意馬勒、史瓦森、池田道浩、法光（K.L. Dhammajoti）及釋見弘等多位學者相對一致地指出，依主釋及持業釋兩種解讀確存差異，不能直接作等同使用。但筆者曾在其他論文，據此構詞異讀而進一步論證，說兩者之間有不同是一回事，但聲稱二者之間是邏輯矛盾（logical contradiction），因而不能並存，這却完全是另一回事，

---

[14] 有關六離合釋（ṣaṭ-samāsa）一詞，本文其中一位匿名審查教授在其審查報告指出，所謂六離合釋之議，其實並非波膩尼（Pāṇini）、波顛闍利（Patañjali）等一類傳統通行的的梵文複合詞構詞規則，玄奘之前並無六離合釋之說。但筆者考慮到本文所議是玄奘、窺基師弟的一系唯識學，他們解說造詞構字時，皆以六離合釋作解，所以隨順其傳統與習慣，畢竟即使如依主、持業亦與六離合釋等語同屬一組，難以捨此取彼。

起碼以《成唯識論》為例，無論是文本證據或義理邏輯，皆無法證實兩種解讀之間，是不能並存的矛盾關係[15]。

　　本節在上述的梵文語言學與連帶的義理問題之討論基礎上，轉而考察包括研、譯東亞唯識在內的西方學者，是如何因應大乘佛教眾多傳統的不同理解，來英譯或德譯「所知障」一詞，及由此所間接反映的研究現況與困境。當然，我們沒有特別在此對中文和日文的「所知障」、藏文的 shes bya'i sgrib pa 等譯詞作專題考察，乃是因為上述三文的翻譯，如果不是譯詞在一開始時，就已經統一（藏文、日文），就是定譯形成後，早期的異譯漸被遺忘（中文），譯詞的單一化，也許亦進一步減弱學者對該詞內容的複雜與不明確之敏感度。反而歐美高度分歧的譯詞，却正好反映了該詞內容的不確定與不明朗。

　　以下是筆者搜索所得的「所知障」一詞英文異譯：對趨向所知的障礙（obstacle to that which to be known）[16]、對趨向究竟的認知障礙（cognitive obstacle to the ultimate）[17]、至知之障（cognitive hindrances 或 hindrance of the known）[18]、對所知的障礙（obstacles to the knowable）[19]、使認知對象被掩蔽之障礙（obstacles that cover up the object of knowledge）[20]、認知上的障礙（cognitive hindrances）[21]、智解的障礙；智解的被迷霧籠罩；對所知的掩蔽（intellectual hindrance or intellectual fog, covering of the knowable）[22]、因

---

[15] 劉宇光，2012。

[16] Wei 1973, pp. 727-747.

[17] Cook 1999, pp. 51, 55, 78, 144, 276-278, 290, 299 300, 314, 325-333, 337, 342, 344-345, 347.

[18] 見前註馬勒的多篇論文。

[19] Griffiths 1989, pp.244-245.

[20] Chatterjee 1980, pp. 31-32.

[21] Eckel 1987, p.148，艾克討論的是自立論證派中觀師智藏（Jñānagarbha）。

[22] Iida 1980, pp. 34, 36, 39, 80。應注意飯田昭太郎談的是中觀自立論證派清辯的所知障，不是唯識學的所知障，雖然池田道浩〈不染污無明（不染污無知）與所知障〉一文認為，兩者對法執及所知障的意思差別不大，因為唯識宗與中觀派對所知障的分歧始於月稱。

於未勝任無任何特定偏見地趣向如實理解一切事物所造成的障礙（hurdle in
the direction of proper comprehension of any thing without specification of any
preset limit concerning it）[23]、知識的障蔽（hidden or concealment of
knowledge）[24]、由錯誤地被認知所造成的障礙（obstruction by what is
mistakenly known）[25]、對知識／可被認知項／智慧之障礙（obstracle to
knowledge / knowable / wisdom）[26]、智力缺憾（hindrance of the knowable /
intellectual faults）[27]、可被認知的微密遮蔽（sublte veil of cognizable）[28] 及
趨向覺悟上錯誤假設的遮蔽（the veil of（false）assumptions on the
attainment of Enlightenment）[29]、阻礙大菩提的路障（the barrier which
obstructs Mahābodhi）[30]、阻礙最究竟知識與覺悟的路障（barrier hindering
supreme knowledge and enlightenment）[31]、把真實遮蔽住的對象（objects
covering the Real）[32]、所知對象作為在理解事物自身時的嚴重妨礙
（knowable objects as serious impediment in understanding things in
themselves）[33]。

　　除前述的眾多英譯外，德譯有：對象對認知主體的限制（das

---

[23]　Chinchore 1996, pp.94-95.

[24]　Mishra 1999, p. 234.

[25]　Lusthaus 2002, pp. 52, 65, 123-124, 155, 160, 230, 264, 317, 342, 509-510, 537.

[26]　Asanga 1992, pp. 35, 56, 73, 99, 100, 113; Bandhuprabna 2002, pp. 1, 17, 25, 28, 36, 37, 42, 43, 79,
132-133, 139, 141, 168, 172, 204, 206, 208-210.

[27]　Kloppenborg 1974, p.9.

[28]　Sangharakshita 1987, p.24.

[29]　Sangharakshita 1998, p.52.

[30]　Ganguly 1995, p. 80.

[31]　Jiang 2006, p.141.

[32]　Sharma 1997, p.107.

[33]　Kochumuttom 1982, pp. 15-16,136,161-163.

Bedingtsein des Gegenstandes durch die Subjektivität des Erkennens）[34]、對認知的障礙（die Hemmnis des zu Erkennender）[35]，同書另兩處則譯為：對知識的障礙（Hemmnis des zu Wissenden）[36]。

　　其餘如舒密特豪森（L. Schmithausen）[37]、哈穆・比切（Hartmut Buescher）[38] 或長尾雅人（NAGAO Gadjin M.）[39] 等，則索性沿用梵文不譯。上述列舉的英、德等文的不同翻譯，即使不存在衝突，但其分歧也足夠眼花瞭亂，莫衷一是，彼此意思一至的程度也是甚為有限，上述譯文的差別充份反映所知障學說，不管在語言、哲學、教派思想等不同層面，等都充滿著歧義與不穩定。稍作整理，可以說當中存在最少兩大類理解，大多數都歸入依主釋（tat-puruṣa）的「至知之障」，即真實的認知對象被障礙，但所知（jñeya）在這具體到底指什麼，則單憑譯文用字，並不易明確反映譯者如何理解這概念的意義，故此每多表達得較為含糊。部份翻譯卻連「所知障」指的顛倒，是放在唯識學核心議題之一的能—所關係上來講也未能妥善掌握與清楚表達。

　　例如《成唯識論》的英譯者庫克（Francis Cook）把「所知障」理解為未能認知現象的空性。從其用 ultimate 來說，突顯的是現象的究竟性，但《成唯識論》卷九與十討論十障（āvaraṇa）時，清楚顯示東亞有相唯識所知障概念所指的範圍，遠不僅是指對究竟真實的認知發生質上的顛倒，更包

---

[34]　Kitayama 1934, p. 61。值得注意的是北山用 Verdecktsein（蒙蔽）譯煩惱障當中的「障」，但他却用另一個字 Bedingtsein（限制）譯所知障中的「障」，北山這一分別處理未見於任何使用英文的唯識學人，二字所指的錯謬程度是有差別的。

[35]　Tauscher 1995, pp. 89,95,99,100,103,106-108,175,262,339,376,378. 這是探究宗喀巴中觀的二諦學說。

[36]　Tauscher 1995, pp.197, 246.

[37]　Schmithausen 1987, pp. 370-373, 487-488, 496-497.

[38]　Buescher 2008, p.145.

[39]　Nagao 1991, p.24.

括存在認知上的不足或未臻完整 [40]，所以其涵蓋的議題之範圍遠過於只是
究竟性。剩餘少數英譯案例似乎更偏重據持業釋（karma-dharaya）移譯知
障，視所知（jñeya）本身為障礙、妄執與顛倒。

此外，還有一個學術群體，其獨特的譯詞不完全可納入以上兩類的任何
一者。我們應該特別加以注意的，是以專研藏傳格魯派經院佛學自成一格聞
名的傑弗理・霍普金斯（Jeffrey Hopkins）[41] 及其門下，號稱維吉尼亞學派
（Virginia School）的一系近三十位藏傳學者，包括直接研究唯識宗的約翰
・鮑爾斯（John Powers）[42]、喬・威爾遜（Joe Wilson）[43]、丹尼爾・科佐特
（Daniel Cozort）[44] 及霍普金斯編撰，厚達近六百頁的《藏-梵-英辭典》
（*Tibetan-Sanskrit-English Dictionary*）[45]。他們近年大多統一把「所知障」
一詞的藏譯 shes bya'i sgrib pa 英譯作較簡潔的「至全知（指一切智）之諸障
礙」（obstructions to omniscience）。此翻譯當然有一定理據，但未成這學
派的統一定譯前，學派成員之間，仍存在多樣不同的譯詞，都同樣值得注
意。這包括霍普金斯本人曾譯作：未臻同時認知一切現象之障（obstruction
to simultaneous cognition of all phenomena）[46] 及妨礙同時認知一切現象之障
（obstruction that prevent simultaneous cognition of all phenomena）[47]，其早期

---

[40] 劉宇光，2011a。

[41] 見霍普金斯回應宗喀巴《辨了不了義善說藏論》（*legs bshad snying po*）的系列三冊研究
（Dynamic Responses to Dzong-ka-ba's *The Essence of Eloquence* 1-3）。分別是 Hopkins 1999, pp. 68,
88, 89, 197, 200, 212, 219, 322, 331, 335；Hopkins 2002, pp. 56-58, 61, 68, 71, 72, 88, 174, 177, 196,
400, 401, 422, 428, 434, 435, 465；Hopkins 2005, pp. 12, 18, 217, 272, 328, 342, 346, 355, 388.

[42] Powers 1992, pp. 31, 62, 82, 101, 114, 123.; John Powers 1995, pp. 115, 201, 229, 267, 314, 315, 336,
355, 356, 363, 369.

[43] Wilson 1984.

[44] Cozort 1998, pp.90, 217-219, 244-246, 254, 398, 418, 466.

[45] Hopkins 2009, pp.88, 164-165, 539, 541.

[46] Hopkins 1989, p. 332; Hopkins 1983, pp.210, 297, 345.

[47] Hopkins 1983, p.302; Hopkins 1987, p.25.

學生伊莉莎伯·納珀（Elizabeth Napper）譯作未臻全面理解每一項可知事物之障（the obstructions to full understanding of everything knowable）[48]，另一位早期學生安妮·克萊因（Anne C. Klein）則譯作至全知之諸極微細障礙（very subtle obstructions to omniscience）[49]。

　　霍氏的維吉尼亞學派頗具特色的英譯，高調而清楚地反映其譯詞內涵指「未臻佛智的全知」。它是以佛智的全知概念爲背景，來強調對現象的緣起事相的認知不足。這一英文譯詞與藏傳佛教多部典型宗義書（grub mtha'）的法執或所知障定義的意思之間，有頗大差異。從第十六到第十八世紀的二百餘年間，典型的藏傳宗義書如《宗義建立》（grub mtha'i rnam bzhag）[50]、《宗義廣釋》（grub mtha'i rnam par bźag pa 'khrul spon gdon lna'i sgra dbyans kun mkhyen lam bzan gsal ba'i rin chen sgron me źes bya ba bźugs so）[51]、《宗義成就論》（grub pa'i mtha'i rnam par bzhag pa）[52]、《宗義寶鬘》（grub mtha' rin-po che'i phreng po）[53] 等，對經量部、唯識學及中觀學門下諸系的法執和所知障的定義，其理解多未越「執著能取、所取異體」或「執色與持色量異體」一說，未涉「未臻完整知識」等義。藏傳文本在字面上，對「所知障」所下的定義，單純是指認知上的實在論取態。但是維吉尼

---

[48]　Klein 2008, p.181.

[49]　Napper 1989, pp. 541, 744.

[50]　色拉·傑尊巴·却吉堅贊（rje btsun chos kyi rgyal mtshan,1469-1546）《宗義建立》（grub mtha'i rnam bzhag），中譯見廖本聖 2005，頁 69-70, 96-98, 111, 123-124。

[51]　第一世嘉木樣·俄旺宗哲（'jam dbyangs bzhad pa ngag dbang brtson 'grus, 1648-1721）《宗義廣釋》（grub mtha'i rnam par bźag pa 'khrul spon gdon lna'i sgra dhyans kun mkhyen lam bzan gsal ba'i rin chen sgron me źes bya ba bźugs so），中譯見任傑　2004，頁 197, 222, 242-244, 381。

[52]　第三世章嘉·若白多傑（lcang skya rol pa'i rdo rje, 1717-1786）《宗義成就論》（grub pa'i mtha'i rnam par bzhag pa），中譯見許明銀 2009，頁 111；英譯見 Lopez 1987, p.227。

[53]　第二世嘉木樣·貢覺晉美旺波（dkon mchog 'jigs med dbang po, 1728-1791）《宗義寶鬘》（grub mtha' rin-po che'i phreng po），中譯本見陳玉蛟，頁 71, 84, 98-101；英譯見 Hopkins 1989, pp.54, 271-273, 290。

亞學派的譯詞顯然認為，無論是梵文或藏傳的唯識或中觀學，所知障都是明確地指，高階地的行者在以五明處為具體內涵的知識實踐上，未臻達大乘覺者的一切智所能成就的知識完整度。若與前文所列其餘諸譯對比，霍氏維吉尼亞學派的譯詞有數項重要的明顯差異。

首先，霍氏的譯詞 obstructions to omniscience 其實是以解釋取代了字面義的翻譯，而這在哲學翻譯上，是否屬妥善的處理，則不無可議之處[54]。因為單純從梵文字面上來說，很難把全知（omniscience）與梵詞 jñeya（所知）等同起來，畢竟梵文還另有 sarvajña（一切智）之概念。另一方面，雖然有上述問題，但考慮到霍氏顯然是從義理整體的綜合意思來掌握、限定及翻譯該概念，所以無容否認，此譯在詞義上，實遠較前述餘譯來得具體及清楚明朗，而且它所擷取作翻譯的，似乎是「所知障」一詞當中，為所有採納此詞的諸多大乘學派皆接受的共通部份。

其次，絕大部份前譯用於表達「障礙」的英詞，無論是 obstruction, obstracle, veil 或其他等，都是單數（singular）的，但維吉尼亞學派却是極少數會用複數（plurals）來表達障礙的翻譯，據格魯派論著的討論脈絡，這顯然是從附帶在大乘菩薩修行的十地的十障之角度來立說，唯有在印度中期大乘佛教以後，才有把十障明確列作所知障諸（various）障內容的安排。在「所知障」概念的諸多涵義中，未臻一切智是最重要的其中一環，此說在印度應已有其淵源，並在中期大乘階段之後，成為大乘的標準教理，透過中後期印度中觀而傳入西藏，並被藏傳佛學全面接納，從而亦可見之於格魯派。

第三，霍氏的早期譯詞，在字面上強調其障礙表現在未臻同時（simultaneous）認知上，因而也暗含其缺陷在於未臻直觀（intuition）。而

---

[54] 在翻譯現代學界的佛教哲學研究論著時，應該如何處理翻譯與解釋之間的分歧，見劉宇光，2013a。另海德格哲學學者孫周興亦循西方哲學的中文翻譯經驗，檢討哲學中文翻譯的種種難題，見孫周興，2013 年。兩位不同哲學領域的論者皆主張，哲學術語的翻譯，更適合按字面義直譯，不宜以解釋出或詮釋取代翻譯。

克萊因的譯詞則強調障礙主要表現在「未臻全盤瞭解每一項可知的事物」。

　　第四，霍氏的翻譯用詞，為我們如何解決由 jñeyāvaraṇa 的梵文構詞異讀所引發的疑難，帶來一些思考的線索。讓人困惑與值得注意的，是霍氏將 obstructions to omniscience 這一藏-英譯詞通用於唯識與中觀兩個系統，無論是霍氏早期近乎下定義的詳譯，或後來統一的簡潔定義，兩者都非常一貫地被表達為 obstructions TO，而不是 obstructions OF 或 BY，換言之，它明顯是指「至（to）知被障」或「所知受障」，並非「所知即障」。筆者曾在另文曾指出，多位現代學者據「所知障」一詞梵文構詞異讀的分析，大力論證依主釋及持業釋各別與唯識及中觀的立場緊密對應，唯識以所知受障（Obstruction to Known），而中觀則按所知即障（Obstruction by Known）來理解所知障。

　　如果這一假設確有其成立的道理，則維吉尼亞學派的英譯，可說是把如池田道浩等部份時下學者嚴格依照持業釋，視中觀學「所知障」概念與「所知即障」說掛鈎的解讀推翻，因為維吉尼亞學派的上述譯詞，明顯是指「所知受障」，看似也是在根據與唯識解釋「所知障」的同一原則，即依主釋來理解中觀的「所知障」概念。雖然霍氏翻譯的案例是著眼於藏傳中觀，但若能審慎地注意到當中層次的複雜多樣，仍然能為理解及翻譯唯識的所知障概念，帶來比前述其他學者的餘譯都來得富啟發意義與參考價值。

三、所知障：研究現況回顧與檢討

　　由於現代學界對所知障及其相關課題的研究相當缺乏，因此對研究現況的扼要回顧，不應只限於特定哲學傳統，需要把搜索的範圍擴展至對所有佛教學派的相關研究，下文將順序回顧英文、日文、中文文獻。

　　英-德學界　迄今為止，現代學界未有一冊著眼於探討所知障或二障關

係的專著，也沒有任何現有英語專書以專章（book chapter）方式，對大乘佛教的所知障作深入的系統探討。即使是專題討論所知障的期刊論文（article）亦極為有限。我們幾乎搜尋不到任何專題討論特定學派所知障的英文期刊論文，以筆者長期關注的唯識學為例，唯一的專題論文是夏斯特里（Biswanarayan Shastri）的短文 [55]，其餘無過於史瓦森撰有一文討論天臺宗的所知障，法光法師（K.L. Dhammajoti）則有論文，探討大乘佛教「所知障」概念的前身，是如何醞於部派階段的說一切有部（Sarvastivāda），兩文皆有兼論唯識學的所知障。

目前在英語學界，唯一曾在此課題上撰、譯有系列二障專題論文的學者是馬勒[56]，他是在把唯識學作為新羅華嚴宗如來藏（tathāgata-garbha）佛學的他者的脈絡下，才論及受批評的唯識學所知障觀念。因此雖然學界一般都會同意，唯識學是在大乘諸學派中，首倡「所知障」概念者，但反而對它的專題討論却很有限。無論如何，有從事所知障問題研究的西方學者數目本來就不多，馬勒是這少數者當中最活躍的其中一人，撰有相關論文多篇。

即使專研玄奘唯識學的美國學者悅家丹（Dan Lusthaus）在其探討《成唯識論》的專書《佛教現象學》（Buddhist Phenomenology）中，對《成唯識論》複雜多變的所知障問題，同樣未有作系統分析，這一點特別可惜，因為本文第五節，連同筆者的其他論文清楚指出，《成唯識論》極有可能是在梵、漢及藏三語系的唯識傳統當中，首部系統完整陳述所知障問題的論書，但悅家丹《佛教現象學》一書對此幾乎未置一語，完全有失之交臂的遺憾。其書只是籠統稱所知障為認知的障礙，未有仔細區別《成唯識論》內對所知

55　Shastri 1985, pp.361-362.

56　查爾斯・馬勒目前是京都東洋學園大學的學者。他所主治的二障或所知障，偏重從唯識學過渡到《大乘起信論》，最終入於元曉（617-686 A.D.）、知納（1717-1790 A.D.）等新羅華嚴宗佛學，而唯識學的所知障是在與如來藏（tathāgata-garbha）系的特色作對比或受批評的情況下被論及。

障的不同陳述，他每多只說是所知障依我見而生的認知障礙，使眾生未堪如實知見真實，他的解釋甚至沒有觸及「所知障」一詞在梵文複合詞上作持業釋或依主釋的劃分，及依此而引申的基本義理歧義 [57]。

　　在近十餘年藏傳佛學日益受到現代學界的關切，藏傳的中觀傳統特別重視印度中觀師月稱（Chandrakirti），其作品如《入中論》（*Madhyamakāvatāra*）等受到廣泛注意，而《入中論》將唯識學的人無我（pudgalanairātmya）、法無我（dharmanairātman）的二無我（dvi nairātmya），及評破人我（pudgalātmagrāha）、法我（dharmātmagrāha）的二我執（dvi ātmagrāha）視作主要討論課題，在此意義下的印-藏中觀學的，似乎是時下西方學界討論所知障問題時較常涉及的佛學傳統，以翟氏為代表的維吉尼亞學派就是典型實例。雖然本文不會深入此題，但仍需要指出，中觀學與唯識學所談的所知障，並不是完全相同的，如果沒有充份警惕二者之間對所知障的理解的差異，直接挪用中觀學之所知障議論，來施之於說明唯識學，則若不是造成誤導與混亂，也並不直接有助於理解後者的完整見解。

　　另外，一切智（sarvajñā）之理論與大乘的所知障問題之間，其實存在著隱蔽、間接，但却密切的相互支持關係 [58]，因此亦有必要一併回顧西方學界對大乘佛學「一切智」概念的研究，是否有助或如何有助對所知障的理解。近年有多部循不同問題與角度來探討印-藏大乘佛學一切智學說的論著，其中包括保羅‧格里菲斯（Paul Griffiths）根據《大乘莊嚴經論》（*Mahāyānasūtralaṃkara*），所撰唯識學一切智的系列論文[59]（與結集的專書）[60]、約翰‧馬克蘭斯基（John J. Makransky）據印-藏《現觀莊嚴論》的

---

[57]　Lusthaus 2002, pp. 52, 65, 123, 124, 155, 160, 230, 264, 306, 317, 342, 509-510, 537。

[58]　劉宇光，2011a。

[59]　Griffiths 1989b ; Griffiths 1989c ; Griffiths 1990.

[60]　Griffiths 1994.

眾多釋義傳統[61]、廣興（Guangxing）據漢傳大乘佛學 [62] 的佛身（kāya）論
著，乃至近日薩拉・麥克林托（Sara L.McClintock）和護山真也
（MORIYAMA Shinya）分別根據寂護（Śāntarakṣita）、蓮花戒
（Kamalaśīla）的瑜伽行-中觀自立論證綜合派（Yogācāra-Svātantrika）[63]及
般若伽羅鞠多（Prajñākaragupta）[64]，來探討大乘佛學有關覺者的全知
（Omniscience, 實指一切智）學說的兩部博士論文，而後二者的主題皆與法
稱（Dharmakīrti）《釋量論》（ *Pramāṇavārttika* ）的佛教量論
（Pramāṇavāda）系統有着密切的關係，同時威廉・馬紀（William Magee）
著有討論藏傳格魯派趨向一切智修學之道學說的研究[65]。但可惜的是，上述
有關一切智問題的所有專著，都完全沒有觸及所知障。

　　日文學界　早期的現代日本學者神林隆淨雖然認為「所知障」是唯識
宗首倡的獨特概念，他引述《瑜伽師地論》卷四十八提及「所知障」有皮粗
重、膚粗重及內粗重三層。但除此以外，他並未有解釋「所知障」所指到底
實屬何事 [66]。

　　筆者先後在 2008 年及 2012 年夏兩度詳細搜尋日本學界通用的 Namazu
による日本語全文検索システム、インド学仏教学論文データベース
（INBUS，Indian and Buddhist Studies Treatise Database，印度學佛教學論文
資料庫）及国立情報学研究所論文情報資料庫（CiNii, Scholarly and
Academic Information Navigator）三個網上日文論文資料庫。一直到九〇年
代末為止，日語學界的所知障研究其實非常有限，論文不會超過 5 篇。但自

---

[61]　Makransky 1997.
[62]　Guangxing 2005.
[63]　McClintock 2010.
[64]　Moriyama 2006.
[65]　Magee 2010.
[66]　神林隆淨，頁 330-341。

2000 年迄今十餘年間，與「所知障」相關的日語論文持續增長。以九〇年代前後來計算，2008 年時有 8 篇論文探討東亞有相唯識所知障，迄 2013 年增長到約 15 篇，如連同九〇年代前的五篇合算，總數在 20 篇之譜。

　　近十餘年日文學界曾研究所知障相關課題的學者，有小川一乘（OGAWA Ichijyou）和松下俊英（MATSUSHITA Shunei）、池田道浩（IKEDA Michihiro）、釋見弘、川﨑信定（KAWASAKI Shinjo）及堀內俊郎（HORIUCHI Toshio）等，絕大部份都是研究印-藏，甚而是藏傳格魯派中觀學的所知障。池田道浩甚至撰有系列專論所知障的論文，當中多屬討論中觀的所知障，其中只有兩篇是以為唯識學所知障為專題，分別是〈瑜伽行派における所知障解釈の再検討〉[67] 及〈不染汚無明（不染汚無知）と所知障〉[68]，另研究《大乘莊嚴經論》的上野隆平（UENO Ryuhei）在大乘修道斷障的脈絡下論及所知障 [69]。此外，佐佐木宣祐（SASAKI Sen'yu）主要根據漢譯說一切有部文獻，在最近兩年撰有數篇討論有部所知障的論文 [70]。

　　華文學界　在中文學界，一直到近兩年之前，皆未有任何有關所知障的專冊研究，即使是寫有數冊唯識學專書的資深學者，於「所知障」一事，除了近乎不加任何解釋地在書中反復數次提及「所知障」一詞外，亦無對問題作過任何實質的哲學說明[71]，近年臺灣多部深入專論識轉變（vijñāna-pariṇāma）問題的唯識學研究也同樣沒有討論所知障，但事實上在玄奘系的唯識學，識轉變與「所知障」的其中部份環節是有密切理論關係的。這種情

---

[67] 池田道浩 2000，頁 31-39。

[68] 池田道浩 2003，頁 361-358。

[69] 上野隆平 2009。

[70] 佐佐木宣祐 2011a, 2011b, 2012 三篇論文。這位佐佐木宣祐先生，似乎是大谷大學佛教學部一位仍然在學的碩士（日文作修士）研究生。

[71] 吳汝鈞 2002a，頁 220-221, 232, 240-241, 244-245, 269；吳汝鈞 2002b，頁 162-165。

況頗見可惜，因為東亞唯識學本來擁有非常有利的文獻條件，能深入探討這個課題，並非其他語種的唯識系統可以相比。

中文系背景的學者李潤生近年以傳統註經的方式，撰有多達八卷本的《《成唯識論述記》解讀・破執篇》[72]，從文字上疏釋窺基《成唯識論述記》卷首有關破法執的部份，但有關的議論不單只側重文字，而疏於義理探討，且對於《成論》乃至《成論述記》這一系唯識學，在法執與所知障的獨特立論，亦未見李氏有作分析，本來單純從書題來說，該書似是最可能系統地處理法執及所知障，可惜該書沿用傳統文句解讀的方式撰寫，部冊雖廣，但問題意識與理論焦點不強。另外華人學者廖明活在探討唐代唯識宗兩次有關佛性或五種姓問題的爭論，連帶涉及傳統三乘之間修道斷二障的進階差異時，有不完整及間接地觸及所知障，但都不是以它為主題的專論[73]，因而同樣都沒有說清楚所知障本身是什麼。

近數年臺灣有三部篇幅在 200-250 頁之間的論著，皆不同程度地涉及唯識學的所知障，它們分別是《窺基唯識實踐論之研究》[74]、《無分別智之研究》[75] 及《佛與阿羅漢斷障差別之研究》[76]，三者都是唯識學者陳一標教授門下的研究生學位論文。此外專研窺基唯識學的趙東明撰有〈轉依與所知

---

[72]　李潤生 2005 年。

[73]　廖明活 2003, 2005a, 2005b。稍後全收於廖明活 2008，第四、第七及第八三章，頁 7, 109-110, 203, 209, 215, 220, 226-229, 253, 255, 257, 263, 268-269, 272-276, 278-279。

[74]　釋振元 2006 年。

[75]　楊碧輝 2009 年。

[76]　釋文修 2010 年。該文篇幅 250 頁，應為現代佛學界（不只是華文）首部直接討論所知障的專著，且該研究亦回應時下日文學界的相關爭論。它是順着原始佛教、部派、唯識、印-藏中觀及如來藏等的思想史次序構成章節，來討論印度佛教的斷障理論，因而「所知障」及「不染無知」等佛教哲學概念都是其中一組主線，但唯識只是全書五章當中的一章，所以並非專冊討論唯識的所知障。但無論如何，作者循教理史的線索，梳理不同佛學體系之間，對煩惱、所知二障的內涵及關係的觀點差異，這當然值得肯定。

障〉一文[77]，據《成論》及《成論述記》，在與斷障屬一體兩面的轉依（āśraya-paravṛtti）議題之脈絡下，探討所知障的內涵。此外，研究印-藏中觀，尤其是格魯派中觀的少數新進者，在他們的論著中，亦對所知障進行過一定分析[78]，但皆不是對所知障的專題討論，而且誠如眾多研究已經指出過，印-藏中觀的所知障不宜原封不動地施之於唯識。

　　另一方面，當代的漢傳僧侶也曾議論過所知障，他們有時反而會提出顯然跳脫在傳統教義之外的自由解釋。例如接受過現代學術訓練的著名佛教領袖，臺灣法鼓山的創立者聖嚴法師，在題為〈多聞與所知〉的專題演講解釋「所知障」如下：

> 知識分子……讀書讀得多……這種現象就是「所知障」。「所知障」是被自己原來的知識學問蒙蔽，產生先入為主的觀念，……以這個觀念的框架來批評、否定宗教，妨礙宗教信仰的道德實踐和內心的體驗。他們自認為是站在純客觀立場……局外人不明就理的評論……所知不多而自以為無所不知。不但對他自己形成了障礙，也可能誤導他人而成為信仰宗教的障礙[79]。

而另一位著名漢傳佛教領袖，臺灣佛光山的創立者星雲法師也說：

> 對宗教信仰的執著，好比佛教的阿羅漢，我執已除，但法執難除；他可以放下自我，但是對於真理，卻非常執著，這就是所謂的「所知障」[80]。

---

[77]　趙東明 2012。

[78]　劉嘉誠 2005 年，頁 67-69；簡淑雯 2000 年，頁 82-87。

[79]　聖嚴法師 2001。

[80]　星雲法師 2005。

如果把其中關乎宗教在現代社會的情況，及因不滿意世俗知識分子的宗教態度而作的批評先擱一旁，上述兩個解釋與循持業釋，把「所知障」解讀為「所知即障」的立論之間，也許有間接的相似。但如諸多研究已反覆指出過，即使是最嚴格意義下的中觀學所知障，也不能全盤而直接地施用於理解唯識學的所知障，就更不要說上述二個觀點籠統，僅是疑似據中觀學所作的立論了。

　　何況兩位漢傳佛教僧團領袖的陳述，其實還存在另一個疑點：就算我們願意同情地理解兩位法師的說明，因而姑且目為中觀式的角度，但問題是漢傳佛教對所知障的理解，歷來都是沿用東亞有相唯識的依主釋而展開，強調「所知受障」或「至知受障」，所以才發生保羅·史瓦森對東亞佛教只知以依主釋來解讀所知障的強烈抱怨[81]。中觀式的解讀其實即使在印度，也是被池田道浩等普遍視為晚及約西元第六、七世紀的月稱年代才首度出現。而此一由中晚期印度到西藏階段的大乘佛學，是下及民國時代，法尊法師進藏並於拉薩格魯派（dge lugs pa）大學問寺（gdan sa chen po）學成返回漢地後，譯出月稱《入中論》及其《自註》[82]，乃至宗喀巴（tsong kha pa, 1357-1419）及早期格魯派其他論師的一系列論著後，才傳入漢地[83]。問題是，眾所周知，星雲及聖嚴兩位漢傳法師與藏傳格魯派的中觀教理素無瓜葛，他們的陳述亦沒有表明與藏傳有任何淵源，即使其說與中觀學的持業釋立論表面

---

[81]　Swanson 1983, p.52.

[82]　月稱 1990 年。

[83]　法尊法師在民國時期中譯的藏傳中觀論著，有宗喀巴的《辨了不了義善說藏論》（*drang nges legs bshad snying po*）、《菩提道次第廣論》（*lam rim chen mo*）〈毘砵舍那品〉（lhag mthong）、《入中論善顯密意疏》（*dbu ma la 'jug pa rgya cher bshad pa dgongs pa rab gsal*）和《菩提道次第畧論》（*lam rim bring*）的〈毘砵舍那品〉（lhag mthong）；還有一世達賴喇嘛·根敦珠巴（dge 'dun grub, 1391-1474）的《中觀根本慧論文句釋寶鬘論》（*dhu ma rtsa shes*）及二世達賴喇嘛·根敦嘉措（dge 'dun rgya mtsho, 1476-1542）的《辨了不了論釋難》（*rje btsun thams cad mkhyen pa'i gsung 'bum las drang nges rnam 'byed kyi dka' 'grel dgongs pa'i don rab tu gsal bar byed pa'i sgron me*）等。

上相類近，但在經證、理證，乃至立說的淵源上，其所從何來恐怕仍是一個未解之謎 [84]。當然，不見得漢傳學者對上述兩位法師的觀點全無異議 [85]，唯這與對所知障的內涵作系統的學術論述，仍然是兩回事。此外，在當代漢傳佛教僧侶當中，有案可稽，以通俗但準確可靠地說明「所知障」意思的，是今天浙江省三門龍頭山多寶講寺的智敏法師（1927-　　），智敏法師是在民國時代 1928-1940 十二年間留學藏傳格魯派寺院的能海法師（1886-1967）座下弟子。他在其《俱舍論頌疏講記：分別界品第一》總第七講提到：

> 所知障怎麼解釋？是不是持業釋？……不是持業釋。……凡是所知，是我們要知道的，所以有很多人搞錯了。所知障，他說你東西學多了，障掉了，最好不要學，所知障就沒有了。這是笑話……不懂法相。所知障是依主釋。我們要知道一切，佛是一切智者嘛，一切都知道的。我們這個所知，給障住了，不知道了，這個叫所知障。障我們的所知的，所知的障，依主釋。所知是好東西，但是這個東西給障住了，這叫所知障。所以說煩惱障跟所知障釋兩個釋不一樣。如果你說所知障是持業釋的話，懶人最高興了「學多了是障，越學越障，我什麼都不學，那就沒有障了，那就成佛了」，這是大笑話。所以說這就可以看出六離合釋的重要性。如果你把所知障依持業釋來講的話，那成了一個顛倒了，修行成了白白花時間了。所以說我們一定要由六離合釋把它決定，凡是講所知障的時候，要肯定它，這是依主釋。所知的障，不是所知就是障，所知不

---

[84] 筆者曾就此與這些法師座下的學僧交流，他們認為，乃師二講皆僅是以一般信眾為對象的通俗演講，而非專門的學術性討論，所以其所指不外乎只是一般的雜染心而已，雖然筆者必須承認，此說並未能完全使人信服。

[85] 楊惠南 2000。

是障。所知，我們要知得多一點，因為障住了，就知道得不多，不
能知道很多，所以說把這個障除掉[86]。

　　大乘佛學議論二執、二障的方式其實有兩種，借用早期部派佛教（例如
《大毘婆沙論》卷二十三）討論緣起的結構來說，是有「順觀」與「逆
觀」，或「流轉緣起」與「還滅緣起」二種。順觀及流轉緣起觀由因向果
以解流轉，即順著事態的流程作描述；逆觀及還滅緣起則由果向因倒溯以明
還滅，即逆其眾生的苦患妄執現象，以揭示其構成的條件及解構其機制[87]。
　　可以說，上述華文學界和僧團的基本研究思路，仍然同樣沿用傳統的論
述模式，更多着眼於整理文獻，再據此幾乎完全都是循修道理論的斷障過
程，依見所斷（darśana-heya）與修所斷（bhāvanā-heya）的區分，來討論分
別起（parikalpita）與俱生起（sahaja）的所知障，是在什麼修行進程中被
伏、斷、捨[88] 等，這是所謂還滅式的緣起描述，重點放在如何去除人、法
二執，從而證人、法二空或二無我，幾乎沒有研究不取這一途徑。
　　但卻罕有研究是循哲學反思及理論重構的進路，來處理最需要解答的根
本核心問題，即「所知障」到底是什麼，而且更疏於問，即使在非關宗教信
仰與實踐的情況下，「所知障」能否與更廣泛的哲學討論分享不同思想文化
傳統之間皆會共同關心的問題。而這一點才是學術性佛教研究在處理此一議
題時最需要直接探討的，尤其當連「所知障」本身是什麼，都尚處在含糊其
辭的狀態時，奢言斷障進程，在學理上這徒屬躐步。
　　故此在所知障的研究上，也許目前首先最需要問的，是「什麼是所知
障？」。這一詢問可進一步分為：在大乘佛學的義理脈絡中，與哪些概念及

---

[86]　智敏法師（敏公上師，年份不詳），頁 76-77。

[87]　《大毘婆沙論》卷二十三。又見水野弘元 1989 年，頁 24-25。

[88]　水野弘元曾據《成唯識論》把分別起及俱生起的所知障的現行、種子及習氣在十地中的伏、
　　斷、捨進度整理為一目了然的簡表，水野弘元 2000 年，頁 196 及日文本，頁 153。

問題有直接的理論關係，乃至對所知障基本內涵的掌握，有助我們加深對大乘佛學哪些議題的理解。其次，所知障在梵、漢、藏的多個不同義理系統，如中觀、唯識及如來藏學說中的內容，及彼此的異同關係，甚至它在部派佛學從有部到現存巴利上座部義理當中，零散而隱晦的陳述。最後，還應進一步問，如果我們不只是把「所知障」理解為最狹義的單純宗教概念，僅與佛教徒的私人信仰生活有關；而是作為一個有一定普世意義，多少分擔著所有人類文化-智性傳統和文明體系都需要面對，有一定共通性的哲學問題，則「所知障」指的到底是什麼？

四、所知障：部派溯源

　　從漢傳佛教哲學的角度來看，在國際學界的既定框架與視野之外，突破前節提到的所知障研究的現有困局，這起碼存在兩個很重要的參照系統與文獻，而且兩者所起的作用並不完全相同。第一組是以玄奘、窺基等唐代法相宗數代師弟所代表的東亞有相唯識，《成唯識論》、《佛地經論》及《成唯識論述記》等即其主要論著，本文將在下一節探討該系唯識在所知障問題上頗成系統的詳細陳述。

　　第二組是篇幅總量上是奘譯唯識論書 2.5 倍的奘譯漢文有部論書。有部論書對所知障議題的討論方式卻深異於唯識論書。作為大乘唯識學前身的部派佛學，其論書是以分散的篇章與互不交涉的方式，零碎地討論所知障議題未凝固前（連「所知障」一詞彙也幾乎未成立），尚處在醞釀階段的議論。表面上看來，既然已有系統化的東亞有相唯識所知障理論，則僅作為大乘義理的前身，且論述方式頗見零碎與隱晦的部派佛學相關篇章，似乎便沒有再作討論的需要，畢竟它們已經被大乘唯識「消化過」。本節將簡單說明部派階段的所知障前身相關討論，和現代學界的相應研究，是在什麼脈絡下，有

助理解唯識學或其他大乘佛學的所知障學說。

　　雖然如本文首段曾引述「所知障是唯識學原創的大乘佛學特有觀念」乃現代學界的「常識」，但這一「常識」並非全無可議之處。前述「所知障是大乘特有觀念」之觀點，也許只是從有關學說的議論，是否已達至一成熟的水平，及是否有明白地提出專門術語這二點來說。但此一判斷沒有注意到，即使「所知障」一術語仍未面世，所知障作為一系列的議題，其醞釀與發展却可上溯到早期佛教。需要強調的是，在此指出這一點，並不只是著眼於對思想淵源的歷史追述，卻是有其哲學上的重要考慮。追溯此一問題的早期發展，將直接有助在大乘佛教所知障議題的討論陷入混亂與迷失時，提供對問題出路的方向性指引，故回顧早期佛教對所知障之前身的討論，從背景與淵源的角度豐富我們對唯識學所知障的理解。此一安排絕非只是循例追溯思想流變史，卻是因為這些早期議論容或未成體系，亦欠缺細緻論述，但其詢問的粗樸，反而更能突顯原初的問題本質。尤其重要的，是東亞有相唯識學的所知障論述，只是部派遺產的繼承者和加工者之一，其他大乘傳統對約畧同一批部派遺產，可以另有不同的組合，正因如是，尚處原材料狀態的部派所知障資料遂有其不可取代的意義。

　　事實上「所知障」議題的淵源，可上溯到大乘佛學前身的早期佛教文獻，當中包括部派佛教階段，由上座部與有部等所流傳下來的《阿含經》和阿毘達磨。且早在這一階段，已同時在醞釀著數個不同議題，這些議題在進入大乘佛教階段，才逐漸形成共識，並在唯識學手上被揉合成一套，且是同一套學說。正因如此，所知障的內涵才會發生前文引述當代學界所指的含糊、凌亂與分歧，從而造成現代學界無從入手，甚至寧願迴避討論所知障的情況。

　　西元第六世紀上座部的著名註釋家護法（Dhammapāla）撰有《勝義

筐》（*Paramattha-mañjūsā*）[89] 和《所行藏釋義》（*Cariyāpiṭaka Aṭṭhakatha*）二書都曾出現能知障或智障（jñāna-nīvaraṇa）一概念。然而，誠如遠藤敏一（ENDO Toshiichi）指出，護法的註書都是撰於第六世紀，屬於印度佛教史上相當後期的論著，有關術語未見於更早的上座部文獻，甚而連覺音（Buddhaghosa）《清淨道論》（*Visuddhi-magga*）本身都沒有出現「所知障」或「能知障」之概念，《清淨道論》的五蓋（pañca nīvaraṇa）當中所有的蓋或障（nīvaraṇa），都是指後來的煩惱障（kleśavaraṇa）[90]。因此研究南傳註釋傳統的現代學者相信，上座部是反過來受大乘佛教影響以後，才提出所知障概念[91]，故此上座部並非「所知障」觀念的原創者。

　　若我們轉而訴諸同由玄奘執譯的現存漢文有部阿毘達磨，由於其原本成書年代較唯識和前述後期上座部等的論書，皆來得更早，從而可以反過來提供相當線索，幫助我們理解部派階段的所知障淵源。筆者將在下文根據成型後的東亞有相唯識的所知障理論，梳理出在漢文有部論書中的相關議題，並扼要回顧當代學界對有關議題的研究現況。

　　所知障的第一項部派前身是「覺者的業習氣」問題。該議題最早是指聲聞、緣覺等阿羅漢，即使在覺悟後，仍殘留一些無傷大雅的奇怪習氣（vāsanā），困擾社群。在原始佛教，習氣必定是指無始以來，與煩惱相連的身心行為慣習，指煩惱斷後仍身、口、意等三業上不自覺地流露殘餘的習

---

[89]　西元六世紀的上座部註釋家護法（Dhammapāla）的《勝義筐》（*Paramattha-mañjūsā*），又稱為《清淨道論大疏抄》（*Visuddhimagga-mahātīka*）。顧名思義，這是護法對五世紀印度學者覺音（Bhadantācariya Buddhaghosa）在斯里蘭卡綜合上座部三藏所造權威著作《清淨道論》（*Visuddhi-magga*）的註釋書。

[90]　Buddhaghosa 1991, pp. 49, 88, 131, 147, 152, 196, 227, 312, 346, 539, 800, 802; 覺音 1987 年，上冊頁 68, 144, 199, 220, 225, 292, 328; 中冊頁 83, 137; 下冊頁 60, 408, 410。其中僅在第七章第 59 節與認知問題間接相關（即中譯本上冊頁 328, 英譯本 p.227）。

[91]　這是遠藤敏一教授 2009 年 5 月告訴筆者。他指出，在包括「所知障」在內的好些議題上，有清楚證據顯示大乘佛教（尤其瑜伽行派-唯識宗）對後期上座部有其一定的影響，見 Endo 2009, p. 5。

氣。在早期佛教，此等煩惱習氣的有、無，是區分佛與聲聞、獨覺二乘之間，在斷障徹底程度上的差別。唯有到大乘佛教，特別在瑜伽行-唯識學派，才在保存習氣的原煩惱義之餘，也同時整合了經量部的觀點，把習氣或熏習廣泛應用於指對一切法的認知慣習。池田道浩〈不染污無明（不染污無知）と所知障〉一文[92] 和印順法師的《唯識學探源》[93] 皆同樣在「所知障」的討論脈絡中，剖析「習氣」概念從早期到大乘階段的思想演變。

其次，所知障的第二項部派前身，是後來被唯識稱作「法執」之議題。部派佛學曾就器世間的最根本基礎，發生過元素論與原子論，或四大種（cātur-mahābhautika）與無方分極微塵（paramānu）之間的爭論，但與諍雙方其實皆預設了客觀主義的自然主義存有論立場，唯識學對此一客觀立場的質詢，就是對造成所知障的其中一項主要因素法執（dharmātmagrahā）的批評，它是指一般眾生會結構性地遺忘能認知在構成所知對象的呈現與成立上，所擔負的作用與角色。這在唯識學，稱為對能取、所取（grāhya-grāhaka）的二取取（grāhadvaya）。該批評是將有關「實有」之爭轉為「實事」之爭，將有關認知對象的客觀構成方式之爭論，轉變為認知對象在認知的能-所關係中，如何被構成與呈現之爭論，唯識論書如《唯識二十論》（Vijśatikavatti）或《成唯識論》卷一等，皆循此一思路批評部派佛學對外緣起的客觀主義預設。

思想史地說，唯識學對法執或二取取的上述質詢，其實早在部派時期已經是有迹可尋。唯識學的主要命題之一的「唯識無境」，其前身可見於有部論書《大毘婆沙論》卷五十六一段非常著名的文字，說明眾生的心緒狀態是介入或參予對對象的構成與在認知中如何作呈現，同時也掩蓋及扭曲所認知的真實，使煩惱心所不只引起我執及煩惱障，也參予構成後來被唯識學稱為

[92] 池田道浩 2003 年，頁 361-358。
[93] 印順法師 1984，頁 137-138。

法執與所知障[94]。

　　第三，所緣隨增、有繫事及所緣斷，有部認為，當眾生心生煩惱時，其煩惱心識所緣對象不單也是染污的，且該染污的所緣，也會反過來強化（隨增，anuśāyana）原先心識的染污程度，這一反向的強化關係稱所緣隨增（ālambanato 'nuśerate），其繫縛染污作用，稱「所緣縛」，而令煩惱隨增的染污所緣則稱為有繫事（saṃyoga-vastu），稍後還引伸出從斷惑的著手處來說，應否以所緣斷（ālamban-prahāṇa）為優先之爭論。在此的問題關鍵，也許不在所緣斷是否更優先，却在於「有漏的所緣能滋長煩惱心識的染污程度」，因為它預示在稍後的大乘階段，唯識學提出在眾生身上，法執與所知障，是我執與煩惱障的無明住地（avidyāvāsabhūmi），或所知障是煩惱障的發生學基礎之觀點[95]，並連帶涉及所知障的體性到底是染或非染，及煩惱、所知二障之間的關係到底是同體或是異體等問題。受日本佛教學訓練的部派學者周柔含，在與此相關的系列概念與議題上，撰有多篇相關論文，根據漢、梵資料作深入而細緻的探討[96]。

　　第四，佛有否一切智與不染無知，佛教有關覺者的「一切智」學說，無論在早期或大乘佛學，其與所知障概念之間，存在未受足夠注意的密切關係。尤其當我們以玄奘系的東亞有相唯識為理解所知障學說的主要參照案例時，更是如此。佛「一切智」的議題是在部派佛教時期開始醞釀，與該議題直接相關的子題，層次其實頗見豐富與複雜，唯重點及脈絡各異[97]。限於本

---

[94]　《大毘婆沙論》卷五十六（《正》冊 27，頁 288b）。

[95]　「發生學基礎」一語乃借用自本文其中一位匿名評審教授在用語或表達上的建議，指從認知與方法論的角度來說，一件事態的發生邏輯。

[96]　周柔含 2009 年，2010 年。

[97]　以問題為線索，「一切智」學說起碼包括以下多項子題：(1)「一切智」概念在印度宗教和哲學脈絡中的背景與沿革。(2) 由原始佛教到南傳上座部與北傳有部等部派階段的早期佛教「一切智」概念的淵源與立論。(3) 大乘佛教對「一切智」概念的主要設想。(4)「一切智」與所知障、五明處及菩薩道之間的關係。(5) 大、小乘佛教對「一切智」各持普遍分歧與一致同意的差異態度。

文主題，下文只集中回顧時下學界研究早期佛教（Early Buddhism）醞釀「一切智」議題的現況。

南傳二障說最早見於六世紀上座部註釋家護法籠統意義的認知障，他指此源自佛陀，其特點有二：首先，護法《論事註》（Kathavatthupali）與早期大乘論書（śāstra）曑近，皆在阿羅漢與佛的對比中，顯佛慧為更優勝，阿羅漢慧僅足一己解脫，唯佛是知一切者，小乘二聖則不是。一切知是指盡除煩惱及所知二障，獨覺、聲聞除去煩惱障，但仍有所知障。後者唯如來才可盡除[98]。其次，護法的覺音《清淨道論》註書《勝義筐》（Paramattha-mañjūsā）在討論到由於覺者現證一切知（sabbaññuta-ñāna）而成為一切知者（sabbaññū）或知一切者（sabba-vidū）的時候，談及該狀態與一切知（sabbaññuta-ñāna）或無障之智（anvarana-ñāna）的關係，一切智是指能認知一切法的心智能力，無障之知識則是指所知是作為無障、無疑之知識。二者本質上並無差異，只是以兩種不同的途徑來描述同一種知識的狀態，在定義上必以認知上無障礙作為一切知的本質之一[99]，佛與阿羅漢的關鍵差異就在於仍否有認知障礙，從而無法成就一切知。

在巴利經籍的正典化後期，諸多上座部阿毗達磨皆已成立，並開始出現佛陀乃知一切事，故具一切知之議。《論事》（Kathāvatthu）有所謂佛陀能知一切（sabbaññū）與見一切（sabba-dassāvi）之說[100]。因為南傳上座部視世界由多元與實在的諸法組成，因此覺者的一切知的所知，其實不外乎就是知此一切。

《無礙道論》（Patisambhidāmagga）的〈論智〉（ñānakathā）有論及如來的見一切（samanta-cakkhu）與知一切（sabbaññutañā），指佛陀「能無遺漏地知一切有為與無為事……及知一切過、現及未三世事」，隨之列出一

---

[98] Dhammajoti 1998, pp.65-69.

[99] Jaini 1974, pp. 83- 84.

[100] Jayatilleke 1963, p.381.

張構成其知一切的元素之清單，當中最後一項是「佛陀知悉居於天、人界內所有有情的所見、聞、感、思、取及尋之一切事」，並以此作為佛一切智的一環。但應該注意：如下文進一步指出，上座部論書都是佛陀身後久遠年代，晚至第六世紀的論著[101]，當中不少成份是上座部經歷過與大乘互動與受其影響後的思想產物。

北傳有部的所謂「所知障」，其本質就是不染無知（akliṣṭa-ajñāna）。只要行者除去此等所知障或不染無知，即等同圓滿成就佛智，亦同時具有對治無明的能力[102]。應該注意的是：與唯識學所知障直接相關的，是整個對「不染無知」及佛慧的討論中完全沒有提過「法執」，唯識學從有部手上接過所知障時，其對反項一直都只是佛慧或一切智，即完整知識。

在此佛智與不染無知之間的對揚，可借助是否盡知十二處（dvādaśa āyatana）、時空距離遙遠的一切事，乃至無量事等，此唯佛智可知，佛智是指一時兼具一切智（sarvajñā）及一切相智（sarva prakara jñāna=sarvatha-jñāna，一切種智），同見一切法的總相（sāmānya-lakṣa）及別相（svakṣa-lakṣa）[103]。二乘人只具前者，欠缺後者，即其慧只勝任個人解脫，不勝任除去不染無知。但此欠缺不是實項，即它只是慧（prajñā）的一份，屬弱慧，故並不是要去除它，反而是要加強慧的鍛鍊以促成圓滿的佛慧，即是對所知（jñeya）的正知不足，而非顛倒所知，有障於佛慧[104]。凡此無不為《俱舍論》（*Abhidharmakośa*）[105]、《順正理論》（*Abhidharma-nyāyānu-śātra*）[106]、《顯宗論》（*Abhidharma-kośa-samaya-pradipikā*）[107] 等後期阿

---

[101] Jayatilleke 1963, p.38.

[102] Dhammajoti 1998, p.76.

[103] Dhammajoti 1998, p.80.

[104] Dhammajoti 1998, pp.86-88; Dhammajoti 2004, p.168.

[105] 世親造《阿毘達磨俱舍論》（《正》冊 29，頁 1a）。

[106] 眾賢造《阿毘達磨順正理論》（《正》冊 29，頁 502a）。

[107] 眾賢造《阿毘達磨藏顯宗論》卷十四（《正》冊 29，頁 844a）。

毗達磨所繼承。可知佛與阿羅漢在智慧能力上是同質異量之議，並非後來大乘佛教才有的新見解，在部派佛教即有此說。

　　對於這一議題在有部論書的討論，法光的研究是首要注意的論著，他首先在〈阿羅漢覺悟的缺憾：其不染無知與障〉（The Defects in the Arhat's Enlightenment: his Akliṣṭa-ajñāna and Vāsanā）一文據巴利經藏、漢文《阿含經》及奘譯有部論書，整理出所知障的早期淵源之一，即佛一切智（sarvajñā）及不染無知（akliṣṭa-ajñāna）的問題。後來再以較扼要的方式重述於《說一切有部阿毗達磨》（Sarvāstivāda Abhidharma）一書第十二章〈論染汙〉（Defilements）[108]。

　　因此，我們知道無論是南傳上座部或北傳有部的阿毗達磨，都一致提及二障之劃分。在佛具一切智與否之問題上，部派佛教曾陷身在長期反覆的內部矛盾之困局中，即使主張佛具一切智者，其所議類型與程度亦各異。薩拉・麥克林托（Sara L. McClintock）在她的一切智研究中，提出能耐的全知（capacity omniscience）、總體的全知（total omniscience）、瞬間全知（instantaneous omniscience）、瞬間總體全知（instantaneous total omniscience）及漸進型全知（gradual model of omniscience）等系列概念，用以標示在部派佛學階段，眾多學派不同型態與程度的全知或「一切知」概念[109]，當中涉及南傳上座部的《彌蘭陀王所問經》、六世紀護法的《清淨道論註》、大眾部（Mahāsāṃghika）《大事》（Mahāvastu）、世親《俱舍論釋》（Abhidharmakośabhāṣya）及說一切有部等，由一切智只是一邏輯可能[110]、準備就緒待命實現的狀態[111]、同時知一切，到依時序漸次知一切等不同

---

[108] Dhammajoti 2004, pp. 418-479。

[109] McClintock 2010, pp.31-34。

[110] 指行者具有也許可無限推進的認知能耐，以供認知任何意欲注意的事。因此這一意義的「全知」並非指同時盡知一切事物，而它只是，就如火可燒一切可能被焚燒的物件。但那不表示火在經驗事實的意義下，真的一次過燒燼一切東西，見 McClintock 2010, pp.31-32。

[111] 這是佛「一切智」問題上的關鍵轉折點，因為此說使本來只是對單純邏輯可能性的肯定，跨越

類型，不　·而足。基本上部派佛教無分南北，後來似乎都對佛一切智之說有
不同程度的認可與接受，愈是後期，此一態度愈明朗。

　　然而在此同樣值得注意的，却是來自巴利與漢傳《阿含經》的另一種
聲音。主要是根據南傳巴利經藏，而不是阿毘達磨論藏，來嘗試理解歷史上
的佛陀（historical Buddha）[112] 本人之教導的多位現代學者，在佛有否一切
智的問題上，與以阿毘達磨論藏代表早期佛教的上座部學者之間，存在重大
分歧。當中曾就此撰文作專題討論的，包括剛在月前離世的渥德爾（A. K.
Warder）、賈亞蒂利基（K.N. Jayatilleke）、賈尼（Padmanabh S. Jaini）、
達磨伽里‧那伽普雅（Dharmacāri Nāgapriya）及無著比丘（Anālayo）等，
筆者在此就他們在這問題上的數點基本共通立論作一簡扼的論列。

　　首先，前述學者普遍質疑以上座部阿毘達磨為主要文獻根據，來理解早
期佛教有關佛陀能否知一切，這乃是一錯誤的方向，因為阿毘達磨屬部派階
段後出的觀點，故此應該主要根據巴利經藏作參考，他們都批評部份現代研
究沒有仔細區分佛陀親說與後輩立論，因而每多干犯以後期部派論書當作是
佛陀觀點之謬誤[113]。

　　巴利《尼柯耶》或漢傳《阿含經》在覺者是否知一切之議上，不少篇章
明確記載佛陀否定知一切說，因人的知識有限，故任何全知論皆屬沒有認知
基礎而自相矛盾的無知言論，乃至份屬早期佛教曾批評的四種謬見
（abrahmacariyavāsā）與四種偏頗之見（anassāsikam）之一[114]。

　　但另一方面，也無法完全否認，《尼柯耶》或《阿含經》論及覺者知一

為對總體的全知作近乎經驗意義下的肯定，使佛教趨向接納佛乃徹底全知者的觀點。見
McClintock 2010, pp.31-32。

[112] 其實即使是在漢文《阿含經》或巴利文《尼柯耶》，其所述的佛陀生平敘事，亦不應簡單把它
理解為對「客觀歷史事實」的中性描述，畢竟其生平敘事，是要為佛陀的追隨者提供理想人
格，作為修學的德行楷模，而不是現代意義下的客觀學術研究，見 Paul Williams 2000, pp.21-34 .

[113] Jayatilleke 1963, pp.378-379。

[114] Jayatilleke 1963, pp.115, 140-141

切與否的好些篇章的確出現含糊歧義，甚至前後矛盾的情況。部份原因是現存《阿含經》其實也是部派佛教階段編輯滙的產物，因而現存的《阿含》諸經不單各有不同的部派歸屬[115]，而且亦無法確保其文本內容完全免於特定部派的編纂。但單純以此作解釋的說服力是有限的，賈氏等指出，即使部份篇章使人生起佛陀聲稱具全知之聯想，但這恐怕都要考慮議論的脈絡，畢竟在形上學與在宗教義理暨實踐的意義下，聲稱對真實有完整的理解，恐怕並非同一回事[116]。

這在文法上，涉及應如何解讀一切知（sabbaññu）一詞，該詞由「一切」與「知」兩詞組成，該二詞在梵、巴二文是有歧義的，從而亦帶來爭論[117]。早期佛教經藏的巴利文脈絡，sabba（一切）並不是中性的事實概念，指一般意義下的外在世界所有認知對象。它其實是一個價值用語，專指佛教文本或教義中，與眾生的無明、苦患、流轉及除却它們有關的一切前因後果，但梵文的 sarva（一切）却是有價值與事實的雙層意義，它的歧義造成後來的論書註釋者以事實概念取代宗教價值概念來解讀「一切」的情況[118]。

其次，知（ñāṇa）的巴利文詞義是有歧義的，既可指對特定範圍內事物的認知，也可指對一切事物的根本性質（指緣起性空或無常、無我等佛教的究竟真實）的認知，所以「一切知」最早是指宗教上對四諦、三法及緣起等的認知，與連帶的轉變，不是一般意義下對事實的中性認知[119]。

達磨伽里批評，當正統上座部肯定，佛陀具有可知一切欲知之事的同時，却斥責外道沙門自稱全知為謬見，這類矛盾的觀點與早期經教直接相

---

[115] 印順法師 1971，頁 463-492。

[116] Jayatilleke 1963, p.379。

[117] Dharmacāri 2008, p.3。

[118] Dharmacāri 2008, pp.6-7.

[119] Dharmacāri 2008, pp.1,5.

違[120]。

　　無論是研究早期或大乘佛教一切智觀念的現代學者，由渥德爾、賈亞蒂利基、賈尼、達磨伽里、無著比丘及麥克林托等皆一致同意，佛陀是知一切者之議，乃純屬後期上座部的產物。特別是巴利經典的後期篇章和註釋書（aṭṭhakathā）等，皆普遍以知一切者（sabbaññū）一詞來稱呼佛陀，但此語不用於巴利經典中最古老的部份[121]。他們亦指出，與早期佛教同期的外道如耆那教（Jainism）與命定論（niyativāda）等其他沙門團體，皆好聲稱乃師是知一切者。並據此向佛教施壓，要求佛教在一切知問題上，作出更積極的回應，因而間接持續加強佛教內部有關佛具一切知與否的爭論，並最終導致佛教也承認一切知，而加上實際上是不必要的僭建題材[122]。

　　有關研究指出，論證佛不是全知者，這並非以現代標準裁剪古代，卻是因為視佛陀為全知者而崇拜之，乃使佛義不彰，讓佛陀成為一不可達的神人，而非被尊重、模仿與學習的楷模，因為佛陀所成就的，全體眾生應可成就之，佛陀以自己展現價值出路才是他的重要所在，他能否認知一切事實毫不相干[123]。

　　若我們對早期佛教階段的「一切知」議題作小結，雖然許多細節尚有待學界更深入的研究，但筆者仍然大體同意現代學界目前的主流觀點，即「一切知」似乎是部派佛學階段才發生，而並非原始佛教階段的討論。我們可以說，這表面上似是—純屬宗教信仰的議題，其實是一個借助宗教，而尚在醞釀中，因而仍未充分成熟的哲學詢問。說它「借助宗教」，乃在於依早期佛教的思路，佛的全知與否並不是一有理論必要性的課題，故這一問題的提出

---

[120] Dharmacāri 2008, p.4; Jayatilleke 1963, p.379 ; Jaini 1974, p. 72.

[121] Jayatilleke 1963, p.380。

[122] Dharmacāri 2008, p.8 ; Jaini 1974, pp. 79-82; Jayatilleke 1963, pp.114-115, 152-153, 250 ; McClintock 2010, p.31; Anālayo 2006.

[123] Dharmacāri 2008, pp. 9-10, 12.

除了前文提及的，為回應印度宗教思想史的氣氛外，也作爲修飾以莊嚴佛陀，使其成為一被崇敬與信靠的宗教理想人格之外，其實多少也帶有提問知識的完整性是否可能與如何可能的味道，只是部派階段在討論此一議題時，其問題意識與理論條件，皆遠未若大乘時期成熟，所以不單結論分歧甚大，且對問題本身的意義，也存在質詢[124]。

小結

　　上述四點依序處理的是：（1）業與有餘涅槃（sāvaśeṣanirvāṇa）；（2）知識論意義下的實在論批判；（3）煩惱心所緣取的有漏對象能反過來強化煩惱心的「所緣隨增」關係；（4）覺者應否和是否具有完整知識。雖然總的來說四個議題之間不盡相同，哲學上並沒有直接而必然的內在理論連繫，在部派階段基本上作為相對獨立的課題而分別提出，但稍後在大乘唯識學，却將四者合併成一個課題。

　　我們稍後將看到唯識學的自我挑戰，乃在於她以獨特的方式與角度，不單把上述四個在部派階段所留下，部份仍未有定論的疑難都接收過來，更把它們結合起來同置「所知障」名下，當成同一個問題來一併處理。四者中的前三者合流成爲日後在東亞有相唯識學有關在認知上的實在論取態的一類認知缺憾。而第四項在大乘階段，則發展成筆者稱為高階行者的「未臻完整知識」的一類認知不足。若上述對所知障的部派淵源及其研究現況所作的扼要梳理，尚算有一定道理，這也許能爲我們應該如何理解在唯識學，乃至在大乘佛學內，以凌亂與含糊而聞名的「所知障」問題，帶來一些新的解讀視野與方向。

---

[124] 筆者對早期和大乘佛教在有關覺者應否成就完整知識之議題的詳細哲學討論，見劉宇光 2014。該書第九章〈辨難上〉當中的第二節「大、小乘有關覺者應否成就完整知識之辨」。

五、所知障：東亞有相唯識的展望

　　誠如保羅・格里菲斯（Paul Griffiths）指出，無論是傳統的東亞唯識文獻，還是現代學術界的唯識研究，以中文及日文為主要書寫文字所形成的東亞傳統，擁有最豐富的唯識學資源。但可惜的是，此一豐富資源暫尚未引起國際學界的足夠重視，更遑論充分運用於研究[125]，在所知障的研究上，格里菲斯的這一判斷同樣有效。

　　尤其以同時存在起碼三系在學理上是互相競爭的漢傳唯識來說[126]，當中爭議性最大，但獨特觀點也最豐富的，自然要數以《成唯識論》為代表的玄奘系有相唯識學，而其對所知障的闡述，亦屬該論的系列主要獨特觀點之一。

　　玄奘唯識學的所知障陳述，極可能是現存梵、藏及漢大乘佛學文獻中，罕有地對所知障提出明確系統理論說明的教理體系。儘管筆者不會武斷地以「唯一」或「首次」等最徹底程度的字眼，來對玄奘有關學說下判斷，但就筆者目前已查核的印度及藏傳佛教的主要體系與文獻而言，確實沒有找到在所知障議題上，與之相若的系統陳述。我們能夠明確指出，《成唯識論》的所知障論述，包含的四組子理論，是迄今為止，未見於任何其他大乘思想體系，却獨見於玄奘系的有相唯識學。

（一）《成唯識論》論述所知障的格局與特點

　　《成唯識論》依次使用多個不同問題來闡述所知障。數者之間相連的程度及方式鬆緊不一，而問題亦各不相同。首先，《成論》卷一是對諸式實事

---

[125] Griffiths 1991, pp.79-80.

[126] 見原英文版 Lau 2013；中文修訂版見劉宇光 2013b。

師的實在論作知識論評破[127]，該題此前最主要的唯識論著是《唯識二十論》。其討論的重點，是循知識論反駁佛教內、外各種型態與程度的實在論觀點，而不是探索法執（dharmātmagrahā）的生起與構成，更多屬於對「法執」立場所引生的理論後果的立論進行否證，却不是就「法執」本身進行剖析，所以與所知障內部問題的關連只屬間接及附帶的。

其次，《成論》卷二 是以唯識學特有的心識學說，即八識論來解釋法執與所知障的在眾生心識上的根本結構[128]。透過強調所知障與法執之間的相提並論，顯示它與「有間斷」及「常相續」的兩層俱生我執之間，植根於相同的表層與深層的心識結構，尤其最關鍵的是第六意識及第七末那識兩者。而此一循心識理論來為所知障與法執提供植根於眾生心智的源頭性解釋，是東亞有相唯識學剖析所知障時的獨特角度，不單未見於無論是梵、藏及漢系的中觀或如來藏-佛性論思潮，甚至亦未見於現存的其他的唯識學文獻。

雖然《成論》卷一與二皆論及知識論意義下的實在論之所知障，但重點各異。卷一單純推證知識論意義下實在論的缺憾，卷二以八識論來說明實在論態度，在主體心識結構中的根源。事實上若考之於《成論》本來所欲疏解的《唯識三十頌》，世親唯識學說當中有關破斥實在論的主要文本是《唯識二十頌》及其《釋論》。而八識論和破斥實在論這兩組議題之間，其實不必然是結合的，《三十頌》的八識雖然尚欠名稱，但結構、相互關係及各別功能已璨然大備，但《二十頌》其實看不出有很明確具體的八識立論。有研究循世親思想前後階段發展歷程的角度，視《二十頌》為處在世親前後期之間，尚未定型，演變中的過渡階段。

但哲學地說，在知識論上反駁實在論，與主張八識說（尤其阿賴耶識）之間，不是兩個能夠完全自動等同或相連的議題，即使不採納八識說，仍然

---

[127] 《成唯識論》卷一（《正》冊 31，頁 2b-6c）。

[128] 《成唯識論》卷二（《正》冊 31，頁 6c-7b）。

有反對實在論的立足點，不是只有先取八識說，然後才有反對實在論的基礎，知識論意義上的唯識立場與唯識學的八識說之間，並不一定有必然而直接的關係，但這並不妨礙其「唯識無境」的立場。即使在唯識學，也是到《成論》的階段，才在學理上，詳細地把兩者結合為一體。

　　再者第三，《成論》文本討論所知障的第三個框架，是卷九與十的十障學說[129]。《成論》是現存唯識文獻中，首部甚至是唯一明確指出，十障就是所知障具體內容的論書。在此以前，無論是在是《解深密經》、《金光明知經》、《瑜伽師地論》、《攝大乘論》或《中邊分別論》等印度早期大乘或唯識的經與香論，都曾分別地（separately）提及過所知障與大乘菩薩修道的十地次第框架下，有山二愚痴（Moha）[130]、十一粗重（sthūla）及十無明[131]等概念，但其時的討論，不單所知障所指謂何語義不明，而這些系列的愚痴、粗重或無明等，皆只有標題，並無說明或定義，語義同樣含糊。尤其關鍵的，是上述論書從來未有以任何方式，表示過十地途上的這些愚痴或粗重等，就是所知障的具體內容。所以基本上，在前述的早期唯識文獻，所知障與這系列愚疾等，是兩組沒有關係，互不相干的獨立概念。只有在《成論》手上，才首度明確指出，十重障就是所知障。

　　第四，在前述三個特點之上，《成論》一系的唯識學其實首度把不同性質或層次的多種認知缺憾整合起來，並納入「所知障」的大標題名下。我們可以主要根據《成唯識論》和親光（Bandhuprabna）《佛地經論》（Buddhabhūmisūtra-śāstra）卷七[132]，再輔之以《優婆塞戒經》（Upāsaka-

---

[129] 《成唯識論》卷九、十（《正》冊 31，頁 52b-53c）。

[130] 《解深密經》卷四〈地波羅蜜多品第七〉（《正》冊 16，頁 703b-704a, 704b-c）；《瑜伽師地論》卷七十八〈攝決擇分中菩薩地之七〉（《正》冊 30，頁 729b-c, 730a-b）。

[131] 《攝大乘論》卷下（《正》冊 31，頁 145b-c）；《辯中邊論頌》〈辯障品第二〉卷上（《正》冊 31，頁 478b）；《辯中邊論》〈辯障品第二〉卷上（《正》冊 31，頁 468a）。

[132] 親光《佛地經論》卷七（《正》冊 26，頁 323b）。

śila-sūtra）[133] 等，循十障當中，對所知障內容的問題性質，作出類型的劃分。

　　其依之以作區分的進路雖然可以有不同的陳述進路，但若我們還是首先根據傳統文本的論述方式，則往往是沿著所知障與煩惱障之間的分合關係，來從概念上切割不同類型的所知障。根據前述數種經、論，煩惱、所知二障之間，無論存在多密切的內在連繫，但唯識學最終仍然把它另立為與煩惱障並肩的概念，用於處理在唯識宗眼中，單憑既有的煩惱障觀念所無法充份涵蓋與說明的障（āvaraṇa），則所知障的另立，實有其存在的理由。

　　《成唯識論》等經、論，對所知障的陳述，表面上存在不大協調的兩種觀點。一者基本上把法執視作我執的伸延，或所知障與煩惱障是一體兩面。二者則反過來，從二執或二障在斷障進程上的落差，表明二障之間存在一些實質的差異，很難單純視二障完全只是一體兩面。《成唯識論》以上兩種講法是放在兩個不同層次的脈絡提出，從而不必然存在着表面上的不協調。第一種是就哲學上個體眾生在認知時的實在論預設。第二種則是針對在五道位修道進階中，達八地以上的諸階次的聖者位來講，指帶有聖位行者宗教願景上的特別倫理-價值視野角度，所欲成就但尚未完成的完整知識。因而所知障亦依修道進階的不同，而有性質與內容上的轉變。

　　下文就筆者提出的此一劃分略作說明，認知實在論的所知障（jñeyāvaraṇa of cognitive realism）是指一般凡位眾生及初階聖者依法執而起，與我執及煩惱障是一體兩面，相連並起的那一類所知障及法執，在唯識的脈絡，實際上是指認知上的實在論（Realism），特別是素樸實在論（Naive Realism）的取態。而未臻完整知識的所知障（jñeyāvaraṇa of unobtained onmiscience），若首先按照傳統的大乘教義脈絡與表述，是包括躭溺於下劣乘的體驗和未臻完整認知兩類情況，尤其後者，是指進入八地聖

---

[133] 《優婆塞戒經》（《正》冊 24，頁 1052b）。

位到究竟成就覺悟之間的這段歷程上所呈現的特殊認知不足，即「未臻知一
切事」或「未達全知」。也就是《佛地經論》的無記所知障，即它虛妄顛倒
及污染的法執成份大幅降低，它主要是未能巨細無遺地掌握一切性空的事物
的緣起性相，從而仍然未完全勝任建設一切法門，連帶未能落實饒益一切眾
生的大乘悲願，因為其慧力仍未充分成熟，故更多屬於有心無力的不足，涉
及顛倒的成份極為輕微隱晦。

　　由於前述兩類所知障的內涵並不相同，因此對它們進行討論時，通常都
各白有一系列經常與之一並出現的術語、理論或問題，兩個系列的術語與問
題之間，需要混合或交錯討論的地方非常有限，與認知實在論之所知障經常
一起出現的概念，是法執（dharmātmagrahā）、常相續及有間斷兩層俱生法
執、第六及第七兩識，甚而我執與煩惱障。

　　但對未臻完整知識的所知障之討論，卻罕與上述語詞相連[134]，雖然單純
從文本表面的用語來說，顯然與四陀羅尼（catvāriṃdhāraṇī）、四無礙解
（catvāriṃpratisaṃvid）等相連，但從問題的思路上來說，卻每與文
（vyañjana-）-名（nāma-）-句（pada-）合成的三身（trikāya）、五明處
（pañca-vidyā）、佛一切智（sarvajñā）、三大阿僧祇劫　（asaṃkhyeya-
kalpa）及不染無知（akliṣṭa-ajñāna）等關係密切，反過來說，認知實在論之
所知障卻罕會與這些概念相提並論。若以唯識處理存有的妄、實類別的三性
論來說，認知實在論之所知障其實是遍計所執，但未臻完整知識之所知障所

---

[134] 考之於「法執」及「所知障」二概念在《成唯識論》的分佈比重，所知障的討論都集中在《成
論》最後三卷，十障從第二障開始，已經罕再使用「法執」一詞。把「法執」和「所知障」相
提並論的篇章其實非常有限，兩者關係日遠。我們依《大正藏》冊 31 的頁碼，考察《成論》對
法執及所知障兩個概念的討論在十卷中的分佈。以下數字由兩部份組成，括號前是《大正藏》
的頁碼及欄碼，而括號內是頁碼所在的《成論》卷數。討論「法執」的篇章分佈分別是頁 2b-3b
（卷一），頁 6c-7a（卷二），頁 24b-24c（卷五），頁 32c（卷六），頁 52c（卷九）。而討論
所知障的篇章分佈是頁 8b（卷二），頁 9a（卷二），頁 13a（卷二），頁 24c（卷五），頁 45a-
45b（卷八），頁 48c（卷九），頁 51a（卷九），頁 52c-54b（卷九-十），頁 54c（卷十），頁
55b（卷十），頁 55c-56a（卷十）。把兩者相提並論的篇章僅限於卷五 24c 及卷九 52c 兩處。

指的不足實只屬依他起的範圍。

而前文提及《成論》在卷一與二，透過實在論的知識論批判與八識論兩組框架，所作的剖析與論證，其重心完全放在「認知實在論之所知障」。即使卷九與十所述的「十障」當中的首障，其性質依然是屬於「認知實在論之所知障」，唯有在第四障以後，才進入明顯的未臻完整知識之所知障，而其中第四到第七的四障屬於沉溺下劣乘一類，第八到第十的最後三障才是未臻完整知識。十層所知障當中，只有首障尚涉心識環節的陳述，之後轉而偏重探討十障當中餘項的延續，與所知障內容的不斷轉換，乃至其與煩惱障之間逐步分體的轉變過程。

另一點非常值得注意的，是與其他多個很大乘思想系統與傳統對比，《成論》系的唯識學在對所知障論述上，特別明確地強調未臻完整知識才是所知障的核心。由於唯識學持觀念論立場，所以一般在說明它對所知障的理解時，常把討論的重心放在幾乎可被目為唯識學哲學標誌的實在論批判或反實在論上，但事實上，唯有未臻完整知識這一點，才是與唯識學作為大乘佛教思想之為大乘（Mahayana），有直接的內在理論與倫理悲願連繫，因此包括中期以後的印度中觀學等其他多個大乘系統，當他們從唯識學手上接收所知障學說時，他們實質上採納及繼承的，是唯識學論述未臻完整知識的部份，而不是反實在論的部份，因為前者涉及大乘的宗教悲願與倫理視野，後者其實並沒有離開單純的知識論問題太遠，無論是知識論上的觀念論或實在論立場，恐怕都與宗教悲願的廣、狹問題，關係相當間接。

（二）《成唯識論》所知障學說的理論重構方案

帶著上文對玄奘系東亞有相唯識學在所知障問題上，基本的文本論述框架與理論特質之理解，我們可以進一步以《成唯識論》為主軸，輔以系列早期印度唯識論書、唯識前身的部派阿毘達磨論書，乃至玄奘以後的其他東亞唯識論著，足可以提出一整套有理論深度，結構嚴密與層次豐富的研究方

案，從哲學上層層遞進地，重構東亞有相唯識學所知障學說，以徹底地揭示大乘佛教對系統知識與文明的態度，整個工作可分為以下多個步驟。

　　首先，在展開對東亞有相唯識學所知障的說明之前，其實有需要進行數項預備工作。雖然一般都視所知障是由唯識佛學首倡，全體大乘佛學共通的重要理論標誌，但事實上此一課題在部派階段即已在醞釀，故應該循思想史的角度扼要回顧它在阿毗達磨的淵源。尤其那涉及覺者的業習氣、法執、所緣隨增-有繫事-所緣斷，及未臻佛一切智與不染無知等，這四個問題在部派階段，彼此關係相對不密切的義理問題。在正式進入唯識宗的文本和哲學討論以前，先從梵文字源學和梵文名詞構詞異讀的角度，檢視梵文原語中「所知障」一詞的文字學組成，並回顧時下西方英文及德文學界如何翻譯該詞，以考察當中所反映的疑難與歧義[135]。

　　繼上述預備工作之後，是展開對《成唯識論》「所知障」討論的分析。首先需要從八識的唯識心識結構，來探討唯識宗的法執及凡位所知障。其進路是透過探討二執、二障與唯識學八識理論當中第六、七及八的三項識的關係。此議題主要出以下數項問題構成。開宗明義首先綜合地解釋法執和所知障所坐落的問題背景及學理脈絡，這部份會涉及無明、二執、二障及二取取等與此直接相關的系列唯識學概念。第二步說明《成唯識論》討論「所知障」時，在主題內容及文本結構上的特色，首先是勾勒《成唯識論》所知障類型學之立論。其次，說明《成唯識論》系統是使用三個不同的問題框架，來說明認知實在論之所知障。第三步是根據唯識的心識學說，扼要說明「具生我執」及由此引生的煩惱障，是如何札根在八識的結構中。最後，是據唯識的心識結構，說明「俱生法執」與認知實在論所知障的性質與內容，並分析二執之間、二障之間，或實我與實法之間的關係。

　　在所知障的心識論之後，應是以《成唯識論》卷九、十的十障說為中

---

[135] 事實上這些正都是本文前節工作。

心，輔以其他論書篇章，進行對十障的文本分析。有關的分析，按其說的義
理次序，分為數組。首先需要回顧早期唯識宗論書對「十障」的論述，以便
為《成唯識論》十障的文本分析作預備。第一組包括十障的第 1-3 障，重點
放在依然處在凡夫位之首障，即認知脈絡下的實在論取態。第二組是十障當
中的第 4-7 障，主要是探討唯識五道位修道理論當中的見道位之後，較低聖
者階位的所知障。單純從十層所知障的內部結構來說，這是介於凡位所知障
與高階聖位所知障之間的過渡階段，它是初階聖者的所知障，可以用「躭溺
於小乘」一詞來概括其整體特性。《成論》十障的第三組是由高階地聖位行
者的最後三項所知障組成，性質純屬「未臻一切智」或「未達完整知識」[136]。

在先前的文本分析之基礎上，更為哲學性地，借助由大乘的一切智、三
大阿僧祇劫及五明處三個概念所構成的框架，更為綜合性地解釋聖位所知障
所座落的問題脈絡，乃至唯識學如何將對知識的智性承擔稼接在佛教的宗教
悲願上，及因此所形成大乘佛教對建設知識與文明的積極承擔態度。

同時，為著能夠克服當代學界在討論大乘佛教有關佛具「一切智」之學
說時，應該如何定位與探討這一佛教版本的「全知」概念之困惑，有需要實
驗性地運用康德（I. Kant）所提出包括完整性（Vollständigkeit）在內等哲學
概念，對「未臻完整知識」意義下之所知障等觀念所形成的宗教義理問題，
進行哲學重構，闡釋在表面上似乎純屬宗教信仰的觀念背後，是如何暗涵着
真正嚴肅的哲學問題。

是項工作由五道工序組成：首先是回顧過去近廿年循比較神學
（Comparative Theology）進路對比基督教上帝全知（Omniscience）與大乘
佛教的一切智二概念之研究，並旨在闡明在總的方向上，此乃錯誤的討論途
徑，但仍需客觀地檢討其貢獻、盲點及轉軌。其次，是藉著扼要說明康德與
大乘唯識學之間的基本差異，來界定二者之間是在什麼前提與條件的限定

---

[136] 劉宇光 2011a。

下，才會有理論的對比價值與意義。在對所借用的康德哲學概念本身進行說明之後，再以該等特定的康德哲學概念，來解釋一切智等宗教概念背後所可能暗涵的哲學問題。最後探討此比較哲學（Comparative Philosophy）的進路，在理解由一切智等數項概念所組成的大乘佛學問題上，是如何有進於時下既有的佛學及比較神學研究，同時亦反過來試圖說明大乘佛學的有關觀點，是否有可供康德哲學思考之處[137]。

　　在就東亞有相唯識體系內的所知障作出綜合說明後，帶著此一理解，應轉而探討所知障的體性到底屬染或不染，亦芸無明（avidyā）或不染無知（akliṣṭa-ajñāna）。首先是對無明與無知二詞展開梵文語法分析，其次考察部派佛學所區分的兩種「無知」（ajñāna）及早期唯識論書對「無明」和「不染無知」的討論，並據《成唯識論》與《佛地經論》，循大、小乘宗教理想人格悲願的廣狹與主動、被動之別，考察護法-玄奘系唯識學當中，與所知障概念有密切關係的「不染無知」[138]。

　　對佛教哲學議題的討論，除了根據特定學派的學理脈絡以外，借助不同佛學系統之間的對話，亦是另一種重要途徑，進一步澄清有關議題在單一系統中所無法獨力解答的疑難。所以，對所知障的探討亦復如是。在此首先要解決由「所知障」一詞梵文構詞異讀引生的歧義疑難，以回應近年學界對「所知障」梵文構詞異讀的爭議[139]，並據東亞有相唯識學，來論證構詞上的文法異讀，不等於就是概念的邏輯矛盾和義理上的衝突。其次，在南傳上座部與大乘唯識的對比下，回到佛智是否全知之問題上，討論大、小乘對此的分歧，背後其理據何在。第三，解決有相唯識及新羅元曉華嚴宗對所知障的不同劃分。

　　此外，與印-藏中觀學在有關所知障與不染無知等概念之間的學理異同

---

[137] 劉宇光 2013c。

[138] 劉宇光 2011b。

[139] 劉宇光 2012。

對比，亦是另一重要向度。議題包括後期印度與藏傳中觀學的不染無明（akliṣṭa-avidyā）的譯詞、藏傳宗義文獻對藏系唯識所知障的直接表述及隱藏的「匿名所知障」，及藏傳佛學在「不染無知」與「不染無明」問題上的異議觀點[140]。

六、全文總結

　　本文借助回顧時下歐美等國際佛學對所知障的英、德異譯，而分析歐美和日臺學界在所知障研究上的現況與局限，筆者進而指出，若我們以玄奘執譯的《成唯識論》代表的東亞有相唯識學為例，輔以其他印度早期的其他唯識論書，乃至追溯部派佛教階段，探討所知障問題的前身是如何形成的，它在漢語傳唯識手上又是如何被重新組裝，構成對所知障及其系列特點的系統論述，則我們有理由相信，東亞有相唯識學的所知障學說，可以為當代學界對所知障的研究帶來相當的貢獻。

---

[140] 劉宇光 2011c。

參考文獻

原典

世親造《阿毘達磨俱舍論》（《正》冊 29，1558 號）。

眾賢造《阿毘達磨順正理論》（《正》冊 29，1562 號）。

眾賢造《阿毘達磨藏顯宗論》卷十四（《正》冊 29，1563 號）。

護法等造《成唯識論》（《正》冊 31，1585 號）。

《解深密經》（《正》冊 16，676 號）。

《瑜伽師地論》（《正》冊 30，1579 號）。

《攝大乘論》（《正》冊 31，1594 號）。

彌勒造《辯中邊論頌》（《正》冊 31，1601 號）。

世親造《辯中邊論》（《正》31 冊，1600 號）。

親光造《佛地經論》（《正》冊 26，1530 號）。

曇無讖譯《優婆塞戒經》（《正》冊 24，1488 號）。

現代研究：西文

Anālayo 2006, "The Buddha and Omniscience", The Indian International Journal of Buddhists Studies 7, pp.2-20.

Asanga 1992, translated by John P. Keenan, from Paramārtha's Chinese Version, *The Summary of the Great Vehicle* (*Taishō*, Vol.31, No. 1593, *Series BDK English Tripiṭaka*; 46-III), Berkeley: Numata Center for Buddhist Translation and Research)

Bandhuprabna 2002, translated by John P. Keenan, from Hsuan-tsang's Chinese Version, *The Interpretation of the Buddha Land* (*Taishō*, Vol.26, No. 1530, *Series BDK English Tripiṭaka*; 46-II), Berkeley: Numata Center for Buddhist Translation and Research)

Bibhuti Baruah 2000, *Buddhist Sects and Sectarianism* (Sarup & Sons)

Buddhaghosa 1991; English translated from the Pali by Bhikkhu Ñyāṇamoli, *The Path of Purification: Visuddhimagga* (5th ed, Kandy: Buddhist Publications Society)

Hartmut Buescher 2008, *The Inception of Yogācāra-Vijñānavāda* (*Beiträge zur Kultur- und Geistesgeschichte Asiens Series*, vol. 62. Sitzungsberichte 776 Band, *Philosophisch-historischen Klasse*, Wien: Verlag der Österreichischen Akademie der Wissenschaften)

K.N. Chatterjee 1980, *Vasubandhu's Vijñapti-matrata-siddhi with Sthiramati's Commentary* (Vani Vihar Press)

M.R. Chinchore 1996, *Santāna and Santānāntara: An Analysis of the Buddhist Perspective Concerning Continuity, Transformation and Transcendence and the Basis of an Alternative Philosophical Psychology* (Sri Satgura Publications)

Francis Cook 1999, trans., *Three Texts on Consciousness Only: Demonstration of Consciousness Only* (Numata Center for Buddhist Translation and Research)

Daniel Cozort 1998, *Unique Tenets of the Middle Way Consequence School* (New York: Snow Lion Publications)

Dharmacāri Nāgapriya 2008, "Was the Buddha Omniscient?", *Western Buddhist Review* 4 (http://www.westernbuddhistreview.com/vol4/was_the_buddha-omniscent. html)

K.L. Dhammajoti 1998, "The Defects in the Arhat's Enlightenment: His akliṣṭa-ajñāna and vāsanā", *Buddhist Studies* (*Bukkyo Kenkyū*,《仏教研究》日本：

浜松国際仏教徒協会発行) Vol.27

K.L. Dhammajoti 2004, *Sarvāstivāda Abhidharma* (Centre of Buddhist Studies, The University of Hong Kong)

Nalinaksha Dutt 1978, *Buddhist Sects in India* (Delhi: Motilal Banarsidass Publishers)

M.D. Eckel 1987, *Jñānagarbha on the Two Truths: An Eighth Century Handbook of Mādhyamaka Philosophy* (SUNY Press)

Endo Toshiichi 2009 (遠藤敏一), "From Self-Liberation to Universal Salvation: A Theravāda Buddhist Perspective", International Conference on Humanistic and Engaged Buddhism: Patterns and Prospects, Fo-Guang University, Taiwan, 18th-20th May.

S. Ganguly 1995, *Treatise in Thirty Verses on Mere-Consciousness* (Delhi: Motilal Banarsidass Publishers)

Paul Griffiths 1989a etc (translation and note), *The Realm of Awakening: A Translation and Study of the Tenth Chapter of Asaṅga's Mahāyānasaṅgraha* (Oxford University Press).

---------- 1989b, "Buddha and God: A Contrastive Study in Ideas About Maximal Greatness", *Journal of Religion* 69, pp.502-529.

---------- 1989c, "Why Buddha Can't Remember their Previous Lives", *Philosophy East and West* 39, pp.449-451.

---------- 1990,"Omniscience in Mahāyānasutralaṃkara and Its Commentaries", *Indo-Iranism Journal* 33, pp.85-120.

---------- 1991, *On Being Mindless, Buddhist Meditation and the Mind-Body Problem* (Illinois: Open Court Publishing)

---------- 1994, *On Being Buddha: The Classical Doctrine of Buddhahood* (SUNY Press).

Guangxing 2005 (廣興), *The Concept of the Buddha: its Evolution from Early Buddhism to the Trikāya Theory* (London; New York: RoutledgeCurzon 2005).

Jeffrey Hopkins 1983, *Meditation on Emptiness* (London: Wisdom Publications)

---------- 1987, *Emptiness Yoga* (Ithaca, N.Y.: Snow Lion Publications).

---------- 1989, *Cutting through Appearance: the Practice and Theory of Tibetan Buddhism* (New York: Snow Lion Publications)

---------- 1999, *Emptiness in the Mind-only School of Buddhism* (Berkeley: University of California Press)

---------- 2002, *Reflections on Reality: the Three Natures and Non-natures in the Mind-only School* (Berkeley, Calif.: University of California Press)

---------- 2005, edited by Kevin Vose, *Absorption in No External World: 170 Issues in Mind-only Buddhism* (Ithaca, N.Y.: Snow Lion Publications)

---------- 2009, *Tibetan-Sanskrit-English Dictionary*. Version 2.0.0

Iida Shotaro 1980 (飯田 昭太郎), *Reason and Emptiness: A Study in Logic Mysticism* (《論理と空性》，Tokyo: The Hokuseido Press)

Padmanabh S. Jaini 1974, "On the Omniscience (Sarvajñatva) of Mahāvīta and the Buddha", in L. Cousins, A. Kunst, and K. R. Norman (ed.), *Buddhist Studies in Honour of I. B. Horner* (Dordrecht; Boston: D. Reidel Pub. Co.)

Padmanabh S. Jaini 2001, "On the Ignorance of Arhat", in P. S. Jaini (ed.), with a foreword by Paul Dundas, *Collected Papers on Buddhist Studies* (Delhi: Motilal Banarsidass Publishers).

K.N. Jayatilleke 1963, *Early Buddhist Theory of Knowledge* (Delhi: Motilal Banarsidass Publishers)

Jiang Tao 2006 (蔣韜), *Contexts and Dialogue: Yogācāra Buddhism and Modern Psychology on the Subliminal Mind* (Society for Asian and Comparative

Philosophy Monograph Series, No. 21, Honolulu: University of Hawai'i Press)

Kitayama Junyu 1934 (北山淳友), *Metaphysik des Buddhismus: Versuch einer philosophischen Interpretation der Lehre Vasubandhus and seiner Schule* (Stuttgart: Verlag von W.Kohlhammer)

Anne C. Klein 2008, *Meeting the Great Bliss Queen, Buddhists, Feminists, & the Art of the Self* (New York: Snow Lion Publications)

Ria Kloppenborg 1974, *The Paccekabuddha: A Buddhist Ascetic: A Study of the Concept of the Pacceka-buddha in Pāli Canonical and Commentarial Literature* (Orientalia Rheno-traiectina Vol. 20, Leiden: Brill)

Kristin Beise Kiblinger 2005, *Buddhist Inclusivism: Attitudes towards Religious Others* (Ashgate World Philosophies Series, Aldershot, Hants, England; Burlington, VT: Ashgate)

Thomas A. Kochumuttom 1982, *A Buddhist Doctrine of Experience: A New Translation and Interpretation of the Works of Vasubandhu of the Yogācāra* (Delhi: Motilal Banarsidass Publishers)

Lawrence Y.K. Lau 2013, (劉宇光), "Chinese Scholarship on Yogācāra Buddhism since 1949", in Ulrich T. Kragh (ed.), *The Foundation for Yoga Practitioners: The Buddhist Yogācārabhūmi Treatise and Its Adaptation in India, East Asia, and Tibet* (*Harvard Oriental Series* Vol. 75, series editor Michael Witzel, published by the Department of South Asian Studies, Harvard University, Cambridge, Massachusetts, distributed by Harvard University Press 2013), pp. 1092-1165.

Donald S. Lopez 1987, *A Study of Svātantrika* (Ithaca, N.Y.: Snow Lion Publications)

Dan Lusthaus 2002 (悅家丹), *Buddhist Phenomenology: a Philosophical*

Investigation of Yogācāra Buddhism and Cheng Wei Shih Lun (RoutledgeCurzon Press)

William Magee 2010, *Paths to Omniscience: the Geluk Hermeneutics of Nga-wang-bel-den* (Dharma Drum Buddhist College Research Series 1, Taipei: Dharma Drum Publishing Cooperation)

Sara L. McClintock 2010, *Omniscience and the Rhetoric of Reason: Śāntarakṣita and Kamalaśīla on Rationality, Argumentation and Religious Authority* (in the *Series of Studies in Indian and Tibetan Buddhism*, Somerville: Wisdom Publications).

John J. Makransky 1997, *Buddhahood Embodied: Sources of Controversy in India and Tibet* (SUNY Press).

R.K. Mishra 1999, *Buddhist Theory of Meaning and Literary Analysis* (Emerging Perceptions in Buddhist Studies, No. 10, New Delhi: D.K. Printworld).

Moriyama Shinya 2006 (護山 真也), *Omniscience and Religious Authority: Prajñākaragupta's Commentary on the Pramāṇavārttika II 8-10 and 29-33* (Ph. D. Dissertation, University of Vienna).

Charles Muller 2000, "Wŏnhyo's Doctrine of the Two Hindrances (Ijangui, 二障義)", *Journal of Korean Buddhist Seminar*, Vol. 8, July

---------- 2003,"Wŏnhyo's Interpretation of the Hindrances", *International Journal of Buddhist Thought and Culture* Vol. 2

---------- 2004a,"Explanation of the　Essence of the Two Hindrances through Ten Canonical Texts", Conference on "Korean Buddhism in East Asian Perspectives", Geumgang University,　Korea,　October 23-24

---------- 2004b, "The Yogācāra Two Hindrances and their Reinterpretations in East Asia", *Journal of the International Association of Buddhist Studies*, Vol. 27, No.1

---------- 2006, "Wǒnhyo's Reliance on Huiyuan in his Exposition of the Two Hindrance", *Bulletin of Toyo Gakuen University*, Vol. 14, March

Nagao Gadjin M. 1991 (長尾　雅人), *Madhyamika and Yogacara* (SUNY Press)

Elizabeth Napper 1989, *Dependent-arising and Emptiness: A Tibetan Buddhist Interpretation of Mādhyamika Philosophy Emphasizing the Compatibility of Emptiness and Conventional Phenomena* (Boston: Wisdom Publications)

John Powers 1992, *Two Commentaries on the Samdhinirmocana Sūtra by Asanga and Jnanagarbha* (in the Studies in Asian Thought and Religion Vol.13, Lewiston / Queenston / Lampeter: The Edwin Mellen Press)

---------- 1995 (trans.), *Wisdom of Buddha: the Samdhinirmocana Sūtra* (in *Tibetan Translation Series* 16, Berkeley, CA: Dharma Publications)

Bhikshu Sangharakshita 1987, *A Survey of Buddhism: Its Doctrines and Methods through the Ages* (London: Tharpa Publications)

---------- 1998, *The Three Jewels: an Introduction to Modern Buddhism* (Birmingham: Windhorse 4th ed., rev. and reset)

Biswanarayan Shastri 1985, "The Role of Jñeyāvaraṇa in the Concept of Nirvāna of Yogacārā", in *Proceedings and Transactions of the All-India Oriental Confrence 32*, 1985, pp.361-362.

L.Schmithausen 1987, *Alaya-vijnana: On the Origin and the Early Development of a Central Concept of Yogacara Philosophy* (Tokyo: International Institute for Buddhist Studies)

Chandradhar Sharma 1997, *A Critical Survey of Indian Philosophy* (Delhi, India: M. Banarsidass Press)

Paul L. Swanson 1983, "Chil-I's Interpretation of Jneyavarana: An Application of the Three Fold Truth Concept", Annual Memoirs of the Otani University

Shin Buddhist Comprehensive Research Institute Vol.1.

Helmut Tauscher 1995, *Die Lehre von den zwei Wirklichkeiten in Tsongkhapas Madhyamaka-Werken* (Wiener Studien zur Tibetische und Buddhistismus, Universitat Wien)

Wei Tat 1973（韋達）(trans.), *Cheng Wei Shih Lun: Doctrine of Mere Consciousness* (Hong Kong: Cheng Wei Shih Lun Publication Committee).

Paul Williams 2000, *Buddhist Thought: A Complete Introduction to the Indian Tradition* (London: Routledge)

Joe Bransford Wilson 1984, *The Meaning of Mind in Mahayana Buddhist Philosophy of Mind-Only (Cittamatra): A Study of a Presentation by the Tibetan Scholar Gung-tang Jam-bay-yang (Gung-Thang-'Jam-pa'i-dbyangs) of Asanga's Theory of Mind Basis of All (Alayavijnana) and Related Topics in Buddhist Theories of Personal Continuity, Epistemology and Hermeneutics* (Ph.D. Thesis, University of Virginia).

現代研究：中文、日文

神林隆淨 1984，《菩薩思想の研究》第七章〈菩薩地經的菩薩思想〉（日本図書センター，昭和三十年=1938 年；中譯本：許洋主譯《菩薩思想的研究》，《世界佛學名著譯叢》第 66 冊，臺北：華宇出版社）。

廖本聖 2005，譯、撰〈至尊·法幢吉祥賢著《宗義建立》之譯注研究〉，《正觀雜誌》第 32 期，頁 5-160。

任傑 2004，翻譯妙音笑金剛大師著，觀空法師講授并校正、修改，《釋自他宗派建立》，收於《古印度宗派論》（山西：五臺山大塔院寺 2004 年）。

許明銀 2009，譯〈章嘉宗義書〈中觀派章〉漢譯（四）〉，《正觀雜誌》

第 51 期，頁 79-142。

孫周興 2013，《存在與超越：海德格爾與西哲漢譯問題》（上海：復旦大學出版社）

池田道浩 2000，〈瑜伽行派における所知障解釈の再檢討〉，《駒沢短期大学仏教論集》通号 6，頁 31-39。

池田道浩 2003，〈不染汚無明（不染汚無知）と所知障〉，《印度学仏教学研究》東京：日本印度學佛教學會） 第 52 卷，第 1 號，通号 103，頁 361-358。

上野隆平 2009，〈瑜伽行唯識学派における清淨法界の研究：*Mahayanasutralamkura* IX. 56-59 Dharmadhatu-visuddhi を中心にして〉，《龍谷大学大学院文学研究科紀要》第 31 集，龍谷大学大学院文学研究科紀要編集委員会，頁 79-102。

佐佐木宣祐 2011a，〈所知障の研究：一切智者と不染汚無知説〉，《大谷大学大学院研究紀要-（28）（ ）》，頁 35-65

佐佐木宣祐 2011b，〈所知障の研究：《婆沙論》の不染汚無知説〉，《印度学仏教学研究》60（1），頁 402-398。

佐佐木宣祐 2012 年，〈所知障の研究：不染汚無知の内容〉，日本印度学仏教学会第 63 回学術大会，横浜市：鶴見大学。

吳汝鈞 2002a，《唯識現象學（ ）：世親與護法》（臺北：學生書局）

吳汝鈞 2002b，《唯識現象學（二）：安慧》（臺北：學生書局）

李潤生 2005，《《成唯識論述記》解讀‧破執篇》（加拿大安省：佛教法相學會）

廖明活 2003，〈法寶的佛性思想〉，《中國文哲研究集刊》第 22 期

廖明活 2005a，〈初唐時期佛性論爭的兩個相關論題：定性二乘和變易生死〉，《中華佛學學報》第 18 期

廖明活 2005b，〈初唐時期佛性論爭的真如所緣緣種子問題〉，《中國文哲

研究集刊》第 27 期

廖明活 2008，《中國佛性思想的形成和開展》（《佛學論叢》，臺北：文
　　津出版社）

釋振元 2006，（曾千翠）《窺基唯識實踐論之研究》（玄奘大學　宗教學
　　系 碩士論文）

楊碧輝 2009，《無分別智之研究》（玄奘大學　宗教學系　碩士論文）

釋文修 2010，（溫淑花）《佛與阿羅漢斷障差別之研究》（玄奘大學　宗
　　教學系　碩士論文）

趙東明 2012，〈轉依與所知障：以《成唯識論》及窺基《成唯識論述記》
　　為中心的探討〉（未刊稿）

劉嘉誠 2005，《從《入中論》對唯識學派的批判論月稱的緣起思想》（臺
　　北：國立臺灣大學　哲學研究所　博士論文）

劉宇光 2011a,〈東亞唯識學「所知障」概念的「未臻全知」義之解讀：以
　　「十障」說的最後三障及其他相關概念為線索〉，《漢語佛學評論》第
　　2 輯 （廣州：中山大學　人文學院　佛學研究中心編　上海古籍出版
　　社），頁 88-149。

劉宇光 2011b,〈所知障是無明或無知？在東亞唯識學與印-藏中觀學之間〉
　　（上）《法鼓佛學學報》第 8 期（臺北：法鼓佛教學院），頁 103-
　　141。

劉宇光 2011c,〈所知障是無明或無知？在東亞唯識學與印-藏中觀學之間〉
　　（下），《法鼓佛學學報》第 9 期（臺北：法鼓佛教學院），頁 53-
　　81。

劉宇光 2012,〈Jñeyāvaraṇa：在梵文構詞異讀、邏輯關係及釋義學之間〉
　　（未刊稿），臺北國立政治大學宗教研究所、佛光大學佛教學院佛教學
　　系，及臺灣印度學學會合辦，「第二屆梵學及佛學研討會：經典、語
　　言、哲學與文學」，2012 年 11 月 8-9 日。

劉宇光　2013a,〈英文佛教哲學研究著作中譯經驗談〉,收於《哲學分析》
　　　總第 19 期(上海社會科學院　哲學研究所),頁 164-174。

劉宇光　2013b,〈漢語學界唯識學研究一甲子回顧:1949-2011 年〉,刊中
　　　山大學佛學研究中心編《漢語佛學評論》第 3 輯(上海:上海古籍出版
　　　社),頁 194-278。

劉宇光　2013c,〈循康德的知識完整性(Vollständigkeit)理念重讀大乘佛學
　　　的佛一切智(sarvajñā)與所知障(Jñeyāvaraṇa)〉(未刊稿),國立
　　　政治大學哲學系主辦「兩岸三地四校南北哲學論壇」,臺北,2013 年
　　　11 月。

劉宇光　2014,《東亞有相唯識學所知障概念哲學研究》(待刊書稿)

簡淑雯　2000,《無我與解脫:清辨、月稱關於《中論・十八品》「人、法
　　　二無我」詮釋比較研究》(臺北:國立政治大學　哲學研究所　碩士論
　　　文)。

聖嚴法師　2001,〈多聞與所知障〉,《法鼓山電子報》2001-01-18。
　　　http://enews.tacocity.com.tw/index.php3?action=history&url=/goddess/2001
　　　0118154348.html。

星雲法師　2005,〈佛教對「戰爭與和平」的看法〉,《普門學報》第 28
　　　期)http://www.fgs.org.tw/master/mastera/books/delectus/discussion/13.htm

敏公上師《俱舍論頌疏講記:分別界品第一》總第七講,頁 76-77(出版年
　　　份未明)

http://www.duobaosi.com/gb/ziliao2/min.html

月稱 1990,法尊法師藏-漢譯《入中論》(臺北:新文豐出版社年)

楊惠南　2000,「尼眾對二十一世紀佛教的使命」,「第四屆兩岸僧伽教育
　　　交流訪問:廿一世紀比丘尼的角色與定位」漢傳僧團會議。
　　　http://www.fozang.org.tw/mag_article.php?id=27

水野弘元　1989,《原始佛教》(京都:平樂寺書店　昭和三十一年=1956

年；釋如實譯《原始佛教》，臺北：慈心佛經流通處）

水野弘元 2000，釋惠敏譯《佛教教理研究：水野弘元著作選集（二）》
　　　（臺北：法鼓文化出版社）

覺音 1987，葉均譯《清淨道論》（《世界佛學名著譯叢》冊 86-88，臺北：
　　　華宇出版社）

印順法師 1984，《唯識學探源》（臺北：正聞出版社）

印順法師 1971，《原始佛教聖典之集成》（臺北：正聞出版社）

周柔含 2009，〈說一切有部的斷惑理論〉，《法鼓佛學學報》第四期 （臺
　　　北：法鼓佛教學院），頁 1-49

周柔含 2010，〈說一切有部的世俗道斷惑理論〉，《法鼓佛學學報》第七
　　　期（臺北：法鼓佛教學院），頁 23-65。

陳玉蛟 1988，譯貢却亟美汪波著《宗義寶鬘》（臺北：法爾出版社）

第十八章　佛教的宗教衝突與暴力
——國際學界研究現況回顧[1]

劉宇光

復旦大學宗教學系副教授

摘要

　　在大眾的印象中，佛教比之於其他宗教，似乎純屬非暴力的和平宗教，罕與宗教暴力相連，更遑論與宗教戰爭掛鈎。但在近十年的國際學界，與佛教相關的各式宗教暴力問題日漸受到重視，而連續出版有大量論著，全面檢討這種未經批判性審察的不實假設。事實上，佛教以各種角色與方式涉身宗教暴力的程度，比一般大眾想當然所認為的印象來得普遍及嚴重。

　　本文除「導言」外，主要由兩部份組成。一，提出「佛教宗教暴力」的問題意識。討論此，其目的固然是引發學界的注意，但因題材特殊，所以也是要引起佛教界僧、俗知識群體的注意。這一部份會論及定義宗教暴力時所遭遇的兩個迷思、佛教的宗教衝突與暴力在問題意識上的拉鋸、佛教宗教暴力的多樣性，及研究方法的新進路。

　　第二部份是「案例與專著評介」，扼要描述及枚舉佛教史上，出現在現存三大不同傳統的重大宗教暴力事例，並就當中有代表性的個案，回顧研究

---

[1]　本文的最早版本請見劉宇光撰〈佛教的宗教暴力：問題意識、案例與專著評介〉，《臺大佛學研究》第 21 期（臺北：國立臺灣大學文學院佛學研究中心，2011 年 6 月），頁 83-173。現為修訂版，在原有內容上，作出多處資料更新、論點補充及修改。

現況、「佛教的宗教暴力」的導論性著作、東南亞佛教、東亞佛教及藏傳佛教。其中東亞佛教一環節特別以日本為重點，討論在封建時代的僧兵集團、佛教體制與部落民制度，及明治維新以後的「護國佛教」。最後是全文小結。

　　關鍵詞：佛教的宗教衝突　　佛教的宗教暴力　　佛教的宗教戰爭
　　　　　　佛教的教派衝突

一、導言

　　一直以來大眾普遍相信，比之於其他宗教，佛教似乎純粹是一非暴力的和平宗教，罕與宗教衝突相連，更遑論與宗教戰爭掛鈎[2]，部份佛教人仕也公開作出類似言論，其中包括頗富名氣的當代僧人。早年在日本及西方受良好現代教育的香港著名僧人，香港大學佛教研究中心現任總監衍空法師曾多次在公開的講座上反覆強調：「佛教是人類歷史上唯一的宗教，在兩千六百餘年中，從未為宏傳教義而流過一滴血」[3]，以暗示優越於西方宗教。臺灣佛光山星雲法師在其〈佛教對「戰爭與和平」的看法〉一講中也同樣強調：「佛教崇尚和平，在歷史上從未發生鬥爭」[4]。

　　即使是受過現代嚴格學術訓練，後因信仰佛教出家為僧的法國籍自然科學家馬修・里卡德（Matthieu Richard），其《僧侶與哲學家：父子對談生命意義》（ *Le moine et le philosophe: le bouddhisme aujourd'hui* ）一書使他在西方社會聲名大噪。在該書當中，他也一樣，反覆強調佛教完全是一個和平

---

[2]　筆者每年教授「佛教概論」一類科目，通常在課程首講，皆會請學生試舉出他們心目中所認為，佛教異於其他經典宗教的主要特質，多年以來「佛教是少數（甚致是唯一）和平非暴力宗教」之議常名列前茅。但當筆者提及嚴峻的佛教宗教衝突和暴力案例時，這些對前議深信不疑的學生都一臉茫然。

[3]　衍空法師現為香港大學佛教研究中心（Center of Buddhist Studies, HKU）總監（director）。「佛教在 2600 年中，從未為傳教而流過一滴血」一語，乃是衍空在香港講經說法時，常作為佛教的獨特優點，來向聽眾反覆強調。雖然很諷刺與弔詭的是，就在衍空反覆發表此一言論的同時，他卻曾在 2000 年公開而高調地在香港立法會，向當時特區董建華政府施壓，強烈要求特區官方強力取締他所不喜歡的其他信仰團體（見本文 97 號註的說明）。

[4]　筆者有直接來往的佛教僧侶並不多，所以談不上有統計上的代表性，但在很有限的經驗當中，有一位是既清楚知道佛教的宗教戰爭與暴力衝突，亦頗能全無忌諱地公開坦承之的。他是能操非常流利漢語講經說法的中國藏族僧人，四川色達五明佛學院的索達吉勘布。也許這多少與他所屬的不分宗派（ris med）傳統，其實就是藏傳佛教宗教暴力的受害者與其產物有關。

的宗教：

> 斯里蘭卡……戰爭從來不是以佛教名義進行，也得不到佛教的祝
> 福，……戰爭的禍首來自遠離佛法，甚至抗拒佛法的人，例如……
> 斯里蘭卡的泰米爾游擊隊。……藏傳佛教從未打過宗教戰爭[5]。

即使華文學界亦不乏此論，且由於種種原因，中國學界尤其嚴重[6]，號
稱是中國學界佛教研究的「領頭羊」學者也言之鑿鑿地強調這「事實」，例
如北京大學教授樓宇烈在其題為〈佛教是最具有和平精神的宗教〉的文字中
聲稱：

> 在所有的宗教中，佛教是最具有和平精神的宗教，這已為人們所共
> 許。……從未發生過用佛教去消滅和替代該國家的原有民族文化和
> 宗教。……佛教在其發展和傳播的歷史中，則是以完全和平的方式
> 推進的[7]。

---

[5] Jean-Francois Revel 及 Matthieu Richard 著，賴聲川譯《僧侶與哲學家：父子對談生命意義》（*Le moine et le philosophe: le bouddhisme aujourd'hui*，臺北：先覺出版公司 1999 年），頁 246, 248。這部對話冊子有正體及簡體兩個不同的中文譯本，但只有正體的才是全譯本，簡體的則是在政治剪刀下，變成肢離破碎的譯本，篇幅幾乎只及原文的一半。

[6] 在中國的學術界，很多佛教學者形同佛教組織的「僱傭護教者」，其原因不一而足，從配合官方政治任務、與佛教組織有個人利益關係，到欠缺或漢視學術的專業操守等皆可能。雖說不同的華人社會之學界多少都會有這情況，但嚴重與否，還是與不同制度有相當關係，對此的討論見劉宇光撰〈一個徘徊在中國內地的學院佛學研究上空的幽靈〉，刊趙文宗及劉宇光合編《現代佛教與華人社會論文集》（香港：紅出版-圓桌文化 2012 年 11 月），頁 24-65，尤其頁 35-36, 45-52。該書是香港樹仁大學跨域法律理論及政策研究中心及復旦大學哲學學院於 2012 年 4 月初，在樹仁大學合辦同名會議的論文結集。

[7] 樓宇烈著〈佛教是最具有和平精神的宗教〉，見 *fo.ifeng.com/guandian/detail_2011_03/24/5338267_0.shtml*。

　　另一個也聲稱是此領域「領頭羊」的中國學者，北京中國社會科學院世
界宗教研究所佛教研究中心的魏道儒，在其〈佛教是維護世界和平與穩定的
典範〉一文中，提出五點來力陳「佛教一貫是最和平的宗教，歷來與暴力絕
緣」之議，這五點分別是：

> 首先，佛教始終把傳教弘法與反對戰爭、維護和平聯繫起來。第
> 二，佛教始終不依靠政治、經濟、軍事力量威脅和強迫他人信仰佛
> 教。在佛教的對外傳播中，從來沒有因弘法而發生所謂的宗教戰
> 爭。第三，傳教弘法與政治干預、經濟掠奪和文化殖民等沒有任何
> 聯繫。佛教傳播沒有伴隨着起點地區政治觀念的輸出，經濟方面的
> 索取。第四，佛教傳播主要依靠信仰者個人的自發行為或分散的地
> 方僧團推動，而不是依靠全國性的機構組織或政府行為推動，他們
> 之間沒有強大的組織作後盾。第五，佛教的圓融思想，有利於消除
> 宗派間的排斥、仇視和爭鬥[8]。

其實無論是樓文或魏文的「五條」，皆無一合符基本歷史事實。在現代世
界，無論是宗教團體或學術界，在沒有對事實作理解前，將所謂「佛教從未
與宗教衝突或暴力沾邊」之印象，當成事實來宣傳，這固然不能接受，惟在
這種聲音的背後，除了屬個體層面的一廂情願之外，到底是否還涉及刻意營
造出這印像，以達成不同的目的[9]，恐怕還是頗值得探討，雖然這並非本文

---

[8] 魏道儒著〈佛教是維護世界和平與穩定的典範〉，見《中國民族宗教網》2012 年 11 月 6 日
　　http://big5.ifeng.com/gate/big5/fo.ifeng.com/guanchajia/detail_2012_11/05/18853497_0.shtml。

[9] 事實上，本文的最初版本即在筆者所工作的那個國家，被官方的宗教管理部門在兩個不同城市
　　禁刊起碼三次，筆者曾循側面理解原因，剛開始時被告之所謂「傷害佛教徒宗教情感」，但在
　　再三追問下，被告之因為當局有意推動以佛教為主導的宗教公共外交，所以「不利」佛教正面
　　形象，妨礙對外宗教關係的文字一律禁刊。有趣的對比是本文最初版本卻是在 2011 年 1 月，於
　　臺灣法鼓山的學術會議作口頭報告，與會師生不乏眾多僧侶，但似乎沒有人反應覺得「佛教徒

的主題。

　　與前述僧人和學者的論斷形成有趣對比的，首先是在印-藏佛教史上，作為大乘佛教傳統上，號稱是兩大哲學學派之一的中觀學派（Mādhyamika），從其創立者龍樹（Nāgārjuna）開始，到提婆（Aryadeva）、月稱（Candrakīrti）、蓮花戒（Kamalaśīla, 740-795 A.D.）等，佛教史上廣泛傳言，無一不是橫死於手段花樣百出，極盡血腥之能事的教派暗殺[10]，而傳言中的施毒手者，也包括其教內同道，雖然今天已難於徹底驗證何說方為事實，但傳言之廣泛而一貫，還是足以表明，佛教從其印度源頭開始，宗教衝突與暴力即非稀奇事。

　　況且其次，國際學界在近二十年，日漸重視對由佛教所引發的諸多宗教暴力與衝突之研究。西方及日文學界各有起碼 30 和 15 冊學術專著，換言之有多達近五十冊相關論著，從事遍及梵、巴、藏、漢佛教傳統的宗教衝突與暴力的研究，這些研究充份顯示，佛教以各種角色與方式涉身宗教衝突的程度，比一般想當然的印象來得普遍。

　　本文由兩部份組成，第一部份提出「佛教的宗教衝突與暴力」的問題意識，以引發學界和佛教界僧、俗知識社群的思考。第二部份扼要描述及枚舉不同佛教傳統的重大宗教衝突和暴力事例，並簡介相關專著。

　　本文論述角度，不是以只有佛教社群才特別關心的小眾問題（即佛教戒律）為基本著眼點，來討論佛教的宗教衝突與暴力。若只把這一議題當成是佛教的教義學議題（theological issue）[11] 來探討時，很容易會淪為內部封閉

的宗教情感受到了傷害」，反而多有正面交流。

[10] 由此引申的哲學討論，見林鎮國著〈空性與暴力：龍樹、德里達與列維納斯不期而遇的交談〉，《法鼓人文學報》第 2 卷（臺北：法鼓文理學院　2005 年 12 月），頁 97-114。

[11] 英文 Theology（教義學）一字在當代指「不論是否主張有神論，任何站在宗教傳統內（within），對神聖內涵作出系統而嚴格的智性詮釋」，且更兼指詮釋教義時本身所依的「方法論要求與判準（criteria）」，它是作為第二序或後設性的「抽象方法，為一切議題的共因與指引」。Theology 一字由希臘文神聖及系統論述二節合併組成，本在希臘文具有比後來基督教所

的經院學分析。這是指循佛教教義及戒律規範的內部邏輯來展開討論。例如是詢問佛教的暴力事態與宗教戒律相違與否；或論證有關暴力與佛教教義相關與否等等，所以局內者（insider）觀點的發問方式，並不是本文在此特別關心及感興趣的。

本文主要是循人文學科暨社會科學（Humanities and Social Science）的局外者（outsider）角度來詢問：佛教社群，尤其當中的僧侶組織，在宗教、族群或階層等的社會衝突事態中，其角色與作用是什麼。這一發問的角度，與佛教社群內部所講的違反戒律問題，並沒有太大的直接關係，特別在現代脈絡，反而更多是着眼於世俗公民社會的視野。因此即使佛教組織的某些舉措在教內既未被視為違反戒律，甚而未違反以國家機器所主導的法律體系，但其行徑仍然可能會在實質上對公民社會（Civil Society）的基本價值觀及相關社群的權益造成壓迫與損害。

強調從公民社會的視野切入，而不是作為佛教內部的戒律問題來處理，這立足點的選取，乃是基於兩個理由。第一，在現實世界，宗教上的所謂依戒而行，不見得一定不會與非佛教的其他社群出現，乃至更廣泛的主流社會，發生從基本公共價值觀，到族群關係上的張力與嚴重衝突。因此對於由佛教所引起的宗教衝突與暴力之認定，基本上不會是以宗教戒律和教義為標準，畢竟衝突或暴力行為的效果，常波及其他族群與整個社會，理應循整體社群的權益為著眼點。

第二個理由則是源自基本的學術專業價值觀，在世俗現代社會知識體制當中，包括學術性佛教研究（Academic Buddhist Studies）在內的宗教研究（Religious Studies）所屬的人文學科，有其與公民社會之間的特殊關係。

指的「神學」廣闊很多的意思，且既不限指單一神論，也不只限用於超越的位格神，在古希臘可用於諸神身上，在佛教脈絡亦不應該當「神學」來譯、解。見 David Tracy, "Comparative Theology", in M. Eliade (ed.), *The Encyclopedia of Religion*, Vol. 14 (New York: Macmillan 1987), pp.446-447, 452。

本身是天主教神職人員的著名神學家大衛・特雷西（David Tracy）指出，
大學作為公民社會的公器，間接受公民社會委託，以知識服務於公民社會，
並向其負責。大學的宗教學及教義學研究，遂因這種公共性（Publicity），
在本質上就應該有別於宗教研修學院（seminary）的研究。後者是設立在教
會系統內，用於訓練宗教人員。

因此前者既不應該預設宗教教義真理宣稱的權威性，亦不應該預設其受
眾信仰特定宗教；既無責任維護宗教教會組織，亦不必專門向特定宗教社群
負責，却是另有其更整體的負責對象。大學的宗教研究其中一個主要責任，
是為公民社會提供學術服務，助其公民的文化修養、理解能力、批判能力與
判斷能力的成長。

在這大原則下，所引申出來的另一個責任，是運用知識擔當監察者角
色，從理念與知識層面考察現實社會中的宗教組織，批判其瀆職、對原初理
想的遺忘與出賣，乃致對公民社會基本價值觀的侵犯，他特別提到，大學的
教義學研究「應以批判與挑戰教會體制」為務[12]。因此誇張一點說，讓宗教
組織坐立不安，某義上應該是大學的宗教學及教義學研究的其中一項學術上
的專業責任。

但必須注意，當特雷西提出，宗教學界在公共領域中，有以知識擔任宗
教的監察者之角色時，這不應因而誤會那是指知識界或學界，是根據國家政
權的角度，以知識來監控宗教。尤其若政權是屬於威權主義
（Authoritarianism），甚至是極權主義（Totalitarianism）一類否認民主與人
權基本價值觀的政體時，其對宗教的取態，首先是將它「國家安全化」，動
輒視作滲透或顛覆的可疑對象，施以嚴厲的預防，從而亦否認公民社會的必
要。在這類政制下的宗教學者對宗教的監察，乃至對當局的政策建議，最終

---

[12] 見大衛・特雷西（David Tracy）《詮釋學、宗教、希望：多元性與含混性》（*Plurality and Ambiguity, Hermeneutics, Religion, Hope*，收於《歷代基督教思想學術文庫・研究系列》，香港：漢語基督教文化研究所 1995 年）一書中譯本 p.xxv。

每多變成是為國家權力的無限伸展作知識上的開路，其效果只是進一步侵蝕社會的自由空間。但在承認公民社會的國家，其宗教學者在與宗教相關的公共事務上，與官方保持懷疑與質詢的職業距離，並負有同等的智性責任，監察政權府，以提防它在觀念、政策及行動上干涉宗教自由，連帶侵蝕公民社會。所以宗教學界在公共議題上與宗教界的知識對話，儘管在某些情況下，會帶有以知識作價值監察的性質，但其立足點絕非國家政權，而是公民社會。

二、「佛教的宗教衝突與暴力」之問題意識

探討佛教是否有涉及宗教衝突與暴力的元素，這無論是歷史或當代，其發問皆不出觀念與事實兩個層面，一定程度上類若應然（ought to be）與實然（factual）之分。循觀念層面作詢問，大體不離前文提及局內與局外兩類主要角度。局內的詢問是關注佛教教義及戒律等，是否容許使用武力或殺生來解決問題；又如佛教是否在某些特定處境下，接納以武力或殺生手段應對困境，甚至會否受到教義所贊許，以及背後的整套教義上的論證與理據。

這當中首先涉及詞語的定義問題，即何謂「暴力」。因為現代概念英文的暴力（violence）一詞帶有道德上的非正當性，因此這其實潛在地蘊涵着暴力與強力（by force）或武力（armed force）之間，並非完全是等同的，畢竟從邏輯上講，確存在正當或合理地使用強力或武力的可能，如何界定暴力與無違戒律地使用武力，並明確劃出其間的分別，對佛教局內人而言，遂成為一必須探討的問題。

事實上，正因為不管從佛教局內、外的角度，都存在這一尚待探討的未定地帶，所以我們無法把舉凡涉及佛教使用武力的事態，都簡單撥歸為「佛教的宗教衝突與暴力」，因此儘管本文仍會把一部份其爭議較大的例子及相

關的論著列入本文涵蓋範圍，但它們是否毫無爭議地屬於所謂「佛教的宗教暴力」，則確屬仍有討論空間，典型例子是學愚《佛教、暴力與民族主義：抗日戰爭時期的中國佛教》[13]、學愚《中國佛教的社會主義改造》[14]，及林照真《喇嘛殺人：西藏抗暴四十年》[15] 等論著所涉事件。

除了傳統佛教局內者的戒律觀點外，另一個討論的理論角度，便是前文提到的局外觀點，近年逐漸形成的佛教倫理學（Buddhist Ethics）即為一例。傳統的戒律學及現代的佛教倫理學二詞遠不只是古、今用語不同，兩者是有關鍵性的差別。傳統戒律學是一套純從佛教局內者立場出發，只以四眾為目標受眾，唯關乎佛教社群內部個體及群體宗教生活的規範系統，雖然含蘊一定的理論反思，但並非以此為其首務。

另一方面，佛教倫理學雖然尚屬草創領域，但她有與局內者角度的戒律學根本不同的視野。「佛教倫理學」此一詞語及其所指的學術領域，其實是在九〇年代早期，才由韓裔學者關大眠提出。它是現代世俗性的人文學科之一的佛教研究（Buddhist Studies）屬下的一個子領域（sub-area）。其基本進路是透過與西方倫理學傳統展開理論對話，來對傳統佛教的個體及集體價值規範進行批判性的反思及倫理學重構[16]。佛教倫理學是以理論性的後設反思為首務，行為規範的具體細節非其關切之首要所在。其次，它循局外者立場，進行批判性的挑戰提問，因而傳統戒律學意義下的所謂干犯戒律與否，其實不必然是佛教倫理學討論的重心所在，佛教倫理學莫寧更多是從哲學倫

---

[13] 學愚著《佛教、暴力與民族主義：抗日戰爭時期的中國佛教》（香港：香港中文大學出版社，2010 年）。

[14] 學愚著《中國佛教的社會主義改造》（香港：香港中文大學出版社，2015 年），廣見全書多處。

[15] 林照真著《喇嘛殺人：西藏抗暴四十年》（臺北：聯合文學出版社，1999 年），這是一部口述史。

[16] Keown Damien, *The Nature of Buddhist Ethics* (Macmillan/Palgrave 1992/2001).

理學，乃至真實世界的倫理處境的角度來詢問佛教[17]。當中自然蘊涵了詢問佛教如何應對由其行為所構成，對非佛教社群的各種影響，乃致其間引生的價值或責任問題。而佛教倫理學每多涉及佛教與非佛教社群之間在公共價值觀上的學理互動關係，當中包括探討雙方之間觀點的分歧，甚或現實中的衝突。

尤其在諸如宗教暴力這類直接涉及生命安危和基本權益威脅之問題上，縱使未經傳統的戒律學或現代的佛教倫理學細辯之前，也許仍存在一定的灰色地帶，但這不見得我們的倫理常識在社會的日常生活中，對何謂「暴力」或「宗教暴力」，還是有素樸而直觀的基本判斷能力。在此特別強調這一點，乃是因為以下並非不常見、荒謬而不幸的事實：部份僧、俗佛教社群，甚致包括佛教學者在內的知識群體，在面對佛教的宗教衝突與暴力事例時，出於不同原因，不惜把即憑道德常識亦可作出基本判斷之處境，提出近乎指鹿為馬的顛倒之論。

至於根據歷史和當代的案例來詢問「佛教是否有宗教衝突與暴力？」，其答案卻要比前一問題簡單、直接很多。毫無疑問，答案絕對是肯定的，而且既不是不嚴重，也不是不廣泛。

當然若要對於何謂宗教暴力，作出比常識的理解更為系統而細緻的探討時，其問題的性質要比想像中來得複雜，有宗教成員或宗教組織參與的不當武力行為，是否就可被稱為宗教暴力？還是依宗教教義及宗教動機而起的暴力，才能被稱為宗教暴力等等？這些都是同時饒富學術及現實意義的問題。但在進一步探討這些問題之前，也許應該先理順一些由發問的方式所產生的困惑。

---

[17] 對「佛教倫理學」方法論的討論，見 Christopher Ives, "Deploying the Dharma: Reflections on the Methodology of Constructive Buddhist Ethics", *Journal of Buddhist Ethics*, Vol.15, 2008, pp.22-44. http://www.buddhistethics.org/.

（一）宗教衝突與暴力：兩個定義上的迷思

在定義何謂宗教暴力上，存在着兩種不切實際，且容易誤導問題的迷思。迷思之一是把涉及（related to）宗教的暴力元素，或由宗教而起（derived from）的暴力，作出類似所謂「人病」與「法病」的區分。所謂「人病」，在此指的是宗教人士或組織，利用（exploitate）、誤用（misuse）或濫用（abuse）宗教教義及其他宗教資源，作出教義所不容的行為舉措。這一界定方式企圖把「人病」一類「利用宗教」損害他人的暴力行為，排除在「宗教衝突與暴力」一概念所涵蘊的外延範圍之外，以與教義無關為判準，劃分一暴力事態可否視作「宗教暴力」。

所謂「法病」，則是指教義或教規本身就有錯謬或不合理的成份，並以鼓吹暴力為務。在法律學的層面，也出現類似，但不完全相同的區分，來試圖劃分「宗教犯罪」與「利用宗教犯罪」[18]。不管是上述哪一個劃分，在其預設及所欲達成的效果上，往往是要論證：在道理上，要為該暴力行為負責任的，到底是提倡某種錯謬學說的特定宗教，或是某位或某些宗教濫權者。若把「宗教暴力」一概念的涵蓋範圍只落在所謂的「法病」一類上，則埋首經典，搜字索句，便成為確認一暴力事件是否屬宗教暴力的主要論證手段。

單純從概念上講，很難說上述的劃分不無道理。但是當這一劃分被置放在真實世界各種各樣的脈絡中時，其複雜與多樣的程度往往形成一超乎想像般廣闊的灰色地帶，而使原有的劃分在現實的社會處境中變成蒼白無力，甚至可供切詞狡辯之用。這並非企圖以相對主義的立場或論證，推翻倫理判斷的可能性，却只是要說明「人病」與「法病」之分，其能夠澄清問題的效力，比我們預期的來得弱，從而不特別具體有助於理解宗教暴力的性質，試

---

[18] 秦孝成著《論「宗教犯罪」與「利用宗教犯罪」之分界：以法律及心理學觀點》（臺北：世新大學，法學院碩士論文，民國九十六年=2007 年。指導教授：段重民博士），尤其第四、第五及第六三章，頁 55-167。當然「宗教犯罪」與宗教內部的違反戒律是完全不同的概念。

問對於宗教暴力的受害者來說，涉事的宗教組織在事後以區分所謂「人病」及「法病」來否認指控或責任，這有何說服力可言？因為暴力的行為主體一定是一個或一組宗教人員、一個宗教組織，而不是某組抽象教理或某部典籍。事實上已有研究指出，動輒訴諸教義來解釋宗教暴力的原因，在推論上其實是犯有把複雜的事態簡化為教義之謬誤（theological over attribution）[19]。以下畧舉例說明之。

首例是八〇年代日本的「批判佛教」（Critical Buddhism），姑勿論「批判佛教」引發的教義爭議誰是誰非，也暫擱其訴緒既有教義，藉此作出由觀念到現實的直接因果推演來解答問題的方向是否合理。批判佛教認為，如來藏及本覺思想的錯謬理論，要為日本佛教現實上的種種嚴重操守問題負責。但釋恆清[20]、石川力山[21]與傑奎琳·斯通（Jacqueline Stone）[22]都一致認為，教義詮釋是有開放性的，可供正、反兩面作解讀，就如同樣是本覺佛性說，却成了曹洞禪僧內山愚童從事抗爭的教義根據[23]。何況利用本覺思想合理化不義，與本覺作為主要原因造成社會不義，兩者的界線其實並沒有想像中明確。

---

[19] 宋立道著《暴力的誘惑：佛教與斯里蘭卡政治變遷》（北京：中國社會科學出版社，2009年），頁14。

[20] 釋恆清著〈「批判佛教」駁議〉，《哲學論評》第二十四期（臺北：國立臺灣大學哲學系編，2001年），頁42-43。

[21] 見石川力山文章，R. Ishikawa, "The Social Response of Buddhists to the Modernization of Japan: The Contrasting Lives of Two Soto Zen Monks", in *Japanese Journal of Religious Studies* Vol.25, Nos.1-2, 1998, p.106。

[22] Jacqueline Stone, " Some Reflections on Critical Buddhism", in *Japanese Journal of Religious Studies* Vol. 26, Nos. 1-2, 1999, p.183.

[23] 曹洞宗禪僧內山愚童，同情社會主義及無政府主義，教導佃農以拒繳地租反抗政府，並公然否認國家主義，明治四十三年（1910年），因「大逆事件」被處死，並被當時曹洞宗革除僧籍，九零年代因「批判佛教」事件，才獲「平反」。有關內山思童與大逆事件，見石川力山的文章，R. Ishikawa, "The Social Response of Buddhists to the Modernization of Japan: The Contrasting Lives of Two Soto Zen Monks", *Japanese Journal of Religious Studies* Vol.25, Nos.1-2, 1998, pp.98-105。

　　宗教文本每多有運用象徵符號作表達的傳統，其間象徵的字面義與背後的所謂實義之間的界線更為模糊，尤其所有宗教對於暴力或武力的應用，基本上都會有一套含糊而自相矛盾的說辭，其所指何義往往正反莫辨[24]，佛教亦絕非例外。先不論諸如像密教這種在象徵、現實及儀式之間，本來就存在較大程度多義性的系統，即便如顯教，也不乏這種不一致。例如儘管佛教教義以提倡慈悲聞名，大乘經、論對此更是強調，但就算是在最主流的經、論當中，也不乏這類矛盾的說法，大乘佛教「一殺多生」的概念即一例，「一殺多生」是指：「殺一人救多人也。殺生雖為罪惡之業，然殺一人，得生多數之人，則卻為功德」[25]，多部主流的大乘經、論都反覆出現這相同的觀點，例如《大方便佛報恩經》卷七：

> 有一婆羅門子，聰明黠慧，受持五戒護持正法。婆羅門子緣事他行，有五百人，共為徒侶。前至嶮路，五百群賊，常住其中。賊主密遣一人，歷伺諸伴，應時欲發。爾時賊中復有一人，先與是婆羅門子，親善知識，故先來告語。爾時婆羅門子，聞此語已，譬如人噎，既不得咽，又不得吐。欲告語伴，懼畏諸伴害此一人；若害此人，懼畏諸伴沒三惡道，受無量苦；若默然者，賊當害伴；若害諸伴，賊墮三惡道，受無量苦。作是念已，我當設大方便利益眾生，三惡道苦，是我所宜。思惟是已，即便持刀斷此賊命，使諸同伴安隱無為。[26]

---

[24] Lester Kurtz, *Gods in the Global Village: The World's Religions in Sociological Perspective* (2nd ed., in the *Series of Sociology for a New Century*, Thousand Oaks, Calif.: Pine Forge Press 2007), p.245. Bernard Faure, *Unmasking Buddhism* (Chichester, U.K.; Malden, MA: Wiley-Blackwell 2009), pp.83-104.

[25] 丁福保編《佛學大辭典》（原刊於上海醫學書局，民國廿八年＝1939 年，今用臺北佛陀教育基金會複印本 2007 年），頁 35 下。

[26] 《大方便佛報恩經》卷七（《大正藏》冊 3，號 156，頁 124-166）。

《瑜伽師地論》卷四十一：

> 如菩薩見劫盜賊為貪財故，或復欲害大德、聲聞、獨覺、菩薩，或
> 復欲造多無間業，我寧殺彼墮那落迦，終不令其受無間苦，如是思
> 維，以憐愍心而斷彼命，由是因緣，於菩薩戒，無所違犯，生多功
> 德[27]。

北本《涅槃經》卷十二：

> 記仙豫王殺害世惡婆羅門，以其因緣卻不墮地獄[28]。

我們稍後在下文即可看到上述大乘經、論的引文，都被佛教徒，當中包括甚
至漢傳佛教領袖在內[29]，引用作為論證使用暴力的典據。即使在佛教內部公
認為教義歧義程度相對較低的早期佛教，及其聲稱的宗教後裔，即今天東南
亞的上座部，也未能免於此一困擾。最戲劇性的例子是：眾所周知，小乘佛
教戒律一般比大乘菩薩戒來得明確而難有彈性的空間，尤其對於言行舉止等
日常行為，指引都是非常具體清楚而又經嚴密論證，特別涉及如殺生這類嚴
重的錯誤行為時，其被絕對禁止的明確無疑，在解釋上似應是滴水不漏
[30]，但真正的實情卻遠非如是（見下文對南傳佛教泰國案例的討論）。

　　佛教的密教典籍中大量涉及性與暴力的符號，實義為何，即使在佛教內

---

[27]　《瑜伽師地論》卷四十一（《大正藏》冊 30，1579 號，頁 517b）。

[28]　北本《涅槃經》卷十二（《大正藏》冊 12，號 374）。

[29]　學愚著《中國佛教的社會主義改造》（香港：香港中文大學出版社，2015 年），頁 365。

[30]　H.Saddhatissa, *Buddhist Ethics: Essay of Buddhism* (London: George Allen & Unwin 1970), pp. 59-63.
又見 Rupert Gethin, Can Killing a Living Being Ever be an Act of Compassion？The Analysis of the
Act of Killing in the Abbhidhamma and Pali Commentaries", in *Journal of Buddhist Ethics* Vol. 14,
2007, pp. 166-202.

部，更是近乎不可化解的兩極分化，符號到底作何解，往往更多受應用的塲合與脈絡，及其使用者的需要所左右，即使將其解讀為在真實世界中使用武力，而非象徵意義，也不見得與教義絕對相違，在許多情況下，典籍近乎無法單憑其內容本身確定其意指何事[31]。

　　人病、法病之分的含糊不清，這在哲學上其實涉及一個方法論的疑難。簡單來說，無論一套義理或一套規範系統，其實都是一個其確切意義有待詮釋者開衍的文本，嚴格而言，超越詮釋與被詮釋的關係之外的文本自身，其實是無法構成在哲學上有效討論及可被理解的對象。換言之，文本一定是作為被認知或被理解的對象，在連繫於詮釋者的詮釋或解讀活動的前提下，其內涵才被彰顯出。但詮釋者總有其從事詮釋活動時，詮釋者個人的形成史、所身處的脈絡及面對的問題，並帶着此等脈絡與關切為背景來解讀文本。故此同一項事物，身處於不同脈絡時，往往形成意義不同，甚而完全相反的判斷或指引。帶着這一考慮，便能理解何以根據「人病」與「法病」這一對概念的劃分，來界定何謂「佛教的宗教暴力」時，看似明確可靠的界線遂呈現出大片灰色地帶，因為即使是「佛法」，也是一有待詮釋者的詮釋活動所開衍的對象，而不是一不解自明的客觀既與事實。

　　這正如現任達賴喇嘛曾舉出的對比例子（在此姑且以「禪修的暴力」一語稱之，下文還需要借助此喻，從另一個角度來說明另一個問題）：一個僧人放棄依經教修習多時，才能成就的甚深禪定，從正安住其中的禪修起來，用適當的力量，甚而武力，制止在他眼前發生的一椿強盜（或官員）傷人及搶掠事件；同一個處境，但另一個僧人為了早日覺悟，於他眼前正在發生的

31　對藏傳佛教的討論見 David B. Gray, "Compassionate Violence? On the Ethical Implications of Tantric Buddhist Ritual", in *Journal of Buddhist Ethics* Vol.14, 2007, pp.238-271。另見本文最後部份提及雅各布・多爾頓（Jacob P. Dalton）執筆，題為《降魔伏妖：藏傳佛教的暴力與解脫》（*Taming of the Demons: Violence and Liberation in Tibetan Buddhism*, New Haven: Yale University Press 2011）一書的導論章。

同類事件,選擇繼續心平氣和地安住於其甚深禪定中,聽任受害者被搶、被殺而不顧。前者不是暴力,但後者卻是,且更可能是宗教暴力。

傑奎琳·斯通(J. Stone)也注意到類似的處境,但說得更明確或徹底一點。她討論到「批判佛教」所處理的政-教關係時指出,在嚴酷的政治環境下,不惜一切地強調與禪觀實踐關係密切的純內在心性修養論,及其對政治-社會等現實環境的超越,確實可以「克服」因外在不義而起的情緒,把對外的怨恨從外轉向內心,這種無止境的「反求諸己」,要求自己一再接受現實的心態,其實在效果上是可以作為具負面意義的意識型態,支持嚴酷的威權政治體制[32]。在上述二例當中,本來作為宗教踐行要務之一的禪修,單憑它的內涵本身及其在宗教生活中的意義,似應明顯與暴力無任何關係,然而,一旦被安放在不同處境當中,其實質意義可以被完全被改變。尤其在「禪修的暴力」一例當中,即使該僧人沒有絲毫主動的行惡意圖,但他恐怕仍需要為其袖手旁觀所造成本可避免的,對暴力的明顯默許及其招來的不幸,負上某種程度的道德責任。

還有一點值得注意的是,若把討論的焦點放在諸如是人病與法病之辨的問題上來糾纏時,其討論方向極有可能最終被錯誤引導,掉進佛教群體內部才會特別關心,但卻無甚直接關乎於整個社會基本價值觀的小眾問題上,亦即只知爭論與佛教戒律是否相違。尤其若一個佛教社群或組織未歷過現代公共價值觀的充份洗禮,這種爭論到最後往往只淪為推卸責任的護教曲辭,而非關心社群在整體上的公正與否。畢竟前文已指出過,無論從邏輯可能性或經驗事實的角度來說,在佛教圈內被視為沒有違犯戒制的行徑,不見得就一定無乖悖於公民社會的基本價值,而在現代的世俗社會,後者才應該是問題重心的所在。

---

[32] J. Stone, "Review Article: Some Reflection on Critical Buddhism", *Journal of Japanese Religious Studies* Vol.26, Nos.1-2, 1999, pp.180-182.

其次，定義何謂「宗教暴力」時，所出現的第二個迷思，是不小論者認為，必須要能夠充份證實宗教理念或動機是引發暴力事件的主因或單獨原因，這才算是宗教暴力，否則便不能視為「宗教暴力」。這種界定的方式在論證上缺點甚大，首先，從客觀的角度來說，這基本上是一個難作嚴格直接驗證的領域，雖然旁證是可能的。其次，一椿集體及持久的宗教團體暴力事件涉及者眾多，到底應以何者為動機或理念為準？前一假說的邏輯是把現實上宗教與其他錯綜複雜無法分離，相互絞纏的因素不合實情地孤立出來，找尋導致暴力事件的所謂「純宗教」因素，但在現實的絕大部分案例當中，都不會有所謂「純宗教」因素，即使在人類歷史上毫無疑問地被公認，撥入宗教戰爭或宗教暴力的典型事例中，亦恐怕從未有過一椿是全沒有非宗教的元素涉及其中者。

不管是早期近代西方的多次宗教戰爭、教族衝突或教會的宗教迫害，乃至於一九七〇年代北愛爾蘭的天主教與新教社群及英國政府之間的血腥衝突，也都同時涉及階級、種族、經濟利益等一系列非宗教因素，但這完全不妨礙這就是一系列宗教暴力，即使作為主要當事者的一眾教派及教會亦不否認這是宗教衝突。

因此這種主張唯有純由宗教信念與宗教動機引發的暴力，才是真正的宗教暴力之論證方式，很容易誤導對事態的理解，鑽入爭論某暴力事件是否由「真正」或「純粹」的宗教因素所造成之死胡同。尤其在效果上，這種討論的進路，其實存在一個非常危險的陷阱，它會有意無意地在結論上都總似乎在減弱，甚或否認特定宗教在相關暴力事件中的角色，從而在邏輯上也會讓涉事宗教社群有說辭，推諉、否認、逃避，或淡化在事件中的角色，乃至相應的倫理責任。

另外在宗教元素與政治、經濟、族群等其他成因共同構成衝突的複雜處境中，不少企圖為佛教介入暴力衝突之責任問題作辯護的論者，都輕易犯有以原因（cause）誤當成理由（reason）的錯謬。所謂「原因」與「理由」，

是指應然（should be）與實然（factual）之間 ，或規範性（prescriptive）與描述性（descriptive）判斷之間的區分。前者大體是指在事實的層面，促成事態發展出某一局面的可能因果串，但後者却是指直接促成某一局面發生的行動決定者，其舉措在操守上是否講得通（morally justifiable）。以「原因」誤當「理由」，不管有心還是無意，在邏輯上，它引發出來的可能結果是提供機會，輕易以環境決定論為借口，將本來行動決定者應該承擔的道德責任，採取輕佻的態度推諉掉[33]。

　　另一點值得注意的是，英文 violence（暴力）一詞在字面上很容易引導我們把它想像為個人及組織作出某種主動及直接的行動，因而造成不必要及不合理的傷害，例如宗教戰爭、衝突及迫害，這當然是佛教史上顯眼的一類，但是更多較不顯眼的情況，卻是佛教組織透過從體制上及意識形態上，有意識地漠視、默許、維護及資助不管是否淵源自佛教本身的暴力行為，從權力及體制上加強社會的不公。以前文提及達賴喇嘛所舉，「禪修的暴力」的淺白比喻來說，暴力不僅是指主動傷害他人，也可以指出於宗教的目的，以袖手旁觀被動地不加作為，默許事態惡化，間接聽任或直接造成他人受損害時，這也同樣是暴力。

　　考之於大部份佛教的宗教衝突與暴力真實案例，其實並沒有真的構成別無選擇，完全被動的客觀環境。很大程度上依然取決於行動者或相關佛教組織如何認知事態及決定其行動，因而佛教組織應該為其行為負上絕大部份道德責任。典型例子之一是下文將會提到的當代斯里蘭卡佛教的好戰僧人集團。他們不擇手段地推動對非佛教徒的全面敵視之際，事實上佛教族群在已

---

[33]　筆者在 2010 年 8 月於新加坡參加佛教學術講座期間，論及當代斯里蘭卡佛教僧人的好戰舉措，間接造成近八萬人被殺害時，中國社科院世界宗教研究所有某與會中國學者對筆者此舉非常不滿，認為作為一個佛教學者，應該對佛教有體諒與「同情的理解」，不應公開批評其「小毛病」。有關人仕提出其「愛護佛教」之結論時，所援引的論證，正是犯有這種以原因偷換理由之謬誤。何況對於因為僧人鼓動戰爭而家破人亡的上百萬斯里蘭卡國民來說，他們的悲慘遭遇是否比這些僧人本身更需要同情愛護？

經取得政治獨立的斯里蘭卡是人口佔 70 ％以上的主流多數，國內根本不存
在威脅其地位的其他力量，好戰僧人很難有說服力地把他們的宗教野心說成
是所謂環境使然，別無選擇。

　　有鑑於此，本文採取較為寬鬆的方式把「佛教的宗教暴力」理解為「一
個佛教傳統或組織，為謀取其合理或不合理範圍內的宗教利益，在明知其舉
措對社會其他群體的人身或權益構成明顯而不合理之傷害的情況下，但仍漠
視之而選擇強行作出相關行動」。此一說明故意採取用字上較寬鬆的表達，
因而容許差異幅度較大的不同元素都可納入其中。

　　上述說明企圖強調以下數點：首先，是從社群身份及宗教組織之社會學
角度來界定宗教，這是因為「宗教暴力」的行動主體是落在社群、組織、網
絡及資源上來說，而不是孤立地強調宗教觀念的特殊性。其次，前述說明的
重心放在行為上，而不應只徇動機入手，因為行為在後果上涉及對他人的客
觀損害。第三，「宗教利益」一詞故意保持空泛，既可指抽象的信仰及意識
形態，亦可指種種因宗教組織而有的現實利益。應該注意的是，兩層利益之
間的關係並非單一模式的。若我們仔細考察佛教的多宗包括宗教戰爭在內之
大型宗教暴力與衝突，部份經濟決定論的學者所指，一切宗教衝突最終都只
是現世物質利益的爭奪這種機械論式的單一解讀，其實是很難充份說明成因
各異的宗教暴力。因為在包括藏傳、日本在內等諸多佛教案例中，不單現世
物質利益與宗教意識形態之間有極為緊密的交織，以致很難全無疑點地論證
二者之間只有現世利益是目的，宗教意識形態唯屬手段或只是「說辭」，而
絕不會是真正目的之立論[34]。因為不少衝突的案例確實存在真正意義下的教
義及思想上的學術辯論，只不過是「初則口角，繼而動武」，首先爆發教義
辯論，之後加上其他因素，遂演變為暴力衝突，甚至惡化為宗教戰爭（藏傳
佛教即一例）。第四，在此「謀取」及「舉措」二詞都是多義的，既可以是

---

[34]　持經濟決定論解釋佛教宗教暴力之觀點，可見宋立道《暴力的誘惑》，頁 9。

指主動的行為，亦可指被動地袖手旁觀。同時，如果前文引述的人病與法病之分，還能夠在某些情況中仍是有意義的話，在此所提出對宗教暴力的界說，是既可指人病，也可指法病。

（二）佛教的宗教暴力：拉鋸中的問題意識

在華文世界，無論是學界或佛教界，現階段對佛教宗教暴力之議題，即使是佛教的僧、俗知識群體，普遍因陌生而不知如何回應，更遑論佛教社群的一般在家信眾，偶有聞之，每多錯愕震驚、不知所措。從未意識到這一議題的佛教知識社群首聞此問時，每多近乎本能地斷然否認佛教與宗教衝突的任何關係。但當具體案例被逐一展示而無法迴避，從而使問題意識得以初見萌芽的同時，則論者由單純否認佛教存在宗教衝突與暴力之事實，退轉為否認佛教對此有責任可言，典型的回應之一乃認為佛教每多只是被政治力量誤導或「有野心者」利用，言下之意，佛教似乎反而成了不由自主的受害者，將其作為共犯的責任推諉或掩藏掉。

問題是，即使當初宗教真的只是無知於政治上的被利用，而被捲入衝突，然而一旦事態惡化為訴諸暴力時，不論從任何角度，「不知道被利用」是不能成立的。因為即使從佛教局內者角度，也不可能不知道瞋（krodha）、害（vihiṃsā）或殺生（prāṇātighātād）乃已與基本戒律相違，實在沒有任何可推諉的藉口，可否認對上述舉措負有操守上的重大責任。何況，以當代多個佛教深涉其中的大規模有組織暴力為例，例如日本明治維新到二戰終戰止的護國佛教及當代斯里蘭卡的佛教好戰民族主義，我們不單完全找不到被官方或政客所謂「利用」的情況，反而是佛教組織以極有野心的主動取態，大幅推動政治及社會局勢的惡化。

尤其在斯里蘭卡，僧人集團玩弄國家前途與群眾福祉於股掌之上，成為其中一個主要因素，引爆長達三十年的全面內戰。他們摧毀斯里蘭卡獨立之際，政治上採納民主制度所欲建立的開放性，使絕大部份政黨最終皆伏首聽

命於僧人集團，並營造出教族嚴重對立的社會環境。主要僧人集團的相當部份的成員從獨立以來，在長達五十年的時間中，都主動地在任何衝突的前線，起着推波助瀾的作用。故此佛教捲入這些暴力事件，實既非被利用，亦絕不是無奈與被動、身不由己地發生，却是主動地介入之，因而完全有其重大道德責任，如果不是這些僧人的集體惡行，蘭卡的種族關係根本不會惡化到這樣失控和悲慘的境地。

　　佛教社群面對有關佛教的宗教暴力之質詢，另一類典型回應是把真實社會宗教組織的操守問題，轉換脈絡為訴諸不着邊際而空泛的形上學式的人性論，迴避正面處理問題[35]。訴諸空泛的普遍的人性缺憾，該等模稜兩可的說辭其實對於嚴肅理解佛教何以涉身宗教暴力，可說是毫無幫助。

　　在不少佛教的宗教衝突和暴力案例中，無論參與者的數目或其影響力來說，佛教徒都不在少數，很難說那並不代表佛教。這還涉及佛教徒應如何理解自己宗教身份當中的集體向度，即不同的佛教傳統之間，應該如何對待對方在現實中所發生的宗教暴力狀況，這對於僧團內的知識社群及佛教領袖來說，尤其屬不能以沉默[36]或托辭「不知道」[37]來作公開迴避的嚴肅問題。

　　特別就後者「不知道」一點來說，在此硬把華人佛教徒說成是對此麻木

---

[35] 典型說辭諸如「那只是普遍存在於人性的缺憾，哪裏都一樣」、「其他宗教也樣有這些缺憾」、「只是少數佛教徒所為，不能代表全體佛教」，或輕描淡寫地指出「佛教有很多方面的重大貢獻，只是有時也難免有些小毛病」等云云，不一而足。

[36] 本身是佛教徒的美國佛教學者莎莉‧京（Sallie King）2009 年 5 月時曾告訴筆者一個使她深感困擾的場景。她在同年較早時間參加在泰國曼谷舉行的佛教學會議，當中大部份與會者是亞洲學者，且多是佛教徒，包括頗多僧侶。她於會議討論過去三十年斯里蘭卡內戰期間，佛教民族主義的狂熱僧人不遺餘力推動戰爭，及擋礙和平進程的角色。她隨即詢問現場與會聽眾，如何看待此事，乃至詢問會否覺得，同為佛教徒，是否有道德責任去回應斯里蘭卡僧人的行為。但被詢的現場佛教學者對此被推到眼前的詢問採取不回應及集體沉默的態度。

[37] 對同為東南亞上座部一脈的其他國家的佛教徒而言，很難說不知此事，但在華人世界，雖然有少數學者有對此作研究，但單純就華人佛教界的一般信眾而言，對斯里蘭卡僧人的宗教暴力角色確每多無知。然而莎莉‧京對此的追問是：「這到底是真的未意識到事實，還是有意識地選擇不想意識到此事」。

不仁，這恐怕是不公道的，但這種無知其實多少還是間接與華人佛教徒每多習慣於視佛教與公共生活，甚或與政治生活無涉的錯誤假定有關，從而間接使大部份佛教徒並未意識到此事。此外，對托辭「不知道」的質疑其實並非完全沒有根據。因為在內戰高峰期間，有多批留學斯里蘭的華人佛教徒（當中包括僧侶），其實是蘭卡宗教暴力的現場見證者，對事件的因由及情況有所認知，私下亦對右翼僧人的行為不能苟同，但出於包括政治顧慮等各種原因，即使在學成歸來後，仍多選擇對蘭卡的佛教民族主義帶來的暴力與血腥保持沉默，對僧人的好戰態度及其在內戰中的惡劣角色更絕口不提。少數留學僧人甚而在大力讚許佛法在蘭卡何其隆盛之餘，更呼籲漢傳佛教僧人應以此為榜樣來學習[38]，讓人錯愕。

　　在此引申出來的疑問是：佛教社群也許不會認為，雖同屬佛教一員，却要為其他佛教傳統的操守負責。但如果暴力是由某佛教傳統在取得成員的廣泛認同下，以佛教的宗教身份所作出，其他佛教傳統刻意保持集體沉默，或依然大力渲染「佛教與宗教暴力絕緣」之假說，這無論從宗教倫理及公共操守上來看，其實都很難說完全沒有責任可言的。這一涉及社群對集體暴力的道德責任之難題，在此無法三言兩語簡單解決，但起碼仍有必要指出，它在現代政治哲學上都是經過廣泛討論的重要議題[39]，這些討論其實都可以作為重要的參考，幫助佛教理解在群體共同參與集體暴力中，不同角色還是有不同級別和類別的相應道德責任。

　　上述困局背後的根本癥結，其實還是回到佛教知識社群，在面對有關佛教涉身宗教暴力時，有否正視問題，而不是只知對宗教身份的自我防衛，後

---

[38]　釋惟善著〈現代斯里蘭卡僧侶與政治：反恐與反分裂〉，收於李四龍編《人文宗教研究》第一輯（北京：宗教文化出版社 2011 年 11 月）。

[39]　德國哲學家卡爾·雅斯培（Karl Jaspers）及漢娜·阿倫特（Hannah Arendt）其實對此都有專門的政治哲學分析，雅斯培提出政治、道德、刑事及形上四種不同罪責（Schuld）來辨別當中的差別。雅斯培是在《德國的罪責問題》（*Die Schuldfrage*, 英譯是 *The Question of German Guilt*, New York: Fordham University Press 1947）一書中提出有關分析。

者所反映的也許是佛教文明在經受現代公共價值觀洗禮的程度上，恐怕落於主流社會之後，而且也普遍落後於現代西方宗教內的知識階層[40]。現代基督宗教是如何面對其歷史及現實當中的陰暗面，其實是可供佛教作參考，來思索佛教可以如何面對操守問題。平情而論，與其把當代基督宗教這種相對較坦誠及成熟的態度，籠統地歸因於基督宗教教義本身，倒不如說是基督宗教經歷現代世俗公民社會上百年政-教分離的漫長洗禮與不斷受衝擊與教育後，才能成長過來[41]，凡此皆堪作佛教在面對現代社會的參考。

　　即使否認佛教涉身宗教暴力有道德正當性可言，但純粹以簡單一句「這不符佛法」來劃清界線，對於理解佛教何以介入暴力事件，實際上也是沒有意義的，因為即使只憑常識，也知道這是不能接受的。這種廉價的回應方式，並無助於理解問題，亦不足以在智性上吸取教訓與省思，以預防重蹈覆轍。不少直接發生於宗教身上之暴力，其嚴峻程度甚有遠墮於一個正常世俗社會的道德底線之外，佛教亦絕非例外，佛教的知識社群其實有無可推諉的責任，反思事態背後的問題原委與癥結，一句廉價的「有違佛法」並不能草草了事。

　　這就如在八〇年代引爆「批判佛教」的町田宗夫事件，事態發生伊始，日本曹洞宗宗長（宗長即教派負責人）町田宗夫在 1979 年 9 月於「第三回

---

[40]　只要把前述佛教社群對有關佛教宗教暴力提問的各種常見回應方式，與現代西方基督宗教（例如天主教會）面對類似的質詢之反應作對照，兩者對現代世俗公民社會價值觀消化的徹底程度之差距，即能清楚反映出來。今天的基督宗教不可能在面對當年宗教裁判所迫害伽里略及哥白尼等人，及參與帝國-殖民擴張之質詢時，以「只是人性的普遍缺憾」、「其他宗教也有這些缺憾」、「只是少數基督徒所為，不能代表基督宗教」，甚或以「迫害他人的行為不符基督教義，所以曾從事宗教迫害的教士不是真正的基督徒，基督宗教不必為他們的行為負責」為藉口，就可把基督宗教的責任隨便打發掉。

[41]　限於主題、能力和篇幅，筆者不能在此討論天主教如何消化現代文明之衝擊，中文的入門介紹書可參考卓新平著《當代西方天主教神學》，頁 90-147，及王美秀著《當代基督宗教社會關懷：理論與實踐》，兩者同屬《當代基督宗教研究叢書》（上海：上海三聯書店 1998 年及 2006 年）。但無論如何，今日的天主教會將其在歷史上犯下的各種錯誤例入神學院課程內，作公開討論。

世界宗教者平和会議」的國際性宗教會議上，作「差別発言」，公開否認日本存在歧視部落民的制度，也公開否認佛教參與其事。從而在回國後，引發佛教內、外及日本社會的強烈抗議，町田宗夫為此多次向教內外及公眾公開道歉，但曹洞宗成員並不滿足於宗長只是單純作公開道歉，因為這種廉價的承認錯誤，完全無助於改變造成現況的結構，也完全無助於預防同類事件的再發生。唯有對事件背後的成因進行中立的調查與認知，才是正確對應問題的第一步。曹洞宗總本山意識到事態嚴重，因此遂在 1984 年 12 月成立曹洞宗的「人權擁護推進本部」及「教學審議會第二專門部會」，授權學僧袴谷憲昭及松本史朗等八人為委員，專責審查曹洞宗教義中，可能擔當支持曹洞宗維持社會歧視的意識型態根源，從而成立「批判佛教」的雛型。

曹洞宗總本山對事件的反應與處理，所表現的態度，及對事件背後可能涉及的意識形態深度之警惕，反映曹洞宗顯然認為，不應以個人操守的偶然錯誤之思路，把事件隨便打發掉，而是應該把事件的根源提上集體責任的層面，作為結構問題來處理，因而使事件的普遍意義及問題的思考深度得以大幅提升。此舉並為現代佛教面對類似的操守缺陷，應持何種負責的態度和解決問題的實質措施，提供兩點基本參考，分別是：首先，整個宗派的高層，及當中的知識群體對事件採取較負責及認真深思的態度。其次，是應如何進行反思。

第一點，如剛才所指出，曹洞宗對事件公開的善後處理，反映他們注意到即使是真誠地對事態感到的抱歉或懺悔，其實是遠不足夠，因為簡單素樸的後悔，未足以理解事件背後，在觀念與意識形態上所起複雜的結構作用。故此對事件的原委進行理解或真正意義下的省思，才是踏出深化懺悔的第二步。

至於第二點，是應如何進行反思。以「批判佛教」對日本佛教參與暴力一事的省思為例，誠若一位同情「批判佛教」的批評者威廉・拉弗勒（William LaFleur）指出：「批判佛教竟然對日本學界早已有不少重量級學

者處理過日本佛教在政-教關係上的問題一無所知」[42]。「批判佛教」最後只
知怪罪如來藏思想，這一塵封的答案與虎頭蛇尾的結局，充份反映他們始終
不理解他們所面對政-教關係的困擾，是一個涉及國家權力與公民社會
（Civil Society）之間張力的現代問題，超過任何傳統教義的論域以外，事
實上傳統佛教教義對這種典型現代問題根本無解，把爭論焦點轉移為何謂
「真佛教」實乃鑽進「死胡同去逃避真正的問題」[43]，完全不勝任解答在現
代世界中，佛教應該如何定位宗教與公民社會和國家政權之間的關係。

　　其實，日本兩位專攻傳統政-教（尤其佛教）關係的馬克思主義學者永
田廣志及黑田俊雄，早在 1968 年及 1975 年所分別出版的《日本封建制意識
形態》[44] 及《日本中世之宗教與國家》[45]，即已根據田村芳朗判斷東亞佛教
有強烈「現實肯定」之傾向[46]，再輔以對政-教體制的馬克思主義分析，而得
出相同的結論，指日本中世的佛教體制普遍對現實採「絕對肯定」的「惡平
等」態度，合理化社會內部的不公平或制度化的歧視，最明顯的例子就是觸
發「批判佛教」運動的日本「部落民」問題[47]。可惜的是，「批判佛教」並

---

[42]　W. La Fleur, "Review of *Pruning the Bodhi Tree*", *Japanese Religions* 26 (2), 2001, p.197.

[43]　R. Ishikawa, "The Social Response of Buddhists to the Modernization of Japan", *Journal of Japanese Religious Studies*　Vol. 25, Nos. 1-2, 1998, p.106。

[44]　永田廣志著，劉績生譯《日本封建制意識形態》（《日本封建イデオロギー》，北京：商務印書館 2003 年），頁 139-140。

[45]　黑田俊雄是日本學界這一研究領域上的重量級權威，撰有系列大部頭專著。見黑田俊雄著《日本中世封建制論》（東京：東京大學出版會 1974 年）。他的其他相關論著尚有《中世寺院史の研究》（東京：法藏館 1988 年)、《權門体制論》、《顯密体制論》、《顯密佛教と寺社勢力》、《神國思想と專修念佛》、《中世莊園制論》及《中世共同体論》，收於《黑田俊雄著作集》（京都：法藏館　1994-1995 年）第一到第六卷。

[46]　Y. Tamura, "Japanese Culture and the Tendai Concept of Original Enlightenment", *Journal of Japanese Religious Studies* Vol. 14, Nos. 2-3, 1987, pp.203-206。同一作者另一篇論文 Y. Tamura, "Critique of Original Awakening Thought in Shoshin and Dogen" *JJRS* Vol.11, Nos. 2-3, 1984, pp.243-266。田村芳朗對日本佛教絕對一元論與惡平等之詳盡討論及批評，見其《絕對之真理：天臺》（釋慧嶽中譯為《天臺思想》，臺北：華宇出版社 1988 年)，其中頁 37-41。

沒有借助這已有的智性成果成功地跨越其知識及價值視野的限制。

「批判佛教」的失敗教訓充份說明，對佛教歷史當中暴力向度的徹底思考，必須打開一個讓佛教內、外可以完全旦誠公開進行智性對話的平臺，藉此讓佛教以外，遠比佛教更理解現代社會各類議題的其他現代知識系統能進入佛學的探討，幫助佛教從知識上理解他們既有的傳統，在面對現代世界時，無論在教義、制度及視野上，是因於何種不足與缺陷，才造成有組織及集體的嚴重操守危機。唯有如此，佛教才算真實地面對暴力問題，並真正思考其應對之道。

（三）佛教宗教暴力的多樣性

宗教元素可以在一個情況下是導致暴力事件的主謀之一，但在另一個情況下是共謀或從犯。因此，即使宗教元素在涉及佛教的暴力中不是主因，却不見得佛教就可以完全擺脫與暴力事件的關係與責任，因為它可能起着助緣的角色，故不見得在造成暴力衝突上，有關的宗教組織就全無責任可言。宗教暴力有不同的形態，在不同的歷史或社會處境，會與不同的意識形態有互動與結合，尤其在當代，隨着政-教關係模式的重大改變，佛教的宗教暴力，每由傳統在政-教合一的神權政治及君權神授體制下，以教派之間的宗教戰爭及教權政治的體制化暴力為主要模式，漸漸轉換為在現代世俗化政體及後殖民處境下，出現佛教的宗教民族主義（religious nationalism）、原教旨主義（fundamentalism）及國家主義框架內的護國佛教，乃致由此所引發的民粹式的群眾宗教暴力、宗教極端主義（religious extremism）及恐怖主義等等。宗教在引發、維持或惡化暴力事態之角色，可以是或主或副、或顯或隱，尤其在最近二十年，隨着世俗化的退色（de-secularization）與宗教的回

47　R. Habito, "The Logic of Nonduality and Absolute Affirmation: Deconstructing Tendai Hongaki Writings", *Journal of Japanese Religious Studies* Vol. 22, Nos. 1-2, 1995, p.85。

歸（return of religion）成為一個普世現象，宗教雖然不會再以教權時代的特有方式展現暴力，但這並不表示宗教暴力不會被更新為其他方式後再爆發出來。

認為佛教從來與宗教暴力無關的想法，常與另一同屬陳腔濫調的觀點串在一起，即所謂「佛教與政治無關」，無論這政治指的是什麼意思。但事實上，在很多個案中，佛教宗教暴力與其政治角色是有密切而直接的關連。佛教社群，這尤以漢傳佛教為甚，歷來好標榜佛教無涉政治。但其實凡此皆不符史實，藏傳佛教幾乎所有主要教派都曾是政-教合一制下的宗教政權，因而藏傳佛教史上的教派戰爭或其他宗教暴力衝突，乃屬經常發生之事，僧兵組織更是普遍存在。同樣的情況亦發生在日本，自八世紀以降，不同教派與各級政權關係非常密切，從而造成其教派戰爭的規模、密度、普遍度及持久程度比之於藏傳佛教恐有過之，而無不及。就是上座部佛教的僧團，亦從來未與政權脫離過在施供關係的基礎上建立的，謀求政權特殊保護，也為政權提供意識形態上的支持[48]。

故此不應把作為個體的信仰之佛教，與作為現實社會的一個社群及組織之佛教混為一談，不應把個別教徒在主觀信仰感覺上自以為未涉政治，誤當為佛教組織在現實社會中，也真可以隔離在政治環境之外。

傳統的宗教戰爭或教派戰爭既可以是代理戰爭、也可以是由僧侶主導或親身上陣，實際參與的教派暴力，同時又可以反過來作為不同教派背後，施主之間世俗爭鬥在宗教教派上的反映與延續。這種訴諸武裝衝突固然是一種全面軍事化的權力爭鬥，但毫無疑問，大部份其實都涉及不同程度的路線爭鬥。因此固然有宗教組織對世俗利益的爭奪，卻的確也涉及價值觀方面的意

---

[48] 見 Donald K. Swearer, *The Buddhist World of Southeast Asia* (SUNY 1995), pp.63-106。緬甸見麥爾福史拜羅（Melford E. Spiro）著，香光書鄉編譯組編譯《佛教與社會：一個大傳統並其在緬甸的變遷》（*Buddhism and Society: A Great Tradition and its Burmanese Vicissitudes*, London: Allen & Unwin 1971，臺灣嘉義：香光書鄉，2006 年），頁 642-668。

識形態競爭。另一方面，佛教的宗教暴力，不儘然是指諸如僧兵教派戰爭的
互相討伐，也指僧團或信仰集團以宗教來主導、參與或維持對思想的禁制、
外的政治-社會壓迫及經濟剝削。例如日本寺院的屬民制度所連帶維持的，
對部落民制度化的歧視，就是一種維持社會內部不義的壓迫性體制。

　　在現代，佛教的宗教暴力每多與國族主義掛鉤，但其角色依然各有不
同，例如明治維新以降，迄二戰終戰止的百年之內，日本佛教以「護國佛
教」的方式，作爲配角或共謀，參與了日本軍國主義體系的形成及對外侵
略，但斯里蘭卡的上座部佛教則以宗教-民族主義的方式，作爲主謀之一，
仇視國內的非佛教徒群體，並挑動內戰。日本佛教在明治維新之後將傳統的
「護國佛教」發展爲日本軍國主義在宗教及文化上的一環，而斯里蘭卡佛教
在斯國獨立後演化爲佛教宗教-民族主義，造成戰禍連年，生靈塗碳。

　　諷刺的是，從意識形態的角度來說，社會科學的研究公認，現代的國家
主義體制及相應的民族主義，其價值觀底蘊事實上本來是一種由種族、語言
或文化論述所編織成的世俗版的實體論（substantialism）或本質主義
（essentialism），在最根本的存有論立場上，正好與佛教的哲學觀點直接矛
盾，因為典型的民族主義論述所強調的，正好便是種族、語言或文化作為國
家的形而上實體或本質，所渲染的正是其獨立自足、永恒不變及其根源性。
但涉及嚴重宗教暴力的佛教傳統，在面對作為當代佛教最大規模宗教暴力的
意識形態基礎之佛教-民族主義時，不單完全無力辨認出在民族主義的論述
背後，與佛教哲學直接衝突的實體論立場，甚至這些佛教傳統乾脆自己直接
變成實體論的狂熱倡議者。同時，在面對殖民統治過後，在制度上所遺留下
來的缺陷及有待矯正的不合情況，部份佛教僧人不單木能以佛教教義當中的
慈悲思想，作出有建設性的妥善化解，反而透過進一步挑撥教族對立，煽動
仇恨，造成比之於殖民主義階段，其不義與殘酷的程度，遠有過之而無不及
之社會局勢。

　　這一切使人深感錯愕的情景，都反映不少佛教傳統在面對被現代世界公

認是召集及組織大規模暴力最鋒利的意識形態武器時，在思想的抵禦能耐上，毫無招架能力可言。佛教哲學歷來的頭號思想敵人是實體論，但對於實體論的世俗現代版的變奏，部份佛教傳統的應對能力，可說是以未戰先降、甚而是以認賊作父的方式潰不成軍。

（四）政治暨國際關係研究的宗教衝突議題

前文討論迄今，從研究方法來說，雖然並非教義學式的（theological）探討，但還是多少兼有作佛教價值觀的剖析。然而，在冷戰結束後的廿餘年來，族群暴力衝突有惡化的趨勢，宗教組織往往是其中一種關鍵的跨境網絡，既能加劇與加速衝突，但若協調與合作得宜，却又是預警、預防及彌補關係的重要系統，加上宗教極端主義及宗教恐怖主義，所以近年宗教在暴力衝突與和平重建中的雙重角色，漸受研究國內及地區安全的政治或國際關係學界的重視。

對於宗教在當代國際關係的政治回歸及連帶對衝突與和平的影響，研究宗教與國際關係的學者斯科特・湯瑪斯（Scott M. Thomas）對全球宗教復興（the global resurgence of religion）指出，宗教信念、實踐、話語、宗教人物、團體、政黨、社區和組織等，在國內或國際政治生活，對個體與公共領域的影響與重要性日形增長[49]。現代以來，西方學界的國際關係研究因為是以世俗的現代主權國家為基本預設，宗教議題一直被完全忽視。但前述衝擊，促使宗教在現代國際關係的重要性重新受到正視[50]，重新進入政治學（political science）和國際事務研究（international affair studies）的視野，有

---

[49] Scott M. Thomas, *The Global Resurgence of Religion and the Transformation of International Relations: Struggle for the Soul of the Twenty-First Century* (New York: Palgrave MacMillan, 2005), pp. 28-32。

[50] 徐以驊〈導論：國際關係的「宗教回歸」〉，氏著《宗教與當代國際關係》，徐以驊編《宗教與當代國際關係論叢》（上海：上海人民出版社，2012 年），頁 1-6。

關學界因而已逐漸建機起探討現代世界宗教衝突與暴力的系統理論，只是由於種種原因，佛教的案例所受到的關注，迄今不及其他宗教來得多。

典型佛教研究背景的學者在佛教的宗教衝突與暴力問題的著眼點，還是偏重教理與文化的剖析，現實感尚嫌不足。而前述的政治學和國際事務研究對宗教衝突與暴力所形成的問題意識和分析結構，其實提供了能夠更有效率地切中問題的進路，其形成的立足點、問題意識及研究方法，皆堪為關注佛教的宗教衝突議題的研究者借鏡參考。

只是在現階段，佛教學界不熟悉政治暨國關學界的研究進路，反過來說，政治暨國關學界研究宗教議題時，更傾向以其他宗教為例，對佛教案例的研究仍欠充份，這種偏頗又以華文學界比國務學界來得明顯，而其中最嚴重的，就是中國學界，所以才會出現本文一開始所引述的兩個中國學者公然的奇譚怪論。雖然在同一階段，中國的國際關係研究已迅速跟上西方學界的步伐，以其他宗教為例，深入探討包括在當代國際關係的視野下，宗教功能單位與地區暴力衝突之間的關係[51]等直接觸及宗教衝突與暴力之議題。凡此種種，都是當學界真正開展對佛教的宗教衝突與暴力之嚴肅研究時，所亟待認真思考與吸納的研究進路。

從研究所需的原始資料來說，有關佛教的宗教衝突與暴力之事實的史料，其實亦遠沒有想像中罕見，只是它通常都是零散地分佈及夾雜在各種並非以佛教為主題的文獻當中，例如地方誌、政府文件、官員報告、私人歷史筆記等等。另一方面，雖然對佛教史上宗教暴力問題的專書或專題研究，確實是近十年才在佛教研究的學界漸漸浮現，但在此以前，很多其他領域的學者在處理其他議題時，其實早已不同程度地觸及過佛教的宗教暴力問題，只是沒有開宗明義地以「佛教的宗教衝突與暴力」為專題，對之展開深入而系

---

[51]　章遠著《宗教功能單位與地區暴力衝突：以科索沃衝突中的德卡尼修道院和希南帕夏清真寺為個案》（《宗教與當價國際關係論叢》，上海：上海人民出版社，2014 年）。

統的專項探討而已。

　　目前專研佛教宗教暴力（尤其涉及當代個案）的學者，每多屬於殖民主義及後殖民問題、民族主義、以政治-經濟及社會問題為主線的東南亞或南亞區域研究（Area Studies）、發展中國家的現代化（modernization）問題、歷史學、藏學等的社會科學領域，佛教研究（Buddhist Studies）的學者在此類問題上反而有點後知後覺，而近年多部相關專著的出版，也只限於西方及日文學界。華文學界對此仍然甚陌生，尤以中國為甚，當局也會設法制止學界觸及此類議題。

　　出現研究遠落後於實況之學術局面，除了部份學者把個人私下的信仰與研究混為一談，從而對其基本的研究立場與態度構成嚴重的干擾與破壞之外，還涉研究者所能掌握的知識工具及其本人所俱有的知識結構，這是另一個關鍵的元素左右着研究者的智性視野。一般來說，以義理及典籍作為其研究之主軸的學者，對於觀念世界以外的佛教實況之理解其實都是較薄弱的，但若在處理義理的過程中，隨着問題發展之需要，而移步進入觀念與現實交織的領域時，往往因不俱備所必需的社會科學（Social Science）能力，甚致有時連對此之意識也欠缺的情況下來展開討論時，立論每多難使人信服，前文論及「批判佛教」即為一例，遑論佛教的宗教衝突與暴力這類現實世界的佛教議題。反之其他人文及社會科學背景的學者研究佛教的宗教衝突與暴力，在情感和知識結構上更能勝任。

三、案例與專著評介

　　「佛教的宗教暴力」的導論性著作單純從理論的角度，對「佛教如何看待武力或強制力」作探討的研究其實不算罕見，但對其間不一致或歧義之處的批判性探討，則是在關大眠提出所謂「佛教倫理學」這概念之後，才逐漸

出現。期刊如《佛教倫理學學刊》（*Journal of Buddhist Ethics*）、《國際佛
教研究學會學報》（*Journal of the International Association of Buddhist
Studies*）常有論文探討佛教與暴力之間的各種議題。例如魯珀特・格辛
（Rupert Gethin）據阿毗達磨及巴利諸註書分析殺生是否可能不違慈悲[52]，
斯蒂芬・詹金斯（Stephen Jenkins）據大乘義理探討慈悲殺生的功德[53]，大
衛・格雷（David B. Gray）從佛教密教儀式的倫理含意探討慈悲的暴力之可
能性 [54]等論文，對佛教在暴力問題上所蘊含的某些內在張力之探索，皆頗
富理論意義。

　　邁克爾・齊默爾曼（Michael Zimmermann）等三氏所主編，以佛教與暴
力為主題的論文集[55]應是西方學界首部綜合性地探討此一議題之學術論著，
其內容本來是國際佛教研究學會（International Association of Buddhist
Studies）2002 年 12 月在曼谷舉行的第十三屆三年會時，「佛教與暴力」
（Buddhism and Violence）專題委員會的與會論文。該集由八篇論文組成，
內容含蓋的議題多樣性較高，不同論文的題材之間只是單憑「暴力」概念作
串連，主題略嫌鬆散，但每一論文本身則仍富意義。內容包括佛教的自殺
觀、善心的惡僧與寺院暴力的義理根據、在瀆聖與神聖之間的解脫（sgrol
ba）概念、由藏傳僧人刺殺達朗瑪所引發有關「慈悲殺戮與解除衝突」的倫
理詢問、鈴木大拙與日本軍國主義之間的關係、傳統日本佛教與動物的宰
殺，及佛教論國法中的刑罰問題等。

---

[52]　Rupert Gethin, "Can Killing a Living Being Ever be an Act of Compassion? The Analysis of the Act of Killing in the Abhidhamma and Pali Commentaries", *Journal of Buddhist Ethics* Vol. 11, 2004, pp. 168-202.

[53]　Stephen Jenkins, "On the Auspiciousness of Compassionate Violence", *Journal of the International Association of Buddhist Studies* Vol.33, No.1–2, 2010 (2011), pp. 299–331..

[54]　David B. Gray, "Compassionate Violence? On the Ethical Implications of Tantric Buddhist Ritual", in *Journal of Buddhist Ethics* Vol. 14, 2007, pp.238-271.

[55]　Michael Zimmermann etc (ed.), *Buddhism and Violence* (Lumbini International Research Institute 2006).

　　著名禪宗史學者伯納德・弗端（Bernard Faure）在 2009 年出版一部只有 159 頁，題為《揭開佛教的面目》（*Unmasking Buddhism*）的導論式小冊子[56]，目的是深入淺出地對流行的佛教美好形象，作出簡要但不失綜合性的挑戰與顛覆，他本來指的是西方世界的大眾，但實際上東方社會也同樣適用。該書的第三個部份題為〈佛教與社會〉，下含九條子題，其中首四項是佛教是一個寬容的宗教、佛教的慈悲觀、佛教是和平宗教，及佛教論平等，即第 83-103 頁。弗端指出，上述四項子題雖然是廣受認同的所謂佛教獨特的性質，但只要對佛教典籍及其文化、歷史進行考察，無一不遇上等量齊觀反例的嚴峻挑戰，他廣泛援引取材自多個佛教傳統的各種案例，以論證佛教對於寬容、和平、非暴力或平等價值的取態，其真實面貌遠要比一廂情願所預期的來得複雜、矛盾及多變。

　　2010 年出版，由邁克爾・傑里遜（Michael Jerryson）及馬克・榮根斯邁爾（Mark Juergensmeyer）主編的論文集《佛教的戰火》（*Buddhist Warfare*）[57] 應該是英文學界首部以佛教的宗教戰爭為專題的綜合性研究。在此以前出版的專著，都是集中在特定佛教傳統所介入的特定戰爭或某一教族暴力衝突之案例上，特別是當代斯里蘭卡的佛教及第二次世界大戰階段的日本佛教。但《佛教戰火》這論文集盡量包括所有佛教傳統[58]。佛教在當前

---

[56]　Bernard Faure, *Unmasking Buddhism* (Chichester, U.K.; Malden, MA: Wiley-Blackwell 2009),159 p.

[57]　Michael Jerryson and Mark Juergensmeyer (ed.), *Buddhist Warfare* (New York: Oxford University Press 2010).

[58]　論文集的其中一位編者馬克・榮根斯邁爾（Mark Juergensmeyer）是專攻當代全球宗教極端運動以暴力衝擊世俗社會的學者，撰有近十部相關論著。其中數部其實可作為研究當代佛教暴力的宏觀參考，畢竟這有其當代全球共通的大背景，不能純作孤立個案或地區現象來看待，這包括他早在 1993 年出版的《是新冷戰嗎？宗教民族主義與世俗國家的對撞》（*The New Cold War? : Religious Nationalism Confronts the Secular State* Berkeley: University of California Press, 1993）、2000 年出版的《上帝心靈中的恐怖：全球冒起的宗教暴力》（*Terror in the Mind of God: the Global Rise of Religious Violence* Berkeley: University of California Press 2000）及 2008 年出版的《全球反撲：由基督徒民兵到阿蓋達，宗教對世俗國家的挑戰》（*Global Rebellion: Religious Challenges to the Secular State, from Christian Militias to al Qaeda* Berkeley: University of California

全球冒起的宗教民族主義及宗教暴力中，本來就是很重要的一員，但歷來學術分析都低估佛教的宗教衝突與暴力傾向，而此一論文集提供的就是對向來被目為和平宗教之佛教，其陰暗面之綜觀式考察。八篇論文涉及三大佛教傳統，並且包括多個主要亞洲佛教國家或族群，如日本、中國、泰國、韓國、斯里蘭卡、西藏及蒙古，同時兼顧古、今不同案類，另一點很重要的是，在此所收論文，有其特殊着眼點，即暴力在宗教實踐上的意義，而這點正是宗教暴力有異於一般世俗暴力之處。

　　年前出版另一部有日、韓、泰等多位亞洲學者參與撰文的論文集，以現代亞洲的佛教和好鬥取態為線索，探討佛教與暴力[59]。該論文集著眼於教義的思路和亞洲社會-政治的處境兩點，來探討在現代政治脈絡下，佛教教義、民族主義的形成及佛教作為國族身份認同的內容之間的關係，並據此理解現代亞洲佛教對待武力與戰爭的態度。

　　以下根據東南亞、東亞及內亞的南傳、漢傳及藏傳三系佛教，對近年有關佛教宗教暴力研究作出扼要的評介，評介稍嫌偏重歷史及當代的事實，理論及哲學批評則較簡約。每一者大體都包括個案舉例、前期研究及專書研究三個向度，特別會簡要地勾勒出在每一傳統內有明顯代表性的佛教宗教衝突與暴力案例，這有助於在華文學界較有效地改變所謂「佛教是唯一沒有宗教暴力的宗教」之迷思。

（一）東南亞佛教

　　上座部佛教（Theravāda Buddhism）是東南亞多國的主要宗教。其僧團（samgha）在傳統社會的公眾與私人生活領域，都扮演核心角色，僧團領

　　Press, 2008），以上三書全部收列在《宗教及社會比較研究叢書》（Series of *Comparative Studies in Religion and Society*）內，分別為 5,13 及 16 號。

[59]　Vladimir Tikhonov and Torkel Brekke (ed.), *Buddhism and Violence: Militarism and Buddhism in Modern Asia* (in *Series of Routledge Studies in Religion* 19, New York: Routledge, 2012).

袖亦在傳統的國家政治生活中擔有重任，深具政治影響力，若一個政權沒有
取得僧團以宗教儀式作公開而正式的認可，其合法性將面臨嚴重質詢。但儘
管如是，緬甸、泰國（古稱暹羅）、寮國及柬埔寨（古稱高棉），乃至越
南，其彼此往還攻伐，古往今來從未停止過，其中部份即直接涉及佛教[60]。

　　在現代上座部各國當中，泰國由於沒有經歷過被殖民，所以比之於斯里
蘭卡及緬甸等，現代泰國僧團在國內政治上，公認以溫和與低調而聞名。無
論是敵視世俗社會的原教旨主義或極端的宗教-民族主義，都沒有在泰國僧
團生根及壯大[61]。但即便如是，在仍有多位著名僧團領袖，公然鼓勵暴力及
排斥異教社群。

　　冷戰時期，部份泰國僧團領袖公開支持泰國政府以軍事手段對付國內左
派勢力，其中典型例子是僧人基蒂沃托比丘（Kitthiwuttho Bhikkhu）。泰國
政治學者蘇克沙南（Somboon Suksamran）循僧團的社會-政治轉變及政治行
動派之角度，來探討泰國的佛教與政治之專著中，以這位僧侶領袖及多個與
其立場類似的僧侶組織為例，來討論右翼政治僧侶（Right-winged Political
Monk）[62]。當中最戲劇性的立論，甚至成為時下佛教倫理學（Buddhist
Ethics）富爭議性的熱門話題。冷戰時期，大多是佛教徒的泰國軍、警人

---

[60] 著名例子如泰國阿育陀耶（Ayutthaya）皇朝在十八世紀滅於緬甸軍隊。按照泰國民間的傳說，
由於當時緬甸軍隊盡毀泰國佛像，並掠奪金屬佛像帶回緬甸，熔解後用於鋪設緬甸寺院的金
頂，自此以後，泰國僧團為了明確有別於緬甸僧人，遂在僧人剃度出家時，一併剃去眉毛，以
示不共於緬甸僧人，無論這解釋在客觀上是否屬實，但還是足以反映出彼此之間的張力。近現
代的則見 Matthew O'Lemmon, "Buddhist Identity and the 1973 Cambodian Buddhist Holy War",
Asian Anthropology Vol.10 2011，雖然該文的主題是柬埔寨，但在其所論述的整個脈絡中，可以
看到其間上座部各國不斷相互衝突的複雜情況。

[61] 筆者對此的討論，請見劉宇光〈為什麼宗教-民族主義及原教旨主義沒有在現代泰國僧團滋長？
以兩個案例為線索〉，《人間佛教研究》第三期（香港中文大學人間佛教研究中心，2012 年 11
月），頁 127-168。

[62] Somboon Suksamran, *Buddhism and Politics in Thailand：A Study of Socio-Political Change and
Political Activism of the Thai Sangha* (Singapore: Institute of Southeast Studies 1982) 一書當中的第
三、五及六共三章，尤其 pp.90-99, 132-158, 162-167。

員，在剿共行動中擊殺左翼人士，及後有人向基蒂沃托比丘提出詢問，指此恐犯有殺生之過，基蒂沃托比丘的公開答覆是：由於左翼份子並非有情眾生，所以捕殺共黨份子不算殺生，因此佛教徒軍、警並無干犯殺生戒[63]。而更耐人尋味的是，雖然其說使眾人嘩然，但泰國僧團最高層卻公開為其言論作辯護與嘉許[64]。著名泰國研究（Thai Studies）學者查理士・凱斯（Charles F. Keyes）亦撰有專文討論在冷戰階段泰國政治危機的情況下，部份佛教社群所出現的好戰傾向[65]。

　　當代泰國上座部捲入的另一暴力的衝突案例，是泰國華文媒體用「南疆不靖」此一古雅語詞來表達的泰南佛教與伊斯蘭教之間的宗教-族群衝突。在這些規模不少，足以造成泰南社會嚴重動盪的長期衝突當中，雖然僧團、泰族及伊斯蘭教社群同樣都是受害者，但僧團還是因為參與執行泰國官方一度力行的佛教同化政策，從而種下雙方關係長期對抗的狀態。前文提及的傑里遜（M. K. Jerryson）撰有一書探討泰南宗教與暴力脈絡下，佛教僧侶的直接介入衝突，如何成為滾動暴力的一環[66]。二十世紀上旬，泰國走上政治制度及國家意識形態的現代化過程，僧團接受官方的整編和國家化，及後於六〇代進一步接受政治化，參與國家意識形態的灌輸工作。進而在國家意識形態對立最尖銳的泰南回、佛雜居區域，部份僧團在宗教-民族主義意識形態的鼓勵下，開始接受官方支持的武裝化。這造成地方僧團最終甚至走向軍事化，受具足戒的僧人同時集體組成正規編制的陸軍、海軍陸戰隊等軍事戰鬥

---

[63] S. Suksamran, *Buddhism and Politics in Thailand*, pp.149-150. Peter Harvey, *An Introduction to Buddhist Ethics: Foundations, Values and Issues* (Cambridge, UK; New York, NY: Cambridge University Press, 2003), pp.260-263.

[64] S. Suksamran, *Buddhism and Politics in Thailand*, pp.151-152。

[65] Charles F. Keyes, "Political Crisis and Militant Buddhism in Contemporary Thailand", in Smith, B. L., Chambersburg (ed.), *Religion and Legitimation of Power in Thailand, Laos, and Burma* (PA: ANIMA Books, 1978), pp.147-164.

[66] Michael K. Jerryson, *Buddhist Fury: Religion and Violence in Southern Thailand* (Oxford; New York: Oxford University Press, 2011).

單位，將寺院變成軍事基地[67]，間接加劇雙方暴力衝突的規模與嚴重程度。

再者，自八零年代以來，泰文稱為生態保育僧侶（phra nak anuraksa）的部份僧團成員，推動泰文名為樹木出家（buat ton mai）的森林保育運動[68]，雖然該運動一般都被目為屬於左翼僧侶所組織的農村維權運動，但當中仍然有地方僧團領袖以右翼政治立場，以多種帶有敵意的手段，借機排斥山地部落，泰北龐薩比丘（Ajahn Pongsak Techadhammo）及其屬下的佛教非政府組織依法基金會（Dhammanaat）即為著名案例[69]。在泰國官方的國家論述當中，泰北山地部落的公眾形象，往往是與佛教、現代、國家及泰文化格格不入，甚至深懷有敵意[70]。而龐薩比丘對部落的言論與舉措，則是在官方上述的論述基礎上，對處境本就非常脆弱的山民部落井下石[71]。他因而被視為歧視山地部落的種族主義者，批評指他把低地泰族及森林的重要性，排在

---

[67]　Marte Nilsen, "Military Temples and Saffron-Robed Soldiers: Legitimacy and the Securing of Buddhism in Southern Thailand", 2012 in Vladimir Tikhonov & Torkel Brekke (ed), *Buddhism and Violence: Militarism and Buddhism In Modern Asia* (London: Routledge 2012), pp.37-53.

[68]　對此的討論，請另見筆者兩篇論文〈當代泰國上座部佛教的保育僧侶與樹木出家〉，學愚編《佛教文化與現代實踐》（《人間佛教研究叢書》10，香港中文大學人間佛教研究中心，香港：中華書局 2014），頁 2-35；〈現代泰國上座部僧團佛教社會運動的演變：從 1960-2000 年代〉，陳劍鍠編《法雨中國普潤亞洲：人間佛教在東亞和東南亞的開展》（香港中文大學人間佛教研究中心，2017），頁 570-586。

[69]　Susan M. Darlington, "Ritual and Risk: Environmental Buddhism in Practice", presented at the conference "Buddhism and Ecology," co-sponsored by Dongguk University and The Center for the Study of World Religion, Harvard Divinity School December 10, 2005, pp.12-17。

[70]　Lotte Isager and Søren Ivarsson, "Contesting Landscapes in Thailand: Tree Ordination as Counter-territorialization", *Critical Asian Studies* Vol.34, No.3, 2002, pp.399, 403, 408.

[71]　龐薩比丘以代表泰國官方的國家、宗教及皇權的符號為手段，多次在並非信仰佛教的清邁山地部落苗族（Hmong）與泰民的社區之間，築起長十多公里的圍欄分隔兩個社群，並在圍欄上掛上泰國國旗，以示分隔作為外來者之山地部落，運用好-壞、泰族與否、佛教徒與否、保育與否的指標來製造我-它對立，指摘苗族是毀林者，破壞人和自然之間和諧關係，威脅泰國家安全。龐薩比丘與本土右翼團體、軍方及地方政府合作，向官方施壓，將山地部落從其林居地遷走。其組織甚至在鄉村橋頭監控不同政治立場的組織進入其已在工作的村落，但他強調這一切都是嚴格按佛理持戒（silatham）。見 L. Isager etc, "Contesting Landscapes in Thailand", pp.403, 408-409.

山地部落生計之前[72]。

　　自十八世紀以來，除泰國可以倖免以外，南亞及東南亞的大部份佛教國家都經歷過西方的直接殖民統治。其間既有的政治、社會、經濟、佛教及傳統政-教關係都受到破壞，但在殖民統治的後期，現代西方的政治制度，如議會、選舉、政-教分離的世俗化原則及政黨政治等被引入，並在二戰以後五〇年代正式獨立。在爭取獨立的過程中，僧人參與有關的反殖運動，並因而獲得一定的政治經驗。獨立以後，僧人集團對於政-教分離的世俗化政體在宗教、文化及價值觀上所導致的多樣性逐漸形成強烈不滿，遂透過分佈全國的寺院及佛學院網絡，把在反殖期間已經建立的宗教民族主義運動，由原先對抗西方殖民者，內轉為宗教的種族主義及原教旨主義運動，前者對付國內非佛教徒的少數族裔，後者對付世俗主義的政府及其政體，並以佛教能上達憲法層面的國教化為僧人集團的共同奮鬥目標。緬甸及斯里蘭卡兩國僧人在獨立後都有此一強烈傾向。以下簡單說明兩國僧團在二戰以後，數度捲入宗教暴力衝突的基本情況及相關研究。

　　第二次大戰結束後未幾，現代緬甸取得政治獨立。在新獨立的整個五〇年代，民選產生的緬甸文人政府長期面對由多種原因共同造成的巨大政治壓力，其中包括上座部僧團對緬甸政-教關係的嚴重衝擊。事緣僧人集團動員巨大的政治能量，以強硬的原教旨主義立場，反覆提出立佛教為國教之訴求，並不斷向政府直接施壓，甚至為此而與其他族群爆發公開衝突。政府在巨壓下，其相關政策不斷在僧人集團的國教要求、政-教分立之世俗化原則，及其他族群反對佛教國教化三種聲音之間搖擺不定。此一政-教爭端，連同其他初行民主政制所生的問題，使緬甸政局及社會形勢在整個五〇年代，廣泛而嚴重地持續出現動蕩不安，最終由於文人政府無力應對，間接成為其中一個因素，導致軍方在 1962 年發動政變，推翻文人政府，成立軍事

---

[72]　S. M. Darlington, "Ritual and Risk: Environmental Buddhism in Practice", pp.12-17.

獨裁政權迄今[73]。

　　對上述衝擊的研究，早期在六〇年代中，即有兩部著作，唐納德‧史密夫（Donald E. Smith）探討緬甸的宗教與政治[74]，而薩金斯楊茲（E. Sarkisyanz）則研究緬甸革命的佛教背景[75]，以大半的篇幅剖析反抗殖民統治過程中，所形成的佛教僧團政治力量，在過渡到政治獨立後，如何演變成原教旨主義運動，不斷公然挑戰世俗政府，及強力衝擊世俗社會制度。後來，由於緬甸的軍事獨裁，僧團的宗教極端主義受到強烈壓制，所以自六〇年代初以降五十餘年，若不是被軍政府強力壓下去，否則就是如 1988 年或 2007 年的事件般，被政治民主化的呼聲所凌駕，使這個問題一直沒有再浮現。但同時由於軍政府的長期鎖國，所以很長一段時期內，國際學界對緬甸僧團與軍政府之間的關係，乃至所引生的各類衝突等，皆難有深入瞭解。這情況一直到年餘前，才再有專著在中斷研究數十年後，重新回到這問題上[76]。

　　近年隨着緬甸軍政府嚴酷統治稍有輕微放緩，政治上被壓制的佛教僧團，儘管尚沒有明顯以原教旨主義立場公然挑戰軍人掌握的世俗政府與其政體，但却已經再度以宗教-民族主義的取態，與緬甸的其他族群發生公開的對立。2012 年 9 月，數以千計的緬甸上座部僧侶，走上曼德勒（Mandalay）街頭，高舉「保衛緬甸母親」標語，進行遊行抗議，公開要求官方將居留在境內的回教徒逐出緬甸，或集體軟禁在集中營內[77]。所以可以預見的是，若

---

[73] 見陳囂富著《緬甸軍政府對政治轉型的影響》（臺南：國立成功大學　政治經濟學研究所　碩士論文 2008 年），頁 61-66；又見李耀群著《緬甸的民主化與袈裟革命之探討》（臺中：國立中興大學國際政治研究所碩士論文，2008 年），頁 100-102。

[74] Donald Eugene Smith, *Religion and Politics in Burma* (Princeton, N.J.: Princeton University Press 1965).

[75] E. Sarkisyanz, Preface by Paul Mus, *Buddhist Backgrounds of the Burmese Revolution* (The Hague: M. Nijhoff, 1965).

[76] Schober Juliane, *Modern Buddhist Conjunctures in Myanmar: Cultural Narratives, Colonial Legacies and Civil Society* (Honolulu: University of Hawai'i Press, 2011).

[77] 事件的直接背景是，2012 年 6 月中旬，緬甸西部沿海的若開邦（Rakhine）發生回教徒羅興亞人

緬甸進一步民主化，隨着政治鬆綁而來的，有可能是嚴重宗教暴力衝突的復
發或惡化，而當中的主要涉事者，其實就是緬甸上座部僧團的部份群體。

　　但比之於斯里蘭卡僧侶的所作所為，緬甸僧團迄現階段為止的舉措只可
說是小巫見大巫。斯里蘭卡自獨立始，僧人的國教要求六十年來持續高漲，
透過操弄選舉政治的運作，迫使所有政黨向佛教靠攏，通過僧人所力倡，歧
視非佛教族群的法令，導致與泰米爾人關係極度緊張，營造出後來間接激發
泰米爾人極端化及暴力化的社會環境。及後，官方與印度教徒社群之間爆發
長達近三十年的全面內戰，僧人在戰爭期間，極端態度比之於剛獨立時只有
過之，並無不及。其一貫的趨勢是把佛教民族主義由早期僅屬少數僧人的主
張變國民的主張，由民間呼聲變成國策，僧人由間接操控政治變為直接干預
國家政治，由早期的佛教平權要求，變成為霸權要求，對政府的施壓更由合
法的議會議政，惡化為訴諸暴力威迫。他們透過操控議會選舉來操控政黨、
制止停戰議和、掌握國民的宗教教育，散播仇視非佛教徒的思想，破壞族群
關係。蘭卡官方試圖提出和平方案及放權計劃，以解決教族內戰，但受到佛
教僧人極力抵抗，導至和平（peace）、放權（devolution）、聯邦制
（federation）等概念成為佛教社群禁忌詞，被僧人集團指為賣國及出賣佛
法。部份僧人更親自進行暴力活動，其中包括針對政府「妥協軟弱，平亂不
力」而發動武裝叛亂，亦針對泰米爾人進行私刑式的襲擊，甚至也針對協助
調解的國際組織前線人員施襲。

　　僧團領袖公開支持全盤使用武力解決教族矛盾，並迫政府背棄國際斡旋
達成的停火安排，公然推動立法，禁止其他宗教傳教，恐嚇在南亞海嘯後，
對泰米爾災民進行人道救援工作的國際非政府組織前線工作人員。佛教僧人
積極在政治、教育及社會層面推動宗教民族主義，乃至公開鼓勵用暴力解決

（Rohingyas）與佛教徒之間的大規模流血衝突，導致近百人死亡，多處社區超過 1600 座房屋被
被燒燬，數以萬計人家園在衝突中被毀，聯合國難民署甚至需要開展人道救援工作幫助難民。

問題和堅決反對所有議和，這某義上最後成了佛教的主流聲音。這近三十年的內戰，雙方近八萬死於戰爭，上百萬人家園被毀，流離失所。好戰僧人不單大幅加劇斯國國內的衝突，也間接增加南亞地區的不穩定，亦為其他佛教國家的僧人帶來惡劣示範。

　　蘭卡僧人的好戰與熱中散播教族仇恨，乃是戰後當代佛教在政-教關係上最惡名昭著的一例。國際上不同背景的研究單位因實務或純學術需要，對當代斯國教族衝突作出大量的專題研究，期刊論文數以百上千計，書籍專著、報告及會議論文集也數以百十計。而直接切進佛教在暴力衝突中角色問題的，有張世澤及張世強合著系列論文的其中兩篇〈僧伽羅佛教民族主義與民粹主義對於斯里蘭卡族群衝突激化的影響〉[78] 和〈斯里蘭卡政治佛僧與世俗主義的關係〉[79]，此外宋立道繼先前以行文組織鬆散方式討論斯里蘭卡的佛教暴力問題後[80]，年前完成在整個華文學界當中，首部以此為主題的專著《暴力的誘惑：佛教與斯里蘭卡政治變遷》[81]，標誌着華文學界終於意識到問題的嚴重性。

　　國際學界有關斯國當代教族暴力與內戰的論著，直如汗牛充棟，本文不可能全部兼顧，只能選取「佛教僧侶在內戰的角色」這一問題的代表性論著罟作說明。這些研究一直存在着好些持久的爭論，包括宗教元素在衝突中扮演的角色有多大的重要性；整個衝突應否被視為所謂宗教衝突或宗教戰爭；

---

[78]　張世澤及張世強合著〈僧伽羅佛教民族主義與民粹主義對於斯里蘭卡族群衝突激化的影響〉，《問題與研究》第 45 卷第 2 期（臺北：國立政治大學國際關係研究中心，2006 年），頁 61-109。

[79]　張世澤及張世強合著〈斯里蘭卡政治佛僧與世俗主義的關係〉，《問題與研究》第 44 卷第 3 期（臺北：國立政治大學國際關係研究中心，2005 年），頁 161-196。

[80]　宋立道著《神聖與世俗：南傳佛教國家的宗教與政治》（《宗教學博士文庫》，北京：宗教文化出版社，2000 年）；及宋立道著《傳統與現代：變化中的南傳佛教世界》（北京：中國社會科學出版社，2002 年），二書各有專門章節討論此事。

[81]　宋立道著《暴力的誘惑：佛教與斯里蘭卡政治變遷》（北京：中國社會科學出版社，2009 年）。

對於佛教僧人集團當中的極端或好戰的聲音，是否應視之為在近年全球性的宗教回潮現象中，連帶出現有暴力傾向的原教旨主義運動之佛教案例；好戰僧人如何借助傳統佛教的典籍、史傳及教義觀念，論構出能鼓吹暴力行動的理據等。

　　在西方接受學術訓練的斯里蘭卡學僧瑪欣達・迪迦里（Mahinda Deegalle）以現代斯里蘭卡的佛教、衝突及暴力為線索，滙編了由十五篇文章組成的論文集[82]。其執筆者有南亞及西方學者，循人類學、歷史學、佛教研究及巴利文研究等不同學科角度，深入討論不同陣營的佛教徒對當代斯里蘭卡衝突之危機的各種不同態度，尤其審慎地分析有哪些宗教因素成為長年培養敵意之温床，在佛教傳統及其體制當中，又有哪些元素有助於結束戰爭和暴力。

　　帕特里克・格蘭特（Patrick Grant）所撰專著，剖析斯里蘭卡的佛教與族群衝突[83]。作者試圖運用逆向顛倒（regressive inversion）的概念，來探討佛教與現代斯里蘭卡暴力的族群衝突之間的關係。諸如佛教這類強調普世性價值觀的意識形態，本來就是要跨越對特定族群歸屬感的限制。但「逆向顛倒」，就是指把這種跨群體的普世意識形態鼓動起來，作為推動特定族群歸屬感的動力。達摩波羅（Anagarika Dharmapala）、羅候羅・化普樂（Walpola Rahula）及傑伊沃迪恩（J. R. Jayewardene）是當代斯里蘭卡三位關鍵的學僧。他們有關「佛教與政治」的見解之影響力，橫跨英國殖民統治，一直伸延到後殖民時期，深刻地左右着當代斯里蘭卡僧人的宗教-政治取態。作者以他們論著的學說為例，一方面解釋他們的思想如何使斯里蘭卡以佛教來形成這「逆向顛倒」。另一方面，他嘗試把斯里蘭卡的衝突視作一

---

[82] Mahinda Deegalle, *Buddhism, Conflict and Violence in Modern Sri Lanka* (Series of *Routledge Critical Studies in Buddhism*, London, New York: Routledge, 2006).

[83] Patrick Grant, *Buddhism and Ethnic Conflict in Sri Lanka* (in *SUNY Series in Religious Studies*, Albany: SUNY Press, 2009).

個當代的全球現象之一例來看待，此一普遍見於世界各地的特殊現象是指，現代的族群暴力常涉及宗教。

特莎・巴塞洛繆斯（Tessa J. Bartholomeusz）撰有專著探討斯里蘭卡佛教是如何以「保衛佛法」之意識形態鼓吹所謂「正義之戰」[84]，作者循跨文化的比較角度來考察所謂「正義之戰」的傳統與理論，並應用這個框架，來探討斯里蘭卡的暴力與戰爭。本論是一部文本、歷史及人類學的綜合研究，指出與一般認為佛教是和平反戰的宗教之假定很不同的，是當佛教族群自視為陷身危險時，實際上是經常有訴諸宗教敘事，來策動戰爭之傳統。如果不正視當代斯里蘭卡其實存在「正義之戰」的想法之事實，恐怕便無法理解現存的佛教勢力何以作為社會隱定的其中一個重要基礎之餘，也可以是戰亂之源。另一方面，該論的比較框架，也將佛教拉進與其他文化就「宗教與戰爭」之議題，展開倫理對話，並面對其他文化的觀念挑戰。

巴塞洛繆斯（T.J. Bartholomeusz）和錢德拉・德席亦瓦（Chandra R. De Silva）合編有以佛教原教旨主義及斯里蘭卡少數族群的身份認同為題材的論文集[85]。雖然斯里蘭卡的內戰主要是在佛教徒為主的僧伽羅族與印度教徒為主的泰米爾族之間，但其實斯里蘭卡還有由宗教信仰為線索所形成的其他族裔或社群，例如伊斯蘭教、天主教、基督新教、信仰佛教的歐洲裔斯里蘭卡人等，同時，即使同為佛教原教旨主義，也有不同聲音與型態，觀點互有衝突。這些少數族群既不能、也不會完全自外於教族的暴力衝突，甚而他們的身份會成為佛教徒及印度教徒雙方都爭取或攻擊的對象，則少數族群在族群衝突中的位置和態度，其實提供了理解衝突的另一些未被注意，但非不重要的角度與視野。

---

[84] Tessa J.Bartholomeusz, *In Defense of Dharma: Just War Ideology in Buddhist Sri Lanka* (London: RoutledgeCurzon Press, Taylor & Francis Group, 2002).

[85] Tessa J.Bartholomeusz and Chandra R. De Silva (ed.), *Buddhist Fundamentalism and Minority Identities in Sri Lanka* (SUNY Press, 1998).

　　大衛・李度（David Little）以「創制仇怨」為副題，主編了 1990 年 9 月 4-5 日，由美國和平研究所（United States Institute of Peace）舉辦，題為「斯里蘭卡宗教不寬容和衝突」會議論文集[86]。當中多篇論文特別考察自獨立以來，僧伽羅與泰米爾兩族之關係，進入斯里蘭卡接近二千年來罕有發生的極端對立狀態中，在關乎語言、宗教及政治權力等的分配上，皆爭峙不下，即使數度修改憲法，仍無助於化解爭端，而最終淪為血流成河。並探討在哪些情況下，宗教會在政治、法律領域及非政府組織等各方面悉力推動和談的進程中，起着妨礙和解，加劇衝突之作用。阿難陀・阿本塞卡拉（Ananda Abeyesekara）則撰文探討蘭卡佛教族群身份認同與部份僧侶群體的好戰、暴力及恐怖主義之間的關係[87]。

　　其他涉及佛教在事件中暴力角色的相關論著，尚有專研上座部的著名人類學家史坦利・坦拜雅（Stanley J. Tambiah）循「佛教有否被出賣」之詢問探討斯里蘭卡的宗教、政治及暴力[88]，法使（K.N.O. Dharmadāsa）則從語言、宗教及種族自豪三個角度剖析斯里蘭卡僧伽羅人民族主義的形成[89]，阿難陀・威雷默拉納（Ananda Wickremeratne）的書對蘭卡的佛教與族裔作歷史分析[90]，強納森・史賓賽（Jonathan Spencer）以動盪期的僧伽羅人村莊為

---

[86] David Little, *Sri Lanka: the Invention of Enmity* (in *Series on Religion, Nationalism, and Intolerance*, Washington D.C.: United States Institute of Peace Press, 1994).

[87] Ananda Abeyesekara, "The Saffron Army, Violence, Terror(ism): Buddhism, Identity and Difference in Sri Lanka", *Numen* Vol.48, No.1, 2001, pp.1-46.

[88] Stanley Jeyaraja Tambiah, *Buddhism Betrayed? Religion, Politics and Violence in Sri Lanka* (*A Monograph of the World Institute for Development Economics*, Chicago: University of Chicago Press, 1992).

[89] K.N.O. Dharmadāsa, *Language, Religion, and Ethnic Assertiveness: the Growth of Sinhalese Nationalism in Sri Lanka* (Ph. D. Dissertation, Monash University, 1979).

[90] Ananda Wickremeratne, *Buddhism and Ethnicity in Sri Lanka: a Historical Analysis* (New Delhi: International Centre for Ethnic Studies, Vikas Pubublication House, 1995).

例探討蘭卡農村的政治和變化[91]等等，凡此皆不同程度觸及僧團部份群體透過宗教身份鼓動仇恨與衝突的社會因素

（二）東亞佛教

　　東亞佛教（East Asian Buddhism）在此是指以漢字系統的文字作為佛教經典文字的佛教傳統，通常包括中國、日本、韓國及越南北部。在東亞佛教或漢傳佛教當中，雖中、韓兩國都有宗教暴力的記錄，但最嚴重的恐怕是日本。

　　就漢傳佛教而言，也許經由現代華人大眾流行文化的廣泛傳播，容易聯想到的是少林寺的佛教武術傳統，但在傳統民間的議論及現代流行文化的表述中，這一般都不視之為宗教暴力，而更多目之為宗教修持與傳統中國文化中「俠義」理想的結合。當然，古代東亞僧人習武與佛教宗教暴力是兩回完全不同的事，不宜視之為有任何必然意義的內在連繫，事實上大部份的佛教宗教暴力案例與佛教武術傳統，甚至僧團的武裝化[92]之間，並無必然關係。反而歷史上及當代的許多東亞佛教宗教暴力，根本就不必涉及佛教武術。

　　但即使如此，恐怕還是不能真的以為漢傳佛教與宗教暴力無關。自漢迄元近千年，佛、道之爭從未平息，單純義理之辯的確很難說是宗教暴力[93]，然而由口舌之爭變成暴力衝突亦非罕見。中國歷史上著名的「三武滅佛」[94]即為佛、道之爭演變出來的宗教暴力，只是某義上在這系列事件中，佛教成

---

[91]　Jonathan Spencer, *A Sinhala Village in a Time of Trouble: Politics and Change in Rural Sri Lanka Oxford University South Asian Studies Series* (New York: Oxford University Press 1990).

[92]　林韻柔著〈時危聊作將：中古佛教僧團武力的形成與功能〉，《成大歷史學報》43 期（臺南：國立成功大學歷史學系，2012 年 12 月），頁 127-175。

[93]　收錄佛道論爭之重要文獻有《弘明集》、《廣弘明集》、道宣《集古今佛道論衡》、法琳《破邪論》、神清《北山錄》、智昇《續集古今佛道論衡》等。

[94]　「三武滅佛」分別指：(1) 北魏太武帝得道士寇謙之及司徒崔浩之慫恿，下令各州坑沙門，毀佛像。(2) 北周武帝聽道士張賓與元嵩言滅佛。(3) 唐武宗寵道士趙歸真，拆寺四千六百餘所，迫僧尼二十六萬還俗，收充其稅戶。

了受害者。但元代佛、道二教在朝庭展開多次辯論後，發生於全真教第七代
教主李志常（邱處機之弟子）所領全真教與由福裕和尚爲方丈時期的嵩山少
林寺之間，所爆發的多次大規模械鬥，雙方互有往來，恐怕就大有宗教暴力
之嫌[95]。

　　但事實上，更普遍地出現在中國傳統漢傳佛教身上的主要宗教暴力，並
不是發生在佛教與道教或官方的儒家之間，却是發生在正統佛教與被佛教稱
為「附佛外道」之間。所謂「附佛外道」就是佛、道混雜，佛、道俱非的民
間教派，這類教派在明、清兩朝，非常活躍[96]。佛教與所謂「附佛外道」之
間的長期對立，已使民間異端教派成為正統漢傳佛教不可或缺的它者，被正
統佛教用來界定其自我純正性的重要對照者。

　　也許用現代的「宗教的衝突與暴力」此一概念，來看待傳統社會中正統
佛教對待民間教派的敵意與態度，未必是一最公道的判斷。但值得認真思考
的是，時致今日，從分佈於不同華人社會的當代不少案例身上，我們仍舊可
以清楚看到，即使在曾受英國統治，法治制度及人權觀念相對較成熟的香港
[97]，或已完成民主化轉型的臺灣[98]，其「正統」漢傳佛教對待民間教派的態

[95] 有關相關研究見卜永堅著〈元代的道、佛衝突：以河北省蔚縣浮圖村玉泉寺碑為中心〉，香港
科技大學《華南研究資料中心通訊》第 35 期，2004 年 4 月，pp.17-33； 鄭素春著《全真教與大
蒙古國帝室》（臺北：學生書局，1987 年）；楊曾文著〈少林雪庭福裕和元前期的佛道之
爭〉，《法音》第 3 期，2005 年。野上俊靜著〈元代道佛二教の確執〉，原載《大谷大學研究
年報》第 2 期（1943 年），收入《元史釋老傳の研究》（京都：野上俊靜博士頌壽記念刊行會
1978 年），頁 142-202；高雄義堅，〈元代道佛二教の隆替〉，載《東方宗教》第 11 期（1956
年 10 月），頁 1-22；王啓龍著《八思巴生平與《彰所知論》對勘研究》（《中國社會科學博士
論文文國家中國藏學出版社，1992 年），pp.80-84。

[96] 明、清民間教派見馬西沙、韓秉方合著《中國民間宗教史》（上海：上海人民出版社，1992
年）。

[97] 本文開始時所提到的，一直告訴教徒「佛教是歷史上唯一一個和平宗教」的著名香港僧人曾多
次以常務董事的工作身份，正式代表香港佛教聯合會（Hong Kong Buddhist Association，香港社
會公認最主要的香港佛教組織），在香港立法會公開要求香港特區政府立法，取締香港佛聯會
所不喜歡的其他宗教團體。幸賴特區政府當局以其要求不單於香港法律無據，且更有違中國政
府管治香港時所制定的〈基本法〉，而明確拒絕之，該事終因其於社會散播仇恨情緒，不為其

度及處理方式，並不一定都有與時俱進。但隨着現代公共價值觀所帶來的深刻改變，不擇手段地排斥其他信仰團體的傳統行徑，便很難再被現代社會接受，且難免引起佛教在破壞公民社會基本價值體系之質詢，乃致佛教涉嫌捲入「宗教暴力」之指控。

　　對比之下，漢傳佛教以主動的方式涉及宗教暴力的情況，平均而言，確實比其他佛教傳統較輕，只是對此事實的理解，並不能一廂情願地訴諸宗教修養的高下，毋寧是傳統中國以儒家意識形態及其制度為主軸，儒家政府並不會容忍僧人及佛教力量介入國家的政治決策及分享統治權力，因此佛教亦習慣於在文化上處在一個從屬的地位，在政治權力上處在一個被刻意非政治化的狀態。客觀效果則大幅減弱其因主動涉身政治權力的爭奪，而最終捲入大規模暴力衝突及嚴重濫權的機會。但話雖如是，德國萊比錫大學（Universität Leipzig）的研究生尼古拉斯·布羅伊（Nikolas Broy，中文名「百可思」）的碩士論文是以中國的武裝僧團為線索，探討佛教與暴力[99]，並在稍後抽出部份篇章，以宋、明兩朝的武裝僧團為例，探討其武裝化的目的到底是要「護法？護國？還是護自己？」，先以德文出版[100]，另以英

他主要宗教如天主教和基督新教，乃至社會人士所接受，而未能得逞（見有關會議的正式記錄，香港立法會檔案 CB(2) 1673/ 00-01 號文件）。事後，香港佛教圈內一直半公開廣泛傳言，有關的香港佛教組織屬下的某些寺院，未甘於利用公權力打擊宗教異己之圖謀失敗，多次指使黑社會威脅有關的其他宗教團體。另並在不同的公共場合，動輒以私人保安人員，對有關的其他的宗教人士動粗，當中包括弱勢的基層婦女（香港《明報》2004 年 5 月 27 日 A7 版）。

[98]　臺灣在 1987 年解除軍事戒嚴之前，當地正統的漢傳佛教對於軍政當局壓制民間宗教經常採取支持及協助的舉措，見林本炫著《臺灣的政教衝突》（臺北：稻鄉出版社，1994 年），頁 39-41。當然這種情況在 1987 年解除戒嚴之後已大幅改善。

[99]　Nikolas Broy, *Buddhismus und Gewalt am Beispiel kriegerischer Moenche in China* (Magisterarbeit, Fakultät für Geschichte-, Kunst- und Orientwissenschaften Religionswissenschaftliches Institut, Universität Leipzig 2006), 134 頁。筆者在此感謝作者尼古拉斯·布羅伊（百可思）先生贈予筆者該碩士論文及其他兩篇論文，同時亦感謝筆者同事郁喆雋博士引介筆者聯絡百可思先生。

[100]　Nikolas Broy, "Das schützen, das Reich schützen, sich selbst schützen? Militärisch tätige buddhistische Mönche in China in den Dynastien Song und Ming", in *Zeitschrift für Religionswissenschaft* 15, Jahrgang 2007, s.199-224.

文重寫為「中世紀中國的佛教暴力」[101]。

　　另外年前學愚出版其原博士論文[102] 的中文修訂版《佛教、暴力與民族主義：抗日戰爭時期的中國佛教》[103]，內容及篇幅皆更為豐富充實。當中不單探討抗戰期間中國佛教僧人的抗日活動，並對於所涉及的理論問題皆有討論，包括主要屬宗教內部的戒律問題（例如僧人殺生違戒與否）及更宏觀的現代政-教關係議題，如在現代國家體制與民族主義（nationalism）的框架下的中國佛教。

　　至於東亞佛教當中，日本佛教的暴力史也許才是最為普遍、規模最大，亦最具結構性因素。雖然在二戰之後，日文學界已有治中世紀史或近現代史的學者專論過此，又或馬克思主義背景的日本學者從日本中世紀佛教政-教關係史的角度，評論過日本佛教的宗教暴力問題；同時在學術界當中，研究不同階段日本史的史學界，其實皆比佛教學者更熟知日本佛教的宗教暴力及教派戰爭。對治中世紀日本史的學者來說，長期存在僧兵和近乎沒完沒了的佛教教派戰爭，近乎是日本佛教史的常態。

　　日本佛教典型的宗教暴力主要有以下數個階段：一，在封建時代的僧兵集團及教派戰爭；二，江戶時代作為準國教，因而寺院編有屬民，以佛教體制維持對天主教的監控系統和對部落民的歧視制度，及三，明治維新以後以「護國佛教」方式，向日本殖民主義及軍國主義靠攏。

　　值得注意的是，在最近十餘年，真正觸發國際學界以上述三點為主要線索，廣泛關注日本佛教的暴力及操守問題者，恐怕是八〇年代中期以後發生日本曹洞禪宗「部落民事件」及其引發的批判佛教（Critical Buddhism）運

---

[101] Nikolas Broy, "Buddhist Violence in Medieval China", in the *Journal of Chinese Religions* 2010.

[102] Xue Yu, *Buddhism, War, and Nationalism: Chinese Monks in the Struggle Against Japanese Aggression, 1931–1945* (in the *Series of East Asia, History, Politics, Sociology, Culture*, New York: Routledge 2005, 276 頁。原為 Ph.D. Dissertation, The University of Iowa, 2004。

[103] 學愚著《佛教、暴力與民族主義：抗日戰爭時期的中國佛教》（香港：中文大學出版社，2011年）。

動。由於「批判佛教」的議題敏感，立場激進[104]，誠若末木文美士指出，「批判佛教」是日本佛教界「公開的禁忌」[105]。八〇年代中期，「批判佛教」發難後，遇到日本國內佛教界及佛學界強烈情緒反應，事實上「批判佛教」把他們自己的聲音國際化，正是他們在本土受到挫折與排斥後，挾帶國際化進行反攻的策略。

封建時代的僧兵集團　日本在唐代引入當時的中國文化，其中包括政治上的中央集權制及佛教文明，但當時日本並沒有能真正實行中央集權制的各種條件。反而多強並峙，相爭不下，兼而完全架空皇室及普遍出現「下克上」的局面，才是當時日本政局的常態。該局面一直到十六世紀織田信長階段才告一段落。封建藩主及武家長期割據，並相互攻伐不息的環境，正是日本佛教發展及生存的社會背景。地方上不同的封建割據勢力支持不同佛教宗派，於是不單諸割據勢力之間的相互攻伐伸延進各佛教宗派之間，且諸宗派之間的衝突也援引地方上各割據勢力的支持，交織之下，宗派之間的衝突不單原因錯縱複雜，且從很早期始，即慣於動輒訴諸武力。

尤為獨特的，是各大佛教集團都普遍建立寺院武裝，早期稱為「惡僧」，後來稱為「僧兵」的宗教-武裝組織，互相進行戰鬥。僧兵擾亂政治與社會在日本中世紀頗長的階段內，是一個無日無之的狀態，甚而是造成從

---

[104] 「批判佛教」廣泛批評現代日本軍國主義、京都學派、神道教與天皇制、傳統日本佛教在歷史上與二戰時期之操守問題，及日本國族文化論述等。這些對日本社會及佛教界而言，仍屬忌諱與敏感的課題。「批判佛教」還強烈而直接地批評日本佛教界反智、保守，及譴責其在踐行上的墮落，震驚日本的佛教及佛學二界，故此「批判佛教」運動可說是一次「以學術作文化-社會的批判實踐」的佛教「學院社會運動」。見 J. Hubbard, "Introduction", in Jamie Hubbard & Paul L. Swanson (ed.), *Pruning the Bodhi Tree: the Storm over Critical Buddhism* (*Nanzan Library of Asian Religion and Culture*, Honolulu: University of Hawai'i Press 1997), p. viii.

[105] F. Sueki, "A Re-examination of Critical Buddhism", in Jamie Hubbard & Paul L. Swanson (ed.), *Pruning the Bodhi Tree: the Storm over Critical Buddhism* (*Nanzan Library of Asian Religion and Culture*, Honolulu: University of Hawai'i Press, 1997), p.322. 「批判佛教」專題會議 1993 年在北美以英語舉行，會後集結為前書以英文出版，具屬此種背景下的產物。

奈良遷都京都之主要原因之一。僧兵的放恣是中世紀日本政治及社會生活的其中一個主要亂源，在前後不同階段延禍數百年。其表現出來的亂像有多種，首先是各大宗派及大寺院皆普遍建立僧兵；其次是僧兵組織參與佛教內、外的各種武裝戰鬥及其他集體暴力活動，其中包括持權貴的背景勒索地方當局；參與鎮壓農民階層天主教社群的抗爭。本文不可能，亦沒有必要深入每一個案，下文只以代表案例作扼要說明。

　　日本佛教經歷三個階段的成長，依次為接受印度佛教的奈良朝（552-784 A.D.）、接受中國佛教的平安朝（784-1192 A.D.），最後是建立日本本土佛教的鎌倉朝（1192-1603 A.D.）。前後三個階段產生的教派依次分別有三論、成實、俱舍、法相唯識、華嚴、戒律、天臺、真言、臨濟禪、曹洞禪、淨土、淨土真宗及日蓮宗等。除了義理上屬小乘的三宗外，餘下的幾乎所有宗派，起碼在各教派的總本山大寺，都設有頗富規模的僧兵組織。僧兵的發展有不同階段，早期僧兵依附天皇、朝廷及少數權門貴族等上層力量來發展，後期僧兵大概始於鎌倉時代，隨着新教派在民間的廣泛傳播，僧兵力量亦逐漸成為民間的宗教武裝組織。

　　最典型僧兵系統例如有天臺宗比叡山的延曆寺（其僧兵稱「山法師」）、天臺宗園城寺（其僧兵稱為「寺法師」）、法相唯識宗的興福寺（其僧兵稱「奈良法師」）、華嚴宗的東大寺、淨土真宗的石山本願寺、古義派真言宗的高野山金剛峰寺（其僧兵稱「高野聖」）、新義派真言宗的和歌山根來寺（其僧兵擅炮術，稱「根來眾」）、日蓮宗的本能寺及其大量屬寺（其僧兵稱「法華兵」）等。在僧兵及教派戰爭的高峰階段，甚至單憑一件單兵的冷兵器，即可知兵器主人宗派何屬，例如薙刀（naginata）為天臺宗僧兵專用[106]，而「十文字鎌槍」（jumonji-yari）則為法相唯識宗僧兵專用，尤其如唯識宗總本山奈良興福寺，其屬寺寶藏院更是唯識宗僧兵槍法的

---

[106] http://v.youku.com/v_show/id_XMTQ2ODQzMzAw.html

所在地，稱「寶藏院流」，迄今在日本傳統槍術上仍是一大流派，有常規性的訓練及年度競賽[107]，而原天臺宗僧兵的薙刀術也一樣流傳到當代[108]，日本史上最早使用火器作戰，並擁有當時最強大火鎗及鐵炮武裝力量的，其實就是新義派真言宗根來寺的僧兵，僧兵傳統之強悍可見一斑。

　　僧兵涉身各式各樣的武裝衝突，其中大部份都屬教派戰爭。武裝衝突既有在不同教派之間的開戰，也有在同一派內不同集團的戰鬥，更有跨教派結盟的聯合混戰，佛教徒與天主教徒之間結合宗教與階級分歧的武裝戰鬥，甚至是與世俗的武家集團或幕府的戰鬥，互相武力對抗，不一而足。

　　以僧兵進行教派互戰，這始於九世紀唯識宗興福寺與華嚴宗東大寺之間的寺產爭奪與衝突。及後，僧兵戰爭經常發生，由 1100 年到 1180 年的八十年間，單是天臺宗延曆寺，就發生過十四次之多，其中包括屢次與唯識宗興福寺及清水寺等院的僧兵發生戰鬥，焚寺殺僧[109]。大署同期，涉事的唯識宗興福寺與天臺宗除前述的主要戰事以外，又同時各自另開戰線，唯識宗興福寺與金峰山的山岳行者開戰[110]，而天臺宗延曆寺則首先代其末寺白山僧眾衝擊政府，伏擊官家，劫走因開罪白山僧眾而被輕判流放的地方官員。次年天臺宗延曆寺僧眾因故生亂，官家派來平亂的數千官兵竟被天臺僧兵擊敗[111]。

　　同一教派內的不同集團之間的矛盾，亦動輒以武力解決，典型例子如天臺宗總本山延曆寺的山門派與天臺分寺園城寺（即三井寺，在今滋賀縣大津市）的寺門派之間，分別源於天臺宗早期兩位領袖圓珍和圓仁[112]，為戒壇問

---

[107]　奈良寶藏院流槍術保存會 http://www4.kcn.ne.jp/~hozoin/

[108]　http://v.youku.com/v_show/id_XMTQ2ODQzMzAw.html
　　　http://www.youtube.com/watch?v=T8J_IkuUbak

[109]　村上專精著，楊曾文譯，汪向榮校《日本佛教史綱》（《日本仏教史綱》，北京：商務印書館　1981 年），頁 106。

[110]　村上專精著《日本佛教史綱》，頁 106。

[111]　村上專精著《日本佛教史綱》，頁 107。

[112]　楊曾文著《日本佛教史：新版》（北京：人民出版社 2008 年），頁 458。

題發生嚴重爭執，由 1081 年到 1163 年前後才約八十年（白河天皇期間），
延曆寺多次發兵四度焚毀對方寺院[113]。另一例子是真言宗內新義與舊義之間
的糾紛，最終也是訴諸武裝的暴力衝突，經歷多次互相焚寺殺僧後，紛爭才
告一段落[114]。

　　此外，天臺宗和唯識宗大寺院的僧兵有動輒抬神木、神轎，近乎常規性
地向政府「強訴」或「嗷訴」（即勒索式示威）的惡習[115]，地方官員不敢處
理，常托請其他寺院派出僧兵對付「強訴」的僧兵，這不單縱容僧兵漠視官
員，且讓不同集團的僧兵交戰，亦首開他們互相之間交惡的先例，加上其他
原因，形成不同教派僧兵慣於以教派武裝衝突來解決教派分歧。天臺宗園城
寺、唯識宗興福寺及華嚴宗東大寺就是這樣長年相互敵視，動輒訴諸兵刃。

　　前期僧兵高峰階段的結束是 1159 年在平治之亂後，當權的平家與朝廷
支持的大寺院及僧兵常有矛盾，最終找藉口焚奈良東大寺、興福寺，屠殺全
部僧眾。隨着天皇及朝廷的權力進一步退却，權力逐漸分散在武士階層大小
不同的集團手中，新成立的佛教宗派，如禪宗、淨土宗及淨土真宗等在武士
階層比在皇家及貴族世家中更能得到普及。其中最能代表後期僧兵事態發展
的，是淨土真宗和日蓮宗的巨大規模。他們的僧兵完全植根於如小商賈、工
人及農民等中、下層民眾，這一點是和前期僧兵的本質區別。因為淨土真宗
以「惡人正機」說，強調在社會生活中，職業的平等性，吸引在中世紀日本
重農輕邊的觀念下，向被歧視成賤民的各類手工業者、小商賈、水手、交通
運輸從業者、獵人及漁民等，贏取其廣泛信仰[116]，而日蓮宗主要是町人階層
的信仰，新宗派的僧兵的力量不單是從這中徵集，亦一定程度反映這些階層

---

[113] 楊曾文著《日本佛教史：新版》，頁 204-213。

[114] 楊曾文著《日本佛教史：新版》，頁 206-208。

[115] 楊曾文著《日本佛教史：新版》，頁 207。

[116] 劉金才著《町人倫理思想研究：日本近代化動因新論》（北京：北京大學出版社，2001 年），
　　　頁 46-50。

及集團的訴求。當然，誠若一些學者已指出，我們不能因特定教派與特定階層有較大重疊的情況，就自動以階級鬥爭的假設，得出此必然為所謂「農民起義」之結論，事實上當中不少個案純屬教派之間的利益及地盤爭奪[117]，最終演變為宗教-軍事衝突。下文扼述這一階段的僧兵事態。

　　淨土真宗的解脫教義上，力主「絕對他力」，另提出「一向一揆」，「一向」是淨土真宗門下一支的本願寺一向宗，「一揆」是日文古詞，字面原義是「在神明面立誓團結一致，展開奮鬥，共同禦侮」，可以是指非武力的抗爭及連帶的談判，但後來變成指武裝起義。「一向一揆」發生在本願寺大幅度成長的階段，鼓動農民抗交地租雜稅，趕走領主，奪取地方政權，建立政教合一的淨土真宗加賀政權，其僧兵作戰時高舉「進者往生極樂，退者無間地獄」（原日文為「進まば往生極楽、退かば無限地獄」）為標語的軍旗。其頂盛時期，一向一揆波及半個日本。於西元 1460-1590 百三十年間，真宗僧、俗信徒以武力舉兵，對抗其他教派及連帶的結盟勢力，這始於1465 年，天臺宗僧兵襲擊淨土真宗祖庭大谷本願寺，淨土真宗發兵反擊，及後，一向一揆起兵不下十次[118]。

　　有關淨土真宗與「一向一揆」之間的關係，較早年代有 1966 年出版，笠原一男的《一向一揆：封建社会の形成と真宗の関係》[119]，及 1972 年出版，笠原一男、井上銳夫校注的《蓮如，一向一揆》[120]，九〇年代初有神田千里的《一向一揆と真宗信仰》[121]。近年日文學界對淨土真宗宗教暴力衝突

---

[117] 楊曾文著《日本佛教史：新版》，頁 495。

[118] 這系列「一向一揆」是近江金森合戰（1466 年）、越中（1480 年）、加賀（1488 年）、大小（1531 年）、畿內奈良（1532 年）、三河（1563 年）、長島（1567 年）、石山合戰（1570年）、越前（1574 年）。

[119] 笠原一男著《一向一揆：封建社会の形成と真宗の関係》（《日本歴史新書増補版》，東京：至文堂昭和四十一年，1966 年）。

[120] 笠原一男、井上銳夫校注《蓮如，一向一揆》（《日本思想大系》17，東京：岩波書店，1972年）。

[121] 神田千里著《一向一揆と真宗信仰》（《中世史研究選書》，東京：吉川弘文館，平成三年

的研究持續增長，尤其發生在真宗法主顯如所領導的一向一揆與織田信長之間，著名的「石山本願寺合戰」，石山本願寺是淨土宗在京都的舊寺院被其他佛教教派焚毀後，新遷建的總本山，事實上成了淨土真宗的宗教-軍事城堡。繼前書之後，神田千里再撰有《一向一揆と石山合戰：戰爭の日本史14》[122]，另武田鏡村亦撰《織田信長石山本願寺合戰全史：顯如との十年戰爭の真實》[123]。兩書中的前者考察日本佛教史上這一著名戰役當中，往生極樂的淨土信仰及期望作戰陣亡之間如何由提倡「報恩謝德」的真宗教義所結合，並成為在價值觀上進行軍事動員的方式。

　　一直以來，對淨土真宗「一向一揆」的研究，幾乎完全是日文學界的天下，但近期此一情況出現變化，一部以日本後期室町時代的一向一揆為案例探討日本佛教的戰爭與信仰的英文論著[124]，成為首冊涉足此題的非日文研究，該書本為哈佛大學 1995 年的博士論文。該論著探討後期室町時代十六世紀淨土真宗當中「一向宗」的宗教-軍事集團的武裝行為，即「一向一揆」。與既有的「一向一揆」研究相比，該論著有其特別關心的角度與問題，既有的論著往往是循日本戰國時期後期階段的封建政治集團、階級衝突及戰爭史的角度來進行研究，「一向一揆」經常因而被定義為農民起義，對於當中的宗教信仰的元素卻罕受關注。該書則偏重探討信仰的作用在充滿武裝衝突與戰亂的社會中的多重而複雜的角色。

　　日蓮宗鼓吹獨崇《妙法蓮華經》，有著名的「四箇格言」，即「念佛無

=1991 年）。

[122] 神田千里著《一向一揆と石山合戰：戰爭の日本史 14》～解体される一向一揆神話（吉川弘文館，平成十九年=2007 年）。

[123] 武田鏡村著《織田信長石山本願寺合戰全史：顯如との十年戰爭の真実》（ベストセラーズ 平成十五年= 2003 年）。

[124] *Carol Richmond Tsang,* War and Faith: Ikkō ikki in late Muromachi Japan *(in the Series of* Harvard East Asian Monographs *No. 288, Cambridge, Mass.: Harvard University Asia Center, Distributed by Harvard University Press, 2007)*。

間，禪天魔，真言亡國，律國賊」之著名口號，敵視如淨土、禪、真言及律等一切其他佛教宗派，稱其全屬錯誤[125]，從而先後造成與淨土真宗的人身暴力衝突事件，有所謂「伊豆法難」及「小松原法難」等，並招至死傷[126]。其排他性之強，在日蓮宗流佈的地區，皆以「教折服」或「行折服」的方式迫使全部人改宗，所謂「行折服」，其實就是引述《涅槃經》覺德比丘的故事為典據，以武力迫對方就範[127]，從而日蓮宗的流佈區都是整個村社成為信徒，這亦是其僧兵的兵源所在，日蓮宗僧兵組織的特性是屬寺全部武裝化[128]，以協同作戰。

日蓮宗提出「法華一揆」之論，多次組織法華僧兵暴動，其中包括攻打淨土真宗，並燒燬其總本山山科本願寺。1536 年，日蓮宗在一次法義辯論上駁倒比叡山天臺宗，後者不服，以武力要脅並欲控制在京都的日蓮宗，日蓮宗還擊，發兵攻打天臺宗，比叡山延歷寺僧兵擊退日蓮宗的進攻後，立即和唯識、華嚴、淨土、真言等多個大宗派結成聯盟抵抗，集合京都天臺園城寺、東大寺、興福寺、根來寺、本願寺僧兵五萬眾，圍攻日蓮宗在京都的根據地，攻破日蓮宗在當地所有廿餘座大寺院，把它們之全部焚毀，朝廷順勢下令在京都地區禁除日蓮宗，此乃著名的「天文法華之亂」[129]，今谷明先後在二十年間兩次出版專論，深入探討此一事件，分別是《天文法華の乱：武裝する町眾》[130] 與《天文法華一揆：武裝する町眾》[131]，而就日蓮宗在中世紀的戰國環境中，為何及如何成為一個宗教武裝集團，則有湯淺治久剛出

---

[125] 何勁松著《日蓮論》（《日本研究博士叢書》，北京：東方出版社，1995 年），頁 71-76。

[126] 何勁松著《日蓮論》，頁 45-49。

[127] 何勁松著《日蓮論》，頁 215。

[128] 何勁松著《日蓮論》，頁 214-215。

[129] 何勁松著《日蓮論》，頁 216-219。

[130] 今谷明著《天文法華の乱：武裝する町眾》（東京：平凡社，昭和六十四年＝1989 年）。

[131] 今谷明著《天文法華一揆：武裝する町眾》（東京：洋泉社，平成廿一年＝2009 年）。

版的《戦国仏教：中世社会と日蓮宗》[132]。

　　當時僧兵普遍到一個程度，在十六世紀後期，織田信長依「天下佈武」的政策，用武力清除地方上各大封建勢力時，面臨的主要障礙，幾乎都屬於佛教力量。這主要是天臺宗、新義真言宗及淨土真宗，織田信長於 1571 年發兵攻陷天臺宗總本山比睿山延曆寺，焚毀全寺，屠殺數千天臺宗僧兵及教眾。約在同一階段，另發重兵圍攻勢力遠比天臺宗強大多倍的淨土真宗。戰鬥數年後，於 1580 年迫使其總本山本願寺投降，織田與淨土真宗之間的戰事，單是長島與越前兩役，一向一揆的僧兵陣亡就達五萬多人。1585 年織田信長發兵進攻新義真言宗和歌山根來寺，最終在戰火中將其燒毀。新義真言宗的根來寺有僧兵上萬眾，且是戰國時代最強大的火鎗隊或鐵炮隊，同時根來寺也擁有最尖端的制炮技術，兼而向其他僧、俗軍事力量販賣鐵炮、輸出鐵炮技術、訓練制炮技師及組成根來寺的鐵炮僧兵團，應各戰國大名的邀僱，以僱傭兵身份參與戰國時代的多場戰役。

　　雖然距最後一股僧兵力量被消滅已有四百餘年歷史，但在日本社會生活、文化、民間傳說、節日中，至今日都仍留下僧兵的歷史痕跡，例如反映天臺宗延歷、園城二寺內門之「鐵鼠賴豪阿奢黎」民間傳說、每年日本三重縣湯山僧兵節的仿古僧兵巡遊、文學作品如《平家物語》、浮世繪及相似的日本畫作、到時下年青人流行文化中的電子遊戲的角色，都留下日本佛教宗教暴力衝突的蹤迹。

　　雖然在日文學界，自五○年代以降已有日本佛教僧兵的研究問世，如勝野隆信的《僧兵》[133]、渡辺守順著《僧兵盛衰記》[134] 及日置昌一著《日本僧兵研究》[135] 等專著，但那並非作為「佛教宗教暴力」問題來論述，而西

---

[132] 湯浅治久著《戦国仏教：中世社会と日蓮宗》（中央公論新社，平成廿一年=2009 年）。

[133] 勝野隆信著《僧兵》（《日本歷史新書增補版》，東京：至文堂，昭和四十一年=1966 年）。

[134] 渡辺守順著《僧兵盛衰記》（三省堂選書，昭和五十九年=1984 年）。

[135] 日置昌一著《日本僧兵研究》（国書刊行会，昭和四十七年=1972 年）。

方學界一直到二千年爲止，都沒有專研僧兵的論著出現，雖然在介紹日本武士史的論著中確多會劈一章半節，把僧兵目爲武士名目下的一類作出簡單而表面的介紹，但都遠未觸及其發生的因由條件，乃至與佛教作爲信仰體系之間在意識形態上的關係。

　　亞裔美國人珍妮花‧新（Jennifer Shin）是一位美國軍隊的現職尉級（*Lieutenant*）軍官，也是美軍的首位佛教的隨軍宗教師。她在 2004 年以日本僧兵爲主題，完成其在加州柏克萊聯合神學院（Graduate Theological Union, Berkeley CA）的碩士論文[136]，這應該是日文學界以外，首部以此爲題的專著。雖然在 2003 年有一位熱衷於介紹古代日本武士、軍事及戰爭題材的軍事史作家史蒂芬‧特恩布爾（Stephen Turnbull）撰寫了一部只有 64 頁，附有相片及彩圖的通俗小冊子介紹西元 949-1603 年間的日本僧兵[137]，但被批評爲欠缺充份的學術嚴謹性。

　　以研究日本中世紀佛教的政-教關係史聞名的美國學者米凱拉‧阿道夫森（Mikael S. Adolphson）在 2000 年出版有一書，研究前現代日本僧侶如何作爲封建「權門」之一[138]，當中有略涉及僧兵。七年後，阿道夫森再出版以僧兵爲專題的論著，並以「佛陀的爪牙」爲書題，探討日本史上的僧寺武裝及僧兵[139]，這應是西方學界首部正式出版的日本僧兵專著。全書共六章，分別是〈宗教暴力及武裝僧侶之論述〉、〈寺院暴力及戰火〉、〈佛陀的打手〉、〈佛陀的爪牙：僧侶貴族及僧侶指揮官〉、〈建構歷史：僧兵與武藏坊弁慶〉及〈僧兵、弁慶及寺院戰士：歷史的角度〉。該書藉着追溯在歷史

---

[136] Jennifer Shin, *An Analysis of Sohei: Japan's Militant Buddhist Monks* (Thesis of Master Degree, Berkeley: Graduate Theological Union 2004).

[137] Stephen Turnbull, *Japanese Warrior Monks: AD 949-1603* (Oxford: Osprey Publishing 2003).

[138] Mikael S. Adolphson, *The Gates of Power: Monks, Courtiers and Warriors in Pre-modern Japan* (Honolulu: University of Hawai'i Press, 2000).

[139] Mikael S. Adolphson, *The Teeth and Claws of the Buddha: Monastic Warriors and Sohei in Japanese History* (Honolulu: University of Hawai'i Press, 2007).

過程中建構出來的「僧兵」形象，是如何誕生及被應用於逐漸替換武藏坊弁慶和寺院的戰鬥人員，本書提出一套說法，解釋現代在重構中世紀日本史時，如何及為何有需要發明出「僧兵」之傳統。作者試圖把東亞佛教的宗教暴力成因，放到相應的社會文化環境中來理解。其分析對於欲探討早期日本史、早期日本宗教、乃致前現代中韓二國的宗教之學者來說，都是饒富價值的。

然而有趣的是，作者在此要做的事，竟然是要為僧兵在日本史上的惡名翻案，試圖論證僧兵的武裝鬥爭不應被目為宗教暴力一例。他認為，僧兵的歷史上及在流行文化中的名聲，都難與武士相比，僧兵通常都被誣蔑和批評為他們涉身政治和其他世俗事務，這樣的批評反映他們並沒有被視為屬於武士一類。阿道大森的考察顯示奈良和鐮倉時代的寺院武力的社會起源、政治環境和作戰形態，這些僧兵實際上應被視為同屬武士一類。作者認為，僧兵的負面形象源於晚致十四世紀修建寺院時，為藝術需要所建構出來。由於武士階層控制全國政治，日文 sōhei（僧兵）形象最終和從韓國傳進來的韓文概念 sunghyong（僧兵）合併。十二世紀後期傳奇中的僧兵武藏坊弁慶，是唯一免於被後世論者所批評的，這並非因為他是武藝高強的僧兵，却只是因為他受著名武士源義經所收服，且受其調遣，從而有助於強化武士才是上位者之形象。

在解構「僧兵」形象，乃致於探索寺院武裝力量的特性徵、角色和意義時，該書強調歷史環境的重要。它還特別指出，放任以後出的（尤其是現代的）宗教概念發揮過度的影響，並施之於對過去的解釋，這乃是一種謬誤。爰此與其另立一個分開的暴力類別及意識形態脈絡，倒不如視僧兵的行為舉措與其非宗教的同仁（即一般武士）全無差異，而無必要以其聲稱出自宗教動機之托辭，而目之為有異於有其他意識形態推動之暴力。特別在當前慣於假定聖戰或十字軍等一類概念，來解釋涉及宗教的暴力衝突時，主張宗教以外的其他因素扮演更重要的角色，推動假佛教之名而作出暴力行徑之議，便

常被低估或忽視。

佛教體制與部落民制度　雖然前一階段僧兵的狂暴終告落幕，但佛教依然是中世後期日本社會一組非常強大的力量。進入江戶時代，日本社會相對隱定，同時由於在教派僧兵長期混戰的前一階段，只有禪宗與此關係不深。禪宗不單在新時期有較大發展，且漸成大宗派，在全日皆廣設寺院。這一階段佛教的涉足強權，由前一階段明顯可見的武裝僧兵轉變為國家統治體制的一環，其暴力形式部份已經轉變為較不顯眼的統治制度的一環，主要表現在二事上，一者對日本天主教農民的軍事及政治壓制，其次是執行對「部落民」的制度化歧視。

由於江戶時代的日本已經遇上西方文明，當中的天主教尤其吸引農民，其信眾人口一度高達數十萬之眾，使信仰佛教為主的貴族階層感到受威脅，亦讓幕府產生戒心與恐懼，幕府遂對天主教下禁教令，在遭遇天主教農民反抗時，即動員佛教進行武裝鎮壓，事實上在幕府對日本天主教的大規模軍事鎮壓及連帶的多輪血腥大屠殺中，佛教是非常關鍵而「得力」的幫兇。

其得力的程度，甚至在完成對拒絕改宗天主教徒的軍事鎮壓後，幕府強制實施「寺請制度」以確保殘餘的天主教徒必需強制改信佛教[140]，即日文稱「寺門改」，而這一強制改宗的絕大部份實質操作就是由佛教來執行。所有人必需在就近的指定寺院登記其戶籍的一切相關資料，同時也被編為寺院屬民，日文稱「檀家制度」，天主教徒當然要改宗，但本已經信佛者者亦不准脫離佛教。同時授權佛教寺院建立「宗旨人別賬」及「檀家過去賬」等的戶籍檔案系統，將其轄區屬民的姓名、年齡、結婚、生死、旅行、所屬佛教宗派（最後一項是最關鍵）的記錄在冊，及應需要由寺院出具證明（日文稱：

---

[140] 從事日本禪宗及佛-耶比較宗教研究的美國學者占姆士‧腓特烈（James Frederick）曾向筆者出示十七世紀的日本觀音像，中間打開後，內裏卻是一個天主教聖母像。據說，該像實際上是當年佛教徒以武力迫天主教徒改宗後，被迫表面屈服的日本天主教的宗教物品，對外應付佛教的壓力，同時仍力圖維持對天主教信仰的個人忠誠。

追手形、宗旨手形），確認其不是基督教徒（吉利支丹），方可放行。並由佛教僧人據此監控屬民，制止天主教的進一步傳播，當中主要都是禪宗寺院，該等寺院成為實質上的戶政機關，掌有全日本戶籍的詳細記錄，以支援政府在稅項及兵役在內的人力徵用。

　　從而佛教以近乎國教的方式，厠身於江戶時代的日本官方體制內，作為一個支援統治的系統[141]。同時也實行寺院與轄區屬民之間的寺檀關係，即由寺院來負責屬民的喪葬、骨灰收藏、定期舉辦各種追薦法會，屬民則要向寺院繳納大量財物。幕府結合寺院對全國進行統治及控制，寺院同時成為戶政及警政的執行單位，這種安排造就僧侶負責監控民眾的特殊地位。

　　除天主教以外，江戶時代的禪宗寺院的社會監控體制的另一歧視對象是部落民（Burakumin）[142]，這情況一直延續到當代。如前所述，「批判佛教」的爆發，事實上就是源於當代日本曹洞宗本身深涉這一歧視性的制度內，但其對當中的不義公然漠視，所招致來自曹洞宗內部的反彈。兩位研究日本禪宗的學者曾探討佛教在維持部落民的歧視性制度所扮演之主動角色。萊斯莉・奧爾德（Leslie D. Alldritt）撰文綜述日本佛教如何串謀壓迫部落民[143]，威廉・博迪福特（William M. Bodiford）[144] 則探討禪如何成為宗教歧

---

[141] 楊曾文著《日本佛教史：新版》，頁 515-521。

[142] 「部落民」是日本社會的少數族群，種族上與一般日本人無異，但社會階級不同，是封建時期賤民階層的後裔，從事「不潔」的工作，處理與死亡有關的事務，如殯儀、皮革業者或劊子手稱為「穢多」，乞丏則稱為「非人」，生活於與外隔絕的貧民區。1871 年日本廢除封建階級制度，雖法律條文上部落民被解放，但真實的社會生活上歧視未稍減。在今天的日本，部落民就業、結婚等歧視仍存。一九八〇年代始，很多年輕部落民開始組織和抗議對他們的歧視。部落民的人數據不同的調查，有不同數字，由百餘萬到二百餘萬之間。有關「部落民」問題的來龍去脈，英文研究見 Sueo Murakoshi（村越末男）and I. Roger Yoshino, *The Invisible Visible Minority: Japan's Burakumin* (Osaka: Dowamondai Kenkyushitsu, Osaka City University 1977)。中文簡介見楊曾文、張大柘、高洪合編《日本近現代佛教史》（浙江人民出版社 1996 年）部落民一節，頁 152-157。

[143] Leslie D. Alldritt, "The Burakumin: The Complicity of Japanese Buddhism in Oppression and an Opportunity for Liberation", *Journal of Buddhist Ethics* 7, 2000.

視的手段[145]，該文從歷史角度，詳盡說明日本曹洞禪宗組織介入「部落民」
體制化歧視，以佛教觀念、社會史背景、制度及儀式強化該等歧視之種種具
體細節等數據，並且亦檢討町田宗夫事件後，曹洞宗進行改革的具體項目、
詳情、幅度、局限及對效果的評論。

　　明治維新以來的護國佛教　前文已述，日本佛教向來有維護政權秩序
的強烈傳統，日文稱為「護國佛教」或對國家的「鎮護」。日本在江戶時代
後期面臨西方力量的入侵，開始意識到國家存亡危機，明治年間以歐西為模
範進行改革。過程當中，針對佛教先後執行「神佛判然令」、「神佛分離
令」及「廢佛毀釋令」[146]，指佛教是其中一個因素造成日本的落後。此一全
面排佛的舉措使佛教臨近滅亡，促使日本佛教向政府謀求讓步，以爭取生存
空間[147]。自此以後迄二戰終戰止，日本佛教徹底屈服於國家主義，由組織、
意識形態及人力物力等一切資源上，主動響應及積極參與官方於一切政治、
軍事及殖民事務上的意旨，當中包括日本對韓國、中國東北及臺灣的殖民、
對西藏的偵察滲透、對日本國內工人與農民維權聲音的壓制、三〇年代軍國
主義的動員及隨後對亞洲各國的侵略。期間近乎所有主流日本佛教都參與其
中。

　　近年來，中文學界對二十世紀日本佛教與軍國主義之間關係的認識日漸
增加，這包括華人學者自己進行的研究及把外文相關論著譯成中文。楊曾文

---

[144] 威廉·博迪福特（William M. Bodiford）是專攻中世紀日本曹洞宗的學者，著有《中世紀日本的
曹洞禪》（*Sōtō Zen in Medieval Japan*，改寫自 1989 年耶魯大學博士論文，收於 Series of *Studies
in East Asian Buddhism* 8, Honolulu: University of Hawaii Press, 1993）。

[145] William M. Bodiford, "Zen and the Art of Religious Prejudice", *Journal of Japanese Religious Studies*
Vol. 23, No.1-2, 1996, pp.4 –22.

[146] 楊曾文等合著《日本近現代佛教史》，頁 37-54。見 C. Ives,"The Mobilizations of Doctrine:
Buddhist Contributions to Imperial Ideology in Modern Japan", *Journal of Japanese Religious Studies*
26 (1-2), 1999, p.102。

[147] 楊曾文等著《日本近現代佛教史》，頁 54-74。

《日本近現代佛教史》的第二與第三章[148]、高洪《日本當代佛教與政治》的部份章節[149] 及其他一些散見於不同學術出版品之論著與翻譯，皆對此署有論述。不過唯有數年前，何勁松的《近代東亞佛教：以日本軍國主義侵略戰爭為綫索》[150] 才是首部處理現代日本佛教與軍國主義之間關係的中文專書。

　　同時日文學界除本身是曹洞宗僧人的多位佛教學者如秋月龍眠、市川白弦、「批判佛教」的松本史朗及袴谷憲昭等對此有作討論外，近年亦有其他研究領域的日本學人對此進行系統探討，例如榮澤幸二所撰，篇幅達 316 頁的《近代日本の仏教家と戦争：共生の倫理との矛盾》[151]，榮澤作者本人不是佛教研究領域的學者，之前研究日本帝國主義意識形態，並撰有這方面的專論《「大東亞共榮圈」の思想》[152]。此書以著名佛教學者椎尾弁匡（1876-1971）及三個淨土真宗僧人合共四人為主題，其餘三僧分別是伊藤證信（1876-1963）、西田天香（1872-1968）及西本願寺派法主大谷光瑞（1876-1948，曾留學歐洲）。該書藉此考察從二十世紀初到戰時階段為止，本身是佛教徒，甚而是僧人的佛教學者，其宗教-學術事業與軍國主義之間的共生關係。

　　此外專論日蓮宗戰爭角色的還有 1998 年出版，大木道惠的《仏教者の戦争責任：日蓮正宗の歴史改ざんを問う》[153]，該書探討日蓮正宗為何完全

---

[148] 楊曾文等編《日本近現代佛教史》。

[149] 高洪著《日本當代佛教與政治》（《日本研究博士叢書》，北京：東方出版社，1995 年）。

[150] 何勁松著《近代東亞佛教：以日本軍國主義侵略戰爭為綫索》（《中國社會科學院中日歷史研究中心文庫》，北京：社會科學文獻出版社，2002 年），頁 162-320。

[151] 栄沢幸二著《近代日本の仏教家と戦争：共生の倫理との矛盾》（東京：専修大学出版局，2002 年）。

[152] 栄沢幸二著《「大東亞共榮圈」の思想》（收於《講談社現代新書》（東京：講談社，1995 年）。

[153] 大木道惠著《仏教者の戦争責任：日蓮正宗の歴史改ざんを問う》（東京：文芸社，平成十年=1998 年）。

不承認戰爭責任問題，並且如何以封閉的態度，徹底合理化其戰時行徑，甚至主張以信仰協助戰爭的光榮感，迴避曾為成員的「非戰」講話和行為，而進行遞奪僧籍、取消宗門身份，甚而一再發生協助官方拘捕異議成員等壓制教派內部反戰聲音之情況，重新展現出戰時日蓮正宗內部因政見分歧而發生的派內鬥爭及壓迫之歷史。

當然也有少數僧人在戰爭期間，是公開地反戰的，著名例子有淨土真宗大谷派東本願寺的竹中彰元（1867-1945 年），1937 年竹中彰元被以違反日本陸軍刑法罪名被逮捕及判刑，同時當年大谷派東本願寺也處分竹中彰元，判以停班三年及遞奪布教師資格，近年淨土真宗大谷派圓光寺住持，同時也是學者的大東仁著有《戰争は罪悪である：反戦僧侶・竹中彰元の叛骨》詳細探討此事[154]。

研究近代日本政治的韓裔政治學者許南麟亦撰文討論日本曹洞禪宗如何深入參與二十世紀初日本對韓國的帝國-殖民工作[155]，從作為隨軍出征，服務軍隊的宗教師，到廣泛佈建寺院於被殖民的韓國，並嚴格在日本帝國的框架下弘揚佛法，以助政治宣傳，最後是在韓國推動皇民化運動。

闞正宗的《日本殖民時期臺灣「皇國佛教」之研究：「教化、同化、皇民化」下的佛教（1895-1945）》[156] 是探討臺灣日治時期的「皇國佛教」。「皇國佛教」是指明治維新後，日本佛教在政-教關係上的特質，對內輔助神道教，對外配合國家擴張，在殖民地扮演教化、同化、皇民化當地人的角

---

[154] 大東仁著《戰争は罪悪である：反戦僧侶・竹中彰元の叛骨》（名古屋：風媒社 平成二十年 =2008 年）。大東仁本人為大阪經濟法科大學亞洲研究所的研究員，曾悉力推動「竹中の名譽回復運動」，2007 年真宗大谷派主辦「復権顯彰大会」，宗務總長以宗派名義謝罪，在事發七十年後發表「宗派聲明」，宣佈取消對竹中彰元的處分，恢復名譽，見 http://www1.ocn.ne.jp/~yosisi /newpage2.htm。

[155] Nam-lin HUR, "The Soto Sect and Japanese Military Imperialism in Korea", *Japanese Journal of Religious Studies* Vol.26, Nos.1-2, 1999, pp.107-134.

[156] 闞正宗著《日本殖民時期臺灣「皇國佛教」之研究：「教化、同化、皇民化」下的佛教（1895-1945）》（臺灣臺南：國立成功大學歷史學系博士論文，2009 年）。

色。日本在殖民統治臺灣的五十年間,「皇國佛教」參與整個在臺殖民事業。臺灣的日治時期始於 1896 年,殖民當局派隨軍僧及各宗派宣教師進入臺灣當地寺廟,各自訂定宣教計劃。1915 年「西來庵事件」爆發後,殖民當局借機進行全臺宗教調查,並以臨濟宗及曹洞宗為主導力量,加速以日本佛教統領本土宗教。1931 年「九一八事變」後,對日抗戰爆發,日本佛教在臺的角色逐漸徹底化,從 1932 年「部落振興會」、1934 年「臺灣社會教化協議會」到 1937 年「精神總動員(皇民化)運動」及 1942 年「寺院戰時體制」等一系列由臨濟宗及曹洞宗等策劃與執行的計劃,把「皇國佛教」推向高峰。

西方學界首次注視到日本佛教及其相關思潮與軍國主義之間可疑而複雜的關係,乃是在九〇年代初,原因有二,一者是八〇年代後期日本批判佛教在其國內受挫後,採取把問題國際化的對抗策略,使西方學界從此關注日本佛教在政治世界中的操守問題。二者是德國哲學家馬丁・海德格(Martin Heidegger)的納粹黨身份及對納粹政權的取態問題被翻出來議論。

探討日本佛教在軍國主義體制及戰時角色的西方研究近年一直在增長,其研究者每多本身是專研日本禪宗的學者,部份甚致是有僧人身份者。他們一直追溯禪宗所可能蘊含的道德虛無主義、抽象的平等一體說與國家主義暴力之間的結合,這已成了學界近年非常關注,有關佛教宗教暴力的重要題材,無論是下文提及的多位研究禪宗的學者,或因涉足與禪宗思想關係密切的日本天臺宗之研究者,都無法迴避之。比之於現已出版的中文論著每多偏重對歷史進程的分析與描述,西方的研究更重視內在於禪宗思想,從意識形態扎判之角度出發,來探討日本禪宗與軍國主義在觀念上的內在連係,因此其在思想深度上較為突出,以下是其中部份論著。

西方學界對此的最早討論應該是 1994 年出版,詹姆斯・海西希(James W. Heisig)及約翰・馬拉爾多(John C. Maraldo)合編,探討禪、京都學派

及國家主義議題的論文集[157]。這是 1992 年 5 月在加州柏克萊的佛教研究所
（Institute of Buddhist Studies, Berkeley）召開以「日本帝國體制與日本宗教
文化」為題的會議成果，專以禪宗與國家主義間關係為主題作詳細考察，分
別觸及禪宗、西田幾多郎、現代性，及京都學派四個主題。只有討論禪宗的
四篇論文是直接涉及佛教，分別探討禪宗弟子對戰爭的態度、禪的民族主
義、鈴木大拙論國家與社會及市川白弦對帝國禪的批判，其餘三部份的十多
篇論文都是有關京都學派。

　　當然，此一論文集將禪宗和京都學派放在一起似乎略嫌簡化，因為京都
學派雖在思想上有受禪宗影響，但畢竟她遠不只是禪宗，過度強調禪宗的角
色，易生偏差，因為京都學派的思想淵源要比禪宗多元，而她所面對的問題
也遠要比禪宗複雜。其次，京都學派的軍國主義背景，亦應該被認真對待，
而不應以全無批判性的態度來推銷之，以上兩點都是華人學界討論京都學派
應該慎重對待的[158]。

　　布賴恩・大禪・維多利亞（Brian Daizen Victoria）撰有二書專門討論日
本禪宗在日本軍國主義的冒起及發動對外侵略戰爭時所扮演的主動角色。維
多利亞本人其實是日本曹洞禪宗的僧人。此二書的出版最終促使多個相關的
日本禪宗宗派，就其於二戰中的角色發表公開的道歉聲明。首先是其題為
「戰爭中的禪」的一書[159]，那是以主要的禪宗領袖及禪宗學者的論著與演講
稿作為文獻根據，嚴密地揭露出貌似和平反暴力的宗教，如何在整個第二次
世界大戰之過程中，未為人知，但緊密無間地支持日本軍國主義。

---

[157] Heisig, James W.　& John C. Maraldo (ed.), *Rude Awakenings: Zen, the Kyoto School, & the Question of Nationalism* (Honolulu: University of Hawaii Press, 1994).

[158] 時下有華人學界的研究，也同樣把京都學派簡化為現代佛學，再簡化為禪學。尤其該等研究對京都學派在二戰期間與日本軍國主義的極密切關係，及其公開而明確地支持日本侵畧亞洲國家一事採取迴避的態度，只是答非所問，以「侵華是日本軍部當權的北進派之決定，屬陸軍系統。京都學派支持的是失勢的南進派，屬海軍系統」來顧左右言他，這難讓人信服。

[159] B. D. Victoria, *Zen at War* (N.Y. Weatherhill 1997).

　　維多利亞指，幾乎所有日本禪宗的主要領袖和組織，都是日本帝國殖民及太平洋戰爭的熱心支持者。該書並顯示禪宗如何作為強而有力的意識形態基礎，推動這股狂熱及自殺殉戰之風，從而禪宗無可避免地陷身於自相矛盾及軍國主義的泥沼當中。該書逐一探討的議題分別是現代日本佛教介入社會之初期氣氛，及其間曹洞禪宗極端立場的僧人如何形成；各個體制化的佛教系統如何由拒絕軍國主義的邀請，逐步轉變為被整合入局，雖然有少數例外抵抗軍國主義的禪宗人士，但被整編的主流佛教禪宗已開始以帝國禪及作戰禪的方式，深深地參與日本的軍國主義事業，最後探討在戰後禪宗如何再重回日本社會，及省思這樣熱中於戰事的禪宗到底算是什麼意義下的佛教。該書以英文出版後未幾，即有日文譯本《禅と戦争：禅仏教は戦争に協力したか》[160] 出版。

　　七年後，維多利亞再出版補充前書的另一相關專著，題為「禪宗戰爭的故事」[161]。前書採取較宏觀的進路綜合性地分析局勢及事態的進程，但此書則取個案，循局內參與者個體經驗角度來作討論，本書其中一部份是根據直接參軍之當事者的戰時書信及當面訪談，考察禪宗的生死觀如何被整合進軍隊的「精神教育」內，以便在軍民之間培養起狂熱的軍國主義精神，同時也間接思考政-教關係問題。個案主角涉及多位日本禪宗的代表人物，包括多位在三〇年代參與極右軍人秘密組織「血盟團」，從事政治暗殺，連番刺殺以首相為代表的官僚系統政要[162]，及參與侵華戰爭之佛教徒年青軍官對其動機及經驗的禪宗式自我表述。

---

[160] ブライアン・アンドル・ヴィクトリア（B. D. Victoria）著，エィミー・ルィーズ ツジモト日譯《禅と戦争：禅仏教は戦争に協力したか》（光人社，2001年）。

[161] B. D. Victoria, *Zen War Stories* (in *Routledge Curzon Critical Studies in Buddhism Series*, London; New York: RoutledgeCurzon, 2003).

[162] 對於這一系列年青軍官試圖把日本推向軍國主義的重大事件，見堀幸雄著，熊達雲譯，高士華校《戰前日本國家主義運動史》（《中日歷史問題譯叢》，北京：社會科學文獻出版社，2010年），頁85-139。

同時本書也引述這些年青軍官著名的禪宗師父在諸如法庭上作證之公開場合，對其徒所從事的暗殺活動作出頌揚及禪宗式意義解讀。他們分別是臨濟宗或曹洞宗的重要禪師，如山本玄峰、大森曹玄、安谷白雲、今村均、鈴木大拙等，其中部份即使在戰後，依然是非常著名的極端右翼份子代表人物。本書也討論日蓮宗隨軍宗教師的戰爭生活、禪宗叢林生活的規範及理念如何間接成為基本軍事訓練的原型，及戰後佛教如何作為多位甲級戰犯的最終庇護所。

克里斯托弗・艾夫斯（Christopher Ives）是專攻日本禪宗研究的學者，撰有系列相關譯、研論著。他早期撰有一書探討禪宗強調其實踐的非關倫理與社會、政治等「世間」事，而只關注修行與解脫之論述。並考察在傳統日本的政治-社會環境下，這種觀點在社會生活中底所起的是什麼角色與作用[163]。

這背景下，艾夫斯在年前撰有另一有關日本禪宗參與國家暴力的專著，探討曹洞宗僧職學者，著有《佛教の戰爭責任》[164] 的市川白弦（Ichikawa Hakugen, 1902-1986）對所謂「皇道禪」的批判及糾纏而起的佛教相關倫理問題[165]，例如反映在西田哲學當中的帝國禪倫理陷阱。其中的「皇道禪」是日本禪宗領袖在二十世紀上葉，積極參與造就日本帝國主義時所提出的禪宗概念。市川在戰後，曾長年累月獨力編纂編年史，記錄禪宗戰前及戰時如何支持日本帝國主義，並再三就禪宗的戰爭責任問題，向其施壓。

艾夫斯在其以市川白弦對日本禪宗戰時行徑之批評為線索，放在護法與護國之觀念張力下，探討佛教的戰爭罪責及社會倫理，並處理下列觀念之間的關係，例如：「安心、任運」與「皇道禪、皇道佛教、劍禪一如」；禪宗

---

[163] Christopher Ives, *Zen Awakening and Society* (Honolulu: University of Hawaii Press 1992).

[164] 市川白弦著《佛教者の戰爭責任》（京都：春秋社 1970 年，京都：法藏館，1993 年）。

[165] Christopher Ives, *Imperial-Way Zen: Ichikawa Hakugen's Critique and Lingering Questions for Buddhist Ethics* (Honolulu: University of Hawai'i Press, 2009).

依華嚴「事事無礙」及「差別即平等」倡議「惡平等」，從事對外侵略；乃
至以禪宗「風流之境涯」的以審美推避道德責任；懺謝文的所謂「一億總懺
悔」只是懺悔戰敗，而非侵略帶來的殺生等[166]。也探討日本佛教如何以傳統
封建從屬關係的「天下和順主義、王佛相依、報恩」觀念，參與現代日本帝
國意識形態，以教義參與戰爭動員，自願淪為國家權力的附庸，集體自棄公
民權，甘受支配[167]。最終當然也由觀念的參與，演變為從制度、人員及物質
上的全面貫徹國家暴力[168]。借助上述議題，艾夫斯闡釋了市川白弦反思禪宗
宗教解脫的方法、佛教形上學所修建的政治論述、傳統東亞世界中佛教和政
府之間的合作、京都學派西田幾多郎的哲學系統，及戰後日本的國家神道教
之狀態。

　　羅伯特・夏富（Robert Sharp）是另一位研究中、日禪宗的東亞佛教學
者，他甚而是有日本法相唯識宗僧人的宗教身份，他帶着此一背景兼而探討
現代日本禪宗與軍國主義的關係。夏富先後撰寫有系列論文，處理日本國家
主義的禪[169] 和禪的國家主義[170]。近年夏富討論較多的是所謂宗教體驗
（religious experience）之概念，但他對此深富批判性的觀察，其實仍然間
接連繫於早期有關日本禪宗的軍國主義問題之討論，即考察被標榜為所謂純
粹「內在、私人」的宗教體驗，其實是如何間接呼應於其涉及面更為廣泛的
政治意識形態。

---

[166] C. Ives, "Protect the Dharma, Protect the Country: Buddhist War Responsibility and Social Ethics", *The Eastern Buddhist* Vol.33, No.2, 2001, pp.15-27.

[167] C. Ives, "The Mobilization of Doctrine: Buddhist Contributions to Imperial Ideology in Modern Japan", *Journal of Japanese Religious Studies* Vol.26, Nos.1-2, 1999, pp.96-97, 101-103.

[168] C. Ives, "Dharma and Destruction: Buddhist Institutions and Violence", *Contagion: Journal of Violence, Mimesis and Culture* Volume 9, Spring 2002, pp. 151-174.

[169] Robert Sharf, "The Zen of Japanese Nationalism", *History of Religions* Vol.33, No.1, 1993, pp.1-43.

[170] Robert Sharf, "Whose Zen? Zen Nationalism Revisited", in Heisig, James W. & John C. Maraldo (ed.), *Rude Awakenings: Zen, the Kyoto School, & the Question of Nationalism.*

（三）藏傳佛教

　　有關藏傳佛教的宗教暴力，與日本佛教一樣，由來已久，無論教派內、外。幾乎每一個新教派的成立過程中，都面對其他教派政治及軍事力量的壓制，從而最終經常用教派武裝來解決利益紛爭及教義分歧。其實在傳統中國，自元朝以降迄五〇年代，漢文資料方面，歷朝處理藏務的地方官員的公務文件或地方仕紳的公、私檔案中，每多涉及藏區寺院的擁兵與教派衝突。藏文資料更是廣泛散見於各種藏文的傳統教派和寺院史冊、僧俗政教人物傳記、地方誌。

　　其實學界顯然從未對藏傳佛教的宗教暴力感到過陌生，提及這類事件的情況其實不在少數，但唯有到近數年，「佛教的宗教衝突與暴力」才逐漸成為學界藏傳佛教研究的一個新專題，有需要展開系統的編彙、分析及研究。只是國際學界對藏傳佛教宗教暴力的討論較多是來自藏學（Tibetology）界，而不是來自佛教研究（Buddhist Studies）的圈子。從事藏傳佛教教義研究的學者，除非其工作涉及格魯派以外教派的研究，方會在討論他事時，附帶地提及之。在中文藏學界的多種西藏史研究或已被中譯出版的藏文史冊[171]，都詳畧不一地記錄了藏傳佛教史上，以教派為單位的多宗大型教派戰爭，致於規模較小的教派或寺院集團的武力衝突，只能用「不勝枚舉」四字來形容。本文目的不在專門探討藏傳佛教宗教暴力衝突的個案細節，所以即使是以教派或教派政權為單位而爆發的大型宗教戰爭，本文亦不可能在此不厭其煩、長篇累牘地一一詳述。

　　但為能便於下文進一步的討論，姑且舉「止貢寺之亂」一例，並對事態輪廓稍加鈎勒。根據《青史》（*Deb ther snon pu*）[172]、《漢藏史集》（*Rgya*

---

[171] 諸如恰白・次旦平措《西藏通史：松石寶串》、王森《西藏佛教發展史畧》、王輔仁《西藏佛教史畧》及多部其他論著，乃至已被中譯出版的一系列有代表性的藏傳佛教傳統史冊。

[172] 廓諾・迅魯伯（Gos Lo tsā ba Gźon nu dpal）著，郭和卿譯《青史》（拉薩：西藏人民出版社1985年）。

Bod Yig tshanz chen mo）[173] 及《止貢金鬘》（*Nes don bstan pai sñin po mgon po'Bri-gun-pa chen po'i gdan rabs chos kyi byun tshul gser gyi phren ba*）[174] 等的記錄，止貢寺之亂（vbri khung gling log）是指 1285-1290 年間，在元代藏地的薩迦派政權與止貢迦舉派總部止貢寺之間，所發生一系列宗教戰爭，初互相燒寺殺僧，稍後參戰雙方皆各自援引不同的蒙古軍事集團介入，止貢迦舉派試圖引入九萬蒙古軍推翻薩迦派，薩迦派（Sa skya pa）集結元朝及其他各部僧、俗兵力對抗，單是薩迦派發兵進攻止貢寺的一役，止貢寺僧、俗被薩迦派殺者即逾萬人，薩迦派並攻佔止貢迦舉派的大量屬寺及屬地，止貢派全幅敗散，其高層及其蒙古人支持者出走，逃亡外鄉，經此一役後，止貢迦舉派影響力大幅萎縮[175]。

即使事隔七百餘年，時至今日，止貢迦舉派對此仍餘恨未了。止貢寺在每年藏曆三月廿八、廿九兩日的教派節日金剛法舞，其儀式的主要內容是用象徵方式，先以麵粉捏成一人形物體，代表教敵薩迦派，再將該物砍成碎片，在放火燒毀後再施咒，並以薩迦派最終被砍盡殺絕來結束儀式，向薩迦派渲表當年滅寺之恨。值得注意的是，這系列的爭戰雖然明顯涉及元代藏地宗教體制的現實利益，但也確實存在薩迦派與迦舉派在宗教思想上的分歧之背景，薩迦‧班智達‧貢噶堅贊（Sa skya Paṇḍita Kun dga' rgyal mtshan）撰有專著，嚴厲批評迦舉派的教法[176]，並有指他曾當面諷刺止貢迦舉派行者的

---

[173] 班覺桑布‧達倉宗巴（Dpal-byor bzan-po, Gýas-ru Stag-tshan-pa）著，陳慶英譯《漢藏史集：賢者喜樂瞻部洲明鑒》（《西藏歷史名著》，拉薩：西藏人民出版社　1986 年）。

[174] 直貢‧丹增白瑪堅參（Bstan dzin padma rgyal mtshan, Bri gun Che tshan IV）著，克珠群培中譯《直貢法嗣》（《西藏歷史文庫》，拉薩：西藏人民出版社，1995 年）。

[175] 恰白‧次旦平措等合著，陳慶英等合譯《西藏通史：松石寶串》（拉薩：西藏古籍出版社，1996 年），頁 353-357。王森著《西藏佛教發展史畧》（《社科學術文庫》，北京：中國社會科學出版社，1997 年），頁 145-146。

[176] 有關的義理爭論，不在此冗論，可參考下列研究。專書有 David Jackson, *Enlightenment by a Single Means: Tibetan Controversies on the Self Sufficient White Remedy (dKar po Chig thub)* (Vienna: Verlag der Österreichischen Akademie der Wissenschaften 1994)。對這書的回應見 Robert

實踐與見解，雙方在意識形態上本就種下宗教對立[177]。及後，當薩迦派內訌，勢力減弱之際，與止貢迦舉派同源，關係密切的帕竹迦舉派（Phag mo gru pa bKa' brgyud）的大司徒絳曲堅贊（ta'i si tu byang chub rgyal mtshan, 1302-1364）發兵推翻薩迦派政權，成立同樣是政教合一制，由帕竹迦舉派掌政的教派政權「帕竹第悉」[178]。

　　從元末以降，歷明、清兩朝，到十八世紀末為止，類似前段所述的教派戰爭在蒙、藏地區近乎是佛教常態，其所涉之規模、戰亂之繁密及錯縱糾纏，較之前例，只有遠過之而無不及。舉凡帕竹噶舉派、噶瑪迦舉派、止貢迦舉派、薩迦派、格魯派、覺朗派、寧瑪派，甚而苯教，再加上其他各種僧、俗地區政-教勢力和藏區內、外的蒙古軍事集團，教派之間合縱連橫，規模大、小兼具的教派混戰不絕。這一系列的教派衝突大體都是圍繞格魯派發生，如果不是格魯派受襲，就是格魯派襲擊其他教派。這些教派武裝衝突，既有請蒙古王公助陣或代理，亦有僧人自己武裝上陣。晚至第五世達賴在任期間，教派戰爭仍處在高峰。有「霍爾十三寺」[179] 之稱的系列格魯派

Mayer, "The Sa skya Pandita, the White Panacea and Clerical Buddhism's Current Credibility Crisis", *Tibetan Journal* Vol.22, No.3, 1997, pp.79-105。另期刊的討論見下列數篇論文 M. Broido, "Sa-skya Pandita: the White Panacea and the Hva-Shang Doctrine", *Journal of International Association of Buddhist Studies* 10 (2), 1987. pp. 27-68; D. Jackson, "Sa-skya Pandita the Polemicist: Ancient Debates and Modern Interpretations", *Journal of International Association of Buddhist Studies* 13 (2), 1990, pp.17-116。Roger Jackson, "Sa skya Pandita's Account of the bSamyas Debate: History as Polemic", *Journal of International Association of Buddhist Studies* 4, 1982, pp.89-99。

[177] 恰白・次旦平措等著《西藏通史：松石寶串》，頁 353。

[178] 恰白・次旦平措等著《西藏通史：松石寶串》，頁 403-405。王森《西藏佛教發展史畧》，頁 144。

[179] 現四川省甘孜州道孚、爐霍、甘孜部分地區過去稱霍爾。「霍爾十三寺」包括康南理塘長春科爾寺、甘孜寺、大金寺、爐霍壽寧寺、道孚靈雀寺等多座著名的格魯派地方大寺，全盛時期僧員都是上數千計的。霍爾十三寺院的建立同時就是康區原屬其他教派的寺院紛紛改宗格魯派的過程，由此形成格魯派在康區的有巨大影響力的多座大寺院。例如 1639 年康南巴塘噶舉派的康寧寺改宗為格魯派；建於 1669 年原為噶舉派的鄉城桑林寺改宗格魯派；1665 年建成噶舉派的得榮龍絨寺改宗格魯派；稻城本教-噶舉派雄登寺改宗格魯派；1667 年建成，噶舉派康定拉姆則

大寺,在四川藏區甘孜一帶建立,都是距今約三百年前,格魯派欲將其宗教
力量伸展入以其他藏傳教派為主的康區,遭遇各教派抵制時,借助蒙古軍隊
迫各教派屈服,最終取得各教派的大寺,拆毀其寺院,並在原址以拆下的建
築材料建立格魯派大寺,而稱為康區的霍爾十三寺。

值得注意的是上述的教派混戰,其性質基本上仍然是宗教戰爭。毫無疑
問有其屬宗教組織的現世利益之考慮,但同時當中也有相當部份是直接涉及
意識形態的對立。所有藏傳佛教教派都聲稱中觀學(Madhyamika)是他們
最了義或究竟的教義,但具體理解上差別頗大,以此為基礎所形成的存有論
形態及宗教藍圖,亦差之毫厘,謬之千里,的確存在重大的觀念張力。爭論
的關鍵人物是格魯派創立者宗喀巴(Tsongkhapa, 1357-1419),因而主要是
對他的中觀學詮釋發生強烈的異議聲音,但各派的批評聲音又反過來,引發
宗喀巴的格魯派後學進行自辯、反駁與補充,這來回的辯論後來演變為藏傳
佛教著名的自空(rang stong)與他空(gzhan stong)之辯[180],所有教派都不
同程度地捲入與宗喀巴及格魯派中觀空義的辯論[181]。而教派戰爭與義理辯論
之間,在敵、我陣營的劃分上,基本上是相互呼應的,組成的立場相當一

寺改宗格魯派,同時被改名為甘登朱批林;1679 年建成的雲南省中甸寺改宗格魯派後,改名為
甘登松讚林。大部份這些寺院改宗事件,皆涉及教派之間的武裝衝突,甚或小型戰爭。

[180] 英文論著有 S.K. Hookham, *The Buddha Within* (SUNY Press 1992); Jeffrey Hopkins translated and
annotated, *The Essence of Other-Emptiness Tāranātha* (New York: Snow Lion Publications 2007);
Sonam Thakchoc, *The Two Truths Debate: Tsongkhapa and Gorampa on the Middle Way* (New York:
Snow Lion Publications 2007)。

[181] 與此相關的研究甚豐,但本文不能在此引入複雜的藏傳中觀學辯論,可參考筆者的另文析述,
劉宇光撰編〈當代西方的藏傳佛教哲學研究 1980-2001〉,收於伊麗莎伯‧納珀(Elizabeth
Napper)著、劉宇光譯《緣起與空性:強調空性與世俗法相融性的藏傳佛教中觀哲學》
(*Dependent-arising and Emptiness: a Tibetan Buddhist Interpretation of Mādhyamika Philosophy
Emphasizing the Compatibility of Emptiness and Conventional Phenomena*, Boston : Wisdom
Publications, 1989,正體中文版:香港志蓮淨苑文化部 2003 年 5 月),內「附錄」的第三節。
簡體修訂版見伊利莎伯‧納芭著《藏傳佛教中觀哲學》,收於《宗教學譯叢》(北京:中國人
民大學出版社,2006 年 12 月)。

致。

　　同時當政權借助軍事力量充份建立後，格魯派便開始對教派內、外實行宗教及學術見解的廣泛審查及禁刊。吉恩・斯密夫（Gene Smith）討論藏區禁書的論文[182] 特別討探格魯派對被他們視為異端邪說的各種哲學理論之查禁。格魯派成立後較早期的階段，被查禁的多為格魯派內部的異議學者聲音，有關學者的論著被查禁扣留、禁止閱讀、抄寫或印行。等到十八世紀，格魯派政-教力量強大到足以支配整個藏傳佛教後，查禁進入高峰，所有西藏教派的宗教及哲學論著，都在格魯派的查禁政策涵蓋的範圍內，連哲學異議者的手稿孤本也有被查禁封存，不准流通，而格魯派對於本宗派學僧的見解與觀點形之於文字一事亦非常警惕，從嚴審查[183]。

　　前述教派之間動輒兵戎相見的傳統，造成即使在相對穩定的日子，藏傳佛教的大寺院依然擁有大量僧兵，以維持教派及個別寺院的利益，即使在同一個教派內，不同寺院之間的衝突與紛爭，亦常訴之以僧兵暴力。寺院亦以接受信眾懺悔之宗教名義，普遍儲積信眾交出的大量兵刃。同時其政-教合一制也長期維繫著嚴厲的等級社會。

　　早在五〇年代，已經有後來成為著名藏學家的梅・戈爾斯坦（Melvyn C. Goldstein）撰文研究藏傳寺院的傳統僧兵（Ldab Ldod）[184]。後來在他的現代西藏史三部曲的首冊中，提及格魯派拉薩三大寺的僧兵代表寺方，參與第十三世達賴身後，拉薩政權內部的一些暴力政爭事件，並因而造成色拉寺屬下某經院的僧員與藏兵新軍武力對抗，此外，僧兵也參與對抗現代化的暴

---

[182] Gene Smith, "Banned Books in Tibetan Speaking Lands", Symposium on Contemporary Tibetan Studies 2003, pp.186-196.

[183] Georges B.J. Dreyfus, *The Sound of Two Hands Clapping: The Education of a Tibetan Buddhist Monk* (Berkeley, Calif: University of California Press, 2003).

[184] Melvyn C. Goldstein, "A Study of the Ldab Ldod", *Central Asiatic Journal* Vol.9, No.2, 1964, pp.125-141。此論文有中譯，見梅・戈爾斯坦撰，黃維忠譯〈僧兵研究〉，《國外藏學研究譯文集》第十三輯（拉薩：西藏人民出版社，1997 年），頁 321-339。

力行動[185]。

近年格魯派圍繞護法神具力金剛（rdo rje shugs ldan，或音譯為「多傑雄天」）[186] 的崇拜問題，引發宗派內部的宗教暴力衝突。格魯派內部的不同傳承及領袖，對於應否在義理上整合他派教義發生兩極化的爭論。部份成員認為，這會為格魯派義理造成矛盾，危及格魯派的思想純粹性，其他領袖則不同意。而前者敬拜被目為格魯派護法者的具力金剛，後者則否，並指前者的敬拜在加劇格魯派與其他藏傳教派的對立與張力，因而在格魯派內部通令禁制對具力金剛的崇拜，但為其信眾所拒，因為此本乃格魯派歷代公認的合法崇拜對象。雙方分歧最終引發教派內部不同陣營之間，為此暴力相向，並惡化為宗教的暴力衝突[187]，甚至暗殺[188]，造成傷亡，而且衝突亦由南亞的流亡藏民社羣，伸延回到北京當局統治下的藏區，使衝突擴大與性質更為複雜化，成為近年藏族內部一系列在持續惡化的宗教衝突事件。喬治斯・德賴弗斯（Georges B.J. Dreyfus）撰有長篇專文從歷史角度探討「具力金剛」事

---

[185] Melvyn C. Goldstein, *A History of Modern Tibet, 1913-1951: the Demise of the Lamaist State* (Berkeley: University of California Press 1989)。此書有中譯，見梅・戈爾斯坦撰，杜永彬譯《喇嘛王國的覆滅》（北京：時事出版社 1994 年），但譯者杜永彬擅自刪除原英文版大標題《現代西藏史 1913-1951》，代之以原書副題「喇嘛王國的覆滅」作為中譯本的大標題。

[186] 對護法神俱力金剛（dorje shugden）歷史起源的討論，見勒內・德・內貝斯基・沃傑科維茨（René de Nebesky-Wojkowitz）著，謝繼勝譯《西藏的神靈和鬼怪》（*Oracles & Demons of Tibet*，拉薩：西藏人民出版社，1993 年），頁 153-164。

[187] 見以下兩項專題訪問，"Dorjee Shugden, The Spirit and the Controversy"
http://www.youtube.com/watch?v=V9ni15ueFZk&feature=related,
http://www.youtube.com/watch?v=7KXwLYUOkmw&feature=related.
Tibetan Buddhist Protector Dorje Shugden (1-3):
http://www.youtube.com/watch?v=OqNrKscNEeI,
http://www.youtube.com/watch?v=v9XQb_DeVBM&feature=related,
http://www.youtube.com/watch?v=2ceGEWYcX4Q&feature=related

[188] Blo-bzan-rgya-mtsho, Phu-khan Dge-bśes, translated and edited by Gareth Sparham, *Memoirs of a Tibetan Lama: Lobsang Gyatso* (Ithaca, N.Y.: Snow Lion Publications 1998),p. 307.

件之來龍去脈[189]。

　　而藏傳佛教密教儀式部份所呈現的強烈暴力美學的特質，從文化層面引起學界注意，近年以此為題的著作起碼有兩冊。一冊是由籍社會文化人類學者尼古拉斯・西雷（Nicolas Sihlé）以法文撰寫的專著，尤其著眼於圖像[190]。而擅長敦煌藏文文獻的學者雅各布・多爾頓（Jacob P. Dalton）年前出版一冊有關藏傳佛教暴力與宗教解脫關係的研究[191]。該書應該是首部以「藏傳佛教的宗教暴力」為專題的現代學術論著。我們可以直接想像到藏傳佛教最明顯的宗教暴力乃是其教派混戰，但這並非本書的進路。該書主要是採取文獻、歷史及觀念研究的綜合進路，探討在西藏佛教史的不同階段及事件中，宗教暴力是如何按處境及需要，遊走於象徵、儀式及真實之間，且全都有宗教典籍中的篇章與教義為後盾，其間涉及的敵人由印度教的神祇、原早期西藏的本土宗教，到後期的蒙古人等，不一而足。

　　全書由八章及相當篇幅的翻譯組成，除導論章外，分別是密教式佛教當中的邪惡與無明、黑暗中妖魔、佛教人身獻祭手冊、獻祭及法律、基要的獻祭、佛教戰火，及鏡中的暴力。其中導論章討論的數點主要理論問題，可通用於由古至今整個佛教文明史的所有傳統，其中包括佛教從很早期的典籍始，就已有明確提及的慈悲武暴（compassionate violence），或慈悲殺生（compassionate killing）之觀念。其次，是後期印度佛教和藏傳佛教都有提出悲智雙運地動武，與依無明而起的殺害之間的理論區別。但這是一個會讓部份佛教徒依之作為在真實世界中實踐之原則，而不是一個純理論的問題，

---

[189] Georges B.J. Dreyfus, "The Shuk-den Affair: History and Nature of a Quarrel", *Journal of International Association of Buddhist Studies* Vol.21 No.2 1998, pp.227-270.

[190] Nicolas Sihlé, Rituels bouddhistes de pouvoir et de violence: la figure du tantriste tibétain (Brepols (Bibliothèque de l'Ecole des Hautes Etudes, Sciences Religieuses (BEHE), 152, 2013)

[191] Jacob P. Dalton, *Taming of the Demons: Violence and Liberation in Tibetan Buddhism* (New Haven: Yale University Press 2011, 311 pages)。筆者在 2010 年走訪加州柏克萊大學（U.C Berkeley），蒙該校佛教學者羅伯特・夏富（Robert Sharp）教授轉贈當時剛完成而尚未出版的該書書稿。

其灰色地帶難免易於成為宗教暴力的意識形態資源，尤其在密教當中，恐怕本來就有人身獻祭的秘密傳統。

（四）佛教的宗教衝突：與僧伽教育之間的關係

　　近年國際學界對佛教的宗教衝突與暴力的研究，除了著眼於宗教之間的惡性競爭、宗教與權力及意識形態之間的合作等，開始注意到在特定歷史脈絡下，它的觀念形成其實是以宗教專職人員的教育系統，即寺院內的僧伽教育為溫床。畢竟容讓暴力意識發生於專業宗教人員的養成過程，其實就已經為暴力可被整合成宗教的一環開了綠燈。

　　學界先前尚未受充份注意佛教的宗教衝突與暴力和僧伽教育之間的關係，其原因也許首先是，不同學術領域之間因分工所自然產生的隔閡。研究僧伽教育的學者，部份屬人類學背景，其餘則是專攻義理的佛教學者，他們是在義理的背景下引申探討教育問題，因為不同的佛教傳統對義理有不同的理解，所以相應地需要有不同的教育體系。這一領域的學者，一般不大會深入處理政-教關係問題。但從事當代佛教政-教關係研究的學者，多半受政治學（political science）等社會科學（social science）的訓練，普遍欠缺對佛教內容的理解。其次，在宗教教士社群、宗教教育體制及其政治態度等如何回應現代世界的壓力之問題上，受到學界較大關注，並已累積一定學術研究成果的，更多是其他經典宗教，例如伊斯蘭教，這也許是因為其他經典宗教在這問題上的取態，恐怕與西方國家在內政及相關地區的戰畧利益有更直接的現實關連。

　　國際學界近年從蘭卡和緬甸的案例上，逐漸意識到在從殖民統治，過渡到政治獨立，但同時又是著手建立世俗國家政權的特定歷史脈絡下，佛教政-教關係、僧伽教育[192]，及宗教的衝突或暴力這三者之間，似乎可能存在著

---

[192] 劉宇光撰〈國際學界僧伽教育研究現狀與回顧（上篇）：方法與議題〉（已通過《臺灣宗教研究》審查，候期出版中，臺北：國立政治大學華人宗教研究中心，2017 年春）。

超乎先前認識之外，隱蔽但有時却是密切的關係，尤其有需要將有關問題，放在宗教-民族主義和宗教原教旨主義的脈絡下來作審慎考慮。

以蘭卡為例，明增（Vidyodaya, 1873 年成立）及明莊嚴（Vidyalankara, 1875 年成立）兩所著名佛學院（pirivena），在獨立前皆是蘭卡本身及其他上座部國家僧人形成佛教-民族主義的發源地，以對抗殖民主義。但在獨立後長期成為敵視本土世俗政體和非佛教社群的組織。由於二者都是蘭卡僧團教育系統最具威望的機構，其對全國僧人政治態度的直接動員，及對一般群眾的間接影響，皆非同小可。例如著名的蘭卡學問僧羅候羅‧化普樂（Walpola Rahula），他既是上述佛學院的重要著名領袖，但也公認是當代蘭卡僧侶政治激進行動傳統的理論締造者，其說的影響力，不單及於獨立前僧侶的佛教反殖民運動，亦一直伸延到獨立後多年的宗教暨族群暴力衝突與全面內戰，緬甸的情況也許不及蘭卡案例的深具毀滅性，但部份僧團的教育系統在近數年的佛教與伊斯蘭教暴力衝突的背後所起的負面作用，其實是讓人非常憂慮[193]。

宗教教育與宗教暴力之間的微妙連繫，除了體現在涉及政治等一類宏觀的問題上，也會以不同的方式體現在日常寺院教育的微觀層面，在宏觀與微觀兩個層面之間，是否真的完全無關，恐怕還是一耐人尋味而尚待探討的問題，畢竟在有些情況下，兩者其實都可能都涉及對異議思想的不寬容。藏傳的大學問寺（gdan sa chen po）或教授顯教（mtshan nyid）的大經院（chos grawa chen po）素以嚴謹的經院佛學而聞名的，但其實在寺院的實際教學過程與僧團的日常生活中，粗暴的語言與嚴厲的體罰却是一頗為普遍，且被廣泛認可的教學輔助手段[194]，甚至可以變成評價一個僧人是否屬良師的其中一

---

[193] 劉宇光撰〈國際學界僧伽教育研究現狀與回顧（下篇）：傳統與論著〉（已通過《臺灣宗教研究》審查，候期出版中，臺北：國立政治大學華人宗教研究中心，2017 年春）。

[194] 筆者在工作的大學所認識的就學藏傳僧人的過來人陳述，嚴厲體罰在藏傳寺院中其實並不罕見。即使是一般的寺僧教師，在教學上亦常會有此舉動，更遑論專責僧團日常紀律的糾察師

個指標。這類頗有暴力之嫌的教學方式，也許部份是涉及寺內僧人的行為紀律，但也不乏案例，却是涉及對不同見解的不寬容[195]。人類學者邁克·倫珀特（Michael Lempert）的新作，是著眼於藏傳佛教寺院在教學過程中，以暴力語言作為規訓手段之一[196]。

四、全文小結

因此當我們在討論佛教的宗教暴力，並界定何謂「宗教暴力」時，其實有不同的程度、角色、性質與型態。最嚴重及明顯的一端，當算衝突的規模、組織動員的能力及使用武力的程度，已達全面軍事化之宗教戰爭，其次是教族之間尚未達軍事動員的暴力衝突。再者是強勢的宗教教派或集團，運用各種影響力及手段排斥或壓制弱勢的另一宗教群體。此外，宗教組織參與或資助原本屬非宗教性的暴力衝突、政治壓制及經濟剝削，並借助在意識形態上把不義神聖化，來加強其現實上的不公。即使同樣是宗教暴力，這些在不同的政治、歷史及社會處境當中發生，不同形態的宗教暴力，其性質、結構、作用、意義及造成的傷害方式亦各不一樣。而綜觀整個佛教文明史，沒有哪一類宗教暴力是佛教所沒有的，這一切都有待學界的進一步的深入探

（bka' slob gnang，中文俗稱「鐵棒喇嘛」），更是曾執行體罰，尤其在前現代的西藏，糾察師甚至可以指揮僧兵（Ldab Ldod）以武力強制執行寺內紀律，即使在當代，糾察師指揮下屬僧人用武力執行紀律的事還是有的。

[195] 例如二十世紀前半葉著名的異議僧人更敦群佩（dge 'dun chos' phel, 1905-1951），便曾因為在學習時，提出並非所有人最終都能覺悟之辯經議題，而遭寺僧群起把他倒吊鞭打，迫他願放棄該命題方休。見 Gedün Chöpel; introduced and translated by Jeffrey Hopkins with Dorje Yudon Yuthok, *Tibetan Arts of Love: Sex, Orgasm & Spiritual Healing* (Ithaca, N.Y.: Snow Lion Publications, 1992), p.16.

[196] Michael Lempert, *Discipline and Debate: The Language of Violence in a Tibetan Buddhist Monastery* (Berkeley: University of California Press, 2012).

討，更有待佛教界認真面對。

　　本文在此力陳佛教宗教暴力之存在，其目的不在把涉及佛教，但成因複雜的宗教暴力衝突，簡單歸結為佛教需要負上全責。但我們在不少案例中，卻清楚看到佛教組織的確存在不合理地進行火上加油的舉措，使局勢大幅惡化成不可收拾的災難。就此一點來說，主動造成及推進衝突的特定佛教傳統，當然是有其直接明確的道德責任，而對於與事件無直接關係的其他佛教傳統，尤其僧團的領袖與精英階層，其實仍然最起碼有某程度的的間接道義及宗教責任去理解有關事態，而不應以不問是非的盲目信仰態度，無根據地繼續渲染佛教與宗教暴力絕緣之錯謬神話；又或繼續以諱莫如深的沉默，默許暴力繼續發生在佛教身上。

　　此外，從對問題之本質的認識上來說，涉及佛教的宗教暴力與衝突等，其實每多只是病徵（symptoms）。在大部份情況下，其背後更為結構性的真正癥結，往往涉及與政-教關係相關的諸式狀況，這對於當代有過殖民創傷的佛教傳統，尤其如是。如果不將佛教的宗教暴力整合在政-教關係的問題框架下，作為其中子題來作更富結構意義的探討，而只是單純循違反戒律與否等傳統局內者角度作討論，其結果恐怕將既無助於我們對現象與問題的理解，更遑論問題的解決，無論這是指防患於未然或事後的補救（例如衝突過後的和解）。而這一切，都有待學界在知識層面，及教界在社會層面的宗教實踐中共同加強交流。

第十九章　人間佛教的環境關懷與深層生態學的銜接與對話

林朝成

成功大學中國文學系教授

一、佛教與生態危機的相遇

宗教與環境的關係是上世紀下半葉受到顯著關注的課題。[1] 環境運動中宗教議題的出現，可回溯到基督教科學史家懷特（Lynn White, Jr., 1907-1987）在 1967 年發表於科學期刊 *Science* 的文章〈我們的生態危機的歷史性根源〉。[2] 這篇開創性論文認為科技無法解決生態危機：

> 我們如何對待自然環境，完全根據我們如何看待人與自然之間的關係。更多的科技也無法解除目前的生態危機，除非我們找到一個新宗教，或重新審視我們原來的宗教。[3]

---

[1] 有關宗教與環境運動的關聯，其歷史發展和相關論題的簡明探討，參見,林益仁：〈解析西方環境運動及其與科學和宗教的關連〉，《思與言》第 35 卷第 2 期（1999 年 6 月），頁 313-345。

[2] Lynn White, Jr., "The Historical Roots of Our Ecologic Crisis", *Science* 155 (Mar.1967), pp.203-207.

[3] Lynn White, Jr., "The Historical Roots of Our Ecologic Crisis", *Science* 155, pp.206. 中譯引自釋恆清：〈《金剛碑》的無情有性與深層生態學〉，《佛性思想》（臺北：三民書局，1997 年），頁 273。

　　在懷特的分析中，生態危機的根源來自於主流的基督宗教，其原因有二：一者，主流基督宗教把人與自然二元化，人和自然乃「主」和「屬」的關係，因而人有支配和控制自然的權力；二者，主流基督宗教破壞了原本崇敬自然的「異教萬物有靈論」（Pagan animism），使得人剝削自然無所畏懼，漠然無所感。主流基督宗教讓人對自然的控制、支配、剝削取得了正當性的意識型態，在這種意識型態的支持下，引發了生態危機的後果。

　　如何面對生態危機？懷特瞭解當時比克族（beatnik）對禪佛教有強烈的認同，或許轉向禪宗等，東方宗教是個解方。[4]但基於文化的考量，懷特選擇聖方濟（St. Francis of Assisi, 1181-1226）作為基督宗教與自然和諧的另類觀點，建議主流基督宗教支持聖方濟視所有創造物平等的思想，以便重建基督宗教的世界觀，建構一套西方的環境哲學。聖方濟將日、月、星辰，以及風、水、大地、生物，這些非人類的存在物稱為兄弟，以此打破人與自然二元論的疏離和支配的關係，懷特認為聖方濟的思想可以建立基督教的認同，「一種關於人與其他創造物之間的友誼的、審美的、自我節制的關係」為基礎的認同，這個認同將有助於面對生態危機。[5]

　　轉向東方宗教，轉向佛教，是西方世界面對生態危機的選項。詩人史耐德（Cary Snyder）會通東方佛教思想和西方生態學，推動了環境運動的思潮。在佛教是對環境友善的宗教認知下，「綠化」的佛教，佛教可以提供生

---

[4]　當時西方流行的禪宗大多受鈴木大拙的影響。鈴木認為禪宗視我們的自然和客體的自然為一體，人類和自然相互依存，反對人和自然的二分，更反對主宰自然，而是尊重自然、珍愛自然，生活於自然之中。參見史帝夫・歐定（Steve Odin）：〈日本的自然概念與環境倫理學和李奧波保育美學的關涉〉，收入瑪莉・塔克（Mary Evelyn Tucker）、鄧肯・威廉斯（Duncan Ryūken Williams）編，林朝成、黃國清、謝美霜譯：《佛教與生態學——佛教的環境倫理與環保實踐（*Buddhism and Ecology: The Interconnection of Dharma and Deeds*）》（臺北：法鼓文化，2010 年），頁 141-162。

[5]　基督宗教界對於懷特的回應，發展出重新詮釋《聖經》的宗旨，確認人類扮演的是上帝的「管家職分」（Stewardship），而不是來主宰自然。神學則重新詮釋《聖經》，轉化《聖經》，而有生態公義神學和生態神學等環境關懷的神學。

態危機解方的思想資源，這樣的想法頗受肯定。納許（Roderick Nash）讚許佛教思想與生態學的說法不謀而合，佛教物物相關、有機全體的觀點，人和自然終究融為一體的教義，為佛教和生態學的整合開出一條智性的康莊大道。[6]

從思想的發展來考察，這條康莊大道並不是筆直的，而是九彎十八拐，曲折而行。一者，佛教國家或是擁有多數佛教徒的國家，其環保的表現或生態保育的認知，多落後於西方國家；二者，佛教的終極關懷乃是解脫成佛、出離世間，和基督宗教關心靈魂得救以及死後升上天堂和耶和華同在的終極關懷相近，眼前迫切的環境危機並非其關切的核心課題，因此說佛教是綠色佛教，這可能是片面的宗教思想詮釋，而非佛教順當的發展。若回到佛教本身的教義和經論，不無疑義。

歷史中的佛教，並不是單一的佛教，而是有著各種宗派發展和跨文化傳播、轉化的複數佛教，對於經典的選擇、偏重和詮釋，修行工夫的實修和途徑，在時空脈絡中對時代課題的回應和行動，皆會影響我們對佛教仕現世中的角色和定位的看法，也會反應在佛教對環境、生態的態度和行動的評價。學者們在不同的研究方法和不同的視角下探討佛教和環境生態的問題，呈現不同類型的佛教環境思想的認知和取向。因此，有必要回顧學者研究佛教環境思想的類型，釐清佛教環境哲學的脈絡和問題意識。

哈里斯（Ian Harris，1952-2014）是最早將佛教環境思想研究加以分類，提出類型學（typology）的學者，[7]他共分為四種類型：（1）生態靈性論（eco-spirituality）（2）生態公義論（eco-justice）（3）生態傳統論

---

[6] Robert Frazier Nash, *The Rights of Nature: A History of Environmental Ethics* (Madison: The University of Wisconsin Press, 1989).

[7] Ian Harris, "Getting to Grips with Buddhist Environmentalism: A Provisional Typology", *Journal of Buddhist Ethics* V.2(1995), pp.173-190.

（eco-traditionalist）（4）生態護教論（eco-apologetics）。[8]哈佛大學世界研究中心主任史威若（Donald Swear）從研究方法和佛教的環境立場，提出生態哲學五種類型：（1）生態護教論（2）生態批判論（eco-critics）（3）生態建構論（eco-constructivist）（4）生態德行論（eco-ethicists）（5）生態脈絡論（eco-contextualists），[9]他結合最新研究的趨勢，增列生態德行論，也將人類學和社會學進路的研究，列入生態脈絡論的類型。

（一）生態護教論

　　護教論研究主張佛教教義原本即符合生態思想，故正面探討佛教可貢獻的環境思想資源。以《法雨》為例，[10]該書包含傳統教義的環境思想資源；20 世紀佛教思想家、宗教師對佛教教理的生態詮釋；佛教在現代社會所開拓的議題，如核子監護、核生態學、核廢料的責任、森林保護等；生態意識、內在靈修與環保運動相結合的行動等。護教論運用佛教的核心觀念來討論當代的環境議題和環境行動，其研究常超出經論的脈絡和細節，大膽地解釋經論，或被批評為不盡符合佛教的教義，可說是創造性取用佛教思想。

（二）生態批判論

　　批判論研究主張佛教並沒有環境倫理思想，生態議題也非佛教關注的議題。佛教基本上是以人為中心，並非以生物為中心，終極關懷是心靈的解

---

[8] 哈里斯（Ian Harris）的類型，接近宗教學者 Beyer 對基督教環境主義者的分類，Beyer 大致區分為三大類：（1）生態公義型（2）生態靈性型（3）生態傳統型。詳見 Peter Btyer, *Religion and Globalization* (London: Sage Publications, 1994). 哈里斯則將生態傳統型再細分為生態護教型和生態傳統型二類。

[9] Donald K. Swearer, "An Assessment of Buddhist Eco-Philosophy", *The Harvard Theological Review* 99.2 (Apr.2006), pp.123-137.

[10] Stephanie Kaza & Kenneth Kraft(eds.), *Dharma Rain: Sources of Buddhist Environmentalism* (Boston: Shambhala Publications, 2000).

脫。以哈里斯為例，[11]他認為佛教超越自然的主體性不能成為環境倫理的基礎；生態學必須以自然與人文之區分為前提，泯除這個區分，人類並不比其他物種須負起更多的責任。佛教嚴淨佛土，淨化後的國土風貌「外在世界被覺知為不具有泥土、礫石、荊棘、深淵等，只由黃金、寶石等構成」，這種法的宇宙論類型，不利於環境的保護。生態佛教的論述對於佛教傳統本身之歷史、哲學和文化的多元性漠不關心，這樣的進路要求佛教為生態行動提供理據頗有困難。因此，給予佛教環境倫理嚴格地批判，才可能不背離佛教義理，適當評價佛教倫理的可能性。

（三）生態建構論

建構論要從經論的脈絡、義理的內在理絡，釐清佛教和生態倫理具有實在或潛在的關聯性。在建立起生態倫理時，不使佛教的基本價值觀受到破壞，也不使生態倫理失去基本的原則。以史密豪生（Lambert Schmithausen）〈早期佛教與生態倫理〉為例，[12]他的研究方法包含三個層面：（一）描述早期佛教有哪些可能與生態倫理相關的教誨與態度。（二）從生態倫理角度對這些教誨與態度提出批評性評價。（三）提出史密豪生自己對如何建立一套倫理的建議。由於嚴格區分三個層面，生態建構論提出的論點周延切當，雖未能全然肯定佛教生態倫理，如指出佛教的「慈」、「悲」、「不殺生」具有真正的倫理內涵，但它們仍不足以構成一套生態倫理，理由是它們的施用對象是個體，而不是物種。這樣的論述受到肯定和尊重，後續研究者總能在生態建構論者的批判性評價處，思考建構佛教環境思想的課題。

---

[11] 伊安・哈里斯（Ian Harris）：〈佛教與環境關懷論述：一些方法論的問題〉，收入《佛教與生態學——佛教的環境倫理與環保實踐》，頁 461-490。

[12] 史密豪生（Lambert Schmithausen）：〈早期佛教與生態倫理〉，收入理查・培恩（Richard K. Payne）主編，梁永安譯：《多少才算夠：佛教經濟學救地球》（臺北：立緒文化，2012 年），頁 260-311。 該文原發表在《佛教倫理學報》，參見 Lambert Schmithausen, "The Early Buddhist Tradition and Ecological Ethics", *Journal of Buddhist Ethics* 4 (1997), pp.1-74.

（四）生態德行論

　　生態德行論是以行動者為中心，探討哪些德行對於保持生態系統的完整和生物多樣性有所助益，足以促進人類與自然之間的和諧。生態德性的研究從德行種類的研究、德行的素養以及人的行動來探討環境倫理，而非從緣起論、世界觀來推論。生態德行著重培養環境友善的人格，申論行動者品格力量所形成的規範性為人類與環境互動的關鍵要素。以薩尼（Pragati Sahni）為例，她在《佛教環境倫理：德行論的研究進路》一書中，[13]探討佛教具有環境保護價值的德行，主要有不殺生、少欲知足、布施、負責任等德行，並由此論述這些德行如何有助於環境倫理的實踐。

（五）生態脈絡論

　　生態脈絡論即從文化人類學和社會學進行的研究，主張最有效的佛教環境倫理學要根據特定的脈絡與情況來加以界定，以達靈頓（Susan M. Darlington）為例，在《樹木出家：泰國佛教的環境運動》一書中，[14]他詳述泰國砍伐森林的社會、經濟情境；森林僧的佛教傳統；佛教教義作為「環保僧侶」行動基礎的認知，運用「樹木出家」儀式保護受商業發展威脅的社區森林的行動；「環保僧侶」教導人類對大自然應負的責任等。從具體的社會經濟脈絡，闡釋佛教的環境倫理的實踐。

這五種類型的論述，著重點不同，但互有關涉。生態建構論者肯定生態德行論對佛教環境倫理的重要貢獻；生態批評論肯定生態建構論者的方法，卻對生態護教論嚴厲批評；生態脈絡論者走進公共領域，在佛教處身的社會文化中論述佛教的環境保護行動。它們之間，對佛教經典的詮釋寬嚴不一，認定

---

[13]　Pragati Sahni, *Environmental Ethics in Buddhism: A Virtues Approach* (New York: Routledge, 2008).

[14]　Susan Darlington, *The Ordination of a Tree: The Thai Buddhist Environmental Movement* (Albany. N. Y.: State University of New York Press, 2012).

的佛教教派類型和義理取捨有異，對當代生態危機的回應和行動的理據，判斷標準亦有不同。所以佛教如何回應當代環境保護的課題，便依不同類型論述的反思，有相應的理論建構和行動策略的空間。

　　有些生態護教論者認為，佛教環境關懷源自於佛教教義和文化傳統；佛教教義「本具」環境關懷的思想，把「本具」的理念曲通地「開出」或「發用」，足以因應當代環境生態危機。然從佛教文獻和佛教的思想義理來說，環境並不是佛教的核心關懷，這是上世紀六○年代方才出現的宗教與環境課題，無法期待佛教典籍對環境倫理、環境關懷的相關問題有著顯明的論述，更無法論斷佛教「本具」環境思想。因此，本文採取「生態轉向說」，也就是將關注的焦點，轉向自然生態的面向，由此建立起環境關懷的論說和環境哲學。「生態轉向」不是教義「本具」，也不是教義完全不涉及，而是轉向關係的聯繫和共同體的認同。大地倫理之父李奧波（Aldo Leopold, 1887-1948）將倫理關係分成三個層次：[15]

　　　　第一種倫理涵蓋個人與個人的關係。
　　　　第二種倫理有關個人與社會的關係。
　　　　第三種倫理是人類與環境的關係。

第三層倫理將倫理擴展到包含土地、水、植物、動物的「生物共同體（biotic community，或譯為生物社區，生物共同體李奧波簡稱之為『大地』）」，人類從大地的征服者、操縱者，一變而為其中的一個成員，這是道德觀念的擴大，擴大到有生命形式的全體性有機體，此即為「大地轉向」之意。倫理學的大地轉向，稱為「大地倫理」；一般倫理學的環境轉向，稱

---

[15] 李奧波（Aldo Leopold）著，費張心漪譯：《砂地郡曆誌（A Sand County Almanac）》（臺北：十竹書屋，1987 年），頁 212。

為環境倫理；倫理的生態轉向，即生態倫理。從生態進路探討佛教的環境思想，方使得對話和論辯不致失焦，並能提出理據，以作為互益模式的對話成果。

在生態轉向的佛教環境思想的前提下，本文將探討兩個根本問題：（一）佛教存在環境關懷嗎？如果有，又如何定位？呈顯什麼特色？（二）佛教是綠色佛教嗎？最足以說明佛教綠化的指標是深層生態學，深層生態學被公認為親佛教的生態哲學。那麼，佛教如何詮釋深層生態學？佛教與深層生態學的對話，是否可以建構起佛教式的深層生態學？本文將從深層生態學、環境關懷倫理與人間佛教的論辯和對話中，釐清佛教生態轉向所詮釋的環境思想面貌。

二、人間佛教的環境關懷

（一）佛教存在環境關懷？

「環境關懷」是個含混、歧意的觀念，尤其是放在佛教的脈絡中。對「關懷」的瞭解、詮釋不同，便對關懷倫理理論建構的可能性，有種種不同的評價和質疑。生態批評論者和生態護教論者對佛教環境倫理的對立觀點，除了來自於教義詮釋的立場和偏重外，對於「環境」、「關懷」理解的歧義，也是個重要因素。因此，本文將先對「環境關懷」界說，再就佛教的思維方式所產生的爭議適度地釐清，然後討論佛教環境關懷的特性和德性倫理的資源。

「環境關懷」是指「關懷行動所產生的掛念與提昇環境善好狀態的承擔」。人與環境的相遇中，關懷者回應環境的存有狀態，即為環境關懷的表現。因此，環境關懷注重在受關懷方（環境）本身所達成的作用，省視關懷

關係是否已真實地建立起來，並得到維繫和加強。[16]

　　對環境關懷有二個面向的解讀：

（一）將環境關懷看成是佛教環境倫理和環境哲學的根基，必須肯認環境關
　　　　懷的存在，方能建立起佛教式的環境倫理與環境哲學。

（二）將環境關懷看成是環境倫理學的一說，它本身就是環境倫理學的理
　　　　論，且能有效地提出為什麼要關懷環境的正當理由和行動方式。因
　　　　此，取徑於關懷倫理，進行佛教觀點的詮釋。

　　就這兩個面向來說，首先碰到的難題便是佛教是否存在環境關懷的質
疑。本文所稱的環境意指自然環境，也就是由動物界、植物界、海洋、河
川、山脈、土壤等人類和動物生活空間與自然景物所構成的環境，由於佛教
宇宙生成論（cosmogony）所說的「自然」和本文依當代世界觀所界定的
「自然」分屬二種不同的觀念體系。那麼，佛教有當代社會所說的「自然」
嗎？佛教的語彙可以轉譯為「自然」的語言嗎？

　　哈里斯認為這是語文學所要面對的根本問題。[17]佛教相似的語詞，如輪
迴（saṃsāra）、自然（prakṛti）、緣起（pratītya-samutpāda）、法界
（dharmadhatu）、法性（dharmatā）和英文的「自然」（nature）不盡相
同。以輪迴為例，它是佛教宇宙生成論的世界觀，在此體系上，依業報倫理
因果，構成宇宙秩序，此宇宙秩序包含天神、人類、動物、餓鬼和地獄眾
生，層級分明，又可相互流轉。人和動物屬西方世界所說的「自然」，天

16　本文參考關懷倫理學的論著，就環境關懷的大旨作界說，而不詳細討論關懷倫理學的細部論
　　述。關懷倫理學將關係視為存有論的基礎，從關係的存有論發展關懷倫理，而環境關懷則是引
　　申出來的論述。因此，環境關懷倫理尚有待進一步的發展。參考 Nel Noddings, *Caring: A
　　Feminine Approach to Ethics and Moral Education* (Oakland: University of California, 1984). Nel
　　Noddings, *Caring: A Relational Approach to Ethics and Moral Education* (Oakland: University of
　　California Press, 2013). Nel Noddings, *Starting at Home: Caring and Social Policy* (Oakland:
　　University of California Press, 2022).

17　參見哈里斯（Ian Harris）：〈佛教與環境關懷論述：一些方法論的問題〉，收入《佛教與生態
　　學——佛教的環境倫理與環保實踐》，頁 464-467。

神、餓鬼和地獄該屬西方世界的「超自然」，這並不合西方的自然義。佛教的宇宙生成論屬前現代宇宙論，和現代的宇宙論如何相應？各宗教傳統的宇宙論思維皆面對現代科學宇宙觀的挑戰，或式微或接受現代科學對宇宙的描繪。因此，生態學所關心的是「自然」是否可轉譯為佛教的語言，是語文學的問題，更是宇宙生成論的問題，需嚴肅面對。

　　楊惠南教授在回應這個問題時，[18]從佛教的剎土觀破題，他引述印順法師（1906-2005）對「剎土」的說明：

> 土，即世界或地方，有共同依托義。如說：個人業感的報身是不共；而山河大地等卻是共的，即共同能見，共同依托，共同受用。所以，依此世界的眾生，能互相增上，彼此損益。……由此可見佛法為徹底的自力論，但這專就有情業感的生死報體——根身說；若就眾生的扶塵根，及一切有情業增上力所成的器世間說，就不能如此了。[19]

眾生前世的造善惡業，所感得的報身為「不共」，各個不同；但眾生報身所居住的剎土，為「共」，共同能見、共同所託、共同受用。由此定性的說法，楊教授展開大乘佛教虛妄唯識、真常唯心和性空唯名三系剎土說的討論。剎土是眾生身心一部分、不是獨立存在於身心之外的實質存在，這是虛妄唯識系和真常唯心系兩類經論的共同主張，性空唯名以「未曾有一法，不從因緣生」的緣起概念，來說明眾生與剎土的密不可分，但不就如何生成的

18　因本人在《當代》發表〈臺灣人間佛教環境論述的面向和省思〉一文，引發楊惠南宏文來回
　　應，並釐清相關的問題。參見楊惠南：〈信仰與土地：建立緣起性空的佛教深層生態學〉，
　　《愛與信仰：臺灣同志佛教徒之平權運動與深層生態學》（臺北：商周出版，2005 年），頁
　　200-204。

19　楊惠南：〈信仰與土地：建立緣起性空的佛教深層生態學〉，《愛與信仰：臺灣同志佛教徒之
　　平權運動與深層生態學》，頁 183-184。

問題進行根源的解釋，只就如何在已生成的剎土當中，以般若智慧消除對剎土上各種事物為實有的執著，也就是在解消實體見上下工夫，而仍保存初期佛教眾生與剎土依存義的基型。楊教授衡量「剎土」與當代自然觀之接軌，依人間佛教抉擇性空唯名系的剎土理論作為相應的自然說。

　　人間佛教持守宇宙生成論，並未向現代科學或生態的世界觀取徑。但就六道輪迴的世間，人間佛教的側重點在人道世間。印順法師新詮《起世經》，將閻浮提洲解釋為人類所居住的地球，並對閻浮提洲表示讚嘆。楊教授由此新詮，言其所含深意：

> 眾生無邊，須以人（六道中的人道）為優先；宇宙無邊，須以人所居住的地球（閻浮提）為優先。甚至還可以從人間和地球，進而推論到：只有以至親至近的「本土」為優先，才是人間佛教的真髓。「本土」，相對於遠在他方的「迹土」。……「本土」的切要意思是：「本人」當下雙腳所站立的這片土地，那是我生長的地方。只有優先地真心關懷「本土」，人間佛教的追隨者，才能真心關懷西方極樂世界或中國大陸等其他「迹土」。[20]

本、迹之說，楊教授取自《妙法蓮華經玄義》，「本」有根本、首要、切近等意思，而「迹」則是枝末、次要、遙遠的意思。楊教授這段話是關鍵的表態和論斷，「本土」是切近的、區域性的、生長的地方，為優先關懷之所在；迹土則是遙遠的、他方的和疏離的地方，人需真心關懷本土，方可真心關懷迹土。人間佛教立足於人間、立足於地球、立足於本土，若由人間佛教來說「自然」觀，楊教授認為和生態學所瞭解的「自然」並無二致。[21]因

---

20 楊惠南：〈信仰與土地：建立緣起性空的佛教深層生態學〉，《愛與信仰：臺灣同志佛教徒之平權運動與深層生態學》，頁203-204。

21 楊教授的推論並無充分成立的理由，生態的自然觀和人間佛教的自然觀仍存在著不同取向的世

此，本文就以人間佛教的「自然」，轉譯當代世界觀的「自然」，在此意義下，談論佛教的環境關懷。

（二）佛教的環境關懷面向：回應生態批評論者

生態批評論者對於佛教是否有環境關懷的面向或環境倫理抱持懷疑的態度，他們的主要論點是：（1）佛教對自然的態度基本上是負面的，貨真價實的佛教應該是否定自然界的價值。（2）傳統佛教的終極價值是解脫輪迴，離無常苦、得精神圓滿寂靜之樂，並未特別關懷自然。因此，利用傳統佛教建立起以自然為終極價值的倫理學，可說是重大的教義轉換，有如將基督教傳統思想傳化為自由派基督教。[22]

哈里斯收集巴利文《長部》、《中部》、《相應部》、《增文部》、《小部》五部經文和《律藏》中有關自然的敘述，嘗試證明佛教對自然的負面態度。[23]實際上，哈里斯所舉的例子，如森林或蠻荒之地，充滿了艱險、危難、無以維生，乃令人恐懼驚慌之地，這種事實的描述，在五部或《大般若經》所在多有。又如《長老偈》中，[24]敘述森林禪修受到毒蛇、猛獸、虻蚊的威脅，面對猛獸嘶吼的恐懼，這是身心所感受到的事實，但並不是對森林的評價。《增支部》總結說明獨自住在森林的五種怖畏：（一）或有蛇咬、或有蝎螫、或有蜈蚣百足齧刺，因而致死；（二）或失足墜落山谷、或食物害身、或冷熱失調，生病而死；（三）遭遇猛獸，或獅子、或虎、或豹、或熊等猛獸攻擊而死；（四）盜賊藏身森林，因盜賊殺害而死；（五）

界觀，人間佛教並未放棄傳統的宇宙生成論。我們可以說，二者指涉的「自然」並無二致，意涵卻有不同，轉譯時指涉對象相同，是銜接的基本條件，本文在此基礎下進行對話和討論。

[22]　參見史密豪生：〈早期佛教與生態倫理〉，《多少才算夠：佛經經濟學救地球》，頁 262-263。

[23]　Ian Harris, How Environmentalist Is Buddhism, *Religion* 21(Apr.1991), pp.101-114.

[24]　鄧殿臣譯：《長老偈‧長老尼偈》（臺北：圓明出版社，1999 年），偈 31、524，頁 54、178。

因殘暴的非人奪命而死。[25]獨自修行的比丘，為修證的目的，不放逸、不惜身命而住，當起如理思維：成就森林中精進修行，將使老衰住於安穩、使生病住於安穩、使凶年住於安穩、使怖畏之中住於安穩、使僧伽被破時住於安隱，如是猛勇精進修行。總之，森林是堅定心志的比丘不放逸修行的好去處。

　　蘭卡斯特（Lewis Lancaster）指出，佛教的荒野自然觀並不是西方宗教的伊甸園，初期佛教聖典或《般若經》中，說到恐怖駭人的森林，盜賊、害蟲、食肉猛獸、食人鬼怪橫行的荒野，蛇群遍佈、缺乏食物飲水導致疾病之苦的惡地。忽視了自然蠻荒的一面，就是將現代人「集體文化的知覺」生硬地套在初期佛教經典或《大般若經》的傳統上。面對荒野的自然，《大般若經》提出的倫理原則是不傷害原則：「不為自害，不為害他，不為俱害。」[26]此處的「不自害」，指保護自己，且有相當能力足以克服荒野之危害，荒野、森林才是可行的修行場所；「不為害他」，不傷害周遭環境，此即自然保育的原則，不擾動自然生態；「不為俱害」，是人與自然環境和諧共存的原則。所以，把握不傷害原則，才是如理面對森林、荒野的態度。當代泰國的森林僧，仍保留森林修行和環境的相處之道，在關於森林僧的人類學研究中，亦可見森林僧在叢林的生活，他們秉持不殺生的正念，與野生動物共存，保護森林裡的動物與其他生物，進而保護土地。森林僧以尊重的態度接觸動物，他們清楚知道自己才是入侵動物領域的人。以荒野為家的頭陀僧，體察他們與自然的關係，而達到人與環境的和諧共好。

25　關世謙譯：《增支部》（ANIII，101-103），《漢譯南傳大藏經‧增支部經典三》（高雄：元亨寺妙林出版社，1994 年），頁 121-123。

26　〔唐〕玄奘譯：《大般若波羅蜜多經‧第二會》，《大正藏》冊 7，第 220 號，頁 286。蔡耀明針對《大般若經》經文的脈絡分析，說明《大般若經》有許多地方露骨地描述自然界險惡艱辛的一面。面對原封為動的自然，秉持的倫理原則即是不傷害原則。參見蔡耀明：〈《大般若經》的嚴淨佛土所透顯的佛教環境倫理觀〉，《般若波羅蜜多教學與嚴淨佛土：內在建構之道的佛教進路論文集》（南投：正觀出版社，2001 年），頁 328。

佛教對荒野險惡的認知和覺察，並不是普遍的看法，而是某些修行者共同經驗的描述。在經典中，並不少見對荒野、森林正面的看待。《中阿含·優曇婆邏經》提及：

> 世尊若在無事處山林樹下，或住高巖，寂無聲音，遠離、無惡、無有人民，隨順宴坐。……彼在遠離處常樂宴坐，安隱快樂。[27]

佛陀在無人的曠野中，遠離世俗干擾，專注禪修。在此，並不感覺荒野是種種危難困厄之地，反而是僻靜、適合禪修的好地方。大迦葉長老最能體會其中的奧妙，《長老偈》描述迦葉尊者托完缽，回到山間禪修，在此環境下修行的感悟：

> 此山甚美好，樹木滿山岡；象鳴亦悅耳，使我心神曠。山色黛如雲，泉水涼且清；紅蟲滿山野，我心神曠逸。濃雲佈天空，猶如圓屋頂；野象悅耳鳴，我心神曠逸。雨從高地過，山深聞孔雀；仙人來往處，我心神曠逸。[28]

山林禪修，帶來心神曠逸。自然美景，當下現前。愉悅的森林生活與離欲生活是協調的，只要不執著、不貪著，風景秀麗的森林有助於比丘的禪修，並不相妨礙。因此，有此一說，佛教起源於森林，僧眾在森林中完成修行，森林是理想的修行場所。但這不表示森林修行是必要的條件，它隨順個人的意願、性情和能力，為個人依其情志心性所做的適當選擇。

在森林中禪修，並不是僧團一般的作息，為了度化眾生與托缽的需要，

---

[27] 〔東晉〕瞿曇僧伽提婆譯：《中阿含經》，《大正藏》冊 1，第 26 號，頁 591。其中，「無有人民，隨順宴坐」，為「沒有人煙，適合打坐」之意。

[28] 鄧殿臣譯：《長老偈·長老尼偈》，偈 1067-1070，頁 247。

佛教成長於城市、聚落的環境。但寺院「應該是一個安靜的處所，適當地隔絕，不雜亂、不喧鬧。太鄰近於城鎮易使寺院過於忙碌與喧鬧，但距離過遠可能危及比丘的任務」。[29]比丘有教化在家信眾的任務，舍衛城和王舍城是佛陀弘法的兩個主要城市，也是初期佛教僧團發展的地方。佛陀教法弘揚的地方，通常是城市、城市近郊、農村聚落。因此，當我們說到佛教的「自然環境」時，並不獨厚森林、荒野的環境。

《大般若經》說到修遠離行的真義時，佛告善現：

> 諸菩薩摩訶薩若居山林、空澤、曠野、阿練若處，若住城邑、聚落、王都、喧雜之處，但能遠離煩惱惡業及諸聲聞、獨覺作意，勤修般若波羅蜜多，及修諸餘殊勝功德，是名菩薩真遠離行。[30]

真遠離行，不只是「身遠離」，也要做到「心遠離」的功夫。在這裡要特別說的是在《大般若經》中，山林、空澤、曠野、阿練若處、城邑、聚落、王都、喧雜之處常放在一起通說，佛教並不排斥城市的自然生態，這是我們在談人和環境關係時，不可忽視的特點。

佛教沒有否定自然，從以上的說明是可以肯定的，佛教是否關懷環境，則有待進一步地詮釋。生態批評論者認為佛教的終極關懷是出離世間，無明盡，得解脫。精神和道德的圓滿是佛教行者的追求，危脆無常的環境不是他們關心之所在。更不要說，從佛教教義提煉出來自然的價值或自然取得終極關懷的地位，這並不具正當性，也逸出了初期佛教的教導。我們需要釐清的是：關懷是可以多元並立的。我們可以關懷親人、關懷社會、關懷環境、關懷人生最終的去處，這之間並沒有不能相容的關係。關懷某甲或某乙，所以

29　史威若（Donald K. Swear）：〈當代泰國佛教生態詮釋：佛使與法藏〉，收入《佛教與生態學——佛教的環境倫理與環保實踐》，頁76。

30　〔唐〕玄奘譯：《大般若波羅蜜多經‧第二會》，《大正藏》冊7，第220號，頁286。

不能同時存在、不能相容，是因為兩者有互斥或矛盾的關係。生態批評論者
否定環境關懷的取向，有一個原因是他們將環境關懷視為終極關懷，而佛教
的終極關懷是心靈的淨化，解脫成佛，兩者構成排斥的關係。極端環境主義
者或認為佛教應拓展對自然、生態的關懷，將它置於個人解脫之上，以作為
人類生命的自我實現，但就一般關懷環境的人來說，並沒有這麼強勢的要
求，環境關懷不作為終極關懷，無損於環境關懷的取向及其價值。

　　環境關懷的核心在於人與環境建立起關懷關係，在關懷關係中，省察人
們關懷行動的意向與回應，是否達到保護環境的目的。環境關懷與佛教的終
極關懷並不是互相對立與排斥，甚至其教義也有維繫與加強關懷關係的作
用。因此，環境關懷或可以做為終極關懷的支援，以培養環境友善的德性；
環境關懷也可以作為功德，以累積菩提道上的資糧。環境關懷可以作為人類
關懷情感的擴充，以成就物物相關共同存在的依存感，環境關懷也可以打破
個人單子化的存在狀態，使人不外於其所依存的環境。除非人和環境是單子
化封閉的關係，否則其和環境的互動，必有敞開聯結的一面，這個聯結不出
於負面的情感，不源於冷漠的圍牆，那麼關懷的關係即成立。至於環境關懷
的地位，本有隨著時代議題的回應強度，支援意識成為焦點意識，而有價值
階位調整的空間。總之，環境關懷沒有意圖作為終極關懷，以翻轉佛教教
義；環境關懷不強求優位性，而是在地球環境生態毀壞中，延伸教義的內
涵，看見環境的危機以保護環境。因此，佛教當有環境關懷，在人和環境互
相依存的脈絡下，回應來自於人類的環境苦難。

　　生態批判論對於佛教環境關懷的主張最有力的批評或許在於嚴淨佛土的
理想。《大般若經》說明菩薩在修成六種波羅蜜多，接下來的修行工作是讓
眾生「永離三惡趣苦」的心願：

　　我當精勤無所顧戀修行六種波羅蜜多，成熟有情，嚴淨佛土令速圓
　　滿，疾證無上正等菩提；我佛土中，得無如是三惡趣名，一切有情

皆善趣攝。[31]

淨上世界無畜生、餓鬼、地獄三惡趣，其土平整，皆由黃金、寶石所構成，這樣的描述在淨土經典多所述及，幾乎成為其定型的描述，這是環境關懷所承擔的提昇環境善好狀態？這是從環境需求的角度，希望保護環境達成的狀態？關懷倫理是講效果的，要在被關懷方起作用。那麼，無動物（畜生）的世界是環境關懷希望達成的境界嗎？佛教的嚴淨佛土觀和環境關懷顯有不合之處。淨土的環境是理想修行環境的描述與想像，是對眾生苦的觀照，令眾生離諸劇苦所達成的環境狀態，這和當今世界所說的環境，甚難聯結。但人間佛教立足人間，修行環境也在人間，其認可的環境關懷應該不離不傷害環境，讓環境實現自發的善好狀態。至少，那是《大般若經》所言「不為自害，不為害他，不為俱害」對待環境的態度。人間佛教採性空唯名系的教義和剎土觀，對於環境的關懷應具正當性，並可探索環境關懷的教理資源。

（三）環境關懷的特性與人間佛教的詮釋

　　環境關懷倫理可作為環境倫理的一說，我們略探它以關懷關係為中心的環境論述，將呈現如下的核心思想：

1.個體的關係論

　　人的存在是和親密的他人不可取消地聯結在一起，這種基本關係是存有的核心。關懷倫理中，「關係將被視為是存有論的基礎，而關懷的關係將被視為是倫理學的基礎」。[32]關懷方和被關懷方所形成的特殊關係，方是關懷

31　〔唐〕玄奘譯：《大般若波羅蜜多經・第二會》，《大正藏》冊 7，第 220 號，頁 275-276。依蔡耀明的解讀，以高度的修持配合相當的倫理使命，「轉型」生存環境，當在第七地至第九地菩薩的修行。參見蔡耀明：〈《大般若經》的嚴淨佛土所透顯的環境倫理觀〉，《般若波羅蜜多教學與嚴淨佛土》，頁 336-337。

32　Nel Noddings, *A Relational Approach to Ethics and Moral Education*, pp. 3-4. 諾丁斯在所有的著作中

關係，它不是應用到所有人身上的關係，特殊的人才是關懷方所要關懷的對象，所以並不是整體論意義下的關係，而是個體意義下的關係論，環境關懷倫理亦然。關懷的本質在於關懷者和被關懷者的關係。在關係中，這個人有他自己的身體、經驗、處境、環境感知、期望與需求，而相遇中的環境有它的地理區位特性，當地的動物、植物及其共同棲居的大地，所以關懷方和被關懷方都不會脫離具體的處身脈絡，是在相應的特殊關係中展現自己。在關係中，人們培養了環境的敏感度、環境的德行；也是在關係中，人們回應了環境的基本需求，承擔了保護環境的責任。

2.情感為本論

關懷源自於情感，情感必然地融入或介入關係中，關懷才能生發出來。在關係中，人的關懷有二種，一為自然關懷（natural caring），一為倫理關懷（ethical carring）。自然關懷乃人性中自然湧現的關懷，它直接回應關懷者的需要。「想要這麼做」和「應當這麼做」不能分開。在倫理關懷中，「想要這麼做」和「應該這麼做」二者不相一致，「應該這麼做」的要求，心理卻「不想要這麼做」。作為關懷者的道德理想，他探問：「如果我真的關懷對方，我會怎麼做？如果我處於最好的關懷狀態，我會怎麼做？」[33]由此克服自己的情感阻礙（不想要這麼做），回應倫理的召喚（應該這麼做）。倫理關懷依賴存有關係中培養的理想道德品格，經由品格的努力，重視、提昇自己的關懷素養，達成關懷的行動。關懷倫理學和德行倫理學有相近之處，但關懷倫理學認為倫理關懷依賴於自然關懷，而不是優越於自然關懷，倫理關懷有助於喚醒自然關懷的情感，擴大關懷的應然領域；自然關懷則保證關懷的真誠和其直接源自於意願的情感動力。因此，從情感的意向性

皆堅持這個核心論述，未曾變易其說。

[33] 諾丁斯（Nel Noddings）著，侯晶晶譯：《始於家庭：關懷與社會政策（*Starting at Home: Caring and Social Policy*）》（北京：教育科學出版社，2006 年），頁 29。

來說，關懷者的意向是同情共感（sympathy），共同感受、情感融入，關注被關懷者的需要和目的，這是情感為本的關懷說。延伸到環境關懷，環境關懷是由人到環境的體物之情；同時，其意向性是從環境到人的應物之情。被關懷者（環境）不需要或無法感受關懷者所感，而關懷者卻需要回應環境現況與不被傷害的需求，方才構成環境的關懷。

3.環境責任差異論

人有不傷害環境的自然關懷和倫理關懷，除此之外，從個體論的立場，無法確立所有人對環境有共同的責任。人對動物的情感，每個人各有不同，有人曾對貓流露自發的關懷之情，對狗就不必然；自然關懷隨著關懷對象移轉並不是很容易，所以愛狗族、愛貓族、愛鳥族……便依人的情性而有不同偏愛。再說，人發展對動物情感的機會，也各有不同的條件和機遇。有些人對動物難有自發的感情，對人卻非常熱情，這種情況亦非少見。何況人對老鼠、蟑螂、蚊子大多沒自發的關懷經驗，甚至不願意與牠們有關係，說明關懷有賴於我們的情感經驗和有意的抉擇，始能發展為倫理關懷。對植物和環境亦有類似的情況，雖然其差別不像動物這麼明顯。至於對動物、植物和環境漠不關心的人，雖令人痛心，但只要他們不傷害環境，也就沒有正當的理由批判他們。關懷倫理是關係性的、情感性的，而不是批判性的。環境關懷倫理堅持來自於相遇和關懷關係所生發的責任，鼓勵、促進生態的豐富性，讓保護動物和森林的行動進入到倫理生活中，但也承認人和人之間具有環境責任的差異性，環境責任因其關懷對象之差異而有不同的限制和承擔。[34]

（四）戒殺與慈悲：佛教環境關懷的展現

佛教關鍵字彙並無與「關懷」（caring）完全相應的觀念，就關懷倫理

---

[34] 責任差異論或責任的限制論，是筆者參考諾丁斯〈關懷動物、植物和觀念〉一章中的論點整理出來的。諾丁斯認為環境責任是隨著環境關懷而產生的，如果少了環境關懷，也就沒有責任可言。參見 Nel Noddings, *Caring: A Feminine Approach to Ethics and Moral Education*, pp.148-159.

學對「關懷」的界說和論述來判斷，「不殺」、「慈悲」和「關懷」有相近之處，不殺為關懷底限，慈悲則為關懷之高度展現，不殺、慈悲可以和關懷倫理互相對話，我們以此為對話基礎，闡明佛教對環境關懷的詮釋和轉化。

　　人間佛教以有情（人和動物）為本，以剎土（環境）為有情之共同所依，因此當論及環境關懷時，我們當以人和動物為優先關懷對象，再來談所依的剎土。人和動物有何共通的情感，因其心理上的相似性，而能自發地引生同情共感？諾丁斯（Nel Noddings）認為是「痛苦」，痛苦可以穿越物種的界線，在避苦的心理動力下，同聲要求解除痛苦。因此，從關懷動物的個人來說，「解除痛苦」是他對於動物需求的回應。我們的倫理關懷要求我們認真看待「我們有責任使動物免受痛苦」。

　　人有解除痛苦的自然關懷，不忍動物痛苦是自然發露的情感，呼喚起內在「我必須做什麼」或「我不能做什麼」的第二層情感，是倫理關懷，因此，我們有責任使動物免受痛苦。[35]但關懷倫理所說的免除痛苦並不完全拒絕殺生，所謂的「人道的屠宰」，即不造成動物痛苦的殺生，還是可以被允許的。佛教也有穿越物種界線的情感之說，體證這種情感，稱之為「自通之法」。[36]自通之法即順著同情心，站在對方的所感，先「推人及己」，再「推己及人」，如是引導自己抉擇正確、正當的方法對待他人（眾生），也就是發揚同情心，將心比心、將情入情的方法。自通之法，首先即面對眾生「好生畏死」、「趨樂避苦」跨越物種界線的情感。死亡、痛苦、傷害皆是人和動物所畏懼、所避免的，動物和人對於生存意欲、苦樂感知和危難恐懼，實有相似處；人和動物的相遇，「殺」是傷害眾生最嚴重的行為，斷絕生命是動物本能的恐懼；比起「避免痛苦」，佛教更重視「不殺」。「不殺」是關懷的底限，逾越了這個底限，就不構成關懷的關係，因為這違背了

---

[35]　Nel Noddings, *Caring: A Feminine Approach to Ethics and Moral Education*, pp.148-150.

[36]　「自通之法」的論說，出自於《雜阿含‧1044 經》，詳見拙著〈佛教護生、放生與功德的傳統思維及其面向當代社會的相關考察〉，已收入本書中。

受關懷者生存本能的需求。

佛教的主張和關懷倫理學也有不相一致之處，這也是佛教批判性地接受環境關懷倫理的原因，佛教的不殺、戒殺其主要的對象是有情眾生，在人間就是指人和動物，不殺生表示對生命求生本能的同情，生命所依的剎土（環境）在共依的關係下，也就關聯著一併考量。一行禪師（1926-2022）面對人類生態的危機，給予不殺戒時代的新意：

> 第一項正念修習：尊重生命
> 覺知殺生所帶來的痛苦，我承諾培養相即的智慧和慈悲心，學習保護人、動物、植物和礦物的生命。我決不殺生，不讓他人殺生，也不會在思想或生活方式上，支援世上任何殺生的行為。[37]

禪師將「生命」擴展至植物[38]和礦物，甚至將殺生的層面從行為延伸至思想和生活方式。禪師被歸類為生態護教論者，他以正念修習點出「戒」的精神，將不殺生詮解為尊重生命，提出尊重生命的整體圖像和正念修習的方法。禪師的尊重生命，結合了智慧與慈悲，應可以做為不殺生的終極理想。不殺生適度的擴展範圍，延伸為不殺害有情（人和動物），不毒害汙染、濫墾濫伐依存的土地，從眾生共同依托、受用剎土的角度應是順應時代的詮釋，符合環境關懷的旨趣。

佛教的環境關懷可著重培育、深化人和環境的關懷關係，提昇環境關懷能力，其中最足以提供佛教思想資源和行動動機的，就是慈悲觀、慈悲心的

---

[37] 一行禪師著，汪橋譯：《正念擁抱地球：佛教的和平觀及生態觀，一行禪師關於地球及人類揚昇最重要的心靈及環境開示》（新北：自由之丘，2012 年），頁 24。

[38] 植物是否為眾生，又要如何對待？這個問題近來學者有不同的說法。有關佛教的植物觀和植物是否為眾生的研究，請參見黃惠英（釋法融）：《佛教生命倫理觀的實踐理路：以自然農法為例》（臺北：國立政治大學宗教研究所博士論文，2018 年）。

修習。「慈」的相應梵語為 maitrī，「悲」則是 Karuṇā。maitrī 是由 mitra
（朋友）轉變而來的抽象名詞，是「最高的友情」之意，這種友情並非只限
於一部分特定的人，而是對一切的人。Karuṇā 的原意則是感歎，感歎人生
的苦惱而發悲願。[39]「慈」的觀念著重在培養對所有生命友好、慈愛的態
度，「悲」則主要是針對柔弱或受苦的生命而起的溫柔哀憐。

慈悲開啟人們關懷的情感與動力，淨化吾人瞋恨害心，而得以自然流露
關懷的情誼。但經論中的「慈悲」是否侷限在人類，少有論及動物，以作為
一種同類情誼的表述？哈里斯提出這樣的質疑。他認為覺音論師
（Buddhaghosa，？-？，生存年代約在西元五世紀）並不贊成修行者「把慈
愛擴及動物或其他非人類身上」。[40]史密豪生提出反駁，認為覺音論師只是
要說明修「慈」應該針對哪幾類人開始，動物在覺音的討論中並不是重點，
所以由此推論覺音不贊成將慈愛擴及動物，並不恰當。[41]覺音《說梵住品‧
慈的修習》說明「初學者當避免的慈的所緣」、「不可對他修慈的人」，接
著說明修慈的次第：（1）對自己修慈。（2）對可愛者修慈。（3）對一切
人修慈。（4）對怨敵修慈。（5）修平等慈。[42]修慈的次第並不是根據血緣
的親疏遠近，而是針對起慈心成就定力的次序操作而作的抉擇。覺音未論及
動物，並不表示反對將慈擴及動物。對筆者而言，這也反映一個事實，傳統
佛教確實並未發展以動物為所緣的慈的靜態修習方法。若有所論，大多是在
人和動物的相遇中，發慈悲心，專注正念修習，展現對動物的關懷。史密豪
生梳理《清淨道論》的教導，覺音論及不殺生時，乃基於對眾生發慈悲心的

---

[39] 吳汝鈞編著：《佛教思想大辭典》（臺北：商務印書館，1992 年），頁 464。慈悲之語意，詳
見中村元著，江支地譯：《慈悲》（臺北：東大圖書，1997 年），頁 13-19。

[40] Ian Harris, "How Environmentalist Is Buddhism?", in *Religion* 21, pp.106.

[41] 史密豪生：〈早期佛教與生態倫理〉，《多少才算夠：佛經經濟學救地球》，頁 274-275。

[42] 〔印度〕覺音造，葉均譯：《清淨道論（中）》（臺南：中華佛教百科文教基金會，1991
年），頁 102-121。

黃金律（自通之法），或基於輪迴中眾生皆曾為親屬關係的普親之情，所以《清淨道論》並非未曾論及把慈心的同類情誼擴及眾生。[43]

如果放在大乘經論，哈里斯的說法更是不能成立。大乘經論說及慈悲，總是以「眾生」為主詞或受詞，少有例外。《大智度論》從「朋友」之間的友愛與「哀憐」的悲憫這兩種涵義衍生出對慈悲的定義：

> 慈名愛念眾生，當求安穩樂事以饒益之。悲名愍念眾生受五道中種種身心苦。[44]

龍樹（150-250）在此以「愛念」定義「慈」，以「愍念」定義「悲」，而後將慈悲的對象及範圍擴至一切眾生的身上，慈悲亦即愛護、饒益、利濟眾生，悲就是憐憫眾生，憐憫眾生在五道之中受種種生理與心理之苦。進一步，龍樹界定佛陀的大慈、大悲定義為「與樂拔苦」：

> 大慈與一切眾生樂，大悲拔一切眾生苦；大慈以喜樂因緣與眾生，大悲以離苦因緣與眾生。[45]

「與一切眾生樂」、「拔一切眾生苦」是中國佛教最熟悉的句式。慈悲接近於自然關懷，《法華經》把佛的慈比擬為父母之愛，教人「慈念眾生猶如赤子」。[46]龍樹說：「所謂大慈、大悲心，於眾生如父母兒子己身想。」[47]這

43　史密裏生：〈早期佛教與生態倫理〉，《多少才算夠：佛經經濟學救地球》，頁 275。

44　〔印度〕龍樹造，〔後秦〕鳩摩羅什譯：《大智度論》，《大正藏》冊 25，第 1509 號，卷 20，頁 208 下。

45　〔印度〕龍樹造，〔後秦〕鳩摩羅什譯：《大智度論》，《大正藏》冊 25，第 1509 號，《大正藏》冊 25，卷 27，頁 256 中。

46　〔後秦〕鳩摩羅什譯：《妙法蓮花經》，《大正藏》冊 9，第 262 號，卷 4，頁 35 中。

47　〔印度〕龍樹造，〔後秦〕鳩摩羅什譯：《大智度論》，《大正藏》冊 25，第 1509 號，卷

說明了慈悲有自發的關懷之情，也是應然的倫理關懷。大乘修行者說：「我
於一切利有情事，深心愛樂。」[48]深心愛樂屬淨心意樂，其描述的對象是一
切有情事，對利他事深心愛樂，這已超越一般的關懷，可說是更高階段的完
成。慈悲超越於人際之間，以普及於一切眾生為理想，在大乘經論是非常明
確的。

　　修習慈悲心，長養慈悲心，擴充人對眾生的關懷；然在修習的進程中可
有不同等級的進境。精神愈圓滿，慈悲的等級愈高，成就的德行品格也愈
高。慈悲的德行品格，可消除自然關懷生起的阻礙，喚醒自行發露的關懷。
因此成就慈悲德行品格，依賴著德行品格的理想，得實現最大的自然關懷。
[49]但這並不是說，慈悲必然自發地擴及到自然環境。有情眾生和依託剎土是
不共與共的依存關係，看見了依存關係，體驗了人與自然的聯繫，以及人對
環境的情感，自然環境才從背景走向前景，成為關懷關係的被關懷方。將慈
悲的對象擴展到環境時，得有慈悲的轉向，轉向相互依存的環境，開拓慈悲
的對象範圍，關注環境的善好，方得以達成環境關懷的實踐。

（五）關切與在意：環境關懷的心量

　　關懷倫理所闡釋的關懷關係，乃活生生的人與人之間的關係，關懷者和
被關懷者在特殊關係中，成就了關懷與被關懷的需求，用於幫助受苦者、照
顧弱勢或依待關係的人，這或許是個有說服力、有效用的倫理學說，但推展
至環境倫理，限於親身經驗，範圍恐怕過於窄礙。環境倫理如何推展至更廣
大的對象？環境本具有大尺度互相影響的聯動現象，氣候變遷是整個地球氣

53，頁 438 中。

[48]　彌勒菩薩說，〔唐〕玄奘譯：《瑜珈師地論》，《大正藏》冊 30，第 1579 號，卷 48，頁 557
　　中。

[49]　關懷倫理學對德行倫理學的分判，從區分兩者的不同，到承認德行倫理和關懷倫理有相似之
　　處，只是關懷倫理堅持德行是內在於關懷關係培養出來的。由此，可見關懷倫理對德行倫理的
　　融合傾向。

候的影響，當中所產生的全球暖化問題，直接影響氣候變化的因素可能要延遲幾個世紀才能顯現出來。核廢料的堆積，影響到了土壤，對於生物具有迫在眉睫的威脅，其貯存的處置，至少需隔離靜置三百年；而核廢料的最終處置，甚至需要以一百萬年做為安全評估的時間尺度。又如外來種動物的入侵，地方上的問題也有其背後國際網絡，方有引進外來種動物所引發的生態問題。因此，環境行動的訴求往往是「全球思維，在地行動」，環境關懷倫理是否能面對「全球思維」的挑戰，應是環境關懷所引發的重要課題。對此，辛格（Peter Singer）含蓄地批評道：

> 環境倫理允許我們逃離對未來一代的責任或地球上遙遠地區的需要，這並不是很好的倫理學的構思。它侷限在相遇的環境，將倫理的責任限制在自己的經驗範圍。[50]

諾丁斯接受了這個批評，她認為這是關懷倫理學責任的限制。責任來自相遇，責任來自於關懷，當關懷所不及之處，就不是責任之所在。但問題並不是完全沒有解決的可能，她提出了擴充關懷的方法，我們可以走向「在意」遙遠地區的需求。她從「關切」（caring for）和「在意」（care about）的區分，說明兩種關懷的差異：「『關切』是面對面的直接與立即的關懷關係，『在意』則是無法面對面的間接關係。」因此，遠方災難的人道關懷或對未來下一代的責任是「在意」的關係，它無法呈現為自然流露的切身關懷經驗，但非被排除在外的關係。我們要先學會關注身邊親近的人和環境，再學會「在意」那些遠方的人和自然環境。[51]

---

[50] Peter Singer, *Practical Ethics* (Cambridge: Cambridge University Press, 1979), p.71.

[51] 諾丁斯著，侯晶譯：《始於家庭：關懷與社會政策》，頁 21。另參見吳秀瑾：〈關懷倫理學〉，《華文哲學百科》網站，2019 年 6 月 14 日，網址：http://mephilosophy.ccu.edu.tw/entry.php?entry_name=關懷倫理學（2022 年 6 月 16 日上網）。

　　在許多情境下，我們在意他人，雖然我們不能直接關懷他們；我們在意
未來世界的環境，雖然它遠在天邊。但在意他人或在意環境，存在著內在的
缺陷，諾丁斯警覺「在意」遠離關懷的危險性。在意也許容易做到，使人對
於在意的行動自以為是，而沒有真切的同情；「在意」可能使人對於遠方的
環境災難捐款救助，而不管這捐款是否真正用在災民或環境的復原上；在意
也可能使人自稱關懷環境，卻對身邊的環境不曾聞問。因此，諾丁斯重視
「關切」勝過於「在意」。諾丁斯瞭解，「在意」可走向客觀的理論，和正
義相接軌，「在意」也容易憑藉其「客觀性」，凌駕或取代切身經驗的「關
切」。為了避免「在意」的逾越，必須回到「在意」的脈絡，「在意」乃為
了擴展關懷的手段和方法，「在意」仍須回到關懷的本意，確實有助於環境
關懷，而不只是將關懷擴展至更多的接受者、更遙遠的地方。[52]如何關懷遠
方的環境？一者在於「關切」與「在意」的有效聯結，一者在於讓「在意」
走進更大的公共領域。「關切」篤實處，愈能同理「在意」的遠方，愈有自
然關懷的經驗，便愈能有底氣地往外推拓，對待疏遠的對象。這個觀點可引
布倫（Lawrence Blum）的說法來支持：

> 我們的道德生活和道德關懷應更多地建基於特定關係之上。我們應
> 與自然的特定部分建立起關懷或者同情的關係，而不是一種籠統而
> 抽象的關係，這對於提供一種有深度的關懷是很重要的。在很多情
> 況下，對特定的動物、樹木、河流和生態系統的關愛和建立適當的
> 聯繫，將增強而不是阻礙我們對於全球環境的一種更廣泛的道德關
> 懷。[53]

---

[52] 諾丁斯著，侯晶譯：《始於家庭：關懷與社會政策》，頁22-23。

[53] Lawrence Blum, *Friendship, Altruism and Morality* (London: Routledge &Kegan Paul, 1980). Val Plumwood 特別重視 Blum 的觀點，並引為論據。參見 Val Plumwood, *Feminism and The Mastery*

更廣泛的道德關懷可解為「在意」的關懷。「在意」的環境關懷，之所以有個依託處，不是遊蕩無根，正是有「關切」在地特定區域的自然環境關懷，兩者之間可互相助成、互相聯結，而不必對立、互斥，有效聯結「關切」與「在意」，這是建構環境關懷的方法。若從「關切」與「在意」的區分來釐清責任概念的類型，「關切」屬於個人責任，「在意」屬於社會責任、環境公民責任。[54]對於遠在天邊的環境災難，無法設身處地的同情，也無法自以為是地想當然爾的回應，因此，「在意」使我們走進公共領域，在公共領域的溝通情境中採取行動，以慈善捐助支持某些環境救難團體，聯結非營利的環境公民組織，或公民投票表達我們的關懷。諾丁斯認為走向公共領域，可以作為工具性手段，以鼓勵建構關懷的支持性環境。

就佛教的觀點，將「在意」放在慈悲心的擴充的脈絡，就不致於使「在意」和「關切」相分離。從人的角度，修習慈悲心，從親而疏而怨，次第的擴充，而及於親怨平等的修習。對於怨敵起慈悲心，即怨親平等觀的成就。[55]就環境的角度，從己身所在的環境，擴充至遙遠、疏離的環境，也是平等觀的修習，全球環境的關懷則是「遠近平等觀」的成就，關懷乃慈悲的激發、流露，必緣眾生相，眾生所在環境的遠近，並不限隔慈悲心的發用，這是環境關懷所以可使「在意」回歸關懷本意慈悲的心量。慈悲成就為環境德行，促成了環境關懷「關切」與「在意」二面向順當地發展。

環境關懷倫理有關心己身所及環境的情感本源的優勢，這是環境關係存有論的根本，若從平等慈悲觀的修習和實踐來說，「關切」和「在意」可形成雙向的互相回饋的作用。「在意」不只是淡薄的、稀釋的、非個人親身經

---

　　of Nature (London: Routledge, 1993), p.187。

54　環境公民行動的論述，參見 Andrew Dobson, Environmental Citizenship: Toward Sustainable Development, *Sustainable Development* 15 (Sep.2007), 276-285. 環境公民的概念有助於環境關懷倫理公共面向的思考。

55　印順：《學佛三要》（臺北：正聞出版社，2000 年），頁 134-135。

驗的、可客觀化的關懷，它也可以回饋給「關注」，深化「關注」，反思自己切身經驗的情感，如理作意，對於生態知識和生態素養啓發的情感作用給予適當的評價。這便超越了諾丁斯等人對「在意」的工具性使用，也對「在意」變質為凌駕「關切」的憂慮給予另一個解方。

（六）環境關懷與生態倫理：對話與反思

環境關懷倫理的特點是個體關係論的環境倫理，作為環境關懷的慈悲，也表現同樣的特徵。「慈悲」的施用對象是個體，修慈、修悲的所緣是一個一個具體的個體生命，對自己修慈，對可愛者修慈，對自己可愛、可喜、尊敬、恭敬的人修慈，甚至對怨敵修慈。如果完全沒有怨敵之人，或對害他的敵人不生怨敵想的人，則不必作修慈的努力，因沒有個體的所緣。[56]在行動中的慈悲行，也是以個體生命為對象。經中所稱的眾生，是眾生一個一個的個體所成的集合，其實際的施用對象仍是個體的生命。

「不殺」所保護的對象是個體生命，無論是人類或動物，生命都不應被殺害，這是佛教的根本教誡。史密豪生從佛教所要保護或慈愛的動物乃個體生命的觀點，認定「慈」、「悲」、「不殺」不足以構成生態倫理。他對生態倫理的基本信念是：「人類有責任保護自然界，以保持生態系統和生物多樣性的完整。」這個信念也是生態倫理的基本原則。佛教將一群動物視為個體的集合，不是看作一個物種來對待；佛教的保護動物是保護這個動物群體的個體，而不是物種群體自身。[57]換言之，佛教並不重視或不具有物種或整體自然界、生態系的觀念，在慈悲、不殺的倫理脈絡中，在乎的只是個體的生命。

史密豪生舉了一個佛教和生態倫理衝突的例子，因佛教從生命平等的立

---

[56] 參見〔印度〕覺音造，葉均譯：《清淨道論（中）》，頁105。

[57] 參見史密豪生（Lambert Schmithausen）：〈早期佛教與生態倫理〉，收入理查·培恩（Richard K. Payne）主編，梁永安譯：《多少才算夠：佛經經濟學救地球》，頁278-280。

場出發，不會分別這些動物是屬於氾濫成災的物種，還是屬於瀕臨滅絕的物種。但基於生態考量，外來物種如果威脅到本土物種的生存，就應該想辦法予以消除，保護本土物種，以恢復生態平衡，但佛教戒殺，反對、不允許這種作法。[58]史密豪生正確地指出了佛教近於生命中心個體論的立場，這個立場和生態倫理的基本原則有不相符合之處。哈維（Peter Harvey）論及佛教「如何對待自然界」時，明確說明佛教對於保護物種沒有任何特別的熱情，佛教關懷的是受苦的諸眾生，無論是什麼物種受苦。也就是說，佛教關注的核心是有情個體的生命，拯救一個瀕危物種的動物卻要以殺戮另一物種的動物為代價，佛教並不支持這樣的作為。[59]

　　從另一個角度來設想，佛教的環境倫理思想是否構成對「生態倫理」的挑戰？以史密豪生所舉的案例來說，「生態倫理」應當思考：如何以不傷害、不殺生的方式，達成生態平衡和本土物種生存的目的。反過來說，佛教應接受史密豪生等人的批評，反思佛教環境關懷所需面對的問題。史密豪生的深意應是質疑生命中心的個體關係論是否可以達成保護生態環境的目的。佛教的環境關懷倫理，對於提昇環境善好的狀態確實有些曲折處，舉個例子來說，從大尺度來瞭解臺灣野生動物和森林的現況，研究者發現臺灣山林頂級掠食者減少，草食動物逐漸接手主宰，在草食動物的啃食下，一定高度以下的樹葉、附生植物及地被植物幾乎消失。[60]草食動物已破壞了共依的剎土（環境），作為一個人間佛教的環境關懷者，應該抱持什麼態度？採取什麼保護行動？如果這不是佛教行者切身的直接經驗，也不是他們「在意」的環境，只是聽聞原住民的敘述或生態學家的報告，那是否就是關懷所不及的範

---

[58]　參見史密豪生：〈早期佛教與生態倫理〉，《多少才算夠：佛經經濟學救地球》，頁 279。

[59]　Peter Harvey, *An Introduction to Buddhist Ethics* (Cambridge：Cambridge University Press, 2000), p.182.

[60]　翁國精：〈野生動物們，別來無恙？〉，《PanSci 泛科學》網路，2022 年 7 月 6 日，網址：https://pansci.asia/archives/350749（2022 年 7 月 24 日上網）。

圍？有關個人的環境關懷行動，如果不具有生態認知與生態素養，是否使得
環境關懷無法達成相應的目的？因此，人間佛教行者應關心生態倫理、生態
學的對話，它可以擴展我們「在意」的對象，也因生態意識和他人關懷經驗
的分享，激發我們對環境的「在意」，反饋或喚醒我們自發的環境關懷。這
並不保證我們可以有解決生態失衡的方案，但可以把生態意識放回所涉及的
環境中，謹慎地採取環境行動。我們所處的環境，並不是脫離互相依存的孤
立環境，個體不只是個體關係中的個體，也是生態系統中的個體，對話可以
深化我們對環境的感受和互相依存的存在感。

三、深層生態學準則的衔接與對話

（一）深層生態學的準則與行動綱領

在佛教環境思想的建構中，環境關懷的研究道路尚處於發展中的階段，
佛教與深層生態學（deep ecology）則是相對成熟的探討議題。挪威哲學家
奈斯（Arne Naess, 1912-2009）首倡「深層生態學」學說，後經美國學者德
威爾（Bill Devall, 1938-2009）、塞申斯（George Sessions, 1938-2016）與澳
大利亞學者福克斯（Warwich Fox）等人體系化的努力，發展成一種新的環
境哲學。深層生態學思想來源多元複雜，[61]然從佛教挖掘淬鍊環境思想的理
據，則是不爭的事實，所以一向有親佛教的深層生態學的說法。

1973 年，奈斯在《探索》（Inquiry）發表了〈淺層生態學運動和深
層、長遠的生態運動：紀要〉一文，[62]對生態思想的「深」與「淺」有明確

---

61 深層生態學的思想淵源有（1）從斯賓諾莎到海德格近現代西方哲學（2）非人類中心主義的基
督宗教神學（3）浪漫主義文化意識（4）道家思想（5）佛教思想（6）甘地思想（7）現代生態
學理論等，吸收了多元豐富的思想資源。

62 Arne Naess, "The Shallow and the Deep, Long-Range Ecology Movement. A Summary", in George

的說明。其後，〈深層生態運動：一些哲學觀點〉則有進一步的發揮。[63]淺層生態學的思想基礎是人類中心主義，它主張在不削弱人類利益的前提下改善自然環境。為了國民的健康和富裕，可針對汙染和資源耗竭問題制定政策，用科學技術防治污染淨化空氣。淺層生態學將生態危機看成人類發展的時代課題，在現有的經濟、社會、技術框架下通過具體的治理政策得以解決的環境問題。深層生態學的思想基礎是生態中心主義，人和自然呈現一種「關係的、全幅的圖像」（relational, total-field image），生物有機體都是生物圈網絡中的節點，在整體關係下呈現生命有機體的存在，若是脫離了關係，生命有機體就不再是它們自己。[64]深層生態學從關係存有的角度，「深層追問」（to seek, be asking or be questioning）問題的根源。解決汙染問題要從生物圈生存條件的角度，去尋找污染的深層原因，而不僅僅是追求表面的、短期的效果。資源耗竭的問題不能將自然純粹當做資源來看待，解決之道不單是開發資源或替代能源，而是將生物圈所需的生存資源一體考量，所有生命的生活習性也需聯繫起來總體評估。那麼，人類的消費模式和消費生活的水準，更該受到節制和質疑：消費多少才夠？

　　深層生態學把安住於某塊土地的人視為「安住其中的居民」，是大地的一員，而非超越於土地的主宰者。對任何生態區域來說，「使用」的指標應該是生態的負荷能力，而非其經濟開發的價值。深層生態學拒斥工業社會作為發展的典範，認為荒野是土地共同體的成員，喜愛荒野是人類生物特質的

Sessions(eds.), *Deep Ecology For The 21st Century* (Boston: Shambhala Publications, 1995), pp.152-155.

[63] Arne Naess, The Deep Ecological Movement, in George Sessions(eds.), *Deep Ecology For The 21st Century*, pp.71-78. 雷毅對深層與淺層觀點的比較研究和製作的對比圖表，清楚勾勒淺層和深層生態學的主要特徵。見氏著：〈深層生態學思想研究〉（北京：清華大學出版社，2001 年），頁 24-34。

[64] Arne Naess, "The Shallow and the Deep, Long-Range Ecology Movement. A Summary", in George Sessions(eds.), *Deep Ecology For The 21st Century*, p.151.

一部分，因此要求保護荒野，珍視荒野的價值。生態科學不過問究竟哪一種
社會最適合維持一個健康的生態系，深層生態學則追問健全生態系的社會條
件。深層生態學運動試圖從價值優先、哲學、宗教的角度，來闡明潛藏在支
配性經濟下的基本假設，而淺層生態運動早已停止了這個層次的追問和爭
論，這就是淺層和深層的分別。[65]深層生態學運動公開地從經濟、社會、政
治的政策予以追問，並深知這種追問的重要性，所以能夠全面地探討生態環
境的問題。深層生態學清楚明白今日的環境危機起源於人類中心主義的價值
觀，為了破除種種以人的利益為中心的二元論思想，得根本改變個人和文化
的意識形態結構。

　　自我實現（self-realization）與生態中心平等說（Ecocentric
equalitarianism）[66]為深層生態學兩大終極準則（ultimate norms），這兩條準
則內在地相關，且其立論的最終基礎必須訴諸於直覺。「自我實現」是指人
的潛能的充分展現，使人成為真正的人的境界，但「自我實現」更重要的是
過程，它是一種行動的積極條件。[67]深層生態學的創立者奈斯從人的發展角
度說明，自我的成熟需要經歷三個階段：從心理意義的欲我（ego）[68]走向

---

[65]　Arne Naess, "The Deep Ecological Movement", in George Sessions(eds.), *Deep Ecology For The 21ˢᵗ Century*, pp.80. 奈斯從七個要點說明深層、淺層生態學之別。此外，就實際環境問題也分別就污染、資源、人口、文化多樣性與技術問題、大地和海洋倫理、環境教育分別說明深、淺之別。本文只就其中幾點略加概述。

[66]　「生態中心平等說」直接來源於奈斯的「生物圈平等說」（Biospherical egalitarianism），由於深層生態學在詞語的使用上，通常把前綴「bio」（生命）等同於「eco」（生態），以此表達他們的生命價值觀。但就一般生態哲學而言，「生命中心」是以個體論為基本型式的思維，和「生態中心」以整體論為基底的思維頗有差異，故此處以「生態中心平等說」來統括奈斯的「生命中心平等說」和「生態中心平等說」。

[67]　自我實現這個詞在挪威文意指積極條件，而非可以到達的地方。參見 Arne Naess, David Rothenberg(eds.), *Ecology, Community and Lifestyle: Outline of an Ecosophy*(Cambridge: Cambridge University Press, 1989), p.9.

[68]　ego 在奈斯的用法中很難精確的翻譯，他所指的是個別的自我，有時他用 Jiva 來表示，Jiva 意指生命，而奈斯所指的更傾向是 Jivagāha，生命的執取。ego 和 alter 相對立，egoism（利己主義）和 altruism（利他主義）相對。本文將 ego 譯為「欲我」或「小我」，通俗地說，就是自私自利

社會性的「自我」（self）；[69]再從社會的「自我」走向形而上的大我
（Self）。[70]他用「生態我」（ecological self）來表達「大我」必定是在人
類共同體與大地共同體的關係中實現。[71]當我們達到「生態我」的階段，便
能在所有物中看到自己，也能在「大我」中看到所有物。奈斯「自我實現」
的意涵建立在「大我」之上，並不只是在個體意義上談自我實現，「大我」
包含了連同它們個體自身的所有生命形式，因此人的「自我實現」有賴於其
他存在的「自我實現」，[72]這是在整體觀下的自我實現、大我實現。

　　「生態中心平等說」的意義就是生物圈中的所有存在物都具有同等的生
存、繁衍的權利，並充分體現個體自身以及在「大我實現」中實現我的潛
能。[73]平等說源自於生態學的一個基本前提，即生態系統的每一個物種都負
擔自己的獨特功能，而無價值上的高低，所謂高低只是人為劃分的食物鏈結
構，並非實際的地位和確定的價值。生態圈中每個存在物都具有內在價值，
自我實現的過程又是一個不斷擴大與自然認同的過程，這種意識促使我們尊
重人類和非人類的存在。因此，不需要在物種間建立起階級，將人類置於萬
物之上。

　　1984 年 4 月，奈斯和塞申斯對深層生態學的發展和終極準則進行深度

的小我。

[69] self（自我）是可以發展的，奈斯不給他定義，而用「自我認同」功能性地加以說明。self 可以
擴展和深化，它是建構性的，self 和 alter 並不是對立的關係，self 原本就包含對他者的認同。

[70] 形而上的自我，奈斯通常稱為「大我」（大寫的 Self），在強調其為大我的面向時，奈斯採用大
寫的 Self，如 Self-realization（大我實現）。

[71] 參見 Arne Naess, "Self-Realization: An Ecological Approach to Being in the World", in George
Sessions(eds.), *Deep Ecology For The 21st Century*, pp.225-239. Arne Naess, "The Deep Ecological
Movement", in George Sessions(eds.), *Deep Ecology For The 21st Century*, pp.64-84.

[72] Arne Naess, The Deep Ecological Movement, in George Sessions(eds.), *Deep Ecology For the 21st
Century*, p.80.

[73] Arne Naess, "The Shallow and The Deep, Long-range Ecological Movement: A summary", in George
Sessions(eds.), *Deep Ecology For The 21st Century*, pp.151-152.

的討論，兩人共同起草了一份深層生態學運動該遵循的原則性綱領，綱領的
提出是為了讓不同哲學和宗教立場的人都能瞭解和接受。綱領有八條基本原
則，分別是：[74]

(1) 地球上人類和非人類生命的福祉和繁榮有其自身的價值，就人
類目的而言，這些價值與非人類世界對人類的有用性無關。

(2) 生命形式的豐富性和多樣性有助於這些價值的實現，並且他們
自身也是有價值的。

(3) 除非為了滿足基本需要，人類無權減少生命豐富性和多樣性。

(4) 人類生命與文化的繁榮與人口的不斷減少不相矛盾，而非人類
生命的繁榮要求人口減少。

(5) 當代人過度干涉非人類世界，這種情況正在迅速惡化。

(6) 政策必須做必要的改變，這些舊政策影響著經濟、技術和意識
型態的基本結構，政策改變的結果將會與目前的狀況大不相
同。

(7) 意識型態的改變主要是在欣賞生命品質（即生命的內在價
值），而不在堅持日益提高的生活水準。我們將深刻意識到數
量上的大（bigness）與質量上的大（greatness）之間的差別。

(8) 贊同上述觀點的人都有直接或間接的義務來實現上述必要的改
變。

這八個原則是深層生態運動策略性地建議，提供給那些深層生態學的支持者

---

[74] Arne Naess, "The Deep Ecology Movement: Some Philosophical ASPECTS", in George Sessions(eds.), *Deep Ecology For the 21st Century*, p.68. 這八條綱領的英譯文在 Naess 和 Sessions 的文集中各有些微差異，本文翻譯依據 The Deep Ecology Movement。 進一步的闡釋參見 Andrew McLaughlin, "The Heart of Deep Ecology", in George Sessions(eds.), *Deep Ecology for the 21st Century*, pp.85-93.

能夠從不同途徑走向同一立場，它並不是一種系統的哲學，其目的在成為生態運動的共同基礎，因此生態中心主義陣營不同理論立場的人，可以不同意終極準則所做的宗教或哲學的論說，代之以自己的哲學或宗教來詮釋，但仍可以支持這個綱領，以做為運動的共識。[75]

為了易於瞭解深層生態學理論系統，展開整個系統之間的關係，奈斯將深層生態學分成四個層次，建立深層生態學的理論派生關係圖：[76]

第一層次：終極前提（終極準則）和生態智慧。[77]

第二層次：八條深層生態學綱領或原則。

第三層次：普遍的規範性結論和關於「事實」的假說。

第四層次：適用於具體情境的特定規則和決定。

深層生態學從第四層次具體情況下的具體結論，不斷往上追問「為什麼」以及「如何」，層層追溯，進而挖掘出更深層的前提。這四個層次也可以透過邏輯推導，由上層的前提推衍到下層的結論，由此構成一個結構的系統。第一層次的思想來源是由哲學或宗教觀點激發出來，因此和宗教或哲學的對話，可在第一層次進行，第二層次是在第一層次的前提推衍出的行動綱領，八條綱領在這個層次追問，並達成人致的共識。因此，這四個層次的關係圖，可做為溝通實踐、理論對話的有序的參考架構，以深化擴大生態運動理論和實踐的策略。

（二）自我實現的二個進路

細讀奈斯〈自我實現：存世存有的生態進路〉，[78]我們很容易發現「自

---

[75] 由於是綱領性的文字，用字比較模糊，如第 3 條的「基本需要」、第 4 條的「要求人口減少」、第 7 條的「生命品質」、「內在價值」等，都需進一步地釐清，因此奈斯和塞申斯又對八條綱領的評論加以回應和注說，但深層生態運動的支持者仍有一些細節的不同意見和評論。

[76] Arne Naess, The Deep Ecological Movement, in George Sessions(eds.), *Deep Ecology for the 21st Century*, pp.76-78.

[77] 終極前提如佛教、基督宗教或史賓諾莎、懷海德等所提示的終極前提。

我實現」是放在兩個不同脈絡來論述：一為心理學或心理療癒的角度來論說；一是存有論的角度來論說，這兩個不同角度有著相近的詮釋模式，共同開展自我實現的進路和世界觀。因此，和深層生態學的對話，可由「自我實現」切入問題的核心。奈斯認為只要肯定人性的發展，人的成熟度可由欲我（ego）上升為擴大的大我實現，即擴展和深化自我的尺度來衡量。[79]人們必然「認同」所有的生命存在，無論存在物的美、醜、大小以及是否有感知能力，這就是人性。然在自我發展的三階段，「生態我」卻常被忽視與遺忘。生物和環境並不是兩不相干的事物，生物預設的環境。人從生命之始就身於自然、長於自然，遺忘了本於自然的關係，生命發展受到阻礙，限縮了「自我」更為豐富的關係組成，也產生人與自然的斷裂、隔絕與冷漠。因此，人性潛能的完成，萬物潛能的實現，就在於人的自我全面擴展與深化。

自我認同作用（identification）的過程，彰顯了自我認同的範式（formula），奈斯用了三個術語來表達：「最大化（長遠的、普遍的）大我實現」（Maximize long-range, universal, Self-realization）、「活著；聽任他者活著（指地球上的所有生命形式和自然過程的自生自發，Live and let live）」和生態學觀念衍生的術語「普遍共生」（Universal symbiosis）。奈斯以自我認同作用來功能性譬說「生態我」，人的「生態我」就是他所認同的自我。自我有多深有多寬，人的「生態我」就有多少程度的實現。

認同作用的過程引發強烈的同理心，[80]同理心不是最基本的，它是源於認同過程產生的感覺，人透過自我的擴展，開展了「生態我」的面向，也伴

---

[78] Arne Naess, Self-realization: An Ecological Approach to Being in The World, in George Sessions(eds.), *Deep Ecology for the 21st Century*, pp.225-239. 底下敘述出自該文者，不一一註明。

[79] Arne Naess, The Deep Ecological Movement, in George Sessions(eds.), *Deep Ecology for the 21st Century*, pp.66.

[80] 關於「同理心」，奈斯用的語詞是 empathy，奈斯並沒有如關懷倫理學那般，嚴格區分 empathy 和 sympathy（同情共感）之異同。

隨著同理心，強化了在對象看到自己的共感。自我成熟的三階段，最關鍵的觀念是「自我認同」（self-identity）和「認同作用」（identification），可惜對這個觀念，奈斯並未加以明確的說明。筆者嘗試採用「社會認同理論」的說法，略做補充說明，詮釋奈斯的文義。「社會認同乃個體認識到他屬於特定的社會群體，同時也認識到作為群體成員帶給他的情感和價值意義。」[81]社會認同使人有歸屬感和相互依存感，也提供了向度，解釋自己的情感所屬和價值評斷。生態我的認同過程，應也包括個體的歸屬感、相互依存感，並帶給生態我意識的指向，同情共感的生發和價值意義的共享。奈斯對於人和自然的關係要從關係我，「關係的、全幅的圖像」立說，因為從個體走向關係性的自我認同之過程來說自我認同，相比於從孤立靜止的個體去尋求自我認同。前者更為順當，更有說明的效力。

約翰‧席德（John Seed）等人所編輯的《像山一樣思考》就是從心理學進路、心理療癒詮釋自我實現的工作坊手冊用書。[82]所選入文章皆是深層生態運動倡導者的重要文獻，如佛教研究和環境運動的代表性人物，生態護教論者梅西（Joanna Macy），她創立了「深層生態學中心」（Institute for Deep Ecology）；眾生大會工作坊的推動者和深層生態運動實踐家席德；深層生態學的創始人奈斯的大著〈自我實現〉；還有傳世的〈西雅圖酋長的話〉等論著和詩文，這個文集便是以心理學、心理療癒、藝術治療、儀式治療等角度來開展自我實現的面貌。

---

[81] 參見 Henri Tajfel, The Social identity theory of intergroup behavior, in William G Austin & Stephen Worchel(eds.), *Psychology of Intergroup Relations* (Chicago: Nelson-Hall Publishers,1986), pp.7-24.

[82] John Seed et al. (eds.), *Thinking Like a Mountain: Towards a Council of All Beings* (Philadelphia: New Society Publisher, 1988). 該書有中文譯本，見約翰‧席格等著，黃懿翎譯：《像山一樣思考》（臺北：紅桌文化，2015 年）。2011 年 4 月 8 到 9 日，席德應荒野保護協會之邀，在二格山自然中心舉辦臺灣有史以來第一場「眾生大會工作坊」。眾生大會工作坊是基於深層生態學，所發展出來一套帶領人們重新體會自我認同如何擴大、深化與自然連結，進而讓生態自我得到發展的一套工作方式。臺灣的環境團體接觸到的深層生態學，是從心理學進入到該學說，而生態心理學也大量引用深層生態學的說法，所以心理學的進路在實踐場域為環境團體所熟知。

　　人們普遍意識到所面臨的環境危機和維生系統被破壞的可能結果，但多以人類中心的淺層意識層面回應之。因此，深入到更深層的生態意識，體驗到與眾生連結的力量，維持人與自然彼此之間連結的需求，重新恢復斷裂的自然，便是自我的療癒。要結束人和環境的隔絕，喚醒生態意識的力量，作法是：（1）重新肯定人與自然相互依存的關係，彰顯相互依存感的關係存在（和宗教、哲學會通，共構文化資源）（2）人與自然深度接觸、交感的意願和經驗，由此產生的自然情感和生態意識。（3）宗教儀式的過程，追思人與所有生命存在彼此相連，重新恢復斷裂的關係。（4）蓋婭（大地之母）的冥想，呼喚地球演化以來生態大我那股潛浮的力量，使人完全成為自然的一分子。（5）實際保護地球非暴力行動，領會人如何為生態大我而活的勇氣與智慧。

　　從心靈療癒的角度詮解「自我實現」，原為環境工作者所認知的角度，泰國從事佛教與深層生態學對話或對比的學者或僧眾，對此並不陌生。「自我實現」從實踐傾向的脈絡立論，偏重在心理學或生態療癒的進路；從理論傾向的脈絡立論，則偏重於存有論的進路。奈斯認為生態哲學的首要任務是關心存有論或世界觀的研究，「如果深層生態學是深層的，那麼它就必須涉及我們的基本信念，而不只是倫理學。」[83]基本信念就是存有論，奈斯對倫理學的看法和一般的倫理學家有所不同，他認為倫理學是從存有論衍生出來的，它的根源在於存有論的型態。

　　奈斯深層生態學所關心的是「我們如何經驗世界」的基本問題，因而首要面臨的工作是重新理解並建構我們的世界觀。奈斯舉了一個森林保護的例子，說明世界觀如何影響我們對「實在」的看法。看見或看不見「實在」，根源於世界觀的反應。一個開發者與一個保護者對森林的理解南轅北轍。開發者從「用」的觀點把森林看成是數量很多的林木集合，一條穿過森林的公

---

[83]　Arne Naess, *Ecology, Community and Lifestyle* (Cambridge: Cambridge University Press, 1989), p.20.

路不會佔用多少土地，對森林沒有多大影響；保護者則把森林看成是完型的整體，林木是整體不可分割的一部分，一條穿越森林的公路猶如損害了森林的心臟。「損害心臟」之說肯定不會是地理位置的觀點，而是完型說才會出現的看法。奈斯指出他們雙方的差別不是倫理層面上的，而是存有論層面上的。開發者看不到保護者所言「損害心臟」的問題，這決定於我們如何理解「實在」，理解事實。就保護者來說，開發者是眼盲，只要他們仍舊抱持森林是許多林木集合的看法，就沒辦法改變他們，使他們關注於保護森林。也許，他們之間的倫理觀並沒有很大的差異，但他們所經驗到的、所看到的實在卻是如此不同。因此，從倫理學回到存有論，回到世界觀，對於環境哲學是很重要的。[84]

奈斯將自然視為人、生物與環境不可分離的關係場域，在關係場域中，生物預設了環境，相互作用下每個生命相互連結為一種關係網，這可稱之為「關係主義（relationalism）」。[85]關係主義乃屬存有論的觀點，這個觀點可以給予參考架構的框架：「人與自然環境可以總體地視為相互連結的整體關係。」[86]在這個框架下，深層生態學可有四個層次的整體論可言：[87]

1.整體論意指所有生命形式的相互關聯。

世界不是由分離、封閉、孤立的「事物」所組成，而是生存於這個萬物

84　Arne Naess, *Ecology, Community and Lifestyle*, p.66.

85　Arne Naess, *Ecology, Community and Lifestyle*, p.56.

86　卡茲（Eric Katz）認為環境主義有二種整體的模式，一為有機體模式，部分是組成一個有機整合的單位或元素，不能獨立存在；一為共同體模式，部分可獨立存在，部分（個體成員）有其自主性、價值和扮演的功能，像一個成員既追求自身的利益，也扮演著在共同體的角色。參見程進發：《為環境倫理學整體論辯護及其應用》（桃園：國立中央大學哲學研究所博士論文，2007年），頁26。卡茲的觀點見於 Eric Katz, *Nature as Subject: Divergence and Convergence* (Boston: McGraw-Hill, 1998).然深層生態學則是另立一類的整體論模式，這個模式奠基於完型存有論。

87　本文底下的說明乃根據福克斯的論文加以歸納、分層次重構。參見 Warwick Fox, "Deep Ecology: A New Philosophy of Our Time?", *The Ecologist* 14(1984), pp.194-200.

相互依存的生物圈關係網絡。

2.整體論意指不可分割的整體。

　　無論是人、生物和環境，都是「生物圈網上或內在關係場中的節點」，由此構成生態圈的「無縫之網」，綿綿密密的網絡。如果把個體看成是可脫離「無縫之網」，那就打破了存在的連續網絡。因此，人類世界和非人類世界是不可分割的整體，實際上不存在任何分界線。只要我們看到界線，我們就沒有深層生態意識。[88]

3.整體論意指「過程中的統一」。

　　整體論不適合用機械論的比喻，將關係看成是呆板、固定、靜止的狀態，而宜用生動的比喻，[89]把握其動態的、流變的、整體的相互關聯的過程。所有事物基本上是相互關聯，以及這些相互關係是不斷地變化著的看法，說明了這種「過程中的統一」的整體論。

4.整體論意指保護自然、保護地球就是在保護自己。

　　奈斯說：「如果我們認識到自我得到擴大和延伸，那麼關懷就會自然流露出來，因為我們認識到了對自然的保護，實際上就是在保護我們自己。」[90]相關的說法繁多，如席德說：「我要保護熱帶雨林，我是熱帶雨林的一部分。因此，我在保護我自己。」[91]福克斯說：「深層生態學的啟示是：我們應該盡可能深地、盡可能同情地關心地球的命運──這並不是因為地球的命運影響著我們，而是因為地球的命運就是我們自身。」[92]

---

[88] 本段敘述參考了雷毅的整理和敘述，見氏著：《深層生態學：闡釋與整合》（上海：上海交通大學出版社，2012 年），頁 50-51。

[89] 生動的比喻要把握流變的時間因素和過程發展的要素。

[90] John Seed et al. (eds.), *Thinking Like a Mountain: Towards a Council of All Beings*, p.29.

[91] John Seed et al. (eds.), *Thinking Like a Mountain: Towards a Council of All Beings*, p.36.

[92] Warwick Fox, "Deep Ecology: A New Philosophy of Our Time?", *The Ecologist* 14, pp. 200.

　　深層生態學整體論的這四層涵義，層層相關，皆是邁向生態我的歷程，心中自然流露對生態我的愛與喜悅。[93]

　　這種整體觀，深層生態學家認為是一種新的存有論世界觀，世界觀表明：世界根本不是分為各自獨立存在的主體與客體。人類世界和非人類世界之間，實際上不存在任何分界線，而所有的整體是由它們的關係組成的。這種不可分割整體的存有論是最基本的，無法被證偽或證成，奈斯等人說這是深層生態學的直觀（直覺），以作為終極的準則。

（三）深層生態學否認差異？

　　對於深層生態學的商榷，普魯姆德（Val Plumwood）提出深層追問：深層生態學否認差異？[94]差異是對生命形式多樣性與異質性的肯定和尊重，否認了差異，深層生態學所謂的自我實現將無依處，成為同質單一層面的網絡。因此，深層生態學需回應這個問題，為自己的學說辯護。

　　普魯姆德論說克服二元論的模式，作為批評深層生態學的理論基礎。她認為要克服自我　他者二元論就應從兩個方向入手，既要認識相似性，也要認識相異性。將自我視為獨立、自主的個體，片面的強調相異性，極度區分自我和他者，這是一種「排他性的自我」；強調自我和他者的相似性，通過吸納（incorporation）的方法，否認人類和非人類之間的界線與差異，則是一種「吸納性自我」。排他性自我與他者互為陌生、分立的存在，否認自我與他者依存性關係，它者原子式的存在；吸納性自我，對多樣性的抹殺，以同一融合的強制力，將自我的意志或情感加在他者身上，只看到他者與我相

---

[93] 深層生態學大多採「蓋婭論」（Gaia theory）。在古希臘神話中，蓋婭是大地的母親，「蓋婭論」認為大地是「活著的」（alive），屬於泛靈論的思想。在深層生態運動中，常見對蓋婭祈禱的儀式，目的是重新喚醒我們內心與大地的連結。

[94] 本文所述，根據 *Feminism And The Mastery of Nature* 第七章 Deep ecology and the denial of difference. 不一一注明出處。

同的部分，這是一種征服性的自我，是自我投射到它者身上，終不見他者的
特性或個性。這兩種方式都不能克服二元論的難題。

在普魯姆德的論說下，「關係性自我」可以為解方。關係性自我承認人
和萬物相互依存的關係，人與自然的關係是相似性（延續性）和相異性（差
異性）互相作用的結果，是在關係存有論下的存在。普魯姆德認為自我是通
過關係和差異而形成的，看見彼此之連續性（相似性），也看見彼此之差異
性，構成了「相互性自我」，「這一理念可以提供解釋人與自然關係的新途
徑，它既打破了自我─他者的二元結構，也為一種提倡關愛、友誼與尊重的
新關係提供了模式，因而也有助於生態我的範型。」[95]

普魯姆德由「關係性自我」、「相互性自我」的角度質疑深層生態學
「自我實現」的理念。「生態我」或「大我」原是關係存有的總體，自我實
現則把自然看成是自我的一個面向（維度），在不二論本質直觀下，深層生
態學基本關注的是自我的本質和可能性：「我們能成為什麼樣的自我」以及
「應該成就什麼樣的自我」。如此一來，自然作為它者的角色被抹殺，同時
也喪失了自我與它者重要張力的詮釋。

奈斯擴展自我的動機是體驗一種更為深廣的自我認同，同時，鼓勵把
「自利」或「大我利益」（Self-interest）作為行動的動力。」[96]普魯姆德的
詮釋則從理性自利的原則來說明「自我認同」的擴展，依據理性自利的原
則，在保護自然時最佳的策略就是把自然視同為我之所屬或我之所有，那麼
「大我」的利益就是「自我」的利益，「傷害自然即傷害自己」，依此邏
輯，保護自然就像是保護自己，是自發性的行動，而不是義務性的行動。可
是利益的擴大、自發性的行動是以認識不到它者的獨特性和獨立性為代價，

---

[95]　Val Plumwood, *Feminism And The Mastery of Nature*, p.142

[96]　Val Plumwood, "Nature, Self and Gender: Feminism, Environmental Philosophy, and the Critique of Rationalism", in Donald Van DeVeer & Christine Pierce(eds.), *Environmental Ethics and Policy Book* (California: California University Press, 1994).

它者被吸納進自我之中，它們之間的差別就消逝在整體性利益、「大我利益」之中。

普魯姆德的批評論點誤解了奈斯自我認同的要義，將使深層生態學產生內在的矛盾。奈斯主張「最大化大我的實現！」意味著「最大化所有生命的展現」，由此可推導出「最大化（長遠的、普遍的）多樣性」（Maximizing (long-range, universal) diversity）！[97]多樣性和「吸納性自我」並不相容，無他者的獨特性難以奢言多樣性。在行動綱領的第二條「生命形式的豐富性和多樣性有助於這些價值的實現，而且他們自身也是有價值的。」在吸納性的自我的關係中，不只無法彰顯多樣性的價值，反而遞減了生命形式的可能性。

普魯姆德的問難攸關奈斯「自我實現」的心理學進路。奈斯從環境運動的角度不贊同康德義務論的倫理，康德主張「不由任何愛好，僅出於義務去做這個行為，這個行為才具有真正的道德價值。」[98]因此，最能展現純粹道德的行為，就是違反意願，即使厭惡，仍因為尊重道德法則，而做出的行為。這是生態運動者常淪為說教，要求人要有所犧牲，要更有環境責任感，要更有道德所留下的社會印象。奈斯從他與山林接觸的美好經驗，體會到心甘情願的行為，才是行為的動力。人們敏銳感受生命豐富與多樣性，愛護自然的深層經驗所帶來的各種喜悅，或因與自然重新聯結，療癒人與自然的疏離，這才是人真正有意願保護自然的動機。所以，環境運動要設法影響的是人的意願，而不是道德義務。在奈斯的體會中，意識到人與生態人我存在一種親密的連結，深化人對真實（生態大我）的知覺，自然流露出環境的關懷。從這樣的立場，奈斯反對從道德（康德式的）義務來說生態哲學，而是從意願（愛好）來深刻啓發生態大我的白我實現。這就讓他採取心理學的進

---

[97] Arne Naess, "The Deep Ecological Movement: Some Philosophical Aspects", in George Sessions(eds.), *Deep Ecology For The 21st Century*, p.80.

[98] 康德著，李明輝譯：《道德底形上學之基礎》（臺北：聯經出版社，1991 年），頁 15。

路，開發人的深層生態意識和喜悅的感動力，如果要說這也包含一種倫理，或可稱之為「意願的倫理」，若用奈斯自己套用康德的觀念，意願（愛好）與好的行為相合的「美的行為」（beautiful act）的倫理，這種美的行為可由生態我的自我實現衍生出來。[99]

奈斯從生態關懷的整體論和意願的角度來論利他即利己，他斷言：「一個人達到的自我實現的層次越高，就越是增加了對其他生命自我實現的依賴[100]，自我認同的增加即是與他人自我認同的擴大，利他主義是這種認同的自然結果。」這種利他主義，不是和自我主義對反，不可從個體論的理性自利的角度來詮釋，而是整體論「生態我」思考模式下的論說。

在整體論下的自我，並不是「征服性自我」或「吸納性自我」，奈斯引用佛教的說法來譬喻。菩薩從小我走向大我，就像母親關懷小孩一樣，菩薩擁抱、接納所有的眾生（embrace all living being），回應眾生的需求；他同時引用澳洲生態女性主義者的說法，「我們在此擁抱世界，而非征服世界。」[101]在奈斯的文義中，自我的擴大和加深，是領受性的，其意識的意向是由自然環境回應給自我，而不是由自我投射到自然環境，因此，可以避免掉普魯姆德征服性自我的說法，它和關懷性自我、關係性自我可有相通之處。

事實上，奈斯從「欲我」走向「大我」的三階段說並不妥當，容易有錯解之處。奈斯認為隨著認同範圍的擴大和加深，我們與自然界其他存在的疏離感就會縮小；擴充與自然的連結，便是自我實現的歷程。但「欲我」是以自利為中心，是佔有性的小我，依佛教的看法，佔有性的小我是要淡化的、

---

[99] Arne Naess, Self-realization: An Ecological Approach to Being in the World, in George Sessions(eds.), *Deep Ecology for the 21ˢᵗ Century*, p.236.

[100] Arne Naess, Self-realization: An Ecological Approach to Being in the World, in George Sessions(eds.), *Deep Ecology for the 21ˢᵗ Century*, p.226.

[101] Arne Naess, Self-Realization: An Ecological Approach to Being in the World, in George Sessions(eds.), *Deep Ecology for The 21ˢᵗ Century*, p.234.

淨化的，而不是擴大、深化；普魯姆德從欲我的角度論三階段說，她認為奈斯未曾省思、批判佔有性利己主義，自我的擴大將以犧牲它者的獨特性為代價，也是言之成理。因此，「欲我」和「自我」是二個異質的自我的心智結構運作模式，「欲我」以佔有性的自利來運作，「自我」是關係性的運作模式，可以鼓動更寬廣的關懷和對自然的認同。「自我」是建構性的，它是走出「欲我」，邁向對它者的認同，所以奈斯人性成熟的三階段，事實上是二階段，一為欲我的淡化和淨化，一為自我的擴大和深化，這才能避免自我認同說的歧意和理論的衝突。

　　奈斯嘗試用完型（Gestalt，格式塔）理論來說明部分和整體的關係。在聆聽音樂旋律時，有它自發性的音聲具體內容的經驗，但在這具體內容的音聲元素之外，還有一層融入其中的抽象結構，也就是完型作用，這完型作用將音聲的部分連結到旋律的整體。音樂並非各個單一音聲符號的集合，而是一連串音聲相互關聯所構成的整體，當我們抽離完型的作用，音聲就無法構成旋律，成為一無所歸的片段音聲。在知覺現象中，人們對旋律的知覺乃音聲的具體內容和抽象結構（完型作用）互相作用的結果，也就是說，知覺不是音聲元素感受的總和，而是一個統一的整體，部分之和不等於整體，整體乃由完型作用所形成的不能分割的整體。從這個意義來說，著名的說法就是「整體大於部分的總合」，更直捷了當地說，「部分的自發經驗不只是部分，它是內在關聯於旋律整體的部分」，在完型的作用下，整體的部分大於只是孤立的片段的部分」。[102]完型的作用，從存有論的角度，可用來說明整體和部分的內在關聯，部分（個體）並非被吸納到自我的整體，它的差異性並未被消除，而是融入到整體，共構具體的自發經驗的內容。在完型的作用下，他者不只是差異，而是呈現整體下差異的豐富性和不可或缺的特性，一

---

[102] Arne Naess, "Ecology and Gestalt Ontology", in George Sessions(eds.), *Deep Ecology For The 21st Century*, pp.241-243.

且泯除差異性，整體不成為整體，具體的經驗內容便不能成立；一旦脫離完型的作用，個體將只是陌生的它者，外在於整體，脫離了存在的連續性。從完型存有論的角度，差異是被保存於整體中，或者說，是接納性、擁抱性的整體中展現自己的面貌，完成自我的實現[103]。

自我認同的歷程，是否如普魯姆德所言，它者的利益是透明的，為我所包含、穿透，為我所感、所知、所解？奈斯認同的作用是一種把其他存在的利益自動當成自己利益的過程。馬修斯（Freya Mathews）也認為奈斯的「認同」是想當然爾的去假設他人利益，[104]希望他者的利益得到滿足、自我實現。普魯姆德說，我們對它者的利益經常考慮不周全，我們以為的他者利益極可能和他們自己所認為的利益完全不同。[105]奈斯所說的認同的歷程，對它者的利益是否有這麼強勢的主張，還可再商榷。依奈斯的說法，也有可能是因同情的作用，產生的理解和感受；或用中國哲學的話語，奈斯所言的感知他人利益，可能即「氣之感通」，交感聯繫中感同身受，與物一體，而知痛癢。

回到完型理論，奈斯深受史賓諾莎（Baruch de Spinoza, 1632-1677）的影響，將完型心理學發展為完型存有論。史賓諾莎認為所有存在都被其他存在所包圍，每一個存在都在宇宙中，並與其他存在相聯繫。奈斯將史賓諾莎的觀念，結合完型心理學，建立起共通的解釋模型和框架。完型存有論認為具體的世界或具體的經驗皆非原子式的（atomic）孤立現象，而是完型作用的特徵，完型可用來解釋世界整體與部分之間的關係，形成部分整體關係的

---

[103] 環境整體論者羅斯頓有相似的論說，他稱之為「系統價值」（systematic values）。參見 Holmes Rolston III, *Environmental Ethics: Value in and Duties to the Natural World* (Philadelphia: Temple University, 1989), pp.3-26.

[104] Freya Mathews, "Conservation and self-realization: a deep ecology perspective", *Environmental Ethics* 10(1988), pp.351.

[105] Val Plumwood, *Feminism And The Mastery of Nataure* (New York: Routledge,1993), p.214, note 12.

框架，為深層生態學立下一個哲學基礎。[106]那麼奈斯所著重的看見他者的利
益或他者的存在價值，應該就是在完型存有論的基礎上來論說，它者的利益
或它者的自我實現，乃在整體關係的世界觀下才被看見，所以它者的利益被
穿透，為我所知、所感，主要也是在這個脈絡下來論說的，至於它者利益的
趨向和特徵，確實被奈斯所忽略了，奈斯實有「想當然爾的假設」，這是不
得不承認的理論缺失。

　　普魯姆德批評奈斯的「大我」是自我（小我）的利益的擴大與延伸，其
終極則是印度教不二論梵我合一的大我（Atman）。奈斯以聖雄甘地（M.K.
Gandhi, 1869-1948）為範例來回應。1930 年以來，奈斯就是甘地非暴力行
動的信徒，自承受到他形上學的影響。甘地認為其行動最重要的目標不在於
印度的政治解放，而在於「自我實現」，這聽起來有點怪異或陌生。甘地所
指的「自我實現」，不只是物質或制度的改進，而是精神的提升、善業的德
行。他所指涉的「自我」不是「小我」，不是考量個人利益，狹義的「自
我」。甘地來到村莊，為對抗赤貧、種性壓迫和生活的需求而努力，他卻說
他的目標是「自我實現」，這該不是自利的行為，而是透過無我的行動，藉
由削弱、遞減小我的意欲和支配，在他人的自我完成中，看到了自我實現的
可能，所以是無我的接納眾生，而不是小我的吸納性或佔有性的擴張，是通
過深廣大我，所有有情密切相關，在自我認同的含容下，產生非暴力行動的
自發性結果。

　　奈斯在〈自我實現：在世存有的生態進路〉一文中所描述的甘地是相信
印度傳統商羯羅的「不二論」（advaita），透過色非我、心非我的否定作
用，認識到絕對的、永恆的意識「梵」，親證梵與我的同一，即「梵我一
如」的不二論。奈斯的觀點在之後有所修正，他原先以為佛教是「改革的印

---

[106] Arne Naess, "The World of Concrete Contents", in Harold Glasser, Alan Dregson, Bill Deval, George Sessions (eds.), *The Selected Works of Arne Naess* Vol.10 (Dordrecht: Springer, 2005), p.460.

度教」，或者說，改革的印度教容納了佛陀的教導與教義。佛教學者指正了奈斯錯誤的見解，無論南傳或北傳佛教皆是無我論者，反對任何實體的一元論。奈斯接受了這個說法，開始轉向佛教的探索，並將「自我實現」融入佛教的觀點。[107]

福克斯認為，奈斯所說的「印度教」更偏重於「東方宗教」的概念，而不專指印度本土宗教。菩薩的理念可擴大適用到教內和教外，教外也常可引用菩薩的理念來形容他們理想的人格形象。甘地的印度教正是受佛教影響的印度教，甘地反抗英國殖民的壓迫，也對抗種姓的不平等。從佛教的角度，甘地是個大菩薩，菩薩以利他為利己，是意願性地利他，而不是義務性地利他，更不是把利他當作利己的手段，因此，保存他者，促進他者的自我實現，乃「大我實現」必要的歷程[108]。

甘地的自我實現，是世俗的，無法把他和環繞在他周邊眾生的自我實現分開。同時，福克斯引用奈斯的未公開稿〈格式塔思維與佛教〉來說明，奈斯的自我實現乃是動態的、流變的、向上的相互關聯的過程。要瞭解自我實現，必須從動態的「成為」（becoming）優先於靜態的「存有」（being）來瞭解。福克斯以「行道」、「修道」（to follow the path）的過程來表達。自我實現是一個修道的歷程，精神一個層次一個層次提昇的歷程，這是一種自我縱向的高度發展，最終指向理想的「最大化自我實現」，批評者忽視了自我實現的縱向高度，只是將它看成是橫向的，對列格局，誤認為這只是小我的擴充和深化，是自我利益的擴大，潛藏著「征服」性格和「認同吸納」的強制性，在福克斯的說明中應可部分的解消疑慮，也為「自我實現」

---

[107] 參見 Warwick Fox, *Toward a Transpersonal Ecology* (New York: State University of New York Press, 1995), Note 47, p.339.

[108] 福克斯的詮釋，在筆者參考《甘地傳》、《甘地自傳》多種傳記，未見甘地與佛教的關係。甘地有接受基督教的傾向，亦有對伊斯蘭教的善意，但皆未有佛教的見解。這應是福克斯個人的詮釋。

達致「無我」的歷程，給予過程觀點的說明[109]。

順著福克斯的說解，奈斯的「自我認同」應有重新詮釋和定位的必要。奈斯所言自我實現的過程，也就是逐漸擴展自我認同的對象範圍的過程，這個擴展不只是廣度的擴展，還有高度的提昇，或者用奈斯的說法，自我的擴展和深化。「深化」所指的乃縱向高度的發展，那麼，「深化」的發展，是否有德行的內涵？是否有修道歷程德性的提升？史彭博格（Alan Sponberg）對此深有所思。

史彭博格對於「綠色佛教」著重關係的面向深表肯定，「一切事物皆相互關聯」這是佛教的核心觀念，此處的「事物」不只包含一切有情，也涵蓋了他們參與其中之生態系的每個層面，亦即整個生態圈。但「綠色佛教」卻未能正視佛教的「成長面向」，不能理解傳統佛教關係面向和成長面向的互補性和共存的需求[110]。成長面向在佛教的「修道、行道」的觀念是最容易表示出來，戒、定、慧三學，四禪、五根、七覺支、八正道、四無量心皆是佛陀教導的內容，也是修道的路徑。以慈悲的成長面向為縱軸，以相互關連性程度為橫軸，兩者的關係是個倒三角形的圖式。隨著慈悲成長面向循著螺旋路徑向上移動，他的相互關聯圈增大了，愈往上升，其關聯圈愈大，並蘊含一種愈發增強的意願和責任感。這就是慈悲所表達的內容，藉由慈悲等級的向上提昇，培養慈悲德行，邁向自我實現。所以，就自我認同而言，生態大我的認同，並非只是成熟人性的自然趨向，也是慈悲心的作用。奈斯將「自

---

[109] 釋昭慧推論，「深層生態學」雖然用「自我」或「大我」的語彙，卻在極大化的「共生」關係中，否定了個體我的獨立性。這是一套心量無限擴大，終而達致「無我」，並能產生「同體大悲」的如理作意，與「四無量心」的修習路數較為接近。這個觀點與福克斯根據文獻說解，「自我實現」乃是「無我」相似。見氏著：〈「深層生態學」的自我實現與自我解構——環境倫理學「整體論」與佛法觀點的回應（之二）〉，《法印學報》第 6 期（2016 年 4 月），頁 13-14。

[110] 史彭博格（Alan Sponberg）：〈綠色佛教與慈悲的等級〉，《佛教與生態學——佛教的環境倫理與環保實踐》，頁 435-460。

我認同」作為根源的動力，對佛教的詮釋和取用似乎不具有史彭博格所言的成長面向的慈悲等德行，在他自己的論著中也未能適當的發展，仍只強調自我認同和完型存有論的進路。

（四）佛教與深層生態學的對話

在回應普魯姆德的批評論點時，深層生態學取用了佛教觀念，用來說明己方論點較為明晰的意涵。換個角度，如果從佛教本身的論述，而且可以貼近佛教教義的脈絡，又能展現什麼對話的面貌？

佛教學者在思辨深層生態學與佛教的關係時，並未對「自我實現」展開深刻的思考，而是隨順著深層生態學的論述，接納為終極準則。如果以生態批判論者的角度，佛教有無深層生態學的思想資源？佛教的「自我實現」是「生態我」的實現嗎？深層生態學的根本問題是佛教所關心的問題？「自我實現」是終極關懷嗎？如果是，「自我實現」如何和傳統佛教追求精神和道德圓滿的成佛解脫相調和？

我們可以同情地理解這些難解的問題，佛教基於當代的生態危機和環境浩劫，需回應這個時代的處境，故有生態進路的轉向；眾生的苦難有來自於生態環境之失衡、毀壞者，離苦得樂，得求之於深層生態的追問，故有深層生態學之轉向。此轉向不離於世間，乃在世間做佛事，是世間法之自我實現，其和佛教出世間的終極關懷可不相違，乃致於有相益之功，「人成則佛成」、「環境成則世間成」，故從佛教教義，或更能激發我們的意願，發展「生態我」的意識，擴展人與自然的連結。基於這個態度，佛教與深層生態學的關係，乃隨順深層生態學的論述和行動，展開銜接和對話，建立起佛教深層生態學的版本，以佛教語言說深層生態學要旨，反思佛教對深層生態學的取用與調適。

海寧（Daniel H. Henning）博士《佛教與深層生態學》是一部全面性的

佛教與深層生態學的對話和理論銜接的論著，[111]所謂「全面性」是指海寧不只從深層生態學兩大終極準則來進行佛教的詮釋，更照顧到深層生態學理論派生的四個層次，討論佛教的環境行動、公共參與和生態素養的培育的課題，並就深層生態運動的面向，提出泰國佛教保護泰國最大湖泊宋卡湖（SongKha）的經驗及其觀察反省，以作為佛教公共參與的案例，鑲嵌在深層生態運動的脈絡中。

在「深層生態學的體驗練習」的論述中，海寧描述《像山一樣思考》的培訓方式，從禪修體驗、冥想、儀式、眾生大會的扮演和帶領，重新建立起人和自然的連結，促成人實踐生態我的意願，成功地取用、銜接席德等人生態靈修的實踐。海寧的論點承續泰國佛教的特色，尤其是佛使比丘的觀念，以「法」（Dharma）為中心，進行和深層生態學的銜接和對比，其中，佛教的五戒、四聖諦和八正道，海寧介紹其在佛教教義體系的理解，並引申其環境面向的詮釋。[112]終極來說，同理大自然，自我認同「生態我」的進程，乃是同體大悲的實踐。可惜的是，海寧並未意識到從佛教的德行論，環境德行的詮釋，原可修正奈斯的「自我認同」的過程和作用，使其成為有根源有動力的成長的歷程，進一步補足福克斯所說「修道、行道」未竟的面向，以完整「自我認同」和「生態大我」的成長面向，縱貫高度的關係。

生態我的認同過程，奈斯、梅西、席德等都是採用心理學的進路，甚至有以心理學代替倫理學的構思，因不認同康德義務論的倫理，所以未曾深層追問倫理學（非康德的義務論）所扮演的角色，也未曾追問佛教的成長面向、修行的方法，是否可促成生態我的實現。只取佛教關係的面向，互相依存的理念，而不取其修行的方法，顯然是深層生態學對佛教片面性的取用。

印順導師說明「慈悲的根源」時，有一段重要的說解：

---

[111] Daniel H. Henning, *Buddhism And Deep Ecology* (Bangkok: The World Buddhist University, 2001).

[112] 對於佛教核心概念的環境面向詮釋，是海寧《佛教與深層生態學》的主要貢獻之一。

> 人與人間，眾生間是這樣的密切相關，自然會升起或多或少的同
> 情。同情，依於共同意識，即覺得彼此間有一種關係，有一種共
> 同；由此而有親愛的關切，生起與樂或拔苦的慈悲心行。[113]

在緣起的相關性中，首先生起的是同情，而後有慈悲心行。同情是緣起相關性中根本的動源，依此而有一種共同的認同，我們姑且稱他為自我認同的作用，這和奈斯以自我認同為本的說法有動源上的差異，奈斯以自我認同為根本，先於同情心，由自我認同的擴大，達成自我的實現，這個路數並不是佛教的實踐經驗。「自我認同」亦可能流為物種歧視，不在認同的範圍便是不相干的它者，因此佛教認為「自我認同」必需先肯認共同關係的存在，而關係的存在，自然產生起或多或少的同情，以感同身受對方的情志，生起慈悲心行。在自我認同的過程，同情心和慈悲心都扮演著引導性的作用，涵養慈悲心，提昇慈悲心的等級，在精神的成長面向上用功夫，為達致「自我實現」的方法。

另一方面，在自然療癒的過程中，重新恢復人和自然的斷裂關係，如果遇到阻礙，無法順遂完成時，除了喚醒生態意識的力量，是否也有一種倫理的動機：「我應該這樣做，以完成生態我的進程！」這便有別於自然的依存感，而是倫理的依存感，自我認同的擴大深化，也有賴於倫理的依存感吧！

佛教面對深層生態學的思潮，各有不同的處境和良善的動機，總體來說，佛教回應環境危機：佛教有保護環境的義務嗎？[114]以臺灣佛教為例，臺灣佛教的環境實踐反應出「全球性」和「在地性」交互辯證的積極社會過程，法鼓山的佛教心靈環保論述或慈濟「預約人間淨土」的活動推廣，表達

---

[113] 釋印順：《佛學二要》（臺北：正聞出版社，1971 年），頁 121。

[114] 楊惠南教授力主建立心境平等的佛教生態學，「心」、「境」並重的佛教環保理論，佛教徒有保護環境的義務。見氏著：〈當代台灣佛教環保理念的省思：以「預約人間淨土」和「心靈環保」為例〉，《愛與信仰：臺灣同志佛教徒之平權運動與深層生態學》，頁 229-263。

了臺灣佛教信眾找尋社會參與以及佛教的現代化方向，[115]但要從教義順當地論述佛教環境思想，仍有其教理銜接或轉型的詮釋課題，理論的建構並未順當的發展，故在臺灣的處境，可以用「行經」來總括，也就是以行動來詮釋經義，行動先於理論或行動創造理論的實踐方式。

福克斯將「生態我」詮釋為緣起的、流變的、無我的過程的統一體，乃符應了緣起性空的佛教通義來詮解深層生態學兩大準則，也為過程神學開了一扇會通之門。印順法師對緣起通透的瞭解，從緣起相的相關性說關係的存在，為生態大我奠定會通的框架：

> 從緣起相的相關性說，世間的一切——物質、心識、生命都不是獨立的，是相依相成的緣起法。在依託種種因緣和合而成為現實的存在中，表現為個體的、獨立的活動，這猶如結成網結一樣，實在是關係的存在。……離了關係是不能存在的。[116]

緣起相的相關性，放到般若中觀的說法，就是「未曾有一法，不從因緣生；是故一切法，無不是空者。」[117]關係的網絡，一層一層地依託因緣，結成了無縫之網，成為不可分割的整體，這種相互連結的整體關係，便是生態我的形構，也是自我實現的存有論根基。

再就緣起性的平等性來說，為生態中心平等說（生物圈平等說）建構了平等的基本認知：

---

[115] 林益仁：〈環境實踐的「全球」與「在地」辯證：以法鼓山的「環保」論述為例〉，《台灣社會研究季刊》第 55 期（2004 年 9 月），頁 1-46。

[116] 釋印順：《學佛三要》，頁 120。

[117] 〔印度〕龍樹造，〔後秦〕鳩摩羅什譯：《中論・觀四諦品》，《大正藏》冊 30，第 1564 號，頁 336。

> 緣起法是重重關係，無限的差別。這些差別的現象，都不是獨立
> 的、實體地存在。所以從緣起法而深入到底裡，即通達一切法無自
> 性，而體現平等一如的法性。這一味平等的法性，是一一緣起法的
> 本性。[118]

緣起性的平等性，是承認差別的諸法平等，用般若中觀的說法「但見諸法空，空即是平等」[119]，諸法平等其基底超過理性的平等說、感性的平等說，而為一一法平等開顯，故可類比為生態中心平等說。

　　緣起相的相關性和緣起性的平等性，其關係存有論的表現方式，會通深層生態學的終極準則，得以建構無執的（無我的）大我實現說。這個模式，基本上就是人間佛教詮釋深層生態學的共通模式，故楊惠南有建立緣起性空的佛教深層生態學的構想和論述。[120]然科廷（Deane Curtin）曾肯定地表示，深層生態學的自我（大我）必定轉化為佛教真常心系統，人與自然的整體圖像才有立足地，而且實現萬物平等觀也才有可能。[121]在福克斯提出新解後，可以確認真常唯心說並非唯一的通路。我們嘗試以臺灣佛學界已做出的學術成果，做個檢討和引論。[122]

　　中國佛性論的發展自大乘《大般涅槃經》傳入後，從道生高唱「闡提成

---

[118] 釋印順：《學佛三要》，頁 122。

[119] 〔印度〕龍樹，〔後秦〕鳩摩羅什譯：《大智度論》，《大正藏》冊 25，卷 100，頁 7516。

[120] 楊惠南：〈信仰與土地：建立緣起性空的佛教深層生態學〉，《愛與信仰：臺灣同志佛教徒之平權運動與深層生態學》，頁 181-227。

[121] Deane Curtin, "A State of Mind Like Water: Ecosophy T and The Buddhism Tradition", in Eric Katz (eds.), *Beneath the Surface: Critical Essays in the Philosophy of Deep Ecology* (Massachusetts: The MIT Press, 2000) , p254

[122] 臺灣相關的論著，參見釋恆清：〈《金剛錍》的無情有性說與深層生態學〉，收入氏著《佛性思想》，頁 271-283；賴賢宗：〈天臺佛學與生態哲學〉，《玄奘佛學研究》第 2 期（2005 年 1 月），頁 135-171；楊惠南：〈建立天臺宗的深層生態學——以湛然《金剛錍》的「無情有性」為中心〉，《正觀》第 83 期（2017 年 12 月），頁 5-42。

佛」開始，及至唐代天臺宗湛然（711-782）立「無情有性」，可謂發展到了頂點。以「無情有性」為核心，論述其與深層生態學的會通和思想的對比、銜接，可做為佛教真常心系統深層生態學的範例，本文將以楊惠南〈建立天臺宗的深層生態學──以湛然《金剛錍》的「無情有性」為中心〉的論述略說真常心系統的深層生態學的詮釋。楊教授析論天臺宗山外的「無情成佛」與山家的「無情無成佛義」，得出山家似乎也沒有「無情無成佛義」的主張，山外、山家二派理路不同，但都有「無情成佛義」。從「無情成佛義」，楊教授認為可開出一條與深層生態學相關的理路，這個理路他分三點來說明：

（1）生命平等準則（即本文的生態中心平等準則）的會通。

　　　深層生態學主張自然界的萬物，不管是有情的畜生或無情的草木瓦石，都具有自己的內在價值。就佛教言，這種「內在價值」就是佛性，奈斯的「生命平等」準則，用天臺宗的術語來說，即是「色心不二」或「依正不二」，有情眾生固然有其內在的價值（佛性），與有情（心、正）不二的無情草木（色、依），也同樣具有它們的內在價值──佛性。因此，這兩種「不二」的道理，與「生命平等」準則相銜接，就是天臺宗邁向深層生態學的工作。

（2）奈斯自我覺悟的過程，其實是認同外在的社會環境和自然環境，與自己同體而不可分割的過程。這種自我覺悟的過程，類似天臺以止觀修習「一念三千」的「不可思議境」，「一念三千」不離「十界互具」，「十界互具」思想旨在於體悟十法界中的萬事萬物，全都本具於我人的「一念」之中，而且互相具足。就以地球上有情的野生動物，以及無情的草木瓦石來說，修習止觀的行者，必須體認到牠（它）都本具於行者的「一念」之中；而行者本人也一樣，本具於這些有情和無情之中。這樣的理境，把宇宙中一切事物，視為與自己同體，其實即是奈斯所說的「大我」或「生態大我」。

（3）天臺「一念三千」的目的，不在環保，而在自我解脫，因此，天臺止觀的行者，須將原來純粹內心的自修自證，放寬到外在的環境，從止觀（內心）中的無情「色」法（以及有情動物），擴展到實際外在於心的無情「色」法（以及有情動物）。如此，天臺止觀即能與奈斯的「自我覺悟」接軌。

楊教授清晰的結論，有助於我們討論佛教如何詮釋和銜接深層生態學的問題。

　　奈斯對「大我」並未給予明確的界說，他是用自我認同的過程來代替「自我」的定義，「大我」是人的自我認同所邁向的所有存在皆能達成自我實現的積極條件。因此「大我」是梵我論，是真常心或是真如（空性），都是開放的課題，不同的宗教或哲學的詮釋，決定了達成圓滿大我的路徑和方法，也影響人在意識層面的轉化、深層的全幅關係意識的展開和成熟。奈斯和福克斯對於大我的詮釋有所調整，是在「過程中的統一」整體論的思維下，藉助佛教修道、行道的歷程，對於深層生態學準則的再度詮釋和說明，這並不表示，他們對於大我有個定義，而排除其它的可能性。也就是說，「大我」由其達成的路徑和方法來決定其本身的存有型態，形上的大我、生態的大我，視各宗教的教義予以詮解，並提供宗教的生態思想資源。

　　一切物種皆具有內在價值，或一切有情無情皆具有內在價值，「無情有性」提出了終極地說明，因此，在深層生態學的二大準則可合理地提出相應的詮釋和準則的銜接。但是，過於強度地提出萬物的「內在價值」就是佛性，除了佛學內部的諍議外，亦有其和深層生態學對話的難題。

　　首先，深層生態學的生態大我，預設了生物圈的整體性和生物的多樣性，無情有性的說法並未具有生態圖像和生態系的思想，如何對應或有助於深層生態學的世界觀？世界觀對話乃是建立佛教深層生態學的先行理論工作，這個工作尚未被適當地討論和開展。

　　再者，深層生態學「無縫之網」建構了存在網絡的生態整體論，它最大

化多樣性的節點，在多樣性中完成了整體的豐饒。「十界互具」的理境，是在止觀修證中，視萬物與己同體。在理境中，它者具現在行者的「一念」之中，行者的我亦本具於有情和無情的它者之中，十界互具說保留差異之相，但自我本具於有情和無情的它者之中的主張，實難以外推到實際的外在環境，況且，就深層生態學來說，亦不必含此義，過度的推論，反而阻礙了落實為外境的作為。

三者，楊教授認為天臺哲學太過繁複深奧，然而「一念三千」、「十界互具」、「無情有性」的理境似有助於實踐「生態大我」的意願，可促發保護動物、保衛無情國土的弘願，這便是和深層生態學銜接的原點，意願的倫理學（弘願）才是促使天臺宗轉向深層生態學或和深態生態學相銜接的關鍵吧！但我們還是可以問：這包含修道的發展面向嗎？德性養成我們自發的傾向和意願，提升生態自我的深度和高度，這個面向在建構佛教的生態生態學的面向時，一定要被考量和實踐。

四、結語

本文以人間佛教的觀點，探討佛教的環境關懷與深層生態學的相應詮釋。佛教的生態轉向，並不是要取消或替代解脫論，而是支持、擴展、延伸世間善法，有意識地體驗到與眾生萬物連結的喜悅與力量，同情生態環境的破壞、危難與沉淪，興起保護環境的意願與行動，讓環境生態的關懷融入人間佛教行者的視域，走進人間生態大我的實踐歷程。

面對佛教的環境生態思想，筆者首先叩問：佛教存在環境關懷嗎？經由生態轉向，佛教將慈悲的關懷擴展至動物、植物、水與土地等生命共同體，確立佛教存在因應時代的環境關懷面向。在這個面向上，本文陳述佛教環境關懷的教理資源以及環境關懷的詮釋。

對於佛教走向深層生態學，本文從緣起論和慈悲觀會通，銜接深層生態學自我實現說與生態中心平等說兩大終極準則。筆者贊同從生態進路建立起「自我實現」的準則，但奈斯論述「自我實現」，只在世界觀和自我認同立說，有其不足之處。自我認同可視為生態心理動力說，它是深層生態學對成熟人性的新解。就佛教而言，生態大我來自於同情和慈悲心，在自我認同的過程中，慈悲心扮演著引導和培育自我認同的作用。自我認同不只是人性的本然趨向和發展，更是慈悲所推動的擴展。自我實現不離慈悲，慈悲的修習去除自我的侷限和執著，提高擴展自我認同的動力。因此，自我實現應是人性成熟的動力和慈悲德行的作用，兩翼相成的結果。佛教對深層生態學的會通，正視佛教修心修道的傳統，使自我實現受益於成長面向的修心、修道的視野，建立起更有說服力的自我實現的論說。

深層生態學、生態倫理、環境關懷等環境思想，皆認為佛教「不殺生」的尊重生命觀不一定能達到生態保育的目的。生態倫理容許為了生態多樣性、生態的繁盛，殺害或威脅生態平衡過盛的物種；深層生態學「普遍共生」的準則，包含了殺戮現象的存在。例如，麋鹿與狼之間的共生關係，狼為了生存而獵殺麋鹿，可以有效抑制麋鹿族群過度繁衍，有益於麋鹿的生存發展，這也符合「共生」的原則。為了生態平衡，在保護物種多樣性的前提下，人可有限度地扮演狼的角色，促進生態系的興盛健康。

佛教雖不具有物種的觀念，並不妨礙接受生物多樣性的生態觀。物種的消失，最大的因素是棲息地的破壞和人類的生活方式。保護棲息地，改變人的消費生活，方為保護物種的適當方法。殺生只能在衡量各種手段皆無法達成保護物種的目的，不得已採行的方法。在佛教看來，殺生是違背眾生好生畏死的本能，殺生即是世界苦的現象，人類無法正當化殺生的行為。深層生態學應當追問：殺生是把生命當成資源，追求表面的、短期的生態平衡？什麼是殺生背後的社會文化制度？不殺生的社會條件如何促成？因此，佛教的深層生態學主張不殺生的共通情感與規範，保留不殺的張力，對於自我認同

的擴展、深化是有益的。

　　佛教是綠色宗教？從生態轉向所能提供的教義資源來說，佛教有潛能成為綠色宗教，緣起觀存有論相應於深層生態學的準則，慈悲觀也可擴展至一切生命形式。可是，這是經由生態轉向，現代佛教所獨有的詮釋方式，並非傳統佛教本具的思想。所以，綠色佛教是佛教自我認同的課題，有意願將佛教的人性論擴展至生態大我的自我實現，那麼就要考慮和深層生態學理論派生關係的各層次對話，發展佛教生態實踐的行動架構，以確立生態行動實踐的方針與目標。理論的層次，佛教是親生態的；實踐的層次，佛教還處於正在發展的階段。

　　佛教的綠化涉及「如何」的問題，如何關注及實踐佛教環境關懷的方法。佛教與深層生態學對話，建構自己的實踐藍圖和行動的策略，不失為一個可行的方法。佛教的綠化涉及「為什麼」的問題，為什麼要綠化？如果將佛教綠化看成是回應世間生態危機的方便，「為什麼」將是慈悲生態進路的問題。慈悲心，不忍眾生苦，將是「為什麼」的應答。佛教的綠化將隨著行者的意願，而有各種深淺不一的面貌。

參考文獻

一、原典文獻

〔印度〕龍樹造，〔後秦〕鳩摩羅什譯：《大智度論》，《大正藏》冊
　25，第 1509 號。

〔印度〕龍樹造，〔後秦〕鳩摩羅什譯：《中論・觀四諦品》，《大正藏》
　冊 30，第 1564 號。

〔印度〕覺音造，葉均譯：《清淨道論（中）》，臺南：中華佛教百科文教
　基金會，1991 年。

〔東晉〕瞿曇僧伽提婆譯：《中阿含經》，《大正藏》冊 1，第 26 號。

〔後秦〕鳩摩羅什譯：《妙法蓮花經》，《大正藏》冊 9，第 262 號。

〔唐〕玄奘譯：《大般若波羅蜜多經・第二會》，《大正藏》冊 7，第 220
　號。

康德著，李明輝譯：《道德底形上學之基礎》，臺北：聯經出版社，1991
　年。

鄧殿臣譯：《長老偈・長老尼偈》，臺北：圓明出版社，1999 年。

彌勒菩薩說，〔唐〕玄奘譯：《瑜珈師地論》，《大正藏》冊 30，第 1579
　號。

關世謙譯：《漢譯南傳大藏經・增支部經典三》，高雄：元亨寺妙林出版
　社，1994 年。

二、近人論著

Andrew Dobson, Environmental Citizenship: Toward Sustainable Development,
　Sustainable Development 15 (Sep.2007), 276-285.

Arne Naess, David Rothenberg(eds.), *Ecology, Community and Lifestyle: Outline of an Ecosophy,* Cambridge: Cambridge University Press, 1989.

Daniel H. Henning, *Buddhism And Deep Ecology*, Bangkok: The World Buddhist University, 2001.

Donald K. Swearer, "An Assessment of Buddhist Eco-Philosophy", *The Harvard Theological Review* 99.2 (Apr.2006), pp.123-137.

Donald Van DeVeer & Christine Pierce(eds.), *Environmental Ethics and Policy Book*, California: California University Press, 1994.

Eric Katz(eds.), *Beneath the Surface: Critical Essays in the Philosophy of Deep Ecology*, Massachusetts: The MIT Press, 2000.

Eric Katz, *Nature as Subject: Divergence and Convergence*, Boston: McGraw-Hill, 1998.

Freya Mathews, "Conservation and self-realization: a deep ecology perspective", *Environmental Ethics* 10(1988), pp.347-355.

George Sessions(eds.), *Deep Ecology For The 21ˢᵗ Century*, Boston: Shambhala Publications, 1995.

Harold Glasser, Alan Dregson, Bill Deval, George Sessions (eds.), *The Selected Works of Arne Naess* Vol.10, Dordrecht: Springer, 2005.

Holmes Rolston III, *Environmental Ethics: Value in and Duties to the Natural World*, Philadelphia: Temple University, 1989.

Ian Harris, "Getting to Grips with Buddhist Environmentalism: A Provisional Typology", *Journal of Buddhist Ethics* V.2(1995), pp.173-190.

Ian Harris, How Environmentalist Is Buddhism, *Religion* 21(Apr.1991), pp.101-114.

John Seed et al.(eds.), *Thinking Like a Mountain: Towards a Council of All Beings*, Philadelphia: New Society Publisher, 1988.

Lambert Schmithausen, "The Early Buddhist Tradition and Ecological Ethics",

Journal of Buddhist Ethics 4 (1997), pp.1-74.

Lynn White, Jr., "The Historical Roots of Our Ecologic Crisis", *Science* 155 (Mar.1967), pp.203~207.

Nel Noddings, *Caring: A Feminine Approach to Ethics and Moral Education* ,Oakland: University of California, 1984.

Nel Noddings, *Caring: A Relational Approach to Ethics and Moral Education* ,Oakland: University of California Press, 2013.

Nel Noddings, *Starting at Home: Caring and Social Policy* ,Oakland: University of California Press, 2022.

Peter Btyer, *Religion and Globalization*, London: Sage Publications, 1994.

Peter Harvey, *An Introduction to Buddhist Ethics* ,Cambridge : Cambridge University Press, 2000.

Peter Singer, *Practical Ethics* ,Cambridge: Cambridge University Press, 1979.

Pragati Sahni, *Environmental Ethics in Buddhism: A Virtues Approach,* New York: Routledge, 2008.

Robert Frazier Nash, *The Rights of Nature: A History of Environmental Ethics*,Madison: The University of Wisconsin Press, 1989.

Stephanie Kaza & Kenneth Kraft(eds.), *Dharma Rain: Sources of Buddhist Environmentalism*, Boston: Shambhala Publications, 2000.

Susan Darlington, *The Ordination of a Tree: The Thai Buddhist Environmental Movement* ,Albany. N. Y.: State University of New York Press, 2012.

Val Plumwood, *Feminism And The Mastery of Nataure*, New York: Routledge,1993.

Val Plumwood, *Feminism and The Mastery of Nature*, London: Routledge, 1993.

Warwick Fox, "Deep Ecology: A New Philosophy of Our Time?", *The Ecologist* 14(1984), pp.194-200.

Warwick Fox, *Toward a Transpersonal Ecology*, New York: State University of
　　New York Press, 1995.

William G Austin & Stephen Worchel(eds.), *Psychology of Intergroup Relations*,
　　Chicago: Nelson-Hall Publishers,1986.

一行禪師著，汪橋譯：《正念擁抱地球：佛教的和平觀及生態觀，一行禪師
　　關於地球及人類揚昇最重要的心靈及環境開示》，新北：自由之丘，
　　2012 年。

印順：《學佛三要》，臺北：正聞出版社，2000 年。

吳汝鈞編著：《佛教思想大辭典》，臺北：商務印書館，1992 年。

吳秀瑾：〈關懷倫理學〉，《華文哲學百科》網站，2019 年 6 月 14 日，網
　　址：http://mephilosophy.ccu.edu.tw/entry.php?entry_name= 關 懷 倫 理 學
　　（2022 年 6 月 16 日上網）。

李奧波（Aldo Leopold）著，費張心漪譯：《砂地郡曆誌（A Sand County
　　Almanac）》，臺北：十竹書屋，1987 年。

林益仁：〈解析西方環境運動及其與科學和宗教的關連〉，《思與言》第
　　35 卷第 2 期（1999 年 6 月），頁 313-345。

林益仁：〈環境實踐的「全球」與「在地」辯證：以法鼓山的「環保」論述
　　為例〉，《臺灣社會研究季刊》第 55 期（2004 年 9 月），頁 1-46。

約翰・席格等著，黃懿翎譯：《像山一樣思考》，臺北：紅桌文化，2015 年。

翁國精：〈野生動物們，別來無恙？〉，《PanSci 泛科學》網路，2022 年
　　7 月 6 日，網址：https://pansci.asia/archives/350749（2022 年 7 月 24 日
　　上網）。

理查・培恩（Richard K. Payne）主編，梁永安譯：《多少才算夠：佛經經
　　濟學救地球》，臺北：立緒文化，2012 年。

程進發：《為環境倫理學整體論辯護及其應用》，桃園：國立中央大學哲學
　　研究所博士論文，2007 年。

黃惠英（釋法融）：《佛教生命倫理觀的實踐理路：以自然農法為例》，臺北：國立政治大學宗教研究所博士論文，2018 年。

楊惠南：〈建立天臺宗的深層生態學——以湛然《金剛碑》的「無情有性」為中心〉，《正觀》第 83 期（2017 年 12 月），頁 5-42。

楊惠南：《愛與信仰：臺灣同志佛教徒之平權運動與深層生態學》，臺北：商周出版，2005 年。

雷毅：〈深層生態學思想研究〉，北京：清華大學出版社，2001 年。

雷毅：《深層生態學：闡釋與整合》，上海：上海交通大學出版社，2012 年。

瑪莉・塔克（Mary Evelyn Tucker）、鄧肯・威廉斯（Duncan Ryūken Williams）編，林朝成、黃國清、謝美霜譯：《佛教與生態學——佛教的環境倫理與環保實踐（Buddhism and Ecology: The Interconnection of Dharma and Deeds）》，臺北：法鼓文化，2010 年。

蔡耀明：〈《大般若經》的嚴淨佛土所透顯的佛教環境倫理觀〉，《般若波羅蜜多教學與嚴淨佛土：內在建構之道的佛教進路論文集》（南投：正觀出版社，2001 年），頁 328。

諾丁斯（Nel Noddings）著，侯晶晶譯：《始於家庭：關懷與社會政策（Starting at Home: Caring and Social Policy）》，北京：教育科學出版社，2006 年。

賴賢宗：〈天臺佛學與生態哲學〉，《玄奘佛學研究》第 2 期（2005 年 1 月），頁 135-171。

釋恆清：《佛性思想》，臺北：三民書局，1997 年。

釋昭慧：〈「深層生態學」的自我實現與自我解構——環境倫理學「整體論」與佛法觀點的回應（之二）〉，《法印學報》第 6 期（2016 年 4 月），頁 1-24。

▪ 第四輯 ▪

相關佛學研究的新詮釋史
及其書評新檢討

第二十章　臺灣本土佛教研究百年經驗的專題報告

江燦騰

臺北城市科技大學創校首位榮譽教授

一、小序

這是一篇論戰味道濃厚的報告實錄！

在二十一世紀（2000）肇始第一個月的中旬，我受邀前往號稱全國研究民族學精英之所在的「中研院民族所」會議室，發表個人所認知的〈臺灣本土宗教的百年研究經驗〉，並澈底質疑民族所歷來有關臺灣宗教學研究，是否具有人類學應有的研究典範？

當天擔任主持的，是民族所的副研究員葉春榮博士。至於當天在現場曾和我互相激辯的每個人，我也在事後透過該所的副研究員張珣博士，請彼等過目此一的報告和討論的全部內容。

因而，此一雖經整理仍真實反映當天現況的發言紀錄稿，的確是原汁原味的學術史紀錄。我希望對閱讀本文者，能有些許的參考價值，我就很高興了。

二、臺灣本土佛教研究百年經驗的專題報告

葉春榮：今天的演講者，是畢業於臺大歷史所的江燦騰博士，我想，大家都知道他，不用我多做介紹。本來我們還安排了任教於臺北大學社會學系的郭文般教授和江教授一起對話，但由於郭教授不巧患了重感冒，因而臨時取消。所以現在我們就請江先生開始為我們報告。

江燦騰：在正式今天的報告之前，請讓我先用幾分鐘來做一點開場白。

本來貴所的葉春榮先生要我來此演講，其實是叫我來踢館的，要我從歷史學的宗教研究角度，來批判貴所——中研院民族所——的宗教研究模式。根據他這樣的需求，經過仔細的思考後，最初就是想趕快拒絕。

翻閱實際的相關資料後，我找不到民族所學刊中有所謂和我所談主題有關的研究典範之存在。事實上，初步檢討大部份現有民族所學刊中的內容後，在有關臺灣本土宗教的研究取向或其內容方面來說，對於像我這樣具歷史學研究背景的讀者的最大困惑就是，幾乎看不到有所謂純粹人類學的宗教研究存在，意即其學術的界限都是很模糊的，並且大多數都介乎人類學與歷史學之間的宗教研究模式。

我的困惑立刻產生了。我若要答應來檢討民族所的學者研究成果，到底是要以相關研究者的學位背景為準呢？或者只以收錄於民族所學刊上的人類學宗教研究成果為準？特別是，如檢討相關研究者，拿的雖是人類學背景的博士學位，但寫的又不是純人類學模式的相關臺灣宗教研究文章，那我到底該如何做批評呢？因此，就其學科上所存在的模糊，以及現有研究典範的實際缺乏，我先前一度婉拒了這個重要的演講。

葉先生和張珣博士又一再誠意相邀，所以我今天才慨然答應來

此。誠如葉先生曾經說過的：「大家都是博士，且中研院是全國最高的
學術中心，誰又須在乎誰？」何況，我又不是像最近邀來中研院發表演
講的清海無上師那樣，是什麼新興宗教的創派教祖，不必要那樣的聲勢
和排場來為自己壯膽；再者作為宗教學者，我平素批判性既已那麼強，
敢冒然來這裡得罪這樣的高等研究機構及一大堆其實並不好惹的相關的
學者，無論從哪個角度看，都犯不著，也無此必要。

　　今天既然來了，並且就坐在這個報告人的座位上，所以不想再逃
避；已來了，就提供不同的角度，供大家思考罷。不過，由於在座的都
是行家，所以今天不講屬於常識性的東西。

三、我個人批評的切入點

■政權鼎革下的現實需要與近代性研究的開端
■殖民統治時期的宗教政策與宗教學者系譜
■人類學視野與法律學視野的分流
■相關史料的挖掘與使用現況的檢討

　　關於近百年臺灣本土的宗教研究，我有三個方面要和大家分享。這也是
總結我的臺大博士論文〈殖民統治與宗教同化的困境——日治時期臺灣新佛
教運動的發展與頓挫〉的最新研究經驗來談。

　　首先要指出的第一點，即所謂有近代學術意義的臺灣本土宗教研究，指
的應是日治時代以後的研究，即一八九五年以後，時間不超過一百年，此即
是：**政權鼎革下的現實需要與近代性研究的開端**。我們臺灣地區的學者，
過去對日治時期宗教研究的理解，譬如在貴所服務的張珣博士，她雖也能檢
討了包括了人類學或介乎人類學與歷史學之間的一些宗教研究，但缺乏從法

學、行政學的角度理解，而這恰恰好是整個殖民統治最關鍵的部份。

日本京都學派漢學興起的背景就是和臺灣總督府第四任民政長官後藤新平要求織田萬、岡松參太郎等法學者做臺灣的舊慣調查有關的；既然必須瞭解清朝統治行政體系的權力運作及其涉及的基礎問題，所以包括土地、財產、習慣等都須深入的調查和瞭解。彼等當時的這種理解不僅是學術意義上的，更重要的是為擬定相關殖民統治政策上的實際需要。

但彼等把清朝時期所用的習慣法放到當時的法律脈絡後，如今又該如何理解呢？就我個人來說，我認為當時彼等能把習慣法轉到現代意義的行政法概念，是整個日治時代宗教、民俗、亞洲區域史研究的主要突破之一。我們知道之所以如此，是後藤新平本身留學德國，專長雖是醫學防疫，但在臺擔任民政長官時，除了改善衛生環境、培養醫術人員、改善內政和治安問題之外，主要的想法還原到歷史唯物論，就是該如何從本質上理解這些舊慣問題？而他的這種理解不是東方式的，是西方法學的理解。這當然也包括他大力延聘的織田萬、岡松參太郎等留學德國的法學新銳在內。

當時為了做這些解釋，所有的基本文件都快速的翻成外文，送到德國請他們的老師、第一流的專家來幫忙，將歐洲近代的觀念，在法學和宗教之間的轉換做純學術上的解說。進而彼等還要考慮整個宗教法規的制訂，是要符合日本本土或者適應臺灣？至此，整個殖民地的臺灣宗教行政法規，才能據以確定下來。

我在研究博士論文的課題時，發現有關這部份的實際理解，在過去學者間的研究中一直是不清楚的，其原因可能為：(a) 總督府統治初期的檔案是用古典的日文，而且是手抄本，不易閱讀；(b) 二手抄本過去無編目，保留在文獻會。但我撰寫博士論文期間，大部份明治早期的相關宗教公文書或法規條文皆已翻譯，縱有部分尚未翻譯的，我也設法和主要翻譯者溫國良先生進行經驗交換，所以他全文翻譯完畢，我也立刻將所有內容都消化完畢。

而日本殖民初期統治臺灣的宗教檔案，如何反映在當時立法的經過，在

我的論文中，是按其本質地運用歐美的公共行政法概念來闡釋的；為了這個部份，我還用四年的時間自修相關的法律知識。因此在我六十幾萬字的論文中，最後寫的部份（即第一、二兩章的內容）其實就是在處理如何消化檔案。所以各位如果有法學的背景（特別是公共行政學的背景），就更能夠瞭解這種詮釋的觀點。

當時的日本專家除了具有法學的背景，對於宗教的定義，也受到當時思潮的影響，如宗教學概念，也反映到初期的宗教法規上。而我認為這部份，長期受臺灣的本土宗教研究學者所忽略。舉例來說，貴所的老學人劉枝萬博士過去處理這個相關問題時，都僅根據總督府所編的宗教法規，因此他的判斷出現一定程度的誤差。

其實，初期的立法經過是有步驟的，慣例檔案的討論過程也是有系統的；然而總督府最初在編法規時，並無附檔案，且法規也僅根據後期的需要才附上。如此一來，此類法規的內容便是重點式的或是跳躍式的呈現，學者若不察實情，只現用跳躍性的東西來論證整個施政過程，與實際當然會出現很大的落差。所以我在撰寫博士論文時，做很大的努力，以摧毀劉枝萬博士所建立並被人家認為權威的判斷。因為他忽略檔案與法律之間的關係，也未仔細的理解檔案，即下研究的判斷，所以與事實出入甚大。其實，蔡錦堂先生早在寫博士論文時，即已注意到有關劉枝萬博士在這部份的判斷是非常粗疏的，然而他當時可能也未看到大部份的檔案，所以未再深究下去；而我比較幸運的是，比蔡錦堂先生晚寫博士論文，所以能較清楚地處理這一部份。

從而可知我們很多臺灣宗教學者，過去對此一世紀歷史情況的理解都是脫離基本材料、架空的在談問題。並且，過去的論述大都是依循伊能嘉矩或其他人類學者的治學路徑，往往忽略了關於法律的細節問題，因而這是有嚴重瑕疵的治學態度。我們當然可以同意當時人類學家對臺灣本土宗教理解的進路或知識建構，在日治時期的臺灣本土宗研究總體知識上有其重要性，然而就其對整個日治時期宗教施政、政策的影響，我認為當時人類學認知方式

的理解還是邊陲的、較不重要的。而這是我和過去報告不同的論點之一。

　　第二點要指出的是，我們常將大正四年到八年丸井圭治郎所做的宗教調查報告視為臺灣第一卷全面宗教調查報告書，而以予推崇。然而在我博士論文的最新研究中，卻刻意著力於摧毀丸井圭治郎在此一研究上的重要性。我所持的主要理由是，他所有的解釋體系、概念有百分之八十以上都是沿襲岡松參太郎的原有詮釋觀點。其實，丸井圭治郎的貢獻，主要應是在其宗教調查報告書第一卷後面的統計表，確能比較精確的反映一九一八年到一九一九年之間的臺灣宗教現況調查的成果。然而，也出現了一些學術上的嚴重問題：

　　（一）他僅著重臺灣一般宗教，而未容納基督教和其他宗教的討論。但他何以在統計資料之中有所呈現，前面的解釋中卻沒有討論呢？推測其原因可能有二：(a) 在解釋的部份，已逾越了丸井圭治郎的知識範圍；而這部份恰好是舊慣調查時期中欠缺的，因此他無所繼承；(b) 丸井的專長是禪宗，而且本來是編譯官，並非法學專家，所以要處理新的課題，對他而言是很大的挑戰。

　　（二）另外我們所忽略的是，就在同一年（一九一九），和他不同立場的東川德治出版了過去常受到忽略的，關於中國南方宗教以及教育文化的調查。東川德治基本上是舊慣時期岡松參太郎的主要助手，田野部份長期委由東川負責，然而他所代表的是行政官僚、比較中立性的，和丸井站立的日本佛教立場並不一樣。東川德治和柴田廉（當時臺北廳宗教科的主管人員）與丸井之間存在緊張性的衝突，有點像臺北市長馬英九和陳水扁之間的緊張。例如大正五年（一九一六）曾在臺北發生為期四十幾天的宗教大辯論，討論基督教和佛教的主要衝突，當時柴田廉就認為臺灣民間信仰並非政府能夠改變的部份，後來並因此批判丸井圭治郎的觀點，兩人是爭鋒相對的。其後，柴田廉還寫了《臺灣同化策論》（臺北：晃文館，一九二三，增補再版）一書，以表達其立場。柴田廉原是來自日本新興的左派知識分子，所以他是用

宗教社會學的角度來切入臺灣現狀的觀察與分析，並認為在統治者和被統治者之間的文化特性有許多深層的部份是無法改變的。而柴田廉的此一看法，後來亦由增田福太郎和宮本延人所相當程度地繼承，卻不同於丸井圭治郎所持的以日本佛教來同化臺灣宗教的立場。

因而，丸井圭治郎的主要貢獻，除了主持宗教調查，又促成了「南瀛佛教會」的成立，以培養官方的御用僧侶；而這個佛教組織一直掌控在總督府手中，所以造成了日治時期臺灣佛教和官方密切合作的背景。他的重要性在此，而不在關於臺灣宗教的研究之上。

至於後來續作第二次臺灣宗教調查報告的增田福太郎的宗教研究，幾有百分之六十以上，是引用柴田廉的調查報告，卻很少承襲丸井圭治郎的部份。從歷史學的研究角度來看，對於二十世紀上半葉宗教研究的理解，我們首先是忽略了從行政法的觀點來理解舊慣時期的研究成果，另外一部份的缺失，則是過於高估了丸井圭治郎關於臺灣宗教調查的實際學術貢獻。

據我所知，民族所翻譯了丸井的作品；我自己也有翻譯增田福太郎大部份的作品計劃。而且為了使翻譯更精確，我也和老前輩合作，請文獻會的黃有興生先翻譯，我再用現在的中文加以潤飾。因而增出離開臺灣之後，將滿州和臺灣加以比較的部份，我們現在正在進行，屆時將使我們在認知部份有所轉變。

關於日治時期的臺灣宗教研究，過去仍有些資料並沒有使用。所以底下我所談的重點就是相關史料的挖掘與使用現況的檢討：

（一）據我所知，這些資料主要可分為兩部份。第一部份是總督府調查的秘密檔案，大部份是手稿，譬如，李添春的總督府調查報告，雖然有部份翻成中文，成為臺灣省通志稿的部份內容。然而以原稿加以校對，翻成中文的大概只有百分之五十五，很大的部份仍保留在日文中，其中以齋教的部份最精彩，而這是屬於李添春個人的學術貢獻。

（二）另外，李添春還有許多未出版的手稿、日記，我不知道當時基於

什麼樣的原因未出版，作者死後，有人把它們當垃圾賣掉，我們後來才又從舊書攤買回。所以很幸運的，它們在我寫博士論文的時候又出現了。

（三）還有，據我所知，當代臺灣學者中有一位研究日治時期佛教很有名的李筱峰教授，他曾在日本、臺灣到處尋找，但都找不到林德林等人創辦的《中道》雜誌；然而在我寫論文時，幾十年來收藏《中道》雜誌的木箱打開了，儘管不完整，主要的幾期都在，似乎就在等我寫。而這些都是過去未加以應用的資料。此外我和林德林的家屬已達成協議，他們春節時會再尋找一次，看看是否仍有未發現的手稿，可提供給我。

此外，如在座的張珣博士也知道的，他們過去也使用過基隆靈泉寺沿革的手稿本，我比對後就知道，這是林德林的作品，是他的筆跡。包括如高執德的個人資料在內，他雖在白色恐怖時被槍斃，使他的研究中出現盲點，然而偏偏那一屆只有他畢業，在他亡故後，畢業紀念冊直到最近才出現……。最近這一段時間，很多相關史料都陸續奇妙地出現了。

（四）我們和來臺交流的日本青年學者松金公正的學術締交，對於日治時期臺灣佛教史料的發現幫助甚大，值得在此特別一提。松金公正本來研究魏晉南北朝佛教史，來臺灣後，我和王見川慫恿他研究臺灣佛教，他也的確發揮了最大功能，把日治時期保留在日本各宗派的宗報大量的影印出來，並作了不少介紹。這些都是屬於當時第一手的臺灣佛教田野資料。由於當時的日本僧侶隨著軍隊到臺灣所做的報告，如日記，都是非常細膩的記錄，較學界使用的日本官方檔案程度來說，目前這些資料的應用，可說還不到百分二，所以仍大有探討的學術空間。於是，我們當時也一度建議松金公正本人未來的博士論文可從東北亞著手（我寫南方，而他寫北方）。此外在清大人類學所任教的林淑容教授也曾經建議，希望我能將當時調查資料的部份加以翻譯或呈現出來，以利往後的研究，因而，這也是我的博士論文完成後，之所以那麼大本的原因之一。

（五）其實，我這部份的工作也只做了一半，因受限於畢業時間上的緊

湊所致。但我發現不僅是有關臺灣本土的宗教資料的調查非常詳細，其中還記載有當時臺灣現有基督教的信徒分佈、說服方式、傳教成本等等，因為防堵基督教勢力的在臺擴張正是其主要的傳教策略。另外，還包括如何改變臺灣人的信仰等等，也都加以檢討。因為這些資料中，懷有這樣明顯的問題意識，所以當時的調查是有規劃的，也才能如此詳細。因而，從此資料中，實反映了日本在臺的公私雙方在調查問題時，都會把當時的各種日本官方的見解、各教宗派的見解、社會變遷都容納其中；這種情形有點像是商務考察報告，有其清楚經營策略和後續發展的相關說明，故其內容，既實用又有趣。而目前這部份的相關佛教史料，在臺灣只有我、松金公正、王見川、釋慧嚴法師等人在使用，是屬於沒有翻譯出來的部份。我也建議松金公正將其資料賣一份給任教於臺大哲研所的楊惠南教授，然而楊教授的主要研究方向似乎仍在「南瀛佛教」。由於大量的資料不斷出現，我們會發現「南瀛佛教」的史料價值在的研究比重，將不斷下降。

（六）關於日本殖民統治的後期，所謂皇民化的那十年，其正面性問題的資料大家都知道，然而關於臺灣和大陸、臺灣和日本的佛教往來關係則欠缺討論，這部份的資料我已有所掌握，但還來不及處理。如果我這幾年幸能大病未死，大概可以處理出來，屆時各位或可參考。

這部份其實是很有趣的臺灣佛教與國際化的問題。例如日本的大東亞共榮圈在亞洲推廣時，會遇到的問題，是否過度日本化？然而在澳洲、紐西蘭、馬來西亞的實行都遭到反宣傳，批評為日本統治的結果就是專制、一切文明退後……。另外還牽涉到當時左派、國際的問題等等。這些討論，對我們來說，都還待學界的重新探討……。

況且，在這方面的討論，我們過去頂多只用一些宮本延人的資料，或者李添春在戰後初期所寫的。由於是為了去日本化所寫，充滿民粹主義，因此其中比較複雜的部份反而沒有討論。所以後期的臺灣佛教史料的運用，仍是有待學界細加探索的臺灣宗教學術研究的重要課題。

以上是我關於日治時期有關臺灣本土宗教研究三點重要的經驗反省。

四、有關戰後臺灣本土宗教的研究反思

■多元視角與主體意識的研究拔河
■新興宗教與人間佛教的研究熱問題

　　至於戰後的研究，今天可能沒有太多的時間報告。關於戰後的宗教我曾經寫過四本書：《臺灣佛教與現代社會》、《臺灣佛教文化的新動向》、《二十世紀有關臺灣佛教轉型與發展》、《臺灣佛教百年史之研究》。由於張珣博士說我教團的部份寫得太少，所以我又寫了《臺灣當代佛教》一書，並加入臺灣四大佛教道場（佛光山、慈濟、法鼓山和中臺山）的討論。

　　我認為，若要理解臺灣二十世紀下半葉近五十年來的臺灣宗教發展現象，有幾個面向必須重新理解：

　　■過去的宗教研究多集中在民間宗教（研究王爺、媽祖等），由於這部份是底層的，其變動不大，因此炒冷飯的意義大過於學術意義，只有量的增加，很少有質的突破或提昇。因此我同意某種嚴厲的批評：「劉還月式的研究不斷在蔓延……。」但這不針對某些特定的人而發，只是就實際存在的研究現象，實話實說。最主要的問題點是指出，研究者長期以來在主題與解釋架構上，並沒有什麼新的開拓這一根本的學術貧困窘境。

　　■我們並未充分理解近五十年來，其實有將近四十年的時間，是有宗教與社會衝突的。例如，如何讓比丘尼、和尚還俗的社會反映問題，以及外來宗教和本土宗教之間信仰衝突這一部份。現有田野資料其實不少，但仍未充分討論。

　　■未仔細定位宗教與文化之間的關係。譬如臺灣在退出聯合國後（一九

七一），基督教、天主教在整個發展上的遲鈍，基督教長老教會的解放神學、介入臺灣的政治運動的影響，以及稍後幾年「人間佛教」發展，使無論在理論與行動上都發生急遽的轉折——譬如，近幾年來佛教女性運動在戒律上的突破、動物權的強調等等——這些都涉及到政治威權的解體、本土化運動的增強和中產階級意識的伸張等。

這些在我看來都是重要的學術課題，值得研究。

這些重大的宗教現象變遷，我過去也僅在報紙、刊物上作一些化約式的討論。然而，是很重要的，學術界有必要去瞭解。因此，我目前對這些問題的認知角度和研究的思維，可扼要歸納如下：

■作為歷史學者，我為什麼要問這些問題呢？從結構主義而言，或許多東西都是長期的歷史累積，然而在現代社會中，都市、中產階級、受教育者、多元社會卻是不斷變遷的。假如我們不去處理這些變遷，會以為臺灣民眾百年來的變化好像只在媽祖信仰方面，而用舊的方式是無法解釋慈濟功德會的出現。

■至於中產階級的問題，過去並未從宗教的角度來理解。我在新竹科學園區特別有個感覺是，女性生產工廠和科學園區新興宗教的發展如火如荼，兩者之間是非常激烈的對比。其實臺灣許多新興宗教的發展都出現在科學園區的周圍，這是非常有趣的問題。我認為，要理解臺灣宗教並不是只在研究室弄個新興宗教的調查問卷，如此在宗教生態與歷史的瞭解上都是不夠的。

■從這個角度而言，我的結論是：臺灣未來的宗教研究應循原有的研究傳統。譬如人類學作宗教研究時，應把其他學科當作養分，而謹守人類學的理論、方法。

■同樣的，歷史學也應謹守歷史學的角度。如此學科之間能夠對話，而不失本有的特色。現今臺灣的宗教研究卻非如此，而是在打迷糊仗。譬如說在某學系寫論文，當寫作方法無法為系所認可時，就請外面的人來審稿，以便升等。意即當研究專業受到質疑，就不讓你審稿，並想辦法逃避學術把關

的應有機能。

　　■我在此不客氣的說：我們今天臺灣人類學界的宗教研究，其實沒有照學科嚴格的方法學進行，而只是在打迷糊仗。所以，臺灣目前的宗教研究，是沒有學術秩序或學術倫理可言的。這在各位聽來，也是不禮貌的。但這的確是我的心聲。今天的報告，先到此告一段落。謝謝各位。

五、報告後的各家質疑和報告者的答辯

葉春榮：謝謝江燦騰博士今天慷慨激昂的結論。在座一定有許多意見想表達，要和江教授一起討論他剛才的報告內容，所以我們現在就開放討論。

石　磊（民族所）：江教授是後起之秀，非常了不起。他提供了許多歷史學的角度，讓我們獲益匪淺。但我有一點質疑的是，你說：「臺灣宗教一點人類學的味道都沒有」，我們今天在座有二位研究臺灣原住民宗教非常重要的「二黃」：黃應貴與黃宣衛先生，他們的研究之中難道沒有人類學味道嗎？你的說法似乎有點說不過去。

　　　　第二點我想提出的是，劉枝萬先生是學歷史學，而非人類學的，他早期的研究，我們應該抱持寬容的態度。況且早期臺灣的人類學者大多從事原住民研究，對於漢人的調查較少。我當時也曾勸過劉枝萬先生，可以讀一些宗教社會學的東西，利用日文吸收一些理論，但他當時說他年紀大了，沒辦法……。我的兩點看法是這樣。

江燦騰：我的答覆是這樣，你的問題過於簡化我的想法，我的論點其實很清楚。我的意思並非臺灣的宗教研究中完全沒有人類學，而是指學科之間的混淆，無論讀學報或期刊，對一個非人類學者而言，感覺到的並非純粹人類學的東西。一份人類學的學報，上面登的卻不是純粹人類學的文

章……我要講的是這個問題。第二個問題是，人類學的宗教研究，無論在日治或戰後都有貢獻，這點是沒有問題的。但我現在純就臺灣「民間信仰」這個主題而言……。

石　磊：你指的「民間信仰」僅指漢人民間信仰，難道原住民的「民間信仰」不叫「民間信仰」嗎？

江燦騰：好，我現在先就這個問題做一個定義。我覺得這種質疑不稀奇，現在就來對「民間信仰」的定義，向大家提出挑戰。清朝統治時期，在中國傳統裡面存在官方的宗教傳統（即官廟或官祀），官方之外的私廟和私祀稱為「民間宗教」。例如，清代臺南天后宮不是民間宗教，因其祭祀、蓋廟等經費維持都是官方的，而北港朝天宮則屬於民間宗教；彼此的界線很清楚。就像是今天你不會去拜忠烈祠，忠烈祠也不會讓你拜，中正紀念堂解嚴之後稱為「中正廟」……性質上還是公廟而非民間宗教或民間信仰。

　　因而，今天學界使用「民間宗教」這個概念時，是很混淆的，不曾考慮和歷史階段的特有關係。所以，在此我想請問石先生：你是否對定義做過時間的區隔呢？從你今天的眼光來看，似乎所有的媽祖廟都屬於「民間信仰」，但就歷史的眼光而言，卻不是這樣的，這樣的情況，在時間上不超過一百年。在一百年前的臺灣歷史情況，絕非你們人類學家現在的認知。

　　同樣的情形，清朝時原住民分兩種，即「生番」與「熟番」。生番根本不納入政府統治體系之內，所以自然也不屬於當時臺灣漢人「民間信仰」的認知範圍。這也是沈葆楨在牡丹社事件中所遇到的問題。因此，就歷史學的角度來看，人類學家對早期臺灣漢人的「民間信仰」，真是定義得很糊塗啊！

　　其次，我的報告並不是全面性的談原住民的部份。而我對貴所黃應貴博士的相關研究，也有一定程度的瞭解。事實上，我對他的研究既

　　有讚美，也有批判：因他一輩子只做臺灣中部東埔地方的原住民研究，也很用功地唸了很多家的人類學理論。過去幾年他試圖將普遍性的概念如空間、時間，去套各地非普遍性的主題或特殊性事務，但幾本合作的集體論文成果出版後，並不能符合原先學術的預期，也無法成為新的研究典範，反而成了他最大的研究困境。

　　儘管如此，我認為民族所中過去做原住民研究最好的學者仍推陳奇祿先生與黃應貴先生。但若把日治時期的研究和戰後做比較，我們仍會流汗啊，甚至感到丟臉。至於其他問題，我們可以再討論。

石　磊：我們現在說的「民間信仰」指的當然是目前的情況，而不是唐朝、或宋朝的民間信仰。這是我們和歷史學家不一樣的看法。另外，你說「生番」不是「民」，我認為這是大漢中心主義的看法，無論「番」或漢人都是「民」，你不能一直用官方的、漢人的看法。

江燦騰：既然你這麼說，那我就想請問你：如果你使用的是清代文獻，上面寫的就是「生番」、「熟番」，難道這時候你要去改歷史文獻嗎？應該是不會才對嘛！講到這裡，我忍不住要提一下我的個人經驗。我也認識一些你們民族所的老朋友，也曾好奇的請問他們：「為什麼不去研究道教、佛教？」他們回答我：「我們不研究制度性的宗教，所以歷史性的問題，我們不討論」。當時也信以為真。後來，我才發現自己上當。因為當他們沒有能力時，就說不討論，一旦有國科會經費就做，這是第一點。

　　另外，我們談論問題時，時間上應有所區隔。我不相信能用現在的女性主義，去討論傳統婦女的問題。觀念上能夠亂套嗎？恐怕歷史學界不會有人同意。

　　再者，我認為當代人並不是都在談當代問題。所以在此我問一個最簡單的問題：把貴所林美容博士所編的《臺灣民間信仰研究書目》拿出來看看，難道書中的內容只談當代嗎？不，連清代的也談嘛。那麼，

我請問你：林美容博士不算人類學家嗎？她只談當代問題嗎？顯然並非
如此。可見混淆時代區隔的是你們人類學家，而不是我們歷史學家啊。

葉春榮：好，這個問題我們先討論到這裡，讓大家先沈澱一下。接著，我們
進行其他的討論。有沒有人要發言？

陳文德（民族所副研究員）：我不是做漢人宗教的。因此，以下的意見完全
是針對江先生的談話內容。我認為你提到的有些點蠻有趣的，譬如說，
歷史資料、生態、當代情境、新興宗教等等。而你談情境時，也能放到
日治時代整個殖民脈絡，進而影響資料的解釋等等。對於你今天的談
話，我當然聽得很爽，而你也批了很多人，只是你批的人今天都不在
場……。

　　從一個不是做漢人研究的立場來說，好像不是很清楚你的論點。
你既然強調歷史學的觀點，也批評某些研究材料上的限制，但我相信你
也不會只滿足材料的運用而已吧。所以你是否能舉出具體的例子，從歷
史學的觀點，說明你所提出的論點、所提供的材料真的能使研究變得很
不一樣？另外，我也很高興你和本所的張珣研究員的新書出版了。這本
書專門收集各個主題的研究回顧，或許為了方便起見，但今我感到訝異
的是，這本書中似乎不足以呈現臺灣單獨的本土宗教研究。簡而言之，
我的問題就是，歷史學觀點的宗教研究和人類學不同的特點為何？如何
做能呈現歷史學的優點？

江燦騰：我和張珣博士合編的這本書，屬於上篇，是給宗教系一年級的學生
使用，為新手上路篇，下篇則會收集個別的文章，譬如，黃應貴先生、
張珣博士等的相關研究成果，也希望各位能推薦一些好作品，讓下篇更
成功。

　　至於第二個問題，我認為你問對了問題。而我的說明是，目前師
大人文中心溫振華教授在編《臺灣文化事典》，另外中研院臺史所的許
雪姬教授也在編《臺灣歷史辭典》，但兩者都遇到臺灣宗教的問題。

　　師大人文中心聘請的撰稿者董芳苑博士，本身是位基督教牧師，曾研究臺灣民間信仰多年，有相當的學術聲望。但董芳苑博士本人曾跟我說：「以前曾經以為自己懂很多，現在要寫條目，才發現寫不出來。如果你問我什麼是臺灣道教？我可能寫一千字，慢慢寫……」。我也問過溫振華教授：「什麼是臺灣民間信仰？」，他也覺得不易精確定義。

　　因此，我們可以看到，「臺灣民間信仰」這個辭大家都在用，但要解釋得清楚，卻非易事。我們當然能將中國寫的《福建民間信仰》，參酌臺灣情況湊合著用，但我們知道，以媽祖為例，媽祖在臺灣已是萬能女神了，而傳統福建的媽祖在宗教本領上，現在可能還不如臺灣的媽祖呢。但就研究上，現在卻很少區隔，這必須比較之後方能明白。

　　這也是我剛才為何批評劉枝萬先生，並非我對他特別有惡感。我瞭解他的貢獻，他關於臺灣王爺信仰方面的調查很細膩，敬業精神可佩。然而，我們若觀察劉枝萬先生的博士論文，在他書中所寫的道教與民俗信仰，有百分之八十的背景是中國的，而臺灣道教的特色卻無法顯現。且也看不出他將臺灣民俗與臺灣道教的區隔處理。我認為，關於這點，從劉枝萬博士到李豐楙教授都沒有分得很清楚。

　　一般學者會因此而直覺的認為臺灣的道觀似乎很多，多於佛教寺院，信徒最為龐大；然而，大家仔細想想是這樣嗎？例如媽祖廟原先屬於道教嗎？還是官私廟的崇祀中心而已？事實上，原先為祭祀系統，道士只有在作醮時才應聘來執行儀式，像是歌星到婚喪場合表演。宗教節目完畢之後，道士可能去賣香腸、吃檳榔。

　　如此一來，媽祖廟若不喜歡道士，可以請和尚，例如，北港朝天宮的住持，一直是由僧侶擔任的。臺北木柵指南宮供奉的主神是道教八仙之一的呂洞賓，但加入的卻是佛教團體。像這樣分類的標準到底從何而來？

　　據我所知，此一宗教分類大體而言還是依循內政部當初訂立的宗

教分類：只有道與佛，或寺與廟兩種，因此神壇就無法歸類。現在神壇很多都屬於文教基金會，內政部無法管理。我們的研究問題是，一方面陷入政府當初武斷、粗暴的分類，另一方面也不知道祭祀傳統、信仰傳統與道教傳統原先是區隔的。所以曾任考試院長的邱創煥先生當初就犯了很大的錯誤，以為他組織了一個道教團體，能夠動員全臺灣，他的勢力會是最大的，他沒想到他能動員的只有少數人而已。因為大部份的廟都是角頭廟，和道教有什麼關係呢？

　　所以，我們批評有些學者無法區隔民俗和道教的問題，最主要在於彼等對於臺灣宗教歷史現象的長期無知和誤解所致。而這也是我對劉枝萬先生一直持強烈批判的原因。事實上，他懂日文，應將日治時期大部份的研究成果，過繼給民族所讀英文的一代，但他卻沒有，而是花時間作重複的田野調查。可是他的大量「作醮」調查，僅會使研究數量增加，卻無法使解釋有所突破。就像是目前許多臺灣研究生，研究沒有新意，只是量的累積。這是我從學術角度的批判，也請各位可以重新判斷，看看我講的是否事實。

　　另外，我想和大家先說明一下，我這個人曾做過二十五年的工人，所以講話很粗魯，也不懂什麼學術禮節，所以若有得罪之處，還先請原諒。

葉春榮：接下來，請林開世先生。

林開世：你剛剛談到過去的宗教研究，我們忽略了法律部份。我同意這點，但我不大清楚你說「舊觀念轉換成新的法律觀念」，這個現象的意義為何？就政治、權力、宗教形式、組織、本質上的意義為何？在你的討論裡面我認為沒有談到。如果你能提出，我認為你就可以把民族所以前的研究都推翻。我認為這是一個關鍵性的問題。

江燦騰：首先，我認為沒有誰能提出可推翻一整個所研究的東西，我做不到，我想連馬克思也做不到。我原先來此的想法，是希望環繞我的博士

論文來討論。不過，很顯然地，葉先生當初要我來的用意就是超乎此界限的。因此，我不得不去談一些更廣的東西。但，作為歷史學者，我並沒有先入為主理論上的偏好，只是希冀能提出不同的視野，供大家參考。

我們歷史學者注意到的就是，日治時期的舊慣調查在現代的法律系統之中應該如何歸位呢？像是我們的祭祀公業，到底該屬於神明為主體或是信徒為主體呢？清朝時期這兩者都存在，但到了日治時期則設立「管理人」，因為神明不能成為行為主體，而「管理人」制度的出現，卻成為臺灣宗教發展上的最大噩夢。

因管理人是法律代理人、所有權人，這引發許多廟產所有權的問題。在日治時期，若用法律規定能解決宗教問題，就設法用法律規定來解決，如果法律上不能解決的，就用警察公權力來施壓。當時臺灣宗教法律的定位和殖民統治政策有密切關係，若不經過法律界定，施政就無法明確。

在日本統治五十年中，幾乎可以看到官方政策若施行五到十年，這些成果就會被當時的日本在臺學者所研究和消化，因此約五年就可以看到新的研究成果問世，也就是說當時的官方政策擬定、政策實施效果，和當時的日本在臺學者之間的互動，是極密切的。但戰後在臺灣的政府，大概只有經濟的事務會這樣。這也是為何日治時期的警察在臺灣工作幾年後，就能成為臺灣事務專家。

在日治時期官方資料是對日本學者開放的，而日本學者的研究也反映在官方的宗教政策上，所以兩者是處在辯證的發展上，彼此的依存度極高，而非各自分離。我想，這種學術合作的模式，是我們必須注意的問題。

儘管我並不認為人類學家一定要研究我所說的這一部份，但作為歷史學者本身當然必須從歷史的角度切入。例如去年（二○○○）大甲

鎮瀾宮要宗教直航，而華視新聞雜誌希望知道鎮瀾宮有多少錢，我就在家裡幫他們上四小時預備的課，講清楚屆時各項必問的要點有哪些。後來在華視新聞雜誌播映時，大甲鎮瀾宮的各項年度財物收入，從光明燈到其來源和收入的實際狀況完全清楚披露出來，可見歷史學者的相關背景知識在此認知的場合，是有極大的參考效果。然而，諸如此類的寺廟經濟問題，我認為人類學家可能不關心。但沒有經濟力量，臺灣的宗教活動搞得動嗎？

再者，我過去也批評貴所潘英海博士一樣，他處理「拜拜」的問題，只討論其中的拜一半過程，與現實的理解差距太大。所以你們人類學的東西，我有時真是越看越糊塗。

陳美華：江先生剛剛提到民族所集刊內的文章很多都不是人類學，對於這一點，我想發表一下自己的感想。基本上，現在非常講究專業，就這一點而言，人類所教學的專刊，我寫的文章應該放在那裡呢？因此，我倒認為模糊地帶反而充滿開放性與可能性。若一味講究專業，似乎每個學科都能做宗教研究，是不是反而更應該成立宗教研究所、出宗教期刊呢？往後做宗教研究的人，論文應投稿何處？不知道江先生是否有比較好的建議？

江燦騰：我和張珣博士推演過這一點，知道你和其他的人都可能會問起這個問題。所以我先引用張珣博士告訴我的她在哈佛的經驗來回答你。據張博士說，她在哈佛大學所看到的，是校中雖有開宗教的共同課程，但還是要求選修特定學科的方法學。而這就涉及到學科的分類是否需要的問題？

記得大約十二年前，海峽兩岸的學者也曾討論過人類學或其他學科在研究上的問題，當時臺灣的人類學家陳其南教授就在文章提到：臺灣人類學的困境是理論的應用不夠與田野資料的不紮實，因此無法在世界的水平上談問題。而這也是臺灣有些大學宗教研究所之所以治學方向

的混亂原因。

　　我想，假若我是所長，我會馬上使其上軌道。怎麼做呢？就是在招生的時候分兩組：人類學與文哲組。假若你是人類學組，就用人類學的方法來寫作，假若你沒有這個背景，就請到大學補相關學分。因為治學工具很重要嘛，絕對不能打馬虎眼。

　　此外，你說臺灣沒有「宗教學刊」，那你不是得罪林美容博士嗎？她不是已創辦了嗎？

陳美華：對不起，那是剛剛才成立的。

江燦騰：那你也剛剛才出道啊。好，這個問題就回答到這裡。

高致華（民族所助理）：江先生今天的演講非常精采，但是聽了您的演講後有種錯覺。會以為研究臺灣佛教的發展需要以日本為主體？因為您除了闡述自己的研究歷程，使用了大量溫先生的日治時期日文著作之譯稿，且提及您和王見川先生極力促使松金先生從韓國下手，因為韓臺曾被日本統治，所以才可明其來龍去脈……。然而我以為在臺佛教之發展似乎著重近三百年之歷史，而日治不過五十年，為何日本人的文獻和影響可以重要到成為主體？而不懂日文難道就無法研究在臺的近代佛教發展？我很質疑這點。

　　而近日活躍於臺灣宗教研究且頗有新論的王見川、李世偉等先生，似乎也並非精通日文，亦能有成就。若有誤解請江先生指正。

江燦騰：我的回答如下，第一，我今天主要是談近代的臺灣本土宗教研究，所以議題沒有拉到古代去。這是因為臺灣具有近代意義的宗教研究，事實上還不到一百二十年，例如臺灣神學院甘為霖等人的研究等。所以這是我所談主題的主要領域，而不必再前涉更早的時期。其次，你說王見川先生他們看不懂日文，我認為你大錯特錯。他雖不能翻譯，但至少能看得懂六成，另外也有專人替他翻譯啊。

　　其實，王見川先生的學術研究，在臺灣我最清楚，因我們之間長

期共享資料。

　　另外，我的論文之中，有很大的部份在批評：假如討論日治時期，不去討論日本的宗教政策，基本上是一廂情願的討論。而且也必須對傳統有所瞭解，才能知道幕後的黑手為何。所以談歷史問題，必須考慮到原有的歷史情境，否則就會有疏離的感受。當時的《日日新報》也不能代表一切。須配合其他的歷史材料來看，才能有深入和中肯的看法。

黃應貴（民族所所長）：今天的演講，本來應該要有更多實質的討論。但很遺憾，要跟你對話的人今天都不在。我自己也覺得很可惜。

　　但，我想有一些批評是好的，也是事實。譬如說：你說我們集刊的研究定位不清楚、忽略歷史的背景，我想都是沒有爭議的；而我們所裡的人，也有些想改變這種狀況。

　　但因為你一竿子打翻一船人的說話方式，大概比較無法讓人接受。就像是如果我說：「所有的宗教歷史研究都像是宋光宇所做的」，我想你也不能接受。

　　此外，我想提出幾個問題：①你談到日治時期的行政法背後的基礎，這涉及到資料性質，對當時臺灣民間信仰的扭曲，也會影響後殖民時期的討論。此外，也涉及到，這樣的資料到底能呈顯多少當時人民的生活？這不僅關於宗教部份，而是宗教材料對於瞭解臺灣社會的能力是什麼，這大概只有歷史學家能夠回答。②而在問第二個問題之前，我想先請你回答，你是否知道民族所當時在做「祭祀圈」調查，或者黃應貴在做東埔調查，最主要是想解決什麼樣的問題？我想先請你回答，再問我的第二個問題。

江燦騰：你所問的，其實是蠻重要的研究切入點問題。日治時期屬於殖民統治，在殖民體制下，過去的研究通常是把殖民者當成壓迫者，用排日的角度加以反對，例如王見川和李世偉先生等人討論鸞堂、當時的儒家運

動等都是這一類，似乎在壓迫與被壓迫的關係之外，就沒有其他解釋。而我同意你的看法，日治時期對清朝習慣法的理解是否有誤？若仔細分析，的確可能有理解上的誤差。在我寫論文時，則傾向於先理解日本人的理解；至於是否有一個標準來判斷日本人的理解是否無誤，很抱歉，這個工作我們沒有做。

我只就他們不符合歷史事實的部份提出批判，或許人類學家在這部份能有所貢獻。我認為，你提出的的確是很細緻的問題。過去伊能嘉矩做研究時，分為「迷信」與「非迷信」，是很化約的分法。我想，若我們今天的討論有什麼收穫，這個問題是真正的問題。我今天很高興，你問了真正內行的問題。

其次，你的第二個問題。我當然知道「祭祀圈」的問題，其形成和地域、血緣、生活地域都相關。但何時被打破呢？我認為是當縱貫鐵路通車以後，臺中市公園成立，全臺灣宗教串連可透過輕便車來進行，媽祖信仰的信徒因而增多。一旦客運、飛機出現，則祭祀圈面臨更破產的命運。

我們看當代臺灣佛教的發展，就和一九六五年在高雄楠梓的設立加工出口區相關，因如此才使臺灣的勞動力游移到高雄。而沒有這個新的產業出現和人力資源的匯集，就沒有在假日時期坐遊覽車或摩托車來佛光山的大量朝山觀光客。所以當我們考慮到「祭祀圈」的問題，就必須同時考慮到當時的交通設施和經濟環境的變動問題。我認為「祭祀圈」的分析概念，有某階段的解釋效力，但是也有極大的局限。

我們就以黃應貴先生在的東埔地區的研究來說，原住民各族的語言是不同的，與漢人之間差異更大……，怎麼能用南投東埔地區部落的例子來解釋漢人呢？我認為沒辦法。研究的族群不一樣嘛！我認為黃應貴所長非常用功，絕對是好學者，但當他要跨出來時，我覺得他是跨不出來的。

黃應貴：先補充我問的第一個問題，我問的完全是日治時代的資料性質為何？到底能讓我們瞭解多少？以日治時期的原住民資料而言，上面記載著族群的分類與分佈，但是當地人可能不如此稱呼自己。這涉及到統治的問題。

第二個問題，我想凸顯的是，雖然我不能代表當時作「濁大計劃」的研究人員，但據我所知，他們背後想要理解的是，十八世紀漢人社會是如何組成的？他們想要理解的是社會結構的問題，而非宗教問題。

另外，我自己的研究則是想要理解到底布農族是如何理解「宗教」的？我想處理的是宗教和文化的問題。他們接受基督教，是怎樣的基督教呢？如何接受？我相信這個個案研究對其他地區的非布農族研究都有意義，應能夠做為比較。

我主要提的問題是，其實我還不大清楚你的研究，背後是想解決什麼樣的課題？譬如說我的研究其實是想問：「到底什麼是宗教？」我目前處理的分類也是為了回答這個問題。和你有關的，可能是要問：「什麼是歷史？」因為每個人角度下的歷史可能是不同的。

我想這是比你想像更複雜的問題。接下來，我要問的第三個問題是，雖然我只研究一個村子，但我覺得還是能從中思考許多問題；並不像你所說的無法和其他原住民、臺灣對話。

至少我看到了，今天若要瞭解十六、十七世紀後漢人或原住民社會，我想都無法避免的要去面對兩個歷史條件問題：資本主義與國家化。我不認為宗教問題可以迴避這一點。當然，國家化又分為傳統國家與現代國家。譬如你談到的資料，也可能是國家統治的工具。我想這涉及到每個學科性質的不同，我雖然研究小地方，但仍能看到其它地方的問題。當然我們希望其它學科的成果能夠互相幫助。譬如，我們現在幾乎不能回答：「臺灣到底是怎樣的資本主義社會？」這是需要學科之間

互相幫助的。所以我想問你的是，你認為研究臺灣社會，有哪些歷史條件是不能忽略的？

江燦騰：你問的問題不同凡響，真是很深刻。但我直到今天才知道你本人是黃應貴博士呀，真是失敬失敬。其實，我在處理日治時期的臺灣佛教時，因先有從明代到近代的中國佛教背景，所以根據這個背景，再來處理臺灣的佛教，就可有幾個角度可考慮：①先掌握大的東亞歷史脈動。其中不考慮原住民因素（因其非統治階層，信仰習俗又與漢人佛教相異，所以不具關鍵性），研究主題是漢人；②政治對宗教的影響以及觀念上的傳播。例如，日治時代和尚結婚是一個理想，但在戰後卻是不名譽的問題。這非關國家政策，而是不同社會情境的問題。這種情況，就如近二十年來，能懂日文能翻譯的，似乎很時髦，但時間再往前推，在臺灣社會就會被某些有反日情結的人，認為是日本走狗。所以③我抓住的研究線索是：政治、經濟、教育的脈動，比較是社會學的角度，也試著去深入觀察當時僧侶的結構或彼等傳教方式等等。

　　這就歷史學者來說，其實是將學問從比較疏鬆的走向細緻的必然途徑。所以我雖現在才拿到博士，但很少人會質疑我資料不正確，因為我一直很能守此治學本份。

　　當然，歷史學者用資料，同樣不能沒有先入為主的觀念，但我同時很注意各學科的優點。例如一九九六年我曾到中國從事學術交流，當時中國有些宗教學者竟然稱我為「出神入化的馬克思主義者」，令我聽得莫名其妙，但仔細想想，我的確很注重歷史唯物的材料。也因為如此，我比較是從宗教外部的變遷、發展來討論宗教的內涵。我關懷的大脈絡是，西方在亞洲的發展以及亞洲的回應，這個變遷如何形成？透過什麼形式？因此，我在寫論文時，也注意藝術和文學的層面。

　　所以，我們該如何理解近百年來東亞的宗教呢？我認為應將官方祭祀和宗教的問題區隔。譬如清朝皇帝祭孔、祭天，民國以後則祭黃

陵、忠烈祠、孔子，日治時期則祭天皇、神社。從統治脈絡，其實是清楚的，可討論東亞的祭祀文化和統治之間的關係。

因此，與其說我研究的是宗教，還不如說我在研究的是影響宗教變遷的因素是什麼？並從變遷中看出現代社會的發展。

再者，當我們討論「神聖觀念」時，我們必須知道，東西方的宗教概念是不同的，西方的上帝和人不同，人無法成為上帝。但在東方，人能變成神。同樣的，基督絕不等於人，但在臺灣漢人宗教之中，某些神聖性的「聖」與「俗」卻能共享。因為西方是「神人異形」，而亞洲是「神人同形」。

過去，我們看見許多民族所的文章，在用李亦園先生引進的「神聖概念」時，居然無區別地坦然的運用著，真使我感到很吃驚！所以我完全同意黃應貴教授的看法。然而，關於人類學很細緻的部份，不是我能或我所想要批評的。所以，此處我想說的，只是關於比較大的變動部份罷了。

而我也想藉此質疑黃應貴教授的是，當我們討論臺北市，起碼從西門町到東區的變遷，都必須考慮許多因素，而這和南投某個小部落，比較隔絕的狀況，我想是不一樣的。因為都會區的流行很快，消費文化互相激盪是很多元的。所以，我是沒有資格來批評人類學細部的問題，但我仍想針對這點差異性加以請教。

黃應貴：這一點我倒能夠簡單回答你。任何人類學研究，都不會輕易忽略歷史條件問題，也涉及到每個地區的程度有所不同，這就是文化本身該如何去詮釋資本主義的研究課題。我們在理解文化時，一方面注重歷史條件，另一方面也必須理解個別的情況；後者是人類學家的專長。前者就是我們較不能處理的，因為涉及到史料的掌握與應用，恐怕就是歷史學家比較能做，而我們比較期望的。

蔣　斌（民族所副研究員）：我提的意見大概就是補充前面幾位先生的意

見。江先生剛提到應注意不同的歷史階段所涵蓋的不同意義，並認為官方儀式不屬於宗教，而你主要處理的是非官方的部份；我想這些都是很有啟發性的。

　　我想問的是：在你的研究過程中，如何去界定研究對象的範圍？哪些東西你願意碰？哪些你不碰？另外，民族所的人類學家和臺灣人類學家在宗教研究中能夠做到的和宗教人類學應該能夠做到的，其實有很大的差距。人類學研究宗教一般是從信仰、儀式或從社會經濟的角度來研究……。我的問題，是就人類學的觀點而言：信仰和知識之間是一個連續體，中間有無界線？在祭儀的層次上，儀式和劇場表演是一個連續體，中間有無界線？在宗教組織上，宗教組織和政治經濟組織、法人組織的連續體上，中間有無界線？這些是人類學真正面對的問題。以你的觀點，哪些宗教現象你願意處理？哪些不碰？你自己的原則為何？

江燦騰：這個問題對我而言，很簡單。我在處理宗教題材時，並不處理宗教經驗。譬如說，一個人可以說他和佛陀、耶穌一樣偉大，可是我不討論他內在的經驗如何？因宗教證據若只存在他的經驗裡，就是封閉的知識，是無法討論的。而我是從無神論者或理性者的研究角度出發，來看所謂宗教的現象問題，但不預設立場。

　　我不是學人類學的，但一天到晚都在讀人類學著作。近五年來，也花了很多時間讀西方哲學史，像我最近在讀黑格爾的精神現象學、宗教哲學等，因為我之前對費爾巴哈的東西很熟，就一路讀了下來，感覺收穫不少。

　　但我想自己可能犯了用觀念論來理解的錯誤。所以，我不回答「宗教是什麼？」的問題，我甚至同意心理學認為的：沒有一種心理特別屬於「宗教心理學」。那只是在經驗上，我們受文化制約，所以我常用「反映論」來解釋這個問題。譬如有藝術家跟我說：「我透過打坐見到阿彌陀佛，所以那是真的」，但我卻認為那不過是文化刺激的結果。

　　我從在大學教書開始，已經收集了十二年大一學生的報告：〈個人成長經驗和宗教的關係〉，必須分年齡和受教育的階段並註明生活或實際居住的地區。我從此一資料，可看出一貫道大概集中在臺大哪幾個系？學長如何透過新生訓練來傳教？統一教如何推銷等等，從中還可看出不同階段的臺灣宗教的轉變現象等。

　　現在累積了十二年的學生報告，大概超過一千個個案，或許將來能夠做個深入研究。

艾茉莉（法國遠東文化中心來臺學人）：今天聽你的演講，我感到很意外。因為在我們的國家（法國），歷史學家與人類學家溝通得很成功。人類學與歷史學是互相影響的。我想是否能夠不用那麼緊張？

　　因為，即使在歷史學之中，對於宗教的注意也是很少的，譬如廟宇的組織等等。即使反過來批評歷史學，我想你的批評也是適用的。

　　另外，我從田野之中也感覺到，如果我要瞭解臺南縣十幾年前的過去或廟宇的結構，很少可以運用的歷史資料。這是我外國人的看法。

　　另外，我覺得你一直提到人類學家要注意歷史、過去社會的演變；但是當代也是歷史的一部份。或許這也能夠解釋一些社會結構、信仰內容的意義。但我想學科之間的合作還是比較好的。

　　我想問的問題是：你一直提到民間宗教和佛教，我自己也在臺南做研究，我想知道的是一九三〇年代，臺灣佛教在民間宗教的影響到什麼程度？

江燦騰：妳提到的問題，其實我自己也很感慨。像我和人類學家張珣博士和社會學家林本炫博士之間，是能夠溝通的。我其實只和某些人無法溝通，你瞭解嗎？

艾茉莉：但這就不是學科的問題，而是你個性的問題啊！

江燦騰：這不是我的問題，因我已證明能和人類學家張珣博士合編書籍，一起討論問題，所以不是個性的問題。而是有些人不能和我溝通，而且他

們也和其他很多人都不能溝通──恕我在此不一一點名。但妳應清楚我所指為誰？

我認為妳之前提的問題很好，所以分二個部份來說明：第一部份，所謂資料的缺乏問題，這在臺灣宗教研究上，不僅學界，連宗教界本身也是如此。尤其臺灣宗教現象複製的部份很厲害，因此必須找到源頭，譬如，老廟的石碑資料。

第二部份，臺灣重要的宗教和仕紳階級通常都有關係，譬如：北港朝天宮和辜家的關係，因此很多臺灣寺廟的歷史必須從家族史來建構。歷史脈絡能使人類學的研究更有縱深。在臺灣，許多歷史材料都必須從周邊挖掘，和歐洲的經驗是非常不同的。

臺灣宗教的最底層是比較巫術性的，譬如，乩童不能進媽祖廟。再來就是儀式性的，這涉及廟祝和爐主層次，並沒有文化和哲學意義，只是勸善意義。而涉及神的部份，包括解釋的部份，譬如有關和尚所扮演的宗教角色其職務的功能問題，因為和尚又能從事通俗的講經活動和進行哲理性的說法活動，這與傳統只管廟務的廟祝角色是不一樣的，所以他進一步還能走進社會來弘法。因而，臺灣目前的宗教活動，很多不在寺廟，而在媒體，或在寺廟之外的活動場所，而這些活動也都能再細分成各種宗教活動的不同社會系譜。

所以我曾一度批評林美容博士關於臺灣齋堂研究最大敗筆就是，她不知道臺灣寺廟的功能，其實是與傳播者有關的品質來決定，而非一定由寺廟空間來決定。而寺廟空間的統計如果不做層別，怎麼會有意義呢？她卻忽略了，所以我才批評她的研究。

張　珣（民族所副研究員）：我不是要問問題。我認為江先生好像很能夠激動大家的心，來使大家和他對立，一起來探討真理。我來說一下我和葉春榮先生請他來的經過。我和江先生也是不打不相識。一九九四年一場佛教討論會中，我是他的評論人；那時在會場，我們兩個人不客氣的就

吵起來了。

　　後來有一段時間，我都不想和他談話，覺得這個人好像很難溝通。但是慢慢接觸，發現他的口氣和他的心裡其實不一樣。他為了今天的演講準備很用心，事先和我討論許多次，軍事上就叫做「沙盤推演」吧，他絕不是來踢館的！

　　雖然分屬不同學科，但我覺得對話非常重要。尤其江先生剛從博士畢業，並且能大角度的談論宗教變遷，這其實是很難得的，所以請他來此演講。這樣說吧，他的口氣其實是要技巧性的激起大家的討論。所以今天的討論，應是有意義的。

江燦騰：謝謝張博士的說明和諒解，再一次謝謝你的海涵和幫忙。

葉春榮：大家若沒有其他問題要問，那我們今天的討論，就到此結束。謝謝各位。

第二十一章　對話楊儒賓
——反思 1949 以來雙源匯流下的新臺灣佛教詮釋學

江燦騰

臺北城市科技大學創校首位榮譽教授

一、我對楊儒賓《1949 禮讚》的相關解說

對我來說，楊儒賓的《1949 禮讚》一書，雖是 2015 年 9 月才由臺北的聯經出版，但是，全書主要的新詮釋學論述觀點，其實早在 2010 年就已明確定型。

2010 年是所謂中華民國建國百年紀念與辛亥革命百年紀念的海峽兩岸互爭詮釋主導權之年，而楊儒賓則是負責「百年人文傳承大展（文及與圖錄）整合型計畫」。就時間點來說，這還是在國民黨的馬英九總統自民進黨手中重新奪回執政權的第一任中期，當時馬總統的政治聲望，仍如日中天，所以要風風光光地籌辦起中華民國建國百年的各項紀念活動，自然是水到渠成，勢所必然。

可是，當時楊儒賓的思維，就領先的認為，有必要突破在此之前的各種民國百年人文學術傳承在戰後臺灣島上的單源流主導性詮釋角度，而是應該採取：包括 1895 年以來所傳承在內之雙源頭——雙繼承——在地轉化的新

詮釋結構。[1]此所以在《1949 禮讚》一書中，就收有兩篇堪稱全書詮釋主軸的「東亞視座下的臺灣人文科學」與「1949 大分裂與新漢華人文知識的再編成」。

　　可以清楚看出，楊儒賓有意超越當代統獨之爭的幾個新詮釋概念之提出：a. 東亞視座下的臺灣。b. 1949 大分裂與再編成。c. 新漢華人文知識。

---

[1]　此一「雙源匯流」的詮釋觀念，楊儒賓教授的原始說明，其要點可摘錄如下：「（前略）一、在臺灣紀念中華民國百年，有極特殊的歷史背景。在民國三十四（一九四五）年以前，臺灣在法理上不稱中華民國，它與中華民國是平行的發展線。民國三十八（一九四九）年以後，臺灣屬於中華民國，但做為原來中華民國地理主體的中國大陸卻另立政權，從國際的政治觀點看，『中國』這個概念分裂了，『中華民國』與國際政治認定的『中國』也是平行發展的兩條線，『中華民國』的實質內涵反而與『臺灣』高度重疊。百年的『中華民國』具有複雜曲折的內涵，其領土、人民、國際承認各方面都歷經急遽的變遷。這種複雜的結構是中國境內其他地區罕見的，這也是『中華民國—臺灣』最特殊的構造。『中華民國—臺灣』的複雜內涵在百年人文學術的傳承上，反應得更加凸顯，臺灣的學術異於其他華人地區者，在於此島嶼的學術源頭不是單元的，它明顯的具有中、日兩國的源頭。二、做為滿清帝國最早進入現代化的一個省，這個島嶼的成員基本上是由漢人與少數原住民組成的，其原始的學術表現不可能不奠立在以漢文化為主軸的基盤上展開；但身為最早被編入日本帝國的這塊殖民地，其殖民母國乃是近現代歐美地區外最早也是最成功仿效現代學術體制的國家，所以臺灣的現代性學術機制也不可能不受到日本強烈的塑模。一八九五年臺灣被併入日本後，臺灣被迫參加了日本的現代化行程，這種殖民地現代化的規模極大，其變遷是結構性的，學術的現代化是其中極重要的一環。論及人文學科的現代化，一九二八年成立的臺北帝國大學是個指標性的事件，在此之前，帝國日本在語言調查、人種調查、風俗習慣調查方面雖已投進不少人力物力，但直到爭議中的臺北帝國大學成立後，整個現代學術的機制才有明顯的座標作用。三、到了一九四九年，隨著史無前例的大移民蜂擁而至，也隨著史無前例的大量文化學術機構渡海而來，學術生態丕變，臺灣學界不可能不重新接上一九四九年之前中國大陸的學術傳承。四、而中國大陸的人文學術研究在十九世紀至二十世紀之交建構現代的學術機制時，通常也會參考日本的經驗，至少在草創時期，我們明顯的看到現代日本學制的影響。中國在十九世紀末後有股「以日本為師」的風潮，它給現代中國人文學術的傳承烙下極深的印痕。然而，現代日本在打造現代性的國家、國民、學術時，它所憑藉的思想資源往往來自於傳來的中國文化，比如朱子學提供的概念系統，即以曲折的方式進入了現代學術術語之林。臺灣處在中、日兩大政治勢力交鋒的前緣，它的歷史命運很明顯的深深烙上中、日兩國文化的影響，但臺灣人文學界的兩個源頭卻遠比字面所示的要複雜。五、雙源頭的概念之複雜遠不僅在源頭處的『中』、『日』兩詞語的文化內涵互文指涉，更在於一九四九年之後的『中華民國—臺灣』的人文學術發展迥異於以往的階段。（後略）」轉引自二〇一〇年國科會「百年人文傳承大展計畫」的〈摘要〉說明。此外，文中各項的編號，是原文所無，由本文作者自行添加，以助讀者瞭解。

　　而根據這樣的三位一體的雙源頭——雙繼承——在地轉化的新詮釋結構，也同樣重復出現在《1949 禮讚》一書中的幾篇論文：

1. 歷史災難與文化傳播。
2. 歷史災難與歷史機會。
3. 中華民國與後 1949。
4. 不只是苦難的故事。
5. 在臺灣的創造力與中華文化夢。
6. 在臺儒家與渡臺儒家。
7. 兩岸三地：新中國與新臺灣。

　　而我當時，也因參與楊儒賓的此一計劃，得以最早看到此一具有開創性的融攝型新詮釋史觀，並立即產生強烈共鳴。

　　我的後續回應，有如下幾點。

1. 我將其定位為：**1949 漢潮東流與第四類新詮釋學的提出**。
2. 我進步提煉為：**逆中心互動傳播下的雙源匯流，在地轉型與多元新貌**。
3. 在 2011 年 4 月出版我負責編寫的《戰後臺灣漢傳佛教史：從雙源匯流到逆中心互動地開展歷程》（臺北：五南出版社）。
4. 在 2012 年 5 月出版《認識臺灣本土佛教：解嚴以來的轉型與多元新貌》（臺北：臺灣商務）。

　　其中，可以看到我的上述兩本新書名副標題，分別是，1.「從雙源匯流到逆中心互動地開展歷程」。2.「解嚴以來的轉型與多元新貌」。

　　換言之，我是用「關於 1949 年以來臺灣本土佛教史學與思想變革詮釋問題」，來對應楊儒賓的「1949 漢潮東流與第四類新詮釋學的提出」。

　　但是，為何我將其定位為：「1949 漢潮東流與第四類新詮釋學的提出」？有必要進一步解釋。

　　首先，針對楊儒賓從中國歷史上幾次王朝「南遷」的新開展說法，他雖

是使用了：a. 東亞視座下的臺灣。b. 1949 大分裂與再編成。c. 新漢華人文知識。這樣的三位一體的雙源頭——雙繼承——在地轉化的新詮釋結構。

可是，就大陸與臺灣的地理位置來說，早在明鄭時代，就定位為「東渡臺灣」而非「南遷臺灣」。而就臺灣華人與 1949 大舉東渡來臺各省逃難潮的新華人及其文化來說，我改用「1949 漢潮東流」一詞，也堪稱是更為精確的詮釋概念指涉。

其次，何謂「第四類新詮釋學的提出」？我的回答如下：

對於臺灣史的詮釋史觀，歷來有著名的三類說法。第一類是「內地化」相對於「土著化」的清代臺灣開發史定位。第二類是以地緣特殊性為主的海洋「臺灣島史」定位。第三類是「殖民反抗史」與「殖民認同史」互相對抗下的「統獨意識形態」的分裂與糾葛歷史定位。所以，有關「1949 大分裂與漢潮東流」的臺灣史定位，就是大陸中國正統性的道統與法統，在臺長期的存續、發展，與變革。可是，一直並無取代性的第四類出現。

因此，在 2010 年由大陸福建人民出版社出版的劉小新著《闡釋的焦慮：當代臺灣理論思潮解讀（1987-2007）》一書，便列出臺灣本土自解嚴以來，到陳水扁總統執政末期的六組詮釋理論的論述主張與相互爭鳴。這六組詮釋理論的分類如下：

1. 後現代論爭與後殖民轉向。

2. 臺灣後殖民理論思潮。

3. 殖民現代性的幽靈。

4. 本土論思潮的形成與演變。

5. 傳統左翼的聲音。

6. 後現代與與新左翼思潮。

然而，這六類都不出我以上所歸納的三類範圍與相關內容。所以原作者在該書的第七章，便接著討論「寬容論述如何可能」？

他並不清楚，就在他出書的這一年中，臺灣在地的楊儒賓，從 2010 年

起，即率先提出的，「a. 東亞視座下的臺灣。b. 1949 大分裂與再編成。c. 新漢華人文知識。這樣的三位一體的雙源頭——雙繼承——在地轉化的新詮釋結構」。並在 2015 年出版《1949 禮讚》一書。

雖然，連王德威教授在內，都不免在高度肯定《1949 禮讚》一書新詮釋體系提出的同時，也為《1949 禮讚》的反潮流書名而擔憂。

直到 2016 年 1 月 16 日，國民黨遭遇空前未有的大選慘敗，淪為光景黯淡無光的在野黨。並且，在 2016 年 5 月 20 日新政府全面執政後，於是我們重新檢視楊儒賓從 2010 年即率先提出的以上述「新詮釋結構」，才發現，立足於 2016 年時空現實環境下，反而更能清楚看出楊氏新詮釋學的先驅性、合時性與合理性。

二、我對楊儒賓《1949 禮讚》回應的相關實例表現

（一）相關詮釋史觀的歷史背景

1949 年之後的臺灣佛教發展，恰正處在一種特殊歷史大變革的「雙源匯流」之下，然後再逐漸地朝向「在地轉型」的創新模式來開展的。可是，這個「雙源」之一的現代大陸佛教「源流」，在其於 1949 年大舉遷臺之前，就目前學界所知，其實是處於二戰後國共多年內戰下，除少數的例外，大多是在各地動亂不斷的驚慌中，四處流離，或在必須在相當艱難悲慘的時局中，惶恐地度過。

而其現代性的開展歷程，其實又可以溯源到辛亥革命（1911）的爆發之年。因為辛亥革命（1911）的爆發的結果，是直接促成中華帝國的傳統專制體制的終結，同時也是中華民國現代政治體制肇建的重要歷史分水嶺。宗教自由信仰行為，此後成為私領域的相關規範方式。

　　但是，有關此點，對於海峽兩岸「**中華漢傳佛教**」的發展來說，卻有非常不同的歷史經驗和各有特色的宗教社會表現。

　　此因臺灣是早在 1895 年時，即由於日清兩國的交戰雙方，在【甲午（1994）戰爭】後，簽有敗戰國清方須向戰勝國日方「賠款割地」的〈馬關條約〉，從此，有近半世紀之久，臺澎地區便成了大日本帝國海外殖民地的臺灣總督府轄區，並接受來自日本官方依《明治憲法》所衍生的特殊現代性宗教行政法之相關規範，所以除了統治後期因基於配合戰爭需要，而進行的軍事總動員和全面監管之外，基本上是採取政教分離和民眾宗教信仰行為在地化的宗教管理政策。

　　此一日本殖民官方統治模式，歷經半世紀之久（1895-1945），直到 1945 年時，因日本殖民統當局戰敗投降，並全面撤離臺澎地區，才告終止。所以，臺灣本土原有的「中華漢傳佛教」發展歷程，相對於在 1912 年才正式建立的「中華民國」（於大陸地區）的「中華漢傳佛教」發展歷程，後者其實是長期處在國家的統治權多變和國家宗教法規極度不完備的狀況下，因此從 1912 年到 1945 年之間，其所遭逢的坎坷艱辛歷程和處處離亂不斷的倉皇經驗，自然是和前者的發展歷程，大不相同。

　　雖然，在 1949 年時，上述這兩者，於戰後臺灣的本土發展，曾出現「雙源流」和「雙繼承」的特殊「雙源匯流」現象，但就我的論述主體來說，雖說不能忽略這一特殊的「雙源匯流」現象，不過，在事實上，更重要的詮釋對象，其實是要放在自 1949 年起，海峽兩岸開始分治後的，臺灣本土新「中華漢傳佛教」發展歷程的相關說明上。

　　換句話說，如今，在辛亥革命（1911）爆發後，即將屆滿百年的當代，我們若要回顧「中華漢傳佛教」這段宛若歷經驚濤駭浪後的輝煌社會成就，就筆者作為當代臺灣佛教史學者的立場來說，當然想優先以全新構思的「**在地轉型史觀**」，就戰後臺灣本土「中華漢傳佛教」所發展和呈現出來的，各種出色的社會表現為例，來論述其中主要是和「現代化發展」與「本土化

轉型」兩者相關歷史發展的辯證過程。

（二）對兩岸學界現有各種相關詮釋史觀的檢討及其反思

　　之所以有此一反思，是因為在我撰述之前，與戰後臺灣佛教史相關的論述，至少已有四種主要的觀點，相繼出現，它們是：

　　張曼濤所提出的，在二戰後，特別是 1949 年之後的臺灣佛教的發展，本質上就是一種「大陸佛教的重建」。李尚全所主張的「江浙佛教」戰後在臺發展論。[2]何綿山所主張的「閩南佛教」在臺傳播與傳承論。[3]闞正宗主張的戰後臺灣「人間佛教」全面傳播論。[4]但，上述各論點，都屬非正確的偏頗論述。理由如下：

　　首先，張氏所持的此種觀點，從根本上，就忽略了由於戰後長達 38 年（1949-1987）之久的軍事戒嚴管制政策，曾對臺灣本土佛教文化有計畫地加以忽視與曾有意地大力摧毀，因此才使戰後臺灣佛教的發展，形成另一次的扭曲和變貌，這一歷歷在目的事實。

　　其次，我所以對於李尚全所提「江浙佛教」戰後主導發展論提出反駁，是因為近代以來，處在流動性極大的佛教傳播性質，使固定的「江浙佛教」概念，難以具有清楚辨識度的具體或固定的「江浙佛教」內涵及其特有性質。

　　例如，在當時，大上海市地區的佛教圈，既是大陸各省僧侶的匯集之地，也是彼此混同學習之處。

　　因而，此一由於混同所形成的都會型新「中華漢傳佛教」，其實是無法用不具清楚辨識度的「江浙佛教」之固定分析概念來代表。

2　李尚全，《當代中國漢傳佛教信仰模式的變遷》（蘭州：甘肅人出版社，2006），頁 1-55。。

3　何綿山，《臺灣佛教》（北京：九州出版社，2010）。何綿山另著有：《閩臺佛教覷緣》（福州：福建人民出版社，2010）、《閩臺佛教的源流互動》（臺北：中國佛教會，2010）

4　闞正宗，《重讀臺灣佛教——戰後臺灣佛教（正、續編）》（臺北：大千出版社，2004）。

　　至於，我對何綿山所主張的「閩南佛教」在臺傳播與傳承論提出反駁的理由，除了其所指涉的「閩南佛教」在臺源流延續或其後發展，有其部分的正確性之外，他根本忘記近代以來臺灣本土佛教所特有的「雙源匯流」和「在地轉型」的開展，及其這一最具關鍵性的多元文化創新或相關本土化現代質變的各種重大問題。

　　此外，現代臺灣佛教的蓬勃發展，是奠基於臺灣的工商業發達，奠基於大眾傳播工具的發達及其無遠弗屆的強大影響力。臺灣的社會在戰後由於偏安，致力於工商業的發展，所以民生日見富裕，生活品質也日益提高。傳統的農村地緣關係，被流動的原子化人際關係所取代。都市化的結果，人的疏離感增強，而故鄉的地域性信仰，每年的活動次數有限，且離居住地太遠，無法滿足日常生活的需求。於是新的娛樂需求和新的宗教市場，便逐漸形成了。

　　而臺灣佛教的蓬勃發展，是肇始於 1960 年代的中期，就是利用了這一黃金時機，趁勢崛起的。基本上，就是結合觀光、娛樂和舞臺的效果，將佛教加以通俗化的現代包裝，然後以企業化的經營模式來管理，再利各種促銷手法向宗教顧客推銷。所以新的佛教人口，便隨著大眾傳播的影響而出現了。

　　1971 年，臺灣退出聯合國，許多友邦也跟著和臺灣斷交，到 1978 年的美臺斷交，更是達到高峰。斷交是外交上的挫折，但同時也導致外國教會的在臺影響力大降，而所出現的空缺，正好由佛教來遞補。等到解嚴後，佛教組織開始多元化，更加有利於佛教的發展。

　　所以，何綿山所主張的「閩南佛教」在臺傳播及其傳承論，根本不足以詮釋完整的戰後臺灣本土「中華漢傳佛教」的嶄新發展歷程。

　　我對闞正宗所主張的反駁，主要理由有下列幾點：（一）我主張，戰後「人間佛教」思想，從未全面發展。（二）解嚴前後的階段，才戰後「人間佛教」思想在臺的蓬勃發展和激烈爭辯。（三）江燦騰和楊惠南兩者，才是

真正的推動者。

　　而在以上四種論述之外，由於兩岸在臺灣政治解嚴後，也開始兩岸佛教交流。我因此，從 1996 後，曾在大陸重要的出版社，前後共出版六種佛教史專書。其中，有兩本臺灣佛教史的出版，分別曾獲臺灣的陸委會與大陸方面的經費補助。其中，《二十世紀臺灣佛教文化史研究》（北京：宗教文化出版社，2010），有二位大陸佛教學者何建明教授與張新鷹副所長兩氏相關論述。所以，我也轉述如下：

　　其一，何建明教授認為：「近六十年來的臺灣佛教，在中國佛教文化史、世界佛教文化史，乃至現代世界宗教文化史上都佔有不可忽視的重要地位」。[5]他列舉的主要理由，共有三點：

1. 「1950 年代以來的臺灣佛教，是清末楊文會等開啟的中國佛教文化復興運動的歷史延續，並將這場近代以來艱難曲折的中國佛教文化復興運動推向高潮，從而成為繼隋唐以來中國佛教文化發展的第二個歷史性高峰」。

2. 「1950 年代以來的臺灣佛教，是自覺地適應了近代以來中國社會現代化發展之需要而逐漸形成的一種新型的中國佛教文化現代形態，是民初太虛大師開啟和推展的現代佛教革新運動（也稱之為佛教現代化運動，或人間佛教運動）發展到較高和成熟階段的標誌」。

3. 「1950 年代以來，特別是近三十年來，臺灣佛教界和佛教文化界在自覺適應臺灣和東亞經濟、政治與社會的現代化騰飛的過程中，向全世界全面展示了其在教育、文化、慈善、環保、國際交流與合作及維護世界和平等諸多方面所取得的重大成就和較廣泛的國際影響」。現代臺灣佛教「較為成功地實現了積極適應社會現代化發展

5　見何建明，〈序二〉，江燦騰，《二十世紀臺灣佛教文化史研究》（北京：宗教文化出版社，2010），頁 7。

之需要的信仰主體性的提升和轉型，因而，現代臺灣佛教文化的繁榮與發展，成為二十世紀世界宗教世俗化運動中異軍凸起的一種宗教文化現代復興運動」。不僅如此，「在近幾十年臺灣社會逐漸實現現代化的過程中，有的宗教文化的發展由盛轉衰，而佛教文化的發展卻趨勢而起，由小變大、由弱變強，成為臺灣現代化進程中宗教與文化發展的一支非常重要的力量，甚至可說是現代臺灣宗教與文化發展的一個重要標誌」。[6]

　　然而，我認為上述的這些說法，雖已能較前述張、李、何、闞四人的偏頗觀點，更為周延。但是，仍缺少了臺灣本土佛教在 1945 年之前，早已高度發展和現代化的日華混血的另一源流和所繼承的珍貴在地佛教文化遺產，所以也非理想和完整的詮釋觀點。

　　另一個曾深入研究過臺灣近代佛教發展現況的大陸專家張新鷹主任，則曾一度公開表示：他本人透過臺灣本土佛教學者的專業相關研究成果，所看到的「不只是『四大法脈』與祖國大陸佛教法系的血緣傳承關係，也有日本佛教教育在本省籍僧團代表人物身上留下的影子；不只是光復直至 1949 年後臺灣確立中國佛教『正統』的過程中各種勢力在特定政治條件下的思想行為軌跡，也有對非一元化歷史背景下的臺灣佛教適應現代社會的能力認知和隱憂思考」。[7]

　　而最讓他特別感興趣的，是他從中看到了臺灣本土佛教學者，「在臺灣佛教史實考證敘述中時時表現出的思想史問題意識」，所以他肯定了臺灣佛教史學者的專業著作，具有了一種廣闊的視角和深遠的意境，從而不但把臺灣佛教的發展脈絡與整個中國近現代佛教思潮連成一體，而且通過臺灣佛教史，揭示了中國近現代佛教思想受到東亞乃至世界進步思想（包括社會主義

[6]　見何建明，〈序二〉，江燦騰，《二十世紀臺灣佛教文化史研究》，頁 7-8。
[7]　見張新鷹，〈序一〉，江燦騰，《二十世紀臺灣佛教文化史研究》，頁 4。

思潮）影響的狀況，其重要意涵，絕不僅僅在於為如今風行兩岸的人間佛教
理論開闢了新的理解維度和探討空間。

　　所以，他認為像這樣的研究，事實上，是可以和中國大陸當代不同區域
的佛教史的研究新熱潮遙相呼應，並逐漸彙聚成當今海峽兩岸學術界推動中
國佛教史研究向地域性、專題性、交叉性深入開展的共同力量。[8]

　　由此可見，自二戰後以來，當代臺灣本土的各宗教中，雖以在「雙源匯
流」下，逐漸朝「在地轉型」開展的臺灣本土新「中華漢傳佛教」，在目前
才能達到其最具社會傳播和急難救助的巨大影響力之高原期階段。所以，當
代的兩岸佛教學者，都對此表示了極大的正面肯定，同時也以「逆中心」的
回饋方式，開始從臺灣的各傳播中心，逐漸向對岸的大陸「中華漢傳佛教」
發展現狀，產生具有典範性參考作用的明顯效應。[9]

8　這是迄今為止，在相關學者中，能從另一角度出發，所提出的最有見地的深刻觀察和中肯論
　　斷。見張新鷹，〈序一〉，江燦騰，《二十世紀臺灣佛教文化史研究》，頁 4-5。

9　此點「逆中心」的回饋方式，可以由上述何、張兩位大陸佛教學者的各項說明，即不難瞭解。

第二十二章 現代臺灣新女性主義佛教小說透視
——導讀陳若曦的《慧心蓮》

江燦騰

臺北城市科技大學創校首位榮譽教授

　　陳若曦的第一本佛教長篇小說《慧心蓮》，出版於二十一世紀的初年春天，當年底即獲象徵臺灣文學最高成就之一的「中山文藝獎」，其得獎速度之快，甚至超過她享譽國際文壇已久的第一本短篇小說集《尹縣長》。[1]

　　在這兩本得獎的作品中，若要我選擇其中一本，作為陳若曦的生平代表作，則我認為《慧心蓮》一書，其實比《尹縣長》更具代表性（其理由詳後）。

　　為什麼我們要以「二十世紀第一本新女性主義的現代臺灣佛教小說」：《慧心蓮》一書，作為其文學表現上的重要歷史定位呢？

　　首先，我們須知，當代臺灣佛教文學的題材特殊性，不論是寫在陳若曦此書之前的——即張曼濤所著長篇臺灣佛教反基督教小說《曉露》（臺中：一九五六），或出版在此書之後的作品——即梁寒衣的長篇佛教靈修小說《我們體內的提婆達多：菩薩道上的棘刺》（臺北：二〇〇九），此兩者，事實上皆不曾真正觸及當代臺灣佛教僧尼的教團實際問題。

　　所以，陳若曦的《慧心蓮》佛教小說，的確堪稱是，此一主題和此一類型最優秀的第一本新佛教女性作品。

　　再者，我們須知，戰後臺灣地區曾歷經長達三十八年（一九四九～一九

---

[1]　因為《尹縣長》是在一九七六年由臺北的遠景出版社出版，但隔年才首度獲「中山文藝獎」。

八七）之久的政治「戒嚴時期」，在此特殊的宗教氛圍下，不論戰後臺灣文藝界所演出的傳統戲劇或現代電影中所出現的劇情，若有任何負面佛教僧尼聖潔形象的情節出現者，必遭來當代臺灣佛教僧尼的集體嚴重抗議。此所以，具有現實社會學意義的當代長篇佛教小說，在海峽兩岸的漢人佛教文化圈，都出現得很晚。亦即，約當臺灣解嚴前後，才相繼出現。

　　以出書早於陳若曦的大陸作者郭青其人為例，他原是有共黨背景但其後已還俗的松青和尚，並且他和一九四九年逃難來臺的星雲法師，也算是同輩的舊識。

　　可是，當他發表得獎的長篇佛教小說《袈裟塵緣》（四川：一九八六）時，即已是大陸改革開放多年之後的不同時空環境了。[2]

　　所以，無論從哪一個角度——諸如從新的佛教素材、新的佛教意識形態、新的佛教女性生活遭遇或轉型等各方面來看——陳若曦在二○○一年時，以新佛教女性思維所出版的《慧心蓮》一書，都稱得上是海峽兩岸「二十世紀第一本新女性主義的現代臺灣佛教小說」。而其中，尤以書的內容，能主張僧尼兩性平權、肯定佛教女性自主、以及強調對現代性社會關懷的專業能力之擁有等，最為人所稱道。

　　陳若曦當初是如何創作《慧心蓮》一書的？

　　有關此一問題，我們須知，陳若曦當初在創作《慧心蓮》一書時，的確曾受幾個相關因素之影響，茲再分述各點內容如下：

　　（一）此書曾受解嚴後，臺灣所出現的快速社會多元發展之新開放環境的有利影響。亦即由於有此一因素的適時出現，才使得其後各種新興宗教能相繼崛起和使不少外來宗教的在臺急遽發展成為可能。

2　雖然大陸評論家杜宣曾說，「此書向讀者打開了禁閉的佛教之門」，但也僅是繼承蘇曼殊在一九一二年時所創作《斷鴻零雁記》的表現法，亦即其書是以出家僧人難捨舊情緣的悲泣佛教文學傳統為基底，再新加上紅色共黨和尚的抗日英勇表現而已。除此之外，其全書並不存在具體描述有關當代大新佛教尼眾改革的任何情節內容。

　　所以在《慧心蓮》一書的豐富內容中，也才能有大量此類新興宗教崛起的相關說明、或外來宗教在臺傳播狀況的簡明介紹、以及出現宗教信徒頻繁改宗的抉擇流程之描述、乃至對於藉宗教斂財及騙色性侵的弊端進行嚴厲的批判等——這些種類繁多的知識說明，和相關情節的描述之段落出現。

　　（二）一九九六年時，當我和陳若曦認識不久之後，我即將所剛出版的有關近百年來臺灣現代佛教發展史的書籍多種相贈，並將我一向批判當代臺灣佛教的理念和人間佛教思想的傳播背景知識和她交換意見，她當時也頗能有所共鳴。

　　同時，我也介紹她參訪一些現代性臺灣女眾道場的節慶活動狀況，使她擁有第一手的田野經驗。所以她當時觀察的眼光，即是知性的掃描，而非純信仰取向的盲從。

　　在此一因素的影響下，陳若曦在她創作書中的「杜美慧」一角時，雖曾在一開頭，即戲劇性地描寫其落髮剃度時的悲愴和前往受大戒及點香疤時的有趣情節等，並寫其因：婚後曾受家暴、中計離婚和曾被繼父強暴等不幸，而無奈剃度出家和前往受大戒的諸多背後細節，能逐一呈現。

　　但，更重要的意義在於，「杜美慧」出家後，成為法號「承依」的新戒尼師，經過不斷精進和各種歷練之後，不但已是一位處理寺中事務的高手、善於廚藝和園藝、又是一位能奉行改革派所主張的「人生佛教」新理念者、故其後赴美留學得碩士學位回來，既接新住持職位，又能相繼推行尼眾專屬道場制度、援助原住民受害雛妓、推行新環保概念、主張無墳的樹葬方式，所以她已是一位當代臺灣尼眾界不可多得的新典範。

　　然而，若對照陳若曦本人生平所堅持的新女性主義思維，即可發現：她在此一典範的描述上，其實也有不少成分，是以其書中的新住持「承依」尼師的這一典範角色，來投射其宿志和心影的。

　　（三）此書亦曾受美艷歌星方晴受辱事件（一九九一）和其後自殺（一九九九）的因素之重要影響。此因早在一九九九年方晴自殺之前多年，我已

和施寄青兩人都力主應由陳若曦本人，以長篇佛教小說的形式，來批判和披露此事，並使當時宗教界的一些色魔，能有所鑒戒。而我和施寄青兩人，則將再以另外的方式，分別對其加害者，進行口誅或給予筆伐。

可是，陳若曦當時雖已答應，卻可能仍心有顧忌，所以遲遲未能正式開筆書寫。直到方晴本人於一九九九年六月八日，在美國華盛頓州艾佛瑞特市的一間律師樓舉槍自殺之後，第二天早上，陳若曦基於不能失信於死者，才正式草擬《慧心蓮》的寫作大綱。

所以，《慧心蓮》一書中，要角之二的「杜美心」，就是以方晴本人作樣本，並以其親歷受騙過程和遭辱後又被逐出師門的各種悲慘史，來建構全書中最富戲劇性張力的豔情悲恨之章的曲折內容。由此可知，正如陳若曦在《尹縣長》一書的寫作不是虛構，而是文革事件真實的呈現一樣，陳若曦在其《慧心蓮》一書的寫作，同樣也非純屬虛構，而是有真正歷史背景和現實樣本作其基底的當代臺灣佛教寫實文學之呈現。

（四）此書中主場景的部分，與作為臺灣地理中心的南投縣埔里鎮，有最密切的關聯性。此因南投縣的埔里鎮，既擁有山川美麗的動人景觀，又盛行多元宗教信仰，更兼具臺灣中部原住民平埔族最後棲息地遺址和早期臺灣漢人及諸多外來者相繼遷入的複雜生活型態和經驗等，所以陳若曦在一九九九年九月二十一日當臺灣中部遭逢大地震災難之後，她即隨著慈濟功德會的賑災人員，來到災區中心的南投，之後便開始有了強烈的鄉土認同。而這也就是在《慧心蓮》後半部的主場景，大多選在南投縣或埔里鎮的原因。[3]

有關《慧心蓮》一書在其文學藝術上的高度成就，又是如何形成的？

一、在經過多年的相關佛教史閱讀和參訪各佛教道場之後，陳若曦在寫作《慧心蓮》一書時，其實已能將當代臺灣佛教道場的日常性生活用語，應

---

[3]　陳若曦又於當年獲選為首位的南投縣駐縣作家，為時一年（二〇〇〇年七月至二〇〇一年六月），所以她的下一本長篇佛教小說《重返桃花源》（南投：二〇〇二）主場景，同樣是以災後重建的南投縣或埔里鎮為描寫的重點。

用到相當熟練的高水平。

　　二、這使得她在處理書中相關情節的必要說明時、或進行佛教的相關活動描述時，可擁有不亞於佛教圈內人的清晰度和自然呈現狀態。而透過這一基礎能力的擁有，她基本上便能保證在其書中所呈現的相關佛教知識說明，能具有高度的可信性和強大的說服力。

　　三、《慧心蓮》一書中的情節進展和其能多元視角呈現，是透過三個不同世代、但有同一家血緣的四個女人（杜阿春、杜美慧、杜美心、王慧蓮），分別呈現出來的。

　　而這三位不同世代的第一代傳統臺灣女人，只有一個，她正是新住持「承依」尼師的母親杜阿春。她原是一貫道的道親，曾有兩段不如意的婚姻。

　　其中第二任丈夫，更因其在一九四九年來臺之後，曾謊稱大陸無妻、故成功再娶已有雙女的杜阿春，並因其一度強暴前夫的長女杜美慧，所以在其晚年，非常後悔，故曾暗中設法捐款贊助出家後的「承依尼師」和其道場開銷，還使其因此能順利出國留學及取得碩士學位回來。

　　並且，「承依尼師」在其取得碩士學位回臺之後，因其所從事的即是新佛教改革運動，故之後也曾影響其俗家母親杜阿春離開其原有一貫道信仰，而改信其所奉行的「正信佛教」。

　　所以，陳若曦其實是以母親杜阿春的眼光，來看女兒的出家，在初期當然是會悲悽和不捨。但陳若曦同時也能藉著母親杜阿春，原先信奉一貫道的宗教經驗，來看待臺灣傳統宗教的多神信仰和日漸盛行於當代臺灣的各種新興宗教之傳播狀況。因此，母親杜阿春的非單一宗教信仰的流動性追尋經驗，正好呼應了傳統臺灣婦女，在臺灣解嚴前後的宗教多元發展和「承依尼師」奉行具現實性社會關懷的新佛教之必要性。亦即，母親杜阿春最後選擇與出家女兒「承依尼師」的同一「人間佛教」的信仰路線，即成其後情節發展的必然性結局。

再者，由於認同出家女兒「承依尼師」的佛教事業，她又獲知第二任丈夫生前曾暗助出家女兒「承依尼師」的留學經費，和曾捐款護持女兒道場的開銷，所以母女兩人，最後是以諒解和無怨的方式，來饒恕原加害者（即第二任丈夫或其繼父）。

接續書中故事發展的第二段敘述者，已改由母親杜阿春的二女杜美心接棒，所以已故美艷紅星方晴的生平事蹟，如其家庭背景、幾度婚姻不順、美艷多藝卻嗜好名牌和癡迷新奇宗教經驗等，都被適度地採用為形塑「杜美心」的角色樣本。

而陳若曦透過書中「杜美心」曾在密教上師的「男女雙修法」中失身經驗，以及其後與上師活佛的一段複雜情慾糾葛，陳若曦藉此強烈批判了密教上師在臺以「男女雙修法」騙財騙色的諸多流弊行為。最後，並藉一九九九年九月二十一日大地震的「天譴」，來使方晴的宗教加害者，腳趾頭被折斷數根，以及其豪華的宗教建築幾近全毀。

但，陳若曦並未在書中提到「杜美心」的真正死亡。所以她是側重描述「杜美心」在其宗教痴迷追尋中，曾殘酷遭到幻滅打擊後的新生歷程，而非以真實版的方晴之死，來從事其悲慘史的複製、或進行其文學性實況的再描寫。

順此邏輯，陳若曦在其《慧心蓮》一書第三段的故事描述中，就是以「承依尼師」（杜美慧）的俗家女兒王慧蓮，作為導引其書中情結開展的最後擔綱者。

可是，王慧蓮本人並不迷戀男女私情。所以她雖在清華大學受過高等教育，卻仍以出家的母親，作為當代臺灣新尼師的典範，故她同樣也選擇出家為尼，法號「勤禮」。

可是，上述情節的戲劇性張力，在其文學性描述的過程中，並不易顯現。因此，共同構成本書最後結尾布局的，就是陳若曦對其宗族遺產的繼承問題進行善後處理、或者分析是否要對其不倫長輩的犯行給予諒解？以及其

出外替亡靈助念時曾萌生的特殊感應經驗、和其有必要提倡一種無墳塔設施的新樹葬概念等各種情節，便與「九二一」大震災後的重建問題，交織成為全書尾聲的整個內容。

　　陳若曦的《慧心蓮》一書，自二〇〇一年出版以來，除大受好評並榮獲該年的「中山文藝獎」之外，尚有一疑問必須說明的，就是其書內容，在當代臺灣比丘尼間的接受度，又是如何？據我的多年來觀察，其情況發展大致如下：

　　一、陳若曦在其書中，雖有對負面的教界行為之描寫和嚴厲批評，但從未遭到來自佛教界尼眾的任何抗議。反而是，其書出版後，即普遍推崇其對當代臺灣比丘尼新形象的建構和精采的描述，並將其視為值得閱讀的當代重要佛教書籍。

　　此因在其書中，雖有一些對教界負面行為的描寫和批評，可是，其所描寫和所批評的，皆曾為當時臺灣社會廣為流播之事實，故不易反駁。並且，杜家二代女性作為受害者的悲慘際遇，正如美艷歌星方晴的不幸遭遇，其實是相當能普獲各界同情的。

　　二、臺灣的政大中文系丁敏教授，曾於二〇〇三年時，撰寫有關此書的研究專文，並參與由臺灣現代比丘尼所主辦的「人間佛教與當代對話」的學術研討會，而當時其所邀擔任此論文的回應者，正是對方晴事件有高度同情心的著名婦運家施寄青女士。所以當天討論時的空前熱烈和大轟動狀況，自然不出大家在邀請當初所預料者。可是，當天居然無人質疑陳若曦在其《慧心蓮》一書中，是否有任何佛教知識上的錯誤？或不當的負面描寫？才更出乎我原先的預料之外。

二〇〇九年八月十七日

第二十三章　關於佛牙舍利真偽之辯
——內幕、證據與方法學

江燦騰
臺北城市科技大學創校首位榮譽教授

　　星雲法師在 2023 年 2 月 5 日過世了，活九十七歲，是臺灣僧人中僅次於印順法師的第二高壽者。其實兩者都是晚年病魔纏身，若非得力於臺灣醫療體系的先進，讓二者得以僥倖逃過提早死亡，否則是活不到如此高壽的。

　　但本文所要的解說重點，其實是想再次回顧星雲法師利用假佛牙蓋超大型「佛陀紀念館」的背後歷史爭議，讓當代狂熱為星雲偉大人間佛教事業成就人捧特捧者，也略為針對其不如法的作為，有所反思。

　　沒有反省與相關專業批評，臺灣社會的大眾信仰是不會有所精進的。不過，事情的開端，我們稍後就會詳說。此處先從 2011 年 12 月底，在我們當代臺灣佛教界中所曾出現的最熱門新聞說起，就是有關當時最轟動的佛教觀光娛樂文教園區的大事業體新聞熱點，當屬高雄佛光山寺籌建多年的「佛陀紀念館」，終於正式啟用和風光開幕了。

　　這對於不少喜歡佛教觀光娛樂者，當然是很好的新遊樂去處或堪稱當代最佳佛教文化觀光區壯麗景點的耀眼出現，至於持不同立場者，也可有其他的另類選擇。

　　但是，作為一個長期堅持學術理性原則的當代歷史家，我則是想藉此反思：類似這樣的「大佛文化」又再度熱烈出現於當代臺灣的這一片既狹小又壅擠的美麗國土上，是否必要？以及其在臺灣本土佛教文化與生態美學上的

真正創新意義或其社會傳播的實質效用，又有哪些是值得我們應該加以重視的？這都是大家應該關心和必須細心再加思考的重要文化課題。

　　這對處在二十一世紀初期的臺灣社會大眾來說，基於宗教信仰的自由原則，我們每個人事實上都可以有不同的答案或選擇。只是在此，我個人並不準備採取類似先前我應大陸當代的權威媒體之一的《南方周末人物報》主編邀請時，曾一度公開嚴厲批判其過度上商業化和庸俗化的浮濫作風那樣，直接的就嚴詞評論有關「佛陀紀念館」隆重開幕後的種種可能問題，以及不久可能會面臨的幾種值得憂慮的狀況；而是重刊一篇我當年曾與一群臺灣學界的有志同道，公開強烈質疑佛光山迎假佛牙的全文：我們這些學者，所針對的，正是質疑評佛光山的創辦者釋星雲，當時他想藉著「迎佛牙」的大好契機，以作為他日後增建新「佛陀紀念館」的緣起，是不當的。其原因為何呢？

　　這是由於，我當時根據本身曾探索多年佛教史學知識的專業性判斷，已可明確地認為：釋星雲所宣稱將要增建新的「佛陀紀念館」來供奉「佛牙舍利」的緣起，不應該是來自一顆根本就是「假佛牙」的取得；但釋星雲當時卻硬要說，他所迎的那顆，其實是「真佛牙」，並要大家不要懷疑。而我當時是斷然不能同意像他這種「反智論」的信仰至上主張。因此，當時雙方曾爆發了空前未有的「真假佛牙」大論戰。而我事後也在《當代》雜誌的第130期（1998年6月1日），發表下列全文內容。

　　我迄今仍認為：這是有公是公非的佛教史爭論，不應沒有原則和隨意放棄堅持。但，我的主張，是否仍有論述不嚴謹之處？在此，我請本書讀者在讀完下述全文後，再自行判斷。屆時，應如何看待？將可了然於胸，而不必先有特定立場。

一、拉開質疑佛牙戰爭之幕

1998 年 4 月初，臺灣的各媒體紛紛刊載關於「佛牙舍利」真偽的討論，隨後政府官員應否參與迎佛牙的爭辯，也變成了輿論的焦點。而我是率先在《聯合報》上，公開質疑「佛牙舍利」真假的。

《聯合報》在 4 月 2 號第 19 版，登出關於「第三顆佛牙」的爭辯消息。消息的內容，是先轉述我對吳伯雄資政在 3 月 31 日於同報登出的〈佛牙本非牙〉那篇文章的質疑。吳資政依佛光山提供的資料，以及引用星雲的意見，認為西藏貢噶多傑仁波切提供的佛牙才是可信的，並且不認為應質疑佛牙的真假。他引述星雲 3 月 28 日在民間全民電視臺《頭家開講》的節目中，回答聽眾時說：「佛牙的真偽不是科學實驗，也不是歷史考證，而是宗教信仰的問題。」因此，他主張，如果疑惑佛牙是真、是假，應先問：自己的心是真、是假？

我是佛教史的學者，完全不能接受這種反智的看法。於是提出下列的各點：其一，佛牙是歷史佛陀的遺物，是真是假，有賴證據，不容藉口信仰，使可逃避證據檢驗。我接著舉出歷史和科學的例證各一，以為說明。現存佛骨舍利有科學和歷史證據者，一粒是百年前（1989 年）在尼泊爾境內佛陀誕生地藍比尼園附近挖出的遺骨，也是早期佛教文獻提到八分之一交釋家族供養的部份。當年的發掘者將其捐給英國政府，其政府乃一分為三：一贈印度政府博物館、一存大英博物館、一由發掘者保存。此一歷史證據，是以生態的環境呈現，有直接性和完整性的優點。故學界公認此為人類共同遺產。可是，其中並無佛牙。

其二是另一作偽而被識破的例子。根據史學權威陳垣先生的詳細考證，一千多年來，在中國出現的佛牙，歷代皆有，來源不一，形色各異，為數在兩位數以上，而非一顆。明朝的大醫學家李時珍特在《本草綱目》卷 51 指

出：「貌似熊，黃白色，其齒骨極堅，以刀斧椎鍛，鐵皆碎，落火亦不能燒，人得之詐充佛牙以誑俚俗。」可見以獸骨冒充佛牙，早有前科了。請問吳資政，如果迎的是獸骨，如何向國人交代？

「第三顆佛牙」歷史上，不存有任何記載，吳資政雖引《大涅槃經》後分卷下說：佛陀死後，火葬，全身粉碎，只四牙完整，被帝釋人取走一顆，故人間留有三顆。而目前，他所要迎的「第三顆佛牙」，就是由西藏喇嘛所保持和轉讓的。

但是，《大涅槃經》所載其實是神話，佛陀死後裝在金棺材內。然後在四城門的上空飛，最後火光中現出四顆佛牙……。帝釋天表示佛陀生前答應送他一顆，所以他取佛牙時，火光熄滅。之後，此故事發展，就轉到別處去了。

問題在於歷史上明載佛陀留有各種遺骨、舍利，並非後來才出現的《大涅槃經》所記載的神話那樣。

至於西藏佛教的部份。近代以前，歷史文獻皆無「第三顆佛牙」任何記載。我問過的當今兩岸西藏學專家，皆一致同意：西藏佛教沒有佛牙崇拜的傳統，因此，「第三顆佛牙」是沒有任何歷史證據的。既然，真相是這樣，請問吳資政：你的反智論還能成立嗎？

其三，1955 年，臺灣自日本迎回三分之一的唐玄奘頭骨，當時舉國轟動，包括老蔣總統、蔣夫人、五院院長，都參與其事。在老蔣總統和佛教界的主導之下，決定假日月潭畔建寺塔供奉，視為國之大事，土地和經費，也有賴公家補助。結果呢？玄奘的學術中心，變成空中樓閣；寺塔空簷。日趨頹廢。當年的雄心壯志，信誓旦旦，如今成了泡影和笑話！

二、仁波切、信仰與論證

　　我的質疑，吳伯雄並未回應，而是由星雲出面攬下來回答。可是星雲的答覆，只是重覆先前的老調，說是「第三顆佛牙有十二位仁波切聯名保證，而這十二位仁波切的保證所以有效，是他們德高望重。」現代的學術，講究實證，我的舉證沒有推翻之前，道德和宗教經驗的保證，皆屬無效的。

　　而他所信賴的這 12 位仁波切，根據在西藏 30 多年的西藏學專家王堯教授稍後來臺表示：「不知他們從何處冒出來的。有名氣或實力的喇嘛，多少有所耳聞，可是這 12 位喇嘛，真的沒聽過。」星雲相信這樣的貨色，卻懷疑我的學術能力和資格，還說若有證據證明第三顆佛牙為假，不妨提出供學術界鑑定。

　　和星雲論戰時，有報社記者要我提供第三者，以供參考。我推舉了研究佛教史的著名家藍吉富。結果，藍說了以下兩段，很模稜兩可的話：

　　一、歷史上是有佛牙存在，至於即將來臺的是否為真佛牙，尚難論斷。何況宗教信仰，本有所科學不能舉證之事。江燦騰的質疑應是出於推測。

　　二、佛牙真假可由考古鑑定和歷史線索證實，但信仰與學術研究是兩回事，歷史上確有佛牙存在，但是後來出現的佛牙是否為真，不知道，即將來臺的佛牙是否為真，也尚無足夠的資料可供論斷。

　　藍先生的話，肯定歷史上有佛牙存在，但沒指明是佛陀生前的牙齒還是死後的牙齒？說了等於沒說。

　　他在電話中，又回答我的求證說：並不清楚我原先的論點是什麼？所以照他所理解的來講。雖然如此，藍先生起碼承認了兩件事：

　　一、即將來臺的佛牙是否為真，尚無足夠資料可供論斷。

　　二、佛牙真假可由考古鑑定和歷史線索證實。這樣的講法，也等於推翻仁波切的保證效力，也贊同考古和歷史的證據性。藍先生的史家發言，以後

也未大改變，可以不再提及。

　　本來，佛牙的真假，是可以爭論的，對與錯要看證據和邏輯的說服力，並非自己認為對就是對。星雲本人原是老到的宗教師，平時很能應付這種場面的，不知為什麼？一聽到我質疑他迎的是假佛牙，先是要我再舉證據，後來居然發怒起來，對來訪媒體記者，一再提及「壞學者」、「壞心腸」，才會懷疑佛牙是假的。而我絲毫不為所動，繼續提出反駁證據。

三、媒體、科學與公案

　　原先，我的投書是寄給《中國時報》的專欄組戴文彪，戴先生承諾 4 月 1 日刊出。但，當晚八點多，戴先生表示：上級有壓力下來，不能刊出，希望我諒解。我轉移到《聯合報》，《聯合報》立刻接下，並聯絡星雲和藍吉富，於是才有 4 月 2 日第 19 版的第一次揭發。《中央社》記者謝震南，自動發稿給各報，卻被封殺不登。此舉，令我感到幕後黑手的可怕！

　　我決定再試一次，又寄出新作，投書給《中國時報》專欄組，戴文彪表示，此次沒問題，唐光華也同意。結果，當晚依然抽掉。戴再三表示歉意。我只說了一句：「《中時》的全盛時期，已過去了。」

　　事實上，《中時》拒登反佛牙的舉動，使它獲得 4 月 5 日的 32 版的《佛光衛視》的全版廣告，這是各報所無法比的！

　　我把投書另寄《自由時報》，題為〈佛牙舍利真偽之辯〉，於 4 月 6 日登出。我的反駁有幾個重點：

　　1. 星雲表示：「第三顆佛牙」原藏印度那難陀寺，回教入侵，才流入西藏。但，回教入侵之前，唐玄奘留印 18 年，卻從未聽聞寺中有佛牙之事。義淨也是留印多年，所著《南海寄歸內法傳》，亦在回教入侵之前，同樣未提寺中有佛牙之事。可見星雲的講法，毫無歷史證據。

2. 星雲說有十二位仁波切為他保證。但，在近代以前，西藏史書全無記載，兩岸西藏學專家一致表示西藏沒有佛牙崇拜的傳統。我的這一看法，格魯派的僧侶，即達賴喇嘛的黃教系統，完全贊同。

3. 佛牙不耐高溫，火化時，極易崩解。臺大牙科韓良俊教授，同日同版登出日本神奈川齒科大學由本勝教授所著《法醫齒科學》，證實牙齒加熱後，溫度達攝氏二百度即起變化，五百度即粉碎。因佛牙為火葬後的產物，不能長存迄今，是可以理解的。

4. 我同時問過火葬場和有實際觀察火葬經驗的，答案都是一樣的，即高溫則無牙。因此，兩千五百多年的火化佛牙，是無法留存至今的。要做假，也是完全不可能的！因碳 14 放射線，可以檢驗出來。

5. 火化後的佛牙是否存在？從早期的《阿含經》起，皆未提及，也是可以清楚論斷的。但，星雲和他的追隨者，卻根本忽略這些，證明外行人充內行的宗教師或學者，實不乏其人。

從 4 月初到 12 日，我不斷出現在各電視和廣播節目，發表我的看法，聽眾大多被我說服，佛教界的大老，也紛紛來電表示支持，使我大獲鼓舞。

迎佛牙當天，在泰國被冷落，李總統沒出席，以及之前中國大陸佛教協會發表「不清楚第三顆佛牙的出處」的聲明。我可以斷定：假佛牙的效應，肯定是有的，星雲可說，已是滿臉豆花了。

星雲法師，原本信心滿滿，從 2 月 28 日開始，他一方面在媒體上放話造勢，以吸引社會的注意 一方面動員人力物力，準備迎接佛牙的相關事宜。

只是他萬萬沒料到，先是專研佛教史的我，會立刻質疑佛牙為假，按著中研院的瞿海源教授和宗教學者游謙，也在報上批評迎佛牙有政教不分的嫌疑。

隨後不同立場或自我辯護的言論紛紛出現，使得星雲和佛光山因迎佛牙而首次面臨開山 30 年來臺灣學界對其發出的最嚴厲的批判，尷尬極了。

　　雖然如此，迎佛牙的事，在 4 月 11 日仍照常舉行，臺視、華視、中視和 TVBS 等電視臺，也全程轉播，而關於佛牙的說明，各臺一致，都照佛光山依空法師所寫的稿本唸。可見臺灣有些媒體記者缺乏反省能力，也缺乏應有的平衡報導和規範，相當值得反省，但星雲是不會忌諱這的，從 4 月中旬迎完佛牙到 5 月底，我發現佛牙的熱潮並未完全消退。

　　首先《佛光衛視》仍不斷報出參觀佛牙舍利的消息。其次，5 月初出版的《覺世》第 1383 期和《普門》第 224 期，都刊出〈恭迎佛牙舍利專輯〉，並且一面倒的選刊贊成和自辯的文章。而其中，反駁佛牙為假的文章，顯然是針對我的質疑而來，數量之多，出乎意料之外。

　　這當中有關於方法學的討論，也有關於史料證據的質疑，雖然沒有一篇能提出新證據或可駁倒我的論點，可是我的文章並未相對刊出，變成單方審判，完全不公平。

　　所以，針對此事，撰一完整的報導，在《當代》發表，並補充一些新材料，使此一公案的真相大白於天下，是完全有必要的。而本文上述內容，對持內證者的答覆，應該也足夠了。

　　最後，應該一提的是，在臺灣對佛光山迎第三顆佛牙第一個提出質疑的並不是我，而是《南海菩薩》雜誌的總編輯高仰崇先生。高仰崇先生在《南海菩薩》第 179 期（1998 年 4 月 1 日出刊，但我 3 月 30 日即收到）發表〈世間佛牙舍利有幾顆〉的長文。高仰崇先生文中先求證西藏學者，可謂慧眼獨具。惜因高仰崇先生不願投書報紙，我才接棒。高仰崇先生的前期貢獻，得在此記一筆。

第二十四章　當代釋印順的人間佛教思想爭辯與開展

江燦騰

臺北城市科技大學創校首位榮譽教授

一、前言

近 30 年來，在臺灣各地佛教道場盛行的人間佛教淨土思潮，不僅在當代臺灣各地、甚至在香港和大陸地區，都是不少佛教學者論述的熱門課題；而與此相關的教界人士和著名道場，也都紛紛各自標榜新創的詮釋術語和本身思想的源流與依據。

因此，當代人間佛教的思想潮流，是既廣泛流行又涵義分歧的當代新佛教意識形態之特有氾濫現象。這雖不是對新竹市佛教界所特別產生的影響，卻也無法例外，而不受其影響，例如釋寬謙比丘尼，就是當中最著名的實例之一，她不但一直弘揚印順導師的著作與思想，連福嚴佛學院的大改建時，也都由她一手包辦全部設計的。因此，我們絕對有必要針對此思潮與印順導師（1906-2005）的關係之間，進行必要的解說，才能知道整個事件發展的來龍去脈。

但是，人間佛教的思想潮流中的核心概念及其相應的社會實踐趨勢：佛陀的非超人化和佛教的入世關懷，其實是與戰前的近代化趨勢和社會主義思潮在東亞逐漸流行的各類實踐化表現，具有密切的關聯性。

因此，事實上，1936 年之前的大陸佛教界不少改革派人士和日治下的臺灣佛教知識菁英間，彼此都有多次的思想交流，雙方甚至都具有高度的近代思想同質性內涵。[1]

可是，由於 1936 年後的東亞戰爭，逐漸促使各類思想朝向包裹民族主義外衣的法西斯化、亞洲統合論和唯物社會主義思想的三者之混合時潮發展。

唯一例外的是，當時還在大陸地區的傑出佛教思想家印順導師。由於他在戰時，曾對印度佛教滅亡史進行深刻的反思，而後又溯源性地引述原始佛教的相關佛經典據，並提出印度佛教思想流變的新詮釋體系，所以大量具有近代性反思性質的傳統經論新解論述，也逐漸流傳各地。而當 1949 年，國共內戰大局底定之後，他又先是逃離到香港；之後，從 1953 年起，再長期定居於臺灣新竹、臺北、臺中、嘉義等地，直到 2005 年過世於花蓮。因此之故，也帶來他最具典範性的新佛教思想的認知內涵和多元視野。

不過，人間佛教的思想潮流，之所以能在兩岸三地成為不少佛教學者論述的熱門課題，其實是根源於臺灣解嚴前後的特殊社會轉型期的新思維的產物，並且筆者和楊惠南兩人，是初期最重要的推廣者；其後，印順與太虛（1890-1947）的差別和新舊淨土思想的不同實踐路線之爭，就成為佛教界各自論述的主要源頭。

而其中，佛教兩性平權、生態關懷、國際急難救助和現代弘法，則是臺灣教界目前的主要成就。受此影響，大陸佛教界人士，也不甘示弱，紛紛提出趙樸初（1907-2000）與太虛的人間佛教思想論述。所以，目前此新（意識形態）的思潮，仍在兩岸三地，各自繼續分歧發展。

但是，為何會出現印順導師與當代淨土思想的大爭辯及其新開展？本章

---

[1] 江燦騰，〈大正後期臺灣僧侶首次參與國際交流和兩岸佛教的互動及影響〉，《臺灣佛教史》（臺北：五南出版社，2009），頁 193-236。

就是在解說此事情來龍去脈。又由於筆者本身，不但是作為研究當代臺灣佛教史的學者；在此同時，長期居住在新竹地區的筆者，又是實際介入歷史發展的相關「局內人」之一。所以，在親自現身說明之餘，也可能有當局者迷的認知盲點。因此，本章只是代表筆者的一家之言而已。

二、相關歷史溯源

（一）先從 1991 年 10 月 20 日印順導師與筆者在新竹的一次對話說起

雖然在臺灣當代的佛教學術圈，並不缺乏學有專長的佛教學者。但是，在 2005 年之前，要像印順導師那樣，幾乎受到僧俗兩眾，一致推崇的佛教學者，並仰之為當代佛學最高權威者，可謂絕無僅有。

不過，論世俗名聲上，他比不上南部佛光山的星雲法師，甚至也比不上他門下的證嚴法師。但是，在真正的佛教學術研究圈裡，卻唯有印順導師一人，能具有一言九鼎的公信力。

也因為如此，在臺灣的佛學界居然出現一種有趣的現象，即：有不少佛教道場，經營會對外界表示，他（她）們奉印順導師為「導師」的；而印順導師的佛學見解，就是彼等修行的最高指導原則。換句話說，在當代臺灣的佛教學術界裡，掛印順導師的「招牌」，已經成了一種新的流行。

本來，佛法的流布，就是要深入廣大社會的，並非只是出家人自己關起門來說說而已。所以當年佛陀在菩提樹下，悟得無上的解脫道之後，隨之而來的，是遊走四方，傳播所悟正道；不拘對像，不論種性、貧富、賢愚，凡有所求法者，無不一一為其決疑和開示，務必使其蒙受法益而後已。

總計佛陀從 35 歲悟道到 80 歲入滅的 45 年間，弘法、利生，即是他行道的主要宗旨，也是他實踐佛法的主要方式。

從這個角度來看，印順導師，自 25 歲出家以來，就在佛法中薰習和成長；而自 26 歲撰寫〈扶擇三時教〉和〈共不共之研究〉於《現代僧伽》以來，也已經歷了近幾十個年頭的弘法生涯。

他的《妙雲集》和其他多種傑出的佛學著作，質精量多，幾乎涉及到經、律、論三藏的每一層面，堪稱一套小型的「三藏」寶典，為傳統佛學和現代佛教思想，建立起一條寬坦的溝通橋梁。

對於這樣的佛教高僧，身為佛教徒或佛法的愛好者，能閱讀他的書、以研討他的思想為榮，毋寧是很值得稱許的。而筆者自 1971 年起，便因工作的關係，長期定居新竹縣竹北迄今，也常常讀他的相關書籍，並逐漸寫過不少有關他的著作。[2]

可是，一開始，還未認識印順導師本人。筆者是先認識住在新竹市南門街的一位翻譯日本佛學著作的東北籍人關世謙先生，之後才有機會認識印順導師本人。

那時關世謙先生還在新竹市議會擔任秘書，也常在佛教期刊上發表譯自日文佛學的文章發表。他和個子嬌小的妻子，是住在新竹市南門街的一棟老舊日式平房宿舍內。關世謙先生也是 1949 年大陸變局而來到臺灣新竹的，又是虔誠的佛教徒。所以對於大陸僧侶在當地的活動，他都熱心參與，熟知來龍去脈。

而筆者當時，一方面在新竹縣竹北鄉泰和路的臺灣飛利浦電子公司竹北廠的廠務部擔任機房操作員，負責氧氣製造，另一面又在臺灣大學歷史研究所碩士班就讀，專攻明代佛教史。

有一次，筆者曾從臺大圖書館複製日本佛教學者阿部肇一的《中國禪宗史》增訂版給關世謙先生翻譯，其後此譯本是由三民書局的東大出版社出版的。

---

2 江燦騰，《人間淨土的追尋》（臺北縣板橋市：稻鄉出版社，1989 年）。

因為這樣的關係，筆者常從竹北家中騎機車到關世謙先生的南門街宿舍。當時，還是在臺灣政治解嚴的初期階段，但先前管制思想的環境已大為開放了。

當時，臺灣知識菁英的活躍表現，有《當代》、《中國論壇》、《思與言》等刊物，可以暢所欲談。而筆者主要是在《當代》上發表。

其中，有一篇是筆者討論臺灣佛教高等教育的問題，並特別指名當代臺灣佛教界首席佛學權威印順導師本人，應在有生之年，針對新儒家大師牟宗三的《佛性與般若》中，所針對印順本人觀點的批評，有所回應。而不應留下未解的問題，讓像筆者等這些後輩學者來煩惱。[3]

沒想到，有一天，筆者去關先生家，關先生剛從新竹市東郊丘陵上的福嚴佛學院回來，他是去參加印順導師的生日慶祝會的。

但，他告訴筆者，來參加導師生日慶會的人很多，可是導師一個人坐在沙發椅上，手裡拿著《當代》雜誌，正認真讀筆者的文章。關先生對他說，他認識作者。結果，印順導師拿著《當代》雜誌給關先生看，嘴裡一直在抱怨著：你看看，你看看，還居然要我和牟宗三辯論！……

筆者頓時恍然大悟，任何學者都是重視自己的學術思想，在專業同行中的看法。所以，他對生日活動是否熱鬧，一點也不在乎。他在乎的是，筆者居然丟給他一個傷腦筋的學術課題！

後來，印順導師本人，也親筆給筆者一封信。所以，筆者知道，他是把我當知音的，因此，他對筆者特別客氣，態度也和對其他人不同。

記得他 92 歲那年，筆者到福嚴看他。因假日大門關閉，等通報後打開。筆者進去時，抬頭一看，當年 92 歲的他，居然在二樓的走廊上，一手扶著鐵欄杆，一手對筆者揮舞，表示歡迎，令筆者無比感動。也就是在這訪談中，他坦承，並不反對共產主義，認為那是人類的理想之一，所以無須反

---

[3]　江燦騰，〈為臺灣佛教較高等教育把脈〉，載《當代》第 37 期（臺北：1991.03），頁 100-106。

對。但，他反對用殘酷的手段來傳播共產主義。

不過，在 1991 年 10 月 20 日的一次聚會中，印順導師本人卻對我個人談起他的著作被濫引濫用的情形。他還感嘆早期來臺灣，有心教卻找不到程度好的學生來學習，以後又因身體弱，無法將內心所想的一一寫出。

因此他認為，他在臺灣佛學界的影響力一定很弱（※當時在場的，還有來自臺南妙心寺的傳道法師。我們都是來參加福嚴佛學院的改建落成典禮，才與印順導師碰上的）。

不過當時，筆者隨即對他表示：在臺灣，他的書已成為當代知識份子，要接觸佛教思想的最佳媒介，即連一些新儒家的年經學者，也多多少少讀過一些。因此他的佛學影響力，是無可置疑的。

然而，真正能對他思想做深刻掌握的，並不多。換句話說，當代的臺灣佛學水準，儘管有印順導師的著作可讀，由於理解不精確，很難評估提升多少。這樣的狀況，到底要怎樣扭轉，便值得探討了。

另一方面，筆者之所以要慎重其事地，重提這一段關於當代臺灣佛教界對印順導師的矛盾影響現象，其真正用意是，是想藉導出一個相關的論述主題。

亦即，我們可以由此發現，當代整個臺灣佛教界的學術水準，其實並不如想像中那樣高，而事實上這又是印順導師再臺灣已經經營了近幾十年的結果。可見他過去的努力，是何等地艱辛、何等地不易。

再換另一角度來說吧！我們都知道有一些佛學界的同道，相當同情1953 年到 54 年之間，印順導師因《佛法概論》被檢舉為「為匪宣傳」的這件事。甚至有些學者（如楊惠南教授）還把此事，當作印順導師遭受保守派迫害的實例。同時，也批判包括慈航法師在內的教界領袖。

於是有個新的研究結論提出：認為臺灣戰後的佛教發展，所以在水準尚未大幅度地提昇，是由於印順導師受迫害，以致失去其領導性的地位，連帶也喪失原可循印順導師思想發展的大好機會。總之，在《佛法概論》這件事

上，印順導師不但被當成受難的英雄，也使保守派必須擔負了佛教發展落後的嚴重責任。

然而，我當時認為，如果我們繼續環繞著這件事打轉的話，可能對整個印順導師的時代角色與地位，會判斷不清。

因為從事件的過程來看，印順導師並未被關，或被逮捕，甚至連限制行動的禁令也未發出，僅是在處理上，有警總和黨部介入，且要求對否些關於北拘蘆洲的描寫作修改而已。

其後印順導師在經營道場和弘法活動上，一點也未遭到官方的干涉。所以我們如果太過強調此事的迫害性質，則有可能會誤導判斷的方向。做為一個現代佛教學者，在觀察此一事件的本質時，不能太感情用事，應該用較深度的視野來分析才對。這是我在展開以下的說明之前，首先要強調的一點。

其實我們可以從他在心智上的偉大創造，以及對人間苦難的關懷這兩點，來評估他的人格特質以及他在佛教思想方面的卓越成就。

就第一點來說，筆者曾在一篇文章中，提到：「印順導師的最大貢獻，是以此三系（性空唯名、虛妄唯識、真常唯心）的判教，消化了日本近代佛教學者的研究成果，融會自己探討的資料，而以流利的中文傳出清晰可讀的現代佛學作品。迄今為止，他的確代表了當代中國佛學研究的最高峰，臺灣近 40 年來的佛學研究，抽去了印老的著作，將非常貧乏，可見其份量超重量級的。」[4]

另外我在〈孤獨的佛教哲人〉一文中，也曾提到他說：「像這樣的佛學專家（印老），卻是長年身體虛弱，不斷地和病魔抗爭，幾度徘徊在死亡邊緣的。他的心力之強，心思之邃密，心智之清晰，實在令人驚嘆不已！」[5]

假如人類的偉大性，是指人類對內在脆弱性的強化與不斷地提昇，那麼

4　江燦騰，〈臺灣當代最偉大的佛教思想家印順盛正〉，《人間淨土的追尋》。頁 232-233。
5　江燦騰，〈孤獨的佛教哲人〉，《人間淨土的追尋》。頁 235。

像印順導師這一堅毅的創造性表現，實在是相當不易的。

　　況且，在這一心智的偉大創造背後，印順導師又具有關懷人間苦難的強烈取向。可以說，他對佛法解脫道本質的理解，是界定在對人間為主的強烈關懷上。由於這樣，他一方面極力探尋印度佛法的原始意義為何？一方面極力強調初期大乘是佛教真正解脫的精神所在。在這樣的佛教思想主張，其實又和印順導師的學佛歷程，以及當時國家社會的危難局是有關。

　　換言之，印順導師在作為出家人的角色上，他不只是隱逸式的探求佛法而已，他在內心深處，始終和時代的處境，有一密切的關聯性。因而，他的著作內容，其實是以佛教的社會關懷，作為對時代處境的一種回應。

　　我們在他的自傳之文《平凡的一生》和學術史回顧《遊心法海六十年》這一小冊子中，即可以看到他的長期治學，厥在尋求佛陀本懷，同時也可發現他對民族的尊嚴和時代的使命，抱持著一份強烈的關懷。例如他曾反對太虛弟子和日本佛教界過於親近。

　　他的理由是：「日本軍閥的野心是不會中止的，中日是遲早要一戰的。處於這個時代的中國佛教徒，應該愛護自己，不宜與特務化的日僧往來。」[6]這是他從 1935 年起，和太虛大師有一年多未交往的主要原因。

　　到了 1938 年冬天，中日戰爭已爆發，全國上下正努力對日抗戰，面對此一國族危難，他眼見廣大的佛教信眾，無以解國族之急和聖教之危，於是他深切反省佛教的過去與未來，想探明問題出在哪裡？而當時新儒家的大師梁漱溟在四川縉雲山與他談到學佛的中止與時代環境的關涉時，更令他思考：「是否佛法有不善之處？」然後在《增一阿含經》中讀到「諸佛皆出人間，終不在天上成佛也」的句子，之道佛陀的本來教法，就是以人類為本的。他因能找到「人間佛教」的法源，內心為之欣喜、熱淚為之奪眶而出！[7]

6　江燦騰，〈當代臺灣人間思想的領航者〉，《當代臺灣人間佛教思想家》（臺北：新文豐出版社，2001 年），頁 20。

7　印順，《印度之佛教》（臺北：正聞出版社，1986，再版），頁 1-3。

　　從此以後，揭櫫佛教的人間關懷，即成為他的為學生主要方針。一度他甚至不惜為此一主張而和太虛大師有所諍辯。由於這是他親探佛教經藏的原義，而後才確立其堅決主張的。因此他敢於喊出：「我不屬於宗教徒裔，也不為民族情感所拘蔽。」[8]他並且提出他的治學理念說：「治佛教史，應理解過去的真實情況，記得過去的興衰教訓。佛法的信仰者，不應該珍惜過去的光榮，而對導致衰落的內在因素，懲前瑟後嗎？焉能做為無關於自己的研究，而徒供皮藏參考呢！」[9]所以佛法的研究，對他而言，是具有時代的使命感的。

　　而他日後來臺灣，所寫的龐大著作，也都具有像這樣的關懷在內。因此要理解他的思想，即必須將他的思想放在時代的大架構中來理解。否則是掌握不到他的真正的思想特質的！

　　但是，他的研究，儘管文獻解讀精確、立論嚴謹、證據充分，可是由於他的同時也吸收了不少國外學者的研究成果，在詮釋上便和傳統佛教的佛教僧侶產生了很大的差異。例如他重視原始佛教，他的《佛法概論》一書，即是以原始佛教的經典為主要內容。

　　可是對傳統派的中國僧人而言，《佛法概論》其實是小乘的佛法；而流傳在中國的傳統佛法確是以大乘佛法為主。他們視大乘佛法為佛陀的成熟教誨，是原始佛教為不了義。如此一來，雙方在認知上產生了巨大的衝突。於是印順導師便遭到了長期的批評。

　　他在《法海微波》（〈序〉）中有一對沉痛話，提到他的作品遭遇和失望的心情。他說：「（從）民國 20 年來，我寫下了第一篇《抉擇三時教》，一直到現在，紀錄的與寫作的，也不算少了，但傳統佛教界給予的反應，除極少數外，反對、不滿、厭惡、咒詛、都有口頭傳說中不斷流行，這

8　江燦騰，〈當代臺灣人間思想的領航者〉，《當代臺灣人間佛教思想家》，頁 20。

9　江燦騰，〈當代臺灣人間思想的領航者〉，《當代臺灣人間佛教思想家》，頁 20。

實在使我失望！」[10]

這是他在 1987 年所寫的感嘆之辭，離他寫第一篇文意的時間，已經過了二分之一的世紀有餘。

他其實是很歡迎公開批評討論的，例如他曾因唯識新舊譯的問題和守培（1884-1995）筆戰，因三系判教的問題和默如（1905-1991）筆戰等，都是相當精采的。可是佛教界能有實力和他公開討論的，畢竟不多。

事實上，印順導師在臺灣所遭受的批判，除了他的《佛法概論》被指為「為匪宣傳」外，他的《淨土新論》被反對派大批放火焚燬，他獲頒日本大學的博士學位被圍剿為「有損清譽」。其中關於《佛法概論》事件，尤其令印順導師耿耿於懷。[11]他在《平凡的一生》中，詳細交代經過，並點出他來臺灣進駐善導寺，以及佔了赴日代表的名額，是整個事件的內在主因。[12]

但是，他似乎忽略了思想上的差異，才是根本原因所在。例如他提到「漫天風雨三部曲」，其一是圍剿圓明、其二是慈航為文批他、其三是反對派向政府檢舉，而其中一和二，即是思想上的差異所引起的。

並且在政府不追究《佛法概論》的思想問題之後，印順導師長期在臺灣的傳統派隔閡的，仍是思想的歧異，而非利益的爭奪。──為什麼呢？

因為印順導師批評傳統佛教，從天臺宗到禪宗和淨土的思想，皆在批判之列。就天臺宗言，印順導師指出：智者大師的空、中、假三諦、非龍樹《中論》本義。在禪宗方面，他指出印度禪法，被「中國化」的過程，以及中國人禪宗人物重視修行、急於證悟，卻忽視三藏經教、和未能多關懷社會的缺失。

至於淨土思想，他則批判彌陀思想受太陽崇拜的影響，以及此一思想太

---

[10]　印順，《法海微波》（臺北：正聞出版社，1987 年）。頁 2。

[11]　印順，《平凡的一生》（新竹縣竹北市：正聞出版社，1994 年初版，2005 年新一版）。頁 79-85。

[12]　印順，《平凡的一生》。頁 75。

偏於死後的關懷等。凡此種種，都是極富革命性的批評，因而引起反彈，毋寧是理所當然的。從臺灣佛教發展史來看，臺灣戰後的最大變遷，應是佛教人間化的提倡。

而在這一思潮之下，可以有各種不同的活動形態。其中以著作為主，並且強調原始佛教和初期大乘的佛法為核心思想的，即是印順導師的最大特色。至於像佛光山的「人間佛教」理念，則強調佛法的現代化、生活化，所謂「給人信心、給人希望、給人歡喜、給人服務」，因此佛法不分宗派的高下，一概予融通活用。在這一立場上，筆者曾在一篇論文中指出，星雲法師可說是：太虛佛教精神的追隨者；而印順導師則是：「批評地繼承」了太虛的佛教思想。[13]

亦即，在法源上，印順導師重視原始佛教和初期大乘，特別是以中觀思想為核心，不同於太虛的法界圓覺思想；然而，太虛的強烈社會關懷，則印順導師並不反對；所以他是「批評地繼承」，這也是他和星雲法師的最大不同點。

他和星雲法師也因此分別代表了臺灣戰後以來，兩大「人間佛教」的思想潮流。[14]但，這已是 20 世紀 90 年代初期的狀況了。在此之前，又是如何呢？

（二）追溯當代「人間佛教思潮」作為「學術議題」的開端

戰後初期，臺灣佛教界當時在思想詮釋上的激烈爭論，主要是關於大乘佛教的信仰來源，是否符合原始佛陀教義的問題。

這在一定程度上，是反映戰後 1949 年，自大陸逃難來臺灣的僧侶們，對於日本佛教學者所主張的「大乘非佛說」的不滿和質疑。所以其後，便曾

---

[13]　江燦騰，〈孤獨的佛教哲人〉，《人間淨土的追尋》，頁 235。

[14]　江燦騰，〈孤獨的佛教哲人〉，《人間淨土的追尋》，頁 235。

發生過印順導師遭到指控，其佛教思著述中，有涉嫌沾上紅色「共黨思想」的思想危機。

因此，儘管印順本人在此之前，早已講過《淨土新論》的反傳統淨土思想的前衛觀點，但是當印順在其僥倖地，以道歉和修正部份觀點、並從原先所面臨的紅色思想的嚴重指控之中，脫困之後，便一再宣稱自己是主張「大乘（義理）是佛說」，因而除了其《淨土新論》一書，曾被其他佛教人士搜羅和遭焚毀之外，大致上並未被其先前的對立者繼續糾纏，或不斷地追擊批判。

反之，在逃難來臺的大陸僧侶中，有釋煮雲（1919-1986）以高雄縣的「鳳山蓮社」為中心，釋道源（1900-1988）以北臺灣為中心，以及山東籍的李炳南（1891-1986）以「臺中蓮社為中心、並宣稱是近代中國淨土宗大師釋印光（1862-1940）的忠實追隨者，於是在彼等大力宣揚下，中國佛教傳統佛教中所謂「稱名唸佛」的淨土法門信仰，以及連續七天不斷地誦唸佛號和繞著佛像而走的所謂「打佛七」的修持方式，很快地便擴散成為戰後臺灣地區佛教徒的主流信仰內涵和最風行的修持方法。

不過，此種淨土思想的首次遭到質疑，卻是遠自海外首次應邀來弘法的漢籍密教上師陳健民（1906-1987）所提出的。

1980 年 11 月 21 日起一連 5 天，陳健民上師假臺北市建國南路，慧炬雜誌社的淨廬地下室，主講「淨土五經會通」。講演綱目分 11 章，第 2 章的內容講是「罪福會通」，所以他批評傳統中國淨土古德所提倡的「帶業往生」說法，是經文無載的錯誤觀點，他主張以「消業往生」代之。

由於涉及傳統信仰權威，引起佛教界的大風波，各種責難和商榷的文章紛紛出現。後來由天華出版公司收為《帶業往生與消業往生》一書，由祥雲法師（1917-1999）主編，列為天華瓔珞叢刊第 59 種。

但是，爭論的聲浪始終未能平息，所以其後由著名的臺灣佛教史家藍吉富在其進行現代佛學叢刊的主編計畫時，雖曾收有陳健民其餘著作的《曲肱

齋叢書》出版,但對陳氏這方面的作品,仍心存猶豫,僅將論戰文章的部份,附在叢刊另冊處理。

所以,類似這樣的事件,背後涉及的思想層面都是相當複雜的,也意謂臺灣傳統佛教的信仰意識形態,在解嚴之前的仍是相當牢固和保守的。

可是,1986 年臺灣新一代的宗教學者以未註冊的方式成立「東方宗教討論會」,開始每月一次,進行嚴格的宗教學研討和當代佛教學新學術議題之倡導。次年期末年會召開。當時,由於道教學者李豐楙的特別建議,要當時仍就讀於臺大歷史研究的筆者,提出以印順導師的淨土思想為中心的相關論述,並邀請任教於臺大哲學系的楊惠南教授擔任筆者論文的評論者。當代臺灣學術界的精英多人,亦曾參與此一論題的討論。

所以此一新佛教學術議題,宛若被點燃的火藥庫,立刻爆炸開來,成為此後多年海峽兩岸佛教學者大量重估印順、太虛兩者的人生佛教與人間佛教之別的契機。

當然,1980 年代的臺灣,正處於退出聯合國和臺、美正式斷交(1978年)之後的激烈轉型期,其後又爆發了嚴重的臺北市第十信用合作社「蔡辰洲弊案」的大醜聞,所以戰後蔣家在臺政權的第二代政治強人蔣經國(1910-1988)總統,便開始下重手進行遍及黨政軍的大規模政治整頓,此舉也導致在臺灣佛教界有重要影響力的南懷瑾居士(1918-2012),為避嫌而選擇倉皇逃離臺灣轉到北美去另尋發展之途。

因此,在 1986 年時期的臺灣佛教界,正處於保守勢力逐漸衰退,而新一代佛教學者以佛教史家藍吉富為中心開始,從事對印順學的新解讀與新典範的確認。當代臺灣新銳學者筆者,就是直接受到藍氏此舉的重大影響,因而才有其後的一連串相關對於印順淨土思想的再詮釋或新檢討。[15]

---

[15] 禪林的著作有兩段話,可以說明當時臺灣佛教界新舊淨土思想轉型的狀況:「……此因傳統淨土信仰與已和臺灣民間大眾的老年心態相結合,亦即其在現實上已成為精神生活或習俗內涵的一種,故很難被視為具有對抗性的激進佛教思想,所以也無法成為批判社會現實問題的強大衝

三、筆者當時詮釋的新舊淨土思想衝突，其相關論點為何？

1987 年筆者在「東方宗教討論會」的年會中，提出首次〈當代臺灣淨土思想的新動向〉一文，並以罕見的學術熱情和肆無忌憚地態度，針對當時臺灣學、教界曾涉及此相關之議題者，展開了強烈批判性的反思，其中尤以「虛、印之別」，作為討論觀察印順導師人間佛教思想與中國傳統淨土思想爭辯的判別基準，最為特殊。

事實上，以印順和太虛的淨土思想差異，作為傳統與現代的淨土思想之別認知基準，並不十分精確，可是筆者的此一舉動，其實是企圖達到其所訴求的兩大目標：

一、是對李炳南居士所代表的傳統淨土思想的不滿。因筆者過去曾於臺中市，參與李炳南居士的一次戶外大型弘法演講。

但筆者當時頗不贊同當時李炳南以傳統淨土信仰的思維，在公開場合中強烈批評近代科學認知的偏頗和無效性，於是斷然視李氏為佛教頑固保守派的反智論代表，並決意此後一反李氏的淨土思想主張，另尋新典範取代之。

所以，筆者此次特地於其論文中，首次公開具體指名「李炳南居士」曾發動信眾燒毀印順導師的新淨土著作的不當之舉。筆者之文被批露之後，雖然有李氏的弟子，要求印順導師出面為文，代其否定，卻被印順本人委婉拒絕。[16]

擊力量。」「直到 1986～1989 年間，恰逢臺灣正式宣告解除戒嚴前後期間，各種社會運動相繼湧現，使臺灣地區在解嚴前後對佛教組織的管理大為放鬆，因而伴隨這股潮流，也促使當代臺灣年輕一代的佛教學者開始反思重統淨土思想的嚴重缺陷問題。於是彼等有計畫地援引前輩佛教思想家——印順導師的人間佛教思想——作為論辯和再詮釋的根源性理論依據，並立刻在學術圈和佛教界，激起對此相關議題的熱烈討論，或互相激辯。」見禪林，《心淨與國土淨的辯證——印順導師與人間佛教思想大辯論》（臺北：南天書局，2006），頁 15。

[16] 見印順，《永光集》（新竹：正聞出版社，2004 年），頁 268-269。

　　於是新舊淨土思想之爭，自此之後，便由原先只在教界私下議論的宗教敏感話題，開始逐漸正式浮上檯面，不久便成為戰後臺灣佛教學術界的最勁爆的新課題。

　　二、筆者對於當時臺灣佛教界流行將印順導師的龐大複雜的佛教著作，或以其《妙雲集》的解讀為中心，或以「大乘三系：性空唯名、虛妄唯識、真常唯心」的新判教，來質疑其理論建構的有效性。

　　筆者認為此類的認知方式，是缺乏歷史關聯性的「信徒式」解讀。於是在其論文中，一反常態地將印順導師的所有著作，都視為是對時代苦難關懷的人間思想詮釋。

　　因此筆者主張：（a）印順的全部著作就是反中國傳統淨土思想的「人間佛教」論述體系之展現。（b）印順的思想出發點，就是對太虛所代表的以心性論為最高原則的傳統中國佛教思維的強烈質疑。（c）筆者在同文中也質疑印順的佛教思想，雖陳義極高，但嚴重缺乏對相關歷史情境的對應認知，所以是否有當代實踐性的可能？仍有待檢驗。[17]

　　這的確是一個爆炸性的議題，所以其後的發展，都和這一論述的提出有關。

　　但是，禪林則認為：當年筆者之文的發表，之所以能發生極大的效應，其一、是其發表的地點相當特殊；其二、發表其文的刊物影響力極大。

　　在其一的說明中，禪林指出：此因當時筆者能率先將論題，訂為〈當代臺灣淨土思想的新動向〉，除有其對傳統淨土思想的發展所作之長期的反省與思考外，其最大因素，應與發表的地點有關。[18]

---

[17] 見禪林，《心淨與國土淨的辯證——印順導師與人間佛教思想大辯論》，頁23。

[18] 她認為，「江氏是因參加1987年9月『東方宗教研究所』會議，而撰文和公開發表此文。恰好此一地點，又正是當年學、教界彼此交流知識學術會議之重鎮，並且講評者正好又由楊惠南來評審，所以導致楊氏隔幾年亦將他對江氏觀察也發表在同刊物。」見禪林，《心淨與國土淨的辯證——印順導師與人間佛教思想大辯論》，頁17。

　　換言之，她認為當年筆者，是掌握得天獨厚的好因緣，出現於「東方宗教討論會」的年度會議上，所以才能對於她討論印順導師淨土思想，在當時的學、教界，起了如此巨大推波助瀾之作用。

　　事實上，禪林在「其二」的觀點中，她是同意並引用佛教史家王見川教授的意見，認為當年筆者的發表，之所以能發生極大的效應，就其後續的演變來看，不能忽略《當代》刊物在當時傳播之效應。

　　因此她認為，「這本刊物以人文思想為主，其內容格外備受重視，流傳至今仍不衰。所以江氏當年亦鎖定此份刊物，並將題目修改為〈臺灣當代淨土思想的新動向〉，於 1988 年 8 月 1 日投稿於《當代》雜誌第 28 期；隔二期，又有印順導師本人在同刊物（第 30 期），即以〈冰雪大地撒種的痴漢——「臺灣當代淨土思想的新動向」讀後〉作為對江文的回應。於此，我們足以窺見《當代》雜誌在學、界早已頗受一些著名學者、專家留意，可見影響力之一斑。」[19]

　　但是，筆者的認知過程，則同樣反映出當時新一代佛教學者的現代治學經驗。因為筆者的正式接觸印順導師佛學思想，其實是在筆者就讀臺灣大學歷史研究所的第二年（1976）時，才有清楚的認識。

　　當時，筆者曾試圖將印順導師與太虛的思想作比，卻發現印順本人處處明白表示他的思想與太虛的思想有別，可是戰後來臺的印順追隨者，包括新一代的臺灣本地認同他思想的眾多僧侶，居然毫無警覺地，將印順的思想直接視為太虛思想的繼承者或將兩者的思想視為是同質性的內涵。

　　因此，筆者當時心中生起的第一個念頭，就是，「追隨他（按：印順導

---

[19] 江燦騰，文中提到：「可見〈淨土新論〉的批評傳統西方淨土信仰，並未起革命性的改變。江燦騰認為〈淨土新論〉的批評西方淨土思想，……批評者（按：印順導師）在佛學精深認識，在義理上傑出貢獻，在傳統的熱忱，對佛陀本願的執著，以及所開示『人間佛教』之路，都令人有高山仰止之嘆！但是，對中國文化本質與因衍生的中國佛教思想體系，缺乏同情，……批評者的論斷不免有架空之感。」筆者，〈臺灣當代淨土思想的新動向〉，頁 212-213。

師）的學生和一些弟子，對印順導師的『人間佛教思想』，實際上並不理解」。[20]因而，這股強烈意識，從一開始，便引發筆者積極求證，並對修嚴法師等 1986 年所理解的「人生佛教是等同於人間佛教」觀點，萌生了質疑的大問號。

筆者並非一開始就瞭解印順與太虛的思想差異，他的認知轉變，其實是能接觸了當時的二大新的佛教知識來源：

其中之一，是印順導師的舊著《印度之佛教》一書，剛由佛教史家藍吉富於 1986 年設法重印出版，而筆者每月參與「東方宗教討論會」的地點，恰好就是由洪啟嵩、蔡榮婷等人所主持的「文殊佛教活動中心」，該處又剛好有此書的公開陳列和販售，所以筆者才有機會根據此書的序言和全書內容體系，真正瞭解印順其人的全部思想詮釋和其對傳統中國佛教的強烈質疑心態。

其二是，筆者再於同年根據楊惠南於 1980 年撰述《當代學人談佛教》〈中國佛教的由興到衰及其未來的展望〉一文，確定楊氏與郭忠生訪談印順導師內容，就是在於清楚地表達了太虛人生與印順導師的人間佛教思想是不同的。[21]

所以筆者其實是經過以上的知識查證之後，才積極地在 1987 年發表了〈戰後臺灣淨土思想的爭辯與發展〉一文，並極力認為，臺灣淨土新的發展動向，絕非單純是一樁信仰輿論。

---

[20] 筆者，〈從「撕毀八敬法」到「人間佛教思想」的傳播溯源〉（《臺灣近代佛教的變革與反思：去殖民化與臺灣佛教主體性確立的新探索》（臺北：東大，2003 年 10 月），頁 260。

[21] 楊惠南教授在那一年，也出版他編寫的《當代學人談佛教》一書。而其中有一篇，題為〈中國佛教的由興至衰及其未來的展望〉，這是 1980 年郭忠生先生與楊惠南教授到臺中縣太平鄉的「華雨精舍」訪問印順導師，在訪談中，印順導師清楚談到他與太虛是不同的，並且特別指出不同之處，就是他的「人間佛教思想」與太虛的「人生佛教思想」有本質上的差異。當時筆者便得出一個結論，即印順導師的門徒不一定認識印順導師。見筆者，〈從「撕毀八敬法」到「人間佛教思想」的傳播溯源〉，頁 262。

　　於是，其後的發展，就如禪林所指出的，「他（指筆者）在撰寫此文之餘，即就著印順導師爭議之作〈淨土新論〉作為主題，作大突破的改寫，如此一來，早年只是在學、教界長期默默存在或反抗淨土信仰紛歧的問題，便被江氏以學術論述的性質來比對其他人物，並將之明朗化，因而構成其後的一連串強烈的學、教界回應，且餘波盪漾，久久未息。」[22]

四、筆者論文發表後的相關連鎖反應概述

（一）來自印順導師本人對筆者論述的即時回應

　　印順導師本人在 1988 年 10 月，於《當代》雜誌第 30 期上，發表〈冰雪大地撒種的痴漢：《臺灣當代淨土思想的新動向》讀後〉一文；[23]於《當代》雜誌的第 30 期上，也一併刊出李炳南居士在臺灣蓮社幾位主要追隨者，所聯合撰寫的否認燒書的聲明稿。[24]但是，當時筆者為保護最先提供其內幕信息的，某位教內重要佛教學者，所以選擇沉默而未作回應。

　　至於印順的回應之文，在一開頭，先是謙稱：「江燦騰先生所作，是一篇有意義的文字。該文所說我的地方，似乎過分推崇，期望也就不免高了些，有關於佛教思想的史實，我想略作補充。」[25]

　　印順接著即解釋說，他的淨土思想最初，確曾受到太虛宣講《彌勒大成

---

[22]　禪林，《心淨與國土淨的辯證——印順導師與人間佛教思想大辯論》，頁 19。

[23]　印順，〈冰雪大地種的痴漢：「臺灣當代淨土思想的新動向」讀後〉，江燦騰，《人間淨土的追尋——中國近世佛教思想研究》（板橋：稻鄉出版社，1988），頁 221-223。

[24]　王炯茹等，〈為李炳南居士辯白〉，江燦騰，《人間淨土的追尋——中國近世佛教思想研究》，頁 227-228。

[25]　印順，〈冰雪大地種的痴漢：「臺灣當代淨土思想的新動向」讀後〉，江燦騰，《人間淨土的追尋——中國近世佛教思想研究》，頁 221。

佛經》的影響，而他日後會特別留意彌勒淨土思想，其認知的發點也正是由原先太虛觀點而來的。不過，兩人的共同點也僅於此點而已。

　　因為兩者對大乘三系思想的認知，是大不相同的，太虛是以如來藏的真常唯心思想，作為其最高義理的判準依據，印順則是以性空唯名的龍樹中觀空義，作為作究竟的義理判準的最高原則。所以他過去即曾質疑過太虛所主張的「人生佛教」理念，是基於「方便而融攝密與淨的思想」而來。[26]因此，他認為，太虛是「深入中國佛學而夭超越了舊傳統」。至於印順本身，則自認為，雖是秉承大虛所說的方針，卻更為「著重印度佛教」，因為它「是一切佛教的根源」。

　　此外，印順導師也對筆者在結論中對他的質疑，表示完全的認同，所以他也於該文中坦承：「（筆者所指摘的）《淨土新論》高超理想……，卻不被臺灣佛教界廣為接受。顯然存在著理想與現實的差異。這句話（指筆者）說得非常正確！」[27]

　　只是，他在結尾處又無奈地自嘲說：「我（印順）只是默默的為佛法而研究，為佛法而寫作，……我想多少會引起些啟發與影響。不過，也許我是一位在冰雪撒種的痴漢。」[28]

　　而臺大哲學系的楊惠南教授，即是讀到印順的此一感嘆之後，開始有了強烈的認同和一連串的後續反應。

（二）來自楊惠南教授的回應與相關批評

　　楊惠南教授先是在應邀講評筆者所發表的〈臺灣當代淨土思想的新動

26　印順，〈冰雪大地種的痴漢：「臺灣當代淨土思想的新動向」讀後〉，江燦騰，《人間淨土的追尋──中國近世佛教思想研究》，頁 221-222。

27　印順，〈冰雪大地種的痴漢：「臺灣當代淨土思想的新動向」讀後〉，江燦騰，《人間淨土的追尋──中國近世佛教思想研究》，頁 222-223。

28　印順，〈冰雪大地種的痴漢：「臺灣當代淨土思想的新動向」讀後〉，江燦騰，《人間淨土的追尋──中國近世佛教思想研究》，頁 222-223。

向〉一文，但是當時覺得筆者對印順導師的部份批評，有失公允。因此他在
1988 年 12 月以〈臺灣佛教的「出世」性格派系紛爭〉一文，發表在《當
代》雜誌上。

　　楊氏並特別於文中出，戰後在臺復會的「中國佛教會」本身，對於「出
世性格」保有極為濃厚的觀念，三大派系中，像注重傳戒的白聖長老
（1904-1989）等，即是屬於傾向傳統保守派系之一，所以其出世性格特
濃，並且對於參與社會關懷意願不高。

　　楊氏當時即是用此一觀點，加以檢驗筆者批評人間淨土，遭受到建構困
境原因所在。

　　楊惠南並曾感慨地於文中認為，筆者的原先論點，對於「腐敗現實」似
乎太過妥協了。[29]於是楊氏接著指摘，戰後臺灣佛教思想的主要問題，是來
自由中國傳統佛教僧侶，如白聖之流所操控的中國佛教會，其過於保守的佛
教觀念，由於長期得不到知識分子認可，久而久之，自然走向出世之道，則
是在所難免。

　　楊氏還認為戰後保守派的佛教理念，可以歸納如下：

> 所謂與世無爭的出世「教派」，至少有下列幾個可能的意思：
> （一）厭棄本土而盛讚他方世界；（二）散漫而無作為的教徒組
> 織；（三）社會政治、文化等事業甚少參與；（四）傳教方式的
> 落伍。[30]

　　所以，楊氏其實是與筆者持不同的看法。因為筆者的批評對象，是針對
李炳南居士所代表傳統淨土信仰，而楊氏所批評對象，卻是屬於禪宗系統的

29　楊惠南，〈臺灣佛教的「出世」性格與派系紛爭〉，收在《當代佛教思想展望》一書（臺北：
　　東大出版社，1991 年 9 月），頁 43。

30　楊惠南，〈臺灣佛教的「出世」性格與派系紛爭〉，《當代佛教思想展望》，頁 1。

白聖長老與其所操控的「中國佛教會」。

因此，筆者的論述，是將李炳南居士的傳統思想，看成是印順新淨土思想的直接對立面。而楊氏則指責白聖之流，排斥了印順作為「中國佛教會」領導者的緣故，才導致臺灣佛教徒和組織，形成與社會脫節的濃厚「出世性格」。

因此，對於楊氏將中國佛教會的派系歸諸於「出世性格」的論點，筆者覺得此一觀點，在經過歷史學的實證檢視之後，頗與原來真相大有出入，並且他和楊氏的思想路數，也無任何交集之處。

所以，筆者選擇另撰寫〈處在臺灣佛教變遷點上的慈航法師〉和〈從大陸到臺灣：近代佛教社會運動的兩大先驅——張宗載與林秋梧〉兩篇長文，先後在《佛教文化》月刊和《當代》雜誌分期發表，以顯示出：戰後臺灣佛教的「出世性格」其實有更大歷史淵源在影響著，並非如楊氏的批評觀點所質疑的情況那樣。

儘管如此，其後的發展是，筆者繼續增強其原先論述的「虛‧印之別」觀點；而楊惠南教授則在其論文發表後，立刻形成教界的空前大風暴（當時教界甚至傳言，其後白聖的鬱鬱過世，與曾受楊氏此一嚴厲批評觀點的重創不無關係）。

當時，不但有來自釋昭慧比丘尼，在隔期的《當代》雜誌上，針鋒相對地公開嚴厲反駁楊氏的論點，[31]更有出身臺大哲學研究所的劉紹禎撰寫長篇批判性的論文，針對印順的佛教思想和楊惠南兩人詮釋的淨土主張，分別提出尖銳的質疑。

31　釋昭慧，〈是治史還是說書？〉，《當代》第 32 期（臺北：1998 年 12 月），頁 145。

（三）來自筆者和劉紹楨兩者異議觀點的相關質疑

1.有關大乘三系思想的爭辯

筆者曾在 1989 年，再行補充〈從「人生佛教」到「人間佛教」：戰前虛、印兩師思想分歧之探索〉一文，商榷了印順導師對大乘三系的立場，並首先作出如下的評斷：「從表面上看，似乎兩者（按：太虛與印順導師大乘三系教義）的差異，並不像想像中那樣大，此因兩者當時雖然所依據的教義互有偏重，但對現實社會的苦難、國家的憂患處境，乃至佛教現代適應的問題，都有高度的關懷意識。可以說，對大乘菩薩的普渡精神，兩者皆能認同和有所發揮。」[32]

但是，筆者接著即指出，「對於教義印順導師以印度性空論為主，太虛則偏向在中國傳統佛教真常唯心，這是兩人所堅持立場」。[33]

問題在於，當印順導師以性空學為參考路徑，提出另一種有別於傳統中國佛教的突破性的新觀念時，筆者也跟據文獻，同時指出，「太虛大師卻以「性空論者」要為「密教」的盛行，負最大的責任，來反駁！……因此太虛大師認為：新佛教體系，正要從傳統的中國佛教思想再出發！」[34]

所以，最後筆者在其總結論點，是指出：「（虛、印）兩人儘管在義理上，都能建立一貫體系，在思想上，卓然起家。但是，能否附諸普遍的實踐上呢？恐怕仍是一個待實證的問題。」[35]

---

[32] 江燦騰，〈從「人生佛教」到「人間佛教」：戰前虛、印兩師思想分歧之探索〉，見《當代臺灣人間佛教思想家：以印順導師為中心的薪火相傳研究論文集》（臺北：新文豐，2001 年 3 月一版），頁 92。

[33] 江燦騰，〈從「人生佛教」到「人間佛教」：戰前虛、印兩師思想分歧之探索〉，《當代臺灣人間佛教思想家：以印順導師為中心的薪火相傳研究論文集》，頁 94。

[34] 江燦騰，〈從「人生佛教」到「人間佛教」：戰前虛、印兩師思想分歧之探索〉，《當代臺灣人間佛教思想家：以印順導師為中心的薪火相傳研究論文集》，頁 94-95。

[35] 江燦騰，〈從「人生佛教」到「人間佛教」：戰前虛、印兩師思想分歧之探索〉《當代臺灣人間佛教思想家：以印順導師為中心的薪火相傳研究論文集》，頁 97。

　　此外，筆者在同文中，還認為印順導師所採用「性空思想」，雖然是以「人間佛教」的思想，作為其針對現實關懷的有力考量。但是，此一過於理性的宗教心態，「固然對治了傳統佛教中常有的重經懺體驗的成分和喜神秘神通的流弊現象，但是同樣也削弱了其中的宗教體驗成分」。[36]反之，太虛卻是根據其宗教體驗而建構其佛教思維的。

　　因此，筆者最後認為，印順與太虛之間的修行路線抉擇，是無法有最後是非定論的，只能靠各人依其當下的需要，去作見仁見智的必要抉擇了。

2.來自劉紹楨批評淨土三系思想會通的現世問題

　　對於此一問題，根據禪林研究後，認為劉紹楨在 1995 年時，曾發表〈大乘三系與淨土三系之研究〉長文，並且，劉氏在其的研究結論中，已曾經質疑印順導師生平所判定的大乘三系與淨土三系的正確性。

　　因為劉氏當時在文中曾提到：「三系說典範的二大預設，（按：印順導師）緣起自性空與人間佛教，不但在立論上，限於內在理路的構思和偏頗，且不能依判準一致的原則用於本系。……依此預設所論斷的印度佛教滅亡之因。」[37]接者劉氏又質疑說「三系中觀學派『緣起自性空』說法，龍樹對於性空理論，雖以破一切法，可是空性立場預設到最後，仍不出形而上的範圍，龍樹似乎已陷入循環論證的矛盾，印順卻把自性空當作成第一義，誤判為了義。」[38]

　　然後，劉氏又以龍樹的《中論》中所說的，「是故一切法，無不是空者」之言，[39]認為「顯然龍樹對空義本身論理，已有矛盾現象，錯將空義，

36　江燦騰，〈論太虛大師與印順導師對人間佛教詮釋各異的原因〉，《當代臺灣人間佛教思想家：以印順導師為中心的薪火相傳研究論文集》，頁106。

37　劉紹楨，〈大乘三系與淨土三系之研究〉，《諦觀》，第 81 期（南投：1995 年 4 月），頁65。

38　劉紹楨，〈大乘三系與淨土三系之研究〉，《諦觀》，第 81 期，頁 18-19。

39　高楠順次郎，《大正藏》，第 30 冊，頁 32 中欄。

當成一切都不存在，破壞世間一切因果理則，印順導師對於空義的理解，確
是以龍樹空義作為基礎，不斷聲稱『有空，才能善巧建立一切』」。因此，
他認為這雖是印順導師一直把空義，判為了義說的理論根據之一，他卻不能
同意。

到底不了義說不歸屬性空這一系，大乘三系其中二系：妄唯識系、真常
唯心系，前者印順導師把唯識系建立在不空假名，[40]而後者的真常唯心，它
認為這是空過來的，加以貶抑，從本質上認定他是破壞空性緣起法，是不了
義之說。[41]

其實，根據劉氏在 1991 年所撰寫的〈西中印空無觀研究〉一文，早就
質疑印順導師判析太過獨斷，他當時就提到：「印順未加論證以形而上本體
論和神秘實在論，來批判真常系，依拙文分析可知，是一種獨斷。」[42]

令人訝異的是，楊惠南和印順本人，都未針對劉氏的觀點提出反駁，反
而是在印順過世之後，才由昭慧比丘尼在《當代》雜誌上，公開反駁劉氏對
印順思想觀點的質疑。[43]

劉紹楨也同樣認為，楊惠南先前所指出的是因為戰後「中國佛教會」的
保守心態所導致的「出世性格」，並非只是以「住生西方」為主的單一化概
念所能決定的。因此，他批評楊氏持論觀點，其實是「以機械因果論西方淨
土出離心，乃中國佛教出世之因」，[44]所以，他不能同意楊氏的此一論點。

此外，劉紹楨也指摘說，印順導師所批判阿彌陀佛的論點，也只是將其
直接連結到他力信仰的宗教之非自力性解脫上，因此這種定義，在劉氏看來

40　印順，《中觀今論》（臺北：正聞出版社，1992 年 4 月，修訂一版），頁 190。

41　印順，《中觀今論》，頁 190-191。

42　劉紹楨，〈西中印空無觀研究〉《諦觀》，第 77 期（1994 年 4 月），頁 17。

43　釋昭慧第一次的反駁劉氏，應是在 1993 年，見其〈印順導師「大乘三系」學說引起知師資辯
論〉，《諦觀》第 72 期（南投：1993 年 1 月）。第二次的反駁，見〈法義可以辯論但不疑有不
實指控〉，《當代》第 216 期（臺北：2005 年 8 月號），頁 140-14。

44　劉紹楨，〈大乘三系說與淨土三系說之研究〉，《諦觀》，第 81 期，頁 60。

「是何其狹隘」！[45]對於此點，禪林的研究指出：

> 顯然劉氏無法忍受西方彌陀淨土被當成純他力信仰，這必將會激起
> 他對想護教彌陀淨土之熱忱，於此當不難瞭解其背後之用心。[46]

（四）解嚴後印順與星雲兩大淨土思想路線的新主張和相關詮釋擴展

　　1989 年時，臺灣地區由於已經是政治解嚴之後的第三年了，並且蔣氏在臺政權的第二代強人領導者蔣經國氏（1910-1988），也在其嚴重的糖尿病所引起的心臟疾病惡化後，導致提早死亡，而繼其位者正是當時當擔任副總統的臺籍人士李登輝，於是臺灣現代史上首次出現無強人統治的民主化時代。

　　當時反映戰後臺灣社會各種弊政的大型街頭群眾運動，也因之立刻如風起雲湧般的經常出現臺北市離總統府不遠的各街道上，所以當時不只官方在政治權力的運作，曾遭到民間各種不同政治立場的反對勢力之連番挑戰，連一向主控戰後臺灣佛教組織動態的中國佛教會，也因領導者白聖的早已過世和解嚴之後的所開放的同級新佛教大型組織的相繼出現，而陷於威權式微和指導無力的尷尬狀況。

　　正是在這樣的氛圍之下，1989 年當年，代表戰後臺灣人間佛教思想的兩大路線倡導者：印順和星雲，[47]分別提出其相關的著作和新觀點的詮釋，於是已經歷時三年多的關於印順人間佛教思想的爭辯問題，立刻在印順本人

45　劉紹楨，〈大乘三系說與淨土三系說之研究〉，《諦觀》，第 81 期，頁 55。

46　禪林，《心淨與國土淨的辯證——印順導師與人間佛教思想大辯論》，頁 39。

47　星雲曾於 1989 年以「如何建設人間佛教」為議題，在 1990 年舉行一場國際性學術會議，表明他對人間佛教的看法，並以佛教現代化為主題，作為改善佛教的準繩，強調佛教「現代語言化」、「現代科技化」、「現代生活化」、「現代學校化」等四項。為走入時代，將佛法散播各角落，可見星雲有意將人間佛教引領到現代化。

新著作的背書之下，成為代表其一生佛教著作的正式且唯一的思想標籤。

　　以此作為分水嶺，從此臺灣佛教界所爭論的淨土思想問題，已被化約成為贊成或反對兩者立場，以及印順和星雲兩者的人間佛教理念，何者更具有社會的實踐性問題。

　　筆者是首先將印順視為是對太虛思想的「批判性繼承」者，而認為依星雲所走的佛教路線他應該算是太虛思想的「無批判繼承」者，並公開指出印順曾對星雲人間佛教思想中的融和顯密思想，有所貶抑的情形。[48]

　　可是，作為印順思想的忠實追隨者的邱敏捷博士，在其博士論文中，則一反筆者的並列方式，而是以印順的人間佛教思想為其判準的最後依據，一舉將包括佛光山、慈濟功德會和法鼓山等，當代臺灣各大佛教事業場的人間佛教思想，一概判定為屬於非了義的世俗化人間佛教思想。[49]

　　事實上，邱敏捷博士的上述論點，並非獨創的見解，而是延續其指導教授楊惠南，對慈濟功德會和法鼓山這兩大佛教事業道場的人間佛教思想之批判觀點而來。

　　因為楊氏認為，不論是慈濟功德會所主張的「預約人間淨土」或法鼓山所創導的「心靈環保」，都是屬於過於枝末性的社會關懷和過於唯心傾向的淨土認知。他認為此兩大佛教事業道場，不敢根源性地針對官方和資本家的汙染源，提出徹底的批判和強力要求其改善，[50]反而要求一般的佛教信眾以

---

[48] 印順導師曾指出，臺灣推行人間佛教傾向，以目前：「現代的臺灣，『人生佛教』、『人間佛教』、『人乘佛教』，似乎漸漸興起，但適應時代方便多，契合佛法如實，本質還是『天佛一如』。『人間』、『人生』、『人乘』的宣揚者，不也有人提倡『顯密圓融』嗎？」釋印順，《契理契機之人間佛教》，頁65。

[49] 邱敏捷〈印順導師人間佛教思想：臺灣當今其他人間佛教之比較〉，此篇文章早期發表於《人間佛教薪火相傳：印順導師思想理論實踐學術研討會》，之後，作者又略事修改，已收入邱敏捷，《印順導師的佛教思想》一書（臺北：法界，2000年1月），頁133-160。

[50] 楊惠南曾於1994年12月，以〈當代臺灣教環保理念的省思以「預約人間淨土」和「心靈環保」為例〉，提出社會關懷解決方案。直接針對慈濟功德會所發起「預約人間淨土」，和法鼓山「心靈環保」，認為當代佛教推動環保最具成效兩大團體，這方面的成就是有目共睹，就事

《維摩詰經》中所謂「心淨則國土淨」的唯心觀點來逃避問題，[51]所以他指責這是「別度」的作法，而非「普渡」的作法。[52]

所以，邱敏捷博士的上述持論立場，其實是將其師楊氏的此一論點，再擴大為，包括對佛光山星雲的人間佛教思想的理念和做法在內的全面性強力批判。

其後，在佛光山方面，雖然立刻由星雲女徒，慈容比丘尼撰文反駁，但如純就佛教義理的思維來說，慈容的觀點是無效的陳述，所以同樣遭到來自

論事，這兩大團體只在「『量』上限定於幾環保面相」，更值得注意的是，工業污染（化學污染）、核能污染，這些都是「來自於資本家和政府」。楊惠南於 1994 年 12 月，以〈當代臺灣教環保理念的省思以「預約人間淨土」和「心靈環保」為例〉，提出社會關懷解決方案。直接針對慈濟功德會所發起「預約人間淨土」，和法鼓山「心靈環保」，認為當代佛教推動環保最具成效兩大團體，這方面的成就是有目共睹，就事論事，這兩大團體只在「『量』上限定於幾環保面相」，更值得注意的是，工業污染（化學污染）、核能污染，這些都是「來自於資本家和政府」。楊惠南於 1994 年 12 月，以〈當代臺灣教環保理念的省思以「預約人間淨土」和「心靈環保」為例〉，提出社會關懷解決方案。直接針對慈濟功德會所發起「預約人間淨土」，和法鼓山「心靈環保」，認為當代佛教推動環保最具成效兩大團體，這方面的成就是有目共睹，就事論事，這兩大團體只在「『量』上限定於幾環保面相」，更值得注意的是，工業污染（化學污染）、核能污染，這些都是「來自於資本家和政府」。楊惠南，〈臺灣佛教現代化的省思〉《臺灣佛教的歷史與文化》（臺北：靈鷲山般若文教基金會，1994 年 5 月），頁 288。

51 楊惠南的批評是：檢視當代臺灣佛教環保運動，之所以侷限在「浪漫路線」的「易行道環保運動」的範圍之內，原因固然在於主導法師保守的政治理念態度，……把環境保護和保育，視為「內心」重於「外境」這件事，如果不是錯誤，至少是本末倒置的作法。見楊惠南，〈當代臺灣佛教環保理念的省思以「預約人間淨土」和「心靈環保」為例〉《當代》，第 104 期（1994 年 12 月 1 日），頁 40-41。

52 楊惠南認為，「大乘佛教所發展出來的『（半途型）世俗型』的普渡眾生」，「還是同樣強調物質的救渡」，相反的，「大乘佛教的普渡眾生，有出世的意義，『目的型』的救渡」。並指出：「世俗」型的物質救渡，又可細分為二種：其一是一個一個、小群一小群，或一個區域的……筆者（楊惠南）稱之為「別渡」……以致成為「頭痛醫頭，腳痛醫腳」的「治標」救渡法。……他們寧可假日到郊外撿垃圾，然後回到廟裏說「唯心淨土」，宣說「心靈環保」，卻不敢向製造污染的資本家的政府抗議。另外一種「世俗」型的救渡，乃是透過政治、經濟、社會制度，全民……這樣的救渡，筆者才願意稱之為「普渡」。見楊惠南，楊惠南，〈臺灣佛教現代化的省思〉《臺灣佛教的歷史與文化》，頁 288-289。

邱敏捷博士針鋒相對地論述強力回擊，因此其最後的發展是，雙方既沒有交集，也各自仍然堅持原有的觀點，不曾有任何改變。

（五）現代禪在家教團與印順佛教思想的長期衝突

現代禪是由李元松（1957-2003）於 1989 年春，率領其短期禪訓班的眾弟子，所創立的「佛教現代禪菩薩僧團」。由李元松擔任祖光傳法長老，撰寫各種〈傳法教材〉、制定「宗門規矩」、「道次第」、「血脈圖」、「發願文」，並以「本地風光」為現代禪的根本心法。

但是在 1993 年已合法登記的「全國財團法人現代禪文教基金會」，卻無法改善現代禪和出家眾持續存在的緊張狀態。

特別是當代佛學大師印順長老，正式在佛教刊物《獅子吼》第 11/12 期（1993 年 11 月）發表〈「我有明珠一顆」讀後〉長文，強力反批現代禪對其批評的各項論點。因為李元松在其書《我有明珠一顆》（1993.8）中提到：許多當代佛教徒之所以排斥禪徒或禪宗，是受印順批評傳統禪宗言論的影響所致。

印順導師則認為：他的過去對傳統禪宗的批評，可能「障礙」了現代禪的發展，而非「影響禪宗的式微」。而當時，最支持現代禪的著名佛教史學者藍吉富，也同樣反對李元松對印順「影響禪的式微」的批評。

藍吉富當時是認為，當代臺灣根本無正統禪宗的傳承，更何來有印順影響禪的式微之舉？在前述的雙方爭論在法義抉擇上的有所差別，其實只是爭論：社會性（發菩提心，慈悲心）是否必須與智慧性（如實智）並重或列為優先？

就大乘菩薩道的印度原意來看，當然印順的詮釋是正確的；但李元松和溫金柯則認為：對於宗教本質的根本認知，除非有「智慧性」如實智）作為必要條件，否則空有「社會性」也無法達成？所以「社會性」是被其排在第二順位的。

現代禪在堅持「智慧性」是大乘菩薩道的第一義,而「社會性」只是第二順位之後,再加上李元松以本人的實修經驗和體悟進行對此主張的背書,雖無法在當代臺灣佛教界獲得普遍的共鳴或認同,卻順利成為其內部修法的高度共識和強大凝聚力,並反映在其後長期潛修時,教團對外活動的相對封閉性和保守性,使其性格反而接近小乘佛教的修道態度。

1999 年 12 月「現代禪網站」的成立,雖然立刻變得非常熱門和功能多元、以及所儲資料也極為豐富,因此使現代禪的全貌,遠較過去更為教界和社會大眾所理解,連大陸方面的點閱人口、相關佛教學者通信內容、現代禪因敏感且屢屢主動發動的反批其他支持印順者的文章,都迅速地被登載其上和也同樣迅速地激起強烈的反批判聲浪。

特別是支持印順長老論點的楊惠南教授,在國科會大型研究計畫的贊助之下,曾對「解嚴後臺灣佛教新興教派的研究」中,對現代創立者李元松、教理研究部主任溫金柯、已皈依教團的數位比丘尼和其他早期參與後來卻離開的重要幹部,作深刻詳細訪談之後,卻立刻又為文下重筆,批評現代禪的種種觀念,使現代禪深受大打擊和強烈反彈。[53]

可是,儘管現代禪費盡力氣,向各方學界或教界人士申明被扭曲或要求為其主持公道,並在 2000 年 8 月發表〈八二三宣言〉,宣稱:「今後」對於各方的批評或指教,不論對或錯,現代禪強烈希望「都不予回應!」將一心深入止觀和佛學研究,以便徹底脫「辯誣」之漩渦。

然而,溫金柯隔年卻出版其重要的反駁著作《繼承與批判印順人間佛教思想》一書。[54]另外佛教界的「如石法師」和大陸學者「恆毅博士」,也對其表示聲援,甚至展開對印順論點的全面批判。

如此一來,迅即遭來包括:李志夫、性廣尼、昭慧尼和林建德居士等多

---

[53] 見楊惠南,〈人間佛的困局——從新雨社和現代禪為中心的一個考察〉《會議論文集》(桃園:弘誓 1999 年 10 月)。

[54] 溫金柯,《繼承與批判印順人間佛教思想》(臺北:現代禪出版社,2001)。

位重要學者，如排山倒海般地強烈反批判。其中尤以林建德的反擊，最有體系和為時最為持久。[55]

於是，現代禪李元松，一方面雖於 2002 年 4 月 26 日，透過昭慧尼牽線，正式皈依印順長老門下；一方面也卸下宗長職務。

可是，由於實際未曾真正放棄原先的論點，所以相關爭論也依然持續進行中。最後終於導致「現代禪網站」的完全關閉（2003 年 9 月），並且教團的走向，也急轉直下。

然而，原現代禪教理部的主任溫金柯本人，依然堅持其原有看法，迄今仍未改變。

（六）性廣比丘尼與印順導師人間佛教禪法的闡揚

相對於前述的對立狀況，戰後臺灣首位女禪學思想家釋性廣比丘尼，在 21 世紀開始的階段，曾歷經解嚴之後的多年努力，但在其最仰慕的印順導師的人間佛教思想的影響之下，首度撰有《人間佛教禪法及其當代實踐》一書[56]，來提倡人間佛教禪法。

性廣比丘尼的此書內容和主要概念，因頗能注重禪修的思想正確性，和不忘處處關懷周遭環境及其與社會互動的悲憫心之培養。所以此書一出版，即普受教內識者的接受與稱頌，一時間流傳甚廣。[57]

性廣比丘尼也自書出版之後，不但經常應邀到其它佛教道場，去開班傳

---

55 林建德的各篇論文，後來彙編成為《力挺佛陀在人間——諸說中第一》（臺南：中華佛教百顆文獻基金會，2003 年 2 月 2 版）。

56 釋性廣，《人間佛教禪法及其當代實踐》（臺北：法界出版社，2000 年）。

57 溫金柯曾撰文〈繼承與批判印順法師人間佛教思想：評性廣法師《人間佛教禪法及其當代實踐》〉，批評的重點是(1)性廣在書中將「信仰立場」與「學術立場」的混淆；(2)尋求他人背書的心態；(3)「照著講」與「接著講」；(4)美化師長而淺化經典；(5)草率評斷禪宗與密教。現代禪與印順法師有共許和不共許之處。見溫金柯，《繼承與批判印順法師人間佛教思想》（臺北：現代禪，2001 年 8 月初版），頁 9-44。但，此一批評，對性廣尼毫無影響。

授人間佛教禪法的正確修行次第，也曾應邀到部份臺灣的大專院校去講授她本人詮釋和首創的人間佛教禪法。

而她的新禪學體系，雖在核心觀念上，得力於印順的啟蒙和奠基，卻非僅止於原樣的轉述，而是經過重新詮釋和添補新知的，所以就此一創新的意義來講，是超越了當代所謂禪學思想的任何流派的。

對於此一新佛教文化現象，我們若回顧整個東亞漢民族，近一千多年來的佛教傳播史上，可以說皆屬男性禪學思想家的天下。換言之，在過去從無有一位佛教比丘尼，夠得上被稱為，所謂「人間禪法之禪學家」者。

因此，她的此一新禪學思想書的問世，可說具有臺灣本土佛教女性新禪學家出現的里程碑意義。

（七）昭慧比丘尼與印順導師對佛教兩性平權運動的辯證發展

由於印順導師的刻意栽培，所以昭慧比丘尼，根據印順導師原先主張人間佛教的兩性平權思想，於 2001 年 3 月 31 日，在臺北南港中央研究院舉辦「人間佛教薪火相傳」的研討會時，曾公開宣讀〈廢除八敬法宣言〉，也實際結合僧俗兩眾，當場撕毀了「八敬法」的條文。

而此一漢傳佛教千年來前所未有的大膽革新舉動，當時除了立刻獲得臺灣社會各方輿論的普遍肯定之外，也使臺灣現代比丘尼呼籲佛教兩性平權的有力訴求，不但直接強烈衝擊著二度來訪的達賴喇嘛，使其不得不立刻回應（※儘管仍躲躲閃閃）此一具有普世人權價值的理性專業訴求。

其後，昭慧比丘尼的撕毀「八敬法」的條文此舉，連帶也衝擊到臺灣傳統的佛教界和亞洲其他地區的佛教界，並且儘管彼等的回應方式頗不一致，甚至連世界華僧內部的共識也遲遲未能達成，但臺灣佛教現代比丘尼的專業水準之高、及其能倡導亞洲佛教兩性平權新思維的睿智遠見，已堪稱為百年所僅見的世紀大手筆。

另一方面，當時臺灣傳統佛教界的部份比丘長老們，在面對此一新世紀

的佛教兩性平權新思維時，不但無法根據本身的律學素養來為自己一心想堅持的舊思維辯護，反而耍小手段到當時年紀已 96 歲高齡的印順導師身上，然後以其回信中的一句「八敬法是佛制」的簡單論斷，公之於「中國佛教會」的刊物上，想藉以堵塞昭慧比丘尼所一再發出的滔滔雄辯和有力的訴求。

問題在於，當時印順導師那句「八敬法是佛制」的簡單論斷，正如他的另一名言「大乘是佛說」，原不能望文生義地只將其等同傳統的佛所說或佛所制來看。因此，有佛教學者筆者博士，曾將此意透過中華佛寺協會的林蓉芝秘書長，於 2001 年 7 月 23 日去電「華雨精舍」，向印順導師求證：其語意實際何指？

結果，印順導師明確地回答說：清德比丘尼在其《印順導師的律學思想》一書中所說的，較符合其本人的原意。可是，清德比丘尼研究「八敬法」的結論，與昭慧比丘尼所主張的，根本完全一致。

亦即，「八敬法」中，只有比丘尼應尊重比丘的這一精神，因各律見解一致，可以推定是佛制遺風；至於「八敬法」本身，其實是佛陀之後，部分法派所制定的，故各部派之間的見解並不一致。

由此看來，「中國佛教會」的刊物上所登的那句「八敬法是佛制」，其實是被一語兩解了。

但，也不難瞭解，印順導師其實已太老了，並且已無法精確詳說他的看法了，所以才會引來上述的誤解。因此不論他過去曾如何卓越？他如今都只能被當傳統的歷史人物來看待了。

再者，為了不徒托空言，所以由昭慧比丘尼和性廣比丘尼所聯合創立第五十二期（2001 年 8 月）佛教的《弘誓》雙月刊，便是以「告別傳統——迎接佛教兩性平權的新世紀」，作為專輯各文的主軸。

這意味著此一專輯的作者，不只敢於正面回應來自傳統派昧於時代潮流的無謂挑戰或淺薄的質疑，更能以專業的自信和理性的堅持，用大氣魄、大

格局的新時代視野，來發揮其由智慧眼和菩提心所凝聚的大願力，以呼應兩性平權的普世價值和時代潮流，並帶領臺灣當代的佛教界，向改革的途徑勇往邁進。

其後，昭慧比丘尼更相繼出版多本佛教倫理學的專書，其中最前衛的，是《後設佛教倫理學》（臺北：法界出版社，2008）一書，其議題之新在亞洲堪稱第一。

五、結論

對於本章以上的解說，到底可以有何結論提出呢？由於當代的一切思潮都在持續發展與不斷變化中，所以筆者想從 2005 年 6 月 9 日，應當時《中國時報·人間論壇》的報社編輯邀約所寫的一篇〈後印順時代的人間佛教〉專論談起。其全文內容，應該可以作為本章的最後結論。論述的內容如下：

> 當代海峽兩岸華人公認成就最高的，一代佛教思想家印順盛正，於2005 年 6 月 4 日，上午圓寂，享壽百歲。
>
> 假如沒記錯的話，他應是繼民國虛雲禪師、唐代清涼澄觀之後，第三位在人間存活接近、或超過一世紀的漢傳佛教高僧。
>
> 難怪幾年前，天下文化的高希均教授和他的編輯群，在臺中華雨精舍與印順本人洽談傳記撰寫的授權時，看到身分證上的印順，居然是出生於清末慈禧太后還活著的年代，不禁驚叫起來。由潘煊撰寫的《印順導師傳》，在天下文化出版，並有數萬冊的巨大銷售量。
>
> 再者，經我多年的建議及其他有力人士的協助之下，去年正忙於競選連任的陳水扁總統，終於頒授「二等卿雲勳章」給印順。之後學界居然有人嘲笑說：「陳總統沒什麼文化，頒幾個獎章，也不會提

昇什麼。」

我聽了之後，立即反駁：「此種頒獎，陳總統只是因他剛好是現任國家領導人，所以才由他來頒。要知道勳章是國家的名器，若能授與應得者，即表示我們整體社會對得獎者的衷心感謝，這對社會是一種有意義的示範，也是臺灣社會的文化薪火，能代代相承之意！」

為何我要這樣說呢？我的理由是，假如我們把漢人來臺的移墾，作為歷史的開端，則在數百年來的臺灣社會文化史中，所出現的最有深度、成就最大、實踐最廣的思想家，我們大概可以舉出兩位，即：胡適和印順。

而兩者中，最和當代近十五年人間佛教思想有關的，就是以印順本人。所以，當代的人間佛教思想的領航者，就是印順盛正。

若再問：臺灣有無出現世界級的思想家？當然有，就是印順盛正。

理由有二：首先，漢民族在全球的人口數居最多數，而在分布全球的華人中，若論佛教的思想影響力，而非論佛教事業的大小或信徒的多寡，則印順的思想影響是海峽兩岸最被肯定者；也是到對岸後，唯一能令中共最高佛教領導人趙樸初，甘心下跪頂禮的一代高僧。

其次，根據政大哲研所教授林鎮國轉述，哈佛大學詹密樓教授認為：在亞洲，像日本著名的世界級佛教學者，雖有不亞於印順或超過印順的佛學成就，但沒有一位能在思想的傳播層面或社會實踐面上，堪與印順相比。所以印順在華人的佛教信仰圈內，是獨樹一幟偉大思想家。

但，在肯定這些成就之後，是否有其他的副作用出現呢？有的，茲列舉數點如下：

一、由於「人間佛教」一詞，非屬專利品，所以包括兩岸的學者和

許多經營大道場的僧侶，都樂於自行再定義，所以其氾濫程
度，幾等於無原則和無檢別。所以像亂寫文章的學者，或什麼
錢都敢要的大道場都紛紛出現了。這是最大的隱憂。

二、對岸過去一直是以中原天朝的心態，來看臺灣的邊陲和枝末的
佛教信仰。如今在著名本土的慈濟新佛教事業之外，又有印順
的人間佛教思想，在臺高度發展，頓然使其有由中心淪為邊陲
之虞，所以目前對岸當局，對於印順的人間佛教思想是否要在
大陸推廣？迄今仍在猶豫中。

三、臺灣社會近十五年來，太忙於政治的議題，導致忽略了政治和
經濟以外的實質成就與發展。例如新的佛教在家教團的出現、
真正有深度的新禪學思想或佛教倫理學的著作等，都仍未受到
臺灣一般學界的注意。但，實際上，與臺灣人間佛教有關的數
次大辯論，已出現於過去的數年間，連研究此大辯論的專書，
都即將出版。可是，在佛教圈以外，卻少有人知。

像這種知識或文化在不同社群之間的傳播隔閡，也是臺灣社會超多
元文化發展的一大隱憂，值得大家再來思考。

第二十五章 批判與理解
——關於活躍在解嚴前後的傅偉 勳教授之佛學詮釋問題新論

江燦騰
臺北城市科技大學創校首位榮譽教授

本章大意

本章是關於活躍在解嚴前後（1983-1996）的著名佛學思想家：傅偉勳教授（1933-1996）的學術傳記及其相關佛學著作、乃至他所開創的生死學問題，都在本章的批判與理解中，呈現出新角度的學術透視觀點。

再者有關他的生命後期學術傳記，雖有很多面向可以介紹或重新理解，但能從實際長期與其本人密切交流乃至互相分享學術幕後真相的剖析者視角來書寫者，其實為數不多，而我個人算是其中之一。

所以，我擬從他與我之間曾長期相互交流的學術傳記面向來剖析與書寫，並分以下幾個主題來解明：一、我與傅偉勳教授實際學術交流與相關影響。二、有關傅偉勳教授在解嚴前後的學術著作解讀問題。三、相關結論與討論。

一、前言

　　有關活躍在解嚴前後（1983-1996）的著名佛學思想家：傅偉勳教授
（1933-1996）的學術傳記，首先必須承認他是當時臺灣公眾學術壇最耀眼
的兩位明星之一。另一位是則余英時教授（1930 年出生）。他們都是當時
極少數可以大量在報紙與各類期刊雜誌發表學術論述與文化批評，[1] 又可以
在被當時執政的國民黨文化工作會十分倚重的海外學者中的佼佼者。[2]

　　而他們之別，只是前者是哲學文化與大乘佛學詮釋學的美籍華裔臺灣新
竹出身的名教授。後者則是中國歷史與思想文化的美籍華裔大陸安徽（天津
出生）出身的名教授、中央研究院士。[3]

　　此外，傅偉勳教授不但與當時的佛教界的學術活動密切關聯，並且還是
新大乘佛學詮釋學的主導性權威學者，以及臺灣學界的「生死學」開創者。
[4]所以，作為新竹市佛教人物誌的傳記書寫，絕對有其必要。

　　但，他成為耀眼學術明星的時代，正好是臺灣戰後政治與本土化兩者都
處於最大的轉折期，也是他的生命後期。但，他是何時才成為臺灣繼李敖

1　這些相關資料，最早期的，可參考傅偉勳，《「文化中國」與中國文化：「哲學與宗教」三
　集》（臺北：東大圖書，1988 年）一書的序或內容各篇的註解或文後的原載出處，像《中國時
　報》《中國論壇》《文星》《哲學與文化》等。特別是《中國時報》副刊主編金恆煒還為其特
　闢專欄，讓他定期發表。之後，金恆煒主編《當代》月刊，也是他的主要發表園地。

2　他曾被邀做專題演講、參加國建會並與其新竹中學同學（但已是中國國民黨文化工作會主任）
　周應龍和其子周陽山，都交往密切。

3　余英時，男，祖籍安徽潛山，生於天津，華裔歷史學家，中華民國中央研究院院士、美國哲學
　會院士，主攻思想史研究，他的大部分職業生涯都在美國，克魯格人文與社會科學終身成就
　獎、首屆唐獎「漢學獎」得主。（維基百科）

4　可參考傅偉勳，《死亡的尊嚴與生命的尊嚴：從臨終精神醫學到現代生死學》（臺北：正中書
　局，1993 年）一書。鄭志明，「論傅偉勳的佛教生死學」，載《宗教哲學》（臺北縣：中華民
　國宗教哲學研究社，1997），第三卷第四期（1997.10），頁 131-148。

（1835-2018）⁵之後，逐漸躍昇成一顆閃亮耀眼的學術明星呢？直至八十年
代前期才開始。

　　因他在 1966 年，正當我要服兵役之年，正好是傅偉勳教授第二次帶著
妻子鍾淑兒，一起到美國伊利諾大學攻讀博士學位之年。之後，他們夫妻就
長期滯留在美國十七年之久，並入籍成為美國人。直到八十年代初期，傅偉
勳教授才首次因應邀到香港參與學術評論之後，並順道回臺探訪親友及學界
同道。

　　從此，他就較常往來於美國與臺灣之間，並應邀談論他在美國所接觸，
前幾批在大陸「十年文革」（1966-1976）之後，⁶因鄧小平（1904-1997）⁷
所主張的「開革開放」政策，而有機會到美國從事學術深造或交流的一些大
陸菁英學者。

　　所以他的此一特殊經驗，使他最有資格與能力來為臺灣公眾媒體的持續
發表或被爭相報導此方面的最新權威資訊，於是快速竄起成為一顆耀眼的學
術明星，並一直持續到他 1996 年秋，淋巴癌再度復發治療無效逝世為止。

　　所以，本文介紹的重點，就是針對這一時期（1983-1996）的學術傳
記。至於傅偉勳教授生命前期的早期家族狀況、或從他在新竹誕生、成長、
受教中小學育，乃至讀臺大哲學系、任教該系，或二度留美讀碩博士，並曾

5　李敖，字敖之、幼名安辰，人稱李大師，已故臺灣知名歷史學家、主持人、作家、文學家、小
　　說家、政治評論員、時事評論員、政治人物、前無黨籍立法委員、文化扒評者、中國近代史學
　　者、諾貝爾文學獎被提名人。生於中國滿洲國時期的黑龍江哈爾濱市，籍貫吉林省扶餘縣，祖
　　籍山東省濰縣。國立臺灣大學歷史研究所肄業、國立臺灣大學歷史學系畢業。（維基百科）

6　毛澤東所發動，利用大量青年紅衛兵無產階級文化大革命，通稱文化大革命、簡稱文革，是中
　　華人民共和國歷史上的一場政治運動，於 1966 年 5 月 16 日─1976 年 10 月 6 日間發生在中國大
　　陸境內。因其時間長達十年之久，故也被後世稱為「十年動亂」或「十年浩劫」。

7　鄧小平，原名鄧先聖，由啟蒙老師在法國留學時改名鄧希賢，1927 年正式改名為鄧小平，男，
　　四川廣安人，中國政治家、軍事家、思想家、革命家及外交家，是中國共產黨及中華人民共和
　　國於 20 世紀 70 年代末至 80 年代末期的實際最高領導人。中華人民共和國官方將鄧小平定位為
　　黨和國家的第二代中央領導集體之核心。（維基百科）

長期在美國天普大學任教等等傳記介紹，已有黃祖蔭先生在《竹塹文獻》雜誌第十八期（2001 年一月號）上刊載「儒林巨擘：傅偉勳」長篇介紹。

　　此外，傅偉勳教授早就出版過他廣為人知的學術傳記：「哲學探求的荊棘之路」[8]與《學問的生命與生命的學問》（臺北：正中書局，1993），對於他從小到大的相關自我回顧等，他都有分項的詳寫過。所以除非涉及必要的學術背景解析，否則我在本文中就不重複介紹。

　　再者，他的生命後期學術傳記，雖有很多面向可以介紹或重新理解。但能從實際長期與其本人密切交流乃至互相分享學術幕後真相的剖析者視角來書寫者，其實為數不多。而我個人算是其中之一。所以我擬從他與我之間曾長期相互交流的學術傳記面向來剖析與書寫。因此，我只以下分幾個主題來解明：一、我與傅偉勳教授實際學術交流與相關影響。二、有關傅偉勳教授在解嚴前後的學術著作解讀問題。三、相關結論與討論。

二、我與傅偉勳教授實際學術交流與相關影響

（一）從不認識到開始接觸的轉折歷程

　　首先，我必須聲明：我實際與傅偉勳教授個人開始交流，其實是在臺灣與美國斷交（1978 年 12 月）之後的八十年代初期。在此之前，我只是偶而聽過他的大名；或從當時的新聞媒體上，不時讀到有關他的學術動態；或在相關期刊上，偶而會讀到他發表的學術文章。

　　所以我能確定，我起初並沒有渴望結識他，也不清楚他的早期學經歷究，因而也就不會想進一步去探明他，究竟是怎樣一位長期在美任教的臺灣

---

[8]　載傅偉勳，《從西方哲學到禪佛教：「哲學與宗教」一集》（臺北：東大圖書，1986 年），頁 1-50。

新竹學者？

　　之後，由於他已開始較常回來，並一度到大陸講學，因而很受各方矚目。我於是才開始產生好奇並逐漸弄清楚，他在美國長期定居與教學這段時間，主要擅長的學術領域，其實是在大乘佛學思想與現代禪學詮釋專業方面；但他或又借重海德格存有論哲學，或又結合牟宗三的新儒家心性論及其佛性論佛學觀點，或又融入當時常接觸西方各家新「詮釋學」觀點，共三大類思維，極其靈活兼用地來消化他所喜愛閱讀的近代日本佛教學者的各種著作，並很快寫出大量新詮釋著作。

　　相較於戰後八十年代臺灣在地學者，他所提倡的新穎且吸引人的大眾化佛教哲學新詮釋學的論述取向，[9]的確很快影響了新一代的佛學詮釋思維。例如其高徒林鎮國教授，就是承襲這一學術源流而來。[10]並且，近三十多年來，啟蒙及開展臺灣學界的現代佛教思想詮釋學研究新潮流的主要領軍人物，就是由傅偉勳教授與林鎮國教授師徒二人代表。

　　而我當時雖已考上臺大歷史研究所碩士班，也深受在美名校任教的余英時教授結合歷史與思想理念的新論述模式之影響，可是當時對於傅教授所提倡的新「詮釋學」的論學方法，仍相當陌生。

　　不過，既然留美學者回臺之後，經常都常談及「詮釋學」的新論學方法，而我又身處臺大校園最敏感的新潮與新思維的激盪知識圈內，就不免會

9　傅偉勳此方面相關著作目錄，主要有：《從西方哲學到禪佛教：「哲學與宗教」一集》、《批判的繼承與創造的發展：「哲學與宗教」二集》（臺北：東大圖書，1986 年）、《從創造的詮釋學到大乘佛學：「哲學與宗教」四集》（臺北：東大圖書，1990 年）、《佛教思想的現代探索：「哲學與宗教」五集》（臺北：東大圖書，1995 年）、《道元》（臺北：東大圖書，1996年）、《死亡的尊嚴與生命的尊嚴：從臨終精神醫學到現代生死學》、《學問的生命與生命的學問》。其中，只有《道元》一書，較為專門，要有一定水準才能讀通。

10　林鎮國教授的三本當代性力作：《辯證的行旅》（臺北：立緒出版社，2002 年）、《空性與現代性》（臺北：立緒出版社，2004 年）、《空性與方法——跨文化佛教哲學十四論》（臺北：政大出版社，2012 年）。這三本優質力作，都是我非常佩服的新論述，因其最能與國際佛教學術潮流接軌，因此成為我平素治學的重要資訊來源，而且，彼此也經常對此交換意見。

跟著學界潮流走；並且儘管當時，我依然還是一知半解，卻也逐漸願意接受像這類型的現代佛學新詮釋法。因其可從多角度對傳統知識進行所謂「批判性繼承」與「創造性詮釋」，就不至於完全翻轉我一直所從事的臺灣現代佛教在地轉型的史學詮釋理念。

於是，我開始嘗試在一些佛學會議上，或一些小型的研討會場合上，與傅教授有了初步關於日本佛學術資訊方面的短暫交流。但，由於每次接觸的時間過於匆促，彼此雖有應酬式的簡短交談，事實上也沒有實質的學術切磋。

不過，在另一方面，我與傅偉勳教授真正第一次碰面與認識的日期，現在已記憶模糊了，因此我不敢確定，就是在哪年哪月或哪日，我被介紹給他認識？但，我敢確定，兩人初次交流地點，就是在當時臺北市新生南路上，那間著名茶藝館「紫藤廬」內。

因當時成立未久的「東方宗教討論會」，每月第三星期的週末下午，都例行性的會召開一次有被指定的會員，由其發表新主題論文後，大家才開始熱烈對其論點或參考資料，唇槍舌劍般的互相激辯長達三小時之久，才算盡興。之後，大家還會繼續轉往附近小館聚餐長談。

我非常喜歡像這樣新潮的實質論辯方式，所以很少錯過每月一次的此種聚會，並且我在討論會輪到可發言時，我的直率批判往往既犀利又專業，此舉雖可能造成一些尷尬與不快，卻意外促使我在宗教研究學界的新銳名聲很快崛起，還被稱為「學術殺手」，可見惡名昭彰。

並且，當時那些與會者，日後也都成為臺灣宗教研究的少壯派菁英學者，彼此成為可長期相切磋所學的學術良伴。 所以，我是在這樣的學術氛圍下，與傅教授開始第一次學術交流的。我既非他的學生，也不是他的仰慕者，而是互相論學的同道。當然他的名氣比我大太多，在學界的聲望也大大超過我，可是我還是與他平等論學。

再者，當時作為我與傅教授相識的中介學者之一，其實是他在臺大哲學

系教書時的學生楊惠南教授，當時同樣也在臺大哲學系教書。至於另一位中介者，則是藍吉富居士，他正在編輯與出版數套相關佛教叢書。此外藍吉富和傅教授及我三人，恰巧都對日本佛學的著作都非常熟悉，便因而有了較多的彼此學術交流活動，於是陸續發生了以下所述的深度交流軼事，並影響深遠。

（二）正式互動的聚焦點：攸關臺灣佛教逸事重建問題

　　說來有趣，我與傅教授的最初正式互動的聚焦點：其實是有關臺灣佛教逸事重建問題。以下我舉出幾件實例，作為說明其中的相關性：

　　其一，先是在 1989 年 7 月 15 日，有我在當天的《自由時報》副刊上，以罕見筆名「丹青」發表一篇，相當轟動學界的文章：〈臺灣佛教逸事〉。特別是少數知道內情的行家，都給予高度肯定。而其中最推崇的一位，就是是傅偉勳教授。

　　因而，不久在一次半夜裡，我突然接到來自美國的陌生越洋電話。我仔細手握電話筒並傾聽對方聲音後，很意外地得知，居然是他與林安梧教授兩人，在一起喝酒微醺之後，才給我打越洋電話。而我之前，其實從不曾與他們用越洋電話互相交流過。可是，傅偉勳教授在電話中，還特別交代我：日後一定要為後世留下一本《佛林外史》才能死去。

　　他又稱讚我說，再沒有比我適當的佛教史家，來撰寫當代臺灣的《佛林外史》了。而後，我終於知道，他之所以會打電話給我，是我在《自由時報》副刊上，所登的那篇〈臺灣佛教逸事〉文章引起。況且，當中提及他的那則軼聞，其實也是他提供的。他當時還特別交代我，要將其寫進《佛林外史》一書。因此，我才會將其轉述如下：

　　　　……在美國天普大學任教的傅偉勳教授，是才思敏捷的學者，他常
　　　　往海峽兩岸跑。當年（1989）星雲法師率隊到大陸，他是擔任星雲

法師的學術顧問，風風光光，熱熱鬧鬧地，完成了一趟觀光兼弘法
的一個類似的佛教之旅。因此傅教授事後，曾對我講過一個他親身
遭遇的故事，以說明星雲法師的「禮賢下士」之風。

據說有一次，傅教授和星雲法師同乘一班華航班機，星雲是坐頭等
艙，傅教授則是二等艙；但互相不知對方在同班飛機上。

星雲法師是上完洗手間，返座途中，發現傅教授在座位上睡覺的。
他一聲不響，站在座位旁等傅教授醒來，才上前打招呼。

傅教授說：他不知星雲在旁邊站多久？但星雲「大師」是飛機上的
顯赫人物，華航空服員伺候唯恐不周，卻自甘站立等待，以便禮貌
招呼。

為什麼要打招呼呢？因為佛光山有比丘在天普求學，受傅教授指
導。為了向自己徒弟的老師打招呼，如此的謙遜有禮，使傅教授心
中有無限的溫暖和感動。的確，這樣的有風度，真不簡單呀！值得
其他出家人多效法。……

其二，可是，他回臺之後，在另一次聚會時，卻自動對我提起：他真搞
不清楚，為什麼大和尚要把一個腦袋有點短路的徒弟，送到天普來當他的博
士班研究生？明明程度很差，連一些規定的讀書報告都寫不好，只會買一推
原版日文佛學著作送他。

之後，到了 1989 年 12 月底，恰逢香港「法住學會」的創辦者霍韜晦
（1940-2018）首次舉辦「太虛大師百年誕辰紀念學術研討會」，並同時邀
請大陸與臺灣佛教學者，包括傅偉勳教授在內，多人參加。這是當年「六四
事件」之後，傅偉勳教授第一次再度與大陸及臺灣佛教學者共聚一堂，討論
數天。

不過這期間，曾有發生一件關於香港小道刊物，採訪及報藍吉富先生件
很聳動的有關一臺灣某某大和尚的桃色軼聞。傅偉勳教授也另外聽過其他方

面的類似軼聞，所以他也在香港期間提出來，與幾位有交情的臺灣佛教學者分享。

　　並且，他們回臺後不久還分別告訴我，彼等在香港開會期間的所見所聞，尤其傅偉勳教授還特別交代我：一定要寫入《佛林外史》一書才行。

　　可是，由於相關內情，過於有爭議性，目前還不宜在《竹塹文獻》這樣的刊物上刊載。因此，我只能等待恰當時機再完整說明，以實現我對傅偉勳教授生前此一囑託的親口承諾之事。

（三）我與傅教授再次深刻化彼此治學業績的原因與影響

　　再者，如非我與傅偉勳教授的一次邂逅火花，否則不會有我個人在日建構「臺灣本土佛教轉型史學」之舉出現。這當中的相關轉折如下：

　　話說從前，此事其實是肇因於聖嚴法師曾與中華文化總會，於 1994 年 7 月，在中央圖書館「漢學研究中心」的國際會議廳，合辦一場「佛教與中國文化國際學術會議活動。而我先是參與發表論文〈解嚴後的臺灣佛教與政治〉，之後也參與當晚在北投農禪寺，由傅偉勳教授主持的相關會後檢討。

　　但為何會由他主持？反而身為當事者聖嚴法師，卻未親自出席主持，只有派一位他的會講英語出家徒弟，在場旁聽呢？其原因有三：

　　1. 在當時臺灣媒體上和相關學術圈內，傅偉勳教授都是像明星般的到處被邀訪和四處公開演講，不但和韋政通教授聯合主編三民版的世界哲學家叢書，到處約稿，還為正中書局規劃了一系列的西方最新學術著作的出版名單，所以他已是貨真價實且令人難以忽視的一位學術文化明星。

　　2. 聖嚴法師前一屆（1990 年元月 12-15 日）所舉辦的「佛教倫理與現代社會」的國際研討會，有關「會議論文集」的英本版，日文論文英譯和中文版，都交由聖地亞哥州立大學的華珊嘉教授與傅偉勳教授二人負責主編，英文版先是由紐約綠林出版社印行，之後的中文版則由傅偉勳教授人負責主編，交給三民出版社出版，書名《從傳統到現代：佛教倫理與現代社會》。

顯然他們彼此合作的效果甚佳。

3. 特別是傅教授的英日文學術知識豐富，又與來臺參與國際會議的各國學者大多認識，彼此交談無礙。所以當晚的會後檢討，由傅偉勳教授主持，是最恰當不過。

可是，正當我在場邊座位上，預備聚精會神在傾聽相關各國學者的發言意見時，先是由傅教授問與會的外國學者，對此次會議有何意見？之後在座的各國學者都有類似的以下三點意見提出：

1. 主辦單位的招待是一流的，無話可說。

2. 就學術的創新來說，收穫很少，因都是把各自的舊論述，略為改變而已，所以並無實質的新意可說。

3. 很想知道，當代臺灣佛教的發展現況如何？卻無英文著作可參考。

當時，傅教授曾根據他所聽到的以上三點意見，便指定由聖嚴法師的親弟子作答有關第三點的問題。可是這位聖嚴法師的得意門徒，光只是在解說一些有關聖嚴法師的佛教事業，便立刻被一些在座外國佛教學者，阻止了他繼續發言。

因為他說的這些，他們都已知道，而他們最想知道的是，其實是其他各道場的狀況，以及相關歷史變化或與當代臺灣社會的相互關聯性。

可是，這卻是大難題，因為臺灣現有的各道場，向來都是各立山頭，誰也沒有多理誰，所以聖嚴法師的得意門徒，只好雙手一攤，表示無法說明。當場，氣氛非常尷尬，不知如何是好？

於是，傅教授便把眼光直接投向我。我一看到這樣，便立刻在心裡有了閃電般的重大決定：這將是我畢生最大的學術賭注和千載難逢的良機，未來人生勝敗，就在此決一空前的大拚搏！

主意既定，我立刻舉手，當眾對傅教授說：

1. 我可以解說，絕無問題。

2. 我無法於五分鐘內講清楚，請徵詢所有學者的同意，最少有三十分

鐘讓我發言。

　　3. 我無法用英文直接表達，請傅教授替我翻譯成英文，以便讓各位外國學者瞭解。

　　傅教授聽後，立刻把此意徵詢與會者，大家一致同意，我可以沒有時間限制。於是我便大聲侃侃而談：這是由於我早在張慈田的「臺北新雨道場」，早做過類似的系列演講了，所以胸有成竹，體系架構非常清楚，且所陳述的各項要點，也都能切中要害，並展現新意。

　　我一口氣，足足講了四十分種。當然，其中每講一小段，就要停下來，等傅教授英譯之後，我再繼續發言。如此，我的思考，反而更細密、更有條理。因而，當我個人秀完成之後，我知道，其他的臺灣佛教學者，此後只有靠邊站的成分啦。

　　可是，我心中仍有隱憂。當時我的最大對手，是著名佛教出版家和佛教史學者藍吉富先生，他出道早，人脈廣，又有出版社和業務助理，若他和我一齊展開競爭，我無疑是會落敗的。於是，我回家後，懷著心中的忐忑不安，便試探性的撥電話給藍先生。我只問：藍先生，你對臺灣佛教界這樣熟，為何不研究臺灣佛教史呢？它不是很值得研究嗎？

　　當時，在電話中，藍先生是如此回答的：我才不要研究。那些和尚，都不讀書，沒有文化，光會向信徒要錢而已。除了印順法師以外，沒有值得研究的。何況，中國佛教史的研究，已是大學問了，哪裡有時間研究臺灣佛教史？臺灣佛教史，只是中國佛教史的邊陲性和枝末性的傳播地而已。我一聽他的回答如此，心中的一顆大石頭，才整個放下來。

　　我知道，他二年內，必定大為後悔。可是，已太遲了。我不會讓他有任何機會的。於是，我開始狂熱無比的全生命投入去全方位耕耘。從此，每年至少出一本新書。

　　而在我認真地，開始研究與從事撰述之後，果如預期地在 1992 年時，我的第一本《臺灣佛教與現代社會》，正式交由東大圖書公司出版。

由於此書是被列入由傅偉勳與楊惠南主編「現代佛學叢書」之一。因此之後，我立即寄贈一些西洋佛教學者與傅偉勳教授各一本。但，傅偉勳教授看了之後，立即告訴我說，他雖作為主編之一，卻沒有過目此書稿。

於是，他立刻邀我再寫一本，同樣列為他與楊惠南主編「現代佛學叢書」之一。我當下點頭承諾，並立即狂熱快速進行。1993 年的《當代臺灣佛教文化的新動向》，廣受各界的好評。並且，果真如約定，被列入由傅偉勳與楊惠南主編「現代佛學叢書」之一。

之後，我於 1994 年在高雄淨心文教基金會，開始出版《現代中國佛教史新論》，精裝本五千冊。1995 年又在高雄淨心文教基金會，出版《二十世紀臺灣佛教的轉型與發展》，同樣精裝本五千冊。此兩書基金會贊助我稿費，但登報讓各界免費索取，新聞報導後，來自全臺各地的踴躍索取讀者，在一星期內全部拿光光。

傅偉勳教授得悉後，不斷的對我當面豎起大拇趾。特別是在他逝世（1996 年 10 月 15 日）之前六個月，亦即在他被邀參與一場「紀念馬關條約割臺一百年學術會議」之前，當讀他讀完我所贈一本在南天書局出版的精裝新書《臺灣佛教百年史之研究：1895-1995》時，書內的大量歷史照片與系統詮釋，在在都使他感動莫名。因而隔天，我們又再度會議場上見面交談時，他當面直接對我提出兩個願望：

1. 設法把三百年來的《臺灣佛教史》寫完出版。

2. 建議我能去天普深造，而他或許能讓我畢業時拿到二個博士學位。

對於他的這一鄭重囑託及建議，我是相當受感動的。可是，我只能承諾做到他的第一個願望，至於第二個願望，我當下就加以婉拒。

理由很簡單，因我在臺大歷史研究所博士班的歷年學業成績都是頂尖，且畢業在即，所以沒意願前往。但迄今，仍然深感他生前對我的學術才華曾給予高度的肯定這一珍貴情誼。

至於他的第一個囑託，則是拖了十多年才達成。其原因是：我在他死後

第二年也罹患「多發性骨髓癌」。所以，我依然能持續堅持地遵照他的遺
願，一邊搜集撰寫相關材料，另一邊還必須經常治療自己罹患的「多發性骨
髓癌」。況且，我還有幾十萬字的博士論文要完成。此外，也有一本《當代
臺灣佛教》新書，急著在南天書局出版。

　　我是直到 2009 年（同時也是我罹癌治療的第十二年）時，才總算把
《臺灣佛教史》全書撰述完成（共計三十五萬字，分二十二章），交由臺北
市的五南出版社出版，並在此書的自序最後一段，特別將撰出此書的相關因
緣，加以簡明敘述。

（四）我與傅教授在大陸從事學術交流經驗的異同比較[11]

　　首先，傅偉勳教授是以美籍華裔的哲學教授，於 1986 年，應大陸中國
社會科學院世界教教研究所之特邀，前往大陸交流講學三星期，並與當時大
陸一批較有代表性的學者個別交談。主要的議題，是中國文化的現代性發展
議題。

　　其次，我是在 1996 年夏季，也應陸中國社會科學院世界教教研究所之
特邀，前往大陸交流講學一星期，主要是交流有關：當代臺灣政治與佛教發
展，以及晚明時期佛教改革史的研究經驗談。

　　傅偉勳教授第二次前往大陸交流講學，是在 1989 年春季，做為佛光山
星雲前往大陸探親交流的學術顧問之一前往的，但二個多月之後，「六四天
安門」事件爆發，所以之後，就不曾有第三次前往大陸交流講學。

　　而我第二次前往大陸交流講學，是與龔鵬程教授代表佛光山南華大學的
佛教學者群之一，前往北京大學哲學系舉辦的「佛教與現代社會」學術研討

11　之所以在此提出相互比較，是後面將涉及我為傅偉勳教授的佛學著作的介紹與評價。因我與他
　　是不同研究類型的佛教學者，所以先在此略為比較我們的佛學著作，在大陸出現後的相關學術
　　評價問題。以免，我後面的批評，會被不知情者認為我的專業性素養不足，因而質疑我的論述
　　是否具有可信度？

會。

但，我在會議期間力戰大陸當代佛學菁英多人的佛學研究激辯所造成的巨大震撼，則是傅偉勳教授做不到的。因此，傅偉勳教授著作，在大陸出版只有三種：

1. 《從西方哲學到禪佛教：「哲學與宗教」一集》，北京：生活・讀書・新知三聯書店，1989 年。

2. 傅偉勳著、商戈令選編：《生命的學問》，杭州：浙江人民出版社，1996 年。

3. 《死亡的尊嚴與生命的尊嚴：從臨終精神醫學到現代生死學》，北京：北京大学出版社 2006 年。

而我卻有四種：

1. 《明清民國佛教思想史論》，北京：中國社會科學出版社，1996年。

2. 《新視野下的臺灣近現代佛教史》，北京：中國社會科學出版社，2006 年。

3. 《晚明佛教改革史》，桂林：廣西師範大學出版社，2006 年。

4. 《20 世紀臺灣佛教文化研究史》，北京：宗教文化出版社，2010年。

並且，我的佛教史研究在大陸學界的評價，遠遠高於傅教授的佛學著作在大陸學界的評價。[12]而且，我的禪學史研究，有日本禪學研究泰斗柳田聖

---

[12] 可參考方立天，〈一部富有開創性的力作——江燦騰〈臺灣佛教百年史之研究〉（1895-1995）〉，《法音》1996.7（合作）。張雪松，〈兩岸佛學研究風格比較：以江燦騰與樓宇烈對胡適禪學研究評述為例〉，《哲學門》，總 17 輯，第九卷第一期（北京：2008 年 9 月）。後全文收入《複印資料・宗教》2009 年第 4 期。大陸人民大學佛教與宗教學理論研究所的張雪松博士，雖於近年來在北京大學的權威刊物《哲學門》上撰寫專論，探討〈兩岸佛學研究風格比較：以江燦騰與樓宇烈對胡適禪學研究評述為例〉，並提到說：他是「選取江燦騰先生的《當代臺灣人間佛教思想家：以印順導師為中心的薪火相傳研究論文集》（臺北：新文豐出版公司，2001 年），與樓宇烈先生的《中國佛教與人文精神》（北京：宗教文化出版社，2003

山（1922-2006）的高度評價，[13]傅教授則沒有類似的日本學者評價。

（五）我對傅教授在晚期所自稱其曾有死亡悟道的相關批評

　　傅偉勳教是在 1996 年過世，雖活了六十三歲，還是死得太早一些。他得淋巴癌，第一次治療有效，是在五十八歲。其間歷經五年存活期後又復發，並回到美國去治療，可是很快就因併發症感染去世。

　　我後來檢討他在那五年存活期的的各方面後，發現他在第一次治療有效後，居然就使他因此而得意忘形起來，於是他的日常生活依然沒有節制，又常自稱已看破生死，是悟道者。

　　可是，我很早就知道，其實是算命師告訴他，可以活到八十歲，他才開始變得非常有自信，根本與他是否已看破生死或已成悟道者無關。另外，他把手術時的全身麻醉而全部暫時喪失感覺數小時的精神寧靜感，當作佛教禪

年），特別是兩位先生在他們這兩部論文集中對胡適禪學研究的評述，進行一番比較，闡釋兩岸佛教學者在佛學研究方法上的異同」。

13　對於此問題，我曾發表〈胡適禪學研究在中國學界的發展與爭辯〉，收在我的《現代中國佛教史新論》（高雄：淨心文教基金會，1994）一書。柳田本人在晚年完全接受我的看法，特別在他的巨著《禪佛教研究──柳田聖山集第一卷》（東京：法藏館，1999），其長篇的〈作者解題〉的頁 674、680，兩度引述我的看法，並明白註明是根據我書中的看法。其相關論述要點如下：

日本學者柳田聖山在 1974 年，就曾收集胡適生平關於禪學研究的相關論文、講詞、手稿、書信等，編成相當完整且深具參考價值的《胡適禪學案》，由臺灣的正中書局出版。在同書中，還附有柳田本人所撰的一篇重要研究論文〈胡適博士與中國初期禪宗史之研究〉將胡適一生的禪學研究歷程、學術影響和國際學界交流等重要事蹟，都作了細密而清楚的分析。這是關於此一研究主題的極佳作品。可以說，透過《胡適禪學案》一書的資料和介紹的論文，即不難掌握了理解關於胡適禪學研究的詳細情形。可是，在柳田的資料和論文中，仍遺漏不少相關資料。例如胡適和忽滑谷快天的著作關聯性，柳田都沒有作系統的交代。為了彌補此一缺憾，所以之前，我曾撰文討論過此一重要的關鍵課題。其後，柳田本人看到我的著述之後，也認同和幾度曾在其著作中引用，並實際曾對日本曹洞宗的學者產生重佔久被忘懷與屢遭學界貶抑的忽滑谷快天之國際禪學者的應有地位。亦即，是由於我論證胡適在研究出其確曾受忽滑谷快天的影響，才對神會的研究有突破。這也就是為何胡適雖較矢吹慶輝（1879-1939）的發現敦煌的新禪學文獻為晚，卻能發現矢吹慶輝所沒看出的神會問題。

坐的最高境界體驗。例如他在回答薛文瑜採訪，「瀟灑走過死亡——傅偉勳專訪」時，曾說：

> ……問：您在自傳式的結語中提到您自幼怕死，而為了克服對死亡的恐懼，才去攻讀哲學、宗教學。但真正面對可能的死亡時，究竟是什麼力量支持您去超越、克服它？
>
> 答：最大的關鍵是我幾十年來研究的領域與生死問題有關，覺得自己對死亡不應僅僅停留在思慮上的「解悟」層次，進而應在精神上達到「證悟」或「徹悟」的境界。
>
> 換句話說，如果我在精神上過不了這關，無法克服對死亡的恐懼，不論最後結果如何，我會感到很羞愧，這就好像作生意的人連本錢都丟掉了一樣。這種羞愧心多少刺激我非得解決它不可。
>
> 問：您在書中用「甜蜜即死亡」形容您面對癌症的經驗，可否較詳細地與讀者分享您的體會？
>
> 答：那是我生平從未有過的經驗。在第一次手術後返家，覺得很累很累，只想休息。可是那種累沒有半點痛苦，就是毫無力氣。因此，每天睡眠時間長達二十小時，而且睡得好甜。
>
> 在那之前，睡前總得想一想今天的感觸、明天的計畫，永遠有事情在腦子裡轉，感到精神上的疲倦。相較之下，開刀後那種很喜歡睡，而且睡得很甜，是一種幸福。我忽然覺得：如果這樣甜蜜的長眠，就等於死亡的話，那麼死亡一點都不可怕。[14]

所以，我雖是在他死後第二年，即 1997 年夏季，罹患了「多發性骨髓癌」，並開始初期治療。但我記取他生前所犯過的那些錯誤行事教訓，因而

---

[14]　薛文瑜採訪，「瀟灑走過死亡——傅偉勳專訪」，載《光華雜誌》，1994 年 4 月號。

我始終小心翼翼地，年復一年地，苦撐到第十四年才痊癒。

　　迄今雖已過二十四年，我還是不敢大意，也希望對本文讀者能有點參考之處。

　　冉者，傅偉勳教授雖是臺灣教育史上有關「生死學」這門課的提倡者。但是他其實是從教存在主義哲學而涉及死亡學的通識課程起家。

　　他曾對我說，最初在臺灣某大學演講「死亡學」時，有的學生看到講題之後，驚恐之餘，根本無心聽講，紛紛跳窗逃走。並且，他在美國開課也遇到類似的情況。

　　所以，現在很多大學，雖然都根據他提倡的這門「生死學」課程來教學，其實是他根據最初講「死亡哲學」時，曾有不少學生聽後，臉上帶著驚恐，紛紛跳窗逃走的慘痛經驗，才決定改為「生死學」的。

　　問題是，在他得淋巴癌後，首次治療一年多，病況才有起色，他卻誤以為已痊癒了，不但對外一直宣稱自己有對於死亡超克體驗，還能夠建構出最新最深刻的大乘佛教心性論的創造性詮釋學，之外還忙著交女朋友。我記得，有一次，我們和國際友人聚餐，席間他居然挑戰說，因他常聽人稱我是「男人中的男人，可是卻能不二色」，因此他要弄清楚：他跟我，究竟誰的性能力較強？令我當場在眾人面前，簡直啼笑皆非。

　　可是，我當場又不能沒有任何回應，否則會激怒他。所以最後只能持續微笑以對，才算化解那一尷尬場面。不過之後，我就儘量避免出席這類宴會，而他也不久就掛了。所以，如今只留下這些另類的特殊記憶而已。

（六）關於傅教授晚年的幾位結拜兄弟問題

　　傅偉勳教授 1995 年元月十四日，在美國南加州聖地亞哥白宅，為其出版新書《佛教思想的探索：哲學與宗教五集》（臺北：東大圖書公司，1995）寫序之前，先在內容首頁題詞：獻給林光明居士，又在隔頁登出兩人在日本南禪寺門前的彩色合照。

之後，在序中提到，他是於 1992 年夏季，曾與藍吉富及林光明三人結拜為兄弟。按年紀排序，他是老大，藍吉富是老二、林光明是老三。

到了 1996 年 3 月，他在中研院文哲所，曾親自在他送我的新書《道元》（臺北：東大圖書公司，1996）提詞，以感謝我先前贈他一本《臺灣佛教百年史之研究：1895-1995》新書。

而我拿到後，很快發現，他在書的內容前面，先在首頁上題詞：獻給藍吉富居士，又在隔頁登出兩人在日本曹洞宗祖庭，亦即在道元所創永平寺門前的一張彩色合照。可是，據我所知，當時他還邀請「現代禪」創立者李元松居士，希望加入結拜兄弟中的老四，被李元松居士以自身並非資深佛教學者而婉拒。所以，原先的結拜計畫，不是只有三人，而是四人。

以上這些歷史記事，就是用來補充過去外界大眾或相關佛教學者，很少接觸到的有關傅教授與我交往期間，我所聽所見所聞的往事記憶。以下，我們就開始介紹有關傅教授的學術著作形成史，及其過去不少其實沒有被正確理解的真正思想主張。

三、有關傅偉勳教授在解嚴前後的學術著作解讀問題

（一）相關著作的分類與性質

傅偉勳教授著作目錄，英文的論文及其博碩士論文不計，中文著作除 1965 年出國前的那本《西洋哲學史》（臺北：三民書局，1965 年）外，底下八本都是他生命晚期的主要學術著作。

1. 《從西方哲學到禪佛教：「哲學與宗教」一集》（臺北：東大圖書，1986 年）

2. 《批判的繼承與創造的發展：「哲學與宗教」二集》（臺北：東大

圖書，1986 年）

　　3. 《「文化中國」與中國文化：「哲學與宗教」三集》（臺北：東大圖書，1988 年）

　　4. 《從創造的詮釋學到大乘佛學：「哲學與宗教」四集》（臺北：東大圖書，1990 年）

　　5. 《死亡的尊嚴與生命的尊嚴：從臨終精神醫學到現代生死學》（臺北：正中書局，1993 年）（照片 13：原書封面）

　　6. 《學問的生命與生命的學問》（臺北：正中書局，1994 年）

　　7. 《佛教思想的現代探索：「哲學與宗教」五集》（臺北：東大圖書，1995 年）（照片 14：原書封面）

　　8. 《道元》（臺北：東大圖書，1996 年）

　　而在八本之中，除《道元》1996 年（死前前半年）所出版全新的日本曹洞宗祖師傳記著作外，他的最暢銷兩本書（《死亡的尊嚴與生命的尊嚴：從臨終精神醫學到現代生死學》與《學問的生命與生命的學問》），其實只是前四本內容摘要的系統新編性通俗版，又另取兩個新書名而已。至於《佛教思想的現代探索：「哲學與宗教」五集》，則是他的佛學研究論文集，與當代臺灣佛教的現況議題最有關聯。

　　在他六十歲大壽時，他的新結拜兄弟老二藍吉富先生，[15]專為他主編一本《中印佛學泛論：傅偉勳教授六十大壽祝壽論文集》。各篇目次與作者分別是：

　　1. 批判心靈的昇華──釋迦的教育理想／楊惠南。

　　2. 龍樹中觀學與比較宗教哲學── 以象徵詮釋學為比較模型的考察／

15　藍吉富，1943 年生，臺灣南投縣人，佛教史學者。畢業於東海大學歷史系、歷史研究所碩士班。著有《隋代佛教史述論》、《中國佛教泛論》、《二十世紀的中日佛教》、《佛教史料學》等書。編有《現代佛學大系》、《大藏經補編》、《世界佛學名著譯叢》、《中華佛教百科全書》等書。

林鎮國。

3. 《佛性論》的研究／釋恆清。

4. 心性論──佛教哲學與中國固有哲學的主要契合點／方立天。

5. 佛教與中國傳統哲學／賴永海。

6. 二諦與五祖傳法的雙重肯定／游祥洲。

7. 早期天臺禪法的修持／釋慧開。

8. 禪話傳統中的敘事與修辭結構／Steven Heine 著·呂凱文譯。

9. 道綽、善導和唐代淨土宗／楊曾文。

10. 龔自珍對《法華經》的理解／蔣義斌。

11. 日據前期臺灣北部新佛教道場的崛起──基隆月眉山靈泉寺與臺北
觀音山凌雲寺／江燦騰。

12. 略談現代禪的核心思想與修證方法──回憶創立現代禪五年的歷程
／李元松。

13. 傅偉勳教授六十歲以前學術經歷表（中文）／林光明編。

這個作者群，包括我在內，是涵蓋當時兩岸佛學研究最前端的第一線菁
英在內，可見當時他的學術地位是重量級的，非泛泛之輩可比。所以編者的
介紹說：

> ……本書共搜集十二篇文字，涉及的層面包括佛教哲學、歷史、文
> 學與現代佛學。所討論的內容涵蓋印度、中國以及臺灣佛學發展現
> 況。撰文作者分別是美國、中國大陸及臺灣的優秀學者或宗教修行
> 者，可謂篇篇嘔心瀝血之作，句句精闢透徹之言。因此，從各文的
> 分量或作者的水平上看，本書內容之精采充實及學術價值應該予以

肯定。[16]

　　另外，傅偉勳教授還主編過至少一本會議論文集，最重要的事是之前已
提過的，聖嚴法師在 1990 年元月 12-15 日所舉辦的「佛教倫理與現代社
會」的國際研討會。有關「會議論文集」的英本版，日文論文英譯和中文
版，都交由聖地亞哥州立大學的華珊嘉教授與傅偉勳教授二人負責主編，英
文版先是由紐約綠林出版社印行，之後的中文版則由傅偉勳教授人負責主
編，交給三民出版社出版，書名《從傳統到現代：佛教倫理與現代社會》。
因此次會議的其中部分論文，涉及相關佛教戒律的激烈爭辯問題，所以，在
此略作說明：

　　此次的會議論文目次與作者分別是：

引論……………………………………………………………………傅偉勳
壹、三皈依與現代社會倫理……………………………………………李志夫
貳、從「十事非法諍」論戒律的方便性………………………………楊惠南
參、從《聲聞地》的「種姓論」來看佛教倫理之若干性質…………釋惠敏
肆、大乘經典中之在家佛教徒的地位及其角色功能…………………藍吉富
伍、大乘佛教孝觀的發展背景…………………………………………古正美
陸、中國佛教對孝道的受容及後果……………………………………冉雲華
柒、論中國佛教懺悔倫理的形成及其理念蘊涵………………………游祥洲
捌、戒殺與放生──中國佛教對於生態問題的貢獻…………………丁君方
玖、明末中國的戒律復興………………………………………………釋聖嚴
拾、明末的菩薩戒………………………………………………………釋聖嚴
拾壹、戒律與僧制之間─弘一律師的兩難之局………………………曹仕邦

---

[16]　見藍吉富主編，《中印佛學泛論：傅偉勳教授六十大壽祝壽論文集》（臺北：三民書局，1993
　　　年12月），內容說明。

　　雖然主編傅偉勳教授介紹說：「本書共收錄發表於此次會議中的十五篇中文論文，內容涉及傳統佛教戒律的理解與詮釋、佛教倫理現代化的落實與發展、佛法與世法的關聯，以及其他有關佛教倫理與現代社會等迫切課題。這些課題及其解決方法，共同構成大乘佛法的繼往開來，與中國佛教啟蒙教育推動工作的重要環節。期盼藉由十方碩學的集思廣益，使傳統佛教與現代社會，能夠恰到好處的銜接配合，相得益彰」。

　　但是，楊惠南的「從『十事非法諍』論戒律的方便性」與藍吉富的「大乘經典中之在家佛教徒的地位及其角色功能」這兩篇，卻因主張與批評涉及非常敏感的僧俗戒律改革問題。因此偉勳教授引言中提到，前者的論文是反映出：「臺灣大學哲學系教授楊惠南……下了結論：佛教傳入中國，並進而進入目前的臺灣，其時空上的變化無疑地相當大。在這樣不同（古印度）的時空背景之下，要中國或臺灣的佛教徒來遵守這些戒律，是不可能的。因此，目前所顯示的現象是：人人受戒，人人破戒。……」可以說，戰後臺灣佛教國際學術會議中，前所未有的嚴厲批判。

　　至於後者的論文發表，偉勳教授引言中提到：「……在所有中文論文中，引起數百位在場學者與場內聽眾的公開討論（甚至出家眾與在家道信徒的辯論）最熱烈的，莫過於現代佛教學會理事長藍吉富居士提出的『大乘經

典中之在家佛教徒的地位及其角色功能』這一篇。他在大乘經典找理據，證實在家佛教徒的地位及角色，在大乘初期已有顯著的改變，其主要特質是『在家佛教徒逐漸地易附屬最自主、轉卑下為平等』。據此，他批判地檢討傳統中國佛教界所流傳的『僧尊俗卑』的意識形態，是否合乎大乘佛教的倫理原則。……」

　　但是，他不清楚，當時的這篇論文背後是，反映當時臺灣政治解嚴後，過去長期獨佔最高教權的「中國佛教會」傳戒霸權，已隨人民團體組織法的頒布，而被多元化的佛教組織所取代。因此，當時以李元松所創立的「現代禪在家菩薩教團」正快速崛起，並因曾收出家僧尼為徒，而引起出家眾組織與其激烈互相爭辯中。

　　因此，他在接受《佛教新聞週刊》記者採訪時，竟然火上加油，進一步提出「和尚可以結婚」，就像日本和尚一樣。於是，招來當時最富批判性的佛教著名社會運動者釋昭慧比丘尼的一連串強烈的犀利批判。

　　但，傳偉勳教授在事後回顧說，他當時並未回嘴，而是謹守身為在家居士的佛教倫理所致。[17]可見，他的論述主張，立刻被瓦解了。並且，之後迄今，他的主張依然沒有被佛教界接受。

　　反而是我因藍吉富先生的強烈反彈，又無法宣洩，才換我親自出馬，在當時的《自由時報副刊》上（1989 年 12 月 21-22 日），發表「蓮花筆下且留情」的長文，直接挑戰釋昭慧比丘尼的所扮演的「護教者」角色的正當性？所以，我是最後才被捲入的！

　　並且，我在 2011 年出版教育部學術補助的專書《戰後臺灣漢傳佛教史》（臺北：五南出版社）的第 10 章「現代性在家教團的崛起與頓挫（1987-2010），來解說不論我們如何進行討論戰後臺灣「在家佛教的信仰」或「各類居士佛教團體的組織和活動」。假如沒有將其分析的概念提升

17　見《佛教思想的現代探索：「哲學與宗教」五集》，頁 230-231。

到「在家教團」（這是在家佛教發展到最高峰的宗教產物），以及將解嚴後最重要的「在家教團」：現代禪在家教團」納入對象與問題的探討[18]，則很難完整理解戰後甚至近百年來臺灣在家佛教的發展。

　　事實上，自明清時代以來，長期流傳於臺灣地區的傳統齋教三派（龍華、金幢、先天），就是傳統「在家教團」的一種。但傳統的齋教三派，雖在戰後戒嚴體制下的不利環境無法成功轉型而趨於沒落，不意味在家佛教徒都不從事「非僧侶主義」的信仰自主性的追求。

　　因為戰後基督教新信仰型態對民眾、特別是佛教徒的強烈刺激、大量現代西方文明知識或新文化概念的輸入、出版業的高度發達、鈴木禪學著作的風行、資訊的流通快速、教育的機會提高、社會經濟條件的大幅改善、都會化與疏離感的增強等，都促使戰後臺灣民眾有意願和有能力去從事新信仰的追求。所以我們在現代禪在家教團創立者李元松的身上，可以觀察到上述影響的清楚軌跡。

　　因而，反映在此等「在家教團」的規範和信仰內涵上，則處處都可看出有民主觀念和合議制運作的強調、理性化和多元性知識的高度攝取、注重溝通與協調、與學界往來密切、在財務上透明化和謹慎取用等。所以，研究解嚴後的臺灣佛教「在家教團」的發展與頓挫，即是研究戰後在家佛教信仰型態或歷史現象的最核心和最具代表性的主題和問題。

　　至於楊惠南、藍吉富與傅偉勳三者，其論文實際涉及當時對於「現代在家教團」的特質，但他們並未進一步定義：何謂「在家教團」？所以，我才將其問題意識，進一步提出如下的解釋：

　　1. 它雖是臺灣佛教的「非出家眾組織」之一、卻非屬於傳統的「在家居士團體」之任何一種。

---

[18]　此因彼等是呈現出最具典範性的發展經驗，所以本文暫不討論「新雨」、「正覺同修會」和「印心禪學會」等在家佛教團體。

2. 它並無傳統「僧尊俗卑」的心態，且根本不遵循傳統佛教徒，以僧尼為皈依師的原信仰倫理。

3. 所以，它不但擁有本身所清楚主張的「在家教團意識」，而且還擁有本身的強烈、獨立自主的「教團」規範、組織和運作之實際表現。

4. 因而，它的正確名稱是「在家教團」，而非「出家教團」或「居士團體」。

5. 儘管如此，因它事實上迄今為止，仍無像明清以來臺灣傳統齋教三派那樣，有鮮明地與「出家佛教僧尼」有徹底正面對抗的決裂意識和相關的顯性作為。

所以，它既有異於「傳統臺灣齋教三派」的宗教意識和相關作為，也不能視其為「傳統臺灣齋教」直接衍生物。因此我新創「新齋教」這一概念用語，[19]可以考慮作為與「在家教團」另一同義詞來使用。[20]

但，我也同時公平的提到：「至於解嚴以來的佛教兩性平權議題的倫理學研究，則釋昭慧（1957-）的《佛教倫理學》（臺北：法界，1995）和《律學今詮》（臺北：法界，1999）等各書，都是其最具代性的相關力作」。[21]

---

[19] 見江燦騰，〈戰後臺灣齋教發展的困境〉，江燦騰、王見川合編，《臺灣齋教的歷史觀察與展望──首屆臺灣教齋教學術研討會論文集》（臺北市：新文豐出版公司，1994），頁 269。江燦騰，《臺灣佛教百年史之研究》（臺北市：南天，1996）。

[20] 而根據以上的概念使用和定義的內容，來檢驗迄今為止，國內外研究現況，則在當代臺灣學者中，確曾以臺灣佛教「在家教團」這樣的分析概念，作為探索的主要觀察角度和想觀面向，並將當代臺灣最具代表性的「在家教團」：「佛教現代禪在家教團菩薩僧團」觀察和研究方式來說，其實只有我於 2007 年 12 月 15 日於高雄市由中華佛寺協會所舉辦的，「臺灣佛教的過去、現在與未來學術研討會」所發表的簡報型論文：〈解嚴前後臺灣佛教的在家教團：發展與頓挫（泡沫化？）〉一文而已。

[21] 此類著作，所反映的時代意義如下：雖然臺灣佛教兩性平權運動與女性新禪學家的出現，雖直到 21 世紀初，才躍上歷史舞臺，但其發展歷程卻為時甚久。此因 1949 年之後，大量大陸逃難來臺的出家僧侶，以白聖法師等為首，透過匆促在臺恢復組織和活動的「中國佛教會」所主導的，傳授戒律活動與頒發受戒証明，成功地，以大陸「江蘇省寶華山式的佛教傳戒制」度為

以上，就是我對於當時所涉及最敏感的戰後臺灣佛教倫理變革現況的補充說明。否則，讀傅偉勳教授的主要力作之一，《佛教思想的現代探索：「哲學與宗教」五集》所涉及的相關大爭議問題，就無從理解。

（二）其他相關著作的特色、時代意義和詮釋問題之一

在這一部分，我並不想每一本他的著作各篇內容都介紹，而是綜合性的提出幾個層面來解說。並且，我為了這一部分解說，重新與佛教學者侯坤宏

基調，在臺順利地，重塑出家女性比丘尼的清淨神聖形象，並成為戰後臺灣社會，最能接受與認同的主流。彼等從此，就代替，類似臺灣傳統「齋姑」，在「齋堂」的功能和角色那樣，擔負起全臺灣佛教，大大小小各佛寺內，各種日常性事物的處理。例如，彼等須妥善應對來寺功德主，或信眾們宗教需求所以彼等其實是，寺中事務處理重要負責人。也就是說，彼等在寺院中，是各種雜務或大小庶務的，主要的擔綱者，同時也是，寺中男性比丘的重要助理。正如家庭主婦，在一般家庭中，無可代替的地位一樣。可是，其實質地位並不高。其背後真正原因是，儘管戰後，臺灣佛教出家女性比丘尼的清淨神聖形象，已被社會或佛教信徒認可，但由於受到傳統印度佛教戒律中，「男尊女卑」的落伍意識形態的深層影響。所以從戰後初期，到解嚴前，臺灣佛教的出家女性寺內地位，相對於寺內出家男性來說，仍甚卑微。儘管在事實上，她們的總人數，要多於出家男性的三至四倍之多，並且彼等，在出家資歷、佛教專業知識、教育程度，和辦事經驗等各方面，除少數例外，一般來說，若與出家男性相比，是毫不遜色的，甚至於，尤有過之者。但是，傳統宗 教意識形態之積習難改，所以在相對的成熟條件不具備時，就是有心要改變，也不易成功。此種情況的改變，正如解嚴後政局劇變一樣。亦即，臺灣佛教兩性平權運動，在解嚴後的新發展和最後能成功，除有昭慧尼及其眾多追隨者的堅毅努力之外，不可諱言，是亦步亦趨地，繼之前臺灣社會婦運的成功，而展開的，故曾受惠於之前婦運的經驗和成果，也是無庸置疑的。我們須知，臺灣社會在解嚴前後，在婦運團體所出現爭取新兩平權運動中，曾分別針對現代女權新思潮、兩性平等新概念，在教育、立法、公共輿論三方面，提出強烈訴求；再結合相關社會運動的急劇催化，不久，即大有斬獲，並大幅度地，改善或提升臺灣社會兩性不平權的非正常狀況。從此以後，這一重大成就，就成為已通過立法，和可以透 過教育傳播的臺灣現代主流思想和生活模式的重要內涵。於是，受惠於此社會改革成功的影響，以改革急先鋒的昭慧比丘尼為首，戰後新一代的臺灣的佛教女性們，也相繼提出彼等對傳統佛教戒律中「男尊女卑」的落伍觀念強烈的質疑和絕不妥協的凌厲批判。而彼等之所以能以出色精研的新佛教戒律專業知識為依據——主要是吸收一代佛學大師印順的原有相關知識精華——作為與其出家男性對手論辯時，才得以致勝的強大利器。因此，在歷經一場，激烈的相互論辯，與對 抗後，當代臺灣佛教，兩性平權的改革運動，終於渡過其驚濤駭浪般的爭議階段，逐漸走出開放的坦途。見江燦騰，《認識臺灣本土佛教：解嚴以來的轉型與多元新貌》（臺北：臺灣商務印書館，2012），頁69-70。

博士、溫金柯博士候選人、清大哲研所楊儒賓教授、傅偉勳的高徒林鎮國教授，以及當代第一流的佛教哲學專家劉宇光教授，都分別交換過彼此對於傅偉勳教授的生命晚期的時代特殊性角色，及其個層面學術的優缺點及其實質的影響層面。

當然，我之前就在現代中國及臺灣的佛學研究百年回顧的長篇論文中，如此定位傅偉勳教授與其高徒林鎮國教授的不同學術貢獻：

……在引進國際現代佛學研究的新趨勢方面，雖然歸國學人傅偉勳（1933-1996）教授大力提倡「詮釋學」的多層次研究進路，也撰寫關於日本禪師《道元》（臺北：三民書局，1996）的精彩研究。但是，傅偉勳的其主要的相關著作：《從西方哲學到禪佛教》（臺北：東大圖書，1986）、《批判的繼承與創造的發展》（臺北：東大圖書，1986）、《從創造佛教詮釋學到大乘佛學》（臺北：東大圖書，1990）等，大多是奠基於二手研究資料的歸納性主題論述，所以能有鼓吹學界的新嘗試作用，但並未真正形成有效的典範性研究傳承。

反之，其門下高徒林鎮國的《空性與現代性》（臺北：立緒，1999）一書的出版，真在當代海峽兩岸都引起相應的學術共鳴和一定程度的後續效應。日本當代的「批判佛教」問題和歐美多角度的現代性佛教詮釋學，可以說，都是由《空性與現代性》一書的多篇主題，所提供給當代臺灣佛教學者的重要資訊來源。

1999 年時，由江燦騰親自主持《空性與現代性》一書的集體學界評論活動，也在臺北清大的月涵堂公開舉行：由林安梧、賴賢宗、曹志成等當代少壯派佛教學者共同參與相關主題的哲學辯駁。此後，賴賢宗開始撰寫有關佛教詮釋學的多種著作；而大陸的新銳佛教學者龔雋，更是延續林鎮國在其《空性與現代性》一書的相關探討課

題，並以更大規模的方式，繼續推動有關歐美學者對於「批判佛教」的探討和新禪宗史研究的相關課題。此外，呂凱文、釋恆清、吳汝鈞等，也相繼探討有關「批判佛教」的問題。所以，這是有實質擴展性的現代佛學研究發展。[22]

　　我的這一論斷，包括傅偉勳教授的高徒林鎮國教授在內，在海峽兩岸的佛學界，迄今仍未被質疑持論錯誤。而且，劉宇光教授在 2020 年 11 月 2 日回信中，如此精確的評述說：

　　江教授，您好：
　　傅偉勳教授的佛學著作我在大學年代（80 年代後期）和 90 年代中讀過當中詮釋方法的討論，當年覺得不錯，唯今天回想，大體是些在方向上的通則，不算很具體，而且遇上史語法的研究進路時，很可能被嚴厲質疑。我個人沒有直接討論過他的觀點，但教學上仍然會介紹研究佛教思想的碩生讀他對詮釋方法之討論，但博生基本上就不需要了。個人覺得他的觀點在華文佛研上有階段性的方向啟迪，但需要同時運用其他方法與資料才能對今天的學子起持續的啟迪，否則角色有點淡出。這純屬個人不成熟的淺見。宇光

　　基本上，劉教授的見解，與我的一致，只是表達的重點與方式不同。因此，我們以下將相關討論，轉至另一層面。

（三）其他相關著作的特色、時代意義和詮釋問題之二

　　林鎮國教授在其〈朝向辯證的開放哲學：從詮釋學的觀點讀傅偉勳著

22　江燦騰，《認識臺灣本土佛教：解嚴以來的轉型與多元新貌》，頁 62-63。

《哲學與宗教》〉一文中，首次提到：「傅先生曾於八十年代，精研馬、列、毛思想，其瞭解之深入，當代至哲學者恐無出其右」。[23]他並告訴我，在傅偉勳家中書房，發現大量關於馬克思的著作。但，林鎮國教授的評論並不精確，傅偉勳對於馬克思的代表性著作《資本論》第一冊，從未提出個人獨到的學術解讀。反之，他對西方新馬克思主義的各類著作，卻是如數家珍。

所以，他在 1987 年於臺灣《聯合報》系的《中國論壇》第 293 與 294 兩期，發表「後馬克思主義與新馬克思主義」時，[24]的確是被當時國民黨文工會主任周應龍，他的新竹中學同學，特邀演講的最佳的第一流教材，堪稱當時臺灣學界對西方新馬克思主義的各類著作詮釋的最高權威。

在此同時，他當時對於兩岸的當代「中國文化」交流，以及對於「大陸書籍在臺解禁」的屢次公開呼籲或建言，應該承認是當時學界第一人，含有出其右者。所以，他對於當時大陸學術的動態介紹、相關學者重要著作的公開評介或促成在臺出版，造成所謂「大陸熱」的一大景觀，都應該是當之無愧的最耀眼仲介者。並且，他的這本著作《「文化中國」與中國文化》各篇，雖已有點過時，但若論解嚴之前的實質影響，則無疑是一本當時兩岸文化交流論述的經典著作，值得再三閱讀。

（四）其他相關著作的特色、時代意義和詮釋問題之三

有關作為「生死學」的開創者，他的主要代表作《生命的尊嚴與死亡的尊嚴》，雖是他著作中影響的最大也被討論最多的一本書。但，我在本文之前曾說，《生命的尊嚴與死亡的尊嚴》一書，只是他教學材料與討論西方「死亡學」課程材料的新編通俗版而已。作為一種新的觀念提倡，的確有其

---

[23]　見傅偉勳，《從創造佛教詮釋學到大乘佛學》，頁 478。
[24]　此文收入傅偉勳，《「文化中國」與中國文化》，頁 284-309。

開創性的影響力。但作為「死亡學」的改良版，則在性質上混淆了兩個不同
領域：死亡與臨終。為何如此批評呢？

　　我們可以從羅斯的巨大影響——她 1969 年出版的這本《死亡與臨終》
（*On Death and Dying*）的性質來看，這是從精神科醫師的臨床個案總結而
來，有關現代化工業資本社會中絕症病人極其孤獨無助的絕望接受歷程的精
神狀態解析，並提出「庫伯勒-羅斯模型」（Kübler-Ross model）描述了人
對待哀傷與災難過程中的五個獨立階段：否認憤怒、討價還價、抑鬱、接
受。絕症患者被認為會經歷這些階段。當然，羅斯本人也承認，這些階段不
一定按特定順序發生，病人也不一定會經歷其中所有階段，但是她認為病人
至少會經歷其中兩個階段。[25]但是，這是屬於過度資本主義工業化社會的
「孤獨死」、「無緣死」及其絕症醫療下的臨終照顧問題。

　　但是，就西方的「死亡哲學」來說，大陸學者段德智教授，在美國收集
相關著作後，早傅偉勳教授的《生命的尊嚴與死亡的尊嚴》書二年，出版
《死亡哲學》（湖北人民出版，1991），轟動大陸學界。但繁體版在臺灣五
南書局出版，則是晚傅偉勳教授的此書一年出版。可是，我們看其全書目
錄，[26]就可以瞭解，這是將古希臘時代，自從蘇格拉底以降，一直到西方現

---

[25] zh.wikipedia.org. zh-tw. 庫伯勒-羅絲模型。

[26] 見段德智，《死亡哲學》，2017 年，商務印書館版的**目錄**：導論。一、死是一個我們不能不猜
的謎——對死亡哲學概念的「靜態」分析。二、死亡哲學是一個「在發展中的系統」——對死
亡哲學概念的「動態」考察。三、論馬克思主義的死亡哲學的歷史地位。四、論中國死亡哲學
的歷史地位。

第一章 死亡的詫異、第一節 原始死亡觀的崩解與人的死亡的發現。一、原始死亡觀與原始宗
教神話、死亡不是不可避免的、死亡不是生命的絕對終結、超個體靈魂是不死的。二、原始死
亡觀的崩解與人的死亡的發現的幾個先決條件、人的個體化、精神自律信念的破除、時間觀念
的更新、抽象思維能力的提高。三、人的死亡的最初發現與哲學的出現、死亡的發現與哲學基
本問題的提出、哲學的出現與人的死亡的最初發現。第二節 對死亡本性的哲學思考：從赫拉克
利特、畢達哥拉斯到蘇格拉底。一、赫拉克利特：「死亡就是我們醒時所看見的一切」、「智
慧就在於聽自然的話」、「我們既存在又不存在」、「對於靈魂來說，死就是變成水」、「在
我們身上，生與死始終是同一的東西」。二、畢達哥拉斯：死亡是靈魂暫時的解脫。三、蘇格

在的死亡哲學論述，從邏輯和歷史兩個維度對死亡問題做了較為全面、較為深刻的闡釋。一方面該書稿指出並論證了死亡或死亡哲學，作為哲學的一個分支，不僅具有世界觀的或本體論的意義，而且還具有人生觀或價值觀的意義；另一方面，該書稿還指出並論證了死亡哲學是一個「在發展的系統」，揭示了死亡哲學從「死亡的詫異」到「死亡的渴望」、「死亡的漠視」和「死亡的直面」再到馬克思主義的死亡哲學的歷史發展進程」。[27]

　　所以，本書於 1991 年出版後，在學界產生了較大的影響。《中國圖書評論》、《讀書》、《中國社會科學》、《哲學動態》、《哲學年鑒》、《北京日報》以及臺灣《鵝湖》、《哲學與文化》等 30 多家報刊雜誌和廣播電臺都發表了書評，進行了報道，稱讚其為「中國人寫作的第一部真正具有學術水平的死亡哲學的專著」。該著曾先後榮獲過中南地區人民出版社1991 年度優秀社會科學圖書獎（1992 年 6 月）、第六屆中國圖書獎（1992年 12 月）、湖北省社會科學優秀成果首屆省政府獎（1995 年 5 月）和國家教委首屆人文社會科學研究優秀成果獎（1995 年 12 月）」。[28]

　　然後，我們在對比，美國大學中，最富盛名的謝利・卡根所開《耶魯大

拉底：「對於死亡本性，我不自命知之」、「男子漢應當在平靜中死去」、「對於死亡本性，我不自命知之」、「死可能比生更好」、「像我這把年紀的人，因無可避免的死期而苦惱悲戚，那就不成話了」、「追求好的生活遠過於生活」。第三節　對死亡本性的再思考：從德謨克利特、柏拉圖到亞里士多德。一、德謨克利特：「死亡是自然之身的解體」、「死亡是自然之身的解體」、靈魂是「有形體的」和「有死的」、「愚蠢的人怕死」、「逃避死亡的人是追逐死亡」。二、柏拉圖：「死亡是靈魂從身體的開釋」、「靈魂不需要許多證明才能使人信服」、「死亡是靈魂從身體的開釋」、哲學是「死亡的練習」。三、亞里士多德：神聖的理性不死，「整個靈魂在人死后繼續存在是不可能的」，「能動心靈」與「能動理性」不死，我們應當盡力「過理性生活」，「使我們自己不朽」，死亡是可怕的但它可以為勇氣和美德所克服。第四節　對死亡恐懼的治療：從伊壁鳩魯、盧克萊修到塞涅卡和馬可？奧勒留第二章　死亡的渴望、第三章　死亡的漠視、第四章　死亡的直面、第五章　馬克思主義的死亡哲學。附錄一 古今中外哲學家論死亡名言薈萃、錄二　主要參考文獻、初版後記、再版後記、第三版後記。

[27]　見段德智，《死亡哲學》，2017 年，商務印書館版的內容簡介。

[28]　見段德智，《死亡哲學》，2017 年，商務印書館版的內容簡介。

學公開課：死亡》（中國計量學校出版，2014）的新書介紹：

> 《耶魯大學公開課：死亡》一書源於最受歡迎的國際名校公開課之
> 一《哲學：死亡》。在這本通俗易懂的哲學著作中，謝利・卡根教
> 授挑戰了對於死亡，許多我們習以為常或未經深思的觀點，邀請讀
> 者系統反思死亡的哲學之謎，以更清晰的概念探討死亡的意義為
> 何，從形而上學到價值觀，認真、理性地思考生命和死亡的真相。
> 有了對死亡的深刻意識，才會有對生命價值的深刻瞭解。蒙田說：
> 「探討哲學就是學習死亡。」[29]
> 「由於對死亡的認識所帶來的反省，致使人類獲得形而上學的見
> 解，並由此得到一種慰藉。所有宗教和哲學體系，主要即為針對這
> 種目的而發，以幫助人們培養反省的理性，作為對死亡觀念的解毒

---

[29] 對此我也有同樣的閱讀經驗：「論哲學就是學死」，我青年時期，和當時很多人一樣，喜歡讀
法國著名散文家蒙田的《蒙田隨筆》，英國哲學家培根的《培根論文集》，可是這兩本書中，
都有一篇談到死亡的問題，而「論哲學就是學死」這樣的文章篇名，就是出自《蒙田隨筆》。
當時，我還年輕，恐懼死亡，所以看到這樣的文章篇名，就像看到鄰家在辦喪事一樣，既害怕
又討厭，恨不得馬上把書丟掉，不要再多看一眼。可是，另一方面，又有很強烈的好奇心，想
看這位名作家，如何論述這個主題？於是，強忍著害怕和厭惡，慢慢開始讀。可是，文章一開
始就提到：西賽羅說：哲學就是學死。我則根本不知西賽羅是誰？為何他要這樣說？後來，我
知道西賽羅是羅馬共和時期的政治家、哲學家、最偉大的演說家和拉丁散文家，總之他是拉丁
文散文寫作的最佳典範，他是將希臘哲學羅馬化的最佳詮釋者之一，但他的悲劇是，他雖討論
《柏拉圖對話錄》中的蘇格拉底被判喝毒汁而死亡的問題，他自己也被凱撒的大將安東尼所捕
殺。所以，那句論哲學就是學死，就如日本武士道中的死亡哲學一樣，是哲學家和武士，在其
生涯中，所無法逃避的問題。我因此，也在臺北市重慶南路上的一家正文出版社，買到一本當
時才新臺幣八元的胡宏適譯《柏拉圖對話錄》一書。這是文言文，可是文筆流暢優美，前有陳
康教授的著名柏拉圖理型說的詮釋，而全書雖只八篇，可是另有一本《柏拉圖理想國》全譯
本，以及《柏拉圖對話錄》每篇都有詳細註解。所以，我完全被迷住了，我此後的思維和人生
見解，就是由此確定了。我很慶幸，我是先以古希臘哲學的精華，當人生哲學的基底。特別
是，當時大同公司的協志工業社，有出版曾在全美造成轟動的威爾・杜蘭的《哲學史話》，以
其生花妙筆分章介紹西洋哲學史，所以，我的學習更完整了。這就是我的公民教課書，我的一
生都受其影響。而以後的歲月，就是更進一步深化學習而已。所以，死亡的哲學，我可以說，
比任何其他臺灣青年，更早啟蒙和長期持續學習。

劑。」叔本華對死亡哲學的闡述，對本書來說至為貼切。死亡雖是我們每個人的宿命，但看待死亡的視角，卻可以讓人們獲得拯救。[30]

於是，我們便可以知道，段德智，《死亡哲學》教材原型，就是參考美國大學中，最富盛名的謝利・卡根所開《耶魯大學公開課：死亡》的教材，再增補而成。

若再拿來對比傅偉勳教授的《生命的尊嚴與死亡的尊嚴》，他的論述都是從存在主義的文學與哲學西方名著來介紹的。換句話說，整個西方文明數千年的「死亡哲學」傳承思潮，就被刪除了。所以，傅偉勳教授的《生命的尊嚴與死亡的尊嚴》的「生死學」提創，其實是一種變種的新學說。因此，當代臺灣學術論文，也有對其提出批判的。[31]

四、結論與討論

我在開始「結論與討論」之前，恰好在網路上讀到與傅偉勳教授交往最密切的臺灣佛教界的大和尚星雲，是如此說明他與傅偉勳教授的佛教學術關聯性：

傅偉勳先生（1933-1996），臺灣新竹人。臺大畢業、美國天普大學（Temple University）宗教系名教授，一生學貫中西，兼通中、英、日、德四種語言，早期在臺灣教授西洋哲學史、印度哲學史，後致力於推動生死學教育，對學界影響甚巨，被譽為「臺灣生死學之

---

[30]　www.books.com.tw › products

[31]　王妙純，〈傅偉勳《死亡的尊嚴與生命的尊嚴》析評〉，《興大人文學報》第四十七期（2011年），頁271-288。

父」。曾多次參加佛光山舉行的學術會議。

傅教授任教於美國天普大學時，我派臺大畢業的弟子慧開，到天普大學就讀博士班，跟著傅教授研究生死學，並請他擔任指導教授。

慧開法師一去美國十年，可謂「十年寒窗苦，題名天下知」，用現在的話說「學成歸國」，應該不為過的。慧開得到博士學位回來後，時值我接辦的南華大學開學不久，便以副教授的身分，擔任生死學研究所的所長，而自己也用功研究、著書立作，在學術上有所成就，讓「生死學」成為教育界的熱門學科，提升了社會大眾對生命教育的重視。現在慧開已升任副校長，也成為生死學的權威，經常在大陸各個大學、論壇講授生死學。

一九九三年左右，傅教授知道我要辦佛光大學時，就承諾我說「願意把終生賣給我」，意思是說他到佛光大學教書，就不再離開，甚至不要薪水。但是**在就任之前，希望我幫助他三十萬美金，讓他美籍的妻子有所安置。**他的妻子華珊嘉（Sandna Wawuytho）並不用傅教授養活他，但是傅教授是一個有情有義的人，以盡一個中國丈夫的責任，對他有所安排，我也很嘉許他的為人道德。

可惜後來佛光大學籌備中，就因工程的建築程序、立案程序延宕，很不幸的在開學之前，傅偉勳檢查出罹患癌症，不久就去世了。我失去這一位名學者在佛光大學任教，也覺得很可惜、很慨嘆。

華珊嘉女士，也是一個佛學家，任教於美國加州大學聖地牙哥分校，曾多次獲得優良教師獎，具有中國人報恩的情義，都替傅偉勳回報佛光山，每年暑假都到叢林學院講授《金剛經》、《法華經》、《維摩經》等。他們當初是怎麼樣結婚的，情況我是不太瞭解，不過，夫唱婦隨，在佛學上，有共同的信仰、共同的研究，這是不容易的。其實，不管我走到哪裡，只要知道有人具有專才、技能，我都不忘請他們來給學生上課、講演或舉行座談。尤其在佛學

上深有研究的，如：吳怡教授及義大利裔的桑底那教授等，都曾受邀為佛光山叢林學院的學生授課。

我在一九八九年，率領「國際佛教中國弘法探親團」到大陸訪問一個月，傅教授也隨團參加。在大陸的學術界，他的聲望很高。後來他就此行的心得，曾在雜誌上說：「此次的探親團，對於佛教本身以及整個亞洲思想與文化來說，實為極大的幸運，實乃中國佛教的起死回生，有不可抹滅的歷史意義。」我不敢說在大陸這一個月的隨緣講說，就能起這麼大的作用，但是撒下的佛法種子，相信是會有開花結果的一天。

他曾一再對我表示，要把佛光大學辦成一個有特色的佛教大學，要把佛光大學辦成一個世界佛學研究中心的指標大學。他也一直希望我，為佛教培養三十個佛學的人才，英文是必備條件，將來能到美國、歐洲去講說佛學……他對教育都抱著一股熱忱，一心希望把佛教大學辦好，這是我們的共通點。雖然傅教授已往生，可是他所說的話，都記在我的心裡，也依這樣的理想一直在努力。

所謂「十年樹木，百年樹人」，傅偉勳教授在西來大學、佛光大學設立之初，都曾擔任課程委員，為南華大學成立「生死學系」，並且為相關課程規劃奉獻心力，帶動日後其他大學要成立生死學系，都會以南華大學為標竿。

雖然傅偉勳教授英年早逝，但遍布天下的桃李，和他一生的奉獻與學術成就，都為「生與死的尊嚴」下了最佳註腳。[32]

　　這是兩年前寫的，離傅偉勳教授過世，已經有二十二年之久。全文的內容，面面周到，相關評論也四平八穩。可是，有一處提到傅偉勳教授向星雲

---

[32]　www.merit-times.com › NewsPage2018-06-09《人間福報人間佛教學報‧藝文綜合版》

主動要三十萬美金這件事，據我所知，好像有不少出入。除非傅偉勳教授生前的話是騙我的，否則那是由涉及佛光山方面的多層原因，所以主動預付十年教授的薪水與所得稅，於是傅偉勳教授才從任教的美國天普大學正式退休。我過去所知，一直沒有改變。換言之，極可能又牽涉更早的香港事件，才有後來的拿錢發生。之前我已隱約提及，所以我對於星雲的現在說法，是存疑的，只是我礙於不能提出正式的相關證據來反駁，就只能提到這裡。

但是，綜合我全文的相關解說，可以有幾點是確定：

傅偉勳教授是一位學界公認「現代過渡型的新佛教詮釋學」大學者。

是來自新竹土生土長的重要國際有名的西洋哲學博士與東方宗教思想長期研究者、教學傳播者、大著述家。

在二十世紀八十年初期到大陸發生「六四事件」（1989 年）為止，他是首倡「文化中國」概念，與鼓吹臺灣開放大陸禁書政策，以及實際促成兩岸學術文化交流的大先驅之一，堪稱是此領域的一顆耀眼巨星。

他與其高徒林鎮國教授，是近四十年來，持續領航當代臺灣現代佛教詮釋學的代表性學者。

傅偉勳教授是一流的各類叢書主編者，他的學術人脈之廣，少有能出其右者。

傅偉勳教授讀書多、雜、快。寫作各種主題，也是下筆如駿馬奔馳，又快又好。因此，他可以應付各方人馬的邀稿或到處接受訪談。

但，他力倡「批判繼承」與「創造詮釋學」的相關大乘佛學論述，除了仰賴大量日本佛教著名學者的研究成果之外，基本上是帶著邏輯武斷的「過度詮釋」。例如他大談惠能的《六祖壇經》的各種深層義涵，卻沒有發現「本來無一物」的說法，是宋代才改的。唐代的原文是「佛性本清淨」。

又如他大為頌揚鈴木禪，可是卻不知，德國大社會學家韋伯在其《印度宗教》一書，已多處質疑鈴木英譯的《大乘起信論》有問題。鈴木的博士論文，充滿引述資料的錯誤，概念錯解。早有外國專業學者批評。而他自傲的

臨濟禪詮釋,讓傅偉勳深信。可是,當代的日本禪學研究者,都只當成鈴木的創造,而正解。戰前,日本現代禪學語錄研究大學者井上秀天,公開質疑鈴木禪詮釋公案的有效性。在當代北美,則胡適與柳田聖山的禪宗史研究法躍居主流,林鎮國教授的論文介紹,恰與其師的先前見解成反比。[33]

　　所以,傅偉勳的大乘佛教詮釋學著作,只能成為「過渡時期的學術產物」而已。

---

[33] 參考林鎮國,「禪學在北美的發展與重估:以鈴木禪與京都禪為主要考察範圍」,國科會專案研究計畫成果,編號:892411H004019.pdf,頁 3-5。

第二十六章　海峽兩岸現代性佛學研究的百年薪火相傳

江燦騰

臺北城市科技大學創校首位榮譽教授

　　當代臺灣學界現在普遍認為，有關 1949 年以來的中華民國在臺灣發展的學術研究史，是特殊「雙源匯流」的歷史劇變所形成：[1]因為，在此之前

---

[1] 此一「雙源匯流」的詮釋觀念，是參考楊儒賓教授的原始說明，其要點可摘錄如下：「（前略）一、在臺灣紀念中華民國百年，有極特殊的歷史背景。在民國三十四（一九四五）年以前，臺灣在法理上不稱中華民國，它與中華民國是平行的發展線。民國三十八（一九四九）年以後，臺灣屬於中華民國，但做為原來中華民國地理主體的中國大陸卻另立政權，從國際的政治觀點看，『中國』這個概念分裂了，『中華民國』與國際政治認定的『中國』也是平行發展的兩條線，『中華民國』的實質內涵反而與『臺灣』高度重疊。百年的『中華民國』具有複雜曲折的內涵，其領土、人民、國際承認各方面都歷經無數的變遷。這種複雜的結構是中國境內其他地區罕見的，這也是『中華民國─臺灣』最特殊的構造。『中華民國─臺灣』的複雜內涵在百年人文學術的傳承上，反應得更加凸顯，臺灣的學術異於其他華人地區者，在於此島嶼的學術源頭不是單源的，它明顯的具有中、日兩國的源頭。二、做為滿清帝國最早進入現代化的一個省，這個島嶼的成員基本上是由漢人與少數原住民組成的，其原始的學術表現不可能不奠立在以漢文化為主軸的基盤上展開；但身為最早被編入日本帝國的這塊殖民地，其殖民母國乃是近現代歐美地區外最早也是最成功仿效現代學術體制的國家，所以臺灣的現代性學術機制也不可能不受到日本強烈的塑構。一八九五年臺灣被併入日本後，臺灣被迫參加了日本的現代化行程，這種殖民地現代化的規模極大，其變遷是結構性的，學術的現代化是其中極重要的一環。論及人文學科的現代化，一九二八年成立的臺北帝國大學是個指標性的事件，在此之前，帝國日本在語言調查、人種調查、風俗習慣調查方面雖已投進不少人力物力，但直到爭議中的臺北帝國大學成立後，整個現代學術的機制才有明顯的座標作用。三、到了一九四九年，隨著史無前例的大移民蜂擁而至，也隨著史無前例的大量文化學術機構渡海而來，學術生態丕變，臺灣學界不可能不重新接上一九四九年之前中國大陸的學術傳承。四、而中國大陸的人文學術研究在十九世紀至二十世紀之交建構現代的學術機制時，通常也會參考日本的經驗，至少在草創時期，我們明顯的看到現代日本學制的影響。中國在十九世紀末後有股『以日本為師』的風潮，它給現代中國人文學術的傳承烙下極深的印痕。然而，現代日本在打造現代性的國家、國民、

的「中華民國」主權區域，並不及於日治時期（1895-1945）的臺、澎地區。反之，1949 年後「中華民國」在大陸的主權區域，也已被「中華人民共和國」所取代。

可是，由於有前述的特殊的「雙源匯流」歷史現象之出現和其後的相關發展之事實存在，所以本文在論述時，也將二者之一「臺灣流」，追溯到日治時期；並且，在 1949 年以來的學術史發展，也只就臺灣地區而論，並不及於大陸佛學界研究的戰後發展（但在有論述必要時，仍會扼要提及）。

不過，在以下有限的篇幅中，要論述近百年來迄今的現代性佛學研究的傳承與開展，除非是進行精要的解說和擇要的評論，否則不是流於泛泛的表象描述，就是淪為空洞的常識性評述。[2]

事實上，就整個百年來（1912-2011）的海峽兩岸的現代佛學研究業績而論，主要的成果是在佛教史和思想史，其餘的如經濟史、藝術史或文學史，相對上是較為薄弱的。

在另一方面，湯用彤（1893-1964）在《漢魏兩晉南北朝佛教史》（1938）一書的佛教史典範性成就，長期被過於高估和不恰當地將其視為後人迄今仍無法企及或難以超越的學術高峰，卻無視於其學術方法學的脆弱性

學術時，它所憑藉的思想資源往往來自於傳來的中國文化，比如朱子學提供的概念系統，即以曲折的方式進入了現代學術術語之林。臺灣處在中、日兩大政治勢力交鋒的前緣，它的歷史命運很明顯的深深烙上中、日兩國文化的影響，但臺灣人文學界的兩個源頭卻遠比字面所示的要複雜。五、雙源頭的概念之複雜深遠，不僅在源頭處的『中』、『日』兩詞語的文化內涵互文指涉，更在於一九四九年之後的『中華民國－臺灣』的人文學術發展迥異於以往的階段。（後略）」轉引自二○一○年國科會「百年人文傳承大展計畫」的〈摘要〉說明。此外，文中各項的編號，是原文所無，由本文作者自行添加，以助讀者瞭解。

2　即以 2008 年武漢大學所出版的《佛學百年》一書為例，有當代數十位作者參與撰稿，全書篇幅更達數十萬字之多，有關現代中國佛學研究的百年論題，也幾乎無所不包。可是，讀畢全書，仍難以讓讀者清楚和精確的瞭解：近百年來，在中國境內所發生的現代佛學研究，真正的學術意義何在？更不要說，可以進一步要求說明其中的傳承與開展，又是如何進行的？其面臨的問題點、或其真正的學術困境何在？可見，要能宏觀又能精要的連貫，其實是非常難的研究史撰寫。

和論述視野的過於保守性或狹隘性這些嚴重的缺陷，才導致整個中國中古時期佛教史的現代學術傳承，陷於無法直接擴展的學術困境。

反之，支那內學院傑出學者呂澂（1896-1989），以其《內學年刊》為主要的發表園地，充分利用現代性國際佛教學術最新研究成果、堅持非宗教性的精研與批判的研究進路、溯源古印度各派宗教哲學並檢視其流變，然後將原始佛教的經典、教理和思想三者進行現代性的重新梳理和再詮釋，因而不只能與當時的國際最新現代佛學研究的成就相互爭輝，在某些部分，呂澂個人的成就，甚至猶有過之而無不及，如〈雜阿含經勘定記〉和多卷本《藏要》的精校本出版，都是這類傑出的學術成果。但是，像這樣的世界級佛教學者的卓越成就，卻長期被整個中國佛教學界輕估和忽視。

因此，臺灣佛教學者林鎮國教授，最近曾提及此事，並感慨說：近百年來，中國佛教人物曾有的巨大社會影響和佛教學者研究所產生的微弱影響，兩者似乎不成比率，也不一定有其相關性。這是本文幾乎可完全同意的精確論斷。但，本文擬溯源論述民國百年間現代佛學研究的香火相傳史，自有其重要的知識流變探索、觀察與反思、借鏡或再出發的多重作用和深遠的意義在。

以下，本文即以精要的研究成果和相關研究為中心，並分成：（一）1949 年以前海峽兩岸的現代性佛學研究史回顧。（二）1949 年以來臺灣本土的現代性佛學研究史回顧，共兩大不同階段和兩岸不同主權轄區的特殊歷史情境下（有關的進一步說明詳後），進行民國時期近百年來的現代性佛學研究的傳承與開展的相關扼要探討。[3]

---

[3]　本文撰寫之前，葛兆光教授用電子郵件，傳給我如下的相關報導和他個人的相關看法：「（前略）為了進一步推動中國的佛教史研究，加強東西方的佛教史研究方法上的交流，復旦大學文史研究院於 2010 年 9 月 24 至 26 日，召開了以『佛教史研究的方法與前景』為主題的學術討論會。在首日的開幕式上，復旦大學文史研究院院長葛兆光教授致辭。他談到，二十世紀上半葉，中國佛教史的現代研究還是很有發明和自成特色的，表現在：一、中國學界研究佛教史的歷史學特點開始形成；二、已出現一批具有良好語言能力的人；三、已注意了佛教史的語境。

但在論述之前，有必要先說明，何謂「現代性佛教學研究」？否則讀者將不明白，我在本文中，所據以進行析論的認知角度為何？和所指出的學術評鑑基準或相關指涉的主體標的何在？

簡單來說：所謂「現代性佛教學研究」，應具有以下幾大特徵：

(a)它是非以信仰取向為主的相對客觀性學術論述或相關探討。

(b)它的研究的方式，是以有根據的知識材料，先進行最大可能的鑑識比較、再繼之以必要的分析與批判、歸納和組合，而後才據以提出系統性的專業報告，以供學界對其進行公開的檢視、批評、或參考、引述。

(c)它是類比於近代科學研究的方式，當其在正式專業期刊發表之前，會先被設有匿名的雙審查制度所嚴謹檢視，並且必須多數同意之後，才能正式刊載。

(d)它的論述的邏輯，必須是無前後矛盾的一貫性陳述、和非由主觀性或非「內證式」的所形成的任意性雜湊結論。

(e)它的歷史性的宗教現象或具體殘存的古文物證據，實際構成近代以來國際相關學界長期致力探討的最大聚焦之處和絕大多數的論述主體。

(f)它的傳統佛教聖言量的權威性，除非先透過精確的研究和檢視，並能證明其合理性和來源性，否則在形成現代佛學研究的論據上，毫無可採信的

此時的研究不僅不遜於西方，某些地方還勝過西方。然而，此後卻在學科制度、研究方法和資料上面受到限制，使得研究過多地集中在一些慣常的套路裡面——人物、宗派和經典，有畫地為牢之虞。從黑田俊雄的著作，特別是其關於『顯密體制論』的論述中，他感到一個新的思路和新的方法，特別是新的歷史解釋模型，也許會改變很多東西。中國古代佛教史研究界，也應考慮一種新的理論、方法與框架，來改變六十年來習慣的研究套路。為此，他提出了以下三個題目：（一）對中國佛教史研究傳統的反思：中國佛教史研究者為何忽略與印度、中亞、日本佛教之關聯？二十世紀二三十年代之後，中國佛教史研究中語言知識與訓練為何缺失？（二）歐美、日本對中國佛教史研究的新進展與新取向究竟是怎樣的？（三）該如何重新檢討佛教史與政治史、藝術史、社會史等領域的綜合研究方法？來自中國、美國和日本的十餘名與會代表，圍繞上述三個議題進行了深入的探討，取得了豐碩的成果。」非常有啟發性，特此致謝。此外，關於原始佛教和藏傳佛教或佛教語言學的研究，非我所長，我將不對其進行評論。

價值。

　　也因為有以上這樣的學術研究環境的存在，所以新衍生物：「專業佛教研究學者」和「專業佛教研究或教育機構」，以及相關的研究方法學或相關論述，才可能大量出現（雖不一定全然合乎專業佛教學術研究所需的各項標準和相關條件）。

一、1949 年以前海峽兩岸的現代性佛學研究史回顧

（一）日治時期的臺灣現代佛學研究史回顧

　　臺灣在 1895 年起，即由日本進行統治，前後達 50 年（1895-1945）之久。而辛亥革命爆發（1911）和中華民國的建立（1912），是在此之後的第 16 年，因此，就臺灣地區的現代性佛學學術研究的開展來說，早在民國建立之前，就已展開了。

　　但，這不是基於純學術的需要而展開的現代佛學研究，它是伴隨殖民統治的宗教行政措施的需要、與基於臺灣民眾屢屢藉宗教號召其他民眾大規模反抗殖民統治的慘痛教訓，而展開的基礎性資料調查與彙整的現代性宗教（包括佛教在內）的資訊精密解讀和法制化定位與分類的優秀學術成果。[4]

　　這也是亞洲地區的華人宗教研究，在荷蘭著名的漢學家高延（John Jakob Maria de Groot）已先後發表其 *The Religious System Of China*（《中國宗教制度》）的第一冊（1892）和 *Sectarianism And Religious Persecution In*

---

[4] 為了達到此一目的，所以在明治 34 年（1901）成立了「臨時臺灣舊慣調查會」，由民政長官後藤新平兼任會長，但實際的調查工作和資料學術解讀──「法制化」的定位基礎──則委由京都帝國大學的法學專家岡松參太郎博士和織田萬博士兩位來負責。這其實是中國法制史或臺灣法制史上的空前嘗試，其艱鉅和重要性，自不必說。必須注意的是，負責此事的岡松參太郎是以「法學家」而非「宗教學家」來加以解讀和重新定位。

China（《中國的各教派與彈壓》）（1901）等劃時代的巨著之後，[5]在中國宗教法制史或臺灣宗教法制史上的空前嘗試，其艱鉅和重要性，自不必說。

因而，若純就宗教史學史的角度來看，負責此事的岡松參太郎博士（1871-1921）的專業，與之相較是稍有遜色的，但若從落實在具體的「法制化」層面來說，則岡松參太郎博士的解讀和重新定位，堪稱當代獨步，遠非日後負責全臺宗教調查的丸井圭治郎（1870-1934）的相關調查撰述所能比擬。

不過，當代學者對於日治時期的宗教研究論述，除大量引自《臺灣日日新報》、各期《臺法月報》、各期《南瀛佛教》、各期《臺灣佛教》、《宗報》和臺灣總督府宗教類公文檔案彙編[6]的資料性記載之外，最常被引據的著述，就是由丸井圭治郎在 1919 年，向當時臺灣總督明石元二郎（1864-1919）所提出《臺灣宗教調查報告書》第一卷。[7]

---

[5]　高延對傳統中國的儒家禮俗制度和歷代——特別是有清一代——所謂民間教派或眾多秘密教派，作了極深刻的探討，特別是 John Jakob Maria de Groot 的相關著作不同於日後韋伯式的理念型比較論述，他是貨真價實地奠基於大量漢文原典或原始資料的純歷史詮釋，故雖無驚人偉論，但容易作相關文獻還原和具廣泛參考價值。

[6]　從現有日治初期的官方公文書來看，在宗教行政實務上，除頒布新的宗教法規之外，其實還留有官方對駐臺各宗日僧行為操守的秘密調查報告，也建立了初步的臺灣社寺臺帳的登記資料。

[7]　這是因余清芳發動「西來庵事件」以後，丸井歷經將近四年（1915-1919）的辛勤調查，所誕生出來的新結晶。可是，除了較詳的統計數字、較細的內容解說之外，基本上丸井的全書論述模式（包括分類和架構），都承襲了岡松參太郎的上述從第二回到第三回的研究成果。但是，丸井圭治郎對臺灣舊慣寺廟的管理人制度，曾有兩段重要的批評，他說：「雖然住持原應是作為管理寺廟的代表，但在臺灣，寺廟財產的管理大權，幾全掌控在管理人的手中，住持的權力反而很小，和顧廟差不多。這大概是因臺灣大規模的佛寺，為數極少，只有臺南開元寺、臺北靈泉寺及凌雲寺數所而已，故通常一般寺廟僅安住幾名僧侶，專供做法會之用，其他方面，諸如宗教知識、禮儀應對等方面，只有少數有住持的水準，絕大多數是沒甚麼程度的。管理人，以前原稱董事或首事。管理之名，是日本領臺以後，若有董事，就以董事，若無董事，就以爐主或廟祝為管理人。因要申報寺廟的建地、附屬田園，才開始以管理人作為寺廟的代表，可管理財產，任免和監督廟祝、顧廟，以及掌握有關寺廟的一切事務。管理人通常是自有財勢的信徒中選任，其任期不確定。一般的情形是，其祖先若對該寺廟有特別的貢獻，則其管理人之職為世襲。又寺廟田園的管理和寺廟一般法務的經手，是分開管理的，因此管理人若有數人，而其

　　但是，有關佛教和齋教的如何定位問題，是關鍵性的所在，所以，丸井圭治郎於 1918 年 3 月起，即曾以〈臺灣佛教〉為題，發表長篇論文於《臺法月報》的第 12 卷第 3 號和第 4 號。在日治時期 50 年當中，丸井的這篇，是首次專以〈臺灣佛教〉為論述的中心。但，丸井的文章一登出，就被柴田廉投書在同刊物加以質疑：（一）是否可以單獨抽出「臺灣佛教」來論述而不兼及其他？（二）丸井對「佛寺」的分類似乎有問題？（三）丸井對臺灣宗教盛行祭祀的批評，似乎缺乏同情的理解並容易招來本地人的反感。丸井當然一一加以否認和反駁。事實上，戰前有關到底要「朝向日本佛教化」或「仍舊維持臺灣佛教本土化」的爭論，即由此時正式展開。

　　柴田廉是日治時代少數以社會心理學角度研究臺灣宗教信仰特質和民族性心理的宗教行政人員，其《臺灣同化論——臺灣島民の民族心理學的研究》（臺北市：晃文館，1923）一書中的相關論點，在其出版不久後，即深刻影響剛渡海來臺，並受命展開全島第二次宗教調查臺灣宗教的增田福太郎（1903-1982），所以他也和柴田廉同樣認為：「若將臺灣人的宗教僅就形式上單純地分為道教（Tao-kau）、儒教（Zu-kau）、佛教（Hut-kau）等，則不能完全理解其本質，而是應當全面的掌握這由道、儒・佛，三教互相混合而成的一大民間宗教。」[8]因此，有關當時臺灣佛教史的研究，除部分田

　　祖先曾捐田產給該寺廟者，則其子孫按慣例，代代都管理田園。不過，當前所見，名實相符的管理人甚少。此因舊慣土地調查之時，匆促間，雖有管理人名目的設置，而不少奸智之徒趁機上下其手，以管理人之名，暗圖私利。等到此管理人過世以後，其子孫又再專斷的自任為該寺廟的管理人之職，並且對管理人的職權又不清楚，往往廟產都散盡了，還不聞不問。此類管理人，每年能明確提出寺產收支決算賬目的，為數極少。通常是將廟業田園，以低租長期佃給他人耕作，甚至有管理人為謀私利，居然自己跟自己簽約佃耕者。像此類的管理人，不但稱不上是寺廟產業的保護者，反而應該視為盜產之賊才是。」（原文日文，筆者中譯）。見臺灣總督府（丸井圭治郎）編著，《臺灣宗教調查報告書（第一卷）》（臺北：臺灣總督府，1919），頁 77-78。

8　見增田福太郎，《臺灣之宗教》，頁 3；而本文此處索引的中譯文，是由黃有興先生主譯，見原書中譯本（2003，自印暫定本），頁 2。

野調查筆記之外，無專著探討。在他的調查報告中，齋教方面，尤其令他困惑，[9]幾乎全靠其主要助手：臺籍學者李添春（1898-1977）的資料提供。

　　到了皇民化時期的「寺廟整理」，日本學者宮本延人雖保留了最多的資料，並且戰後宮本又出版了《日本統治時代臺灣における寺廟整理問題》（奈良：臺灣事情勉強會，1988）增訂版。但是，基本上，是缺乏研究成果的。

　　反之，臺籍學者李添春，在 1929 年時，曾受總督府文教局社會課委託調查的《本島佛教事情一班（按：應為「斑」）》為初版手稿和其先前曾在 1925 年時，因參與在日本召開「東亞佛教大會」，並替臺灣代表之一的許林擔任現場發言的翻譯，而從許林處獲悉不少臺灣齋教的掌故和史料。於是，在其駒澤大學的畢業學位論文，即以〈臺灣在家三派之佛教（按：即齋教三派，先天、金幢、龍華）〉，而獲頒「永松獎」。此後，李添春又結合先前岡松和丸井這兩者提出的相關宗教調查資料，[10]除在日治時期發表多篇臺灣佛教的相關論述之外，[11]在戰後更成為其編纂《臺灣省通志稿卷二：人民志‧宗教篇》中，有關臺灣佛教史論述的官方標準版內容，影響至為深遠。[12]

9　增田福太郎的相關論述觀點問題，可參考江燦騰的兩篇論文：（一）〈增田福太郎對於媽祖信仰與法律裁判的神觀詮釋〉，《臺灣文獻》第 55 卷第 3 期（2004.6），頁 231-248，和（二）〈增田福太郎與臺灣傳統宗教研究：以研究史的回顧與檢討為中心〉，《光武通識學報》創刊號（2004.3），頁 211-242。

10　這是李添春首次將臺灣齋教與出家佛教合併觀察的整體思維，可以比較其在戰後論述的觀點。見李添春，〈臺灣佛教特質（上）〉，《南瀛佛教》第 18 卷 8 月號（1940.1），頁 8-17。〈臺灣佛教特質（下）〉，《南瀛佛教》第 12 卷 9 月號（1940.9），頁 13-21。

11　見李添春，〈寺廟管理人制度批判(1)〉，《南瀛佛教》第 12 卷 1 月號（1934.1），頁 6-9。〈寺廟管理人制度批判(2)〉，《南瀛佛教》第 12 卷 2 月號（1934.2），頁 7-11。〈寺廟管理人制度批判(3)〉，《南瀛佛教》第 12 卷 3 月號（1934.3），頁 2-5。

12　過去從事臺灣史的研究者、或想研究臺灣宗教的人，從李添春編纂的《臺灣省通志稿卷二：人民志宗教篇》中，獲得關於書中第三章第三節對齋教（在家佛教）三派的詳細說明（幾佔全部佛教篇幅的一半）。以後王世慶於一九七一年增修時，幾未更動。直到瞿海源於一九九二年重

由於時值大正昭和之際的日本現代佛學研究的高峰期，所以，當時的留日佛教學者如高執德（1896-1955）、李孝本、林秋梧（1903-1934）、曾景來（1902-1977）[13]等人，都深受忽滑谷快天批判禪學思想[14]和社會主義思潮

修時，才根據宋光宇、鄭志明、林萬傳三位有一貫道背景的學者研究，將「齋教」搬家到「其他宗教」，和一貫道並列，似乎又回到岡松在第二回報告時的「雜教」立場了。但，不論如何，李添春畢竟是戰後官修文獻的主要奠基者，應無疑義。而由大陸學者王興國提出的最新研究，〈為臺灣佛教史研究奠定基礎的李添春〉的專文，是根據江燦騰先前的研究成果和觀點，再細分為：一、〈臺灣近現代佛教發展的親歷者〉，二、〈開臺灣齋教研究先河〉，三、〈提出了研究日據時期臺灣佛教的一種思路〉。但是，新意無多，參考價值不大。王興國的此文，是載於其著的《臺灣佛教著名居士傳》一書（臺中：太平慈光寺，2007），頁 415-442。

[13] 有關曾景來的本土客家籍農村的生活背景、日治時代最早科班佛教中學教育與留日高等佛學教育、最先從事原始佛教佛陀觀的變革、探討道德倫理思想的善惡根源、大量翻譯日本禪學思想論述和建構臺灣傳統宗教民俗的批判體系等，都是臺灣近代宗教學者中的重要指標性人物，卻長期被臺灣學界的相關研究所忽略了。迄今有關曾景來事跡的最清楚討論，是大野育子的最新研究所提出的，因其能提供曾景來留日時的學籍資料、留日返臺的婚姻、工作和家庭，以及曾景來著作中的反迷信研究與批判等。見大野育子，〈日治時期臺灣佛教菁英的崛起——以曹洞宗駒澤大學臺灣留學生為中心〉，頁 53-54、頁 136-137、頁 161。但是，她對曾景來 1928 年的重要學位論文〈阿含の佛陀觀〉，並未作具體討論，對曾景來的倫理學著述，也完全忽略了。此外，于凌波在其《現代佛教人物詞典（下）‧【曾普信】》（臺北縣三重市：佛光文化事業有限公司，2004），頁 1167-1168 的關說明，是迄今最詳細和能貼近戰後臺灣佛教史經驗的。至於釋慧嚴對於，〈曾景來〉，其說明內容如下：「曾景來（年代：1902.3 - ?），亦名曾普信，高雄美濃人，是李添春表舅曾阿貴的三男。禮林德林師為師，1928 年 3 月畢業於駒澤大學，次年 3 月 18 日任特別曹洞宗布教師，勤務於臺中佛教會館。1931 年任曹洞宗臺灣佛教中學林教授，1932 年至 1940 年以總督府囑託身分，勤務於文教局社會課，負責《南瀛佛教》的主編工作。1949 年任花蓮東淨寺住持，至 1965 年退任。1973 年視察美國的佛教，回臺後著有《日本禪僧涅槃記》。而留日期間（1921~1929），先就讀於山口縣多多良中學林二年，畢業後，繼續在駒澤大學研鑽 6 年，其間師事忽滑谷快天，與其師德林師皆心儀忽滑谷快天。1938 年著有《臺灣宗教迷信陋習》一書，是一部體察國民精神總動員的旨趣為一新風潮，提倡打破改善臺灣宗教和迷信陋習的著作，時逢徹底促進皇民化運動的時期，故此書的出版，頗受當局的重視。」見《臺灣歷史辭典》（臺北：遠流出版社，2004），頁 0884-0885。可以說，相當簡單和欠完整。因于氏已明確指出：曾景來是 1977 年過世的，但是，釋慧嚴的說明，則對此事，無任何交代。再者，在《南瀛佛教》的各期，曾景來除撰述佛教或臺灣宗教的文章之外，可能是擔任多期該刊的主編，必須增補版面和增加趣味，所以譯介不少佛教文學或非佛教文學作品，值得進一步介紹其業績，也可為臺灣近代文學史增加部分新內容。至於他的有關善惡問題與宗教倫理研究，也可見曾景來，〈善惡根源之研究（一）〉，《南瀛佛教》第 4 卷 5 號（1926.9），頁 22-23；〈善惡根源之研究（二）〉，《南瀛佛教》第 4 卷 6 號（1927.12），頁 17-20；〈善

的影響，[15]不但開始探討非超人化的人間佛陀，也強烈批判臺灣傳統宗教迷信、主張純禪修持與積極敦促改革落伍的臺灣宗教崇拜模式，並激烈辯論如何面對情慾與婚姻的相關現實改造問題。

惡根源之研究（三）〉，《南瀛佛教》第 5 卷 1 號（1928.1），頁 29-38；〈善惡根源之研究（完）〉，《南瀛佛教》第 5 卷 4 號（1928.5），頁 38-41；〈戒律底研究〉，《南瀛佛教》第 6 卷 4 號（1928.8），頁 26-38；〈罪惡觀〉，《南瀛佛教》第 8 卷 7 號（1930.8），頁 39-42；〈自我問題〉，《南瀛佛教》第 11 卷 4 號（1933.4），頁 10-11；〈人為財死鳥為食亡〉，《南瀛佛教》第 11 卷 8 號（1933.8），頁 10。

14　關於「批判禪學」的研究問題。忽滑谷快天的大多數禪學著作，除了與胡適有關的《禪學思想史》在海峽兩岸分別出現中譯本之外，可以說只在臺灣佛教學者討論日治時期的臺灣佛教學者如林秋梧、林德林、李添春等時，會一併討論其師忽滑谷快天的禪學思想，但僅限於出現在《南瀛佛教》上的部分文章而已，此外並無任何進一步的涉及。自另一方面來說，日治時期的臺灣佛教僧侶曾景來和林德林兩人，大正後期和昭和初期，彼等在臺中市建立「臺中佛教會館」和創辦機關刊物《中道》雜誌，就是直接以其師忽滑谷快天的禪學思想，作為推廣的核心思想。所以曾景來曾逐期刊載所譯的《禪學批判論》（附「大梵天王問佛決疑經に就て」一冊，明治 38 年東京鴻盟社）一書。而林德林則翻譯和出版《正信問答》（原書《正信問答》1 冊：（甲）、大正 15 年東京光融館；（已）、昭和 17 年臺中佛教會館。

但是，迄慧嚴法師 2008 年最新的研究《臺灣與閩日佛教交流史》（高雄：春暉出版社）出版為止，在其書的第四篇第三章〈臺灣僧尼的閩日留學史〉（原書，頁 504-578），雖能很細膩地分析忽滑谷快天的《正信問答》和《四一論》，可是，仍然未涉及有關之前思想源流的《禪學批判論》與《曹洞宗正信論爭》。

15　大野育子的最新研究〈日治時期臺灣佛教菁英的崛起——以曹洞宗駒澤大學臺灣留學生為中心〉，是定義「佛教菁英」為：「所謂『佛教菁英』是指日治時期由臺灣前往日本，在日本佛教系統大學內深造的臺灣人，他們是臺灣佛教史上首次出現具有高學歷的佛教知識份子，由於具備相當深度的佛學素養，流利的日文能力，因而成為日治時期佛教界的佼佼者。」大野育子主要是根據《駒澤大學百年史》的相關資料，來論述該校佛教學科的「佛教菁英」，前往日本學習佛學的意義之所在，以及彼等返臺後所呈現的宗教思想與其在日本所受教育之關聯性。

可是，在思想上源流，她很明顯地是忽略了忽滑谷快天的「批判禪學」之思想的重要啟蒙和影響，甚至於她也忽略了 1926 年由河口慧海所著的《在家佛教》（東京：世界文庫刊行會）一書和 1924 年由豐田劍陵所著《佛教と社會主義》（東京：重川書店）一書的重要影響。因前者所主張的「在家佛教」理念和後者以社會主義思考佛教思想的新課題，都是當時臺灣留學生的主要課外讀物之一，這只要看參看殘留的《李添春留學日記手稿》內容，就不難明白。此外，釋宗演的《佛教家庭講話》（東京：光融館，1912）一書，更是林德林和曾景來師徒，作為彼等製訂《在家佛教憲法》的重要依據，但是，此一事實，也同樣並未被大野育子的最新研究所提及。

　　此外，由於新僧與在家佛教化的新發展趨向，在當時的傳統儒佛知識社群間，曾一度產生彼此認知角度和信仰內涵差異的集體性強烈互相激辯的宗教論述衝突，[16]此種影響的相對衝擊，也迅速反映在當時留日佛教學者如高執德、李孝本兩者所撰寫的反排佛論學位論文內涵[17]和林秋梧對朝鮮知訥禪師的經典名著所做的《真心直說白話註解》（臺南：開元寺，1933），都相繼展現出和當時日本佛教學者新研究成果發表幾近同步的有效吸收，[18]並能

16　參考江燦騰，〈日據時期臺灣新佛教運動的開展與儒釋知識社群的衝突——以「臺灣佛教馬丁路德」林德林的新佛教事業為中心〉，載《臺灣文獻》第 51 卷第 3 期（2000 年 9 月），頁 9-80。此外，翁聖峰，〈《鳴鼓集》反佛教破戒文學的創作與儒釋知識社群的衝突〉，其主要論述觀點如下：「……論述《鳴鼓集》除精熟其文獻，尚須配合崇文社所有徵文、徵詩與傳媒，才能充分掌握問題的全貌。《鳴鼓集》反佛教破戒文學的創作與其維護倫常規範是一體兩面，互為表裡的，論者或以『色情文學』稱之實未允當。詮釋《鳴鼓集》固然不容疏離當前的生命處境與價值觀，然亦須注意儒學與佛學的核心價值，方不致使問題流於以今律古，才能較周延闡釋儒釋衝突的文化意義。」《臺灣文學學報》第 9 期（政大臺灣文學研究所，2006.12），頁 83。此外，釋慧嚴，〈推動正信佛教運動與臺灣佛教會館〉一文說明，是其新著《臺灣與閩日佛教流史》中的一小節內容。但此文，其實是據江燦騰先前的相關研究成果，再另補充新材料，故其新貢獻有二：(1)、討論林德林接受忽滑谷快天「法衣」的拜師經過。(2)、討論林德林在臺灣佛教會館，從事社會救助的「臺中愛生院」經營狀況。這些資料說明，都出自《臺灣日日新報》的各項報導，所以頗有新意。見釋慧嚴，《臺灣與閩日佛教交流史》（高雄：春暉出版社，2008），頁 579-584。

17　舉例來說，高執德在駒澤入學的 1933 年學位畢業論文《朱子之排佛論》，資料詳盡、體系分明、批判深刻，應是臺灣本土知識份子所撰批判儒學論述的前期鼎峰之作。可惜的是，臺灣當代的諸多儒學研究者，甚至於連高執德有此巨著的存在，都毫不知情。事實上，繼高執德之後，同屬駒大臺灣同學會的吳瑞諸在 1933 年的「東洋學科」由小柳司氣太和那智陀典指導的〈關於大學諸說〉和同校「佛教學科」的李孝本，也在小柳司氣太和境野哲的聯合指導之下，於 1933 年撰寫了另一長篇《以明代儒佛為中心的儒佛關係論》的駒大學位論文。另一方面，我也觀察到：在當代臺灣學界同道中，雖有李世偉博士於 1999 年出版《日據時代臺灣儒教結社與活動》（臺北：文津出版社）、林慶彰教授於 2000 年出版《日據時期臺灣儒學參考文獻（上下）》二冊（臺北：學生書局）、陳昭瑛教授於 2000 年出版《臺灣儒學：起源、發展與轉化》（臺北：正中書局）、以及金培懿的〈日據時代臺灣儒學研究之類型〉（1997 年《第一屆臺灣儒學研究國際研討會論文集》，頁 283-328）等的相關資料和研究出現。可是，此類以儒學為中心的專題研究和相關資料，共同的缺點之一，就忽略了同一時期還有臺灣佛教知識菁英群（知識階層）的思想論述或文化批判。

18　例如久保田量遠，《支那儒道佛三教史論》（東京，東方書院，1931）和常盤大定，《支那に於ける佛教と儒教道教》（東京：財團法人東洋文庫刊行，1930）兩者出書時，都是和高執

具一定新論述特色的優秀表現。

　　但是，由於中日戰爭的爆發和其後官方的高度管制與過度干預或介入，所以，現代佛學的研究，此後直到戰爭結束時為止，除「皇道佛教化」[19]的數種新「佛教聖典」編輯與出版之外，即全告停滯和無重要的成就。

（二）民國以來的大陸現代佛學研究史回顧（1912-1949）

　　民國時期大陸地區的現代佛學研究史的發展，雖深受近代歷史批判意識和新出土佛教文獻的兩者影響，但，起步甚晚、也未有現代性大學正規學制的教學系統或公立專業佛學研究所的全力推動。縱使在蔡元培（1868-1940）主持下的北大所開設的相關佛學課程，既缺乏現代性的專業師資擔任相關課程，[20]也未積極引進國際的相關專業學者來授課和相互進行學術交流。所以，有關近代中國的現代性學術研究，都是來自外緣的偶然刺激和迫於佛教本身的生存面臨嚴重危機的緊急需要所勉強開展的。

　　不論是清末楊仁山（1837-1911）所創辦的「金陵刻經處」（1866）或「祇洹精舍」（1908），乃至民國之後才由歐陽漸（1871-1943）所創辦的「支那內學院」（1922）與釋太虛（1890-1947）所創辦的「武昌佛學院」

與李孝本在日寫相關論文的時間接近。

[19] 關正宗在其博士論文，稱日治時期的臺灣佛教為「皇國佛教」，所以關正宗在其博士論文的標題全文，即書寫為〈日本殖民時期臺灣「皇國佛教」之研究：「教化、同化、皇民化」的佛教〉（2010 年，國立成功大學歷史研究所博士論文）。可是，我不能同意他的此一論文名稱的，因為在當時日本殖民政府的國家體制中，只有跟天皇統治正當性有關的國家神道，才是官方施於全民的教育目標和崇拜對象，所以皇民化時期所改造的臺灣佛教，才正式被稱為「皇道（化的）佛教」。但，這種特殊時期的「皇道（化的）佛教」名稱，就其性質和適用範圍，並不能等同於「皇國（化的）佛教」，因佛教只是全日本官方統治下各轄區中的眾多民間宗教之一，所以，稱其為「皇國（化的）佛教」，並不精確，也與真正的歷史事實不符。此書最近出版時，雖內容略有刪減，並易名為《臺灣日治時期佛教發展與皇民化運動：「皇國佛教」的歷史進程（1895-1945）》（蘆洲：博揚，2011）。但其書名中「皇國佛教」的用語，與真正的歷史本質不符，則與未出版前無異。

[20] 當時曾先後擔任相關課程的許季上、梁漱溟和熊十力三者，都非現代性的專業師資。

（1922）、「漢藏教理學院」（1932）[21]或所接管的「閩南佛學院」
（1927），其主要的功能，都是在設法透過新教育內容或再確認舊經典的教
理內容，以便使受教者得以據以適應新世代大變局下的相關信仰環境，並藉
以緩解來自官方的廢棄論、或無用論的強硬政策壓力。

　　換句話說，現代性的佛學研究，雖有其必要性，但卻是附屬性的第二義
的「工具性」功能考量和配合性的靈活運作。因此，不論楊仁山、章太炎
（1869-1936）、譚嗣同（1865-1898）、康有為（1858-1927）等人的佛學思
想著述，如何有其時代性的思想價值和相關巨大的社會影響，卻與現代性的
佛學研究，並無密切關連性。連歐陽漸、梁漱溟（1893-1988）和熊十力
（1885-1968）的相關佛學著述，也都是屬於如此性質。

　　來自日本現代佛學界論述的強烈之刺激，最先反映在梁啟超（1973-
1929）的相關佛教史的研究上，梁啟超的多篇佛教史論述，都是早期中國佛
教史傳播與流傳的重要課題。所以，影響所及，除少數的例外，迄 1949 年
為止的中國佛教史研究，都是屬於宋元之前的早期中國佛教史研究。但是，
對於中國佛史研究的體系建構處理，基本上是按朝代變革與相關譯經史的前
後脈絡，來分項說明。日本佛教史家境野哲（1871-1933）前期的《支那佛
教史綱要》（1905）和後期的《支那佛教精史》（1935）兩書，都是如此處
理的。[22]

---

[21] 漢藏教理學院創辦的原先功能，主要是要溝通漢藏的宗教文化交流與改善彼此的政治關係。

[22] 雖然，臺灣旅日學者林傳芳曾在〈塚本善隆著《中國佛教通史》第一卷 新書評介〉一文提到：
「近代日本的佛學研究，成績輝煌，早已博得國際學界的讚譽。然而，近一世紀來，無疑的，
以文獻學（亦即言語學）以及哲學的研究為中心，所謂佛教原典的研究與佛教思想的研究方
面，出了不少名學者，而所收到的成果也非常豐碩。至於對佛教史學的關心，實落後於哲學
的、文獻學的研究約五十年，特別是對於中國佛教史的研究，要降至 1921 年龍谷大學教授山內
晉卿的《中國佛教史的研究》的刊行，才算是這方面的第一部著述的問世。1935 年東京大學教
授境野黃洋的《中國佛教精史》，1938 年東京大學教授常盤大定的《中國佛教的研究》、《後
漢至宋齊的譯經總錄》刊出後，對中國佛教及佛教史的研究才漸次引起人們的注意。可是境
野、常盤二博士的著作，大抵以譯經史作為中心，這從他們二人所作的中國佛教史的時代區分

　　但，如此處理，所以能有新意，是因為過去並無連貫的《中國佛教史》，因此其書自然成為開創性著述。再者，此時大量的佛教古文獻，已在中亞和敦煌石窟被相繼發現，連失傳千載的隋唐「三階教文獻」也被日本學者矢吹慶輝（1879-1939）以社會學的新研究法，撰成劃時代的博士論文，所以日本學界以高楠順次郎（1866-1945）和渡邊海旭（1872-1933）為首，開始集合高麗藏等各版藏經，進行互校和重新分類，並大量納入新佛教文獻和日本佛教相關論述與圖像資料，因而具有現代學術權威的大套書和資料庫《新修大正藏》（1924），便繼新編的《大日本佛教全書》（1919）、《佛教大年表》（1919）、《卍續藏》[23]三者的重要出版之後，堂堂問世。因此，按新佛教資料進行論述和建構相關的中國佛教史，不但可能，而且也為時不長。從境野哲的《支那佛教史綱要》到湯用彤的《漢魏兩晉南北朝佛教史》的相關著述，之所以能夠順利出現，主要都是受益上述大環境的有利變化。

　　但是，傳統上，中國境內的各種佛教藏經，除少數如明清之際所編民間版的《嘉興藏》之外，大都是帝制時期的特殊恩賜之宗教寶典，向來非供學者閱讀。此種情況，與近代歐洲的宗教研究條件完全不同，近代歐洲的宗教研究，從來不缺乏大量的教會內部文件和手稿。這是拜宗教改革之賜，因天主教的教區在新教出現之後，不但教會的財產被沒收、教士特權被剝奪、連各教會內部私藏的大量文獻也被搜刮一空，或流入私人收藏、或被新成立的各大學圖書館大量收購，所以從事研究教會史者，從來不缺乏大量的教會內部文件和手稿。

即可以明瞭。」《華岡佛學學報》第 1 期（臺北：1968 年），頁 241-244。但，我認為，這應是就戰後日本佛學界的觀點來看，才可能是如此。因早在 1906 年，當境野哲（黃洋）出版《支那佛教史綱要》一書，就已被充份注意，所以才有蔣維喬於 1927 年時，將其全文譯出，另加上蔣氏增補的清代佛教史部分，於是編成一部較完整的《中國佛教史》一書出版。

[23] 這是 1905 年至 1912 年之間，由前田慧雲、中野達慧等編集收錄《大日本校訂藏經》（卍大藏經）所未收者，而成此續藏，內容主要以中國撰述內容為主。出版時，由京都藏經書院刊行。

　　但是，不論胡適或湯用彤，在當時若要參考《新修大正藏》的資料，也許可能，但是，若要參考《明藏》、《龍藏》、《卍續藏》、《高麗藏》或《大日本佛教全書》等相關資料，那就不一定了。因為當時的公私立大學內，都無「佛學研究所」，大學部的佛學課，也只是消化講義內容而已，根本無方法學教導或專業研究討論的讀書會之設置，所以，近代佛教學者在中國境內的出現，是例外，而非常態。

　　既然如此，那麼呂澂早期在「支那內學院」的現代型佛學研究，為何成就如此卓越？其相關的有利條件何在？首先，呂澂在「支那內學院」或「法相大學」（1923）時期，都是主要教務和相關研究的實際負責人。再者，呂澂非出家僧侶、批判性的研究意識又特強，但與其師歐陽漸堅持的「結論後的研究」態度，卻又完全不同。這是由於呂澂的治學實力，主要是來自於他能具有多種研究佛學的語言特長，是其可以直探各種古佛教原始文獻的最大利器。雖然其能閱讀梵文和藏文的特長，是否與當時在華的俄國學者鋼和泰（1877-1937）有關，迄今尚不得而知？但是，由於呂澂個人能從精校《瑜珈師地論》的複雜內容出發，既已長期大量精讀校比各種梵藏的佛教原典異同之處，又能廣泛和專注地參閱和吸收當時各國佛教學者的最新經典研究成果與問題的重要探索，於是他才能從根本上進行對一切古代中國經文翻譯的正確性的質疑和異質佛教思想形成的相關背景的系統之解明。

　　因此，從《內學年刊》第一輯的出版之日（1924）開始，近代大陸地區現代佛學研究的新舊「典範」之徹底改變，其實早已正式在呂澂個人的手裡完成了，卻被長期忽略，相當可惜。但，事實上，呂澂在當年所完成的《藏要》各輯精校本，迄今仍是歷來最佳的佛教文獻學的精品，舉世無雙，令人讚嘆。

　　但是，在湯用彤出版其成名著作《漢魏兩晉南北朝佛教史》之前，他並非專研中國佛教史的專家，連蔣維喬出版其譯自境野哲的《支那佛教史綱要》（1905）加上增補的清代部分而成《中國佛教史》（1927）一書時，湯

用彤是否日後也預備撰寫《漢魏兩晉南北朝佛教史》一書，仍屬未知之數。

事實上，在蔣維喬出書之前，日本學者水野梅曉的《支那佛教近世の研究》（東京：支那時報社，1925 年）、《支那佛教の現狀に就いて》（東京：支那時報社，1926 年）兩書，已相繼出版，其內容都和其增補的清代部分有關，因此，雖無法斷定蔣維喬的「抄襲」是包括其號稱自撰的清代部分，但其在學術上並無優先性和開創性，則可以確定。所以，蔣維喬出版的《中國佛教史》一書，意味著國人當時在佛教史論述上的不足和有欠嚴謹。

但是，其後，湯用彤成名作《漢魏兩晉南北朝佛教史》一書的正式出版，雖能自成格局，論述新穎和詮釋體系，也堪稱相對完備。但是，此書的重大學術缺陷，也同樣暴露無遺。湯用彤成名之書，其實主要是多年教學講義的彙編而成，因此，他實際在大學部教學時，應已可以讓學生充分明白論述內容和相關出處。但是，對於進一步的學術探討，像：現代型佛學研究的問題意識如何形成？國際學界的研究現況如何？新的研究領域如何開拓？近代新佛教史料的發現與運用狀況如何？這些問題或相關素材，或許在湯用彤他個人可以接觸、瞭解和運用的範圍，他無疑會有所參考和加以吸收。

可是，從其《漢魏兩晉南北朝佛教史》一書的撰述內容和方法來看，吾人實難以對其高估和過於肯定。因為，其書的注釋，都簡要至極，讓讀者無從據以進一步思索不同文獻內容和異質的思想詮釋。再者，像他對於碑刻文物史料和造像與石經、乃至對於三階教的歷史發展和敦煌文獻的不夠重視等等，反映在其成名作《漢魏兩晉南北朝佛教史》一書中的學術處理，都只是基本上的點到為止。因此，注定他的學術成就，日後不可能有出色的傳承者：因為根本無可繼承。

但是，胡適的中古禪學研究和陳垣的有關明清之際的中國佛教史研究，迄今彼等的影響為何仍未消退？

就胡適（1891-1962）的中古禪學研究來說，他之所以被視為民國以來現代性宗教學術研究的典範學者之一，並非他撰寫了大量的中國佛教學術研

究著作，或是他的所有中國佛教學術研究論述或相關資料的蒐集，都具有第一流的高學術價值。胡適的中古禪學研究，不同於湯用彤寫《漢魏兩晉南北朝佛教史》一書的通史性論述，他是最早吸收忽滑谷快天（1867-1934）的《禪學思想史》（上「1923」下「1925」二冊）的最新研究成果。

　　而忽滑谷快天的《禪學思想史》的最新研究成果，不只有二十世紀歐美學者對早期印度梵文學中有關瑜珈思想的資料引述和類比中國禪學思想或下啟原始佛教禪修方法學的各種中印禪學思想史的長期變革史的扼要介紹；更重要的是，他不但充分吸收在他之前同宗學者孤峰智燦（1879-1976）寫《禪宗史》（1913）一書中的印中日三國的禪學傳承史架構。而且，他更在幾位駒澤大學校內傑出的研究助手協助之下，按不同於《新修大正藏》的資料，亦即他是以運用收有大量中國佛學著述資料的《續藏經》相關禪宗史料為主來進行其相關研究，不但嚴格互校其中的疑誤之處和進行綜合性的禪學思想史的新體系建構，以及綱領式的提示其所涉及的傳承與變革史的關鍵性解說。因而，這項空前學術成就，迄今仍無比肩者。[24]

　　事實上，忽滑谷快天早在 1905 年出版的《禪學批判論》一書的附錄，即根本上否定禪宗重要經典《人梵天王問佛決疑經》的真實性，他是日本近代以實證批判史學方法，成功建構第一部完整從印度到中國的《禪學思想史》的第一人。而胡適的早期中古禪宗史研究，就是直接得力於忽滑谷快天的《禪學思想史》一書的相關批判性研究成果。但，胡適的偉大之處，是他獨能率先將神會的關鍵性角色和其可疑的歷史作用，當作論述的焦點和貫申

---

[24] 忽滑谷快天的著作，在敦煌文獻發現後，似乎被大大的貶低其影響力，但我論證胡適受他的影響，才對神會的研究有突破，也就是胡適雖較之矢吹慶輝的發現敦還新禪學文獻為晚，卻能發現矢吹慶輝所沒看出的神會問題，其關鍵就是胡適從忽滑谷快天的書，發現了神會與南北禪宗之爭的問題提示所致。其後，由於柳田在日本佛教界研究禪宗史的泰斗崇高地位，所以他兩度引述我關於忽滑谷快天對胡適影響的長段談話，又被日本學者山內舜雄在其著的《道元の近代化》（東京：大藏出版社、2001），〈第一章道元近代化過程〉的頁 54-55，分別照引。然後，又論述是該重估忽滑谷快天的學術地位，乃至為其過世百年編全集以為紀念。

思惟的主軸，並首開使用敦煌禪宗史料研究從達磨到神會的新禪宗史，並因此而成為國際學界廣為引述和長期相繼檢討的關鍵性研究業績。

可是，從之後的相關研究來看，不論法國學者戴密維的《土蕃僧諍記》（1952）或其後柳田聖山寫的《初期禪宗史書の研究》（1967）和關口真大寫的《達磨の研究》（1968）、《達磨大師の研究》（1969），在析辨和詮釋相關的禪宗思想問題時，其嚴謹性、豐富性和細膩性三者，都明顯超越胡適的治學內涵。這也是吾人今日有必要再深思和有所改進的地方。

至於陳垣（1880-1971）的有關明清之際的中國佛教史研究，迄今他的影響為何仍未消退？若從國際學術研究的相互影響來看，陳垣的有關明清之際的中國佛教史研究，雖有很高的學術評價，但所能發揮的後續學術影響，其實並不大。

可是，陳垣（1880-1971）的有關明清之際的中國佛教史研究，有其幾項獨到之處：

其一、有關晚明滇黔地區的佛教課題，是由陳垣開創性的提出相關考據成果，並使世人首次注意此一地區佛教史的相關狀況和其具有的特殊時代（晚明抗清後期）性意涵。

其二、陳垣的《清初僧諍記》（1941）一書，不但具有民族意識，並能善用學界少用的《嘉興藏》相關禪宗史料，所以頗能激勵人心和一新學界的眼光。

其三、陳垣的《中國佛教史籍概論》（1942）和《釋氏疑年錄》（1938）兩書，都是屬於「工具類」的參考書，其中並無任何思想的討論，但能專以各項資料的多種出處互相精詳考校，將陳氏生平擅長的清代考據學的細密優點，發揮到淋漓盡致的境地。

所以，其後，不論是曹仕邦的《中國佛教史學史：從東晉到五代》（1999）一書或藍吉富的《佛教史料學》（1997）一書，在佛教史料的運用上，都有一定程度是受到陳垣治學經驗的影響。

　　另一方面，戰前在大陸地區的兩大重要經卷發現，一、在陝西省西安的開元寺和臥龍寺的舊藏《宋代磧砂版漢譯大藏經》的發現和重新影印出版。二、1933 年在山西省趙城縣廣勝寺發現的《金刻大藏經：宋藏遺珍》和其後的刊行。

　　因此，1936 年的《日華佛教研究會年報：現代支那佛教研究特輯號》，將胡適新寫的〈楞伽宗考〉一文、鈴木大拙新寫的〈禪宗の初祖とてしの達摩の禪法〉一文與此兩人重要經卷發現的解說（由的屋勝、塚本善隆兩者分別執筆），放在一起出版。這也代表了當時（1936）在大陸境內最重要的現代佛學研究狀況。

二、1949 年以來臺灣本土的現代性佛學研究史回顧

（一）戰後戒嚴時期（1949-1987）的現代性佛學研究史回顧

　　戰後臺灣地區，在整個戒嚴時期（1949-1987），可作為現代性佛教學術研究典範的薪火相傳最佳例證，[25]就是近八十六年來（1925-2011）從大陸到臺灣胡適禪學研究的開展與爭辯史之相關歷程解說。

　　此因戰後臺灣佛教學術的發展，基本上是延續戰前日本佛教學術的研究的學風和方法學而來。而這一現代的學術潮流是普遍被接受的，這與戰後受大陸佛教影響佛教界強烈的「去日本化佛教」趨勢恰好形成一種鮮明的正反比。

　　儘管當時在來臺的大陸傳統僧侶中，仍有部份人士對日本學界出現的

---

[25]　龔雋在〈胡適與近代型態禪學史研究的誕生〉一文中提到：「如果我們要追述現代學術史意義上的禪學史研究，則不能不說是胡適開創了這一新的研究典範。」見龔雋，《中國禪學研究入門》（上海：復旦大學出版社，2009），頁 7-8。

「大乘非佛說」觀點，極力排斥和辯駁，[26]甚至出現利用中國佛教會的特殊威權對付同屬教內佛教知識僧侶的異議者（如留日僧圓明的被封殺事件即是著名的例子）。[27]但是不論贊成或反對的任何一方，都沒有人反對開始學習日文或大量在刊物上刊載譯自日文佛學書刊的近代研究論文。

這種情況的大量出現，顯示當代佛教學術現代化的治學潮流，足以衝破任何傳統佛教思維的反智論者或保守論者。具體的例子之一，就是印順（1906-2005）門下最傑出的學問僧人演培（1917-1996），不但是為學習佛學日文才從香港來到臺灣，並且他才初習佛學日文不久之後，就迅速譯出戰前日本著名佛教學者木村泰賢（1881-1930）的《大乘佛教思想論》（1954），並加以出版。

然而，戰後偏安於臺灣地區的佛教學術界，其學術研究的業績，雖有印順傑出研究出現，但僅靠這種少數的例外，仍缺乏讓國際佛學界普遍性承認的崇高聲望和雄厚實力，加上當時來臺的多數大學院校、或高等研究機構的人文社會學者，仍帶有「五四運動」以來濃厚的反迷信和反宗教的科學至上論學風，因此不但公立大學的校區嚴禁佛教僧尼入內活動，相關佛教現代化的學術研究，也不曾在正式的高等教育體系裡被普遍接納或承認。

唯一的例外，是由新擔任南港中央研究院的院長胡適博士，所展開的中古時代中國禪宗史的批判性研究，不只其學術論點曾透過新聞報導，廣泛地傳播於臺灣社會的各界人士，連一些素來不滿胡適批判論點的臺灣佛教僧侶和居士們，也開始藉此互相串連和大量撰文反駁胡適的否定性觀點，其中某些態度激烈者，甚至以譏嘲和辱罵之語，加諸胡適身上或其歷來之作為。[28]

---

26 闞正宗，《重讀臺灣佛教：戰後臺灣佛教（正篇）》（臺北：大千出版社，2004），頁 140-152。

27 闞正宗，《重讀臺灣佛教：戰後臺灣佛教（正篇）》，頁 148-169。

28 樂觀法師曾特編輯，《闢胡說集》（緬甸：緬華佛教僧伽會，民國 49 年 6 月），在其〈引言〉有如下激烈批胡之語：「查胡適他原本是一個無宗教信仰者，在四十年前，他主張科學救國，與陳獨秀領導五四運動，打倒『孔家店』，破除迷信，即本此反宗教心理，現刻，他對《虛雲

　　其後，又由於胡適和日本著名的國際禪者鈴木大拙（1870-1966）兩人，於 1953 年間在美國夏威夷大學的相關刊物上，曾有過針鋒相對的禪學辯論，更使反胡適者找到強有力的國際同情者，於是趁此機緣，鈴木大拙的多種禪學相關著作，也開始被大量翻譯和暢銷於臺灣的知識階層之中，且風行臺灣地區多年，影響至為深遠。[29]因此，胡適和鈴大拙兩人，都對戰後臺灣教界的禪學思想認知，曾發生了幾乎不相上下的衝擊和影響。[30]

和尚年譜》居然公開提出異議，若說他沒有破壞佛教作用，其誰信歟？分明是假借『考據』之名，來作謗佛、謗法、謗僧勾當，向青年散播反宗教思想毒素，破壞人們的佛教信心，一經揭穿，無所遁形，……。（中略）衛護佛教，僧徒有責，我們這一群旅居緬甸、越南、香港、菲律賓、印度、星洲的僑僧，對祖國佛教自不能忘情，自從胡適掀起這個動人的風潮之後，全世界中國佛弟子的心靈都受到震動！覺得在當前唯物主義瘋狂之時，玄黃翻覆，群魔共舞的局勢情況之下，胡適來唱這個『反佛』調兒，未免不智，大家都有『親痛仇快』之感！」頁1。

[29] 當時，是：一、鈴木大拙著，孟世傑譯，《禪佛教入門》（臺北：協志工業社，1970），先行從日文本譯出。其後，則是以志文出版社的【新潮文庫】為中心，先後從英文原著中譯出的鈴木禪學作品，就有：二、鈴木大拙著，徐進大評，《禪入禪地》（臺北：志文出版社，1971）。三、鈴木大拙著，劉大悲譯，《禪與生活》（臺北：志文出版社，1974）。四、鈴木大拙著，孟祥森譯，《禪學隨筆》（臺北：志文出版社，1974）。五、鈴木大拙、佛洛姆著，孟祥森譯，《禪與心理分析》（臺北：志文出版社，1981）。六、鈴木大拙著，徐進夫譯，《歷史的發展》（臺北：志文出版社，1986）。七、鈴木大拙著，徐進大譯，《開悟第一》（臺北：志文出版社，1988）。八、日文傳記，是秋月龍珉著，邱祖明譯，《禪宗泰斗的生平》（臺北：天華出版社，1979）。九、禪藝方面，鈴木大拙著，劉大悲譯，《禪與藝術》（臺北：天華出版社，1979）。十、鈴木大拙著，陶陸剛譯，《禪與日本文化》（臺北：桂冠出版社，1992）。十一、基佛類比方面，鈴木大拙著，徐進夫譯，《耶教與佛教的神祕教》（臺北：志文出版社，1984）。十二、淨土著作方面，鈴木大拙、余萬居譯，《念佛人》（臺北：天華出版社，1984）。

[30] 有關這方面的研究史回顧，有兩篇較完整的論文，可供參考：（一）莊美芳，〈胡適與鈴木論禪學案——從臺灣學界的回應談起〉，1998 年 1 月撰，打字未刊稿，共十一頁。（二）邱敏捷，〈胡適與鈴木大拙〉，收錄於鄭志明主編，《兩岸當代禪學論文集》（嘉義：南華大學宗教文化研究中心，2000 年 5 月），頁 155-178。此外，邱敏捷在另一篇論文中，又提到說：「首先，陳之藩於 1969 年 12 月 9 日在中央副刊上發表〈圖畫式與邏輯式的〉（《中央副刊》，1969 年 12 月 9 日，第 9 版）；翌年底，楊君實也撰文〈胡適與鈴木大拙〉（《新時代》10 卷 12 期，1970 年 12 月，頁 41）。此外，針對鈴木大拙的禪學觀點有所批判，並就「禪公案」提出詮釋觀點的代表人物應首推巴壺天（1905–1987）。他與當時之釋印順有所交往，其在「禪公案」的論著對後輩晚學產生不少影響作用。巴氏認為「禪」是可以理解的，他不苟同鈴木大拙《禪的生活》（Living by Zen）所提「禪是非邏輯的、非理性的、完全超乎人們

另一方面，必須注意的，是胡適的這種處處講證據的治學方式，在佛教界同樣擁有一些同道。他們不一定完全贊同胡適對佛教的批判，但是不排斥以客觀態度來理解佛教的歷史或教義。而其中堅決遵循胡適禪宗史研究路線的是楊鴻飛。他在 1969 年 5 月，投稿《中央日報》，質疑錢穆（1895-1990）在演講中對胡適主張《六祖壇經》非惠能所作的批判，[31]因而引起臺灣地區戰後罕見的關於《六祖壇經》作者究竟是誰？神會或惠能的熱烈筆戰。

不過，1969 年在臺灣展開的那場禪學大辯論，主要的文章，都被張曼濤（1933-1981）收在《六祖壇經研究論集》（臺北：大乘文化出版社，1976），列為由他主編的「現代佛教學術叢刊」一百冊中的第一冊。而張曼濤本人也是參與辯論的一員。[32]他在首冊的〈本集編輯旨意〉中，曾作了相當清楚的說明。尤其在前二段對於胡適的研究業績和影響，極為客觀而深

理解力範圍」的觀點。他指出：「自從日人鈴木大拙將禪宗用英文介紹到歐美以後，原是最冷門的東西，竟成為今日最熱門的學問。不過，禪宗公案是學術界公認為最難懂的語言，1972 年元月，英人韓瑞福（Christmas Humphieys）蒐集鈴木大拙有關禪的七篇文章，編為《Studies in Zen》，由孟祥森譯，臺北志文出版社以《禪學隨筆》列為新潮文庫之一發行問世。鈴木大拙的〈禪——答胡適博士〉，即係書中一篇。從此以後，鈴木大拙的禪學作品，自日文或英文本相繼譯成中文版。半載後，《幼獅月刊》特刊出「鈴木大拙與禪學研究專輯」，除了將上述的楊文載入外，又有邢光祖的〈鈴木大拙與胡適之〉。再過一個月，胡適用英文寫的〈中國的禪——它的歷史和方法〉由徐進夫譯出，刊在《幼獅月刊》總號 236 號。至此，胡適與鈴木大拙兩人所辯難的問題，才漸為國內學者所關注，陸陸續續地出現了回應性的文章。1973 年朱際鎰〈鈴木大拙答胡適博士文中有關禪非史家所可作客觀的和歷史性的考察之辨釋〉、1977 年錢穆〈評胡適與鈴木大拙討論禪〉、1985 年傅偉勳〈胡適、鈴木大拙、與禪宗真髓〉、1992 年馮耀明〈禪超越語言和邏輯嗎——從分析哲學觀點看鈴木大拙的禪論〉，以及夏國安〈禪可不可說——胡適與鈴木大拙禪學論辯讀後〉等數篇，均是回應胡適與鈴木大拙論辯而發。」見邱敏捷，〈巴壺天對「禪公案」的詮釋〉，《臺大佛學研究》第十六期（臺北：臺灣大學文學院佛學研究中心，民 97 年 12 月），頁 230-231。

[31] 見張曼濤主編，《六祖壇經研究論集》（臺北：大乘文化出版社，1976），收在「現代佛教學術叢刊」，第 1 冊，頁 195-204。

[32] 張曼濤的文章有 2 篇登在《中央日報》的副刊上，一篇是〈關於六祖壇經之偈〉；一篇是〈惠能與壇經〉。其中後一篇，已收入《六祖壇經研究論集》，頁 245-51。他用筆名澹思發表。

入，茲照錄如下：

> 《六祖壇經》在我國現代學術界曾引起一陣激烈諍論的熱潮，諍論
> 的理由是：「《壇經》的作者究竟是誰？」為什麼學術界對《壇
> 經》會發生這麼大的興趣，原因是《壇經》不僅關係到中國思想史
> 上一個轉換期的重要關鍵，同時也是佛教對現代思想界一個最具影
> 響力的活水源頭。它代表了中國佛教一種特殊本質的所在，也表現
> 了中國文化，或者說中國民族性中的一份奇特的生命智慧。像這樣
> 一本重要的經典，當有人說，它的作者並不是一向所傳說的六祖惠
> 能，那當然就要引起學術界與佛教界的軒然大波了。這便是近四十
> 年來不斷繼續發生熱烈討論的由來，我們為保存此一代學術公案的
> 真相，並為促進今後佛教各方面的研究，乃特彙集有關論述，暫成
> 一輯。列為本叢刊之第一冊。
>
> 胡適先生是此一公案的始作俑者，雖然他的意見，並不為大多數的
> 佛教有識之士所接受，但由於他的找出問題，卻無意中幫助佛教的
> 研究，向前推展了一步，並且也因而引起了學術界對《壇經》廣泛
> 的注意，設非胡先生的一再強調，則今天學術界恐怕對《壇經》尚
> 未如此重視，故從推廣《壇經》予社會人士的認識而言，我們仍認
> 胡適先生的探討厥為首功，故本集之編，為示來龍去脈及其重要性
> 起見，乃將胡先生有關《壇經》之論述，列為各篇之首。[33]

從張曼濤的說明，可以看出 1969 年的《六祖壇經》辯論，正反雙方，
都是接著胡適研究的問題點而展開的。這一先驅性的地位，是無人可以取代
的！但這場辯論的展開，已在胡適逝世後的第七年了。

---

[33] 見《六祖壇經研究論集》，〈本集編輯旨意〉，頁 1-2。

所以，雖然胡適本人在 1962 年春天，即已病逝於臺灣，但其禪學研究所點燃的巨大學術諍辯的烈火，依然繼續在佛教界熊熊地燃燒著。

而印順的《中國禪宗史》（臺北：正聞出版社，1971）一書，就是因為那場因胡適禪學研究論點所激起的諍辯，所引發的最新研究成果。日本大正大學在其頒授文學博士學位的〈審查報告書〉，其最後的結語是這樣的：

> 本論文對舊有的中國禪宗史將可以促成其根本而全面的更新。於是，本論文的問世對於學術界貢獻了一部而卓越的精心創作。[34]

這也是二十世紀以來，唯一以禪宗史研究，獲頒日本博士學位和擁有如此高評價的國人著作。可以說，由胡適發掘新史料和提出新問題開始，經過了將近半個世紀，才有了如此卓越的研究成果。播種者胡適和收穫者印順，都各自扮演了重要的角色。

當然，張曼濤和印順兩者的學術貢獻，並不只在上述的中國禪宗史研究的文獻編輯和專書論述這一點業績而已。

事實上，張曼濤於 1974 年，在中國佛教會的道安（1907-1977）大力支持之下，曾克服巨大文獻資訊的艱難，而彙編出《中華民國六十年來佛教論文目錄》，蒐錄相關資料達十五萬七千多筆，並附有索引和相關作者查詢線索，是其在 1978 年彙編和出版「現代佛教學術叢刊」的重要前期預備工作。至於他在大谷大學的碩士論文《涅槃思想研究》（臺北：大乘文化出版社，1991 年），也是戰後臺灣關於印度佛教思想史現代性學術研究的上乘之作。

不過，戰後最優秀的關於印度佛教唯識學思想的現代性學術研究論述，

---

[34] 此報告文，由關世謙中譯，改名為〈《中國禪宗史》要義〉，收在藍吉富編，《印順導師的思想學問》（臺北：正聞出版社，1985 初版），頁 333-340。

是來自南臺灣的葉阿月（1928-2009）。她曾於戰後初期，受教於高執德的「延平佛學院先修班」。其後，因高執德橫遭「白色恐怖」下的政治冤獄而慘遭槍決（1955），葉阿月深感內疚，[35]為報師恩，特矢志前往高執德昔日留日時期的駒澤大學深造，專攻唯識學，於 1963 年畢業。其後，考入東京大學印度哲學研究所，於 1966 年，以〈中邊分別論三性說之研究：以真實品為中心〉的畢業論文，獲頒碩士學位。這是歷來第一次由臺籍本土佛教學者，獲日本公立佛學研究所頒授關於印度唯識學研究碩士學位的現代性專業學術論述。

　　受此鼓舞，於是，同年（1966）春末，葉阿月再入同校的博士班攻讀，由該校著名學者中村元（1912-1999）親自指導，並於 1972 年以〈唯識學における空性說の特色〉，獲頒博士學位；旋即返臺，從此長期任教於臺灣大學哲學系。[36] 1975 年，葉阿月在臺出版其日文版《唯識思想の研究：根本真實としての三性說を中心にして》（臺南：高長印書局）一書，是其生平學術論述的最高峰之作，一時頗獲來自學界的高度稱譽。但因其日文版全書，始終未能譯成中文出版，且其生平，雖能持續治學嚴謹，但孤傲難處、中文論述又非其所長，所以終其一生，都未能產生巨大的典範性研究效應。[37]

---

[35] 此為葉阿月親自告訴我的內情，時間在 1994 年春天，地點在其研究室。

[36] 事實上，根據〈故董事長葉阿月博士行狀〉一文，所提到的詳情如下：「1969 年，葉阿月博士課程修畢，先受臺大哲學系主任洪耀勳教授聘為講師，1972 年獲得東大 PH.D.文學博士回臺大復職時，被當時系主任成中英教授聘為專任副教授，並於 1979 年成為教授。在臺大講授『唯識』、『印度哲學史』及梵文等課程。任教期間，頗受前輩學者，哲學大師方東美教授之器重提攜。葉博士教學之餘，仍研究不斷。」http://fgtripitaka.pixnet.net/blog /post/29019424。

[37] 根據〈故董事長葉阿月博士行狀〉一文，雖也曾提到葉阿月於「1987 年，翻譯中村元博士著作《印度思想》，並於 1996 年在臺灣由幼獅出版社出版。1980 年，將其著作《超越智慧的完成——梵漢英藏對照與註記》在新文豐出版社出版。1990 年將《心經》從梵文原典成口語中文。1974 年 12 月發表佛學著作《以中邊分別論為中心比較諸經論的心清淨說》。另曾在臺大哲學評論（1985/1），發表有唯識思想的十二緣起說以中邊分別論為中心的論文，（1987/1）發表中邊分別論之菩薩『障礙』與『能作因』之學說的論文，（1989/1）發表窺基的『心』與『行』

　　至於印順的現代性大量佛學著作，已如綜合佛教思想大水庫般地，在當代華人的佛教學界間廣為流傳和被研究，因此有「印順學」的研究顯學現象，正在當代佛學界開展。[38]此外，他對「人間佛教思想」的倡導與推廣，也有大量的追隨者出現。但，在此同時，來自不同立場的教界批判者，也相繼出現。[39]所以，這是正在發展中的未定型但非常重要的思想傳播潮流，值得今後繼續對其關注和探索。

　　由於儒佛思想的互相交涉，長期以來，即是研究中國思想史的主要傳統論述與思惟內涵的組成部分，因此，延續民國以來歐陽漸、梁漱溟和熊十力以來的儒佛思想的相關論述傳統，戰後以熊十力北大高徒自居的牟宗三（1906-1995）其人，不同於馮友蘭（1895-1990）、方東美（1899-1977）、唐君毅（1909-1978）和勞思光（1927-）四者的佛學論述，而是以《佛性與般若》（臺北：學生書局，1977）兩巨冊（這是牟氏受印順相關佛教論述的研究影響之後），立足於當代新儒家的立場，來進行脫離歷史相關脈絡性的中古佛學精義的新解與新判教的自我建構。

　　因此，嚴格而論，牟宗三這兩巨冊書的相關內容，其實是一種異質的新佛教思想體系的現代書寫，所以其書雖能在析論時，邏輯推論相當精嚴、和在進行相關概念詮釋時，也表現得相當深刻和極富條理性，但是全書如此詮釋，是否會有流於過度詮釋的嫌疑？以及是否能與原有歷史的發展脈絡能夠充分符應？卻是大有商榷餘地的。[40]但無論如何，牟宗三的此一《佛性與般

　　之學說的論文，以及以『心經幽贊』為中心等文章，其他論文及在中外學會發表之論文不計其
　　數，無法一一介紹。葉博士學識深厚，可說是著作等身，令人欽佩」。http://fgtripitaka.pixnet.
　　net/blog/post/29019424。但，筆者的上述論述，仍與事實接近。

38　參見邱敏捷，《「印順學派的成立、分流發展」訪談錄》（臺南：妙心寺，2011，初版）。

39　參見釋禪林，《心淨與國土淨的辯證——印順導師與人間佛教思想大辯論》（臺北：南天書
　　局，2006）。

40　例如賴賢宗就曾嚴厲地批評牟宗三的此書論述，他說：「牟氏認為天臺的『一念無明法性心』並
　　未能如陽明心學之真正的『存有論的創生』，只是『縱貫橫說』，而非陽明心學之『縱貫縱
　　說』，而天臺的『縱貫橫說』的目的只在『作用的保存』（作用的保存則來自儒家的良知心

若》兩巨冊的全書內容,仍算具有現代學術研究的大部分特質,所以也堪稱是戰後臺灣現代佛學論述的高峰成就之典範著作之一。

戰後臺灣在專業的現代佛學研究期刊方面,張曼濤在編《華崗佛學學報》之前,於 1976 年為主編《道安法師七十歲紀念論文集》(臺北:獅子吼月刊社)的相關內容,集當時張氏所邀集的國內外諸多著名學者所合刊的內容,已達堪與現代型國際專業佛學研究論述相比肩的最高水平。

此後,不論張曼濤所編的《華崗佛學學報》或釋聖嚴的中華佛學研究所所長期支持的《中華佛學學報》,其研究主題內容的多元性與豐富性,雖有高度成長,但,若要論其是否有專業性的重要突破表現,則包括《中華佛學學報》在內的多種佛學研究學報,可以說從未在超越過 1976 年出版《道安法師七十歲紀念論文集》時的最高水平。

有關 20 世紀的現代中國佛教史論述方面,以臺灣地區來說,逃難僧釋東初於 1974 年春天出版的《中國佛教近代史》上下兩冊(臺北:東初出版社),[41]是此一領域的最重要的研究奠基者:此書以明清佛教迄第二次戰後的劇烈變局為時代經緯、以釋太虛(1889-1947)所主導的中國佛教近代改革事業為論述的核心,彙編各種佛教史料以成書,篇幅極浩繁,全書熱切護教之情亦躍然紙上,故難列入論述精嚴的通史性著作之林。但釋東初以釋太虛逝後的第一代佛教改革事業追隨者為職志,藉編史以表彰之,可謂繼釋印順於 1950 年編成《太虛大師年譜》(臺北:正聞出版社)的另一放大普及

體,而非佛智),天臺的『不斷斷』和『圓』最後表現為一連串的『詭詞』(弔詭之言詞),牟氏認為這就是天臺『不斷斷』的『圓教』的實義和歸趨。極其明白的是,牟氏認為佛教之究極和歸趨只是『團團轉的圓』和『一連串的詭詞』,這樣的論斷雖然在牟氏自己的論說中也自成體系,但卻帶有對佛教的極大的偏見,和佛教的自我詮釋之距離太大了,充滿了儒家護教的封閉心態。」見賴賢宗,〈論吳汝鈞《天臺佛學與早期中觀》所論的中觀學及佛性取向的詮釋〉,《東吳哲學學報》第 3 期(臺北:1998),頁 43-51。

[41] 此書由臺北東初出版社發行,再版為 1984 年,列為《東初老人全集(一)》,日譯版是河村孝照改編、椿正美翻譯的濃縮版,於 1999 年由日本傳統文化研究所出版。此日譯本影印資料,承陳英善教授提供,特此致謝。

版，雖精嚴不及前書，仍具高度參考價值，故差堪與前書並稱為雙美。

但，在此之前，因已有日本學者水野梅曉的《支那佛教近世の研究》、《支那佛教の現狀に就いて》兩書，以及藤井草宣的《最近日支佛教の交涉》（東京：東方書院，1933）一書，而此三者又皆為論述自清代以來迄戰前有關中日佛教及中國佛教近代變局的權威觀察報告，且其內容曾被直譯或改寫而構成釋東初該書之部分內容，卻未被清楚交代原書出處，所以若純就嚴格學術而論，難說其非釋東初之書的學術瑕疵。而這也是我等今日讀者，在讀釋東初之書時，切不可忽略者。

此外，有旅美華裔學者陳榮捷（1901-1994）於 1953 年出版其《現代中國宗教的趨勢（*Religious Trends In Modern China*）》，[42]對中國國民政府於內戰逐漸失利而尚未撤離大陸之前的近代中國佛教及其他宗教發展狀況，亦曾作了簡明又精到的權威觀察；其中，尤以有關熊十力及其《新唯識論》的新佛教哲學思想，被舉為與釋太虛和歐陽漸（竟無）的唯識思想並稱，而在創新方面較後兩者為更優的新觀點，是首次被介紹到西方學界者，並引起一定程度的後續影響。[43]

中共取代國民政府建立新中國政權之後，又有美國學者唯慈（Holmes Welch）遍訪當時流亡在香港、臺灣、新加坡、馬來西亞、緬甸、泰國以及菲律賓等地的多位中國僧侶，然後以大量訪得的口述資料（占第一冊內容三分之一）和頭等文獻資料（亦占第一冊內容三分之一）兩者對照、並嚴格篩選以增其內容的可信度；他是自 1961 年起，開始撰寫研究報告：先於 1967 年由哈佛出版社出版首冊《中國佛教的實踐（*The Practices of Chinese*

---

[42] 此書有出版不久即有德文和西班牙譯本，1974 年又有日譯本，而中文本由廖世德翻譯，有陳榮捷本人作序，於 1987 年由臺北的文殊出版社印行。

[43] 據陳榮捷教授的說法：「此後學術研討會、博士論文、期刊文章專論熊十力者，已超過十宗矣。」見陳著《現代中國宗教的趨勢・中譯本序》，頁 3。

Buddhism 1900-1959）》，[44]1968 年再出版第二冊《佛教復興在中國（*The Buddhist Revival In China*）》，至於第三冊《毛澤東治下的佛教（*Buddhism under Mao*）》則出版於 1972 年，約當中共爆發文化大革命的中期，所以批判性極強，但也限於出版時代過早，有關二十世紀最後三十年所謂「改革開放」之後的重要大變遷狀況，便無法在書中涉及。

可是，唯慈的研究堪稱典範性的成就，並且早於釋東初的《中國佛教近代史》三年出版，所以真正為二十世紀中國佛教史的全面研究奠定學術基礎者，當歸之唯慈其人，且其在此一領域的學術成就，迄今仍還無有能比肩者，以至於後來者，都還直接或間接受其研究成果之影響。[45]

儘管如此，就二十世紀最後三十年的中國佛教發展現況來說，迄今都停留在重要僧侶的佛教事業或對其所持佛教思想的相關詮釋，雖間或也有介紹「改革開放後」的大陸宗教法規、佛教教育狀況或學術研究者，但除了與現實關涉不深且敏感性低的佛教學術研究成績較為可觀之外，其他方面皆缺乏較深刻或較嚴謹的對於大陸佛教現實面的真相之研究。換句話說，有關教團現況的深入探討或反思，迄今仍存在不少禁區而遲遲難以展開。

至於釋聖嚴（1931-2009）對於《明末中國佛教之研究》（臺北：學生

---

[44] 此書的史料及方法學，可見其第一冊《佛教的實踐・序》，中譯本由包可華和阿含譯出，改名《近代中國的佛教制度》，列入藍吉富主編，《世界佛學名著譯叢》82/83（臺北：世華出版社，1988）。

[45] 但是，相對於此，香港佛教聯合會、香港佛教僧伽聯合會、友聯研究所三者，也於一九六八年共同委由聯合書報發行公司出版《中國大陸佛教資料彙編：1949-1967》，這是根據當時大量來自大陸的相關原始佛教資料，並分為八大部以呈現其全部內容，其名稱為：第一部中共的宗教政策；第二部中共成立初期的佛教；第三部中國佛教協會；第四部大陸佛教徒的活動；第五部大陸佛教的典章文物；第六部大陸佛教的教育研究及出版工作；第七部大陸佛教徒生活情況；第八部西藏喇嘛教的情況；另有附錄（一）中共「佛教工作」面面觀；（二）虛雲和尚雲門事變記。此外在該書中還有各部的簡明提示和重要評論，並附有釋覺光所寫的短〈序〉。因此該資料彙編，也可說相當程度反映了當時香港佛教界對中共初期統治下大陸佛教現實遭遇的深沉關懷和反思。因而此資料彙編雖非屬正式的學術研究撰述，但其參考價值實不亞於唯慈後來才出版的第三冊書：《毛澤東治下的佛教（*Buddhism under Mao*）》的學術貢獻。

書局，1988）的立正大學博士論文（1975），雖曾遭日本著名學者荒木見悟
譏評為屬於「護教書」性質的無學術助益的偏頗研究，[46]卻是戰後深刻影響
臺灣諸多後進學者，[47]相繼投入明代佛教史研究的重要開山之作。

（二）解嚴迄今（1987-2011）的現代性佛學研究史回顧

解嚴以來，臺灣當代的現代性佛學研究，主題更為多元和相關成果更為
豐碩。

首先，在現代佛學研究的工具書方面，若不計以翻譯為主的相關佛教辭
典，則以藍吉富所主編《中華佛教百科全書（10 冊）》（臺南：妙心寺，
1994）、吳汝鈞主編的《佛教思想大辭典》（臺北：商務印書館，1992）和
于凌波（1927-2006）編著的《現代佛教人物辭典上・下》（高雄：佛光出
版社，2004），堪稱是戰後臺灣本土佛教研究相關工具書中，比較具有學術
內涵與新條目的說明者。其中，尤以于凌波本人（1927-2006）所編著的
《現代佛教人物辭典上・下》是由大量相關的當代傳記資料所構成，所以是
三者中，最有特色和最常被參考者。

在引進國際現代佛學研究的新趨勢方面，雖然歸國學人傅偉勳（1933-
1996）教授大力提倡「詮釋學」的多層次研究進路，也撰寫關於日本禪師
《道元》（臺北：三民書局，1996）的精彩研究。但是，傅偉勳的論述，[48]
大多是奠基於二手研究資料的歸納性主題論述，所以能有鼓吹學界的新嘗試
作用，但並未真正形成有效的典範性研究傳承。反之，其門下高徒林鎮國的
《空性與現代性》（臺北：立緒，1999）一書的出版，真在當代海峽兩岸都

---

46 陳玉女，《晚明佛門內外僧俗交涉的場域》（板橋：稻鄉出版社，2010），頁 20。

47 像釋果祥、江燦騰、釋見曄等人都是受其影響者。

48 傅偉勳主要的相關著作，計有：《從西方哲學到禪佛教》（臺北：東大圖書，1986）、《批判
的繼承與創造的發展》（臺北：東大圖書，1986）、《從創造佛教詮釋學到大乘佛學》（臺
北：東大圖書，1990）。

引起相應的學術共鳴和一定程度的後續效應。日本當代的「批判佛教」問題和歐美多角度的現代性佛教詮釋學，可以說，都是由《空性與現代性》一書的多篇主題，所提供給當代臺灣佛教學者的重要資訊來源。

1999 年時，由江燦騰親自主持《空性與現代性》一書的集體學界評論活動，也在臺北清大的月涵堂公開舉行：由林安梧、賴賢宗、曹志成等當代少壯派佛教學者共同參與相關主題的哲學辯難。此後，賴賢宗開始撰寫有關佛教詮釋學的多種著作；[49]而大陸的新銳佛教學者龔雋，更是延續林鎮國在其《空性與現代性》一書的相關探討課題，並以更大規模的方式，繼續推動有關歐美學者對於「批判佛教」的探討和新禪宗史研究的相關課題。此外，呂凱文、釋恆清、吳汝鈞等，也相繼探討有關「批判佛教」的問題。所以，這是有實質擴展性的現代佛學研究發展。

黃敏枝的《宋代佛教社會經濟史論集》（臺北：學生書局，1989），是戰後臺灣史學首開宋代佛教社會經濟史系列研究的重要專書；[50]此外，這也是繼早期大陸學者何茲全（1911-2011）、陶希聖（1899-1988）等人提倡研究中國社會經濟史以來的戰後在臺新發展。

但是，戰後現代佛學研究的最大收穫是，有關佛教史的相關研究。在臺灣佛教史研究方面，江燦騰的十餘種著述，公認是戰後臺灣佛教史學的主要建構者和集大成的專業學者。[51]闞正宗、侯坤宏、王見川、李玉珍四位學

---

[49] 賴賢宗的相關著作有：《佛教詮釋學》（臺北：新文豐，2003）、《當代佛學與傳統佛學》（臺北：新文豐，2006）、《如來藏說與唯識思想的交涉》（臺北：新文豐，2006）、《海德格爾與禪道的跨文化溝通》（北京：宗教文化，2007）、《道家禪宗與海德格的交涉》（臺北：新文豐，2008）等書。

[50] 黃敏枝還另撰有《唐代寺院經濟的研究》（臺北：臺灣大學文學院，1974）一書。

[51] 在江燦騰的十多本著作中，有六種值得一提：(A)《臺灣佛教百年史之研究》一書（臺北：南天書局，1996），曾獲第一屆臺灣宗教學術金典獎。(B)六十四萬字的《日據時期臺灣佛教文化發展史》一書（臺北：南天書局，2001），是博士論文（2000）的改寫出版，並曾獲第二屆臺灣省傑出文獻工作獎。(C)至於《臺灣佛教史》一書（臺北：五南出版社，2009），則是歷來全面性書寫近三百年多來（1662-2009）臺灣佛教通史、並正式出版的第一本專書。(D)2005 年，榮

者，也各有擅長領域。闞正宗：長於佛教史料蒐集；[52]侯坤宏：長於佛教政治史和經濟史；[53]王見川：長於齋教史料蒐集和研究；[54]李玉珍：長於佛教女性與社會研究。[55]

在明清佛教史方面，王俊中的《五世達賴教政權力的崛起》（臺北：新文豐，2001）一書，堪稱天才型的東亞漢藏佛教史最新研究論述，書中所陳述的邊地多國共治的新詮釋觀念，洋溢著當代臺灣新本土佛教學者的特殊歷史情懷與深層的未來性憂慮。新銳佛教學者廖肇亨，對於明代新禪宗文化的多重視野的大量探討與多篇現代書寫，從情慾、戲曲、詩文、傳記和相關思想等，都呈現新佛教社會文化史的鮮明風貌。

相對於廖肇亨的新禪宗文化的多重視野研究，陳玉女的《明代佛門內外僧俗交涉的場域》（臺北：稻鄉，2010）和《明代二十四衙門宦官與北京佛教》（臺北：如聞，2001）、《明代的佛教與社會》（北京：北大出版社，2010）各書，都是由明代佛教社會史的豐富史料和相關宗教人物活動層面的多篇詳細探討專文，所組構而成的堅實研究成果。其中，有關明代佛醫的新

獲行政院陸委會所屬中華發展基金會大陸出版品甲級補助，在大陸地區，由中共最具學術權威性的中國社會科學出版社所出版有關臺灣近百年現代化佛教發展經驗的第一本專書《新視野下的臺灣近現代佛教史》。(E)2010 年，又由大陸官方的宗教文化出版社，出版其兩岸歷來第一本《二十世紀臺灣佛教文化史研究》。(F)2010 年，更進一步榮獲教育部的專款補助，為建國百年讓學術詮釋歷史的宗教學門類唯一計畫專書撰寫。此書：《戰後臺灣漢傳佛教史：從雙源匯流到逆中心互動傳播的開展歷程》，在 2011 年的 4 月初，也已由五南出版社隆重出版。

52 見闞正宗，《重讀臺灣佛教：戰後臺灣佛教（正、續編）》（臺北：大千佛教出版社，2004）、《臺北市佛教會六十周年特刊》（臺北：臺北市佛教會，2007）、《中國佛教會在臺灣——漢傳佛教的延續與開展》（臺北：中國佛教會，2009）。其〈戰後臺灣佛教史料的查找與運用〉一文，收在其《臺灣佛教史論》一書，頁 395-417，介紹相當詳盡。

53 侯坤宏的重要相關論述，可參考江燦騰、侯坤宏、楊書濠著，《戰後臺灣漢傳佛教史：從雙源匯流到逆中心互動傳播的開展歷程》（臺北：五南出版社，2011）一書中，由侯坤宏執筆的各章。

54 王見川，《臺灣的齋教與鸞堂》（臺北：南天書局，1996），是其代表作。

55 李玉珍的《唐代比丘尼》（臺北：學生書局，1989 年）一書，是戰後第一本比丘尼研究的專書。

主題研究，以及提出大量相關的日文佛教研究成果評介，都是歷來有關明代佛教社會史研究中，並不多見的優秀學術成就。

不過，在陳玉女之前，劉淑芬的《中古的佛教與社會》（上海：古籍出版社，2008）一書，已是利用大量碑刻史料與從事中古佛教各類社會史主題的新探索。而這類研究的新形態之所以能夠出現，主要是二十世紀後期歷史學研究朝向歷史社會學發展的轉型反映所逐漸形成的。

但是，黃運喜的《中國佛教近代法難之研究》（臺北：法界，2006）和江燦騰的《中國佛教近代思想的諍辯與發展》（臺北：南天，1997）二書，大不同於戒嚴時期的釋東初撰寫的描述性非嚴謹現代佛教史研究，而是以專業的歷史學研究方式，分別探討中國佛教近代所遭遇的多次來自官方公權力濫用的嚴重困境與近代中國漢傳佛教思想史的長期變革相關問題論述，因此都堪稱引據精嚴和視野透闢下，治學「勤勉厚實」的優良史著。

在有關佛教人物的傳記研究方面，李筱峰的《臺灣革命僧林秋梧》（臺北：自立晚報社，1991）、楊惠南的〈臺灣革命僧——證峰法師（林秋梧）的「一佛」思想略探〉[56]和江燦騰的〈從大陸到臺灣：近代佛教社會運動的兩大先驅——張宗載和林秋梧〉[57]是各有突破的作品，但仍以李筱峰對林秋梧的思想研究，成就最大。[58]

---

[56] 見楊惠南，《當代思想的展望》（臺北：東大出版社，1991），頁 45-74。楊惠南是用如來藏思想來解說林秋梧的「一佛」思想，又批評他是「空想的社會主義者」。

[57] 此文收在江燦騰，《臺灣佛教與現代社會》（臺北：東大出版社，1991），頁 3-36。我是在就讀臺灣大學歷史研究所博士班時，因被解嚴後所強烈釋放的本土研究意識所衝擊，才由原先研究明清和民國時期的中國佛教史，轉為專攻臺灣近現代史。研究初期，我是先延續李筱峰關於林秋梧參與佛教社會的課題，然後再進一步以臺灣本土佛教四大法派的教團史為研究重點，並因此開啟學界此後全面進行研究日治時期臺灣佛教的新風氣。其後我在博士論文中，更以「臺灣新佛教運動的開展與頓挫」，討論其中所涉及的宗教政策、同化問題、日臺佛教平行發展、新舊佛教藝術創作、儒釋知識社群的衝突、本土教團的改造和戰後的發展等問題，而展開長達六十四萬字的大篇幅探討。

[58] 日治時期的臺灣本土佛教改造運動裡，出身日本駒澤大學同學會的本省籍佛教精英像：高執德、林秋梧、李添春、曾景來、李孝本等人，都發揮了相當大的作用。不過，在過去的臺灣佛

　　此外，雖然戰後也出版了有關僧侶的個人自傳、生平報導、死後的悼文集、向社會大眾推銷宗教形象的宣傳傳記等，在數量上也相當多，卻不一定可以當作有學術研究意義的成果來探討。[59]不過，《白公上人光壽錄》（臺北：十普寺，1983），卻是少數的例外。因編者在編輯時，是能兼顧到史料的多元性、相關性和客觀性。[60]

　　至於釋信融有關中共佛教史著名人物《巨贊法師研究》（臺北：新文豐，2006）的相關優秀研究，不但是兩岸此一主題的開創性作品，如今在大

教史中，只有林秋梧一人，較為學界所知。因發掘林秋梧生平事跡的李筱峰先生，曾先後寫了兩本專書：第一本是《革命的和尚——抗日社會運動者林秋梧》（臺北：八十年代出版社，1979）、第二本是《臺灣革命僧林秋梧》（臺北：自立晚報社文化出版部，1991）。 由於作者李筱峰先生早期即從事臺灣政治民主化運動，又是學院科班出身的臺灣史研究專家，再加上林秋梧為他的親人之一，因此他對林秋梧的探討，不但主題新穎、題目聳動、內容豐富，書中更洋溢著他對臺灣文化運動乃至佛教現代化的深切關懷之情，所以林秋梧的大名，可以說在李書一問世，即不脛而走，廣為人知。影響所及，一般學界談及日治佛教界，即不期然而然地，以林秋梧為代表。至於和林秋梧同時崛起的夥伴，則依然掩埋歷史塵土中，等待被有心人挖掘，然後可以探頭出土，重見天日。雖然如此，關於環繞林秋梧周遭的佛教史研究，李著也存在著極大的不足。例如開元寺本身的內部問題、佛教知識精英的集體思想取向的問題、高執德事件的相關問題，都是可以再檢討的。

　　此外，近年來，釋慧嚴也對林秋梧的思想研究，也提出數篇新作。見釋慧嚴所撰：（一）〈忽滑谷快天對臺灣禪學思想的影響〉。此文先發表於《第六次儒佛會通論文集》（華梵大學、民國 91 年 7 月），其後，略作補充，並先發表於《人文關懷與社會發展、人文篇》（高雄復文圖書出版社、2003 年）；再收入其書，《臺灣佛教史論文集》（春暉出版社、2003 年 1月）。至於（二）〈林秋梧（証峰師）的佛學思想探源〉，此文原為華梵大學所舉辦的【第七屆儒佛會通暨文化哲學】會議論文。之後，此文內容，也再收入其新書：《臺灣與閩日佛教交流史》（高雄：春暉出版社，2008），頁 549-578。

59　基本上，學術的傳記，應具備至少下列幾個條件：一、資料是可考證的，或可證實非是虛假的。二、資料的主要來源，不能只靠傳主本身提供的。三、對有爭議性的資料，有能力判斷或考證真相。四、對佛教的環境、慣習和時代相關背景，具備一定程度的理解。五、對研究的對象，能加以檢討或批評。因此，有些僧侶的個人傳記，雖具有極大的可讀性，或在自敘生平時相當真實，都不能放在本文的此處來討論。

60　因此，此書雖是用來祝賀白聖法師八十歲生日的應酬著作，其中充滿了對白聖的推崇，也是顯而易見的。但這一本達九百五十多頁的「編年體」著作，列有極豐富的參考資料，每年按僧伽、教團、社教、政經四大項來編排，兼容並蓄，無異是一部近代中國佛教史的綱要，所以很值得肯定。

陸地區，此書也成為兩處「巨贊紀念館」的標準版陳列物，堪稱論述一流。

在佛教藝術史的研究方面，陳清香的《臺灣佛教美術的傳承與發展》（臺北：文津，2005），內容雖很豐富，但相關史料錯誤卻不少，又缺乏清楚的定義陳述和不具備明確有效的分析概念，所以不能成為嚴格的臺灣本土現代佛教藝術標準著作。[61]

林保堯的中國中古佛教藝術史研究，長期追隨日本塚本善隆的研究模式，研究成果雖多，領域過窄，特色並不突出。但近期的《山奇大塔：門道篇》（新竹：覺風，2009）一書，是林保堯領隊親赴印度進行著名印度「山奇大塔」的精細田野紀錄，是標準本性質的田野調查教學的實用手冊。

至於兼具可讀性和專業性的《中國佛教美術史》（臺北：東大，2001）一書，是李玉珉（長期服務於臺北故宮博物院）的非凡力作，堪稱是臺灣本土佛教藝術史研究學者的一流作品。但，李玉珉的全書內容，完全與臺灣本土現代佛教藝術的表現無關，則是其致命的學術缺陷。

有關佛教文學研究方面的代表性作品，可舉丁敏的《佛教譬喻文學》（臺北：東初，1996）一書，是海峽兩岸唯一專論此一性質的優秀作品。至於有關佛教儀式的相關研究，汪娟的《唐宋古逸佛教懺儀研究》（臺北：文

---

[61] 陳清香的研究模式的缺陷，也反映在所指導的研究生論文的寫作上，茲以郭祐孟的論文為例來說明。郭祐孟原為陳氏在中國文化大學藝術研究所碩士班的授課學生，且其畢業論文〈臺南法華寺的佛教藝術及其源流考〉（1995 年 6 月畢業），就是由陳氏所指導，所以在研究方向和處理主題的方式，即深受陳氏影響。此一論文（本文連所附的圖像參考資料）近四百頁，卷軼龐大。主要集中於處理臺灣早期最古老的佛寺之一臺南法華寺內現有建築格局、佛雕造像風格、觀音壁畫——大悲出相——及南臺灣相關寺院中的「大悲出相」的圖像風格及源流研究。此一探討，無疑是沿襲陳清香〈臺灣早期觀音像造型源流考〉的研究課題，但更深入和更突出。特別是臺灣南部流行甚廣的通俗觀音信仰造型——「大悲出相」——被此文作了極深入的研究。然而，就學術研究的嚴格要求來說，此文存在著嚴重缺陷。例如在探討「大悲出相」時，經常花極大的篇幅去追溯它的早期源流和發展，卻忽略了史料本身的證據和相互的聯繫性是不足的。又探討的對象，有不少是重彩的粗糙作品。因此，郭氏的研究，在主題的開闊上是有貢獻的，在文化的意義上也值得肯定。但就論文的學術水平來說，則不十分突出。郭氏另有關於臺灣地區彌勒圖像及其背景的幾篇論文，可是，其過重遙遠的背景之缺點依舊，在論點上也無太多新意。因此，可以置之不論。

津，2008）專書，是善用敦煌古文獻專研過去學者很少觸及的唐宋時期古逸佛教懺儀的系列課題，堪稱當代獨步的學術表現。至於洪錦淳的《水陸法會儀軌》（臺北：文津，2006）一書，對於有關水陸法會的探討，已能一定程度的清楚解明從唐代到明代的相關變革，所以也是此領域少見有突破之作。[62]

不過，有關神異僧的特殊崇拜化研究，王見川的《從僧侶到神明──定光古佛、法主公、普庵之研究》（中壢：圓光佛學研究所，2007）一書和其對於民國虛雲禪師實際年齡的新探索，在史料發現和論述角度上，都有新突破。[63]至於臺灣東部的佛教史研究，李世偉的〈戰後花蓮地區佛教發展初探〉，是「以花蓮地區為範圍，依其特質分成『正信佛教』與『民間佛教』兩類，鉤勒其歷史發展的基本樣貌及相關活動」。[64]相當有新意，能算是先驅性的論述之一。

可是，林美容從「本土化」的立場出發，將早期臺灣佛教稱為「岩」或

---

[62] 相關的最新研究，還可參考：陳省身，《普濟幽冥：瑜伽焰口施食》（臺北：臺灣書房，2009）一書，此書的當代田野調查資料，是最權威的精確報告，但關於歷史溯源的說明，則顯有不足。

[63] 此外，王見川的〈還「虛雲」一個本來面目：他的年紀與事蹟新論〉一文，利用虛雲本人所編的《增校鼓山列祖聯芳集》、《星燈集》，以及高鶴年的《名山遊訪記》、《佛學叢報》等民國時期佛教史料，重新探討虛雲年齡後，仍然認為《虛雲年譜》《虛雲法彙》中有誇大、虛構、竄改等不實處，虛雲本人其實只「活了九十歲左右」。《圓光佛學學報》，第 13 期，2008年 6 月，頁 169-186。此一對於虛雲實際年齡的新考定，與胡適先前所作同一主題的質疑研究，實可以先後輝映。

[64] 李世偉認為：「由於花蓮屬後開發地區，佛教活動亦晚於西部各地，清代僅有三個民間佛教寺廟，日據時期隨日本移民來而有不少日本佛教，惟影響有限；戰後國府透過『中國佛教會』強化對佛教界的控制，中佛會花蓮支會率先於各縣市成立。花蓮之『正信佛教』於戰後始大量創建，此與其後進發展地區有關，著名之道場如東淨寺、淨德精舍屬基隆靈泉寺系統，彌陀寺屬宣化上人所屬『法界佛教總會』，而後來居上乃成為臺灣著名大道場為者為 1966 年創立之『慈濟功德會』，於慈善、醫療、教育、文化事業具有所成。花蓮之『民間佛教』歷史較早，其道場性質近於民間信仰型態，就祭祀神言，除主神釋迦牟尼佛外，雜採諸多民間信仰之神祇，相關神明感應與神通事蹟也極多；同時，大型的民間佛教道場也形成聯庄組織，與地方關係極為密切。」《圓光佛學學報》第 10 期（2006），頁 23。

「巖仔」的佛教道場，加以統計，試圖建立早期「民間佛教」的歷史面貌，以別於後來受出家僧侶影響的「正規佛教」。[65]可惜，此種道場，並非唯一專屬「民間佛教」者，故將其抽離出來，加以統計，實無重要意義可呈現。因此，無法用來解釋早期「民間佛教」的普遍現象。唯有將庵、堂、寺等一併加以考慮，才能說明。因此，林美容的此一研究方式，大有商榷餘地。

至於解嚴以來的佛教兩性平權議題的倫理學研究，則釋昭慧（1957-）的《佛教倫理學》（臺北：法界，1995）和《律學今詮》（臺北：法界，1999）等各書，都是其最具代性的相關力作。[66]

---

[65] 林美容的此類研究，計兩篇，即：〈臺灣佛教的傳統與變遷：巖仔的論查研究〉，收在臺灣師範大學主編，《第一屆本土文化學術研討會論文集》（臺北：1995 年 4 月），頁 701-22。〈從南部地區的「巖仔」來看臺灣的民間佛教〉，載《思與言》，卷 33 期 2（臺北：1995 年 6 月），頁 1-40。

[66] 此類著作，所反映的時代意義如下：雖然臺灣佛教兩性平權運動與與女性新禪學家的出現，雖直到 21 世紀初，才躍上歷史舞臺，但其發展歷程卻為時甚久。此因 1949 年之後，大量大陸逃難來臺的出家僧侶，以白聖法師等為首，透過匆促在臺恢復組織和活動的「中國佛教會」所主導的，傳授戒律活動與頒發受戒証明，成功地，以大陸「江蘇省寶華山式的佛教傳戒制」度為基調，在臺順利地，重塑出家女性比丘尼的清淨神聖形象，並成為戰後臺灣社會，最能接受與認同的主流。彼等從此，就代替，類似臺灣傳統「齋姑」，在「齋堂」的功能和角色那樣，擔負起全臺灣佛教，大大小小各佛寺內，各種日常性事物的處理。例如，彼等須安善應對來寺功德主，或信眾們宗教需求等。所以彼等其實是，寺中事務處理重要負責人。也就是說，彼等在寺院中，是各種雜務或大小庶務的，主要的擔綱者，同時也是，寺中男性比丘的重要助理。正如家庭主婦，在一般家庭中，無可代替的地位一樣。可是，其實質地位並不高。其背後真正原因是，儘管戰後，臺灣佛教出家女性比丘尼的清淨神聖形象，已被社會或佛教信徒認可，但由於受到傳統印度佛教戒律中，「男尊女卑」的落伍意識形態的深層影響。所以從戰後初期，到解嚴前，臺灣佛教的出家女性寺內地位，相對於寺內出家男性來說，仍甚卑微。儘管在事實上，她們的總人數，要多於出家男性的三至四倍之多，並且彼等，在出家資歷、佛教專業知識、教育程度，和辦事經驗等各方面，除少數例外，一般來說，若與出家男性相比，是毫不遜色的，甚至於，尤有過之者。但是，傳統宗教意識形態之積習難改，所以在相對的成熟條件不具備時，就是有心要改變，也不易成功。此種情況的改變，正如解嚴後政局劇變一樣。亦即，臺灣佛教兩性平權運動，在解嚴後的新發展和最後能成功，除有昭慧尼及其眾多追隨者的堅毅努力之外，不可諱言，是亦步亦趨地，繼之前臺灣社會婦運的成功，而展開的，故曾受惠於之前婦運的經驗和成果，也是無庸置疑的。我們須知，臺灣社會在解嚴前後，在婦運團體所出現爭取新兩性平權運動中，曾分別針對現代女權新思潮、兩性平等新概念，在教育、立法、公共輿論三方面，提出強烈訴求；再結合相關社會運動的急劇催化，不久，即大有斬獲，並大幅度地，

　　不過，從另一方面觀察，自解嚴以來，有關當代臺灣本土人間佛教思想的形成及其社會實踐的不同路線之爭，卻又特別激烈和壁壘分明。此因臺灣傳統佛教的信仰意識形態，在解嚴之前的仍是相當牢固和保守的。直到1986 年時，才發生真正的大改變。[67]

　　等到 1989 年時，已經在當代臺灣佛學界歷時三年多的關於印順人間佛教思想的爭辯問題，立刻在印順本人當年出版《契理契機的人間佛教》（新竹：正聞出版社）的有力學術背書之下，成為代表其一生佛教著作的正式且唯一的思想標籤。

改善或提升臺灣社會兩性不平權的非正常狀況。從此以後，這一重大成就，就成為已通過立法，和可以透過教育傳播的臺灣現代主流思想和生活模式的重要內涵。於是，受惠於此社會改革成功的影響，以改革急先鋒的昭慧比丘尼為首，戰後新一代的臺灣的佛教女性們，也相繼提出彼等對傳統佛教戒律中「男尊女卑」的落伍觀念強烈的質疑和絕不妥協的凌屬批判。而彼等之所以能以出色精研的新佛教戒律專業知識為依據——主要是吸收一代佛學大師印順的原有相關知識精華——作為與其出家男性對手論辯時，才得以致勝的強大利器。因此，在歷經一場，激烈的相互論辯，與對抗後，當代臺灣佛教，兩性平權的改革運動，終於渡過其驚濤駭浪般的爭議階段，逐漸走出開放的坦途。

[67] 此年，臺灣新一代的宗教學者以未註冊的方式成立「東方宗教討論會」，開始每用一次進行嚴格的宗教學研討和當代佛教學新學術議題之倡導，次年期末年會召開，由於道教學者李豐楙的建議，由就讀於臺大歷史研究的筆者，提出以印順導師的淨土思想為中心的相關論述，並邀請任教於臺大哲學系的楊惠南教授擔任筆者論文的評論者，當代臺灣學術界的精英多人亦曾參與此一論題的討論。所以此一新佛教學術議題，宛若被點燃的火藥庫，立刻爆炸開來，成為此後多年海峽兩岸佛教學者大量重估印順、太虛兩者的人生佛教與人間佛教之別的契機。等時序進入 1989 年時，當時的臺灣地區。由於已是到了官方宣布政治全面解嚴之後的第三年了，並且蔣氏在臺政權的第二代強人領導者蔣經國，也在其最嚴的糖尿病所引起的心臟疾病惡化後，導致提早死亡，而繼承其位者正是當時當擔任副總統的臺籍人士李登輝，於是臺灣現代史上首次出現無強人統治的民主化時代。當時反映戰後臺灣社會各種弊政的大型街頭群眾運動，也因之立刻如風起雲湧般地，經常出現臺北市離總統府不遠的各街道上，所以當時，不只官方在政治權力的運作曾遭到民間各種不同政治立場的反對勢力之連番挑戰。正是在這樣的氛圍之下，1989 年當年，代表戰後臺灣人間佛教思想的兩大路線倡導者：印順和星雲，分別提出其相關的著作和新觀點的詮釋。尤其後者星雲，他曾於 1989 年以「如何建設人間佛教」為議題，在 1990 年舉行一場國際性學術會議，表明他對人間佛教的看法，並以佛教現代化為主題，作為改善佛教的準繩，強調佛教「現代語言化」、「現代科技化」、「現代生活化」、「現代學校化」等四項。為走入時代，將佛法散播各角落，可見星雲有意將人間佛教引領到現代化。其後，則繼續加以詮釋系統化，而成為所謂「星雲大師的人間佛教」。

　　以此作為分水嶺，從此臺灣佛教界所爭論的人間淨土思想問題，已被化約成為贊成或反對兩者立場，以及印順和星雲兩者的人間佛教理念，何者更具有社會的實踐性問題。

　　江燦騰是當代首先將印順視為是對太虛思想的「批判性繼承」者，而認為依星雲所走的佛教路線，他應該算是太虛思想的「無批判繼承」者，並公開指出：印順曾對星雲人間佛教思想中的融和顯密思想，有所貶抑的情形。[68]

　　可是，作為印順思想的忠實追隨者的邱敏捷博士，在其博士論文中，則一反江燦騰的並列方式，而是以印順的人間佛教思想，作為其評判他人佛教思想是否正確的最後依據。所以她因此一舉將包括佛光山、慈濟功德會和法鼓山等，當代臺灣各大佛教事業場的人間佛教思想，一概判定為屬於「非了義」等級的「世俗化」人間佛教思想。[69]

　　事實上，邱敏捷博士的各項論點，並非屬於她獨創的新見解，而是延續其博士論文指導教授楊惠南，對慈濟功德會和法鼓山，這兩大佛教事業道場的人間佛教思想之批判觀點而來。

　　因為楊氏認為，不論是慈濟功德會所主張的「預約人間淨土」或法鼓山所創導的「心靈環保」，都是屬於過於「枝末性」的社會關懷和過於「唯心傾向」的淨土認知。他認為此兩大佛教事業道場，不敢根源性地針對官方和資本家的汙染源，提出徹底的批判和強力要求其改善，[70]反而要求一般的佛

---

[68] 印順導師曾指出，臺灣推行人間佛教傾向，以目前：「現代的臺灣，『人生佛教』、『人間佛教』、『人乘佛教』，似乎漸漸興起，但適應時代方便多，契合佛法如實，本質還是『天佛一如』。『人間』、『人生』、『人乘』的宣揚者，不也有人提倡『顯密圓融』嗎？」釋印順，〈契理契機之人間佛教〉，頁65。

[69] 邱敏捷〈印順導師人間佛教思想：臺灣當今其他人間佛教之比較〉，此篇文章早期發表於《人間佛教薪火相傳：印順導師思想理論實踐學術研討會》，之後，作者又略事修改，已收入邱敏捷，《印順導師的佛教思想》一書（臺北：法界，2000年1月），頁133-160。

[70] 楊惠南於1994年12月，以〈當代臺灣佛教環保理念的省思以「預約人間淨土」和「心靈環保」為例〉，提出社會關懷解決方案。直接針對慈濟功德會所發起「預約人間淨土」，和法鼓

教信眾以《維摩詰經》中所謂「心淨則國土淨」的唯心觀點來逃避問題，[71]
所以他指責這是「別度」的作法，而非「普度」的作法。[72]

　　所以，邱敏捷博士的持論立場，其實是將其師楊惠南教授的此一論點，
再擴大為，包括對佛光山星雲的人間佛教思想的理念和做法在內的，全面性
強力批判。[73]

　　其後，在佛光山方面，雖然立刻遭到由星雲女徒慈容尼師的撰文反駁，
[74]但如純就佛教義理的思維來說，慈容的反駁觀點，是無效的陳述，所以同
樣遭到來自邱敏捷博士針鋒相對地論述強力回擊。[75]因此，其最後的發展

山「心靈環保」，認為當代佛教推動環保最具成效兩大團體，這方面的成就是有目共睹，就事
論事，這兩大團體只在「『量』上限定於幾個環保面相」，更值得注意的是，工業污染（化學
污染）、核能污染，這些都是「來自於資本家和政府」。見《當代》，第 104 期（1994 年 12 月
1 日），頁 40-41。

71　楊惠南的批評是：檢視當代臺灣佛教環保運動，之所以侷限在「浪漫路線」的「易行道環保運
動」的範圍之內，原因固然在於主導法師保守的政治理念態度，……把環境保護和保育，視為
「內心」重於「外境」這件事，如果不是錯誤，至少是本末倒置的作法。見楊惠南，〈當代臺
灣佛教環保理念的省思以「預約人間淨土」和「心靈環保」為例〉，《當代》，第 104 期，頁
40-41。

72　楊惠南認為，「大乘佛教所發展出來的『（半途型）世俗型』的普渡眾生」，「還是同樣強調
物質的救渡」，相反的，「大乘佛教的普渡眾生，有出世的意義，『目的型』的救渡」。並指
出：「世俗」型的物質救渡，又可細分為二種：其一是一個一個、小群一小群，或一個區域
的……筆者（楊惠南）稱之為「別渡」……以致成為「頭痛醫頭，腳痛醫腳」的「治標」救渡
法。……他們寧可假日到郊外撿垃圾，然後回到廟裏說「唯心淨土」，宣說「心靈環保」，卻
不敢向製造污染的資本家的政府抗議。另外一種「世俗」型的救渡，乃是透過政治、經濟、社
會制度，全民……這樣的救渡，筆者才願意稱之為「普渡」。楊惠南，〈臺灣佛教現代化的省
思〉《臺灣佛教的歷史與文化》，頁 288-289。

73　邱敏捷，〈印順導師人間佛教思想：與當今臺灣其他人間佛教之比較〉，曾發表於 1999 年弘誓
文教基金會主辦，【第二屆「人間佛教薪火相傳」學術研討會】（臺北：南港中研院國際會議
室），其後收入邱敏捷，《印順導師的佛教思想》（臺北：法界出版社，2000），頁 133-160。

74　慈容，〈人間佛教的真義——駁斥邱敏捷女仕的謬論〉，《普門》第 243 期（1999 年 12 月），
頁 2-3。

75　邱敏捷，〈答《普門》發行人之評論：「人間佛教的真義」〉，《普門》第 245 期（2000 年 2
月），頁 16-19。

是，雙方既沒有交集，也各自仍然堅持原有的觀點，[76]不曾有任何改變。

　　至於有關「在家教團」的研究，則是江燦騰對於有關戰後臺灣佛教「在家佛教團體」所探索的最核心、也是最具代表性的主題和問題。因為不論我們如何進行討論戰後臺灣在家佛教的信仰或各類居士佛教團體的組織和活動，假如沒有將其分析的概念提升到「在家教團」（這是在家佛教發展到最高峰的宗教產物），以及將解嚴後的兩個最重要的「在家教團」：維鬘與現代禪納入對象與問題的探討[77]，則很難完整理解戰後甚至近百年來臺灣在家佛教的發展。[78]

---

[76]　見邱敏捷，〈當代「人間佛教」的諍辯──記數年前的一場大風暴始末〉，《當代》復刊 97 期（2005 年 7 月號），頁 54-61。

[77]　此因彼等是，呈現出最具典範性的發展經驗，所以本文暫不討論「新雨」、「正覺同修會」和「印心禪學會」等在家佛教團體。

[78]　事實上，自明清時代以來，長期流傳於臺灣地區的傳統齋教三派（龍華、金幢、先天），就是傳統「在家教團」的一種。但傳統的齋教三派，雖在戰後戒嚴體制下的不利環境無法成功轉型而趨於沒落，不意味在家佛教徒都不從事「非僧侶主義」的信仰自主性的追求。因為戰後基督教新信仰型態對民眾、特別是佛教徒的強烈刺激、大量現代西方文明知識或新文化概念的輸入、出版業的高度發達、鈴木禪學著作的風行、資訊的流通快速、教育的機會提高、社會經濟條件的大幅改善、都會化與疏離感的增強等，都促使戰後臺灣民眾有意願和有能力去從事新信仰的追求。所以我們在現代禪創立者李元松或維鬘主導者王儒龍的身上，都可以觀察到上述影響的清楚軌跡。

因而，反映在此等「在家教團」的規範和信仰內涵上，則處處都可看出有民主觀念和合議制運作的強調、理性化和多元性知識的高度攝取、注重溝通與協調、與學界往來密切、在財務上透明化和謹慎取用等。所以，研究解嚴後的臺灣佛教「在家教團」的發展與頓挫，即是研究戰後在家佛教信仰型態或歷史現象的最核心和最具代表性的主題和問題。另一方面，若就其重要性來說，則無論就其研究對象和主題，都可以有效釐清戰後臺灣社會現代化發展的大環境之下，特別是在長期的政治戒嚴正式宣告結束、一元化的中央佛教組織隨之開始鬆綁、而宗教自由的發展環境也瞬即成為現實的可能之後，已鬱積多年而正蓄勢待發的臺灣在家佛教徒，將追尋和建構彼等的信仰內涵、活動或表現的方式、組織型態或制度規範的制定等，是值得觀察的。所以本研究的對象和主題，即是觀察戰後臺灣社會文化史中重要新事物的指標之一，可見其重要性。

但，何謂「在家教團」？在本文中，對於「在家教團」的這一概念使用和其定義的內涵，可有如下相關解說：1. 它雖是臺灣佛教的「非出家眾組織」之一、卻非屬於傳統的「在家居士團體」之任何一種。2. 它並無傳統「僧尊俗卑」的心態，且根本不遵循傳統佛教徒以僧尼為皈依

　　此外，最新的教團史論述，是「慈濟宗」與「法鼓宗」在「印順流」的「人間佛教思想」強烈衝擊下的相對反應——印順圓寂後的「去印順化」行動。此因解嚴以來，當代臺灣佛教界最具思想影響力的「人間佛教思想」，在其歷經從 1986 年到 1989 年的激烈辯論之後，於 1989 年時，已被當代臺灣佛教界所普遍肯定，並蔚為各大道場（除中臺禪寺之外），用來詮釋彼等本身佛教事業的立論思想根據，和彼等涉入社會關懷的行動指導原則。

　　所以，當代最多元和最歧異的「人間佛教思想」，便宛如一股混濁地滾滾洪流，開始橫溢於各道場的文宣或口語傳播上，其來勢之洶湧和強勁，甚至連大陸對岸的許多佛教學者，都深受衝擊和影響。[79]而其中，尤以太虛的「人生佛教」和印順的「人間佛教」之別，[80]構成了彼此溯源時的思想依

　　師的原信仰倫理。3. 所以，它不但擁有本身所清楚主張的「在家教團意識」，而且還擁有本身的強烈、獨立自主的「教團」規範、組織和運作之實際表現。4. 因而，它的正確名稱是「在家教團」，而非「出家教團」或「居士團體」。5. 儘管如此，因它事實上迄今為止，仍無像明清以來臺灣傳統齋教三派那樣，有鮮明地與「出家佛教僧尼」有徹底正面對抗的決裂意識和相關的顯性作為。

　　所以，它既有異於「傳統臺灣齋教三派」的宗教意識和相關作為，也不能視其為「傳統臺灣齋教」直接衍生物。因此我新創「新齋教」這一概念用語，可以考慮作為與「在家教團」另一同義詞來使用。

　　而根據以上的概念使用和定義的內容，來檢驗迄今為止，國內外研究現況，則在當代臺灣學者中，確曾以臺灣佛教「在家教團」這樣的分析概念，作為探索的主要觀察角度和相關面向，並將當代臺灣兩大最具代表性的「在家教團」：「維鬘佛教傳道協會」和「佛教現代禪菩薩僧團」加以合併觀察和比較的研究方式來說，其實只有我於 2007 年 12 月 15 日於高雄市由中華佛寺協會所舉辦的，「臺灣佛教的過去、現在與未來學術研討會」所發表的簡報型論文〈解嚴前後臺灣佛教的在家教團：發展與頓挫（泡沫化？）〉和〈解嚴後臺灣佛教「在家教團」崛起與頓挫：研究史回顧與檢討〉的專論而已。《思與言》第 48 卷第 1 期（2010，03），頁 191-238。

[79]　見釋禪林，《心淨與國土淨的辯證：印順導師與人間佛教大辯論》（臺北：南天書局，2006），頁 1-14。

[80]　江燦騰，〈論太虛大師與印順導師對人間佛教詮釋各異的原因〉，《當代臺灣人間佛教思想家：以印順導師為中心的薪火相傳研究論文集》，頁 106。

據。

但是，以印順的「人間佛教」思想作為批評標準的詮釋觀點，也被楊惠南教授和邱敏捷博士相繼提出和展開對與其相異者的強烈批判。所以，包括慈濟在內所推展的「預約人間淨土」和聖嚴所極力宣揚的所謂「心靈環保」之說，都一概被楊、邱兩人，貶抑為「不了義」的「世俗諦」佛教思想，連帶其所作所為，也是同樣屬於未能正本清源的「別度」思想。[81]

這雖非當時的臺灣佛教界，所願普遍承認的合理批判，甚至於也一度曾激起如石法師、現代禪教理部主任溫金柯[82]和佛光山慈容尼師等人的激烈反駁。[83]

但從當時的發展趨勢來看，彼等所持的反批判聲浪，在印順導師尚健在的有生之年，顯然都被其既淵博又崇高的佛教大師聲望和其一批有力的追隨者，所淹蓋了。彼等在此一時間內，便只能暫時屈鬱地，繼續等待適當的時機來臨，再進行全力反撲的行動。

因此，自從印順導師在 2005 年 6 月 4 日過世之後，由於彼等過去所不易對抗的佛教思想巨人[84]——印順導師——既已消失於人間，則彼等當時除了在寫悼念文之時，仍會礙於情面，而不得不對印順導師的佛學巨大成就，表示一點欽慕和讚佩之外，事實上，彼等在私底下，則是快速進行其「去印順化」的反向作為。

例如，聖嚴法師於宣佈成立「中華禪法鼓宗」的同時，在其法鼓山的道

---

[81] 所以，包括慈濟在內所推展的「預約人間淨土」和聖嚴極力宣揚的所謂「心靈環保」之說，都一概被楊、邱兩人，貶抑為「不了義」的「世俗諦」佛教思想，連帶其所作所為，也是同樣屬於未能正本清源的「別度」思想。

[82] 見溫金柯，《繼承與批判印順人間佛教思想》（臺北：現代禪出版社，2001）。

[83] 見釋禪林，《心淨與國土淨的辯證：印順導師與人間佛教大辯論》，頁 83-145。

[84] 印順本人曾直接指出，臺灣推行人間佛教傾向，以目前：「現代的臺灣，『人生佛教』、『人間佛教』、『人乘佛教』，似乎漸漸興起，但適應時代方便多，契合佛法如實，本質還是『天佛一如』。『人間』、『人生』、『人乘』的宣揚者，不也有人提倡『顯密圓融』嗎？」釋印順，〈契理契機之人間佛教〉，頁 65。這是對星雲當時作為的非指名批判，讓星雲相當為難。

場內，一律只准許講說其著作內容或思想；以及自即日起，開始禁講「印順導師的人間思想」，已成為其徒眾們必須奉行的「共識」了。換言之，當時聖嚴法師「去印順化」的反向作為，其實是和其於 2005 年 10 月，正式宣佈成立「中華禪法鼓宗」之時間點，是密切關聯且相互辯證發展的。

　　而佛光山的星雲法師，在作法上，是全力推廣其本身「星雲法師的人間佛教模式」[85]到無以復加的氾濫程度，並與聖嚴法師一樣，也宣稱他自己是繼承異於印順思想的「太虛人生佛教思想」。

　　至於曾被楊、邱兩人猛批、但仍長期尷尬地保持沉默的慈濟方面，則是在太虛和印順的思想之外，當其剃度師——印順導師於 2005 年 6 月 4 日過世後不久，便更加強調其早期所宗奉的《無量義經》思想之深刻影響和其長久相關之思想淵源的說明；[86]其後她甚至於 2006 年 12 月，據此，而正式宣佈成立了「慈濟宗」。

　　所以，江燦騰在其《戰後臺灣漢傳佛教史：從雙源匯流到逆中心互動傳播的開展歷程》一書的第 11 章〈追憶漫漫來時路（1895-2011）〉的主要內容，就是要透過對慈濟宗成立背景的溯源性回顧、和針對證嚴尼師自早期以來其獨特的臺灣本土佛教實踐哲學與其師印順導師人間佛教思想的根本差異及其所衍生的互相衝突狀況，來說明當代臺灣人間佛教思想的相互衝突、各大佛教事業團體發展的資源爭取（如慈濟與法鼓山之間）和「去印順化」新趨勢的反向發展，才是 2006 年新的「慈濟宗」，之所以會建立的真正原因。

　　而以上，就是有關本文所論主題：「臺灣佛學現代性研究」的「百年薪

85　星雲曾於 1989 年以「如何建設人間佛教」為議題，在 1990 年，舉行一場國際性學術會議，表明他對人間佛教的看法，並以佛教現代化為主題，作為改善佛教的準繩，強調佛教「現代語言化」、「現代科技化」、「現代生活化」、「現代學校化」等四項。為走入時代，將佛法散播各角落，可見星雲有意將人間佛教引領到現代化。

86　鄭凱文，〈從證嚴法師對《無量義經》之詮釋探究其「人間菩薩」思想意涵〉，慈濟大學宗教與文化研究所碩士論文，頁 41-42。

火相傳」中：「新佛教史的體系性建構」與「批判性佛教思想詮釋」的辯證
開展之全部討論內容。

三、結論

1. 在民國百年的現代佛學研究歷程中，相對於國際學界的研究輝煌業
績和學術研究制度化的機構設置與多領域專業學術人才的長期持續培養這幾
點來說，兩岸的研究環境和人才培育等各方面，都距離理想的水準尚遠。

2. 可是，相對於民國時期兩岸的儒學研究和其他非佛教類的宗教與民
俗信仰的研究成果來說，現代佛學研究的著述成果，則是最豐富和具有多元
特色的。這意味者，縱使在整體不盡理想的研究環境中，民國時期的現代佛
學研究，仍是能持續開展和出現不少佳作的。

3. 非信仰取向的現代佛學研究，往往是零散地分布在正式體制內的不
同學術單位。因此，聚焦和累積的巨大推進成效，往往不易持續性的快速增
長，導致最具研究潛能的可造之材，也需耗費多年的艱辛治學和自我改進，
否則是很難與國際學界的同領域學者，互爭長短的。

4. 從百年的發展歷程來看，臺灣地區的現代佛學研究環境，還是具有
較大的自由度和更能與現代性社會發展接近同步的豐富圖書設備和實質宗教
發展的各種相關資訊之獲取。因而，解嚴後的當代臺灣地區，雖無再度出現
如：呂澂、胡適、陳垣或印順這樣的研究巨人，但卻有區域性佛教現代史或
斷代佛教社會文化史各類優秀的著作相繼出現。所以，百年薪火相傳的意
義，就是以 1949 年為界的前後期學術研究的兩代繼承過程中，不只沒有完
全斷裂過，反而是更善於轉型和多元化。

5. 宛如長期在學術的瓦礫堆中，逐漸能掃平相關的研究障礙，並開始
以嶄新思維角度來建構具有批判性思想內涵的現代性專業新佛教史，就是本

文觀察百年迄今的貼近譬喻和堪稱為切近實情的最後論斷。[87]

---

[87] 本文的全文撰寫，是由筆者獨自執筆，但所論述範圍之廣和涉及主題之複雜，卻是極難為的各種現代佛教學術研究課題，所以，未能把相關者都悉數且周延的析論者，仍有太多。但若僅以在本文所能論及的範圍之內來說，勉強可以自認論述的態度尚稱嚴謹，取材上也堪稱精審。不過，林鎮國教授於 2011 年 5 月 26 日，在其仔細讀過本文初稿之後，便曾對於拙文的初稿內容，有如下精闢的評論意見和相關重要建議：「燦騰兄：文章千古事，得失寸心知，更何況是歷史論斷文章，別人很難置喙。百年佛學，篇幅上如何安排？解嚴迄今這二十幾年，在大作（中略）的篇幅，建議是否可酌增？這階段在臺灣的佛教研究，起碼可從漢傳佛教、藏傳佛教、梵巴佛教等領域，評述其中史學、文獻學、教義學、哲學、文學、藝術等研究業績。除了學者，也可從機構（中華、法光、圓光、華梵、玄奘、佛光、南華）、刊物（《中華佛學學報》、《臺大佛學研究》、《諦觀》、《正觀》……）分類敘述。人的評點，最為不易。我瞭解你想藉此文提出貫通式的史觀，不想寫流水帳。然既點了名，就無法避免是否持平的問題。例如，中華佛研所（法鼓佛教學院）的梵藏佛教研究、新一批學者的巴利佛教研究、天臺佛教研究在臺灣的突出發展，民間佛教研究……等，這些十分多元的『現代』研究業績，是否需要一提？如果以『現代』佛學研究為敘述主軸，那麼近二十年在臺灣的成績，從大歷史的角度來看應有其適當的評價。這當代部分豈止是「聞見世」？我們都身在其中，其費斟酌，可想而知。以上謹略陳淺見，供參。」筆者完全同意他的看法。如今，有關解嚴以來的討論篇幅，雖已大為增詳，但若要將全部涵蓋在內的各主題都有所論述，筆者仍自覺本身的能力實在太有限了。例如蔡耀明和賴賢宗兩教授的相關佛教哲學詮釋內容，我完全無能力瞭解和進行評論。因此，只有略過不提。釋惠敏、陳英善和丁仁傑等相關論述，情況也類似，所以，同樣選擇不提。所以，對於林教授以上的高明建議，也只能等待他日再另行增補了。

附錄

附錄一　戰後臺灣佛教發展如何運用大眾傳媒？——答大陸《南風窗》雜誌記者的訪問提綱

江燦騰

臺北城市科技大學創校首位榮譽教授

一、前言

　　大陸《南風窗》雜誌的兩位記者鐘岷源、沈惠娜，於 2009 年 11 月 6 日，致函筆者，提到：「尊敬的江老師：冒昧來信，請諒。我們是南風窗雜誌社高級記者鐘岷源和沈惠娜。本刊在大陸係最具影響力的新聞期刊。[1]每期發行三十餘萬份。內容側重政經熱點，重視前沿趨勢的分析，近年加重了兩岸選題的份量。本刊 11 月期，我們策劃了『臺灣佛教傳媒影響力』的相

---

[1]　《南風窗》雜誌簡介：大陸的《南風窗》雜誌，於 1985 年創刊，現為中國大陸最具影響力的新聞雜誌。二十多年來，《南風窗》雜誌因能一直堅持嚴肅的新聞理念，並以其敏銳而深刻的新聞價值探索與判斷，以及能強調建設性與分寸感的務實新聞操作，所以逐漸形成了《南風窗》特有的品質和氣質，也形塑了《南風窗》對社會問題特有的解讀和視角和特有的《南風窗》文采風格，因而，吸引了中國社會的主流人群並得到讀者認可。現在的《南風窗》不僅記錄和見證了中國社會發展的一個重要的歷史階段，而且成為中國大陸對外文化與新聞交流的一張名片，其品質及影響力，也躍居為中國新聞的「標杆」主流媒體之一，不僅被大陸國內業界所認同，也被國際傳媒所關注。

關選題。你是這方面的權威和專家。社長指示我們，希望得到你的支持，對你做個專訪。此前看了我的朋友《南方人物周刊》黃廣明對你的訪談，對你的學術造詣，很是敬佩。為使採訪的順利，我們草擬了訪問的提綱，可行的話，你可書面先予答覆，11 月 9-11 日，我們抵臺北，若方便，期待拜訪老師。隨附南風窗雜誌簡介及採訪提綱。特此致函，深表謝意！你的晚輩朋友：鐘岷源、沈惠娜。2009/11/6」

筆者同意這一採訪，所以針對大陸《南風窗》雜誌的兩位記者鐘岷源、沈惠娜於 2009 年 11 月 6 日所提出的訪問提綱，曾於隔日（2009/11/07）詳細地做了以下的解答全文。

二、當代臺灣佛教發展與大眾傳媒運用的相關影響問題

《南風窗》：目前，包括臺灣的佛光山和慈濟等佛教傳媒，在臺灣地區已經形成了重要的力量，請問它們是怎麼透過公共方式，進入臺灣社會主流傳播管道的？

江燦騰：首先，我認為，如果沒有 1987 年臺灣政治的正式解嚴，當代臺灣地區的公共媒體（包括佛光山和慈濟等團體的佛教傳媒）要完全開放和自由發展，根本不可能。所以，此處，須先瞭解一下之前臺灣地區的發展狀況，才能有助於我們後續訪談中，對現狀的瞭解。

因為臺灣地區從 1949 年起到 1978 年 12 月美國前總統卡特宣布和中共建交以前，臺灣島上的宗教開展，是相當有利於西洋宗教在臺的各團體。

在此期間內，臺灣社會雖然封閉，但對西洋的各方面倚賴極深，從流行式樣到文化的意識形態，都產生了高度的傾慕之心。

所以，當時西方在臺的宗教活動，不但廣受社會注目，彼等在校園或知識界的強大影響力，更是令其他的本土宗教團體大嘆不如。

　　當時，佛教界為了擴大影響力，也仿效基督教或天主教，在校園開展佛教組織，以國語演講輔以流利的臺語翻譯，巡迴各地布教，以擴張教勢。

　　此外，此一時期，佛教界也紛紛創辦各種佛教刊物，進行跨地域宣傳，以及利用電臺節目播音，以影響民眾對佛教皈依。這些作為都逐漸產生了巨大的效果。（※星雲、聖印、南亭、淨心法師等人的佛教事業崛起，有極大原因，是和彼等曾長期在電臺弘法而擁有高知名度及社會影響力有關）

　　但是，除上述之外，我們必須同時注意到：現代臺灣佛教的蓬勃發展，其實是奠基於臺灣工商業的發達所致。這是臺灣的社會在戰後由於偏安關係，官方便轉而致力於工商業的發展，所以民生日見富裕，生活品質也日益提高。

　　而傳統臺灣社會的農村地緣關係，受此大趨勢的影響，便日漸被流動的原子化人際關係所取代。換言之，都市化的結果，使得人與人的疏離感增強，另一方面，原故鄉的地域性信仰，每年的活動次數又有限，且離居住地太遠，無法滿足社會大眾在日常生活中有關精神上慰撫之需求。於是新娛樂需求和新宗教市場，便逐漸形成了。

　　而臺灣佛教的蓬勃發展是肇始於六〇年代中期，就是利用了這一黃金時機，趁勢崛起的。基本上，就是結合觀光、娛樂和舞臺的效果，將佛教加以通俗化的現代包裝，然後以企業化的經營模式來管理，再利各種促銷手法向宗教顧客推銷。所以新的佛教人口，便隨著大眾傳播的影響而出現了。

　　1971 年，臺灣正式退出聯合國，許多友邦也跟著和臺灣斷交，到 1978 年的美臺斷交，更是達到高峰。斷交是外交上的挫折，但同時也導致外國教會的在臺影響力大降，而所出現的空缺，正好由佛教來遞補。等到解嚴後，佛教組織開始多元化，更加有利於教勢的發展。

　　至於當代臺灣佛教傳媒的部分，雖已是不可忽視的社會力量之一，但我個人認為，它更重要的功能其實是，它能透過佛教數位博物館的有效運作、佛教電視臺開播弘法和佛教大藏經的數位化，應是對佛教資訊公有化的社會

分享，幫助最大，也影響最能持久和深化。所以，其社會功能雖非盡善盡美，但其在現代社會中能扮演的多功能角色，應是無可置疑。

《南風窗》：它們的理念和運營與傳統媒體有何區別？

江燦騰：臺灣一般的傳統大眾傳媒，在營運上當然是力求全方位的發展，可是有關社會宗教新聞的報導，就其一般公領域的新聞內容來說，明顯存在著相關宗教專業性知識的不足，並且敬業的態度也稍有不夠，因此過去常出現善自加油添醋的新聞報導。特別是朝「八卦新聞」的傾向發展，最令人擔憂。

而我個人長期以來，也因常須緊急為突發的社會宗教醜聞和怪異的宗教駭人事件，立刻毫不遲緩地提供較正確和較周延的此一新聞事件相關背景資訊以及個人的社會評論，給從各方掛緊急電話詢問的大眾媒體記者們，作為彼等撰寫當天新聞時的重要參考。因此，我可以不誇口地說：迄今為止的近二十餘年來，臺灣各種傳媒的報社記者，從未發生因聽信我適時所給予彼等宗教知識的資訊建言，而有任何一次被控毀謗司法案件的情形發生。

可是，臺灣也有不少宗教師或宗教團體，彼等不但購買節目時段和提供特定的宗教節目內容，並且聘任原屬大眾媒體的權威從業員來參與主持或規畫節目，於是大眾媒體的公信力，便因此淪為特定宗教節目內容背書的下場。

而此一媒體的操控，又因大量廣告的財物利益營收和特定人際關係的牽連，使得臺灣某些大眾媒體的擁有者或經營者，在報導特定的宗教新聞「事件」時，不是投鼠忌器，就是徇私扭曲，妨礙社會大眾認知正確的宗教資訊時，所應有的權利。這不但違反新聞倫理（公正、完整和正確），也降低大眾媒體的社會公信力，實非一個開放的現代社會所應為之報導方式。

《南風窗》：對臺灣的社會發展有何影響？

江燦騰：上述的情形發生，這對臺灣社會發展，是不必然有利的。因為若缺深層自省的大眾媒體新聞資訊的廣泛報導，就無法有效地使社會大眾的

共識凝聚力聚焦。這正如當代臺灣各主流媒體的不同政治立場，往往南轅北轍地處理各自所持的特定新聞評論內涵或其所支持的特定政治對象。所以，混亂和茫然，其實是目前當代臺灣各主流媒體的新聞評論的特徵，這在短期內，也是難以解決的。

　　至於擁有佛教媒體的大道場，其訴求的往往是以自家信徒為取向的報導和特定模式。所以其心態是保守和封閉的。而由於缺乏專業學者的客觀性監督、指導和批評，所以既無法凝聚強大的社會共識，也無法真正引導社會大眾公領域的其他輿論導向。

　　《南風窗》：這類媒體對臺灣的媒體亂象又有何影響？

　　江燦騰：如上所述，影響並不太大。

　　《南風窗》：你認為該如何推進佛教傳媒的發展呢？

　　江燦騰：首先，有關當代臺灣佛教傳媒的發展問題，我個人認為：除了不違反國家法律規定之外，當然可享有完全的自主權。

　　雖然如此，但這並不意味著，此類節目內容或新聞報導的方式，從此就可在對社會大眾的新聞傳播時，完全採取片面和封閉的宗教資訊傳播。

　　而有些其他媒體的宗教新聞報導，也明顯地是相當類似「造神運動」的宣傳手法。因此，我認為，類似上述的例子，都是對大眾新聞公共傳播工具的濫用和私用，不足為訓。

　　特別是，儘管長久以來，有關宗教或佛教的事務，一般都將其分為聖與俗的兩大不同認知領域，但是，若考慮到這是同時在面對不同立場的社會公眾時，對於公共資訊的傳播，實不應單獨允許宗教界採取類似「置入式行銷」的特殊性立場報導。

　　因此，像這樣的傳播方式，是不宜經常出現在開放性現代社會大眾的宗教資訊來源之中，所以，專業學者的客觀性監督、指導和批評，是絕對有其必要的。

　　《南風窗》：如何理解佛教傳播管道的特異性？

江燦騰：要理解臺灣佛教傳播管道的特異性，我認為，首先，若就其運用的「種類」來說有：1、報紙類：如《蘋果日報》、《聯合報》、《中國時報》、《自由時報》、《人間福報》、《佛音時報》等。2、就雜誌類來說，有《壹週刊》、《時報週刊》、《TVBS 週刊》、《當代》、《人生》、《弘誓雙月刊》、《妙心》、《妙林》、《中華佛寺季刊》等。3、電視類：如《大愛電視臺》、《佛光衛視臺》、《華衛電視臺》、《生命電視臺》、《法界電視臺》、《中國電視臺》、《超級電視臺》、《臺灣電視臺》等。4、廣播電臺類：如《民本》、《中廣》、《中央》、《龍鳳》等。

其次，若就「特性」的區隔來說，1、是專屬的佛教大眾傳媒，如：《大愛電視臺》、《佛光衛視臺》、《華衛電視臺》、《生命電視臺》、《法界電視臺》、《人生》、《弘誓雙月刊》、《妙心》、《妙林》、《中華佛寺季刊》等。2、是兼屬或外包型的佛教大眾傳媒，如：《中國電視臺》、《超級電視臺》、《臺灣電視臺》、《中天電視臺》等。此類佛教節目，往往是以多種和常態型的播出為主。

這兩種特性之分，是前者的播出內容，主要是為其信徒或臨時有意者，提供佛教團體或僧尼法師的相關動態與預告將要舉辦的弘法消息。其內容是完全自我設定的，除非違反法律規定，否則是不受外界干預的。至於後者，則其特性大為不同。

因此類媒體，其平實的基本功能，是為一般社會大眾提供正確和多元的宗教資訊（若有市場需要的話，就必須如此作為）。而此類消息，是必須受到一般社會新聞報導倫理的規範。並且，社會大眾、新聞評議會、相關學者等，也可就內容和評論角度其是否公正客觀，進行檢視和提出不同反應。

然而，大眾媒體本身，在外包播出和宗教廣告節目化時，姑不論其是否為社會公益而播出，僅就其後續的強大效果來看，無異是藉著該大眾媒體的社會公信力為其節目內容背書，因而可以較快和較有效的取得有利的對社會

大眾發言的正當性優先地位。臺灣佛教的傳播效應，所以出現強弱之別的現象，其關鍵處就是對此有利發言權的能否經常性的優先掌握？或其能完全地進行幕後的操控？

其最大傳播效果，是能快速塑造臺灣佛教界光芒四射的名僧。所以臺灣的政商名流和佛教傳媒上的名僧之間，彼此都會因此經常共同出現（所謂藉名人來壯自己的聲勢），一方面既可拉攏相關的信眾支持，一方面則藉此增加曝光率和提升社會的知名度。

所以，衍生的問題就是：當代臺灣的佛教環境中，誰能大量購買大眾媒體的篇幅和節目時段，作為本身道場弘法宣傳之用，通常也意味著，誰就能藉此快速竄升為臺灣佛教界的名流或大師級教內盟主。

如此一來，不但信徒也跟著大量快速投奔而來，紛紛皈依門下，並使各地道場如加盟店般的快速出現，連國際性的越洋發展也不難如願。

更加有利的是，若有不利消息或醜聞爆發，則容易被預先壓制或完全不登；反之，遇有相關活動要報導時，也較容易上報。

然而，以這種方式來逃離社會異議者的質疑和挑戰，雖有其新聞的商業邏輯可以解釋，但根本上已違反了現代社會公領域相關資訊，必須「公開化、公正化和公平化」的三化基本原則。

總之，現代臺灣佛教的蓬勃發展，雖是奠基於臺灣的工商業興盛，和奠基於大眾傳播工具的發達及其無遠弗屆的強大影響力。可是，目前臺灣佛教最大的危機，是在於缺乏自主性。而缺乏自主性的原因，則是缺少深刻的宗教經驗、淵博的佛學素養和客觀中立的批判精神。於是等於在作佛教商品的代工業和行銷商一樣，換言之，彼等其實就一群隨時都在尋找新的佛教商品提供者。

我就是看不過去，才親自上李濤主持的「TVBS 2100 全民開講」的特別節目，去批判達賴喇嘛首次來臺，為大眾灌頂，卻要定價收費的不當。

《南風窗》：星雲法師不但具有全臺的知名度，他還首開風氣之先，在

電視臺上製作第一個弘揚佛法的電視節目。他的作法很新穎，他把人間佛教包裝成歡欣快樂、突破守舊形象的宗教，致使臺灣的佛教徒對自己的信仰感到驕傲，讓人們對臺灣的佛教大大地改觀，這可說是星雲最重要的貢獻之一，你對此感受如何？

江燦騰：根據我個人的專業理解，佛光山初期教勢的拓展，幾乎是與臺灣社會的脈動同步。因正當星雲從宜蘭移居到高雄逐漸站穩腳步之際，而1960 年中期，臺灣南部正好陸續出現加工出口區。在這段時光裡，臺灣的經濟形態開始急遽轉型，導致農村年輕的勞動力紛紛投入大都市邊緣的加工廠，而這時星雲的佛光山剛好在高雄的大樹鄉出現。

許多離鄉背井的「田莊少年」，為要尋找精神上的慰藉和寄託，便在精於宣傳、擅長說教的星雲的引導下，成為佛光山初期的基本信徒，何況佛光山又是他們假日休閒的好去處。

更重要的是，如果從擴展至今極其複雜但又有條不紊的佛光山組織看來，星雲不折不扣是一位擅長組織規劃和經營策略的良才。自他立足的宜蘭雷音寺開始，經過十餘年的苦心照料，成績斐然；然後星雲大膽嘗試作跳躍式的擴張，把教勢一下子延伸到南臺灣的重鎮高雄。他接著又向全臺各縣市攻堅，使佛光山的寺院及道場遍佈各地，除了佛光山大本山之外，規模較大的別院計有五個，國內分院有三十多個，國外分院也有十來個，皈依佛光山的信徒據稱已達一百萬人以上。

非但如此，星雲於 1992 年在美國西來寺成立國際佛光會以來，佛光山的觸角馬上伸展到全球五大洲，國內的佛光會至今已成立 348 個，國外則有70 餘個，1997 年時，該會還特地把年會，安排在中共收回主權後的香港舉行。換言之，國際佛光會於 1997 年 11 月正式登陸中共的管轄區，由此可見星雲領導下的佛光山組織，滲透以及擴張的能力，真可謂強韌無比。

《南風窗》：佛光山之外，另一支稍後在東臺灣發跡的佛教勢力，就是赫赫有名的慈濟功德會。多年來，政府對慈濟功德會的褒獎幾乎持續不斷，

國際上的表彰也接二連三，再加上媒體的推波助瀾，使佛教與慈善事業緊緊地相扣在一起，並深深地撼動了臺灣的社會民心，如何看待這個「慈濟效應」？

江燦騰：「慈濟效應」有前後期的明顯不同，但其中核心的部分，是戰後臺灣都市中產階級尋求和參與現代型態的宗教慈善助人之義舉表現。所以其慈善救援行動入世的色彩濃厚、證嚴法師的佛學詮釋作為其會員生活化的原則來應用的成分也相對大增。

更重要的是，其所以能成功崛起，是正逢外在大環境變化的諸多良好助緣，以及在進行宗教慈善實踐時，能事先精心規劃和設定有效性或深具可行性的目標達成點。

而像這種能最終達成巨大成效，並一再證明其原先行動的合理性和有效性的妥善作法，正是臺灣中產階級企業家在考慮市場經營績效或擴大客戶服務功能的翻版運應。

所以，它完全可以避免不同地區因不同宗教差異而衍生的信仰衝突。而這也是為何近年來慈濟能正式被大陸國務院核准，成為唯一可以在大陸合法立案和公開活動的臺灣佛教慈善團體的真正原因。

此外，儘管證嚴本人迄今，仍認為，《無量義經》中有一段：「靜寂清澄，志玄虛漠，守之不動，億百千劫」十六字經文，是慈濟近四十年來，特有的臺灣本土佛教實踐哲學之核心指導思想。所以每次談到《無量義經》時，她就滿心歡喜！尤其上述的十六字經文，每天都在她腦海中浮現！並一再宣稱：慈濟近四十年來的巨大成就，就是依照這十六字的指導原則所形成。

我雖不直接挑戰這樣的說法，是否以偏概全？但仍必須在此同時指出：其所推動的「慈濟宗」運動，迄今為止並不能算很成功。

《南風窗》：《天下》曾透過民意調查，訪問臺灣人民心目中最信賴的人，結果是證嚴法師的人氣指數居高不下。臺灣人民心目中最信賴的人，竟

然是一位比丘尼，這對於佛教而言，具有深遠的意義，能不能這樣認為，這已顛覆了常規社會對出家人極其負面的刻板印象？

江燦騰：證嚴法師本人原是臺灣籍的本土法師，生平不曾出國，因而長期關懷臺灣本土，一直是她佛教事業的重點。她不像出身大陸叢林的星雲法師，有濃厚的「大陸情結」；對她而言，「慈濟功德會」的四大志業，只是在關懷臺灣本土社會之餘，進一步對臺灣以外的全人類提供救助與關懷而已。

此外，證嚴法師在經營慈濟功德會的策略上，把宗教性和非宗教性的慈善事業作區隔，讓事業體由臺灣的主流菁英來籌辦和管理，非常正確地規畫了事業發展的方向，並在媒體的充分配合下，很迅速地便征服了臺灣社會，威力之大所向披靡，影響力還漸漸擴散到全球的地域。所以，她能擁有如此崇高的社會聲望，不是沒有原因的。

《南風窗》：過往的政界高層或上層社會多為基督徒，佛教徒好像見不得人似的，可如今，佛教在臺灣等上、中、下層社會牢牢紮根。無論是黨政要員還是企業領袖，都以在名片上掛個「慈濟功德會榮董」或「佛光會督導」的頭銜為榮，人們往往會因此而認定他是有道德而可以被信賴的人。在這變化的過程中，你認為佛教傳媒發揮了怎樣的作用？

江燦騰：有關於這個問題，其發展的內情相當複雜，請容我多花些篇幅來加以說明：

首先，據我的理解，此一問題的開頭，好像不是如你說的：「過往的政界高層或上層社會多為基督徒，佛教徒好像見不得人似的。」而是過去有很長一段時間，臺灣的佛教徒一直被戒嚴時期（1949-1987）的執政黨中國國民黨的威權強人政府，當作其最容易使喚和操作的宗教反共組織力在運用，所以有不少黨政高官們或社會上層階層，彼等以作為「高級佛教徒」的姿態，來接觸一些所謂名僧或黨僧。

而就當時諸多的高級僧侶領導來說，彼等必須身兼黨員幹部和從事國際

外交（擔負宗教反共或統戰海外僑民任務），才能享有較易進出國境的便利，或其在辦各類活動和大型法會時，才能有不少的黨政軍要員、著名文人、貴婦、巨商、社會賢達，或高等退職軍頭，以及一些不必改選的老國會民意代表們，屆時才會準時出席在彼等應邀之場所，並開始其熱烈地相互捧場和提供巨額的善款捐獻等重要名流角色之應景演出。

　　所以，在大臺北的著名佛寺中，只要稍加觀察或經常在佛寺進出者，都不難指出其不同系統的佛教地盤，甚至連死後葬身之地，也都彼此涇渭分明，各有苗頭和花樣。由此可知，以「高級佛教徒」的角色，作為「臺灣社會名流」的象徵，從過去到現在，在戰後臺灣地區，其實都無本質上的巨變可說。

　　當然，若就你所提問題的另一面來看，也就是說，若是我們將時空環境僅放在五〇年代到六〇年代這二十間來觀察，則其中不容否認，也有部分如你所說的那種事實之社會顯性存在。因為這是在 1950 年夏季的韓戰爆發之後，臺灣的東亞戰略地位使立刻被重估和頓時被美國政府納入反共陣營，從此蔣氏強人政權，便藉著大量「美援」和臺灣作為美蘇「冷戰時期」的東亞防衛據點之一，所以，才得以將臺灣原有的戒嚴措施，再往後延續多年才廢止（1987 年）。

　　因而在這樣嚴格控制的特殊政治環境下，以蔣介石和宋美齡這對政治強人的基督教夫婦為首，便在戰後早期的臺灣地區，於上流社會間，也跟著開始出現和流行起西方（以美國為主）基督教文化的學習熱與傳播潮。

　　更大的區別待遇是，在大學教育的領域裡，居然只開放少數的教會學校設立，因此，神父、修女和牧師們，都可自由在各公私立大學中，進出活動和授課講學。反之，則出家僧尼，在此一期間，一律不得進出臺灣的各公私立大學校區內。

　　因此，從 1949 年起到 1978 年 12 月美國前總統卡特宣布和中共建交以前，臺灣島上的宗教開展，是相當有利於西洋宗教在臺的各團體。換言之，

在此期間內，臺灣社會雖然封閉，但對西洋的各方面倚賴極深，從流行式樣到文化的意識形態，都產生了高度的傾慕之心。所以，在臺灣現代史上，這也是一段臺灣地區基督教快速發展的「黃金期」。

但，在這同一時期，歷史的發展，呈現雙面性。這是由於相關的前後經貿環境也大為變化。

所以，除了有包括前述的基督教西洋思潮的大量湧入外，另外還有出口導向的國際貿易擴大、青年男女職工的高度就業力（有定期薪資收入和能夠累積儲蓄）和在地活躍及有中產階級生活需求的大批中小企業紛紛出現，陣容越來越強，而彼等所主導流行的社會影響力也日益顯著。

此外，為因應僧尼不得進出大學校園，所以在此一階段中，臺灣佛教界，以周宣德居士為首，結合佛教界的大德，為了能在大專院校內從事的社團組織與活動開展，也費盡心血地提供大量的佛教獎學金，讓大專學生申請。其條件除學業和操行成績的規定之外，還要寫佛學論文，或學佛的心得報告。

同時也從臺大開始，在各大專院校，成立學生的佛學社團。兩者的結合，使大專生接觸佛教，乃至成為信徒或佛教學者的人數，日益增多。

以上這些，日後都是轉化為臺灣佛教經濟力的主要新來源，以及新一代佛教知識分子所吸收的現代思想養份，和形成多元流行文化的國際視野之渠道，所以影響甚遠。

至於你在本題最後，所問到的是：「如今，佛教在臺灣等上、中、下層社會牢牢紮根。無論是黨政要員還是企業領袖，都以在名片上掛個『慈濟功德會榮董』或『佛光會督導』的頭銜為榮，人們往往會因此而認定他是有道德而可以被信賴的人。在這變化的過程中，你認為佛教傳媒發揮了怎樣的作用？」

我對此問的回答有二：

1、臺灣社會並無普遍性地發生類似你所說的，「在臺灣等上、中、下

層社會牢牢紮根。無論是黨政要員還是企業領袖，都以在名片上掛個『慈濟功德會榮董』或『佛光會督導』的頭銜為榮」這樣的情形。因為臺灣民眾對此是既精明又現實主義取向的。換言之，他們在看問題，其實是從實利與真正的績效表現來評估，而非單是以名片上的頭銜為何？就無條件地相信其所作所為。臺灣著名的社會評論家楊憲宏先生，有一次在談話中便表示：「這種以捐錢方式取得的道德漂白，並不總是有效！」我同意他的此一說法。

2、至於有關佛教傳媒的功效，我認為越到當代後期的近幾年來，越是只能在確保或盡力維持已靠其他傳媒造勢宣傳且得來不易的宗教榮譽和社會知名度而已，並不能有巨大的直接助益。所以，臺灣佛教傳媒並非臺灣社會的主流媒體之一，其公信力和影響力都遠不如其他非佛教傳媒的主流媒體之巨大表現度和有效影響度。

原載《弘誓》第 103 期（桃園：2010/02）

附錄二　現代臺灣佛教比丘尼的出家經驗與社會關懷研討會記錄

江燦騰提供

臺北城市科技大學創校首位榮譽教授

江燦騰　策劃・總訂正

主　講　人：釋昭慧法師

講　　　題：一個現代比丘尼的出家經驗與社會關懷

主　持　人：江燦騰教授

時　　　間：1995.4.20 中午（12：00-15：00）

地　　　點：清華大學人類社會研究所兩性研究室

錄音整理：林宜琁

第一部份：主題報告內容

主持人江燦騰教授

　　這次清華大學人類社會研究所「兩性研究所」，委託我代為邀請當代臺灣佛教界著名的釋昭慧法師，來到本校為我們報告〈現代比丘尼的出家經驗與社會關懷〉這一主題，昭慧法師應是最適當的人選。看到在場來了這樣多的專家學者，我們可以預期今天的這場演講，將是既精彩又熱烈的！

　　首先，按照慣例，我先為各位介紹昭慧法師的經歷：她原是緬甸的華僑

子弟，八歲那年（1965），為逃避當地實施共產主義制度的統治，隨家人來
臺定居。自此在臺灣受教育和融入臺灣社會的生活。她在國立臺灣師範大學
國文系畢業後，曾任中學教員數年，是深受學生愛戴的好老師。後因機緣成
熟，便捨教職出家為比丘尼。初期是在臺灣佛教的傳統僧團中生活和歷練。
其後，因接觸一代佛學大師印順法師的人間佛教思想，內心有高度的共鳴，
便轉往印順法師的門下，繼續深造，獲益極大，影響深遠。此一思想的改造
和佛學知識的積累，使她有能力代表臺灣佛教界的比丘尼發言。特別是她能
配合臺灣近十年來的社會脈動，在環保、佛教女性議題和生命關懷各方面，
積極投入，成效顯著，因此使她快速成為具有全國聲望的臺灣現代比丘尼。

　　其次，我為各位談談和今天主題相關的現代比丘尼的特殊意義：各位要
知道，古往今來，無論是在中國大陸或亞洲其他國家，都沒有像臺灣這樣
──比丘尼的數量如此之多、對社會具有如此大的影響力。因此臺灣現代
比丘尼的這一現象，可以說是世界上獨一無二的宗教現象，特別是在佛教
裡。為什麼能如此呢？這是因為臺灣比丘尼的人數眾多，並且素質好，水準
高，對社會的影響力強大；還出現一些代表性的人物，在許多領域獲得社會
高度的成就，並深受各界的高度肯定，因此才有這一世界僅見的「臺灣經
驗」。

　　回顧過去，臺灣無論是在清代還是日據時期，一般宗教的知識水準都不
高，而女性宗教師也常遭臺灣社會輕視。可是今天，我們看到，在臺灣許多
社會的領域，都有傑出的現代比丘尼出現：例如創辦華梵大學的釋曉雲法
師、主持慈濟功德會的釋證嚴法師、在臺大哲學系教書的釋恒清教授、以及
今天的主講者釋昭慧法師等，都在社會上都擁有高知名度並受到相當肯定。
所以我們今天這個演講，不只是講一個單純的女性出家人的心路歷程而已，
它實際上跟我們臺灣社會近十幾年來的發展，是息息相關的。現在我們以熱
烈掌聲歡迎她！請她為我們演講！

主講人釋昭慧法師

承江燦騰教授的代為邀請，很高興來到貴校的「兩性工作研究室」，為在座的專家學者，做此演講。我今天要所講的題目是〈一個現代比丘尼的出家經驗與社會關懷〉。不過，邀請之初，當知道要講這個題目之後，我一度略有猶疑，心想：屆時，這可能不是一個演講或座談所能夠完整陳述出來的議題。因為，每個人都有每個人的性格特質，——例如我自己的性格特質就是：談一件事情，大部分不只是敘述事情，可能我都會分析一下內在的結構問題，——所以必須要有較多的時間來談述，內容才會比較深刻。如果限於時間不夠、講不完整，聽者和講者之間，就可能無法有高度的共識；有時甚至難免會產生一些誤解。這種情形，是我不願見到的。

也因此，今天在這裡，於各位專家學者的面前，要先談主題的前半部——檢視我自己的「出家經驗」，我想只針對其中幾個結構性的問題來談，相信可使議題較能掌握。等前半部講完，如果還有時間，我再來為各位談談主題的後半部——「比丘尼的社會關懷」，講的方式和內容，也比照前者辦理，即——只針對其中幾個結構性的問題來談。底下即展開說明：

導論——生命經歷簡介

我於一九七八年出家。在此之前，參加過一九七七年臺灣南部佛光山舉辦的「大專佛學夏令營」，那個時候我才大二，算是正式接觸佛法，也正式接觸出家人。正式接觸的印象，會跟自己在一個非宗教的傳統社會裡所看到的完全不同。所謂「完全不同」是：自己對出家人已經有個定形的想法，認為出家人應該是很失意的，必然是因為失戀，才在「空門」中找尋生命出路的；或者是很有挫折感、很消極、很頹廢的，是因「看破紅塵」而遁世的。可是去到山上，看到那些出家人，我不免感到耳目一新：她們個個能言善

道，又非常和善，非常進取、樂觀，那種與想像迥然不同的觀感很衝擊自己，所以也就比較願意先放下成見，聽聽她們到底在講些什麼——老實說，原來的心情只是去渡假而已。

在這樣聽聞佛法的過程中，才感受到：佛學的領域確實是浩瀚如海，智慧深廣的，不是我們平常所想像的燒香拜拜、求籤擲筊這類的民俗行為。可見得我們的傳統教育在訓練青少年與知識份子時，業已在做宗教偏見的「洗腦」工夫；從小學一直到大學，假使沒有特殊因緣在私下接觸不同的宗教訊息，我們很容易在不知不覺間就承襲這些傳統的偏見，於是對宗教的強烈歧視，會不知不覺烙印成我們的心痕。這也就是為什麼我出家以後會極力投入「護教」運動的主要原因——我感覺到：如果我們對宗教師或某個宗教的領域有了偏見，這時候，縱使這個宗教的領域有很多人生智慧，我們也會因輕慢其宗教師的緣故，而不屑作深入瞭解，不屑於聽取這些對自己有所助益的智慧；這樣，對使令眾生從佛法中受益的弘法功能而言，會是一個很大的妨礙。

我滿懷著理想出家，願意作一個專職的宗教師。那時我並沒有複雜的人際關係，因為我的成長背景一直是很順利的。父母有四個女兒，我是老二，父親最疼愛的就是我，他幾乎已跟所有的朋友說，他老了最期望跟我共住。父親原在緬甸經商，非常有錢，民國一九六五年，為了回到臺灣，他放棄了所有的財產——那時緬甸施行社會主義而又湧起排華風潮，所以他要回到臺灣，就必須要在居留而擁有財產或移民而放棄財產之間作一選擇。在這種排華運動壓力之下，他寧願放棄財產，回到自由祖國的懷抱。那時候外匯管制甚嚴，所以我們可以說是破釜沉舟，回來過著一貧如洗的生活。

可是大環境的變動，並沒有影響我本身快樂的童年。生活中有父母呵護，學業有姊姊教導，回臺灣後，從小學三年級讀起，雖已不具足所謂的「僑生身份」，但是以一個本地生的身份，高中、大學都非常順利地考上了。所以就出家以前的經驗來說，沒有所謂的挫折或打擊。很多人以為：我

們一般出家是因為世間的事情有憂苦，想不開，而事實上，就成長的環境來說：出家以前，我一帆風順，生命中沒有什麼憂苦的經驗。

剛到道場出家以後，才開始體會到一些憂苦。而這些憂苦不是來自於對佛法的失望，而是來自碰觸人性的軟弱，與中國威權文化在道場中根深柢固的力量。這十幾年走下來，到現在（一九九五年），僧臘已有十七年了，眼見著佛教從衰而盛，眼見著佛教僧尼社會地位大幅改變——從受到歧視到受到尊敬，對於佛教這段歷史，自己不斷親身投入，而且也親眼見證。當我剛出家的時候，很多識與不識都會抱持著一種很憐憫的態度，不以為然地說：「你這個樣子出家很可惜，什麼事想不開啊？」到現在，反而都會向我說：「你們這樣子很勇敢！你們這樣的選擇真偉大！你們比我們想得透徹！」

同樣一個身份出現在人群中，十年前與十年後，博得兩種迥然不同的社會價值觀，這是我自己的親身遭遇。當然，在這個遭遇中，我，作為一個佛弟子，自是希望佛法能夠長久住世，也希望能夠以佛法的智慧來影響社會，影響人心。所以應該懷著憂患意識去檢視：為什麼佛教過去在臺灣是衰微的，如今在社會上又受到肯定？還有，過往我生活其中的道場，有什麼樣的錯誤與盲點？從錯誤中記取教訓，不但對自己心靈的成長有所幫助，也可能得以幫助教團成長。

所以用這樣的心情去檢視出家經驗，也許我提到的是一些負面的生活經驗，但那並不表示教團裡沒有正面的事物，如果沒有正面意義的存在，我就不會留在僧團直到現在了。教團裡面有很多慈悲的面向，很多師父默默在做人間關懷的工作，一般的教友，都比較對世間、對人群充滿著諒解與同情，這都屬於好的一面。在我的出家經驗裡，我願意以自省的態度，提到幾個深受文化影響而非來自佛法影響的問題點，這幾個問題點使中國佛教僧團難免呈現某些負面效果。

以下就四點來談述它。

（一）金字塔型的威權結構

　　我出家以後，首先感受到的憂苦就是：我們經過大學民主教育洗禮的年輕一代，大體都會被訓練得比較勇於表達自己的意見，課堂上的師長也會訓練我們表達意見，以利於雙向溝通。但是傳統的僧團，它在中國文化長期影響下，已經變成強大的威權結構，不復古印度僧團的民主共議精神。印度的原始僧團，包括佛陀在內，他都認為他只是僧團的一員，他不自認為是教宗或教皇，他也沒有建立一個金字塔形的結構，把自己安立在金字塔的頂端。相反的，他只是在提醒僧眾，要依法而住、依律而住，也就是說：法治的精神超越了人治的精神。

1.寺院部分

　　當他涅盤的時候，弟子阿難問他：「佛陀滅度了以後，我們要以誰為師？」這也是一般人比較容易對領袖產生的嚮往依賴的現象。佛陀回答：「我滅度之後，你們就以波羅提木叉為師。」波羅提木叉就是戒律，佛陀的意思是：僧團的運作不要依賴所謂的聖王賢君之類的，有群眾魅力的偉大領導者。相反的，僧團要長遠持續而不變質，就要靠法治；至於是由哪一些特定人選去運作這套律制？這並不重要，頂多規定主持運作者須有公平公正的性格，並且熟悉戒律的內容，善能分辨法與非法，律與非律。僧團在時空的綿延中，總是有新人進來，有老人凋零，如果有律制維持著，透過公共的會議程式去決議重要事情及重要的執事人選，這樣維持民主的運作，僧團就不容易出現「人存政舉，人亡政息」的現象。

　　這一套僧團制度，「橘逾淮而北為枳」，到了中國以後，就沒有辦法再維持下去，原因就在於：中國社會早已建立宗法制度的家族結構。從殷商已見雛型，至周朝而齊備，建立了非常周密的一套宗法世系世襲制度，也就是有關於財產的權利的傳承關係，一般來講，它是以家族為單位的，而家族中又特別重視嫡長子關係的繼承，這樣的一種家族和家庭倫理非常強的國度，

基本上它是一個父權社會，它崇尚父性的權威，這樣的文化當它接觸到印度佛教的時候，它雖然接受了佛教緣起的理念，佛教的因緣生法而促成現象界，這樣的道理他們接受，佛教不認為有一個創教主可以創造世間，可以對人類施予特殊的恩寵或逞罰，這種無神論的道理他們能夠接受。但是佛教就是因為講緣起論所以它不會產生金字塔形的權力結構，它認為一切都是因緣生，所以沒有一個人有權力擁有所有的因緣，所以當它的權力變成擁有所有的權力的時候，會產生一個危機，會因為他的野心或者他的眼光不足導致的錯誤判斷，沒有很多因緣激盪去思考一個比較好的政策。有這樣的一種佛法自然會產生一種比較民主的體制。

我想一個教團的體制是跟它的教法有密切關係的。但是中國它可以接受這個教法，等到落實到人的團體的時候，它不太能夠完全這樣做，這就是文化的影響力。於是在中國的教堂裡面它產生一些比較奇怪的現象，就是說師徒如父子這樣的關係，當然在印度師徒之間也要保持很密切的聯繫，因為師長必需要教導徒弟，徒弟也有義務要奉伺師長，但是師徒之間除了這層之外，並沒有家庭倫理之類的關係，那種比較血濃於水的關係其實是不存在的。可是在中國它就在它的文化影響下，師徒的關係就類似父子，師兄弟的關係就類似兄弟姊妹，無形中它產生不是一種開放性的團體，它會慢慢變成封閉式的團體發展。所以在中國它慢慢產生非常多的子孫廟，它跟十方叢林有別，在中國後來雖然還保留印度僧團的民主精神有幾個大的十方叢林，那時的十方叢林大體上還維持著選賢與能的制度，住持的選擇有時是大眾選，有時是外聘的都有，視情況而定。

但是除了幾個大叢林之外，大部分都是子孫廟。子孫廟就是一個師父帶領一群徒弟過一個類似家庭的生活，當然他們沒有血緣關係，這樣一種類似家庭倫理移植到佛教之中就是一個佛教很大的痛處。因為其實它已經違反佛教的精神了，佛教處理財產的時候，它是分的很清楚。財產有些叫「四方僧物」，東西南北四方，有些叫做「現前僧物」，有些做叫「個人物」，個人

的衣缽總不能跟大家公用，除此之外，比如說人家拿來一籃水果，現前不管
是誰來，不一定是住在這裡的人，剛好有一個人行腳過來，那它就叫做現前
僧的其中之一，那他就有權利接受這些，水果的幾分之一。衣食臥具一切都
是照現前僧來均分，他絕對沒有我是這裡剃度的，我是這裡的嫡長子的關
係，或者我是師父的某某親信，他是沒有這一套的。四方的僧物，比如說不
動產，土地房舍，這種他規定都叫做四方僧物，也就是說這種是全佛教公有
的財產。它並不是屬於在這裡蹲點的人的財產，它對於財產的觀念就可以看
得出是「公的精神」，非封閉式的一種精神。

那現在佛教會淪為很多人批評所謂的「山頭」，其實它會因為子孫廟的
擴大，如果它不是子孫廟，還保持著開放式的十方精神，那就無所謂山頭不
山頭了。因為山頭總是給我們感覺它只是封閉、只是壯大自己的。它跟佛教
的其他憂苦是不相關的。它也許指重視它本位的利益如何而已。

我自己的出家經驗跟這部份有什麼接觸呢？以致於我要談這個問題。也
就是說，這種父權社會必定會產生父性的威權心態，所以師長普遍來講除非
有很強的反省精神，否則在這樣的環境中成長，會很容易希望小孩子呢，晚
輩是乖順的，乖順的才是好徒弟，好學生，完全採取一種威權的教育。

這種環境中造就出來的，能夠乖順的，當然他在僧團裡面會得到比較好
的回饋，因為他不忤逆師長的意思。如果總是會有一點意見的，他會被師長
當作比較是不受歡迎的人物。當然這裡面是不是說有意見的就是對呢，當然
我也不覺得。因為他的意見可能是錯的。要怎麼讓一個孩子去成長，也就是
說讓他瞭解他的意見哪些是精采的？哪些是錯誤的？肯定他的精采部分，幫
助他去理解錯誤部分而給他導正。這個其實是師長需要有耐心，需要不用威
權心態處置，但是一般，我講的不但是僧團，一般的傳統父母師長也會有這
樣的觀念，就是小孩子就要「有耳無嘴」不要多說話。如果小孩子跟長輩有
一些不同的意見，他會跟你去頂撞，或者是忤逆，他的語詞都會蠻強的，用
這種方式去表達。

像我剛開始常常被認為是忤逆的，或者是頂撞的，因為我會對師長的一些價值觀不以為然。這些價值觀一經過他講以後，他希望我是正面的肯定，如果我竟是用負面角度表示懷疑，所以這時我們彼此的互動關係就變得很惡劣。一旦互動關係變得惡劣以後呢，會導致師長用一種更威權心態來壓我們，例如總是強調我們是很無能的，我們是很愚蠢的，而且也要讓我們瞭解到，像我們這樣的人，是跟誰都和不來的。長期這樣下來，自己心理會有一種創造力已大幅度萎縮的感覺。同時也真的會懷疑自己跟任何人都和不來，或懷疑自己真的是不善跟人相處，因而導致的結論可能是：一旦離開這個道場之後，自己就沒有生存的能力，也難有出路可尋，前途盡是充滿了灰暗和絕望。你看如果自己會被催眠到這樣的程度，又必須每天生活在那種已惡劣了的互動關係中，心理之痛苦和掙扎的程度，是不難想見的。就這樣的，我度過了很難熬的一段歲月，差不多三四年的時間吧，經常就是在這樣的心情掙扎著，無法可想。──我真的是這樣低能和難以跟人相處嗎？在當時，我是找不到答案，也無從發現真相。──可是等到我有其他因緣，離開這個師長後，我才發現到，我跟大眾都和得來，我的人際關係其實很好，不像之前亂想和擔心的那樣糟糕。事後回想，我那段時間為什麼會覺得自己那麼無能？顯然我在這樣的一種傳統環境──一旦生活其中，多少會扼殺我們的自信心、我們內在的創造力和我們改造向上的可能性！

2.佛學院的教育方式

我是一九八四年到福嚴佛學院教書後，才大有改善和真正察覺自我的。一連數年，使我有時間一邊教書，一邊慢慢親自觀察院中的倫理體系和師生的互動關係。我覺得威權的結構其實是到處都是，並且一直持續著。當然也有寬厚的師長，所用的方式會比較好一點，如果師長心性上不是很正的話，所用的方式就比較刻薄，其間的差別只是這樣而已。院裡的學生普遍很乖順，雖然如此，遇有不乖順的同樣會被修理得既乖又順（或者只修理到表面

乖順）。這樣種情形，讓我發現其間存有不少問題，而我所以能察覺到，是
因已擔任老師，可從旁仔細觀察，否則若是像過去那樣陷入其中，雖也不斷
掙扎和懷疑，畢竟不能真正看清裡面的深層問題之所在。要等到自己能跳出
來當一個旁觀者時，就比較去體會意義。比如我有時在課堂上會告訴學生，
請他們多表示意見，但大部分的情況學生都是沈默不語，不表示意見，就是
有，也只是擺在心裡。有一個學生甚至坦白告訴我說，只要她一站起來，就
全身冒冷汗，心臟怦怦跳，因她很擔心別人覺得她愛表現。這樣的心情，在
中國傳統的社會，其實是很常見的現象。例如我剛從緬甸回來的時候，因為
從小沒有受到中國傳統文化的環境薰陶，所以剛到學校的時候，比較敢於表
現，小學老師有無問題時，只要我覺得我會回答，我就趕快舉手；可是不久
就常被同學罵我愛表現，後來我也才開始感覺到這樣不好，愛表現開始讓我
覺得是一種罪惡。於是我開始慢慢調整自己的行為，一定要記得「曖曖內含
光」的古哲明訓，不要出隨便出風頭，這樣才是中國社會比較讚歎的小孩。
這種外在著環境壓力，強大地制約著生活其間成員的行為，這就印證了行為
科學原理的反應動作，即當你對其增強壓力的時候，小孩子因還沒有足夠的
判斷力，只好順著制約的方向——傳統中國社會所遺留的價值意識型態
——來塑造自己的人格或表現出社會所預期的行為模式。所以當我在佛學
院看到我的學生的怯怯生生的樣子，就好像看到我當年自己的影子，在小學
時期自己內在的掙扎很強，所以迄今記憶猶新。試想，連這麼小年紀的孩
童，都感受到「愛表現」是一種罪惡，我們可以想像在僧團裡，同樣有這樣
子的氣氛，所以這些學生不善於表現自己，其實是很常見的；並且此種反應
的行為模式，在中國傳統社會中，淵遠流長，可謂其來有自，不足為奇。

　　有鑑於此，後來我便主動創造一些問題，誘導她們發問或和我交談。初
時，我發現讓他們進入問題的速度很緩慢；後來，我慢慢體會一個問題，即
教育其實是上、中，下游都有密切連繫的作業流程，絕不是等我們在課堂上
要求學生要有創造性思考，就能收效的！那創造性的思考，幾乎來自人格的

整體氣質，必須從生活的各方面去體會，去嘗試開透拓和表現，如果生活的中、上游部分，都是非常壓抑自己，非常崇尚權威，以乖順作為最好的美德時，那麼很難要求在下游的某一個科目學生忽然變得勇於發表自己的意見和想法，那是不可能的，改變若無其他助緣，是不會突然出現的。所以有一段時間，我對僧教育不是這麼熱衷，因為我覺得我們只是在下游努力而已，而上、中游其實我看得到的問題，依然是存在的。雖然如此，僧團的威權制度畢竟讓我發現學生比較不容易塑造成材的真正背後原因，所以我認為，若要其早日成材，能夠弘法利生，唯有多方鼓勵或培養自己的學生，勇於表現自己的長處或勇於思辯，如此一來，自有顯著收效的一天。

當時我也在探討，為什麼我任教的佛學院，辦了這麼多屆，很多學生一出去就不見了，為什麼？仔細探究之後，我才恍然大悟，學生不見的原因，大多是她們一回到自己原先的寺院後，很快地就再次被寺院的雜務所吞沒。因此在臺灣社會裡，包括傳統中國社會，佛教僧團的經濟壓力，一直是個大問題；而這個問題，也導致從學院出來的學生，沈沒其中而消失了。

另外一個問題，我感覺到在這樣的教育體系之中，學生是否真能養成所謂的「乖順」？沒錯，我發現確實有些淳厚的學生是乖順的，但是有些比較精巧的學生，則不是看不到師長的錯處，就是雖對師長的每個規定並不都以為然，可是因沒有管道去討論師長的規定或觀念，所以不知如何處理是好。於是我發現到學生的第二人格特性便出現了，就是學會陽奉陰違的習慣，在師長面前會唯唯諾諾，可是一旦師長不在眼前，就會故態復萌或我行我素。比如說當時佛學院的規定，除了假日或照規定請假下山買東西之外，不要下山。這其實也是師長的一片好意，擔心學生因散心雜話，到處浪蕩，有時候沒有辦法收攝心神，好好讀書用功，所以才做此規定。但是學生自有管道，當想要出去的時候，會編任何理由出去，包括藉口生病要看醫生等等。當時學院的老師，可能也會檢查信件，其實這原本也是為了所謂的好意，所持的心態就是，為瞭解學生或要瞭解學生發生的問題，所以學生發出去的信、去

跟進來的信，都要檢查。而事實上我也知道，很多學生就有辦法，讓老師看不到信：包括想辦法偷偷到面外寄，或者托哪個來到山上的人帶下去寄，乃至囑託要外面寄來的信，寄到誰那裡？自己再拜託人拿過來之類的。

　　我覺得師生之間常期扮演這樣的監督和偽裝的把戲，其實是很累人的。所以等到有一天我擔任高級部主任的時候，我就跟學生先講明，我說你們下山的時候，如果沒有任何理由，只是很悶想要逛街都沒關係，不過要很真實的告訴為什麼？我就准假，不用騙我。另一方面，我說信件我不想檢查，除非你自己需要，覺得人際關係有問題，或者某個信你不知道怎麼回，而主動找我之外，我不檢查你們的信件。像這樣，我常常會問自己：到底要教給學生的是什麼？是養成他敢於表達自己的光明人格？還是養成他陽奉陰違卻不以為意的性格？同時我也發現在學院的學生中，後者的嚴重性，比我個人在學生時代，偷偷跑下山去更嚴重。不過仍因處於修道的成長期，心態還很不穩定是必然會有的，也才會有那樣的行為，過了那段時期就該逐漸好了，所以雖有這種行為，我並不覺得這有多嚴重。

　　但是當我離開學院的時候，有些學生已開始自己當老師了，我才發現她們表現出來的威權態度，還是很強的。佛法講共業是有其道理的，因這種共業網路真是牽連很強。包括我曾經帶過的學生在內，當我告訴她們我不願意檢查她們信件之前，我事先是經過班會的討論，大家有了共識之後，我才正式宣佈的。當時我曾經拿給她們一份剪報，是關於一國中女生抗議訓導處，把男孩子寄給她的信，張貼到佈告欄上，這個女生覺得不受到尊重，所以提出抗議。我當時把這個剪報念給他們聽，請他們發表意見，她們也告訴我，她們的信件也被院方的師長被檢查，她們也強烈的覺得不尊重。但很有意思的是，時過境遷，等到她們當老師的時候，一樣用檢查信件的方式去瞭解學生。像這種不尊重別人的隱私，把窺視當作關心，竟然被認為是正當的教育，我覺得是我們僧院教育非常失敗的地方。

　　所以後來我曾經寫文章談這個問題。我想，佛教很多佛學院的師長，對

我的改革作風，都蠻痛恨的。但是我只是一種好心，我不太願意看到這樣的不良共業，一代接一代傳承下去。這種不尊重人的威權態度，是源自於整體社會所塑造的偏差性格，因此它不單會在檢查信件上表現，也會在很多地方都表現出來對人性的不尊重。

3.威權心態的婆媳原理

再者，我覺得這種威權心態其實產生於蠻強的「婆媳原理」。中國人的婆媳關係很奧妙，媳婦當媳婦的時候被婆婆欺負，可是有朝一日她當婆婆的時候，其實也還是欺負媳婦。很少有婆婆有這樣反省能力，和感覺到自己本身曾經受過的害，因而不要再加害到媳婦的身上。其實我們從心理學上很多個案可以瞭解，如果爸爸打太太、打小孩，小孩固然在童年的時候很痛恨這個爸爸，可是等到他大了以後，討老婆、有小孩，這時他的暴力傾向會更濃，一旦觸及到一些非理性的場面，他往往不能控制自己，這時可能他小時候的印象就會出現，最後可能還是用打太太、打小孩的方式來解決。所以這個婆媳原理，是父性威權心態的社會，比較容易產生的問題。因為一個弱者被欺負以後，固然很悲慘，但是有朝一日當他不再是弱者的時候，他就成了加害弱者的一員。或者他現在是弱者，卻總是加害比他更弱的人，來作為一種發洩。

這種中國的威權心態，在佛教中竟然也長期存在，所以也是這種婆媳原理的一種行為模式。例如我們看到有些師長，要求學生、晚輩要絕對的恭順，以及有些霸道的師長，讓晚輩也非常反感。可是有朝一日，晚輩當了長輩以後，他不知不覺又會要求學生這樣做。甚至於學生不這樣做的時候，他也會去整這個學生，或讓晚輩必須要符合他的標準。我很驚訝的是，當年他當學生、晚輩時，也不喜歡這一套，也對於師長這一套行為很不屑，為什麼如今他竟然會這樣去要求？為什麼他的心中會兩重標準？可見得很多人是由於觀念不清楚，才不知不覺地沿襲下傳統共業的習氣。甚至有些人，縱使心

理上清楚，這樣做是不對的，可是在行為上，居然不由自己的，就習慣性地照做下來，很令人遺憾！

4.威權形成的制度陰影

　　因此接著這一話題，我再來就談一下：在這種威權心態的體系之中，所會產生的一些制度不良的負面影響。我一直覺得人世間，沒有所謂唯一最好的制度，因為人性有種種，所以佛法講因緣果報，並不認為哪個人看到的就叫做真理。佛法只認為，每個人有不同的因緣，不同因緣構成不同的生活經驗，於是他的判斷也根據他的因緣，而決定這個叫做對，那個叫做不對。也因此他在感情上，或意志上，也傾向喜歡某一種方式，而不喜歡另一種方式。這裡面並沒有絕對的對與錯。

　　這樣佛法的基本認知較度，是符合理性的判斷方式和適合人性的正常傾向，照理說它不會對哪個制度提出全面的批判，儘管如此，傳統中國佛教的威權體系，依然將佛教早期的民主和合的精神，變了質，變成適合傳統中國這樣的社會環境，並在僧團中反映出同樣的威權性格，因此值得我們探討其究竟。事實上，到後來我們自己組成的僧團，雖想儘量能夠回歸到比較民主的、原始的僧團精神，我們殷切希望學生能夠獨立的思考、獨立創造，同時也提醒她們要能獨立承擔自己行為的後果。但是我發現到有一些學生並不適合這樣新作風，還是希望師長像媽媽一樣呵護孩子這樣帶著她的成長。所以顯然我認為一個制度不是適合所有的人。不過我也相信，如果能建構一種較健康的制度，應該比較會激發人性的光明面，反之若是建構一種不健康的制度，則人性的陰暗面比較容易被激發。所以在這裡，我提幾個我看到的問題。

　　第一個問題是，站在金字塔型頂端的領導者，他本身擁有無限的光環，擁有龐大的權力，在這樣的位置上，也自然容易產生領袖的魅力。雖然客觀來講，有些人的確具有特殊領袖魅力，可是一般而言，只要一個人不要太

差，差到像晉惠帝那麼笨蛋，基本上如給他一個好位置，那個好位置通常很容易讓他產生所謂的魅力。例如現在有許多人講「李登輝情結」，我倒覺得任何人到那位置上，臺灣人的威權心態不改，那個人就會變成很有魅力。所以臺灣就會產生種種情結，什麼林洋港情結、彭明敏情結，那些其實都可能產生，因為有那個位子和相對條件嘛。

「情結」同樣也在僧團出現。當中會出現一個問題，就是我們仍然有這樣的觀念：天下沒有不是的父母，天下沒有不是的師長。其實在我們修道歷程中，每個人都常會犯錯，都經常要提醒自己。在僧團之中，要求我們每半月都要「布薩」，就是誦戒，在誦戒過程中，我們就要自己思考自己的過失，坦白的談自己的過失，同樣其他的人也須舉發自己的過失，這樣來共同幫助我們成長。這時每個人都只是僧團裡的一員，絕對沒有哪個人考慮到：因他是我的老師或我的師父，而不好意思說他。所以這種初期佛教遺留下來的僧團制度，原始精神是非常公開、非常開放的。並不是限定只有長輩可以說晚輩的，我覺得這樣的制度，也幫助我們做長輩的隨時提醒自己，很多過失可能要改正。

可是這種金字塔型權力結構的頂端，這樣的人，很少能夠聽到不好的聲音。他因為一直受到寵愛，於是飄飄然，也幾乎只能聽到好的聲音。所以韓非子會說「說難」，為什麼說龍的逆鱗不可以摸，我想這個原理是人在那樣的權力中心，一個受到眾星拱月的狀態，人是容易迷失自己的，而屬下也因此以取樂他為最高原則。所以做師長的要去改正自己的缺點，並不那麼容易。而在這種情況下，他做的事情，底下的人就沒有怨言？不可能！因為如果不經過公開討論而調整，他做的一些決策一定會雞飛狗跳，會讓底下的人抱怨；或者他的一些行徑會讓底下的人交頭接耳，做一些批評。

這種權力結構會產生一個問題，就是有些人不知不覺，就當了權力中心的耳目，去分享比較高的權力；而這個人可能居心並不善，可能會不經意的透露一些訊息，讓師長知道哪些人對他有意見。也可能有另外一個情形，就

是屬於愚忠型的，他心目中這個權力中心是偉大的，他不能夠接受別人批判他心中的領袖。所以他很可能會告訴權力中心的人物，他曾聽到了什麼對他有利或不利的批評。另外一種人可能更糟糕，他是諂媚型，為了接近權力中心，分享他的榮耀，或者為了得到他的信賴（基於某種虛榮感吧！）──他也會自居於權力中心的眼線。所謂的「白色恐怖」，我覺得經常都是一個巴掌拍不響的。一個權力中心再加一群人，一直被捲入一個共業裡面。這群人就是我剛才講的，一種是不知不覺，一種是愚忠的，一種是諂媚的。

所以產生這樣的人際結構，會產生什麼樣的問題呢？第一個就是導致人際的疏離。因為人與人之間，會因此不能談很深刻的知心話，比如談了以後，會擔心有一天他講給別人聽了，又最後傳入某某層峰耳中將如何是好？像這樣的不安全感，會一直存在，一直徘徊在心頭。

第二個就是上位者，他沒有改正他自己的機會。反而很多時候，會對自己不忠心的、不肯定他的作為的人，加以排斥或態度冷漠，或用其他的方式，讓那些人嘗到報復的滋味，讓他在團體中孤立，或讓他在團體中不能存在下去。像這樣，對權力中心本身的成長，並沒有幫助。

第三個就是潔身自好的人，因此不屑跟師長接觸，寧願跟基層的人在一起，因他不屑當一個打小報告的人。但是這樣的譏嫌心態，也導致過猶不及，因要堅持潔身自好的緣故，會連讓人家譏嫌也不要；甚至忌諱接觸任何師長，省得人家懷疑他，是不是跟師長比較友善。所以這樣的團體結構，其實對人際關係上並不健康。在這樣的環境裡面，人有時候為了自保，不管是為自己謀取更多比較好的機會，或為了其他原因，往往會使這樣的魔性被激發出來。我相信沒有人願意充當明代的特務機構東廠西廠的錦衣衛，可是人在那樣環境裡，自然就受其薰染，分成這些類型，無形中，使團體中產生許多蠻悲哀的事情。所以時至今日，我還會聽到某某地方，有點白色恐怖的味道。但我自己都能夠體會到，那是一個結構的問題。而且那不單只是哪一個人很壞的問題。我相信這群人放在比較健康的制度下，就不會變成這副樣

子。權力中心因為眾星拱月，光環都集中到他身上，如果像現在可以公開的罵自己的領袖，越是高位的人，越被報紙、議員罵的很慘。我看很多人若清楚一點，就不會到這個位置，他會覺得其間沒什麼太多尊嚴可說。可是也就因為在那樣的結構中，那權力中心代表和擁有那麼多的權力，那麼無限的光環，所以他為什麼需要這麼多的耳目，因為他會擔心他的權力，是別人所覬覦的。而他由此產生的不安全感，會更強化這種需要：需要眼線、需要耳目，來瞭解周圍的事情。

　　這裡其實還是一個問題，為什麼會有一種對別人的窺視欲望？就像我剛才講的，有時是為了好心，有時則為了保護自己的權力，因此我在學生中也發現當別人有眼線耳目的，表面上不說他怕他的住持位置被占去，或他怕他的師長位置被推翻，說成他擔心這些小孩在修道過程中不好、不上軌道、擔心他們被帶壞了等等，這些他都需要去瞭解。而因他只有一雙眼睛，一雙耳朵，當然就需要一些人，告訴他哪個人怎樣？哪個徒弟怎麼樣了？哪個學生怎麼樣了？但縱使開始是基於善良的心，其結果還是不變的。總的來講，我們為什麼要有對別人的窺視欲望？就算要助人成長，無論如何只也只能從旁輔助，無論如何都不該管到別人的內心世界。一個人是否要修道上成長，是他自己的事情；他真的不需要這個成長的時候，自己會走上另一條路。所以這些事前的窺視都無助於事情的解決，反而常在人際關係中產生很大的不信賴，那這些底下的人其實不需要用耳目去瞭解他，不需要有抵擋窺視的抗拒感，如此一來，彼此之間因相互信賴，溝通流暢，反而比較清楚彼此之間的真正狀態。

5.小結與實例

　　在我多年出家的經驗中，第一次讓我感受到威權心態產生的結構的弱點，它也是值得我們佛教界去反省的問題。而且在這樣的制度中，還有一個根本的結構性問題就是：往往權力可以轉移，聲望卻不能轉移。一個住持過

世以後，會產生什麼結果呢？當然住持在世的時候，結構是很單純的，一個師長帶著一群徒弟。等到師長過世以後，變成是徒弟的其中一位當住持，這時候產生的是權力結構的問題。徒弟本身大家都是師兄弟，畢竟就沒有師長的威德，所以當他當住持的時候，他有沒有辦法像師長一樣，產生同等的權威來統理大眾，往往除非他具有領袖的能力，不然一般來講是不容易。

師長時代，是道風很好的寺院，大家徒眾們過著非常簡單純樸的生活，等到師長過世了，其中一個徒弟當住持，這時候問題就發生了，這些師父們都是很好的，到現在我還是蠻敬重這些師父們，所以我講的不只是權力結構，我也不認為是哪個人的性情問題。起先呢，他們有時候總是會到村落去嘛，村落有一些信徒就會招師父們說：「來啊！來啊！來看楊麗花歌仔戲啊！」這些師父們好意嘛，就進去看看。進去看看覺得很好看，第二天就會再跑過來看。第二天第三天，天天過來看，就問一問電視機價格多少？一聽也不貴嘛。回來就在自己的寮房裡面買了一個電視看，事實上在那時候，寺院整個都沒有電視，可見那個師長要求弟子們所過的簡樸生活之嚴謹。可是等到他自己有電視了，在寺裡看楊麗花歌仔戲的人，可能就不只一個兩個了，反正有了電視大家又很好奇，就會有幾個人都跑過來看，幾個人一聽，電視價格也不貴，就這個也買了，那個也買了，就買了好幾架電視。那寺院上一代出家人，還是心性淳厚，當年都還是搬材運水、種田的，苦過來的人，所以基本上都還知因知果，生活不敢太離譜。頂多看個歌仔戲、看個新聞，最多加個八點檔。但是過後就不同，為什麼呢？接著會有新人進來。新人進來以後，師長帶著新人一起看電視，其他的更是人大看特看。如此一來，這可不只是歌仔戲加八點檔，而是從開電視到唱國歌。

你看到一個寺院就是這樣子，它可以從一個道風非常純樸，到一個無所謂道風這樣的程度。我談這個問題，沒有含任何的譏笑意思，而且就算我陷入那個情境，我也不一定能脫離薰染而特立獨行。我只是談一個問題，就是它為什麼會這樣急速的轉變？人家說「富不過三代」，它只不過兩代，從師

長到徒弟、到下面新進來的是三代，為什麼在道風方面會有這麼劇烈的變化？其實這個住持本身也很有心想要向好啊，這個住持本身房間也不放電視啊，而且這個住持最初不會很喜歡看電視，或帶頭看電視！但最後為什麼會搞成這個樣子呢？我們試想這樣的寺院，如果它從一開始就不是依於師長的權威，而是由制度來維持，也就是依於每月公眾的布薩，則寺中道風的維繫，會是基於一種共識，而不是師長的權威。屆時若看到有人看電視，也許在布薩之中就可以提出來，表示不妥當，經此　檢討，也許那件事情就不會再發生了，或不會演變成像現在這麼嚴重。

其實人和公眾事務，如果只憑人治而無制度維持，往往都會出現這個問題。因人若有強大的權力跟能力，就可以管得住大家，可是一旦沒有那樣強的權力和能力，就不可能成為大家心目中共同的規範，所以必須靠制度來維持，才能使自己管理自己或大眾管理自己。我覺得反省這個問題很重要。當然我在此提這個問題，所整備的也不夠周延，沒有仔細再去思考或找一些資料來佐證。但我仍要提提早期印度的僧團情況。雖然佛教僧團，在佛陀滅度百餘年之後，因為戒律的觀念不同而開始分部派，但是在部派綿延持久的過程之中，僧團也同樣綿延持久的存在，雖然玄奘大師到了印度，他看到有些寺院雕零了，但是大體來講大部分寺院，僧團還是獨立在運作，靠的就是依戒律在運作著。

反觀在中國的僧團情形，我們會發現常有「人存政舉，人亡政息」的味道，名山道場都是一代大德出現才一時形成的，於是十方有許多嚮往的人，紛紛來這邊求道，儼然成為　個法務興隆的道場。可是曾幾何時，只要這個大德一凋零啊，這個道場衰敗就很快。我們真的要留意一個問題，就是權力的「遞嬗」（交棒）方式和制度結構的改造問題。也就是，它必須確實能是在教內審慎考慮的民主和法治的原則，並且能效法原始僧團的精神，而不能單仰賴傳統中國文化的影響力來改造，那是無濟於事的。我相信，唯有透過這層反省，我們中國佛教的教團才能夠保持去腐生新的能力。

（二）僧團經濟生活的忙碌和執事眼光局限的問題

第二個我要講的是，僧團經濟生活的忙碌和執事眼光局限的問題。

在傳統僧團之中，在印度是靠托缽乞食維生。印度有這樣的社會風氣，一般人願意供養修道人飲食，而修道人沙門的生活，不但是佛教，其實一般宗教的沙門也是這樣，當時有個共識就是他們絕對不自己炊事。他每天就是托缽，一天只托缽一次。托到什麼就吃什麼，也不能揀擇。這樣有很多好處，一來折服自己的驕慢，因此現在有些佛教標榜自食其力，其實它根本違反佛法精神，因此佛法的戒律精神就是要讓我們不可以自食其力、不可以自耕自食：它要我們當一個專業的宗教師。這不叫做所謂的「寄生蟲」嘛。因你是一個宗教師，你的職責就是給眾生心靈上的安慰，這就是一個宗教的心靈輔導師的基本職責。

你不要認為這叫做寄生蟲，以儒家的價值觀，也不認為一定要自耕自食，才不是寄生蟲。孟子不是講有勞心者，有勞力者，可是後來受到儒家社會的主流影響，批評佛教的出家人是寄生蟲，於是很多出家人為了撇清起見，往往強調自食其力。其實自食其力不符合原始佛教精神，它就是告訴我們要專一於法務，所以托缽的精神要我們去除驕慢，專一於法務。對眾生如「眉毛拖地」，不揀貧富，托缽時人家供養到什麼吃什麼，不長養貪心，不積蓄財富。而且也需要在托缽過程中去瞭解基層的人民。對於眾生的苦難、社會的脈動會有比較深刻的認知，也會比較知道要如何跟社會脈動結合，而對於社會做比較大的幫助。

這一套生活制度到了中國沒辦法延續下去，因為中國根本認為乞食就是乞丐。所以認為以出家人既然這麼有尊嚴的身份，不應做這種事。於是基於那些皇室或皇宮貴族的好心，他們一般來講願意希望出家人，維持自炊自煮的生活。雖然不叫自食其力維持自己的經濟生活，還是靠信眾供養，但是已經慢慢養成自炊自煮的生活。

在過去的大陸，往往會有一些收入，這些收入都是靠田租。也就是過去的王宮貴族他可能捐了一筆土地給寺院，寺院就靠收田租維生。但是我們知道等到土地改革之後，根本就不能再維持這樣的生活了，佃農跟寺院間的關係可能就會變得很緊張。

再來就是中國儒家「厚葬久喪」的儒家文化也是主流一直流傳下來的。於是本來在佛家來看，死亡是一個很莊嚴的過程，宗教師也應該引領家屬，讓死者得到安慰，讓生者也得到安慰，這是宗教師責無旁貸的職責。但是不應該是非常麻煩、非常繁文縟節的事情，但是到了中國，因為厚葬久喪的文化，慢慢導致佛教在中國很獨特的經懺文化。

因此社會盛行這種訟經拜懺的儀式文化，導致出家眾要為死人疲於奔命。為死人疲於奔命已經不見得只是宗教上的意義，也變成很世俗化的意義。比如說，中國人好面子要熱鬧，要讓左鄰右舍知道他辦喪事辦的很風光，於是要出家人來。而出家人中，有些不太有自省力的一些人，可能只是為了要配合喪家的胃口，於是發展出很繁複的、很熱鬧的唱腔唱調，結果反而導致佛教原本嚴肅莊嚴的梵唄，就在這樣的風格中失去了。如此一來，許多法器加進來了，變得非常熱鬧，非常複雜；並且佛事變得日益繁多，屈指一算，例如一個人的喪葬法事，從他倒斃開始，到入殮、出殯，還有從頭七到滿七就有十天次要應付，加上對年和三年各一次就有十二天次要忙。每一次如果喪家，希望熱鬧一點，有多一些師父過來，你就可以想：為一個死人就可以忙十二天次，如果是六個人就要忙七十多天，這還是最最保守的演算法呢。

這個喪葬法事，因為當市場的需索，是如此之高的時候，熱供求失調，當然誦經的費用，就節節升高。因為他們找不到人嘛，無形中這個市場就炙手可熱。可是卻耗費出家人的心力，也非常龐大。因此，中國佛教到後來在大陸上，曾經長期衰敗過。而在臺灣的十數年前，也因此呈現非常大的衰敗。諷刺的是，世人一面要求僧尼如何如何使其喪葬場面熱鬧、有面子，另

一方面，讓世俗人很看不起，也就在這個問題上。但這也是跟中國傳統文化結合，所產生的一個怪現象，很難轉變這種不好的喪葬歪風！

現在許多都會地區，冒出許多假僧侶，他平時就是剃光頭，出來念念經，等到念完經，立刻就戴上假髮，去喝酒吃肉，過各種世俗的生活。為什麼這種人能夠存在？說穿了就是因為市場需要！縱使一些潔身自好的出家人不投入這個行業，也自然有人投入這個行業，仿效出家人的形象來賺取這樣的生活所需。

因此整個寺院的生活中，可發現一個嚴重問題，就是經懺的問題。縱使不是職業經懺師，單是中國人的厚葬久喪的觀念，也會導致一些寺院為了要善待信徒，而不是為了趕經懺，不是為了議價、叫價、做買賣，但光為了照顧寺院這些信徒和信徒家屬的生老病死，寺院裡的出家人，就要忙得人仰馬翻，個個疲憊不堪。這還是算好的出家人，不趕經懺的忙賺錢的，都尚且疲憊不堪。何況那些整個寺院的經濟來源，都經懺收入一來維持的那些寺院，出家環境之不理想，更不用說！

不過，當代臺灣新一代的出家人，已慢慢走出一些新風格，因此些寺院根本不靠經懺維收入米維持持了。儘管如此，有時仍會感受到很麻煩，例如當一個信徒父母親過世了，你雖告訴他說，我們這裡不趕經懺，但仍要幫他介紹哪裡有念經，好讓他去找那些會去誦經的師父。這也其實不是個正常道啊，因總不能說這是垃圾，卻丟給別人去收啊。但如此心態也不對啊，照理說，你就是宗教師，必須照顧到信徒的哀戚心情，最好讓他們實際在佛法中得到受用，其他熱鬧的、世俗的問題，我們出家最好能避免介入。

這整個必需透過社會教育來啟蒙和說服才行。可是這裡面牽涉到整個中國文化（厚葬久喪），要談轉變又是談何容易啊？因此，正統的佛教，正統的出家人，除了他們有他們自己的作法，這個市場需求在臺灣社會，依然是存在的。另外一個，出家人到了寺院總是要分攤寺院的執事。有人是知客，招待客人；有人擔任維那，管理殿堂；有人做香燈，做殿堂打掃的工作；有

人早課，做課堂上各種灑掃庭除的工作；有人做典座，是做廚房的炒菜的；飯頭，煮飯的；園頭，管菜園的。其實僧團是一個小社會。這個小社會很有意思，他不管是有多高的學歷，多高的社會地位，他來到就一切從基層做起。

　　我非常感謝的，是我來到僧團，從基層做起。這有個好處，是瞭解基層的苦難，瞭解基層在瑣瑣碎碎、雞毛蒜皮的事情中，去打發歲月的時候，其眼光可能會有局限，心胸可能會狹窄。就像過去我們老是認為，女孩子容易什麼張家長李家短的，容易嘴雜、說是說非啦。其實我覺得，不是因為女性生理構造不同，就會有這樣的性格，而是因為他們過去都忙家務事，便容易導致這樣的性格。等到女性一旦成為社會的菁英、成為社會的中堅份子，也開始做很多跟男性一樣職業的時候，我們幾時發現這些女性很呱噪？很愛講東講西？

　　所以我感覺，執事是對人性很大的磨練，而能磨練得過，其實是頂天立地的。為什麼？人就算為這麼瑣碎的事情打發歲月，而且彼此之間的人際關係，從睜開眼睛到閉上眼睛，仍需共住共事，因此這個關係，其實是非常緊密的。而我們這群人，是沒有血緣關係，是沒有任何情緣關係，就聚在一起，相對的，這種人際關係的挑戰性，也很高。

　　所以往往有些人跟我講：為何到了僧團就覺得奇怪，為什麼我人際關係這麼差？想當年，我在辦公室跟人好得很，在學校跟老師好得很，跟同學好得很。我就說：那是不準的！其實那些辦公室的同事，來這邊出家的話，我相信他們也會有緊張的人際關係。因為你們在辦公室、學校或宿舍，沒有那種從共住到共事那麼綿密的關係，並且那是一種利害與共的關係，因此沒有這麼緊張的，沒有那麼細緻的。縱使大家個性不同，不以為然的，保持距離就算了，也不需要正式的拗上。因此我們試想，我們跟自己的姊妹相處，會不會吵架？夫婦相處會不會有很多的口角？我們就知道這一群人在一個「常住」（寺院）裡面，又局限在一般性的執事之中，還想要在其中培養陶煉他

的恢弘的心胸，其實是要經很大的考驗才行。

因此我們也可以看到，在僧團之中，很奇怪的，就有時候為了雞毛蒜皮的事，就不愉快起來。試想我如果做一個世俗人，為了一個雞毛蒜皮的事，我會不愉快起來嗎？可能我不會，因為世俗的生活步調太忙碌了，我很多事情跟著要處理，難道你能夠一天到晚想這個事情？甚至於有的人，在家裡跟先生有嚴重的口角，出來擦乾眼淚，還是要趕快上講臺去教書，或者要趕快面對辦公室的很多工作。因而很多事情不知不覺地，不是真正處理了它，而是就讓它這麼過去了：沒有心情去處理這些事情，縱使它留下來了很多生理的，或心理的傷痕，但還是得過下去才行。

然而僧團的生活，就是要讓我們很真誠的，面對我們的內心，或瞭解我們內心軟弱的部分。在時，人與人之間，只要有一點臉色、一些尖銳的言詞，馬上就會產生比較緊張的關係。因此，在這裡呢，大眾都是自己的一面照妖鏡，讓自己終於感覺到自己，真的很多地方，非常的尖銳，全身都是稜角，面目可憎。因為別人不滿意我們，經常是因為我們自己的言詞干犯人家，或者我們的表情不屑干犯人家。我們就強迫自己要改正，不然在僧團，就會變得很不受歡迎，會跟大眾無法相容。所以，在這樣執事時間中，會給我們相當多的時間去起煩惱，不會讓我們說，事情過了，沒有時間去起煩惱，而繼續過下去。於是我們就有很多時間，去想這個問題，去鑽牛角尖，也因為這樣，我們透過這樣的考驗，讓事情不只是單純的事情，而能夠內化成為自己反省的力量。

我們看得到在僧團中，真正磨練過能夠磨練到成功來的人，那真的是頂天立地。他對於人或人際的很多問題，會比較懂得以圓熟的方式去處理，比較會以充滿著悲憫的心情待人。如果磨練不過的，那就比較麻煩了，可能心胸就會變得很狹窄，天天都在雞毛蒜皮中打轉。這個時候，如果有比較良善的制度，或有同道好的勸諫，這種歷練，對每一個心性的成長，就有很大的幫助。所以我剛才講這一點，並不純粹是負面經驗，反而覺得沒有相當大的

勇氣，沒有辦法經過這層考驗。

因此在現代臺灣很多人，沒有辦法在團體中相融，於是紛紛出去住公寓，住茅棚，美其名說我這樣比較安靜，比較好修行，其實修行修的是什麼？修的就是調整我們的身業、口業、意業。身、口、意業怎麼調整呢？我們怎麼知道心裡想的對不對？表現出來的對不對？別人就是一面很好的鏡子！佛法講戒學、定學、慧學，戒學要先，如果沒有戒學的基礎，就光是盤著腿禪定，有時候因為心念沒有調整過，言行不端而沒有經過大眾的調整，直接就上路去修禪定，往往修出來的是邪定，不是正定。或者有一些境相發生的時候，他沒有辦法克制自己。所以為什麼戒增上學擺在前面？為什麼大眾團體生活需要有一段時間的磨練，因為只要是健康的僧團，在大眾中磨練，往往是大冶紅爐，每個廢鐵廢鋼放進去它也都熔，熔出來就是純鋼。

僧團之中經過磨練的人，只要得捱下去，在大眾之中，能夠調整自己的身、口二業，往往他出來都是一個受到群眾尊敬而歡迎的人。他很細膩的體會到，哪一句話會傷害到別人；同樣一件事情，他可能會用非常溫馨的方式告訴別人。這都是因為他曾經也受過修理的，才能如此。反之，則他一句話出來，人家可能就會很反彈。這時候絕對不能認為說，你太多心了，因為確實他講的話傷害別人。不相信的話，哪一天別人用同樣的話丟他，他可能也會開始起煩惱。就這樣慢慢去學會所謂的慈悲，所謂的善待眾生。我覺得這個出家經驗，對我個人來講倒是一個很大的助益。

（三）兩性的權力結構問題

第三個談兩性的權力結構問題。在臺灣社會確實是女性出家人比較多，它也算是非常奇特的。曾經也有記者調侃我們，用一些煽動性的語氣說，這些人是不是因為失戀了，離婚太多啦，想不開啦，對現代社會環境適應不良啊，我想如果問題這麼單純的話，那麼男性為什麼不增加？因為男性同樣也面臨這個問題。應該是說，在傳統的兩性關係中，就現在殘餘下來民法的痕

跡，我們也看得出來，對女性並不公平。傳統家庭倫理，對於女性角色所擔負的責任，向來也是傾向於偏高。以一個現代女性，比較有自主意識，受過比較好的教育來講，不見得都願意過這樣子的家庭生活、婚姻生活。女性有很多人出家，我倒不覺得是這些記者所調侃的問題，就我們每一個人的經驗來看，大部分都還是女性的自覺。她們願意擺脫家庭制度，願意過非婚姻的生活。如果她有宗教信仰，她也願意過這樣的出家生活。其實大部分女眾出家很多都是這樣。

在僧團裡面，我們可以看到整體的表現，其實女眾是很強的。女眾不但擔任各道場的基層工作，我們試看很多道場本來是男眾道場，後來不得不變成男女都有，為什麼呢？起先也許這個比丘確實要維持比丘道場的純淨，可是他少了很多老媽子，沒有人幫他擦地板，沒有人幫他煮飯菜，那廁所髒了要命，於是不知不覺，他也會樂意有一些女徒弟。所以基層工作大部分都是女眾在擔負。女眾本身也比較有先天的母性傾向。所以很多信徒反而比較樂意接觸比丘尼。

比丘在傳統價值觀中，不但是原來的男性沙文主義，再加上到了僧團以後，又端出很多男性戒律裡面似是而非的觀念。除非是謙和的、有自省能力有智慧的比丘，不然很多放不下身段，也容易讓人不樂意親近。所以女性在臺灣佛教的崛起這絕對不是偶然。你試問很多信徒，他樂意接近女眾的法師是為了什麼？他們會感覺到女眾比較可親。

再來就是，女眾在臺灣佛教的權力機構之中並沒有佔很重要的地位。好像女眾也不是很在乎這些事情，從來也不沒有介意說佛教會的體系裡面為什麼女眾分配名額不勻，為什麼女眾沒有擔任理事長之類的？這個可能不是她們所計較的範圍。但是她也並沒有被嚴酷的箝制。就是因為佛教沒有權力集中的中央教會機構，因為它不是金字塔型的。佛陀時代，每個地方的僧團有它內在的民主，僧團與僧團之間有互相的交流。但是僧團與僧團之間沒有再結合成為更高的權力組織來統轄僧團與僧團。這樣的鬆散組織一直沿襲到中

國，等到中國因為有教難，比如說當時很多知識份子排斥佛教，想要徵收廟產來做學校，很多的異教徒要侵犯佛教，政府的官員覬覦佛教的財產，這時候佛教為了自保才產生「中國佛教會」。

這種佛教會的結構，表面上是金字塔型，可是它權力不是由上而下的，它是由下而上的。所以這樣的鬆散結構它沒有直接指揮寺院，而讓寺院必需照它這麼做的權力。因此這樣的結構也導致佛教，說難聽是一盤散沙，說好聽就是說比較有大家的自主空間。固然也會產生盧勝彥清海之流的，來擾亂社會的視聽。可是同樣的，也比較沒有內在的迫害，沒有因為由上而下達的權力迫害。總是這樣的權力結構如果太過集中到金字塔型的，它容易僵化、保守。僵化保守的體制經常都是先為既得利益去維護，或者既有的觀念去維護它。很難去創新，接受新觀念。

當我們看到原先佛教很多人羨慕天主教的組織嚴密、動員力強。但是現在相反的，很多天主教的人，也許他會羨慕我們佛教的女眾出家會有蠻高的地位，相反的，他們到現在還是為女性能不能晉鐸或封牧在爭吵不已。甚至於只要有哪個教會比較開明，想要讓女性晉鐸，就會立刻走光很多教徒說他要跑到另一個比較正統的，還在維持男性晉鐸的教堂。可以看的出像金字塔型的結構它確實在保守僵化的源頭，佛教它因為基本上是鬆散的，所以你可以看到女眾叫法師有什麼不可以，男眾叫法師，女眾也一樣叫法師。男眾叫和尚、大和尚，女眾叫和尚尼，它並沒有特別對女性名謂上的排斥。

職位上有沒有特殊排斥？沒有特殊排斥！到現在中國會的權力結構並沒有規定女性只能夠怎麼樣，女性不可以擔任理事長，它沒有這樣的規定。只是大家自然選出來的是男性而已，這裡面其實也包括女性不太熱衷權力。她不太熱衷跑到權力中心擔任最高領導者的職位。所以一般來講權力鬥爭、權力傾軋，女性參與的人不多。也許女性她頂多是說，因為都是在執事的局限中，局限了她的眼光，局限了她的心胸。所以有時候難免心胸狹隘、境界不能廣遠，老是在人際關係中打轉的，這個才是比較屬於女眾的問題。真正來

講，運用權謀去做傾軋都是女性不參與的。

　　所以大體來講，女眾在臺灣還保持社會上或者教界中人比較大的好感，有時候也是這個原因。這些女性們因為沒有婚姻的羈絆，再加上沒有教團社會力的壓抑，所以她的創造力顯然是非常的增強。我們可以看到大部分的女性在佛教中是女強人，她可以獨當一面的建寺院、照顧信眾、教導徒眾，做一些其他社會的公益事業等等。我們可以看得出來，當女性她沒有受到這些外在的世俗規範箝制的時候，其實她表現出來的活力是很驚人的。

　　另一方面可以回過頭來探索，在佛教部分是怎樣看待兩性關係。在佛陀時代本來只有男性出家，只有男性出家也不是很稀奇的事情，因為在當時印度社會裡面，出家的不只佛教，也有其他宗教。出家的生活也不是說有一個寺院，大家舒舒服服的住在寺院裡一輩子，它不是呈現這樣安定穩定的生活方式。沙門是什麼？沙門就是經常行腳遊方的，他到處遊走，居無定所，他可能在樹下坐一個晚上，可能在塚間墳墓邊坐一個晚上，在曠野中坐。這樣的生活，試問女性怎麼適合呢？在當時治安不像現在這麼有效管理的社會，事實上連男性出家有時候在曠野中，我在戒律上還看到，有一次一群比丘經過曠野還被強盜搶劫，搶劫之後把他們所有衣服剝光，他們只好光著身子跑到村落去跟人家借衣服。那可以想像這裡面是有風險的。並不是我們遠距離去看，很美喔，一切都放下，很自在。不是這樣的，他們要受很嚴酷考驗的。

　　當時一般宗教沙門中也沒有女性，所以當時佛陀的姨母想要考慮出家，要求佛陀度她出家的時候，佛陀是沉於考慮，而不願意接受的。於是很多人借這一點大大發揮，認為佛陀歧視女性。甚至於阿難看到不忍，勸佛陀說渡這些姨母們出家，姨母和他原來的妻子，和一些釋迦族的貴族女性。當阿難勸佛陀渡她們出家以後，佛陀終於答應她們出家，那這筆帳等到佛陀滅度以後，還立刻被大家清算了一番，認為他當年勸說佛陀渡女眾出家是一個過失。當時阿難也是很誠懇的跟他講說，我在這裡面看不到我的過失，但是我

因為尊敬而信賴你們的緣故，我願意求懺悔。

　　可以看得出來，女性出家，佛陀的胸襟不見得是歧視女性，可是這個一群在印度文化背景中成長的弟子們，是不是每個都有智慧看到男女平等的問題？實在未必！以佛陀的教理來講，佛陀已經講眾生平等，論護生、對眾生的尊重、對生命的尊重，其實我覺得佛教已經講到最高點了。它可以對於螻蟻、小昆蟲都珍惜他們的求生意願，所以尊重而承認生命的平等、命運的本質。因此它在表現之中，它對於印度非常嚴酷的階級意識都要打破，不管你是貴族或是賤民，你來到僧團之中，一律平等。它可以到達這樣的一種貫徹實施的方式，試問它怎麼可能踐踏女性？縱使再被歧視，也不可能貴族的女性比賤民的女性還不如，何況當時在印度的社會價值觀，也還不會到這樣蠻橫的程度。印度的賤民，甚至於貴族跟它碰手，都不可以碰的，像這樣強烈程度的種姓階級意識的風尚之下，佛陀仍可以接受賤民出家，所以不可能歧視女性，乃至女性還不如賤民，不能出家。

　　以教理來看，以他對於種姓階級意識的處理方式來看，我不覺得他會有任何歧視女性的意向。頂多我想他會考慮一些實際的問題，比如說我剛才講的，安全的問題，女性擔負這種行腳遊方的生活，要怎麼樣去處理他們的安全問題。這確實要煞費周章。如果因此要讓男性的僧團跟女性的僧團結合，那又像什麼樣子呢！因為畢竟僧團就是修梵行，要獨身的，縱使彼此沒有事情的話，也要避免外界譏嫌，怎麼可能男性僧團與女性僧團共住同行呢？如果不共住同行的話，試問女性的安全由誰來保障的？我想其實這需要很大考慮的。

　　在印度不可否認，它是非常殘酷的重男輕女社會。在古印度常會看到丈夫死亡而女性殉葬的事情，直到英國殖民依然存在。後來英國政府下令禁絕，雖然如此，民間還是有這樣的事情存在。印度的婚姻是買賣交易的方式，可見他們女性的地位是極端的低落。在這樣的印度文化之中，耳濡目染的這群佛弟子們，他不見得能夠瞭解眾生平等的精神。

　　等到佛陀帶領他們，佛陀是男眾，當然生活在男眾僧團之中，至於教導女性的義務是分攤給這群比丘們，因為比丘們先進來嘛。比丘兩個人以上結伴到尼眾地方去教導尼眾佛法，教導尼眾戒律的生活，大體是用這種方式。所以經典的記載，不幸都是在男眾的手裡完成，男眾聽到的是屬於佛陀對男眾的教導，而非佛陀對女眾的教導，所以經典裡面呈現的都是男性的修道世界。偶爾觸及到女性的部分往往都會用比較貶抑的態度。這種貶抑的態度可以理解的是，當佛陀面對的是一群男性，要他們要遠離異性的時候，他可能強調異性的可怕，讓他們打消對異性戀慕的心情。這在西方的宗教，只要是獨身主義的宗教，大部分都有這種傾向。其實這只是教育的一種方式，換句話說，如果佛陀對女性講，未嘗不會講男性的可怕，儘量遠離對異性的憧憬，或錯誤的戀父心態。我想這會是相同的，只是因為發言權抓在男眾的手裡，記錄經典也是男眾在記錄，所以呈現出來的也是幾乎一面倒的批判女性、壓抑女性。

　　時至今日，很好玩的就是在臺灣社會大體來講，女性她是不可能被壓倒的，我剛剛講過，沒有嚴密的中央集權組織，所以事實上沒有人可以壓倒女性，女性可以很自由的發展。頂多是有些男性很有意思的是，有一些比丘們他們可能會特別去抓印度古老典籍裡面某些片段專門來壓抑女性。這些比丘在我觀察起來，大部分反而都不是真正能在佛教界有很大影響力的人，也就是說在佛教界真正有很大影響力的人，所謂大師級的那幾個人，他們大部分反而非常尊重女性，而他們的起家，如果沒有女性這個因素的話，也幾乎不可能成就。包括佛光山在內，星雲大師到泰國都一直鼓勵泰國的寺院趕快重新剃度女眾，建立女性僧團。他就深深瞭解女性的創造力，女性的好處。

　　反而是那些看起來不太得志的人，他們往往去拾一些古老的、似是而非的教典語言拿來大大的批判女性，誇張男性中心主義、比丘中心主義。但是其實在佛教來講，當然這個江先生上次也講過，我對他們做蠻多的批判，這個批判來自於他們言論太過過分，比如說，我會體會到對一個修道人應該要

謙和，所以我個人行為上，我對任何比丘都非常尊敬，任何比丘我都願意跟他頂禮，在我的心理，我覺得我其實對任何人都願意尊敬。如果他跟我相處，他的某一方面的位階比我高，另一方面位階比我低，我寧願尊重他位階比我高的部分，而不願意用我位階比較高的部分來對待他。我覺得這是一個修道人應該有的謙遜心情。

但是後來我跟這些男性起反彈，會寫一些文章批判他們，原因就是我覺得這樣的奴性教育不可以增長，我曾經看過一個女性比丘尼寫文章充滿著自怨自卑自歎的口氣，把自己講的一文不值，把女眾講的一文不值，包括女眾是禍水啊，女眾心懷妒忌，女眾所在的世界，世界就不平安之類的話都出現。我深深感覺到這是奴性教育的成功，當男性挾持著他的一種比較容易受到社會尊重，也受到佛教社會的尊重，以這樣的身份不斷的發言，而且又發言錯誤，那麼這個奴性會有很多人都接受到他的誤導。所以我們也發現很多的比丘尼相當的自卑，認為自己一無是處。這種一無是處的感覺絕對不叫做謙卑。我想大家讀過心理學應該知道，真的有自信心的人他才會謙卑，至於沒有自信心的自認卑微的那種感覺，往往是一體兩面，他表現出來的另一面就是自大。

所以女性僧團，我剛才講「婆媳原理」，也許有些女性可以對男性非常的恭敬照顧，但對女性的徒弟就頤指氣使也不一定，她是弱者，但是她可以踩比她更弱的人，這不叫做謙卑。相反的，我並不認為我修養很好，我不認為我是逆來順受的人，可是自問我十幾年來在僧團生活中，我從來不欺負弱者，也許我對於強者還可以跟他硬碰硬，可是對於弱者往往我比弱者還軟弱。我覺得不是我修道境界高為，因為我覺得我心裡面沒有什麼需要補償的部分。我不覺得我受到壓抑，需要迫害別人。某一些女性非正常的修道生活，我覺得對她是不好的，對修道長遠來講有影響。那對於女性僧團代代的教育傳承來講對女性是不公平的。

我曾經看到一個男性公開的寫文章，竟然要求女性天天要背「八十四

態」，印度就有這種無聊男子，寫出《大愛道比丘尼經》。我就不相信那是佛陀講的話。因為那裡面竟然有佛陀告訴弟子說，女眾所在的地方就會發生兵災、戰禍，女眾所在的地方就會泉池枯槁、山林焦爛，女眾所在的地方墳墓的死人都會跳起來。除了我們認為佛陀精神有毛病，不然怎麼可能講出這些話來！這樣的經典一看之下，就知道是印度文化的產物，他們竟然拿來當作他們的教材，大大的宣導，要所有的比丘尼都閱讀它。於是很多比丘尼聽了他的講經錄音帶以後，竟然真的自慚形穢不說，大筆大筆的掏錢，不斷的助印，然後送給各個比丘尼的單位，讓比丘尼免費聽。那是一個連鎖的販賣思想系統，所以我覺得非常不以為然。

《大愛道比丘尼經》集中的八十四條說，女眾有這些醜態（那些醜態有些男性其實也有），有些則是不正常的心態，比如說「女眾坐喜喝狗」！認為我們尼眾坐下來沒事就喜歡喝那狗，有這種事情嗎！尼眾真的會這樣做嗎？根本不可能嘛！所以那簡直是集無聊於大全，無聊於一身的八十四態！這個比丘竟然可惡到竟然要女性每天背一遍！而且他還在佛學院擔任教導女眾的執事！師長的執事。我為什麼會抗議就是這樣，我後來寫文章批評他們，我說世界各地，古往今來，只要是修獨身主義的宗教，或多或少都基於修道的理由而遠離異性的教戒。因此如果你們男性為了要遠離異性誘惑，而天天背八十四態，我隨喜功德！如果竟然要女眾來背來奴化我們的思想的話，我會堅決反對。

我說，如果女眾這麼忙碌，天天把自己的心念拿來念佛念法念僧，念光明的世界都來不及了，在心理學上來講，你的心靈境界經常停留在光明的快樂的那一面，對於你本身的活動絕對有幫助，所以宗教心理也是這樣。為什麼佛法說念佛，念佛不是等著佛來救我，念佛是讓我們以佛陀的光明面、智慧面、慈悲面，來取代我們的貪念、瞋念、癡念。也就是讓我們心念轉化，於是境界轉化的一種工作，它是有這種心理學的意涵在的。因此我說寶貴的時間不拿來修戒定慧，念佛法僧，竟然拿來背八十四態，那存心是要讓女性

不斷激發自己的自卑感。當自卑感出現之後，試問她怎麼以正常的人格心態出現？來好好的修道呢？修道怎麼會沒有發生障礙呢？

我們看得到國外有些對模特兒的訓練，讓她在鏡子前面強調自己哪一部分非常美麗，我的眼睛非常美麗，我的鼻子非常的高，或者雖然自己下巴短一點看不到，可以說可是我脖子非常修長。為什麼不斷去暗示自己的好處？難道是自己臭美嗎？這樣鍛煉模特兒其實是讓她充滿自信心。當她自信心出現的時候，她魅力就出現了。我們可以想像他們這樣的方式去教導一群笨蛋的尼師，這樣的結果會是怎樣呢？就是這群尼師真的是受到中毒，自認為自己就是污穢不堪。

曾經有一個我的學生，她很好玩的是，她勸一群比丘尼閱讀我的書籍，因為我的書籍有批判他們的部分。結果那個比丘尼一聽到就講說，啊，昭慧法師連比丘都不知道尊重了，她的書還有什麼好看的？這些話都是出現女性的口。但是我會不會恨這個女性呢？我不覺得，我當然覺得男性要負責任。我覺得歷年很多女性社會，當女性淪為弱勢的時候，欺負女性的都是女性，男性很少自己親手欺負女性，都是假手女性來欺負女性。所以可以看到這些女眾連看都不想看，就排斥，我也不是一定要她們看我的書。我只是覺得很可惜，她們沒有一個機會聽到另外一面聲音，就不想要接受，以免中毒。那這樣一種保守心態是怎麼養成的？是她自己極端的對自己免役能力信心不足所產生的。這是長期奴化意識，讓她自己覺得很卑微就容易造成這樣的局面。

所以當我這樣寫文章給佛教一個雜誌的時候，當然這些男性是很反彈的，他們反彈時也對我做一些人身攻擊。當然對於這些人身攻擊，我是不以為意。後來我就舉一個例子講人性的問題，我寫一篇文章針對他們一些錯誤觀念再提出來，讓他們刊登。他們起先想要賴皮，因為我文章寫到你們對我人身攻擊的部分，我說不以為然，因為你們對我是如何如何，失去了分寸。後來這個男性就寫了一封信給我，跟我道歉說對於人身攻擊部分願意跟我道

歉，但是文章呢，因為我們編輯委員會討論過因為太長，因為如何如何，恕我們不能刊登。後來我不以為然，因為我覺得自己奮鬥這麼多年，我從來不是很介意人家要不要跟我道歉，因為你做的事情經常都是硬碰硬，被人家罵本來也就自認倒楣。那我今天介意的是，你為什麼站著這個地盤，你用僧伽的名義，站著僧伽公有的地盤的雜誌，然後灌輸你一面的歧視女性的意見，當我的文章出去我不是打倒你，我只是要讓女性或者讀者聽到另外一面聲音，你為什麼要箝制住我？不讓我的聲音發出去，那你對我私底下的道歉是沒有用的。

　　所以後來我跟我一個朋友的律師商量，那天晚上，開會完十一點多回來，我就很快寫一封信給他說，你的道歉我接受，但是你的處理方式我不能接受，我想請你們依以下兩種方式考慮處理：第一個就是請你們一字不改的照登原文，依出版法第十五條，這招是跟李敖學的。第二個，假使你不刊登的話，你把你們對我人身攻擊的語言全部摘錄下來，給我在一頁上公開跟我道歉。其實我只是丟難題給他而已，我並不想他公開跟我道歉。第三個，如果沒有在某月某日以前照著這樣做的話，那我就依出版法第十五條，還有你誹謗我的人身攻擊，我直接訴諸法律。我說你們不要老是跟我來這套說「僧事僧斷，不假手白衣」，因為僧的無能，所以不得不假手白衣。我這樣丟出去這一封信之後，我傳真出去，那時候是半夜了，我沒有想到那位男性就在電話那端，結果他半夜就立刻打電話給我，希望我能夠諒解他們，他們還是願意刊出。我心因為一軟又答應下來，答應自動願意減除一部分的篇幅。後來有一次臺北市第七號公園，爆發園中楊英風教授雕塑的「觀音像」要遭人遷移事件，我參加佛教團體的絕食抗議，終於挽回了這件事，「觀音像」要未被遷移，大家正在慶倖事情圓滿落幕，唯獨之前撰文攻擊我的那個人，又「報私仇」寫了一又臭又長的文章罵我，而這篇文章居然比我先前那篇文章還更長，這時我才發現我又上了一次當了。

　　我講這個問題的原因，就是告訴大家說，我在這麼久以來，我感到人格

的健全很重要，先不要講很高境界的般若涅槃，那是要等到人格健全之後更上一層樓的境界。如果當人格不健全，你是不可能達到那個境界的。其實人格的健全，多半來自於對自己有信心，這種自信心的培養，是從小一直到家庭、學校、社會，乃至於到僧團之中，都需要的，絕對沒有說哪一個階段不需要。我認為孔子所說的「色厲內荏」，是真的很對，我們人類社會有些小人往往「色厲內荏」，就像剛剛我提到過曾罵我、騙我那些佛教男性，平時光會對我們佛教女性很凶，百般挑剔，但我也講白一句話，這些人，真的面臨到人家欺辱我們佛教的時候，哪個敢站出來？不過關起山門做皇帝，專門修理我們佛教弱勢的女性而已！──我敢講這句話，我也吃定他們，就是因為我早已知道他們就是那個樣子，所以當我寫一篇文章過去，他們可以置之不理，我便發動更大一群人，去跟他們抗議，告訴他們一定要刊登，不然我會繼續抗爭，直到他們更正或認錯為止！

　　這種心情也是我從「護教」中得來的經驗，護教中經常發現到很多社會人士，媒體記者也好，文人雅士也好，他對佛教僧尼之所以有意無意就要糟蹋一下，因為他吃定了佛教僧尼是不敢講話的。如果僧尼一講話，他就認為你不像高僧，認為你沒有修為，貪瞋癡怒，我告訴他們說我不是高僧，你不用高僧這套方式來局限我，我只是講人權，一個人應該怎麼對待另一個人。你不要告訴我忍辱，一個欺負別人的人沒有權利要求別人忍讓他嘛！你只能對你自己欺負行為痛切的反省。我要不要原諒你是我的自由，我的權利，你不能要求我去做這個事情。所以後來這些社會上欺負佛教的人碰到我很頭痛就是這個原因。

　　我也去體會一個問題，我們不要先被人家……，我曾記得藍吉富先生跟我講一句話，他說法師你也顧慮一下你的形象嘛！我說其實我們老是被要求要顧我們自己的形象啦，而所謂的形象，只不過是社會人士似是而非所認定的我們出家人刻板的形象，也就是要心如古井無波啦，打不還手、罵不還口啦，換言之，任何修辱加到身上，都能如如不動之類的無理苛求。當然我個

人我可以較無所謂去面對這一類的無理苛求，可是當我瞭解一個宗教師，會因別人對我們的刻板印象而影響到我們的教化工作時，我覺得這已經不是個人形象的問題。所以我跟藍先生說，如果要我照著社會所要求的形象塑造我自己個人性格，倒不如在佛龕裡供給人家來拜好了，那不是一個有自主性和有自己性格的人，我不可能那樣做的！

其實一個宗教師應該具有什麼樣的形象，宗教應是自己知道的。當然如上面這樣的猛藥，是不是每個宗教師也該效法我呢？倒也不一定。我只是說在非常的時候，也應有一些非常的作法。以致於有很多人認為，從文章上看到我好像都很強悍，真正看到我卻嚇一跳，怎麼跟文章上的你不一樣？從文章上的印象來推測，好像我應該是個子很高、很粗、很胖的，誰知剛好相反！所以會有一時轉不過來的錯愕感覺。問題在於，我的性格在這樣發展中有沒有受到傷害，我並不覺得。從僧團再跨越到護教活動中，我個性並且因而產生很大的扭曲。相反的，我在這樣的過程中，其實要去除的，都是有關社會對我們長久以來的偏見或固有的成見，所以以下一點，就跨越到第四個領域，談談所謂的「社會歧視的社會教育」。

（四）社會歧視的社會教育

面對社會的刻板印象，要去糾正它，其實是相當不容易的事。我們現在的資訊可能已經前一秒鐘在臺北，下一秒鐘發訊到加爾各達；可是我內心裡的觀念要影響到對方，可能要十幾二十年的事情，那是非常不容易的工作。何況這是社會的一種共業，即社會以累積太多對我們佛教出家人不以為然的觀感。當我面臨這些觀感的時候，我最妥善的辦法，就是我們佛教出家人要很理直氣壯，不能瞻前顧後，舉止猶疑，也不能只為考慮要維持自己的形象，刻意裝出溫柔和藹、有修為的樣子，表示自己是符合社會要求的如如不動的出家人形象。不錯，像樣做，個人可能會受到讚歎，可是整體和長遠來講，我認為這對僧團在這個社會地位的改善，幫助不大。

　　事實上，以我這些年奮鬥下來的成效來談，對佛教僧團在這個社會地位的改善，的確成果豐碩。但因今天的時間有限，不好意思再講這麼多，所以我倒是願意先提供「出家經驗」這一部份，因為那是我自己親身體會的，彼較容易掌握。至於「護教」和「護生」的過程，雖很艱苦，但限於時間，可能無法為各位一一細述。

　　在回到本題，之前的那些教內的偏頗觀念和做法，使我體會這樣一個問題，即為何有些人會常流露出「色厲內荏」的性格？其實很多時候雖他對你凶，但只要你比他有理就不要怕他。因當你什麼都不怕的時候，他才會怕你。其實也不是要他真怕你，而是要堅持不能屈服於他的淫威。我們常看到有些聲音很大、很兇惡的人，如果他的立場不正、操守有瑕疵，他的兇惡就不能持久。要是能某個關鍵點上，讓他真正感覺到痛的時候，他的低頭或轉變，其實是非常快速的。

　　有時候在從事社會運動或社會關懷時，真正要的堅持，就只是這一點韌性和毅力而已。如果你本身怕什麼，那個你怕的地方就是你的痛處。好比說，我不要財，所以錢財不是我的痛處。同樣，不要權力，所以權力也不是我的痛處。那什麼是一般出家人的痛處呢？就是過於要顧出家人的形象！然而一旦你太在乎所謂出家人的形象，這一點就成了你的痛處。可是儘管你一直顧及出家人的形象，如果和別人爭論時，只要你講的沒道理，對方早就把你打死了；就因為你講的有道理，他沒有辦法反駁你，只好轉移焦點，改口說，「你這個出家人沒有修為」，「一點也不像出家人的樣子」。充滿著貪瞋癡毒。用各種方式來修理我們，就我們一個出家人的形象來修理，這個時候你只有如如不動。當你如如不動的時候，他就發現他沒辦法對你下手，到最後到就無計可施。曾經有人用各種方式，甚至用黃色的來影射我，那是用很卑鄙下流的方式在公開媒體上，只因為他羞辱佛教，結果他自己被我講的無話可說。無話可說之後他就用各種方式修理我，後來我只好要總編輯交出他的真名來，我訴諸法律，最後那個人不見了，總編輯也不交出來。可是總

編輯起碼收斂了，從此以後不敢再讓那樣的文章出現。如果縱容他嗎？最起碼遏止他惡性的行為，其實這樣還讓他少受一點果報呢！這不是也是一種慈悲嗎？

所以佛教的智慧、慈悲，所謂的忍辱，所謂很多的，今天沒辦法一言道盡，可是那些境界都是要有智慧的，沒有智慧在後面就會產生許多後遺症，我想今天呢，談來談去也只談出家經驗，事實上社會關懷部分裡面有很多理論的結構，我也沒有辦法在今天這麼短的時間跟大家分享，我想總是要留下時間，讓大家有問題可以發問。我希望我們今天的討論是雙向溝通的，所以就先講到這裡。請大家原諒！謝謝！（熱烈掌聲）

第二部份：問答與交流

主持人江燦騰教授：剛剛昭慧法師的報告，非常精彩，讓我受益不少。我想在座的各位，聽了之後，一定有很多的問題要向今天的主講人昭慧法師請教。我們現在就開始問與答。在座的哪一位有問題，要先請教昭慧法師的？

甲問：我有一個問題，想請教法師，之前的報告，曾提到現在臺灣比丘尼僧團的壯大情況，照理說，發展到了後面，本來就應該越來越好嘛！你說是吧？

昭慧法師答：其實，我所謂比丘尼僧團壯大起來，最典型的例子，應是臺灣佛教這幾十年的歷史發展現象而已。所以當代「臺灣現代比丘尼」的這個現象，其實是非常特殊的。當然，臺灣社會原有女性主義可以孕育的很好的溫床，這對「臺灣現代比丘尼」的這個現象也不能說全無影響，可是我覺得「臺灣現代比丘尼」，還是有她自己的發展模式和方向。

江燦騰教授：這個問題我想代為補充一下。照現有的相關文獻來看，傳

統中國佛教，從宋代以後的社會，一直都不太允許正式比丘尼僧團的存在，縱使有，也長受到社會批評，是非很多。一方面那是個盛行女性小腳的時代，行動不便；另一方面，是明清以來，朝廷對出家女性出家條件，限制很嚴。因此女性出家，相當艱辛。

甲續問：可是，那時候不是還有很多的「尼庵」嗎？

江燦騰教授答：據我所知，明清之際，因經濟繁榮，社會變大，有少數地方是出現了女性出家人的小道場。但是否算是正式受過戒並合法出家的？大部份不是。因而縱使有所屬的「尼庵」存在，也未必可視為「比丘尼」的正式道場。要知道，近世以來，傳統中國的婦女角色，是很艱難的，她們不但要做夫家傳宗接代的生育工具，還要被當做性壓榨的工具，此外她們通常也沒有經濟的自主性，少有受教育的機會。所以一旦家裡生育女孩太多，有時會被溺殺，有時被送去當養女，也有送一些到所謂的「尼庵」去做長期的免費勞工。所以會有這樣，是因為當時有很多大官或地主——如剛剛昭慧法師講，——為了替自己的祖先超渡或要人代為照顧祖墳，於是便捐錢就近建一個私人寺廟，「尼庵」的存在，往往和這些私人寺廟的需要有關。在清代的著名小說《紅樓夢》裡，就出現這樣的例子。因此基本上，可以把「尼庵」的存在，當作為女人的宗教居所罷了。講句不客氣的話，傳統中國社會，有不少知識份子，只把一些「女性宗教師」當作宗教的寵物一樣來看待而已。

但到了近代就不一樣。特別是當代的比丘尼，基本上都有相當自覺的出家意識才出家的。在經濟上，大致也有自主的能力。所以臺灣的現代比丘尼僧團，是完全不同傳統中國的新產物。

另外，明清以來的傳統臺灣女性，一旦決定守寡或不婚嫁，便採取帶髮修行的方式在私人庵堂居住，渡其剩餘的人生歲月。當時採取帶髮修行的方式，所以比較普遍，是能避免因成為當時社會地位不高的出家人而遭欺負；而傳統臺灣的仕紳家庭，遇有類似狀況，也願意給自己的女兒或守寡的家中

女性一塊田地，並建個一個「齋堂」，以安頓其食住之所需。也因此，這種「齋堂」並不屬於公眾的領域，所以基本上是不對社會開放的，要有關係的人才能住進來，一起修行。

臺灣佛教早期這類「齋堂」，為數不少。蠻大的一部分留到戰後。一九四九年以後，再逐漸轉變正式的佛教寺院。現代臺灣比丘尼，就是由傳統這樣佛教女性，進一步發展而來的。

乙問：我上次在江燦騰教授的另一場關於臺灣當代佛教史的演講裡面，聽到他跟佛教的密宗曾經有過辯論是不是？……

江燦騰教授答：不是、不是。那天我是提到有關李元松先生所創辦的「現代禪」，跟佛教界的一些人士曾有辯論過。內容是關於「現代禪」的重大主張之一：修道者紓解情欲，並不礙禪修。那天我曾推測說，「現代禪」的此一前衛主張，其思想源頭，不管是直接或間接的，我認為其中有部分，應是受到當代臺灣流行的密教修行理論的影響。我當時是這樣講。

乙續問：我就是想問昭慧法師有這關方面的立場，請問你的態度是什麼？因依照女性主義觀點：你雖出家仍是個女體、是個女性。就像你剛才講的：比丘尼還是會怕安全的問題。我想，大概是怕被強暴吧？對！你還是有個女體。據我所知，有很多號稱已經解放女性的，仍強調各種多樣的發展，如女同性戀之類的。因此，我想聽聽你關於這方面的說法。

昭慧法師答：坦白說，我出家迄今，好像還沒有想到這方面喔。尤其是關於想情欲的問題，應該不曾困擾過我吧？因為我那時還很年輕吧，才 21 歲，不太會去想這個問題的。倒是我可以提一下：縱使剛才我談女眾的安全問題，我也不曾去想有關女體、情欲解放等這些問題。我認為，既然情欲解放，即是心甘情願的，這和被強暴的狀況是不同的。因此，我只是純粹在講女性的安全問題。而有關這個安全的問題，我想不管在家出家，她都要顧慮。

於一個現代比丘尼，要不要去解放她的情欲世界，這跟一般現代女性要

不要解放她的情欲世界，要分開來談。就傳統佛教的戒律規定來看：一個比丘尼如果要解放她的情欲世界，她就應該還俗。事實上，佛教對比丘尼的還俗，除了還俗後不得再出家為尼之外，並沒有任何限制；它甚至不像天主教那樣，還要報上教廷批准的。它不是「報准制」，它是「報備制」；你要還俗，只要跟任何一個人聲明一下，就可以走路了。因此你要解放情欲，就回到世俗世界去。至於僧團的世界，它是邁向神聖的世界，——根據佛教的思想和戒律而行，要邁向神聖的解脫道，自有教內的一套方式去超越情欲，以到達一個真正解脫的境界。

你又問到，佛教（比丘尼）對於現代女性主義者，仍有女同性戀等等問題，看法如何？我想那是另外一個問題了。傳統佛教對於比丘尼的情欲限制，並不適用於非出家女性的限制。它對於男性規定也是一樣。例如一個比丘，如果要走向聖正解脫的境界的話，他就應知道：情欲其實是障道法：因情欲會障礙修道，是屬於非理性的部分。但不是要所有的非出家的男性佛教徒，都杜絕這一部份。正常婚姻的夫妻生活，完全是不會被限制的！所以我剛才講到：佛法是因緣生的世間，而眾生有各有各的性格和眾多的根基，怎能用標準答案，要求大家一體遵守。事實上，對大部分世俗的人來講，生活中確實很難擺脫情欲的世界。而從佛教的角度來看，問題只在於：當事者要如何規範本身情欲的世界罷了。因此佛教對於世俗人的部分沒有什麼太多限制，比如說，對世俗成年男同性戀的極度譴責也沒有；至於對於一般成年女性的情欲解放，更不會做很負面的解說。因為佛教談情欲問題，只是在僧團裡面談，而僧團是個自由的結合，必須有一些共同的生活規模，否則難以共處。

乙續問：我覺得你好像還不太能理解我的問題是什麼？你雖談了老半天，可是據我看來，女人就是女人，而根據你的說法，好像你和我們一般女性的不同點，就是由於你接受一些佛教戒律，所以有所不同。可是，我覺得其中的不同點其實很少，而我想知道的是：為什麼你會接受這些佛教戒律？

接受後，就另有一套說法。例如你說，出家女性不能像我們世俗人那樣，任憑情欲的不理性來擺弄，所以需要規範，……

昭慧法師續答：我想，並不是不理性這個原因，而是會形成修道解脫的阻礙。

乙續問：這不就是因，情欲是非理性的，所以你們出家人才要超越它……

昭慧法師續答：喔，不不不！我想這個課題我從頭講好了……

丙問：我可不可以順著她的問題，繼續發問？

昭慧法師答：請說，我再來解明。

丙續問：我的關懷點，跟她一樣。不過，我想先講一下我的基本態度。我的基本態度就是，很想當一個昭慧法師所說的——很乖的聽你講話而其實是不乖的人。我就是很不乖的要問昭慧法師：既然昭慧法師曾提道世間的很多東西，都是因緣而生的，為什麼又會在另一些東西上面斬釘截鐵的斷定：例如原始佛教的精神，就等同於什麼形式；而現在這個形式已變得跟它不一樣了。這是我第一個要請教的。其次，從昭慧法師話中，好像給我這樣一個感覺，即令人不禁要問：「比丘尼你為什麼不生氣？」這有點類似以前龍應台寫所寫的《野火集》，在問：「中國人你為什麼不生氣？」一樣。

可是，在另一個言語裡，我又聽到昭慧法師說：身為佛教比丘尼一定要斷絕情欲，可是方法是用化解的，不是用壓抑的。我想她在這一問題，又是過於斬釘截鐵了。那你為什麼不說——比丘尼你要超越，而我還有氣——這種狀況？要不然，我也會分不清楚你的真正意思的。坦白說，如果今天不是聽昭慧法師親自在這邊這樣說，我還會以為我是臺大女研社那邊，聽學姊在講女性的經驗。真的，兩者實在沒什麼太大差別的！

昭慧法師續答：我剛才雖然講到關於在原始佛教僧團中的一些狀態，但那不是我個人斬釘截鐵的論斷，那其是戒律裡面原有規定，我不過轉述給各位聽罷了。另外，我談到的一些中國佛教的僧團現象，也確實是有這個現

象，不能說我是斬釘截鐵給它下論斷。至於當代的現象，我是談到現象背後
所產生的一些問題，也都是我親眼看到的，根如何判斷無太大的關係。我必
須說：在緣起的世間，身為佛教比丘尼的一員，我只就著我的經驗談問題；
而我們的題目叫做「出家經驗」，因此我個人只是就現有的經驗而談，不必
把我所談的當作絕對的真理。事實上，佛法也不認為世間有絕對真理。所以
就我的經驗，來談我如實看到的這些事情，不能被指為有斬釘截鐵的成分，
我是不接受的。

　　而且我剛才講過，沒有一個制度適合任何一個人，包括我們後來希望用
一種民主的方式，也還是有一些人適應不良。所以我不覺得我有斬釘截鐵去
論斷什麼！我之前所說的，也與佛教緣起法的主張，不相違背！

　　丙續問：我的意思是說，原始佛教精神所要去除的習氣，例如由於出家
僧侶一旦自滿於自力更生的生活方式，有可能產生的一種貢高我慢。所以佛
陀和徒眾，都要去托缽，一家一戶地去乞食，以磨練不良習氣。可是佛教傳
到了中國以後，就變成另一套了，出家人不托缽乞食，反而接受供養，變成
高高在上。這說明，是時代因緣才將原始佛教的做法，就轉說為（中國佛教
的主張）：僧侶要先能自力更生後，才能去掉貢高我慢。試想，其間的精神
與形式的轉變，不是存有一種很動態的辯證嗎？

　　昭慧法師續答：你的說法很有趣，但非事實。以我身為一個佛教比丘尼
來說，我曾說過或表現出我是高高在上嗎？我可沒有講我可以高高在上喔！
我剛剛講到的是說，「乞食」對於我們人性中帶有的貢高我慢習氣（儘管已
出家修道）來講，其實是一個很大的挑戰。因為在中國社會，並無僧侶每日
乞食的宗教傳統，並且乞食過活一向為中國儒者所不齒，因此（儘管已出家
修道），一旦要我向眾生低頭討那一碗飯吃，講實在，的確需要相當的勇氣
來折服自己原有的我慢，才能做到。但是我想，我們講任何一個事情都不要
絕對化，例如你現在複述我的問題的時候，太絕對化指責我講的東西，就是
不妥的，因事實並非如此。再說，我講「托缽」的時候，我曾舉了很多很多

的理由來說明。可是你卻只截出一點，就說因我在佛教僧團中看不到這些，所以中國佛教的僧團出家人，才會我慢高高在上。這其實是你在斬釘截鐵的論述，而不是我。在座的各位應該不會忘記：我之前曾講過有關佛僧團的「托缽」，具有多重意義。第一是折服我慢，第二是作社會教育，第三是不要我們長養貪心──因不事積蓄，才能夠保持一個比較清純的修道生活。

　　其實，我剛還沒有再周延的講一點，它也讓我們比較少事少業，不惹事生非。

　　江燦騰教授：昭慧法師的說明已經很清楚了，我想不該再有誤解了罷？不過，我想補充一點，原始佛教的乞食慣例，除了印度宗教文化的傳統之外，我認為還有一個很重要的觀念，就是宗教師和信徒共用神聖性，於是形成了法佈施（宗教師）和財佈施（信徒）兩者依存的關係。基本上，我們不能只把修行者（僧侶）當作單獨的存在，它其實是共同組成社會的人，所以當修行者（僧侶）托缽時，亦即當信徒把食物放到其缽裡時，意味著財佈施的信徒，既贊助了這一個修行者（僧侶），同時也為自己「培植福田」──例如能聽聞修行者（僧侶）說法，得以解決其人生的一些迷津等。所以我想修行者跟供養者本身，應該都很知道自己的角色是什麼。也因為這樣，修行者沒有權利逃避「弘法」這個責任，──因為人家供養你，就希望修行者為個社會改善盡一份心意，而「弘法」其實就是在盡這個責任。我想早期佛教僧團和信徒的這一共生的關係，後代的佛教徒應該不會忘記的。

　　昭慧法師續答：對！對！這部份我剛剛忘了說。

　　丙續問：這跟社會改善有什麼關係？

　　江燦騰教授續答：理由是，假定修行者只是為自己而修行，當他要依賴社會提供食物以維生時，社會大民眾為什麼要像傻瓜似的平白送給他吃？要知道，在印度一般民眾的日常生活，其實是很辛苦的耶。所以心靈問題的解決，由受供養者的僧侶藉「弘法」來回饋，不是應該嗎？這樣對社會改善難道毫無幫助嗎？若無則世間應無宗教存在之必要。

昭慧法師答：接著由我再回答你（聽眾丙）的第二個問題。因你說到我所講的，整個意思就是：「比丘尼你為什麼不生氣？」我聽了大吃一驚！因為我整個演講，是在指明：比丘尼在當代臺灣已非常強勢，比丘尼在臺灣並沒有受到來自權力中心的壓抑，所以能夠很自由的發展她自己，也因此沒有什麼好生氣的理由。並且在其中，我記得我只是順便講到佛教界也有一部份的雜音出現而已。同時我也立刻說明：這一部份雜音，都是非主流的，特別是那些越不志得意滿的男性僧侶，越喜歡耍這一套。我也講到，之所會出現這樣的雜音，其實有它的背景在；如追根究底，這一雜音的出現，除了現時的一些因素之外，其實是援用了印度佛教早期的某些律典的說法。但這一說法，我認為，由於古今時空的條件迥異，事實上已不足為訓。而我也只就這一問題和背景，提出個人分析的角度而已，並不是如你所說的，我是在表達一種不滿的情緒。我覺得我並未有意在暗示：「豈有此理，臺灣的比丘尼太被糟蹋了，要好好的生氣一番。」事實上，我只是說，這些雜音會干擾到一些比丘尼眾；尤其它運作的方式，會干擾到比丘尼眾的一些視聽而已。

至於你問問題原始用意，自然是好極了！我也是在「思凡事件」爆發時，才意識到這個問題。當初這個事件爆發而我之所以決定站出來抗議，是由於我一向不贊成用戲劇或任何方式，來醜化佛教的出家女性，我所以決定站出來進行反駁。或許有人會認為，現在比丘尼在臺灣社會的地位被受到肯定了，我們應該有這樣的雅量去接受人家的嘲笑？我不能同意這樣的說法。雖然當時的出家女性在臺灣社會正好是由弱轉強，卻依然充斥著傳統社會遺留下來的，那種喜歡糟蹋比丘尼、比丘的一些言語和習氣，甚至很武斷地把它跟性或暴力劃上等號，所以我覺得須要站出來抗議，以改變社會上這一部份人的不正確的觀念。可是很快就發現，當我一站出來的時候，很多人就批評我說：「少女會思凡思春，本來就是應該正常的，你為什麼要生氣？你怎麼那麼沒修行？」當時我就回答說：「我生氣也是正常的啊，你為什麼就認為我不應該生氣？」所以你剛剛問我，我現在這樣回答，你應該知道我講的

意思。因兩者的道理應是同樣的，這也是我覺得你問得好的原因。也許你會覺得像是在臺大女研社聽到類似的談話，但我在這裡只是就個人經驗所及一向所持的認知角度，盡力如實地呈現出一個平凡出家人的真面貌罷了。不必諱言：事實上是很多出家人受到類似的困擾。不過大半是因其內心本來就有這些不安的情緒所致。而很多出家人雖受到類似的困擾卻沒有辦法正常表現出來，這是因為我們所處的社會，一向就是灌輸出家人如表現出這些不安的情緒，就有問題的，會招來非議的！因此當事者只好將其壓抑下來，而外表上還必須表現出若無其事的樣子。如此，就這一問題來說，事實上是跟社會溝通不良，沒有辦法讓社會瞭解：真正的出家人是怎麼樣子？而出家人如能正常表達，也沒有理由接受來自社會的一些無理要求。反過來說，我一直強烈質疑：一般社會大眾過去以無理的要求來束縛出家人的正常行為，還要求其能表現出超凡脫俗的所屬「出家人的樣子」。我覺得這對我們出家人是相當不公平的。

再者你說：「比丘尼也是女性，就算有情欲，也是個正常的事情。」對於這個質疑，我之前事實上已經表示過我的態度了，因此我今天雖應邀來講自己出家的經驗，但不必然一定要談有關女性情欲的議題，因而我也只是順便談到有關造成性別歧視的社會結構罷了。當然，談到情欲問題，我同意無論男性、女性，都一樣有情欲的問題。這也就是上次江教授曾提到的，在後期的大乘佛教中有所謂密教這一派，認為可以透過情欲而達到解脫。可是，如果就佛教原始經典來看，情欲應是障道法，因它確實會障礙修行。就像德國社會學家瑪克斯·韋伯所主張的：情欲是屬於非理性的。

江燦騰教授：真的，情欲一旦衝動，的確是「非理性」的！

昭慧法師續答：可是我不叫做它為「不理性」！因我想「不理性」跟「非理性」是不一樣的。例如，我們說一個人暴跳如雷，有強烈動作，我們才叫「不理性」。而「非理性」是因不用理性的方式去運作所致。如果這個問題（情欲）能夠用「理性」的方式來運作，則我們人類社會有史以來既已

經歷了各種婚姻制度，從母系社會、父系社會、到現在一夫一妻的社會，應能改善所有的情欲問題了？卻依然有新的問題不斷出現。所以說男女的情欲問題一直擺不平，應是很真實的一句話才對。

其實，據我的瞭解，佛教在面對這個問題時，是很人性化的：根據早期佛教的相關戒律規定，僧侶如果想開發自己的情欲，就得去承擔情欲解放的後果——還俗；反之，如要邁向佛教解脫道的神聖境界，就必須嚴格實行非情欲的生活，否則無法達成。這裡面，當然是有很多的挑戰，包括可能異性對其誘惑等，這時就必須面對很真實的生理狀況，而這些東西都不一定能夠壓抑下去。所以佛教針對情欲這個問題，在戒律裡考慮得的很細膩。它絕對不是告訴我們，只要認為不可以、不想、不聽、不看，就能夠解決一切問題。在很多地方，戒律裡絲絲入扣地告訴我們，可能有什麼生理狀況？在什麼情況下？用何種方法？可以化解這樣的生理狀況。事實上，要化解情欲，也要有相當的意志力，並且要處理得法。如果沒有很強烈的克服意願，便很難達成目標。

雖然如此，單是超越情欲，也並不表示一定能達到神聖的領域。這也就是上次江教授曾講到的：當代臺灣有一派人，片面地抓住印順導師的一句話：「情欲不是生死的根本。」便說：既然如此，我們可以發展情欲，甚至看色情片助興。還自誇說，他證得了修行的聖果，一如古代的阿羅漢一樣。你說我會輕信嗎？當然不會！因這派人既然還要看 A 片助興，還說他已證得聖果，像這種反常的做法，我是不能理解也不認同的！那證得聖果的人，為什麼還要看 A 片呢？是否他的內心欠缺什麼才要看 A 片？我不太瞭解！不過大家可以想想看：通常一個號稱已證得聖果的人，內心應當是相當平靜才對，否則如何證得聖果？以我個人的經驗來說，有人問我，我就坦白講，雖然我還沒證得聖果，可是也還不需要靠看 A 片來解決問題啊。

生死輪迴的根本，確實不是來自情欲，生死輪迴的根本，是來自於每個人內在的自我愛，很牢固的自我愛——這是一代佛學大師印順導師的看法，

　　我認為是相當正確、值得參考的。如果作為佛教的修行者，還不能深刻地體會軀殼心靈都是因於聚合的，不瞭解這只是一個相對的、持續的、穩定的個體而已，則正如一般人那樣，他會本能地誤認為有一個永恆的自我存在；而一旦有這樣的自我意欲的時，就會像叔本華所說的「生之意志」一樣，當我們一期的生命死亡之後，受此強烈影響，立刻就會持續再生。至於情欲，則只不過是由上述「自我愛」所發展出來的生理現象和心理衝動罷了。以問題發生的位階來講，「自我愛」既是最高層的，也是最深層的，最難化解。而情欲只是「自我愛」底下的層次，或周邊的層次，因此還稱不上是導致人類生死輪迴的根本。所以有很多例子說明：有些人雖已斷除情欲仍未必解脫，就是因「自我愛」還愛很強烈地影響著彼等所致。過去有些修道人雖修到禪定的工夫很高，可以已經沒有情欲了，但也稱不上真正的解脫者。可見沒有情欲，其實也不是什麼了不得事──最起碼就佛教的角度來看是如此。也許，我們也可能同樣沒有達到那高的境界。不過在認知上，是可以很清楚地明白，這其實沒什麼好自誇自擂的！

　　另一方面，我也不認為只有佛教的出家人，才能夠做到沒有情欲，事實上佛教一向承認──一任何一個人修禪定，修到所謂「色界」的禪定，就可以沒有情欲了。因為禪定一到達那個境界，自然就會止息欲念，不必靠勉強壓制來達到。像這樣的人，精細一點來講，如果還過著有配偶的婚姻生活，這對其配偶，其實是不公平的。所以我才說，這樣的人，倒不如出家比較適合；或者起碼獨身過活，也比較適合。但是佛教一向不認為每個人都可以達到那樣的境界，因為要達到那樣修持程度，其實也是很歷經許多辛苦的過程，才有望達到。所以早期才會因此對僧人的還俗，非常開放。它允許僧尼出家後，如受到誘惑而擋不住，或者認為修道過程很艱苦不想維持下去，就可以舍戒還俗。佛教還俗的門，從古迄今，一直都開放的，不勉強的。

　　因而，我認為佛教的出家，是既尊重人性，又有很強的社會意義在。這一宗教行為，不但只關涉到個人生理的意義，──這部份的生理的意義，都

還比較好談，因這是「鐘鼎山林，各有天性」的問題，各人愛怎麼選擇，只是各人的事。——還關涉到另一重意義，例如我們看到人類社會，自古以來，私有財產制度存廢，一直是懸而不決的問題。雖然人類社會必須要有私有財產，是什麼時候開始的？我們不得而知。可是，我們看到動物不太會或從不積蓄，比如說一隻獅子今天吃了一個兔子，吃飽便停止獵殺，不會再多弄兩三隻兔子的屍體，放到洞窟裡面，準備明後天用。只有人類才會大量積蓄，貪得無厭。但我們這種特性又是怎麼產生的？我不懂人類學啦！我也不懂社會學啦！但是我們可以去想一個問題：人類母體胎兒的孕育期很長，從生出到能獨立生活的時間非常長，比起一般動物來講，可以說是長了很多。所以當人類必需要為情欲付出這種代價的時候，即人類為了下一代的安全和照顧生活，需要組成家庭時，——不管是出自母系、父系，或者後來演變的一夫一妻制，——就不可能不需要積蓄。這時通常男人要很強壯，因他必需解決家裡嗷嗷待哺的幼兒問題，或者剛產、待產配偶要養的問題，這些問題都要他出外去獵捕，才能解家庭之所需。也因而才慢慢養成積蓄的習慣。

　　可見只要有家庭，積蓄就不能免除。這樣一來，人類私有財產制，就必須存在，不然就會互相的搶奪嘛。所以一般國家的民法規定，大部分都跟財產有關係。也就是說，我們社會秩序的維持，其實是建立在肯定私有財產制之上的。可是只要人類必須依賴私有財產制才能過活的話，就不可能同時解決貧富不均的問題。因此，我雖不認為共產制度有什麼不好，但近代實施共產制度所生的最大罪惡，其實在於要求所有的人，都走向如佛教出家僧團般地純淨的道路。這其間的最大不公平，在於未能體認每個人的根性，其實是不同，例如有些人是需要有配偶或有婚姻生活，只有少部分人願意獨身過活，而縱使他願意獨身過一般的生活，如仍處一般的社會環境中，也不一定能擺脫私有財產的需要問題。由此看來，如果接受共產制度這群人，同時也是一群出家人的話，就不能同時也營為一般的婚姻生活或擁有自己的配偶，否則很難想像彼等如何能順利地解決關於共有財產的分配問題。彼等總不能

像我們（女性出家眾）現在這麼無私罷？反正無兒、無女，一個人吃飽，就一家都吃飽。所以共產制度從現實社會結構的需要看，就行不通了，今天社會主義制度之所以會全面崩盤，根本原因之一，就在於把社會的一般人，都要令其像修士修女在修道院過活所致。亦即由於共產制度既要求所有的人擺脫私有財制，又允許私人家庭的存在，則縱使以人民公社來補救，亦同樣無濟於事。因這種制度根本不符合一般的人性，所以行不通。反之，佛教僧團無私人家庭的存在問題，故一切好辦，其社會的意義在此──提出了另一種解決之道也。

丙續問：我剛才想到一個小問題，可不可以順便提一下？我覺得我跟那個學姊的問題有點類似。因我覺得貪、瞋，癡三個問題，擺在一起，會覺得雖然昭慧法師不斷地在化開貪、瞋、癡中的貪字問題，所以她講私有財產制的存廢問題。可是，如果是癡的話，又是如何呢？而瞋又是如何呢？我覺得其中那個氣好強好強，這是為什麼？

江燦騰教授反駁：你說「氣很強」，我當然知道你意有所指。可是，我們舉辦今天這個討論會，不是只由一個人來問所有的問題，或因是主講者，就必須回答所有聽眾的問題。特別是你剛剛提到的幾個問題，由於昭慧法師今天的時間有限，實際上她只講了經驗的一部分和相關的一些戒律規定或佛門規矩。而她所回答的，也大致針對這些問題而發。雖然如此，據我所知，昭慧法師的出家，決不是只為這樣的制度而出家。所以我才特別點出來：她曾長期追隨印順導師，並受其人間佛教思想的深刻啟發。不過，她仍有她自己發展出來的佛教人生哲學和事業的理想，所以在這前題之下，她願意承受其制度。也就是說，她今天會穿這個袈裟僧袍，而不是像我們穿這樣的日常衣服，其道理在此。另外，就是有關她生平的歷程，比如陶五柳先生為她所寫得的傳記《釋昭慧法師》（臺北：大村文化，1995），已有很清楚的交代。這些資料，今天縱沒有講完，也不難取來參考。因此我想我們應該把討論轉移到另一個面。再說，佛教所講的貪、瞋，癡，也不像你所瞭解的那個

樣子。事實上，有時一個人生氣，不一定就完全錯誤，一無可取。為什麼你要將其簡化成貪、瞋、癡，就是負面的呢？

丙續問：江老師，請讓我再當一個不乖的學生！我還是要打斷你的話一下。其實我剛才所問的，就是由印順導師的話所引起的。因為他最近重新改版的自傳《平凡的一生》，讀了之後，給我感覺是一種反省性的、懦弱的這一面。他在書中，雖談到有關他在善導寺時的種種遭遇，可是就他形容自己「像一葉落葉，隨著人事因緣，飄到哪裡？就到哪裡轉」，讓人以為他對一切都看淡了。事實上，他佛學又是相當堅持的。因此，當我看完全書時，頗覺得有一點的鬱悶，感覺不是很清爽。同樣我又要再當一個不乖的學生，請問昭慧法師：為什麼聽你的演講，我會感到不清爽？那種感覺真的很強烈！

昭慧法師續答：你會這樣子啊？我想，這樣子好不好？由於這個世間，本來就是多元的世間，而我來這邊演講，主要也不是為了讓你清爽的才來的！事實上，我們整個人類，每一天都要面臨可能不是清爽的世界。這是你必須承認一點。不然印順導師不會覺得很鬱卒（臺語），而他的鬱卒，也只任好由他去承擔自己的不清爽。同樣，我今天我其實也可以不必承擔你的不清爽的指責。不過既然受邀來此講我出家經驗，以供學界的參考，我就自然很坦白的告訴你：我的真正出家經驗是這些。因此，我並不需要去幻化一個淨土，讓大家都覺得：你很清爽，我很清爽。事實上，包括很多名作家，都讓你我覺得像飄在霧裡一樣，可是這是否就是他的真實生活？我們並不知道。至於我，我不想做一個偽善的人，所以要求自己一定要講實話，否則寧可不說或不來。這樣，我想我會比較清爽一點。這就是我現在境界修為的樣子，所以我呈現的就是我原原本本的樣子。因此我才不管你清不清爽呢！事實上，如果我表現的，是非常不著邊際，縱使我非常輕聲慢語，講的都是零圈點的話，或許你會因而感到很清爽？可是對我的心情來說，卻沒有什麼幫助。甚至其他的人，也可能會大失所望！

丙續問：可是，我不會很清爽啊，……

丁問：我聽出來，你們兩個人所講的各自問題。不過，我想再試一次，看看能不能加以化解。因昭慧法師最後結束時，曾說今天沒有時間講後半部社會關懷的部份。但，剛才前面所講的這些，隱隱約約地，我已覺得她曾用了很多世俗的理由來分析僧團的問題。譬如她提到關於威權主義、陽奉陰違等等。又說僧事不能僧斷，就由世俗世界幫忙解決這些問題。因此使我有個印象：好像佛教僧團的解放，還要靠來自於社會的解放，——因佛教不可能置外於這個社會之故也。我個人雖可以接受這個說法，卻很 shocking。因這完全逆轉我們向來對佛教的理解。我們通常認為，佛教可以提供給世俗解放的力量，或一些契機。可是你剛剛倒反過來。事實上，我們也承認，如你所看到的：僧團裡面的確有很多問題存在，而僧團也不能置外於社會，以及僧團也會被外在社會的威權主義所污染、所滲透等。如果僧團或宗教世界的解放，是來自於社會的解放，我相信這在佛教介入世俗事務的改革時，也會提供很大的益處；可是反過來，我想問的一個問題是說：如果現實世界已慢慢有改善的話，這跟宗教的解放會有什麼不一樣的地方？而到底宗教的解放會是在哪個程度上？你剛才雖曾講到出家後的社會義務，但除此之外，一定還有什麼不一樣之處，這到底在哪些思想理念上？或在哪些東西上？我想這樣來問。

江燦騰教授：請昭慧法師先就第一個問題回答。

昭慧法師答：我想一個人是不是能夠用他的言語，很精確的讓對方也瞭解他在講什麼？有時我會對此可能性打個問號的。比如我剛才曾說，我給這個大男人主義的比丘，一個小小的訊息，讓他知道說：你如果這樣做，我會訴諸法律。其實這我並不表示我們要借助外在的力量來介入僧團，我只是提醒大家注意到這個問題，即很多人其實是色屬內荏的，例如他會欺負教內弱者，但碰到更強的反彈力量時，他其實是很害怕的。我只是在強調這一點，而且我也知道他的確就是這個樣子的，所以才照實講。

我接著要講的就是你問到的：我們是不是都是靠白衣（外界俗人）的力

量來處理僧團的事情？我的答覆是：並非如此，原則上教內還是僧事僧斷。亦即出家人的事情，就是由出家人來解決。這也不是說歧視白衣。因出家人內部的事情，就像國民黨的事情，國民黨自己會解決，而白衣就像民進黨，怎麼可以介入國民黨內部去為其解決家務事呢？它沒有發言權嘛！它頂多只能從外在的去做一些輿論的壓力，你說是不是？所以從根本上講，如果出家人的體質要改變，出家人自己先要有共識才能達成，絕對不能只靠外在的干預。因外在力量，通常只是提出一些助緣，讓我們去反省。如此而已，不必太誇大其作用。

因此，這也回答了你所問的：佛教僧團的解放，是不是要等到外在的解放才能解放？如此一來，僧團的存在意義在哪裡？是不是靠世俗的這些外在力量就可以規範僧團的體質？雖然如此，我同樣也不認為僧團只是為了僧團的存在而存在，就佛教的基本立場來說，僧團的存在是為暸解脫而存在的！而解脫完全是內心世界的問題，最多只能說：內心世界往往可以透過人事因緣去檢驗。一個人內心如何？外人其實是看不到。例如我雖誇說我內心有了四禪天的境界，或已達四聖果的境界，可是待人處事的不良習氣絲毫沒有改變，你會相信我的自誇之語嗎？我所以一直強調人與人之間的關係，也並不是只把眼光全放在人與人間的關係這一點之上。不過，如果我今天告訴各位，我現在禪修已經到了四禪境界，那對各位有什麼意義可說？既是我個人的內在修為，又怎麼化成語言來呈現所以？我當然只能跟大家講我出家經驗中的社會結構。何況各位多半還是社會人類學研究所的專家學者，我當然就只我所知道的這一部份來提供資訊，作為各位的參考。至於說，我們佛教僧團跟社會有無互動的情形？那我可以告訴你，既然我們所處的是緣起的世間，就我的理解的，僧團跟社會當然是會互動的。因為僧人也來自社會，當然會帶著社會的價值觀來到僧團；當它要重新建立一套僧團的價值觀時，其間難保沒有殘留它過去的影子？我相信一定免不了的。因此每個要出家的社會人，最初應該都是安著好心進入僧團的，進了之後，也接受了很多僧團的

精華教育，雖然如此，是否就因此消除了原先社會文化所加諸的影響？我是存疑的。就像我今天講話時，自認為理直氣壯，可是你聽了覺得不清爽，其實那就是當今每個大學生的影子。因我也是過來人，所以我知道。不過，你要知道，換你來講，可能也會讓別人很不清爽。好在我就是生在當代社會，如果我是生長在十八世紀那個裏小腳的中國環境裡，你認為我還可以那麼理直氣壯嗎？我是很懷疑的。因此我們的性格，都在所處的社會中受影響，就像古代印度那些比丘們會歧視女性，也是在當時所處的社會中受影響，而這也是沒法讓人清爽的事。因此，我只能說，既來到僧團，要重新塑造新的價值觀，也沒有可能把原來的價值觀完全推翻——縱使有這個意識，想完全推翻也不見得辦得到，——因早已經內化成傳統的僧團性格，所以縱使一時被壓制，仍不會很快消失，仍會不斷地顯露其原有性格和發揮其影響。

　　至於修道者的精神世界，應該是不斷從個人內在往上提升的，不見得會停留在人與人之間或與團體的互動關係上。——因就修道者自己來說，只停留在人與人之間、團體的互動關係上，其實是很淺的世俗境界，是不究竟的程度。——只是在現實上，當人與人之間或與團體的互動關係出問題時，仍會影響整個僧團的清靜、和睦與安樂。所以我也就著這個問題，來提一些個人的觀察心得。但我不認為只用社會的那一套制度，就能夠改善所有社會的問題，如果能夠，宗教根本不可能存在，也沒有必要存在。既然個人還是必須面對生、老、病、死，而生、老、病、死又無法全賴任何社會制度來解決，則人仍須重新面對自己生命最根本的困境，這時宗教的功能就出現了。宗教存在的意義在此！可是有關這一部份，應該每一個出家人都可以講一些，甚至每個佛學課本都在講這些。因此我講這些，不是今天來的主要目的，你說是嗎？

　　江燦騰教授：我必須說，剛剛提問的方式，不大妥當。試想昭慧法師，今天她作為一個出家人，如果她是在寺廟裡為信徒講經說法，她基本上可以宗教師的角色，擺出宗教師的架勢，然後用宗教的術語來開講，這樣她自然

就可以維持她的神聖性尊嚴。可是今天她是應邀來我們世俗大學的殿堂做演講，講的又是大多數人不熟悉的女性出家經驗，因此她為了讓各位可瞭解，不得不把很多她想表達的個人經驗，壓縮成各位所能夠理解的語言。也因為這樣，她的神聖性的被淡化了，大家覺得，在場的昭慧法師就好像大學佛學社女生，而非出家法師，也未給予應有的尊重。我想各位在認知上，是流露了非常偏差的觀念。我不是說我邀請她來這邊演講，各位就不能發問，但輕率地表達提問內容是不妥的，所以在這一點上我對主講者昭慧法師，感到非常抱歉。再說，要是對行家來講，關於昭慧法師所談那些戒律的話，我們隨便一聽，就知道對方在講什麼，根本無溝通不良的問題。而昭慧法師也不須改用學院的術語，因行家已具備了相關知識，不必像今天對各位演講這樣，再花很大的力氣去解釋這些常識性的東西。你們說是麼？

丁辯解：不，你錯讀我們的感覺了。我們剛剛所以這樣問，不是因為昭慧法師演講不能夠吸引我們。事實上，我反而好奇，她背後的佛學思想或理論基礎是什麼？為何能讓她去這樣去做，可以把神聖性跟世俗世界結合得這麼親密，還能用學院的語言來批判教界事務。我是對這些好奇，不是像江先生講的，我們沒有那個意思。正好顛倒，我是想 push 她多講出一些：到底什麼佛法的思想？或什麼理論的基礎？使她以一個宗教師身份卻用世俗的語言來表達，而且能表達得很好。

昭慧法師答：我想，語言其實都是世俗性的，因只要建立為語言的東西，都只能夠叫做世俗，所以在我們佛法裡，都叫它做世俗諦。只是這個世俗語言，你感到親不親切而已。也許大家就像我以前所講的（我在大學時代也對出家人有既成印象），認為出家人講的話都要不食人間煙火似的。而事實上，出家人既然要跟你溝通，要讓你瞭解，當然要用你懂的語言，並用你瞭解的層次來談問題。不然他就自己在內心世界打禪坐就算了嘛！我如果現在滿口佛教術語跟你們談話，那不表示我的神聖性耶，特別是如果要讓人聽那些不易懂的佛教術語，以示自己的莫測高深。我想我是既不需要、也不會

做的。

至於貪欲、瞋恚跟愚癡，是不是從我內心根除？我現在很誠懇的告訴大家：我只是很平凡的出家人，要從我內心根除瞋恚跟愚癡？那是不可能的事情。我目前的境界，還沒有修為到這種程度。我作為一個出家人，差強人意，還可以知道一些佛法的正確知見，以及將其盡力內化成為我的部分性格罷了。至於我有沒有完全改造我的性格？我不覺得。身處這一緣起的世間，我也不可能改造的那麼快。但是對社會的互動有沒有良性的成效？我認為有。過去曾有人告訴我，要我稍微留意自己的形象，當時我就很簡單的告訴他：「你放心！如果說有人需要這樣的形象，才能夠得度的話，他可以去給聖嚴法師度、給證嚴法師度，或給星雲法師度。」我說我的功能只是一個治蠍毒的草，哪個地方的蠍子很毒就產生那樣的草來治蠍子的毒。我知道社會上對僧團存有很多偏見，對這些偏見必須發出很強的聲音來相抗，不然的話，自己的聲音就會被掩蓋住了，接著可能又會遭到形形色色的打壓或干擾。看到這種不公平的狀況一再出現，久而久之，我養成的性格就是，遇強則強，又由於往往事出匆促，因而當我必須複述內容的時候，只能如實地表現，以求迅速、有效地壓制那些所謂的強勢雜音或偏見，不太可能有充裕的時間去修飾我的表情、態度或用語。現在外界對我的強勢印象，就是來自這樣的情境。其實，這和原來的我，是有很差距的。至於對方是不是因此就覺得內心不淨或不靜？我的看法是對方先要想想為何內心會不淨或不靜？就像我自己當年，因認為所看到的出家人都是很失意的樣子，很不以為然，等自己出家後，我便提省自己要奮發圖強和有說有笑的，這才正常。因此當你內心覺得不清爽時，應先改變自己既成的偏見，才是正本清源之道。

戊問：就我今天所聽到的印象來說，慧法師雖沒有直接說她有很多女性主義方面的理想，可是你講的內容來看，簡直就像一個社會運動者的工作報告。而一些女性主義者的特徵，就是批判性非常強。因此，我想瞭解：在什麼樣的界限之內，你可以挺身出來去護教？並請說明：這與你作為一個出家

人，跟社會關懷之間，到底存有什麼樣的界限？

昭慧法師答：是的，你問的的確是重點。不過，我近年來，專注的其實是「護生」的工作。「護教」的工作，雖也重要，但跟「護生」相比，兩者在性質上是有一段距離的。就我的觀點來說，所謂「社會關懷」，廣義一點來講，也是「護生」的工作，兩者其實是一體兩面的。因此我將「護生」看作是一種佛教精神的社會實踐。至於所謂的「護教」，應只是對於佛教純粹性的維持，所做的一種努力罷了。當然，為了維持這種純粹性，就必須自己先反省本身有無那種純粹性。所謂肉腐而後蟲生，當今天佛教僧侶受到很多外在的社會打擊和羞辱時，我們除了對社會發出抗議的聲音，以改變他們的觀念之外，同時也須內自省：為何佛教僧侶會給人家如此用異樣的歧視眼光來看待？當時，我甚至會反問自己：為什麼直到「思凡事件」爆發之前，我們佛教僧侶，人數雖多，卻還不能讓社會體會到它的價值在哪裡？社會雖有偏見，可是出家人本身難道都不需要自我反省嗎？

另一方面，在「護教」期間，我才真正感受到整個社會偏見的可怕。這種社會偏見，幾乎一面倒的，就想先把你打下去：它用輿論、用政權的力量、用各種方式，意圖把你壓下去，希望你被壓扁。因此，在那樣危疑震撼的情境中，我開始變得不是很在意形象。其實我以前住在山上，是非常重視形象的。當然，這裡所謂重視形象，也不是刻意裝出什麼？可是既然已是出家人，我認為就應該要有出家人的威儀、舉止、言語和態度。因此有關這些方面，我都是非常講究的。但是，一旦面臨外界的挑戰時，特別是我發現那些挑戰都來自於社會的偏見，認為：你是出家人，就該如何如何；並且要靜待人家修理，不能發聲異議。這候，為了要抵抗那樣的噪音，就只有卸下我出家人的顏面，直接用人的身份和聲音反吼回去！

當然，我們會發出很多的聲音。那些聲音也絕對不是很平和的聲音，或很尖銳的批判聲音，以促使對方反省他們的偏見或錯誤。在這樣的角力過程中，其實也同時說服了很多大眾，來體會我們拋出的一些問題。其間，當我

們受到特別壓抑時，我們同樣也會用較激烈的方式相抗衡。比如說，起先看到一篇文章或報導，是在羞辱出家人的，我們大致會寫一封客客氣氣的信，請其在同一刊物的「讀者投書欄」登出來。一般的反應是，立刻壓著不登。那你下一步怎麼辦呢？很簡單，就是結合成一個團體，繼續跟它抗議、要它登出，否則決不中止抗爭行為。

　　這個時候，你說，我該怎麼樣去界定我自己？是否用神聖性的方式，不聞不問呢？已不可能！因我事實上已介入世俗的領域，希望改變世俗人的向來偏見，所以不可能再用神聖性的方式來解決了。因此慢慢地，我的手段變得非常強硬，態度上也非常激進。這時候，我對社會運動者也比較能同情。回想當年在山上研讀經教時，自己也曾對社會上一些抗爭者感到嫌惡，心想：這些人到底抗爭什麼？吵什麼吵啊？煩不煩啊！那種不知民間疾苦的言語，也就會立刻射向他們。等到自己面臨那種處境，或輪到自己也走上街頭時，就比較同情：上街頭抗爭，並非吃飽沒事做才上街頭，其心路歷程也可能像我一樣，本來是非常溫和、非常理性、非常表現風度的，可是求告無門。當一次又一次的挫折之後，不得已只好改用強硬手段來展現力量呢。這時由於已比較能同情他們，便較願意敞開心胸，聽聽他們到底有什麼話要講？也因此慢慢跟一些社運團體的領導人接觸，並開始參與一些社會運動。

　　整個過程，其實就是這樣子的簡單而已。當然，先要瞭解到眾生的苦難，才會激發自己內在的悲憫心（雖然那種悲憫心，其實是很不清爽的世界）。講到這裡，你要我怎麼去講？再說，我如果再講下去，你又會覺得很鬱卒的。例如在從事一些社會關懷的運動時，常會看到很多強凌弱、眾暴寡的現象，那絕不是跟對方講理一番，便可解決的，那是結構性的問題，因而不論官員也好，利益團體也好，相互結合之深之密，不是外界所能想像的。縱使苦口婆心勸說他們，他們也有很多歪理跟你猛纏，這時就需要非常尖銳的，把一個一個相關證據找出來，並迅速地拋回給他們，讓他們無話可說。如果這樣，它還皮皮的，不管你這一套，依然我行我素，則下一步便需結合

某些力量，讓它知道：再這樣做下去，將會付出什麼樣代價。逼得它不得不收斂一些！像這種經驗和磨練對，我來講已經夠多夠久了，甚至已內化為我的性格了，可是這樣的性格，也是我很真誠、很真實的一面。因我已見過很多人間的苦難，我沒有辦法再裝的非常清爽、非常如如不動。

其實這些苦難的發生，根本就是那些強勢的人結合起來迫害弱勢。這時只有展現比對方強勢的力量才有嚇阻的作用。這不是道德教化的問題，對方也不會聽你的道德教化，所以適時展現力量是最有效的。基於這樣的體認，我在佛教內部，也開始苦口婆心地勸他們，要留意政治的力量，不要老是動不動就說：佛教僧侶要超然政治之外。其實我們作為佛教的宗教師，並不需要去瓜分現時政治權力的大餅，也不必特別去接納哪一個政黨的意識形態，然而最起碼，基於我們「護生」的前提，我們是應該留意哪些政策是在迫害蒼生的；必要時，就應結合我們佛教的民意，去抵制那些錯誤政策或錯誤政見的候選人。我想，這些都是佛教起碼應有的政治自主意識。

當然，說到我自己參與「護生」的過程和經驗，還有曲折複雜的話可說，說出來又怕聽眾聽了不清爽，所以我不知道該怎麼說。反正我生命中所看到的事情，都不是很清爽的境界啦。雖然如此，在私人方面，我依然覺得我的生活其實是非常清爽的。

江燦騰教授：作為一個臺灣史的研究者，我想對於昭慧法師這個心路歷程，做一點小小補充。臺灣佛教自一九四九年以後，基本上中央和省級的僧團領導者，有百分之九十都是國民黨的黨員或幹部，所以基本上，它的政治立場就是跟政府的立場走。在此情形之下，當然任何反對政府的社會運動，都成為佛教批判的對象，所以佛教界向來在政治立場，都非常保守，原因在此。當然，也因為它跟長期跟當權的政治力量掛鉤，所以遇有外界對佛教譭謗的言論，通常會通過黨部或組織工作會來壓抑。這種處理模式和默契，使得出家人並不需要寫太多的文章來抗議，因此如出現寫太多文章者，則是屬於例外。不過到了昭慧法師冒出來的這一時期，臺灣的各種社會運動，其實

已經很蓬勃了，所以情況迥然不同。

特別到解嚴後，反對黨被合法化了，昭慧法師如再一直跟執政國民黨的路線走，就要背很重的包袱，而這也是我跟她在《自由時報副刊》為「思凡事件」進行激烈筆戰的時期。當時我基本上是作為一個反論者的姿態跟她交手的。因此從「思凡事件」開始，我就批判她。之所以批判她，倒不是她作為一個僧人有什麼問題，而是說不滿她把整個僧團命運，化約成為她背上的包袱，如此一來，所有佛教的問題，就是她的責任問題，任誰批評了佛教，也就好像侵犯到她一樣，會遭到她的強力反擊！可是，我們明明知道：僧團基本上是 case by case，彼此之間的差異非常大。所以我們批評者反駁她說：她個人所堅持的佛教價值或道德形象，其實只能代表她個人。而她事實上也無法為某些腐爛的佛教情況護航，因此她也漸漸知道自己陷於這樣的兩難之中。所以到最後，她也被她曾為之大力辯護的保守僧團疏離。有一段時間，她幾乎接近流浪的狀況。各位不知道，她曾經遭遇宛如從英雄變狗熊的打擊，一度跌落谷底，自己再慢慢地從谷底走上來。由於這個波折，漸漸地傳統僧團的問題不再是她的關懷重點，而是趨向於「社會關懷」。換句話說，她是藉「社會關懷」來拉近社會跟佛教的關係，並以這樣方式來提升佛教僧尼在社會評價，她之所以會去反嬰靈、反對虐待野狗，動機在此。我所知道的昭慧法師，就是這樣放不下的人，所以她雖經歷到佛教內部非常強烈的反彈力量，也無怨無悔。而今天這個部分，她為佛教保持體面，便略過不談。其實她的心路歷程是不尋常的。因此我想為她作個歷史的見證，也有必要為她一點澄清。

己問：反嬰靈的事件，你可不可以簡單的講一講？

昭慧法師答：所謂「嬰靈事件」，就是有一群人想要動腦筋賺錢啦！它在報紙上打半版、全版的廣告說：如果有人墮胎了，就要去供一個嬰靈，供了以後它就可以消災免難，還兼可使家庭和樂、事業順利，增福發財等等。可說是，一方面威脅，一方面利誘啦。我們覺得那不是佛法，所以就站出來

抗議，使其不得不暫時消聲匿跡。

己續問：換言之，就是假藉佛教名義斂財囉。

江燦騰教授補充：在這之前，臺灣原先就有很多婦女墮過胎。因我們臺灣實施家庭計畫已二、三十年，夫妻只生兩個子女恰恰好的觀念，幾已成全民共識，一旦避孕失敗，就需多生或墮胎。而因觀念開放，生活豐裕帶來很多的婚外情，也增加墮胎的機會。這些行為，對當事人來說，基本上都有罪惡感，心裡負擔很重。有些腦筋動得快的人，看到日本社會流行「嬰靈崇拜」，便引進臺灣，想如法泡製，因此便倡說：有墮胎或嬰兒夭折的婦女，之所以生病或其他不順，是嬰靈作祟，必須供奉嬰靈，以安撫或超渡它，才能重獲平安。再透過報紙一宣傳，信者不少，生意非常好。可是主事者強調此一做法，有佛經依據而事實上沒有，於是引起昭慧法師和一些佛教人士的不滿，認為這樣的講法跟佛教的基本立場不一樣，所以便去臺北街頭示威抗議，逼得對方暫時關閉臺北辦事處的大門，以避風頭。經此抗議，使剛流行的「嬰靈崇拜」，元氣大傷，未能造成大流行。

庚問：我曾在《立報》上，看到昭慧法師對慈濟功德會提出批評。因同樣是佛教部內的事，我不知這是跟誰……

江燦騰教授：跟中研究民族所的盧蕙馨博士打筆戰。

庚續問：盧蕙馨的文章我看比較多，但是昭慧法師的文章我看不全，有些東西也不是很清楚。我想，無論是從社會關懷、還是法律的觀點來看，慈濟的作法，在社會上的聲望相當高，他們確實也做了很多的事。但從您的關懷來看的話，裡面有什麼問題？關鍵在哪裡？

昭慧法師答：說來話長，不過你既然提到我對慈濟的批判，我就大概講一下當時的情形。我想，當時還是基於愛之深，責之切才撰文批評的吧。其實我個人對慈濟完全沒有完全反感。當然，既已批判，就有很多方面可談。不過，原則上，我絕不談個人領域的是非，也不談個人的性格問題，我覺得那是個人世界的事情，不必我來談。這就像有人老愛說我修為不足，我則覺

得這是個人領域之事，不需要談。其次，我認為，既然要在公共領域談問題，就該只談公共的問題。但什麼是我批評慈濟的公共問題呢？當時我在文章中已說明，我不是在說慈濟對社會沒有幫助。事實上慈濟對社會貢獻很大，人所皆知，也非我能加以否定的。可是，慈濟的事業像這樣發展下去，會有一個大問題出現。什麼大問題呢？底下我會為各位說明。但是，對不起，我這樣一講，又是一個不清爽的世界。其實人生往往遠距離的美，才會有所謂的清爽，不能像我講的這麼坦白喔。我曾經看到白鷺鷥在田野上飛翔，我覺得這個世界真美，因此我們常會講如果白鷺鷥如果不見了，臺灣的土地就完蛋了。可是後來我才發現：白鷺鷥為什麼老是往某塊地集中。我所以會發現，是學生告訴我的，那個學生是農村出來的，他告訴我說：因為這塊田地土翻鬆了，蟲也被翻出來了，所以白鷺鷥老是往某塊地集中是為了要吃蟲。你看！這明明是一個弱肉強食的世界！可是從外在來看，又是那麼的美麗！那麼的祥和！那麼的曼妙！不過，佛法是要我們「如實」知世間，而不是要我們戴上面具朦朧的看世間。所以，慈濟其實也製造了許多朦朧的效果，而這種效果對於人性來講實，特別是對於那些不那麼健康到去用顯微鏡看世間的人來講，也許還是有一些幫助的。或者以社會的治療功能來講，我也不完全否定。我只是從佛法出發，在深刻地分析一個問題。我並不是完全世俗化的一個人。身為佛教弘法者的一員，站在佛法的立場來看，比較會注意到結構性的問題，即一群眾生之所以遭受苦難，一定是有其因緣，它來自哪裡呢？當然社會的制度不良！之所以遭遇不幸，就是由於這些因緣所致。

但還有更深的因緣在。即為什麼這些遭遇不幸者是在某些人的身上，而不是在另外一個人身上？為什麼有人會出生為乞丐的兒女？不生為王永慶的兒女？為什麼會生在一個社會福利制度不好的盧安達？不生在制度良好的加拿大呢？從佛教的觀點來看，這是有因有緣的。個人有這個因，所以個人就須承擔這個果報。可是如果是屬於「護生」的領域，這「護生」理念又要從哪裡出發呢？

「護生」是從因果律出發的，不能違背因果律。如果我今天幫助你，紓解了你的苦難，可是你過去的這些陰影都還背在你身上，你仍將會承受它：我今天雖幫助你，紓解了你的苦難，其實根本問題並未解決，只是暫時苦難往後延伸到看不到就算了。

但佛法不是這樣看待問題的。菩薩（佛教的慈善團體）去救助眾生，固然承認因果，但它救助眾生時，還應幫助眾生，讓眾生內心感化；只有當眾生內心感化時，才有可能傾向於良性的發展。比如說就比較不會有反社會的行為，因為已承受到社會的溫暖了。我們從經驗中知道：一個人只有承受過愛，才會知道如何去愛別人。如果一個人承受的，都是冷酷的世界，內心也因被折磨而變得冷酷，最後當然是用冷酷的方式回報社會。所以當菩薩救要度眾生的時候，同時也需帶新的因緣進去，幫助眾生感召其因果，才能形成良性的循環。換言之，這是個人與社會的一種良性互動，可以逐漸地使整個社會良性的綿綿密密地互動起來，以造成巨大的改善力量，將問題根本性的解決。

比如說，當這個人受到菩薩的感召，而他原本是一個窮人，這在佛法來講，因貧窮來自過去的慳貪，是他的慳貪導致他的貧窮，所以這是他的因緣果報。可是如果我今天幫助了他，從表面上看，他很像負債，因他原本可能無力得到的醫療或財物，經由社會的幫助，他平白得到了，感激之餘，也等於欠社會一筆人情債。於是他的內心可能因此改變了，——他既嘗過貧窮苦味，又感受到社會關懷的溫暖，改善了他的處境，所以有朝一日，當他有能力幫助別人時，他也會回饋社會——這改變了的一念善心，就會擴充到別人；而別人受到他的愛護和幫助，也會萌生善念，擴展愛心。反之，如果一直受到冷酷的待遇而無關懷或改善機會的話，他在絕望之餘，可能會以社會邊緣人的偏激心態，肆無忌憚地去侵犯別人的財產，於是遭侵犯的人轉而怨恨社會無冷酷，可能從此對人不敢信賴。像這樣，就是一種人性和社會的惡性循環。所以佛法講業力輪回，不但講個人的善惡業，也講群體眾生的善惡

共業，其間的因緣果報是綿長而深遠的。

假如各位已瞭解我的基本論述立場，現在讓我們回過頭來，看看慈濟的事業性質。證嚴法師的慈濟事業是做菩薩事業，經常對苦難眾生施以援手。就這一點來說，符合佛教教義，毋庸質疑。

但是它會出現什麼大問題呢？因它一直停留在以物資救濟的層面，並且全部的救濟物資也是募自社會，所以我們可以美其名說它是行善救難，其實是社會慈善資源的再分配。因此慈濟的硬體設備越蓋越大，相關企業也越來越多，可是它要從社會募集的資財也相對龐大，並且沒人知道其底線在何處。像這樣龐大宛如天文數字的資財，已不可能是由市井小民的零星捐款湊起來的，主要是靠大財團、大企業在支持；而且慈濟的成長過程中，直接間接也得到執政黨很多方面的扶持，所以最後必要因此而陷入一個結構性的弱點，就是它的事業會跟執政黨或財團有密切的依存關係。如此一來，對執政黨或財團就很難持批判的立場，除非先能打破彼此的依存關係。但基於現實的需要，有可能打破彼此的依存關係嗎？很令人懷疑。所以它其實根本不用逃避立場去說：自己是中立超然的。最起碼，我不覺得它有所謂真正的中立超然。因在這樣一個政治和財物結構裡面，標榜中立超然，就是在幫當權者或財團，縱使保持沉默也同樣在幫助當權者或財團。事實上，當權者或財團所要的就是你的沈默和中立：因沉默代表無異議、無批評，而中立即表示對不同立場者豎高牆，使其無門可入。換言之，既得利益者，藉此排除了可能的批評者和競爭者，而獲得最大的利益！

於是，一個結構性的大問題出現了。我剛剛已提到慈濟在面臨眾生的苦難時，雖施以援手，但其資源又是來自當權者和財團，如果剛好這個弱者本身的災難，是來自當權者或財團的結構性因素，例如來自制度不良或政策執行不當，或由於財團事業的錯誤所引起的，那麼弱者雖能抗議，慈濟卻可能怕得罪前者而不敢吭聲。因此我才說這是一個很大的問題。舉我文章中提到的案例來說。當時民進黨提名在慈濟任職的陳永興醫師競選花蓮縣長，慈濟

方面立刻推出限制條款，並規定慈濟的醫生和員工不准示威靜坐。我認為這是違反人權和參政黨，相當不妥，便撰文公開批評。慈濟方面看到我的指責之後，馬上否認，說與陳永興醫師競選花蓮縣長無關。它雖然否認，但骨子裡就是這個理由，因那些規定全出現在陳永興醫師宣佈要競選花蓮縣長之後，可謂證據確鑿，難以狡辯。

　　或許有人會問我是民進黨員嗎？我不是，並且我也犯不著為民進黨的陳永興醫師講什麼話。但我愛護佛教，我不希望人家以為慈濟的做法就叫佛教。如果只發生在教內，我通常會在佛教內部刊物批判；可是此次慈濟的做法已涉及公共領域的問題，並受到社會很多自由派人士的交相指責，我不能坐視或不公開回應。當時我是很清楚的告訴社會人士：這不等於佛教，這只是慈濟做的事。當然我同時也對慈濟這一部份的不妥作為，提出公開批評。

　　談到這些，裡面真的沒有令人清爽的事件。因為你真的看到像這樣的事業結構，表面上非常柔婉，非常慈悲，場面很溫馨感人，可是骨子裡，它對很多贊助者的弊端都不敢吭聲。包括前一陣子我們「生命關懷協會」的秘書長，因為賽馬的問題，希望慈濟能連署，我就說：「你不要做這個夢吧！」他還是不死心，去找慈濟連署，果然就碰壁。這不是我有預言的神通，而是其結果可以想像的。為什麼呢？因取消賽馬是得罪財團又得罪立委之的事，慈濟怎麼肯做。這個時候，我認為根本不必標榜什麼立場中立超然。再說，如果有某候選人贊同全面撲殺流浪狗，另外的候選人希望流浪狗用比較人道的方式處置，而他們兩同時競選市長，這時你說：我保持中立超然、沈默不語，結果贊同全面撲殺流浪狗的候選人當選了。請問：你作為宗教師的良心何在？難道都與你無關嗎？我真的很懷疑這是忠於我們的佛教信仰。何不想想：因不敢吭而導致殺生行為，真的是來自我們的修養有素嗎？還是出於我們的軟弱和認知偏差呢？

　　江燦騰教授補充：不論盧蕙馨博士的文章，昭慧法師的文章，我都收集得很完整。就昭慧法師對慈濟的批判，除了以上所說的，還有兩點值得注

意：第一點，是批評慈濟已成為一個臺灣社會福利的托辣斯，壟斷了大量的社會慈善捐款和物資，也因為這樣，表面上看起來慈濟做了很多事情，也頗獲各界肯定，可是很多弱勢團體的募款來源就相對減少了，包括「世界展望基金會」在內。這就是由於慈濟已壟斷社會大部份福利資源的排擠效應，所以其它慈善團體向外募款時，也逐漸感到困難許多、壓力變大。至於第二點，就是有關盧蕙馨博士跟昭慧法師打筆戰的問題，當時她們兩人在爭論：到底慈濟所訂的職業條款，即就規定慈濟醫生不能參加任何政治活動的職業條款，其合法性怎樣？昭慧法師是依據中華民國憲法裡面的第十一條、第十四條、第十五條說，慈濟所訂的職業條款違反憲法。理由是只能規定醫生執業期間不得涉及政治的活動，不能連這個時間以外也限制。慈濟醫生也是公民，不能說做慈濟醫生就連上班以外的一切活動都不能參與。面對昭慧法師這樣的批判，盧蕙馨博士也知道慈濟所訂的職業條款違反憲法是不對的，因此盧蕙馨博士只回應說：昭慧法師似乎不知道那只是個草稿，後來已更改了。可見在法律層面上，盧蕙馨博士沒辦法為慈濟辯護，只能辯說這是草稿後來有沒有成為事實，以回應昭慧法師的批判。不過盧蕙馨博士轉而質疑昭慧法師：像證嚴法師這麼努力的領導慈濟事業、服務社會，怎麼可以用「聖人不死，大盜不止」這麼強烈的字眼批評她？這就涉及到批判策略的問題了。所以盧蕙馨博士的文章寫出來，昭慧法師不以為然，又寫文章反駁回去。據我所知，證嚴法師相當不高興，因盧蕙馨博士雖為慈濟辯論卻不甘不脆，她在大前提上承認昭慧法師講的似乎有道理，只是質疑對於像證嚴法師這麼大的聖人，怎麼可以用這種沒有禮貌的話來批評呢？問題是，這種質疑對昭慧法師沒什麼說服力，所以又寫一大篇反駁回去。盧蕙馨博士到此就罷手了。整個辯論過程就是這樣。

庚續問：是對盧蕙馨博士不高興，還是對昭慧法師不高興？

昭慧法師答：當然是對我不高興，那是不用說的！

江燦騰教授：是對盧蕙馨博士不高興。我記得盧蕙馨博士在回應文章質

疑說：「一樣是出家人，為什麼批判這麼嚴厲？」昭慧法師就回說：「尊重還是有的，但是非沒有講清楚，還是不行的。」不曉得我這樣的說明有沒有誤解？

昭慧法師答：沒錯。我是說過「聖人不死，大盜不止」的話，但盧蕙馨博士誤解了我的意思。我只是在提一個問題，就是說關於權力結構的問題。當一個人認為她自己的信念完全正確，或她認為她想的是真理的時候，恰好這個人又是站在很有影響力的地位上時，那就遠比一個平常卻明智的人，雖然站在一個有影響力的地位上，卻常想「自己可能想錯了、講錯了」，來的影響力會更大。

江燦騰教授再補充：昭慧法師的文章又提到，為什麼她會提到「聖人」那個問題。她是從基督教的刊物裡面，發現牧師在批判慈濟，說學生領慈濟獎學金，為什麼要跪著拿？這件事情。既然慈濟獎學金的錢來自社會，發的時候還要人家跪著拿，未免太「聖人」了！所以她不滿地質疑慈濟當局，為什麼要搞聖人崇拜？由於主題跟這個有關，所以文章才有那個聳動的標題。

昭慧法師續答：講實在，對於「神聖」這兩個字，我有時候會有點害怕。世界上之所以有宗教戰爭，是因為宗教衝突的雙方，都認為自己是站在全然神聖和真理的那一方，非壓制對方不可，衝突因而爆發。我認為，今天慈濟要能體會它的局限性，不要限制別人。也承認它自己有困難，不能任意對外表態。同時不能認為這叫做真理，要求別人服從。因此我順便引了老子那句話「聖人不死，大道不止」。其實話中之意，我年輕時也體會不出。我們不是都認為：聖人出來之後，才能夠教忠、教孝、教仁、教義嗎？為什麼老子反說「聖人出、有大畏」？話中之意也是後來我才慢慢體會到。現在我就明白：這個世間「聖人」太多，往往「災難」就在那個地方。

丙：我之前的問題，其實是想試探昭慧法師，故意用言語刺激她，看她會不會生氣？後來覺得她其實不太會生氣啦，所以覺得蠻清爽的。法師對不起！請原諒我的冒犯！

江燦騰教授答：其實佛教對脾氣的處理，主要是希望不要有持續（第二時間）的後悔情緒。可是如果一個人對任何刺激都沒有反應，那就等於石頭或死人一樣，因此受刺激有反應，完全是正常的。修道者也是人，無法例外。差別只在於處理的方法是否有效和程度是否足夠成熟。所以整個問題是，在刺激反應之後，能否適當地處理情緒，以免再陷入其中，並很快地恢復常態。事實上，持續佛教的修行者，所重視的也是這些，即：事情發生後，能快速有效地排除或化解已生困擾的騷動情緒。一旦情緒條理得當，人就自然清爽了。你說是不是？

丙續問：我現在直接扣回到唯識學的探討。其實我們今天早上有一個宗教社會學的課程，一直在聊西方社會科學的傳統。其中有一個重要的預設，就是關於外化的結構問題。在外化結構中，最外化的，就是物理時間、桌子、椅子等；其次就是制度的問題，多年以來大家一直以為就是這樣子，例如有些佛經中提到女人要多修五百世才能成佛等，很多信徒也堅信不疑，類似這樣的制度或修行規範都早已確立了，要想改變，也須從制度或規範下手才行。這也就是剛才吳老師在問的問題。亦即制度一變，人心可能就會變。可是在唯識學傳統裡面，它至少講第八意識，起心動念，用什麼方法，比如說，我大聲吼、抗議，整個社會也就起了影響了。如此一來，可能好處也有，但結果壞處也留著。我比較想問的，是這個問題。

昭慧法師續答：嗯，很有意思的！所以我一開始就講說，沒有一個制度適合所有的人。同樣的，直到現在，我也不認為每個佛教徒都應該走我的路。我從來不這麼認為。我反而認為，大部分佛教徒不需要走我這樣的路。因為可能會變成是一種我們的意識型態，比如說，你就覺得我講話好像有氣的樣子，它真的會變成我個性的一部分，不能說我完全不影響。當然，由於我們有一定修道的經驗，較會克制自己，不要任何情況下，都滔滔不絕、咄咄逼人！我們還是會有所克制的。

另一方面，抗爭儘管是不得已的，我也不認為抗爭不會有後遺症。可是

相較之下，雖明知道抗爭會有後遺症，由於基本上這是弱肉強食的社會生態，抗爭確是對弱者較公平的一種遊戲，所以有必要時，我還是會繼續抗爭。對弱者較公平的這種遊戲的權利，我們不應輕易的將它剝奪。最起碼我們宗教師不能推波助瀾的醜化抗爭的正當性。要知道，有時一個宗教師的說話態度，對社會是有影響力的，因此對攸關弱者的抗爭權利，不應該草率地加以否定。我舉一個例子，比如監察院院長陳履安先生，他為了「衛爾康事件」的善後，盡了心力，所以我覺得他是所有政府官員裡面修養最好、最有悲心的一位。可是我對他的態度還是會有一些批判。為什麼呢？比如他講一句話說：「這些受難者的家長來監察院陳情，他們都不是來要錢的。」我聽了就覺得：你是不要錢，可是人家萬一死了個兒子，只剩下個老爸爸，不可能不要錢。你憑什麼會認為他不要錢？所以你就對他們有比較大的好感？我認為縱使那些受難者，來監察院告訴你說：「我需要錢！」陳履安先生都不能夠用傳統中國士大夫那種「無恆產而有恒心」的心態去看人家。

我不知道大家有沒有看過德國小說家赫塞所寫的《流浪者之歌》（原名「悉達多求道記」），主角的名字叫悉達多，他起先是個修道者，非常孤高，對於人間的庸俗行為，非常不屑。但是曾幾何時，當他歷經人世的行行色色之後，在小說最後，他居然柔軟到可以做個河邊的擺渡者，也可以聽任何一位老婦人、一個市井小民，呶呶不休的跟他講家裡雞毛蒜皮的事，──態度可以那麼平和、那麼慈悲的，去傾聽這些俗世的小人物之聲。

我覺得我們每個人縱使有機會接受佛法那麼崇高的教義，可是由於我們生活的慣性或思考習慣，加上來自於文化背景的條件限制，所以我們有時候真的不太能夠體會不同生活圈的他人心情，甚至不瞭解或不同情對方是因整個社會結構的因素，才導致他悲劇性格等。我認為，這部份是我們必須從頭再學習體會和瞭解的。不能老是高高在上，批評別人品性的好壞，或草率的認為「不像全民計程車司機」就是好司機。其實「全民計程車司機」之所以呶呶不休的跟人吵架，有誰知道其中的原因或辛酸是什麼？我們要真的去瞭

解這樣的市井小民，為什麼有這樣的性格？要從內心很深沈的去體會和悲憫他的市井性格。並且這種悲憫，要有同理心和平等心去體會，因我們都是眾生的一份子，我們都只呈現了眾生的某一面。我覺得這個部分，陳履安先生目前還沒有到達，所以才講出那句話。

此外，陳履安先生那次還特別對前來請願的災民家屬叮嚀：「你們不要抗爭！」意思是說，這個社會已經很亂了，不要抗爭。試問各位：他們在那裡絕食抗議，不叫抗爭嗎？那是屬於非武力抗爭最慘烈的一種！所以他們其實就是在進行最慘烈的一種抗爭。試問，這些「衛爾康事漸」的災民家屬，沒有抗爭會看得到陳履安嗎？難道他們喜歡抗爭嗎？他們是經過冗長的請願活動，一次又一次的陳情，一次又一次的拜託，這些都無效了，才不得不挺而抗爭。根據我的經驗，抗爭行動，如果只是我一人覺得不平，就算我在街上哇哇叫，也是沒有人理我的。抗爭一定要凝聚了社會相當大不滿的能量，才會展現出它的成效來。因此我們必須客觀地想一想，抗爭者為什麼去抗爭？是不是我們真的有不公平對待人家？要先弄清癥結所在，而不能一看到抗爭，就認為對方在幹什麼？搞什麼玩意！世間夠亂了！還抗爭！

前幾天我來新竹演講，就有一個佛教徒問我：「如今臺灣社會亂象那麼強烈，我們如何改變社會的亂象？」我就立刻提醒他：「你的亂象定義是什麼？你自己要先想清楚。如果只是因為現在社會的聲音很多，街頭遊行不斷，我覺得你自己去思考，只要不變成暴動，不要有殺人如麻的暴動，都要承認它不見得是不健康的亂象。你有沒有注意到，一個人如果身體從來健康，非常健壯，有時候往往一個大病就倒下來，暴斃而卒。反而有些人，小病不斷，常年有雜七雜八的毛病，他還延年益壽呢！這是由於不斷有排解毒素的作用，無形中他身體的免役功能還強一些。」

所以我覺得社會整體來講，雖有一些雜音出現，仍只是世間的實相而已，我們如果承認這是世間實相，就知道其間的相互因果關係。當年佛陀之所以要出家，是要尋求另一條解脫的道路。如果當時佛陀認為成立一個像我

現在所創辦的「關懷生命協會」，就可以解決世間所有不公平現象，我相信他寧可做國王，用政策和權力來規範就夠了，不必要出家。可是，當他看到田野中，有弱肉強食的現象，他感覺到世間悲苦和難過。然而這是大自然由來已久的生命規律，用人世間的辦法，固然可改善一些，畢竟問題還在，未能澈底解決。亦即相對的努力是需要的，但只能解決局部和一時的問題，這和絕對的改造是不同的，因此他就要找出來另一解決的新路，於是而有佛法的提出。所謂生命究竟解脫的道路，不從這方面來透視的話，是不能瞭解的。

辛問：有人認為用佛法觀點來看慈濟的事業，其實並不違背大乘菩薩道的救世精神。反而認為你對用這種權力結構、政治語言來批判慈濟，對他們沒有說服力。不曉得你對這種看法有何回應？

昭慧法師答：我瞭解這點，我也知道他們沒有談其他方面，只是他們有時候矯枉過正談佈施就等於佛法，令我相當反感罷了。因佈施只是佛法解脫道的一部分而已，並且不是第一義的究竟法。至於其他的方面批評，例如一再責備某一個團體說，對方都不講其他的修持，我覺得那也不公平。假如這個團體本身，原先就只定位做慈善事業而已，別人是不能苛求其他方面的。就像人家要我顧形象，我就會說，我不需要，有需要的，可請有形象的高僧去度，至於我，我只是做一個抗爭者，就是抵制那些很壞的人，我只扮這個角色和發揮這方面的功能。所以如有人批判我有沒有修持，我不在意。這樣的批評自然落空了。

可是我對於慈濟的並非如此，我只是就其從事的事業問題而批評，完全沒有涉及其他。例如批評一個慈善團體為什麼不教大家打坐，那不是很沒有意思的事情嗎？如果我是那個被批評的慈善團體，我馬上會頂回去，告訴他：「要打坐？你可以去農禪寺、中臺山。至於我，我早已表明只做慈善事業，別找錯門路啦！」問題在於，既然慈濟走慈善事業的道路，這是涉及公共領域的事，若有結構性的問題出現，我自然可以批評。其實對佛教教團的

部分，有我不以為然的，我也批評過。這部份，我想江先生也知道。

江燦騰教授：我們知道在臺灣佛教界北部有兩個嚴字的名人：一個慈濟的證嚴法師，另一個是一個法鼓山的聖嚴法師。聖嚴法師的起家，當然有原先他的師父東初長老留下的事業基礎做底本。後來代理紐西蘭安佳奶粉那個董事長葉益和先生，為其籌畫，在規劃法鼓山文教基金會的時候，用的基本上就是慈濟的模式，包括募款的方式等等。例如裡面的一個標準問答提到：「假如捐款的人問你說，已經有慈濟了，那法鼓山文教基金會要做什麼？」裡面的標準問答說：「（慈濟）他們是修福，我們是修慧。」換句話說，就是要告訴捐款者：修福不得解脫，修慧才會解脫。可是，我們現在看這兩個佛教事業，都變成大的宗教托拉斯，好像誰也沒有說服誰，或取代誰。

另外，聖嚴法師一直強調教育，他的法鼓山事業就是佛教的未來希望。而慈濟的證嚴法師說則說，追隨她的那些出家人，就是不要去別的地方學壞規矩，所以才會跟她走真正的菩薩道。關於這一點，慈濟的出家人都很樸素，很勤奮，所以能說服很多追隨者。不過，我覺得當今臺灣已是一個多元的社會，各弘法師和信眾自有其宗教市場需求和功能區隔，很難用單一訴求說服一切佛教徒。因而儘管法鼓山的聖嚴法師用這麼大的力量，去爭取新的贊助者，事業也成了氣候，可是也沒有把慈濟弄倒，證嚴法師依然老神在在，事業大有進展！

昭慧法師：而且我還覺得（法鼓山的人）對他們（慈濟）這樣的批評，不公平。

江燦騰教授：對，其實我們瞭解，聖嚴法師的問題才大呢。他的弱點不少。這個問題講到這裡，不繼續講。我是覺得說，情況不像你們外面的人所想像的那個樣子。臺灣的一般信徒，也剛在轉型的階段，所以誰能夠掌握到媒體、誰能夠提供比較多的訊息、聲音講的比較大聲的，大概信徒就跟著打轉。所謂「偶像」或「大師」，只不過是媒體寵兒兼俘虜而已！沒有什麼稀奇。

壬問：我看過《流浪者之歌》，所以我想問：是不是一個出家人一定要對事情有所經歷，有所瞭解，他才能夠對人跟社會有所關懷、有所諒解？我想，有時候我們在做一些事情自認在為別人著想，是為別人好，其實可能只是在猜測──因我們雖覺得自己的確在為別人設想怎樣才比較好，可是並沒有真正有像對方那樣的體認，所以往往只是自己單方面在猜測而已。

昭慧法師答：我想感受經歷也是蠻重要的，只是有了感受經歷，是不是就能培養一個人具有悲天憫人的胸懷？那就未必。假使一個人不善於反省這些經驗，當他咀嚼這些經驗背後的意義時，可能生活會反而會越來越糟也不一定。以我自己的經驗來比較，拿我在山裡讀經典時的心態，跟我出來以後，從事社會關懷的生命境界相比，確實是迥然不同的。包括我今天在此所講的每一事件，所以有那麼多滔滔不絕的道理好說，絕對不是只靠在山上養成的教育所能勝任的。因此我認為任何環境，只要是健康的，都有其存在的作用，雖不能涵蓋全部功能，也還是有存在的必要。

比如山上適合修道的環境，造就我比較容易自省的能力、比較去克制自己的能力，以及較能全盤瞭解佛法。但是面對現實社會的諸多事件時，是不是都要管呢？由於因緣世間的問題如此眾多，而我的時間有限，為什麼要管盡世間的事情？難道管盡世間的事情，不是也是一種貪心嗎？應該承認因緣有限，不可能將眾生通通度盡。讓一點給別人度可不可以呢？如度眾生可以成佛，為什麼不讓別人也成佛？你一口氣度光做什麼？基於這樣的思維，所以我日後不會跟著人家團團轉。在每個場合，自己會用佛法的價值觀去看待每件事情：去思考我要介入多少？我要怎麼介入？我要用什麼立場介入？這都是在山上看藏經時，所培養出來的對佛法的正確知見。

但是在山上的那個心境，也使我對藏經講的「眾生無邊誓願度」，體會不深。雖也感歎大乘菩薩行的偉大，可是憑良心講，看藏經時「少事少業少希望」的純淨生活，讓我根本就不想要度什麼眾生。當時我會覺得，眾生是源源不絕的，而生命有很多無奈──我那時感覺到無奈的生命，就是這樣而

已。雖然如此，我仍願意繼續研究佛法、願意長養一切智慧、願意就我這一部份長處來弘揚佛法。至於要我去接觸苦難眾生，給他們施以援手，我覺得那是會影響我學術工作的事情。講白一點，從事學術工作，本來就需要有寂寞才有時間嘛，因此不該接觸太多人群。……

可是等到我走出山裡，離開叢林，到了世間以後，我才發現，迄今我也沒有後悔因此而學術論文減少了。為什麼呢？這讓我想起中國古儒講的，「士必器世，而後文藝」，你真的要瞭解世間的實相，那不是光在書本上看就能體會得到的，世間的實相必須親自去看、去體會以後，真正的悲心才會萌生出來，慧命也才會真正強韌和豐富。此時相較於當年在山上看經書中關於菩薩道的解說，可以說當時只是把它當作客觀的一本書在看；如今則可以慢慢將經書的內容，內化成為我性格中的一部分。到了這一地步，過去所想過的如：眾生無邊、煩惱無盡、法門無量、佛道無上等這些菩薩道的道理和要如何付之實踐，都不再構成我的問題。為什麼？因我根本不再想我什麼時候成佛的問題，我也根本不想眾生數量的問題，我會覺得如果今天有這個因緣，剛好看到的某個眾生當下的痛苦，他就是如實的痛苦，他就會刺痛你，那時你就會忍不住想要援助他。一切就是這麼簡單而已！反之，如果將先其數量化，又說有無數人我要關懷，於是所謂關懷對象已很龐大時，例如已到了幾萬上萬上十萬時，其實只變成數字增加的意義而已。說實在，你如真的去深入瞭解每一個人的內心世界，你就會知道每一個人每個生命成長的過程，都有很多的苦痛，也有很多的不平衡。那你要如何幫助他恢復正常，真是煞費周章。再說，就算是一個專業的心理輔導師，也不可能把全臺北市的心理不正常的人，都放到他辦公室來，好好調整。你說對不對？

何況我只是區區一個宗教師，雖有真正悲心，可是也不能把所有臺灣的眾生苦難都放到肩上。我相信很多人跟我一樣有悲心，所以我不需太自命不凡，要承擔一切，如果我今天死掉，還是一樣會有人在佛教界繼續做這樣的事情。太陽也不會因此就從西邊出來。所以我只願意就我看到的、接觸到的

苦難眾生，盡我能力所及的去善待他們。因此我覺得每一個苦難的眾生就是一個世間的「實在」，能夠多少紓解他的苦難，就盡多少力，應該是比較實在。其他的因緣，我認為一個菩薩行者，他只活在每一個當下，不必去想未來要度多少眾生，這會讓人想得手軟腳軟的。其實根本不必這樣，浪費時間去空想這些問題。只要他悲心踴躍，不能自已的時候，自然就會去助人或度人。之後，只要他覺得他還有學術的工作很重要，自然會靜下來，騰出時間看一點書或寫一點東西。至於屆時論文會產生多少？我過去常會擔心有負師長期望而勤學不已；如今我認為順因緣走下去就對了，不必太勉強自己。既然因緣局限了每一個人，所以我也不覺得這樣走下去有什麼遺憾可說。生命就是這麼短暫，只要做到最大發揮也就夠了。

江燦騰教授補充：其實這裡涉及到一個佛教修行者的主體性問題。例如在媒體上所看到的陳履安先生，就宗教方面的體認來說，其實不是真正陳履安先生，而是被誇大和扭曲了的陳履安先生。事實上，陳履安先生在跟惟覺法師習禪以前，曾由孫春華女士帶領和啟蒙，就好像林清玄先生據說是跟新竹廖師姐學道的，其後又轉師多途。但在某種意義上，我認為陳履安先生缺乏真正佛教修行者的主體性自覺意識，可以說距他人的宗教傀儡性格不遠。更進一步說，陳履安先生跟他那一出家的兒子，實際上對佛教知道得相當有限。例如我就親自在他的監察院院長辦公室裡，見識到陳履安先生在半小時內，從自信滿滿、目中無人，到自信全失、謙恭異常的有趣大逆轉！

我們要知道，臺灣北部的上流社會，接觸宗教時，通常是一窩蜂，最先迷這個，然後再換那個，換來換去，經常跟著社會的流行潮跑。講到捐錢，大家也一窩蜂的捐錢。在我看來，這就是缺乏佛教修行者的主體性意識。這不是對佛教有很深的體會，而是根基太淺，容易隨波逐流。因而需要經常花錢買心安，追趕宗教流行熱潮，兼迷宗教名人和偶像──這就是臺北上流社會的信仰真相。

顧燕翎教授問：你剛才報告時，提到臺灣女性僧眾特別多，不管跟歷史

上的，還是跟其他地方比，都是如此。那是什麼因緣，使臺灣女性僧眾這麼多？這跟臺灣目前因婦女運動而出現的大量老處女之類因素，有無關聯？

昭慧法師答：你說是不是我們現在社會上的老處女太多，才使女性出家人數大增？我不說是或不是。不過，從你很自然的說出「老處女」三字，我就有無限的感慨！長久來，我們這個社會連不結婚這個資格都不給它適當的稱呼，反而用很負面的語氣去揶揄。其實對於這些人來講，她們為什麼要接受這些揶揄之辭和稱呼呢？有無婚姻對她們來講，不一定是生活中最重要的事，豈能因此要其承受如此的批評？這不是太不公平了嗎？我不懂，在我們的社會裡，為何每當女性一選擇了不結婚後，她所面對的社會歧視，就會那麼強烈？我真不懂。或許這時她如能選擇出家，對她的尊嚴維護，可能更容易。所以你問我這兩者有無關係，我想大概有一點吧！

癸問：有一個快嘴李翠蓮的那個故事，你記得嗎？

江燦騰教授：是明末的小說嗎？

癸續問：有一個快嘴李翠蓮的，她生來聰明、伶俐、會批判，後來她結婚了，對夫家也是常批判，最後終於出家。可見她有女性自覺，可是很諷刺，那個故事卻告訴我們：因為她不適合那個社會，所以最後她仍我是一個社會人，可能我就追打下去，可是我是一個出家人，我可以做到不追打，可是如果我自己就顧念說我一個出家人到法庭像話嗎？我顧念這個不敢動，他就會繼續下去。我總是要讓他知道罵人要付出代價，再加上我沒有修為嗎？以佛法因果律上來講，也許我對他更慈悲啊！他罵人罵到很爽快又不需要付出任何代價，這不是激長他的罪惡嗎？這不是姑息須靠出家禮佛頌經，過其後半生的歲月。

昭慧法師續答：我想一個人光靠她的銳利批判，而內在沒有對眾生有溫厚的同情，便培養不出一個宗教師的氣質來。所以快嘴李翠蓮她只是變成一個尖銳的社會批判者而已。相對於我個人來講，雖然我大部分也都在用批判性的語言，可是那只是在談我出家經驗中具挑戰的部分才使用。要不然，如

果整個生活中都處於批判的狀態，的確也是很辛苦的。

癸續問：我聲明一下，我非常高興，而且很感謝法師這樣真誠而認真。因為我覺得演講時，不論講者是任何身份和角色，有真誠在很多美德中都是非常重要的。

顧燕翎教授續問：我繼續問剛才的問題，因為我覺得婦女運動有一個呼聲的經驗在裡面，就像修改「民法親屬篇」，也是希望對女人的婚姻有比較好的品質保證，據你參加社會運動的經驗，你認為以什麼方式，可以使婦運跟宗教活動比較可以結合？

昭慧法師答：就我現在來講，我也會願意加入這一類的行列，如修改「民法親屬篇」之類的。只是我個人的因緣有限，我忙我的「關懷生命協會」的事，已經忙不過來了。就像昨天有一個人找我參加「公共安全理事會」，希望我當理事長。我跟他說，不是這個事情沒有意義，公共安全的事當然很有意義，特別是希爾頓跟快樂頌以後看得出來。但是我必須想到我能夠再去撈一個理事長來做嗎？我自己協會的事都做不好，豈可又要攬那個「公共安全理事會」的事來做？所以我會覺得應該有更多的宗教師，共同來參與各種不同的活動，這樣我相信很快就會找到一個婦運跟宗教活動的結合點。

江燦騰教授：那個「晚晴協會」的施季青女士，就親自寫信給昭慧法師，要求她不能當這方面的逃兵。昭慧法師回信說：「以我的性格怎麼會放掉這個問題？」因此，有關大概佛教女性的問題，她大概是責無旁貸啦！

昭慧法師答：下個禮拜，「晚晴協會」也找我去講一個〈出家與成家〉這樣的主題。

江燦騰教授：演講兼討論，連續三小時，昭慧法師實在是很累，所以今天我們就到這裡，謝謝昭慧法師！（掌聲）

編者謹按

　　江燦騰 撰於 竹北家中。此文由清大林宜璇同學自錄因整理出初稿以後，交到我手中，欲待我總訂正之後，公之於世。此文就其文獻價值來說，是無比重要的，包括了當今臺灣佛教女性改革運動和社會關懷的各層面議題，並且由核心人物著名的釋昭慧法師，現身親自說明種種個人的特殊經驗和所持觀點，是迄今為止，前所未見的，足供當今學界研究佛教女性課題的專家學者參考。

　　可惜因我忙碌兼重病，此文在我手中，竟一放數年，拖延至今，才匆匆整理和校訂完畢，真是既罪過又抱歉！然數年後的今日重讀全稿，深覺文中昭慧法師所流露的辯才，依然讓人覺得犀利無比，不敢逼視。而她對佛教的社會關懷，所投入的心血之多，體會之深，可謂古今罕見，百年一人而已。

　　特別值得一提的是，在演講時或討論中，雖然（包括慧法師自己在內）所發出的批評言辭，都異常猛烈，炮聲隆隆，煙火流竄，但整個過程，昭慧法師仍見招拆招，當仁不讓，堪稱女中豪傑；而其臨場鎮定，敘事委婉，推論條理清析，且能直心直腸，坦誠與發問者相互切磋，此種非凡的氣度和過人風範，則唯有令人再三讚歎罷了！

　　不過，由於時間已過數年，當時在場的提問者，大多不知出於何人之口，故改以聽眾某甲、乙、丙，丁⋯⋯暫代，如有同一人續問或續答，則標出續問或續答的字眼。情非得已，敬請原諒！又為尊重昭慧法師的個人考慮，我已事先徵詢昭慧法師的同意，由我全權做主，另擇其它適當的學術刊物發表。在此對昭慧法師，表示由衷的謝意。

　　時年（1999-11-14）五十三

國家圖書館出版品預行編目（CIP）資料

當代臺灣佛教知識群英的典範新視野. 第二卷, 從大陸到
　臺灣到東亞的精粹論集/江燦騰, 林朝成主編. -- 初版.
　-- 臺北市 : 元華文創股份有限公司, 2023.05
　　面；公分

　　ISBN 978-957-711-309-2 (平裝)

　　1.CST: 佛教　2.CST: 文集

220.7　　　　　　　　　　　　　　　　112006727

當代臺灣佛教知識群英的典範新視野(第二卷)
　　——從大陸到臺灣到東亞的精粹論集

江燦騰 林朝成　主編

發 行 人：賴洋助
出 版 者：元華文創股份有限公司
聯絡地址：100 臺北市中正區重慶南路二段 51 號 5 樓
公司地址：新竹縣竹北市台元一街 8 號 5 樓之 7
電　　話：(02) 2351-1607　　傳　　真：(02) 2351-1549
網　　址：www.eculture.com.tw
E - m a i l：service@eculture.com.tw
主　　編：李欣芳
責任編輯：立欣
行銷業務：林宜葶
出版年月：2023 年 05 月 初版
定　　價：新臺幣 780 元

ISBN：978-957-711-309-2 (平裝)

總經銷：聯合發行股份有限公司
地　址：231 新北市新店區寶橋路 235 巷 6 弄 6 號 4F
電　話：(02)2917-8022　　　　　傳　真：(02)2915-6275